普通高等教育"十一五"国家级规划教材

临床病理学

第2版

主　编　陈瑞芬　刘红刚　徐庆中　董小黎

副主编　（按姓氏拼音排序）

陈　东　戴　洁　宫丽平　金木兰

李　良　刘晓勇　卢德宏　周小鸽

编　委　（按姓氏拼音排序）

陈　东　首都医科大学安贞医院

陈　莉　首都医科大学宣武医院

陈瑞芬　首都医科大学基础医学院

戴　洁　首都医科大学基础医学院

董小黎　首都医科大学基础医学院

冯骥良　首都医科大学基础医学院

宫丽平　首都医科大学基础医学院

金木兰　首都医科大学朝阳医院

李海燕　首都医科大学基础医学院

李　良　首都医科大学基础医学院

李　雪　首都医科大学朝阳医院

刘红刚　首都医科大学同仁医院

刘立新　首都医科大学燕京医学院

刘晓勇　首都医科大学口腔医院

刘　瑜　首都医科大学基础医学院

卢德宏　首都医科大学宣武医院

孟桂霞　首都医科大学燕京医学院

朴月善　首都医科大学宣武医院

任乐荣　首都医科大学基础医学院

宋爱利　首都医科大学基础医学院

宋丽娜　首都医科大学基础医学院

宋　敏　中国医科大学基础医学院

孙　静　首都医科大学基础医学院

王大业　首都医科大学基础医学院

王　苗　首都医科大学基础医学院

徐庆中　首都医科大学宣武医院

杨　慧　首都医科大学基础医学院

张立洁　首都医科大学佑安医院

周小鸽　首都医科大学友谊医院

科学出版社

北　京

内 容 简 介

本书由多年从事病理学教学和临床病理工作的专家、教授及资深教师编写而成。内容突出临床特色,以常见病、多发病为重点,全面系统地阐述了这些疾病的病因、发病机制、病理变化、临床病理联系及预后。编写过程中注意突出学科特色、体现科技成就、反映研究成果,力求“新、特、深、精”的特点,编写原则是在实用性的基础上力求内容的先进性。

本书适用于临床阶段5年制、7年制的临床医学各专业及口腔、护理、医学检验等专业学生使用,也可以作为研究生、病理医师及进修医师的参考教材。

图书在版编目(CIP)数据

临床病理学/陈瑞芬等主编. —2版. —北京:科学出版社,2010. 7
普通高等教育“十一五”国家级规划教材
ISBN 978-7-03-028345-0

Ⅰ. 临…　Ⅱ. 陈…　Ⅲ. 病理学-高等学校-教材　Ⅳ. R36

中国版本图书馆CIP数据核字(2010)第138674号

策划编辑:李国红/责任编辑:许贵强　李国红/责任校对:刘小梅
责任印制:赵　博/封面设计:黄　超

科学出版社 出版
北京东黄城根北街16号
邮政编码:100717
http://www.sciencep.com
天津市新科印刷有限公司印刷
科学出版社发行　各地新华书店经销
*
2004年1月第　一　版　开本:850×1168　1/16
2010年7月第　二　版　印张:22　插页:12
2025年8月第二十五次印刷　字数:600 000

定价:128.00元

(如有印装质量问题,我社负责调换)

前　言

《临床病理学》2004年1月由科学出版社出版后，受到学生、临床病理医师及病理专家的一致好评，2005年被北京市教育委员会评为“精品教材”，2008年经出版社申报、专家评审、网上公示，最后入选“十一五”国家级规划教材。

本教材的读者主要是已进入临床学习阶段的5年制、7年制医学生。我们考虑到这部分学生已在基础阶段系统地学习了病理学基础理论，因此，在编写的过程中特别注意了本教材的临床特色。

为进一步提高教材的编写质量，继续充分发挥各临床医院的特色和优势，我们对《临床病理学》进行了认真修订。修订内容突出下列特点：①编者在临床病理学教学实践中，考虑到教材的完整性和全面性，由原教材的8章增加到12章；②为了清楚地展现各种病变特点，使读者更好地理解理论内容，我们选取了清晰的、具有说服力的彩图188张，黑白图36张；③编写过程中注意突出学科特色、体现科技成就、反映研究成果，力求具有“新、特、深、精”的特点，本教材继续发挥各临床医院(参见编者名单和单位)的特色作用，使教材内容更具有新颖性和创新性；④本教材的编写原则是在实用性的基础上力求内容的先进性，各章节增加了新的内容和进展，不仅能指导当前的临床学习，而且对今后的长期临床工作也有一定的指导意义。本教材还注意以影响我国人民健康的较为严重的常见病、多发病为重点，通过本课程学习使学生把临床表现与病理变化进行有机地紧密结合，使病理学真正起到桥梁作用，更加有利于提高学生分析问题和解决问题的能力。

本教材在编写和修订过程中，邀请了病理学界的专家和教授审阅，他们对本教材的质量给予充分的肯定，同时提出了宝贵的意见，在此对各位专家、教授表示衷心的感谢。

本教材的各位编者经过认真反复讨论，确定了教材大纲和各章节的编写内容，他们均有丰富的教学经验及病理学专业特长，对当代高等医学教育状况及改革趋势有着深刻的了解，他们都肩负着教学、科研和临床病理诊断工作的重任，牺牲了休息时间按时完成了编写任务，在此对各位编者表示深深的谢意。

限于我们的认识和能力，编写临床病理学教材的过程中，虽然我们尽了很大的努力，还会存在许多缺点和不足，在此恳切希望读者给予批评和指正。

编　者

2010年3月25日　于首都医科大学

前言

目　　录

第 1 章 心血管系统疾病

心血管疾病是威胁人类健康的最常见疾病之一,其发病率在我国居于首位。近年来随着医学发展和科技进步,心血管疾病的基础研究取得了很大的进展,对疾病的认识也从整体和组织水平向细胞和分子水平深入,出现了一些新理论、新知识和新技术。心血管疾病影响范围一方面是全球性的(包括发达国家和发展中国家),另一方面是全身性的(身体任何部位的血管均可发生硬化)。值得注意的是发达国家(美国和一些欧洲国家)心血管疾病的死亡率正在下降,而我国、印度、东欧等国家和地区心血管疾病的死亡率正迅速增加。心血管疾病已成为卫生保健和卫生资源的巨大负担。因此,了解和预防心血管疾病显得尤为重要。

第一节 心肌及心内膜基本病理变化

心脏外检标本较其他系统的标本为少,一是由于心脏活检取材不易,二是很多心脏手术不取组织做病理检查。随着心外科手术的进展,标本范围扩大,加之心内膜心肌活检(endomyocardial biopsy, EMB)技术(经导管钳取心室内膜及邻近心肌组织的心脏活检)的开展,心脏活检诊断范围的日趋扩大,心脏外检标本也日趋增多。常见的基本病变包括心肌纤维的萎缩、变性、坏死及增生和肥大,可见于各种心肌疾病。

一、适　　应

(一) 褐色萎缩

褐色萎缩(brown atrophy)可见于缺氧、中毒等多种情况。心肌纤维变细,间隙变大,核两端出现脂褐素颗粒。电镜下,常可见到许多溶酶体性残留小体,细胞内线粒体内质网减少。肉眼,心脏体积变小,重量减轻,颜色加深呈褐色,冠状动脉明显弯曲。

(二) 心肌肥大

各种心肌病当心肌受损之后,常有心肌细胞功能代偿和程度不同的心肌肥大(myocardial hypertrophy),可见于高血压性心脏病代偿时的左心室肥大以及肺动脉高压心脏病代偿时的右心室肥大等情况,一旦失代偿,会引起心力衰竭。光镜下,肥大心肌纤维大小常不均匀,肥大与萎缩混杂存在,其特点是肥大心肌细胞核增大深染,两端由圆变方,有时可出现双核、奇异形核。肥大心肌细胞常出现退行性变,甚至出现微小的坏死及间质纤维化。电镜下,肥大心肌细胞皱褶增多,表面形成许多指状突起,胞核增大,线粒体数量增多,大小不等,闰盘弯曲度增加,有时出现粗面内质网。后期,随着变性程度增加,肌原纤维逐渐减少,特别是粗肌丝。肉眼见心脏体积变大、重量增加、心室向心性肥厚。

(三) 心肌纤维化

心肌纤维化(myocardial fibrosis)有两型。

1. 间质性纤维化　见于中、重度的冠状动脉粥样硬化狭窄引起的心肌纤维持续性和(或)反复加重的缺血、缺氧,指肌纤维之间或肌束之间胶原增多,环绕并分隔相邻心肌细胞。肉眼见心壁厚度可正常,伴有多灶状纤维条块。

2. 替代性纤维化　见于心肌梗死修复的瘢痕。心肌细胞坏死,网状支架塌陷后形成的纤维瘢痕,局部纤维组织瘢痕中没有或很少有心肌细胞。肉眼心肌坏死灶被灰白色、质韧、半透明、缺乏弹性的瘢痕所代替。

二、变　　性

(一) 细胞水肿

细胞水肿(cellular edema),亦称细胞水样

笔记栏

变性(cellular hydropic degeneration),为轻度可逆性损害。可见于感染、中毒、缺氧等多种损伤因素导致细胞的能量供应不足,细胞膜上钠泵受损,形成细胞水肿,严重时形成细胞水样变性。光镜下,心肌纤维肿胀,横纹模糊不清,在肌原纤维之间出现多数细小的嗜伊红颗粒,肌细胞核正常。电镜下,线粒体肿胀,嵴分离、断裂,部分形成同心圆形结构,形成髓样体(myelin figure)。肉眼见心脏体积可稍增大、重量增加,或变化不明显。

(二) 空泡样变性

空泡样变性(vacuolar degeneration),亦称水泡变性(hydropic degeneration),可见于缺血、缺氧、代谢障碍、中毒等多种病理情况下。光镜下,初期受累的肌纤维肿胀,体积增大,胞质基质内水分增多,胞质透明,淡染后肌纤维胞质内出现空泡。电镜下,空泡多数是高度肿胀囊泡化的线粒体和不规则扩张的肌质网。

(三) 脂肪变性

正常情况下,除脂肪细胞外,其他细胞内一般不见或仅见少量脂肪颗粒,而由于脂肪代谢发生障碍,这些细胞内出现脂滴或原本正常数目的脂滴显著增多,则称为脂肪变性(fatty degeneration)。可见于急性感染、中毒、缺氧等情况。光镜下,石蜡切片中呈空泡状,肌原纤维内呈大小不等的空泡串珠状排列,横切面上肌纤维呈筛状,锇酸染色脂滴呈黑色,苏丹Ⅲ染色呈橘红色。电镜下,脂滴变大,有膜包绕的脂质小体。心肌发生脂肪变性常累及左心室的内膜下和乳头肌,肉眼观察表现为横行的黄色条纹,与未发生脂肪变性的暗红色心肌相间存在,形成虎斑样花纹,称为“虎斑心”。

(四) 嗜碱性变

嗜碱性变(basophilic degeneration),亦称黏液样变性(mucoid degeneration),为心肌细胞一种常见的非特异性改变。可见于高龄正常人,甲状腺机能减退等病态情况。此病变一般不引起心功能障碍。光镜下,初期核周出现嗜碱性物质,逐渐扩展到整个细胞,组织化学染色 PAS 阳性,呈桃红色。电镜下,黏液样物质为直径 6~7nm 的细丝构成的致密网状结构,无包膜。一般情况下肉眼观察变化不明显。

(五) 淀粉样变

组织内有淀粉样物质沉积称为淀粉样变(amyloid degeneration)。淀粉样物质为一种结合黏多糖的蛋白质,遇碘时被染成赤褐色,再加以硫酸则呈蓝色,与淀粉遇碘时的反应相似,故称之为淀粉样物质。此物质常浸润于细胞间或沉积于小血管的基膜下,或沿网状纤维支架分布。淀粉样物质在 HE 染色切片中为淡红色均质状,电镜下则为纤细的丝状。

淀粉样变可为全身性和局部性两种。前者在我国极为罕见,多发生在长期慢性化脓、骨髓瘤及结核病等情况下。局部性淀粉样变则较常见,好发于睑结膜及上呼吸道等处的慢性炎症而伴有大量浆细胞浸润时,发生机制不清。根据淀粉样物质中常有丙种球蛋白和血清中球蛋白增多的现象,有人认为这是由于抗原-抗体反应在血中形成的蛋白复合物,也有人认为是浆细胞产生的免疫球蛋白与成纤维细胞、内皮细胞所产生的含硫黏多糖相结合而形成的复合物。

三、坏　　死

(一) 液化性肌溶解

液化性肌溶解(colliquative myocytolysis)是一种心肌坏死,可由严重的空泡变性发展而来。可见于各种心肌病、心力衰竭时乳头肌及肉柱内,尤其在亚急性克山病时,这种病变非常广泛,非常严重。光镜下,心肌细胞犹如一空鞘,核漂浮其中,胞质中可见一些分解破坏的细胞器残渣或脂褐素颗粒,胞核变化缓慢,整个过程中间质不坏死,其中很少有炎细胞浸润。电镜下,胞质内可见分解破坏的细胞器。

(二) 收缩带坏死

收缩带坏死(contracted band necrosis),亦称为凝固性肌溶解(coagulative myocytolysis),可见于心外科手术死亡、室颤猝死、缺血再灌注的患者等。光镜下,受累肌细胞大小正常或肿大,肌原纤维横纹消失,胞质内出现一系列不规则的与肌纤维长轴垂直的横带,横带宽窄厚度不一,其走行常常扭曲、歪斜,横带间胞质呈颗粒状,横带嗜伊红浓染,PTAH 呈深紫蓝色,晚期胞核多浓缩、碎裂或溶解消失。坏死仅限于肌纤维本身,不累及间质,不引起急性炎症反应。电镜下,肌原纤维呈带状凝聚或分解,形成大量形态异常的大收缩带,收缩带间有钙化线粒体聚集。心肌纤维强烈收缩,破坏崩解,坏死发生较快,可呈散在、小灶或片状分布。

(三)凝固性坏死

凝固性坏死(coagulative necrosis)可见于典型梗死灶的中心。光镜下,早期心肌纤维嗜酸性增强,横纹不清,间质有中性粒细胞浸润,晚期为肉芽组织所代替,瘢痕修复。电镜下,早期细胞轻度肿胀,细胞器变性,糖原减少,其后线粒体破坏,Z 带颗粒状分解,肌丝断裂。

第二节 心内膜心肌活检

一、心内膜心肌活检的应用和意义

1962 年,Konno 和 Sakakibara 发明了一种心脏活检导管,并应用心导管进行心内膜心肌活检(endomyocardial biopsy,EMB)。随后几经改进,目前心内膜心肌活检已成为较为安全简便的检查技术。其特点是能直接通过活检取得心肌组织做病理检查,对心肌疾病的诊断能提供一些无创伤性检查所不能提供的有诊断价值的资料,而且还可以对病程的经过做动态观察,有利于指导治疗和判断预后。国内自 1981 年以来已广泛开展此项技术。心内膜心肌活检可通过静脉和动脉分别进入右心或左心,钳取心肌组织进行活检。一种方法是用导管经静脉进入右心室,通过室间隔右侧的不同部位取得心肌组织。另一种是将导管经动脉进入左心室,取左心室心肌进行活检。目前由于右心活检技术操作比较容易,此方法较为多用,在临床上亦大多采用右心活检。由于心肌活检可以造成一定的心肌损伤,属于创伤性检查,故应严格地掌握其适应证。虽然右心活检的合并症和危险性较少,但也可发生右心室压力或容量负荷的增加,累及心肌。如病变心肌主要累及左心室时,则应采用左心活检。左心活检的指征,常为病变累及左心室的某些心内膜心肌发生纤维化如硬皮病的心肌损害、左心放射性损伤、婴幼儿的心内膜纤维弹力组织增生症、二尖瓣和主动脉瓣病变所致的左心室功能障碍和各种形式的心肌肥厚等。此时一般不采取心房壁或右心室游离壁,因为这部分的心室壁较薄,取材时有引起穿孔的危险性。

二、心内膜心肌活检的适应证

(1)监测和确定心脏移植后的排斥反应。对排斥反应的病变程度进行分级,并可随访其病程演变及其预后情况。

(2)监测某些药物对心肌的损伤(如抗肿瘤药物蒽环类或阿霉素性心肌病变等),进行确诊和分级,通过一系列心肌活检指导临床用药。

(3)确诊某些有特殊形态学改变的心内膜心肌病变,如心内膜心肌纤维化、心内膜纤维弹力组织增生症、心肌淀粉样变和心肌结节病等。

(4)协助临床诊断或进一步了解原发性心肌病以及缩窄性心包炎等。

(5)帮助或随访心肌病的诊断。

(6)诊断或随诊继发性心肌病,如储积性疾病等。

(7)诊断心肌原发或继发性肿瘤。

(8)有助于特发性心肌病、胸痛和(或)心律失常的诊断。

(9)某些研究方面的应用,包括对活检组织进行生化、组织化学、形态分析、药理学、免疫学和病原学等研究。

三、心内膜心肌活检诊断的疾病

目前 EMB 可诊断的疾病有:心脏移植排斥反应及排斥反应程度的分级、心肌炎、蒽环类抗肿瘤药物的心肌损伤及分级、心脏淀粉样变、心脏结节病、Fabry 病、心内膜心肌纤维化、心内膜纤维弹力组织增生症、放射损伤、储积病、心脏肿瘤、感染、血管炎、心肌缺血、嗜酸粒细胞综合征、Lyme 心肌炎。

四、心内膜心肌活检的合并症和局限性

心肌活检在组织采取过程中也可发生一过性胸痛或心律失常(多为房性或室性期前收缩),偶尔可出现一过性短阵性心动过速。个别病例也可发生栓塞、心脏破裂或穿孔、心包积血或心肌梗死等严重合并症。右心室室间隔心肌活检较左心室活检安全、迅速、容易,较少有发生栓塞的危险。

同时 EMB 也有一定的局限性,如各种类型心肌病的病理形态变化缺乏特异性,因此,在鉴别诊断时必须结合临床进行综合分析。有时由于 EMB 所取心肌活检量较少,活检阴性并不能完全排除其他疾病。有些 EMB 标本尚应排除人为的误差。

五、心内膜心肌活检的标本制作

由于 EMB 取材较少,在取材和标本制作中必须谨慎小心,避免人为的损伤。一般除按常规作光镜检查外,必要时还须作特殊染色、免疫组化和电镜观察。光镜一般先用 10% 中性甲醛固定,HE 染色制片,必要时再加作其他特殊染色如 Masson 三色染色、PTAH、弹力和 VG 染色。确诊病毒性心肌炎等时,组织固定前不要用生理盐水冲洗,也不宜放在冰冷的固定液中,以免心肌收缩。如事先考虑需做电镜观察时,宜固定在 2.5% ~3.0% 戊二醛和 4% 甲醛磷酸缓冲混合液中(pH7.4,McDoWell 固定液)固定,冷冻保存组织可用于免疫荧光或分子生物学检测。

六、心内膜心肌活检标本观察的过程

EMB 取下的是小块心肌,并有其独特的人为改变,故要求观察分析格外仔细,要排除人为改变。心内膜心肌活检的观察要分别描述。

1. 心内膜 包括内膜厚度,炎细胞类型、数量,是否有附壁血栓等。

2. 心肌细胞 包括心肌细胞的大小、形态、排列、退变、储积、胞质及胞核的变性改变以及心肌细胞的坏死和脱失。观察心肌细胞内是否有致病菌如组织胞质菌、锥虫或巨细胞病毒包涵体等。

3. 心肌间质 观察间质细胞类型、数目、间质成分、间质内沉积物质如淀粉样物质等。

4. 血管 包括微循环、血管内皮、基膜及外膜细胞、血管壁厚度及成分。血栓或栓子物质以及有否病原菌。

EMB 的诊断必须密切结合临床资料,进行综合分析,以求得出较正确的诊断。

第三节 心 肌 炎

心肌炎是由各种原因引起的心肌局限性或弥漫性炎症。尸检中约 1% ~4% 病例有心肌炎改变,表明许多心肌炎患者缺少临床症状。心肌炎可以由细菌、病毒、立克次体、真菌及寄生虫等感染引起,亦可以因过敏反应引起或与结缔组织病伴发。

一、病毒性心肌炎

引起病毒性心肌炎(viral myocarditis)的原因最常见的是小核糖核酸病毒(picornavirus),包括柯萨奇病毒 B(Coxsackie virus B)、埃可病毒(ECHO virus)、脊髓灰质炎病毒和甲型肝炎病毒等。

(一) 病理变化

1. 肉眼观察 心脏扩大,重量增加,但也有仅心脏扩大而增重不明显的报道。切面上,心肌颜色稍苍白,质软。较大儿童和成人的病毒性心肌炎常合并心包炎。

2. 镜下观察 本病的基本病变是单个或小群心肌细胞的变性坏死及非特异性间质性心肌炎。有人认为炎症区内的单个肌细胞坏死可能是本病的组织学特征。

(二) 心内膜心肌活检

1984 年,心脏病理学家在美国达拉斯(Dallas)召开会议讨论了心肌炎的定义(心肌

间质内炎细胞浸润伴有心肌细胞变性、坏死或二者均有）及病理诊断标准，并对首次与再次活检的诊断内容作了具体规定。其标准业已为各国广泛应用。

1. 首次活检

（1）心肌炎（myocarditis）：根据心肌炎的定义，心肌炎的诊断必须有心肌细胞变性、坏死，心肌间质内炎细胞浸润二者均有。在急性期间，间质充血轻度水肿，浸润炎细胞中以淋巴细胞、单核细胞为主，并有散在的中性粒细胞和嗜酸粒细胞，尤其是在早期。炎细胞浸润于心内膜并延续于内膜下心肌内，为病毒性心肌炎的特征之一。炎症严重时，肌纤维断裂，轮廓不清，部分肌细胞坏死、溶解，炎细胞弥漫浸润。如在间质内仅见少数（1～2个）淋巴细胞不能诊断心肌炎。诊断心肌炎时要描述炎症的性质，因为它可能与特异性的病因或预后相关。巨细胞性心肌炎和坏死性嗜酸粒细胞性心肌炎的发病率和死亡率较高。

病程较长的心肌炎可伴纤维化，可呈现为血管周、间质性或替代性纤维化以及心内膜纤维化，按程度分为轻、中、重度。

（2）临界性心肌炎（boundary myocarditis）：指炎细胞太少，心肌细胞或没有改变或呈现纤维化。与再次活检的“吸收中心肌炎”的改变类似，但只有在原已有活检证实为心肌炎之后，才能用“吸收中心肌炎”之诊断。

（3）无心肌炎：心肌炎不明显时，应仔细检查标本，查找其他可能引起现有的心脏症状的原因。

2. 再次活检 首次活检对其后的诊断甚为重要，再次活检当与之相比，以判断病情进展情况及评价治疗效果。

（1）持续性心肌炎（persistent myocarditis）：心肌内心肌细胞的变性、坏死与炎症浸润依然存在，需详细描述其炎症性质、程度、是否有纤维化等，以与前次活检对比。

（2）吸收中心肌炎（resolving myocarditis）：炎症浸润显著减少，其间无明显心肌细胞坏死，同时心肌内呈现修复现象。

（3）已吸收（愈合）心肌炎（resolved myocarditis）：炎症已不再存在时可称为已吸收或愈合心肌炎。

3. 临床病理联系 病毒性心肌炎患者以中青年发病多见，为非特异性变化，症状、体征不明显。临床表现差异很大，轻者几乎无症状，重者可有胸痛、心律不齐、急性心力衰竭，甚至猝死。随访过程中进行活检以评价疾病进展或消退，并根据病理变化诊断为持续性、吸收中或已吸收心肌炎。在多中心联合的心肌炎治疗试验中，根据Dallas标准经活检证实的心肌炎患者中约20%为弥漫性，70%为局限性，10%为临界性。

二、细菌性心肌炎

细菌性心肌炎（bacterial myocarditis）可由细菌直接感染或细菌产生的毒素对心肌的作用，或细菌产物所致的变态反应引起。细菌性心肌炎常见于呼吸道感染，如急性咽喉炎、化脓性扁桃体炎、白喉、肺炎等。上呼吸道感染时发生的急性心肌炎通常被认为与链球菌感染有关。细菌感染引起败血症或脓毒血症时，细菌可经血流直接引起心肌炎症或心肌脓肿。此外细菌引起心肌炎的最常见形式不是心肌本身的直接感染，而是一种不典型的免疫反应，即风湿性心脏病。自1910年至1977年间，风湿性心脏病发病率显著下降后，近年来该病又死灰复燃。形态学上，心肌炎病变包括典型的间质性炎症及Aschoff小体。这些风湿性心脏病的典型病变可见于心内膜心肌活检标本中，但更常见于心耳和瓣膜标本中。

心肌的直接细菌感染多与化脓性栓子和心内膜炎有关。细菌毒素产物（如白喉杆菌外毒素）可导致中毒性心肌炎。螺旋体，尤其是Lyme病的病原体，也可引起心肌炎。心肌炎症主要为浆细胞性，银染色可显示心肌中的病原体。立克次体疾病，如Rocky Mountain斑点热，可引起淋巴细胞性心肌炎。有报道衣原体病如鹦鹉热时可发生急性心肌炎。

（一）心肌脓肿

心肌脓肿常由化脓菌感染引起，如金黄色葡萄球菌、链球菌、肺炎链球菌、脑膜炎奈瑟菌等。化脓菌来自脓毒败血症时的播散性的细菌集落，或来自细菌性心内膜炎时的化脓性血栓栓子。

【病理变化】

1. 肉眼观察 心肌脓肿几乎均为多发性，为黄白色点状圆形小病灶，周围有暗红色充血带。脓肿多在心肌壁内，局部有纤维蛋白附着，并可破入心包腔，引起化脓性心包炎。

2. 镜下观察 脓肿内心肌细胞坏死液化，脓腔内有大量脓细胞及数量不等的细菌集落。脓肿周围心肌有不同程度的变性、坏死，间质内有中性粒细胞及单核细胞浸润。

（二）白喉性心肌炎

白喉性心肌炎（diphtheric myocarditis）是由白喉杆菌外毒素进入血流直接引起的心肌炎症。在白喉的死亡病例中，心肌炎的发生率高达50%～60%。

【病理变化】

1. 肉眼观察 多数病例有心腔扩张，肉柱变扁平。心肌质软，因有脂肪变性而呈黄色。

2. 镜下观察 病程很短的病例，仅见心肌细胞水肿。病程在一周以上者，心肌可见到弥漫性脂肪变性，并可发生透明变性。继之，坏死的肌细胞崩解为粗大颗粒状或块状，经巨噬细胞吞噬和溶解吸收后，残留间质网架。心肌间质中有巨噬细胞和淋巴细胞浸润，可有少量浆细胞、嗜酸粒细胞和中性粒细胞。病程超过3周者，心肌内可见小瘢痕灶形成。白喉外毒素也可损伤传导系统的实质细胞。

（三）非特异性心肌炎

上呼吸道链球菌感染，特别是急性咽喉炎、扁桃体炎以及猩红热时，可并发急性非风湿性心肌炎。

【病理变化】 是一种间质性心肌炎。镜下，在心肌束间、心肌间质结缔组织内及小血管周围有单核细胞和淋巴细胞浸润。心肌细胞有程度不等的变性、坏死。变性坏死的心肌细胞内肌原纤维凝聚，形成不规则横带，或发生透明变性。坏死灶内有巨噬细胞、淋巴细胞浸润。附近心肌纤维可见水样变性和脂肪变性。

三、真菌性心肌炎

真菌性心肌炎通常是真菌性败血症引起全身播散性真菌病的一部分。原发性真菌感染引起全身性播散比较少见，最多见的是由于久病衰弱，特别是近年来广谱抗生素、肾上腺皮质激素和免疫抑制剂的广泛使用而继发的真菌全身播散，主要菌种是念珠菌、曲菌、毛霉菌。

真菌感染的心肌病变主要有以下3类：①坏死和出血，炎症反应轻微。②急性炎症和脓肿形成，以中性粒细胞浸润为主，并可有组织坏死和形成脓肿。病灶部位可找到真菌菌丝。③巨噬细胞反应和肉芽肿形成，见于慢性期病变，并可有多核巨细胞形成，有时形成结核样结节，但其坏死不如结核彻底，并可找到真菌。

真菌性心肌炎常与真菌性败血症和免疫抑制有关，心肌内可见真菌，如隐球菌、念珠菌类和曲霉菌类。

四、寄生虫性心肌炎

寄生虫性心肌炎（parasitic myocarditis）并非罕见，寄生虫如弓形虫、美洲锥虫和旋毛虫感染时，常可引起严重的心肌损伤，甚至导致患者死亡。

（一）弓形虫性心肌炎

此型心肌炎由鼠弓形虫（*Toxoplasma gondii*）感染而引起。人类主要因食入含有包囊的未煮熟肉类而感染。弓形虫进入人体后，经血流到达单核-吞噬细胞系统及各种组织，并在细胞内繁殖。弓形虫侵入心肌细胞后很快繁殖，形成集合体，亦称假包囊。心肌细胞很快破裂，病原体进入周围组织。被破坏的心肌细胞周围有淋巴细胞、单核细胞浸润。愈复后有瘢痕形成。约半数患者因心力衰竭致死。

（二）Chagas心肌炎

此种心肌炎由原虫枯氏锥虫（*Trypanosoma Cruzi*）感染引起，流行于拉丁美洲各国，病情严重，死亡率高，是地方性心脏病的主要原因，实际发生率可能比通常认为的高。组织学可见淋巴细胞性心肌炎及心肌细胞内的寄生虫。可引起灶状或弥散性心肌坏死，周围有淋巴细胞、单核细胞浸润。心腔扩张，心室壁（主要在心尖区）变薄，常形成室壁瘤，伴有心腔内附壁血栓形成。

随着免疫抑制治疗和心脏移植的开展以及获得性免疫缺陷综合征（AIDS）发生率的升高，心肌可见一些其他的寄生虫感染。弓形虫可见于细胞内，卡氏肺囊虫可见于间质内特征性的泡沫状渗出物中。尽管在寄生虫病高发的地区，嗜酸粒细胞性心肌病是寄生虫性心脏病的常见表现，但免疫介导的心肌炎更为常见。

五、免疫反应性心肌炎

（一）胶原病时的心肌炎

胶原病（结缔组织病）包括风湿病、类风湿性关节炎、系统性红斑性狼疮、结节性多动脉炎、硬皮病及皮肌炎等，属免疫反应性疾病。在这些疾病中，心肌有不同程度受累，其中以风湿性心肌炎最为常见。

1. 风湿性心肌炎 风湿病为一种与A组溶血性链球菌感染有关的、广泛累及全身结缔组织，特别是心脏结缔组织的变态反应性疾病。心脏改变常表现为全心炎，包括心内膜炎、心肌炎及心包炎，其中心内膜炎最为重要。

（1）病理变化：风湿性心肌炎的基本病理变化有两种，即特异性的Aschoff小体及非特异的间质炎症。Aschoff小体呈弥漫性或局限性分布，大小不一，多呈梭形，最常见于左心室后壁、室间隔、左心房及左心耳等处。后期，Aschoff小体发生纤维化，形成梭形小瘢痕。非特异性间质炎症反应，表现为间质水肿，淋巴细胞、浆细胞、少量嗜酸粒细胞或中性粒细胞浸润。

（2）EMB：心肌内仅有非特异性间质炎症，缺乏Aschoff小体时，难与其他非特异性心肌炎相鉴别。在活检中见Aschoff小体，有助诊断。慢性风湿性瓣膜病手术时所取心耳标本中有否Aschoff小体，是判断风湿活动的客观指标。

2. 类风湿性心肌炎 类风湿关节炎时病变可累及主动脉、主动脉瓣及二尖瓣、心肌、心脏纤维性骨架。在心肌内可见到个别或多个类风湿性肉芽肿，其检出率约为5%。这种肉芽肿与类风湿性关节炎时的皮下结节相似，中心部的心肌和间质均陷于纤维素样坏死，其周围为成纤维细胞和组织细胞围绕，并见数量不等的多核巨细胞。成纤维细胞常呈栅栏状排列，外层有淋巴细胞、浆细胞浸润。晚期可见纤维化和钙化。

（二）过敏性心肌炎

已知20余种药物能引起过敏性心肌炎。其中由甲基多巴、磺胺及青霉素类药物引起者占75%以上，药物过敏性心肌炎患者外周血嗜酸粒细胞增高，心电图异常，心肌酶谱升高，从开始用药到出现症状由几小时至几个月不等，发病机制可能为迟发型变态反应，患者可突然死于心律失常。

【病理变化】 主要侵犯左心室及室间隔。镜下常表现为间质性心肌炎。过敏性心肌炎的标志为嗜酸粒细胞浸润，主要分布于间质，偶伴巨细胞及不典型的肉芽肿结构。病变较一致，尽管从前认为过敏性心肌炎中没有坏死，但炎症浸润严重时常可见小灶状坏死。近期的研究提出胶原新型抗原表达为可能的发病机制。细胞浸润呈灶性或弥漫性分布，肌束间隔及小血管周围较明显，罕见肉芽肿形成。心肌细胞坏死不明显，在炎细胞浸润处可见灶性肌溶解，间质纤维化不明显，炎症处小血管壁可见同样炎细胞浸润但无纤维素样坏死，炎症可以波及左右心室及心房，内膜侧尤著，药物引起的过敏性心肌炎有自愈倾向，停药后，心肌炎可自行消退不留瘢痕。

许多移植的心脏中可见过敏性心肌炎，一种解释为心肌对多巴酚丁胺溶液中的防腐剂亚硫酸氢钠产生的变态反应。

六、原因不明的心肌炎

（一）孤立性心肌炎

孤立性心肌炎（isolated myocarditis）也称特发性心肌炎（idiopathic myocarditis）或Fiedler心肌炎，是心脏病理学中概念比较混乱的疾病之一。有些病理学者认为特发性心肌炎应包括三类，即弥漫性心肌炎、肉芽肿性心肌炎和巨细胞性心肌炎；有的则把它当做巨细胞性心肌炎的同义语使用。孤立性心肌炎中的弥漫性间质炎型的病变无特殊性，与前述病毒性或其他感染性心肌炎很难区分，随着心肌炎病因诊断的进展,这一类型的应用范围越来越缩小。我们着重讨论后两类。

孤立性心肌炎的肉芽肿型是指心肌内有或大或小的由巨噬细胞、淋巴细胞和多核巨细胞构成的肉芽肿并伴有心肌坏死;而巨细胞性心肌炎则指弥漫性炎细胞浸润或纤维化中夹杂有各种类型的巨细胞,但也常伴有心肌坏死和肉芽肿反应。此两者在形态学上很难区分,而且也似无必要严格区分。近来已有越来越多的人愿意使用巨细胞心肌炎这一名称。

【病理变化】 巨细胞性心肌炎的肉芽肿性病灶肉眼可见心肌切面上为灰黄或暗灰色,直径2mm左右的结节,或为匍行性的更大病灶,主要散布于左心室及室间隔。镜下病变或呈较弥漫的分布,或呈大小不等的结节状。有的病灶中心可见坏死物,但不是典型的干酪样坏死。结节部密集的炎细胞包括淋巴细胞、巨噬细胞、浆细胞、嗜酸粒细胞等,其间混有许多多核巨细胞。结节之间常伴有比较弥散的炎细胞浸润。多核巨细胞有的呈典型的朗汉斯巨细胞之特点,有的类似异物巨细胞,有的则具有肌源性浆细胞的某些迹象。

【鉴别诊断】 心肌内出现巨细胞或肉芽肿的其他情况还有很多,如结核、梅毒、真菌、寄生虫等全身感染性疾病,系统性红斑狼疮、Wegener综合征等与自身免疫或变态反应有关的疾病。因此必须排除累及全身其他系统的疾病后,才能诊断特发性巨细胞性心肌炎。

(二)结节病

结节病(sarcoidosis)也叫伯克结节病(Boeck sarcoid),是一种原因不明、累及全身多个系统的肉芽肿性疾患。经常侵犯的部位是肺、淋巴结、肝、脾、眼、皮肤、神经系统,约13%~20%累及心脏。

【病理变化】 结节病累及心脏时,心脏的大小、重量通常仍在正常范围内,心室壁常有轻度增厚,从心室内膜面和心壁切面均可看到灰白色较小的或融合成片的病灶。镜下可见无干酪样坏死的结核样结节,由上皮样细胞和朗汉斯巨细胞构成。心肌的纤维化常很明显。巨细胞内有时可见星状体(asteroid body)、绍曼小体(Schauman body)。星状体呈嗜酸着色,中心有一小的色深的中心体,由此发出放射排列的芒刺,如海星状。绍曼小体为球形、同心圆形层状排列的钙化小体,有人认为就是星状体的晚期钙化阶段。星状体在结节病的巨细胞中虽然常见,但并非结节病所特有,在并不具有结节病特征性肉芽肿的巨细胞性心肌炎的巨细胞中有时也能见到。还可见于铍性肉芽肿、Crohn病乃至结核性肉芽肿。

【鉴别诊断】 结节病与结核仅从形态上不易鉴别,有无干酪样坏死可作为参考;用抗酸染色检查有无结核杆菌可作为重要参考;用PCR技术可检测出极少量的结核菌DNA,有助于排除结节病。心肌的结节病和特发性巨细胞性心肌炎的鉴别首先要看其他脏器是否受累,仅从心肌局部形态改变有时不易区分。也有人认为巨细胞性心肌炎就是局限于心脏的结节病。有些作者提到心肌结节病就是局限于心脏的结节病。心肌结节病与巨细胞性心肌炎在形态上有若干不同之处(表1-1)。

表1-1 巨细胞性心肌炎与结节病的心肌病变比较

巨细胞性心肌炎	心肌结节病
病变常弥散而不限局	形成肉芽肿的倾向很明显
病灶中可见心肌坏死	通常无明显坏死
上皮样细胞少	上皮样细胞是主要成分
炎细胞具有多样性	除淋巴细胞外其他炎细胞少见
巨细胞有多种形态,肌源性巨细胞多见	主要是朗汉斯巨细胞
巨细胞散见于纤维化病变中	巨细胞常位于结核样肉芽肿中
巨细胞内偶见星状体	巨细胞内星状体及绍曼小体多见

第四节 心 肌 病

一、心肌病的概念

心肌病(cardiomyopathy,CM)过去被称为原因不明的以心肌病变为主的一类心脏病,其病名繁多、分类各异,常可引起猝死,也是引起心力衰竭而进行心脏移植的常见疾病。1995年,世界卫生组织/国际心脏病学会联合会(WHO/ISFC)将心肌病定义为伴心功能不全的心肌疾病,分为原发性和继发性。不明原因的心肌病定义为原发性心肌病(primary cardiomyopathy,PCM),已知病因或与系统疾病有关的心肌功能紊乱被归为继发性心肌病(secondary cardiomyopathy, SCM)或特异性心肌病(specific cardiomyopathy, SCM)。原发性心肌病包括扩张型心肌病(dilated cardiomyopathy, DCM)、肥厚型心肌病(hypertrophic cardiomyopathy, HCM)、致心律失常性右心室心肌病(arrhythmogenic right ventricular cardiomyopathy/dysplasia, ARVC/D)、限制型心肌病(restrictive cardiomyopathy, RCM)和未定型心肌病,该定义和分类被临床和病理医生广泛接受和应用,但是对病因诊断和针对病因治疗这种分类也存在缺陷。

2003年美国心脏协会/欧洲心脏病学会(AHA/ESC)和2006年AHA的两个文件对心肌病的分类、发病、临床有更多的描述,包括名称、规范治疗适应证、强调基因在发病及早期病例筛查中的作用。2006年,美国心脏协会给心肌病以最新的定义:心肌病是一组不同质的疾病,累及心肌,导致机械和(或)电的功能异常,常常表现为不恰当的心室肥厚或扩张,病因多种多样,但遗传性很常见。心肌病可以仅累及心脏,也可能仅是全身系统性疾病的一部分。

二、心肌病分类的演变

2006年,AHA科学陈述"现代心肌病的分类和定义"比较侧重于病因学分类,具有其优点,但与医师的临床实践有一段距离。新的心肌病分类若能够将临床医学分类和生物学分类有机地融合,将有利于生物学和临床医学的研究与实践。2007年中国心肌病诊断与治疗建议工作组发表的"心肌病诊断与治疗建议"已经向此方向迈进,该建议开始被我国临床医师采用。2008年ESC心肌心包疾病工作组陈述"心肌病的分类"也朝着这方面发展,该分类有利于指导临床实践。

心肌病是指心肌结构和功能异常,没有冠状动脉疾病、高血压、心脏瓣膜病和先天性心脏病等疾病所引起的心肌功能异常。心肌病的发生是遗传因素、环境因素或这两种因素相互作用的结果,以往采用的原发性与继发性分类,在临床实践中难以辨别。随着生物学和临床医学的发展,常见的心肌病致病原因趋于明确,心肌病是由遗传性、获得性病因单独或混合引起原发性心肌病理损害,其中"当代心肌病定义和分类"(Contemporary Definitions and Classification of the Cardiomyopathies)强调以基因和遗传为基础,将心肌病分类为遗传性、混合性和继发性三大类,完全革新了WHO/ISFC的分类方法。

参考2008年ESC心肌病的分类和2006年AHA科学陈述"现代心肌病的分类和定义",建立适合中国医疗机构临床医学分类和生物学分类有机融合的新分类方法见图1-1。

心肌病由特殊形态和功能表型组成,每种表型的病因包括家族性或遗传性、非家族性或获得性、混合性即遗传性+获得性。对于大多数医院现有的医疗条件,基本能够完成临床医学诊断;病因诊断适合于有条件的医院对心肌病的病因诊断进一步完善。

在中华医学会心血管病学分会、中华心血管病杂志编辑委员会领导下,全国从事心肌炎、心肌病诊疗和研究的部分专家组成了中国心肌病诊断与治疗建议工作组并发表"心肌病诊断与治疗建议"。本建议遵循以下原则:吸收和借鉴欧美和国外新的观念和治疗方法、大规模临床试验证据,并充分反映和应用我国循证研究的发现与结论;建议从临床实用出发,注意到国外分类动向和致病基因研究的现状,将原发性

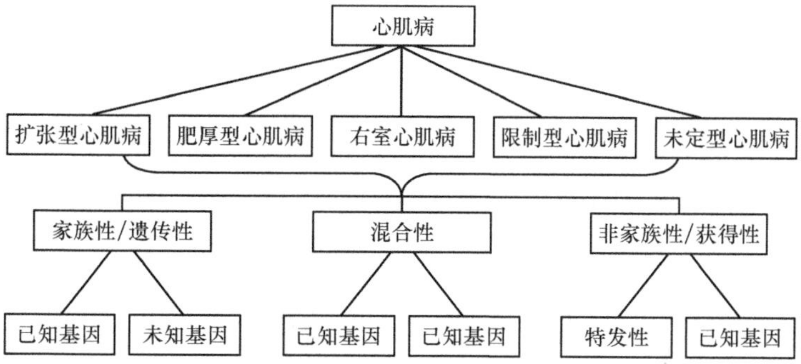

图1-1 心肌病新分类系统

心肌病分类和命名为扩张型心肌病(DCM)、肥厚型心肌病(HCM)、致心律失常性右心室心肌病/发育不良(ARVC/D)、限制型心肌病(RCM)和未定型心肌病5类。病毒性心肌炎演变为扩张型心肌炎属继发性,左心室心肌致密化不全纳入未定型心肌病。

根据主要受累器官将心肌病分为两大组。原发性心肌病(遗传性、非遗传性、获得性)仅单独或主要累及心肌,相对少见。继发性心肌病心肌的异常仅是全身多个器官受累的一部分。以前其他分类将这种全身性疾病伴随的心肌病称为"特异性心肌病"或"特异性心肌疾病",这个分类废弃了这些名称。由于很多心肌病可能主要累及心脏但并不局限于心脏,所以有时原发性和继发性的界限只能根据心肌受累的临床重要性等人为地来确定。综上所述,我们建议心肌病可以分成原发性和继发性。原发性包括遗传性、混合性(遗传性及非遗传性)、获得性(表1-2)。重要的继发性心肌病见表1-3,这个表仅包括伴有心肌病的常见疾病。

表1-2 原发性心肌病分类

遗传性原发性心肌病
肥厚型心肌病(HCM)
致心律失常性右心室心肌病/发育不良(ARVC/D)
左心室心肌致密化不全(LVNC)
糖原储积病(PRKAG2,Danon)
传导系统缺陷
线粒体肌病
离子通道病
长QT综合征(LQTS)
Brugada综合征
短QT综合征(SQTS)
儿茶酚胺性多形性室性心动过速(CPVT)
"突然不明原因夜间死亡综合征"(SUNDS)
混合性(遗传性及非遗传性)原发性心肌病
扩张型心肌病(DCM)
限制型心肌病(非肥厚非扩张型)
获得性原发性心肌病
炎症性心肌病(心肌炎)
应激诱发的心肌病("Tako-Tsubo"心肌病)
围生期心肌病
心动过速性心肌病
胰岛素依赖型糖尿病母亲的婴儿的心内膜纤维弹性组织增生症

表1-3 继发性心肌病分类

浸润性心肌病
淀粉样变(原发性、家族性常染色体显性遗传性、老年性、继发性)
高雪病(Gaucher disease)
Hurler病
Hunter病
储积病
血色病
Fabry病
糖原储积病(Ⅱ型、Pompe)
Niemann-Pick病
中毒
药物、重金属、化学物品
心内膜疾病
心内膜纤维化
高嗜酸粒细胞综合征(Löffler心肌炎)
炎症性(肉芽肿性)
结节病
内分泌疾病
糖尿病
甲状腺功能亢进症
甲状腺功能减退症
甲状旁腺功能亢进症
嗜铬细胞瘤
肢端肥大症
心脏-颜面病(cardiofacial)
Noonan综合征
着色斑病
神经肌肉性/神经性疾病
弗里德赖希共济失调(Friedreich ataxia)
Duchenne-Becker肌营养不良
Emery-Dreifuss肌营养不良
强直性肌营养不良
神经纤维瘤病
结节性硬化症
营养缺乏症
脚气病(硫胺缺乏症)、糙皮病、坏血病、硒缺乏症、肉毒碱缺乏症、恶性营养不良(Kwashiorkor)
自身免疫病/胶原疾病
系统性红斑狼疮
皮肌炎
类风湿性关节炎
硬皮病
结节性多动脉炎
电解质紊乱
抗肿瘤治疗的后果
蒽环类抗生素:阿霉素、柔红霉素
环磷酰胺
放射治疗

三、原发性心肌病的常见类型及其病理学变化

（一）遗传性原发性心肌病

1. 肥厚型心肌病 肥厚型心肌病（hypertrophic cardiomyopathy，HCM）的特点是室间隔上部不对称性增厚伴瓣膜下血液动力性梗阻，且多数病例的室间隔厚于左心室游离壁，使心室流出道狭窄，但也常见对称性非梗阻性类型。发病原因不明，部分患者有家族史，通常为常染色体显性遗传。该病的病理生理学特征为舒张功能不全，即心室不充盈，而非收缩期梗阻。肥厚性心肌病的发生率为0.2%，任何年龄都可以发病，但以25～50岁的青壮年多见，男女的发病率无明显差别。临床表现多样，无症状，轻度胸闷、心悸、胸痛、呼吸困难，室性心律失常，心力衰竭，心房颤动伴栓塞，部分病例可表现为猝死，以青年患者多见，为1/3的年轻竞技运动员猝死的原因。

【病理变化】

（1）肉眼观察：心脏显著增大，重量明显增加，使心脏略呈球形；重量一般都大于500g，部分病例超过800g，个别病例也可达1000g以上；左、右心室壁和室间隔都显著肥厚，其左、右心室增厚呈非对称性，而且室间隔的厚度比左心室更明显（彩图1-1），两者的比值在成人为1.1∶1～1.5∶1；左心室和室间隔厚度一般为1.5～3cm；左、右心室缩小，乳头肌明显增粗缩短；冠状动脉一般无明显狭窄。

（2）镜下观察：心肌细胞明显肥大且排列紊乱，核大深染且大小不等、形状不一、多为畸形核。典型的病理变化是心肌纤维排列紊乱，呈漩涡状、簇状或不规则状，且心肌细胞内的肌原纤维也不呈平行排列，而是向各个方向互相交错排列。间质纤维结缔组织明显增多，伴或不伴局灶性炎症浸润，有灶性、小片或大片瘢痕形成，多位于主动脉瓣下区的心内膜、乳头肌和左心室侧壁等处；间质内冠状动脉细小分支的管壁常有轻度增厚。室间隔上部主动脉流出道处的心内膜常增厚。心肌细胞排列紊乱亦可见于正常心脏或其他类型的心肌肥大，不是该病的特异性病变，与其他普通性心肌肥大相比，肥厚性心肌病中这种病变更为广泛（约占30%～50%的心肌）。家族性和散发性病例与编码心脏结构蛋白的基因突变有关，包括β肌球蛋白重链（14号染色体）、心脏肌钙蛋白T（1号染色体）、α原肌球蛋白（15号染色体）与肌球蛋白结合蛋白C（11号染色体）。目前，已有至少15个突变基因，超过400个位点突变与HCM的临床表型相关。

来自心内膜心肌活检（主要为右侧）的标本，可以是为了缓解梗阻而进行的心肌切除术标本。由于典型的心肌细胞排列紊乱常位于室间隔，而心内膜心肌活检最大只能为3mm，故标本中可能无异常组织。Tazelaar和Billingham发现33%的活检标本存在心肌纤维紊乱，而心肌切除术标本中约有58%，且总是伴有普通性心肌细胞肥大。间质性或替代性纤维化更常见于心肌切除术标本中，心内膜增厚和异常动脉只见于心肌切除术标本中。因此，心肌活检在肥厚性心肌病的诊断上有一定的局限性，但可排除引起类似症状的其他疾病，如淀粉样变、其他储积性疾病、慢性高血压和与年龄相关的室间隔主动脉下膨隆。

2. 致心律失常性右心室心肌病 致心律失常性右心室心肌病/发育不良（arrhythmogenic right ventricular cardiomyopathy/dysplasia，ARVC/D）是新近命名的一种原因不明的心肌病，又称为右心室发育不良（right ventricular dysplasia，RVD）、右心室心肌病（right ventricular cardiomyopathy，RVCM），早期的文献称右心室发育不良、羊皮纸样右心室、Uhl畸形、右心室扩张型心肌病等。ARVC/D是20年前才被报道的一种不常见的可遗传的心肌疾病（发病率约为1/5000）。1977年Fontaine等首次描述该病。ARVC/D是一种以心律失常、心力衰竭及心源性猝死为主要表现的非炎性非冠状动脉心肌疾病，多见于青少年时期。Hamid等报道的一组298例临床病例中，ARVC/D占10%。该病的发病年龄范围较大，自16～60岁不等，但以20～40岁的青壮年多见，男性明显多于女性，为年轻人心源性猝死原因之一，并被认为是意大利竞技性运动员心源性猝死的最常见原因。

ARVC/D的病因及发病机制至今不明，虽然过去的研究报道有炎症、免疫、退行性变及

个体发育不良等几种学说，但越来越多的研究证据表明其与凋亡和基因突变有密切关系。大量的临床研究表明，ARVC/D患者多有明确的家族史和遗传倾向，为常染色体显性遗传及不完全性外显率。因不同的基因突变，其遗传型不同，故可产生不同的临床表现类型，这也可能是临床表现和尸检病理变化不同的原因。由于右心室心肌明显减少，使心肌收缩力减弱、传导性下降，从而成为发生猝死的病理基础。ARVC/D临床表现多种多样，但常常表现为室性快速性心律失常（如单形性室性心动过速），部分患者首发表现为猝死，尤以年轻患者为甚。

ARVC/D主要侵犯右心室，表现为进行性心肌细胞减少，被脂肪组织或纤维脂肪组织代替，导致右心室节段性异常或整体异常。尽管经常合并心肌炎（部分患者为肠病毒或腺病毒），并不能认为ARVC/D是原发性炎症性心肌病。

【病理变化】

（1）肉眼观察：心脏轻度或者中度增大，重量轻、中度增加，但少数病例也可在正常范围内，右心室心外膜脂肪组织明显增多；左心室壁可轻度肥厚，但右心室明显变薄，大部分右心室壁心肌明显减少，甚至完全缺如，右心室心肌局灶性或大片性被脂肪和纤维脂肪所取代（彩图1-2），正常心肌被分隔成岛状或块状，散在分布于纤维脂肪组织间，右心室室壁心肌变薄、右心室扩张。使右心室从内、外及切面观察均成黄色，甚至乳头肌和肉柱亦变为黄色，另外有报道高达75%的患者可以有左心室受累（左心室心肌被纤维脂肪组织取代、左心腔扩大）或发生心肌炎。病变严重时可累及全心。约半数病例可有冠状动脉轻度狭窄。Shrapenl等还报道1例左心室有显著脂肪浸润和纤维瘢痕形成，而右心室的病变轻微。这种"显著左心室发育不良"是ARVC/D的一种表现还是单独的一种疾病类型值得进一步研究。

（2）镜下观察：右心室心肌明显减少，呈局灶性或大片被脂肪和（或）纤维脂肪组织取代（彩图1-3），残存心肌呈岛状或小片状散在分布其间。病变可不同程度地累及左心室和室间隔，甚至右心房，间质可见少量淋巴细胞浸润。冠状动脉内膜可有轻度环形增厚。

对于该疾病的无创性临床诊断可能较困难，没有一种简便的检查可以肯定诊断。临床诊断常常需要综合分析心电资料、功能异常及结构异常的证据。常常是由于心律失常、晕厥、心脏骤停史、心腔局部或均匀扩大及室壁运动异常而高度怀疑本病。除病史及家族史外，常用12导联常规心电图、心脏超声、右心室造影、心脏磁共振显像及计算机断层扫描等检查来诊断ARVC/D。从右心室游离壁取样作心内膜心肌活检诊断敏感性高，表现为纤维脂肪组织和存活心肌混合存在。

大多数ARVC/D患者表现为常染色体显性遗传，尽管经常外显不完全。常染色体显性遗传性ARVC/D与9个染色体位点相关。已发现在5个基因上的突变可以导致本病。这5个基因包括可以导致儿茶酚胺敏感性多形性室性心动过速（CPVT）的心脏ryanodine受体RYR2、desmoplakin基因、plakophillin基因以及导致在炎症中起一定作用的转换生长因子-β基因的调节顺序改变的基因突变。另有两种隐性遗传性ARVC/D，有报道与手掌脚底角皮病及羊毛样头发病（Naxos病）及Carvajal综合征相关。它们分别由交界性片清球蛋白（junctional plakoglobin）或细胞桥粒血小板溶素（desmoplakin）突变所致。虽然细胞桥粒蛋白的功能是将中间细丝锚定在细胞桥粒上，从而提示ARVC/D是原发性器质性异常，但该病也与离子通道功能异常有关。

3. 心肌致密化不全或心室肌致密化不全（noncompaction of ventricular myocardium，NVM） 这是一种新近被认识的先天性心肌病，是心室发育不全的一种罕见类型的先天性畸形，过去归为未分类心肌病，现在归入遗传性心肌病。

NVM的人群年发病率为0.05%。但家族发病率高达44%，可发生在同胞子女、异父（母）兄弟、父母和子女及父母的近亲中。该病病因尚不清楚，可能为遗传性的先天异常致胚胎发育过程障碍所致，由于正常的胚胎发育过程停止，心内膜形态学发生受到限制或停止，而导致发育中的肌小梁致密化失败所致。正常情况下，在个体发生的原始心管分隔、心室形成期，心肌小梁呈海绵状，在室间隔形成的同时，疏松的小梁逐渐致密化，小梁间隙逐渐缩小而形成毛细血管。小梁逐渐转变为致密化心肌。如发育缺陷,心肌间窦状隙未闭合、网状心肌纤维致密化失败,则在形态学上形成肌小梁与小梁间隐窝分隔的海绵状病理改变。据报道,孤立性NVM的病因包括ZASP(Z线)和线粒体突变、由G4.5基因突变引起的性染色体相关遗传病。伴有其他先天性心脏病的NVM由α-dystrobrevin基因及转录因子NKX2.5的突变所致。

根据发生部位不同,NVM可分为左心室型、右心室型及双心室型,而以左心室型最多见。该病有家族发病倾向,且往往伴有其他先天性心脏畸形。可以独立存在也可以伴有其他先天性心脏病如复杂性发绀性先天性心脏病。

【病理变化】

(1)肉眼观察:特征性的表现为左心室心肌海绵样形态学异常。NVM主要累及左心腔的心尖部分,表现为肌小梁间深的隐窝(窦管)与心腔相通。心室壁呈现两层结构,外层为较薄的发育不良心肌,由致密化心肌组成;内层为过度肥大的肌小梁组成的心内膜带,较厚,由非致密化心肌组成,表现为无数突出于心室腔的肌小梁和深陷的小梁隐窝,小梁隐窝深达心室壁外1/3,并与心室腔相交通(彩图1-4,彩图1-5)。

(2)镜下观察:心内膜增厚,纤维组织增生,而无弹力纤维组织增生;外层为较薄的发育不良心肌,由致密化心肌组成;内层为过度肥大的肌小梁组成的心内膜带,较厚,由非致密化心肌组成(彩图1-6,彩图1-7)。心肌细胞代偿性肥厚,但肌小梁内可见正常心肌细胞、肥大的心肌细胞和脂肪细胞,且有不同程度间质纤维化和缺血坏死。

【临床表现】 NVM的起病隐匿,儿童和成人均可发生,发病年龄跨度大,从出生即发病或直至中年才出现症状,也有终身无症状。男性多于女性。病程的进展由非致密化心肌范围和慢性缺血程度所决定。NVM的自然病程基本上不清楚。可以出现左心室收缩功能障碍、心力衰竭(部分患者需要心脏移植)、血栓栓塞、心律失常、猝死以及各种类型的心脏重构。家族性及非家族性均有报道。如合并房室瓣反流,可闻及相应区域的心脏杂音。心功能不全是NVM最常见的临床表现,也是患者就诊的主要原因。心功能不全主要发生于左心,也可合并右心功能不全。二维心脏超声、心脏MRI、左心室造影可以诊断本病。

NVM的临床表现和心电图无特异性,超声心动图检查是临床诊断NVM的主要方法,其诊断标准为:①心肌明显分为两层,即薄而致密的心外层和厚而致密不全的心内层;②心内、外层厚度之比大于1.4(成人大于2.0);③彩色多普勒显示收缩期心腔内血流直接进入小梁间隙深层。该病特有的病理组织学变化为:心肌有许多明显的小梁形成,伴有隐窝形成,与左心室心内膜相连续,心内膜下纤维性增厚。

国内商建峰等报道了3例病变均位于左心室,无家族史。心肌重量增加,心脏扩大,部分瓣膜周径增大,心室壁增厚。组织学心室壁呈现典型的两层结构。均有心力衰竭、心律失常,其中1例可见明显血栓形成,专科检查心脏听诊区可闻及收缩期杂音。3例冠状动脉均有不同程度狭窄,原因主要为动脉粥样硬化致管腔狭窄,且狭窄程度并不足以引起心力衰竭,考虑心力衰竭还是由于心肌病变本身所致。

4. 传导系统疾病 Lenegre病(又叫进行性心脏传导缺陷)的特征是原发性进行性地出现希氏束-浦肯野纤维传导障碍,导致QRS波群增宽、长R—R间期、心动过缓,可能触发晕厥。进行性心脏传导缺陷与病态窦房结综合征表现相似。有报道两者呈常染色体显性遗传方式家族聚集发生。有人认为一种SCN5A突变的离子通道病与这些传导系统缺陷有关。某些Wolff-Parkinson-White综合征患者为家族性发病,但其遗传学原因不清楚。

5. 离子通道病 编码离子通道蛋白质、控制细胞膜钠钾离子转运的基因的突变导致的遗传性或先天性心律失常虽不是很常见,但种类越来越多。这些离子通道病包括长QT综合征(LQTS)、短QT综合征(SQTS)、Brugada综合征及儿茶酚胺性多形性室性心动过速(CPVT)。Brugada综合征和见于东南亚年轻男性的突发不明原因夜间死亡综合征在临床表现及基因异常方面均很相似。约5%~10%的婴儿猝死可能是由于LQTS、SQTS、

Brugada 综合征等离子通道病。离子通道病常常可以通过12导联常规心电图上的特殊表现而作出临床诊断。其中一些患者以前被诊断为特发性心室颤动。特发性心室颤动这个名称仍将保留，用于那些发病机制不清楚的病例。

(1) 长QT综合征：LQTS特征是心室复极时间延长、心电图上QT及QTC延长、一种特殊的多形性室性心动过速(尖端扭转室速)以及发生晕厥猝死的危险。可能是最常见的离子通道病。心电图表现可以变异很大，约25%～50%的受累的家族成员QT间期正常或临界范围。

LQTS有两种遗传方式：一种伴有耳聋，很罕见，为常染色体隐性遗传，称作Jervell and Lange-Nielsen综合征，病因为编码缓慢激活的延迟整流钾通道的两个基因[KCNQ1和KCNE1(minK)]的突变；另一种常见得多，不伴耳聋，为常染色体显性遗传，称作Romano-Ward综合征，病因是8种不同基因的突变。这8种基因包括KCNQ1(KvLQT1，LQT1)、KCNH2(HERG，LQT2)、SCN5A(Na1.5，LQT3)、ANKB(LQT4)、KCNE1(minK，LQT5)、KCNE2(MiRP1，LQT6)、KCNJ2(Kir2.1，LQT7，Andersen综合征)和CACNA1C(Ca1.2，LQT8，Timothy综合征)。其中6个编码心脏钾通道，1个编码心脏钠通道(SCN5A，LQT3)，1个编码锚定离子通道至细胞膜的蛋白ankyrin(ANKB)。

(2) Brugada综合征：Brugada综合征1992年首次被报道，临床表现为年轻人的心源性猝死。特征性的心电图表现是右束支传导阻滞伴右心前区导联(V_1～V_3)ST段穹隆状上抬。常常这种特征性心电图不出现，使用钠通道阻滞剂(包括ajmaline、氟卡尼、普鲁卡因胺及pilsicainide)可以使其显露。家族性常染色体显性遗传及散发病例中约20%是由于心脏钠离子通道基因SCN5A的α亚单位突变。另一个位点在3号染色体的短臂上，但具体基因尚未被认识。

(3)“突然不明原因夜间死亡综合征”(SUNDS)：部分的SUNDS病因为SCN5A基因突变。这些患者基因、表型、功能上均与Brugada综合征相同。SUNDS多见于东南亚(如泰国、日本、菲律宾、柬埔寨)青年男性，于睡眠中发生室性心动过速或心室颤动而导致患者突然死亡。

(4) 儿茶酚胺性多形性室性心动过速(CPVT)：于1978年由Coumel等首次报道。CPVT的特点包括：常见于少年儿童，剧烈活动或激动诱发，可导致晕厥、猝死，静息心电图正常，无器质性心脏病基础。约30%的病例有心源性猝死家族史。静息心电图多无异常，部分患者见窦性心动过缓及U波高大。最典型的心律失常是双向性室性心动过速、QRS波群电轴交替。常染色体显性遗传型CPVT的病因是RyR2基因，而一种常染色体隐性遗传型CPVT的病因是CASQ2。

(5) 短QT综合征(SQTS)：2000年首次被报道，SQTS的特点为心电图上QT间期缩短(小于330ms)及发生室性心动过速或心室颤动导致心源性猝死的危险性增高。SQTS另一个显著的心电图特征是貌似高血钾的高尖T波。SQTS的病因是KCNH2(HERG，SQT1)、KCNQ1(KvLQT1，SQT2)及KCNJ2(Kir2.1，SQT3)等基因的功能增强突变，分别导致Ikr、Iks、Ikl电流的增强。

(6) 特发性心室颤动：文献上有一些猝死的患者被称作特发性心室颤动。但是很可能特发性心室颤动不是一个独立的疾病，而是心室颤动不伴解剖异常的机制不明的各类疾病的总称。特发性心室颤动无疑是分子水平的异常，很可能是离子通道的突变所致。目前，没有足够的证据支持将特发性心室颤动作为心肌病的一个独立类别。

(二) 混合性心肌病(遗传性及非遗传性)

1. 扩张型心肌病(dilated cardiomyopathy，DCM) 过去称为充血性心肌病(congestive cardiomyopathy)，是以左心室或双侧心室扩张及收缩功能障碍为特征的一种心肌病。其病因与发病机制不明，可以特发性、家族性和(或)遗传性、病毒性和(或)免疫性、酒精性、中毒性，或者伴发于已知的心血管疾病，另外多种毒素、药物及代谢紊乱均可引起充血性心肌病。男女老幼均可发病，但以20～50岁青壮年多见，男性多于女性。特发性充血性心肌病占美国心力衰竭病例的25%，其特征为收缩期心肌功能不全，5年内死亡率约为50%。DCM既是临床上最常见的一种心肌病，也是引起心衰、需要进行心脏移植的常见心肌病之一。多数病例伴有心力衰竭，且呈进行性表现，常有心律失常、血栓栓塞，其中部分病例可发生猝死。

【病理变化】

（1）肉眼观察：肉眼可见心脏明显增大，且呈离心性肥大，心尖部钝圆、近似球形，重量轻度增加，少数可超过500g。切开心脏可见一侧或两侧心室明显扩张，有两侧心室扩张时，则以左心室扩张更明显，部分病例的心脏4个腔室均扩张（彩图1-8），常伴明显的心内膜和心内膜下纤维化及附壁血栓形成。心室壁不增厚或有轻度增厚，少数心室扩张非常显著者的心室壁可轻度变薄，心室内的肉柱变扁平而非圆柱形；心内膜可有轻度增厚，但以儿童多见。

（2）镜下观察：心内膜心肌活检可见心肌细胞肥大，常伴奇异形核及变性的心肌细胞，尤其是心内膜下区域，血管周围和间质内较明显，但无心肌排列紊乱现象。心肌间质纤维结缔组织增多，部分不规则，可有不同程度的纤维化或瘢痕形成，以心内膜和乳头肌多见。有的可检见淋巴细胞浸润，还有的可见轻度脂肪组织浸润。超微结构改变与光镜下所见的心肌细胞变性相一致，表现为肌原纤维成分消失，有时可见形态不规则的小线粒体。这些改变的严重性与预后相关。

由于扩张性心肌病的活检表现不具有特征性，故活检的重要性在于排除其他特异性的可治疗的病因，如血色病。有报道0～67%的扩张性心肌病的起始阶段存在心肌炎，Dec等认为如果症状发生后立即进行活检，则上述数值范围可能会更大。利用原位杂交和聚合酶链反应可检测出心肌中存在肠道病毒尤其是柯萨奇病毒B的遗传物质，但其意义不清。另外，还发现独特的抗线粒体和细胞膜成分的抗体。这些发现提示致病机制可能为病毒及继发的自身免疫反应。

2. 限制型心肌病（restrictive cardiomyopathy，RCM）　特点是一侧或两侧心室有限制充盈及舒张期容量减少，其收缩功能正常或接近正常，心室轻度增厚，伴有间质纤维化或心室内膜和内膜下纤维化。与DCM和HCM相比，RCM的发病相对较低，其发病可以是特异性的或伴发于其他疾病，如淀粉样变、伴或不伴有嗜酸粒细胞增多症的心内膜心肌病。发病年龄无明确的年龄分布特点。临床表现可有心悸、呼吸困难等心力衰竭症状，类似于缩窄性心包炎的表现，故也有人称之为缩窄性心内膜炎，其中部分病例可表现为猝死。

【病理变化】

（1）肉眼观察：心脏体积轻度增大，重量轻度增加，故心脏外形改变不明显，但下缘可稍钝。大部分病例心室壁增厚不显著，心室大小也无明显改变。主要病变为包括乳头肌、肉柱在内的心内膜下纤维结缔组织显著增多，使心内膜明显增厚（彩图1-9），乳头肌、肉柱增粗、变硬，外观呈灰白色，有的病例的腱索也可变粗、缩短。

（2）镜下观察：较特征性改变是心肌间质、心室内膜和心内膜下纤维化，部分心肌细胞轻度肥大，但纤维排列无明显紊乱征象，而心内膜下的部分心肌可见萎缩、变性改变。

限制性心肌病时进行心肌活检的目的是与缩窄性心包疾病相鉴别。限制性心肌病的病因之一为淀粉样变，它可经心内膜心肌活检用免疫组化的方法确诊，电镜下见典型的90～110Å宽的不分支的原纤维。应用免疫方法可明确这些浸润心肌间的蛋白质为免疫细胞来源型（轻链蛋白质不同部分的衍生物）、AA型（来自蛋白质SAA）或老年性心脏型（来自转甲状腺蛋白/前白蛋白）。手术切除的心房组织中孤立性心房淀粉样变比较常见。心房淀粉样物质沉积可能与衰竭心脏的心房肽分泌增多有关。组织学可见间质和血管壁内嗜酸性蛋白样物质沉积，PAS及刚果红染色阳性。可有显著的心肌细胞萎缩或缺失，缺失处细胞轮廓代之以淀粉样蛋白质形成的僵硬的边缘。偶尔刚果红染色阴性，但免疫组化可显示免疫球蛋白轻链蛋白质，超微结构检查可确诊。

Löffler病通常分为三期：急性心肌炎期、血栓形成机化期和机化性心内膜心肌纤维化期。该病与各种原因引起的嗜酸粒细胞增多有关，可能是由嗜酸性颗粒蛋白脱颗粒引起的。急性炎症期可见心肌嗜酸粒细胞浸润，但也可无嗜酸粒细胞。随后两侧心室流入道心内膜表面纤维素性血栓机化，心内膜下纤维化瘢痕形成，导致限制性心肌病的临床表现。限制性心肌病的其他原因包括结节病、类癌性心脏病、硬皮病、常见于儿童期的心内膜纤维弹性组织增生症以及特发性限制性心肌病。后者为一种排除性诊断，靠心内膜心肌活检很难确定。

（三）获得性心肌病

1. 心肌炎（炎症性心肌病，inflammatory cardiomyopathy） 心肌炎是各种原因导致的累及心肌的急性或慢性炎症过程，既可检见心肌炎病变，又是心肌病的病变。病因包括多种毒素和药物（如可卡因、白细胞介素2）及病毒（如柯萨奇病毒、腺病毒、parvovirus、艾滋病毒）、细菌（如白喉杆菌、脑膜炎球菌、链球菌）、立克次体（如斑疹伤寒）、真菌（如曲霉菌、念珠菌）、寄生虫（如锥虫、弓形虫）感染以及惠普尔病（肠道脂肪代谢障碍）、巨细胞心肌炎、药物（如抗生素、磺胺、抗惊厥药、抗炎药物）过敏。心内膜纤维弹性组织增生症（endocardial fibroelastosis）是一种发生于婴幼儿的扩张型心肌病，是在子宫内患病毒性（腮腺炎病毒）心肌炎的后遗症。

心肌炎典型演变过程经历活动期、愈合期、愈合后期，表现为进行性炎性细胞浸润导致间质水肿、局灶性心肌细胞坏死及最终被纤维化代替。这些病理改变造成心电活动不稳定的基质，使得室性快速性心律失常容易发生。有时，一次病毒性心肌炎（常常为亚临床性）可以触发自身免疫反应导致心肌细胞及细胞骨架的免疫损伤，最后导致扩张型心肌病及心脏功能障碍。

心肌炎进展为扩张型心肌病的证据来自动物模型、DCM患者心内膜心肌活检见炎性细胞浸润与病毒RNA以及Chagas病的自然病程等。导致炎症性心肌病的致病微生物与DCM的感染原因的致病微生物重叠很多，也提示两者关系密切。

心肌炎可以根据组织病理学、组织化学、分子生物学标准来诊断，但临床诊断常常很困难。胸痛、劳力性呼吸困难、乏力、晕厥、心悸、室性快速性心律失常、传导阻滞、左心室扩大和（或）室壁节段性运动异常伴急性充血性心力衰竭或心源性休克、心电图ST—T异常等均应怀疑心肌炎。临床怀疑心肌炎时可以作心内膜心肌活检，发现炎性细胞浸润及心肌坏死可以帮助诊断。但该检查价值有限，因为敏感性低，假阴性较多。如果进一步作活检组织分子生物学分析，包括提取DNA-RNA和用PCR法检测病毒基因组，可以显著提高诊断准确性。除炎症过程外，病毒基因编码的蛋白酶可以破坏心肌细胞的细胞骨架-肌小节间的连接。

2. 应激（“Tako-Tsubo”）心肌病 应激心肌病是一种新近被认识的临床疾病，最早由日本人报道，开始被称作“Tako-Tsubo”（日语“蛸壶”，捕捉章鱼用的罐子）心肌病。特征是急性起病且可以迅速逆转的左心室收缩功能障碍，没有动脉粥样硬化性冠状动脉疾病，由强烈的精神应激诱发。这种特殊的心室肌顿抑常常累及左心室腔的心尖部分（“心尖气球样改变”），而心底部心室肌收缩增强，患者多为老年女性。临床表现常常很像ST段抬高型急性心肌梗死，但如果采取恰当的治疗往往预后很好。

3. 其他 围生期（产后）心肌病罕见，发生于妊娠的最后3个月或产后5个月内的不明原因的心脏长大、收缩功能下降、心力衰竭。围生期心肌病是一独立疾病，不同于以前就有的心肌病因为妊娠的负荷而加重。围生期心肌病常常发生在肥胖的30岁以上的患先兆子痫的经产妇。约50%的患者在6个月内完全或几乎完全恢复，但也可以进行性恶化，最后心力衰竭、死亡或心脏移植。

还有一种未被足够关注的可逆性扩张型心肌病——长时间室上性或室性心动过速导致的心动过速性心肌病。心动过速终止后心脏收缩功能可以完全恢复正常。另外，大量饮酒导致的扩张型心肌病停止饮酒后也可以恢复。

四、心肌病病理学检查与诊断注意事项

（1）病理解剖检查时应做全面的系统检查。在仔细的大体解剖前提下，必须进行心脏多部位的病理组织学切片检查，以避免漏诊和

误诊，特别是 ARVC/D 和 RCM 这两种心肌病。

（2）测量左、右心室壁厚度时不要将心外膜的脂肪组织和心内膜的肉柱计算在内，同时应测量室间隔厚度。

（3）心肌标本取材制片时，至少应包括左右心室、室间隔、乳头肌和有病变的冠状动脉等部位。左心室除应横切取材外，即包括心外膜、心肌层和心内膜这三层的心室壁全层，还应纵取一块，即不包括心外膜和心内膜这两层而仅有中间的心肌层。必要时还应取心尖部组织，左心室的前、侧、后壁的不同部位，左、右心房或心传导系统等处。

（4）儿童及青少年病例应注意不同年龄阶段心脏的大小及有无先天性心脏病。

（5）除病理形态学检查外，还须结合临床病史，包括个人史和家庭史以及各项临床辅助检查结果等进行综合分析，认真鉴别，二者缺一不可。

第五节　心脏移植病理

1967 年 12 月，南非的 Barnard 医师成功地进行了世界上第 1 例人的心脏移植术。虽然移植后患者于第 3 周死于肺部感染，但这次手术的成功却在世界上引起了人们对于心脏移植的极大兴趣。他的第 2 例患者生存了 20 个月。在世界上第 1 例心脏移植术后几周，经过长期准备和实验的 Shumway 和他的同事们也完成了他们的第 1 例心脏移植手术。尽管如此，其后一段时间心脏移植工作的进展是十分缓慢的。

人们一直在研究供受体选择的标准、排斥监测的方法、改进免疫抑制剂、提高外科手术技巧、术后监护和患者的术后生存率等，直到 70 年代后，这些工作在肾移植的影响下才得以确定下来。1984 年新的强效免疫抑制剂环孢素（cyclosporine，CsA）开始在心脏移植方面得到广泛的应用，引发全球范围内心脏移植研究与临床应用的热潮。我国第 1 例人体心脏移植手术于 1978 年由上海瑞金医院的张世泽等完成，患者存活 109 天，为我国在大的动态器官移植上开创了先河；第 2 例由北京安贞医院于 1992 年完成。随着心脏移植例数和术后长期存活者的迅速增加，加之 20 世纪 60～70 年代，心内膜心肌活检技术的建立以及不断改进，这一诊断技术逐渐应用于心脏移植后的诊断，心脏移植术后的合并症才逐渐被人们所认识。在心脏移植后的不同阶段，可以发生如移植心右心室衰竭、缺血-再灌注损伤、超急性排斥反应、急性排斥反应、感染以及慢性排斥反应所致的移植心脏冠状动脉血管病（transplant coronary artery disease，TCAD）等一系列合并症。认识这些不同阶段所出现的合并症的组织病理学特征，及时合理地应用 EMB 予以正确诊断，成为心脏移植术后保障移植心及受者长期存活的关键。1981 年，Reitz 成功地实施了人类第 1 例心肺联合移植。数月以后他们又为 1 例先天性心脏病室间隔缺损伴埃森曼格综合征的患者进行了心肺联合移植术。心脏移植无论是单纯心脏移植还是心肺联合移植，无论是儿童还是成人心脏移植，移植心脏均具有基本相同的病理组织学表现，这有利于我们在不同类型的心脏移植后利用组织学方法诊断其各种合并症。

一、移植心脏心内膜心肌活检

心内膜心肌活检术是监控心脏移植术后患者排斥反应的金标准。在诊断急性细胞性排斥反应中具有较高的敏感性和特异性。目前尚未发现有心脏影像学检查及血清标志物可以取代心内膜心肌活检在心脏移植术后的治疗与术后管理预后的判断。1981 年，Bilingham 利用 EMB 提出了移植心脏急性排斥反应的诊断与分级标准并得到广泛认可，为心脏移植术后合并症的正确诊断提供了有价值的诊断依据，EMB 组织学观察成为诊断移植心脏急性排斥反应唯一的确诊方法。

理论上，供者的最初心脏活检应与心脏移植同步进行，因为供者的最初心脏活检对评估供体心肌状态很有价值，如供者心肌肥厚、缺血或其他病变如心肌炎等。移植术后不同阶段患者心内膜心肌活检的频率差异大。通常情况下，活检在移植后第 1 个月每周 1 次，第 2 个月 2 周 1 次，3 到 12 个月 6 到 8 周 1 次。1 年后，心内膜心肌活检可逐渐降为每季度、每半年或每年 1 次。在一些中心，除外临床怀疑的排斥反应，活检一般不超过 2 年。一旦确诊排斥反应，患者治疗后 1 至 2 周重复活检；多次活检后，再次活检容易取到前次活检部位修复的组织瘢痕而丧失诊断意义。

在活检定位上，右心室活检取自室间隔，左心室活检主要取自左心室心尖部。定位方法有 X 线透视、二维超声心动图和心室心动图。右心室活检时经静脉通路，可供选择的静脉包括两侧锁骨下静脉、右颈内静脉、两侧股静脉。相对于股静脉途径，经上腔静脉通路操纵活检钳较易进入右室取材；左心室心肌活检时通常经动脉逆行进入左心室，首选右侧股动脉。

经活检钳钳取的心肌组织量较少，急性细胞性排斥反应在心脏是非均匀分布的，所以活检样本需广泛取材。为获得足够心肌样本，并保证全面反映心肌病理状态，2004 年国际心肺移植学会（ISHLT）规定心脏移植术后排斥反应的诊断活检时必须取材充分。研究表明，每次活检取 3 块组织时，诊断急性排斥反应的假阴性率是 5%，取 4 块标本时，假阴性率降到 2%。目前要求一般取材不少于 3 块，且每块组织应至少由 50% 的心肌组织组成，不包括之前活检部位的瘢痕组织。如活检钳小，就应采集 4～6 块组织。在目前分级方法下，用至少 3 块组织是否可以判断排斥反应的敏感度，还有待确定。对于不符合这些标准的活检组织我们称为“活检不充分”。如有排斥反应的活检标本小于 3 块、活检取材数量不足或组织学检查中发现不寻常现象，均应在活检报告中附加说明，以供临床参考，分级时要注明更严重的分级不除外。为具有代表性需在不同部位钳取组织。最常用的部位是室间隔，该部位取材时较少引起心脏穿孔。其他取材部位包括右心室隔面、游离壁、心尖部等。

为减少心内膜心肌活检中的人工假象，组织避免长时间置于滤纸、纱布或其他等渗溶液中，而应立即用 10% 磷酸缓冲福尔马林，且固定液应于室温下保存；为最大限度地减轻心肌组织挤压变形，不用镊子夹取标本而用针来挑取。每块组织要在三个层次连续切片，以便更充分观察，常规 HE 染色及 PTAH、弹力/VG、Masson 三色染色，并按 2004 年国际心肺移植学会（ISHLT）标准进行诊断和分级。如需做免疫组化可提前切好和保存染色切片。基于患者和一些研究工作的需要，组织可快速冷冻以用于免疫荧光或其他的研究（如核酸原位杂交、原位 PCR 反应、基因表达谱）。组织取出后迅速擦去水分置于 OCT 包埋剂，组织迅速冷冻后移入液氮中，进一步研究的组织应在 -80℃ 保存。如事先考虑需做电镜观察时，宜固定在 2.5% ～3.0% 戊二醛和 4% 甲醛磷酸缓冲混合液中（pH7.4，McDoWell 固定液）。

二、心脏移植排斥反应的病理组织学变化

心脏排斥反应有以下数种分类方法。

（1）按排斥发生的程度，分为轻、中、重度排斥反应。

（2）按排斥发生的机制，分为细胞介导性排斥和抗体（体液）介导性排斥。

（3）按排斥发生的时间，分为超急性排斥、加速性排斥、急性排斥及慢性排斥。

心脏移植病理的标本主要来源为心内膜心肌活检组织，其次是再次移植时切除的无功能移植心脏和尸检时移植心脏，后两者常能反映移植心脏的晚期改变。EMB 是监测移植心脏病理变化最有效的手段。

（一）心脏移植术后即刻发生的临床及病理学变化

1. 超急性排斥反应（hyperacute rejection）**的病理变化** 目前，由于术前严格的免疫学选择，超急性排斥反应已非常罕见，它可能是供受者的主要组织相容性错配的结果。主要原因是受者血液中有已形成抗供者特异性抗体，其靶抗原主要是在血管内皮细胞上的 MHC Ⅰ类抗原。损伤机制为抗原-抗体结合后迅速激活补体并活化血小板，导致移植心脏血管内皮广泛损伤及微血栓形成，造成广泛的血循环障碍。

超急性排斥反应通常发生于移植中或术后 3 天以内。发生于手术时，一旦移植已经吻合完毕，恢复循环时移植心脏立即表现功能不良，甚至无功能。临床上表现为不能恢复自主心电、血压和心输出量低，需要正性

肌力药维持。肉眼可见移植心脏迅速肿胀，颜色变成暗红色甚至青紫色，僵硬，被称为“石头心”。另外有报道提出“迟发性超急性排斥反应”发生在心脏移植术后4～17天内。镜下超急性排斥是一种血管病变，包括弥漫性间质出血、水肿，中性粒细胞浸润和在内脏血管的纤维蛋白血栓形成。很快微循环受到严重破坏以及成片的心肌坏死。早期免疫病理学改变有免疫球蛋白、补体C1q、C3和纤维素原的沉着，内皮细胞的破坏以及移植器官的微血管内血小板的凝集。目前已基本明确了其体液免疫致病因素，采用补体片段C4d免疫荧光组织化学染色以及免疫酶组织化学染色予以确诊。

临床上一旦出现超急性排斥反应时应立即用强心药物维持血流动力学的平稳，同时加强免疫抑制治疗。在免疫病理过程不能逆转、心室功能不能改善时，唯一解救方法是立即摘除移植心脏，再次移植，或置全人工心脏等待再移植。

2. 右心室衰竭（right ventricular failure，RVF） 可在术中发生，在未关闭胸腔前可见移植心脏心室收缩非常弱，心室扩张并可见心脏外观呈暗红色。最常见的原因是供者心脏是正常右心室，受者原有肺动脉高压，所致肺动脉血管阻力升高，供者正常的右心室不能适应肺动脉高压而引起机械性急性右心衰。目前通过对移植术前受者详尽的体检，可予以排除或改善。此外还可采用以下几种方法：①可选择较大供者心脏；②选择另一因肺动脉高压而接受心肺联合移植受者的肥大心脏移植给这一患者，这称为多米诺移植（Domino transplant）；③心肺联合移植；④异位心脏移植。

移植心脏右心室衰竭病理上无特异表现，可以为右心室心肌组织内弥漫性出血，有时可见血管内纤维素样微血栓栓塞，主要是血流动力学改变。

（二）心脏移植术后早期的临床及病理学变化

1. 缺血-再灌注损伤（ischemic-reperfusion injury） 主要出现于术后1～3周内。主要因为供心保存与再灌注过程中所致的损伤，其次与供者严重的颅脑损伤、蛛网膜下腔出血、儿茶酚胺的大量释放等有关，但确切机制仍未完全明确。主要表现为心肌细胞变性、心肌纤维断裂、巨噬细胞出现，有或无少量中性粒细胞浸润（彩图1-10）。急性排斥反应主要是淋巴单核细胞浸润。缺血时心肌细胞坏死在前，其后方出现急性炎症反应。急性排斥反应则先有淋巴单核细胞浸润，后有坏死。如移植后3个月出现心肌缺血改变，须注意是否有冠状动脉阻塞病变。

2. 升压药物导致心肌改变（pressor effect） 在供者抢救复苏过程中以及心脏移植术中或术后均有可能使用大剂量儿茶酚胺等升压药物，由此形成术后早期阶段移植心脏的升压药物损伤或儿茶酚胺效应（catecholamine effect）。镜下可见微小的点灶状心肌坏死和少量炎细胞浸润，不要与急性排斥反应混淆。

3. 急性排斥反应 在术后1个月内，由于术前采用了一定程度的免疫诱导治疗，在这一时间内发生急性排斥反应并不多见。

（三）心脏移植术后中期的临床及病理学变化

此期多在术后1个月后至1年期间，主要可出现急性排斥反应（acute rejection，AR），其次有Quilty效应、感染、淋巴组织异常增生等。

1. 急性排斥反应的病理变化

（1）急性排斥反应的分类：急性排斥反应是EMB组织中最常见的病变，也是EMB最重要的适应证和影响移植心脏存活的最主要原因。按其发生机制以及病理形态学特点，分为细胞排斥反应和体液排斥（humoral rejection，HR）反应两种，也称为急性细胞性排斥反应（acute cellular rejection，ACR）、急性体液性排斥反应（acute humoral rejection，AHR）或急性血管性排斥反应（acute vascular rejection，AVR）。有关急性体液排斥反应将在后面进一步介绍。

急性排斥反应/急性细胞排斥反应（AR/ACR）可发生于术后几周内，多数发生在术后3个月内，肉眼可见心脏呈暗红色，出血肿大、质硬、水肿状，心室壁增厚，心室切面可见部分区域因凝固性坏死呈灰白色。环孢素A在心脏移植的应用不仅改变了心脏移植的进程和预后，同时也使心脏移植排斥反应的组织学特征发生变化。心肌水肿几乎完全消失，而代之以单核细胞浸润及心肌细胞破坏，心肌细胞溶解为主要表现。镜下，轻微急性排斥反应表现为少许淋巴细胞的小灶状浸润，心肌间质可无水肿，心肌细胞正常。严重者可见淋巴细胞呈多灶性甚至弥漫性浸润，心肌间质水肿出血。急性排斥反应的基本病变为炎细胞浸润和心肌细胞损伤。浸润的炎细胞主要是 MGP 阳性的免疫母细胞，为 T 细胞源性，可分为 CD4（辅助/诱导 T 细胞）和 CD3（细胞毒/抑制 T 细胞）两个亚群。其中 CD4 细胞浸润数量的增加与轻度 AR 相关，CD8 细胞浸润数量增加时常提示严重的不可逆转的 AR 发生。浆细胞常出现在缓解期的 AR 病变中。在严重的 AR 病变中常出现红细胞明显外渗和间质内出血。在 CsA 治疗的病例中尚可见到中性粒细胞和嗜酸粒细胞。在浸润炎细胞中，单核/巨噬细胞和自然杀伤细胞的数量均很少。心肌细胞损伤表现为肌浆空化，横纹消失，胞核固缩以及心肌细胞溶解坏死。电镜下主要发现心肌肌浆内糖原储积，线粒体朝向血管极排列，微肌丝减少，溶酶体增加，脂褐素增多，核溶解消失。

随着 EMB 技术的发展以及在心脏移植中的应用，国际上多个心脏移植中心分别建立了各自不同的急性排斥反应病理诊断分级标准，基于 EMB 组织病理学改变，便于重复和指导临床。1990 年由国际心肺移植学会（ISHLT）主要参考 Stanford 大学 Billingham 等提出的移植心脏 EMB 的病理诊断标准，制订了国际统一的 AR 诊断与分级标准（表 1-4），至此，世界各大心脏移植组织均采用统一的排斥分级标准。

表 1-4　移植心脏急性排斥反应的诊断与分级标准——国际心肺移植学会（ISHLT，1990 年）

排斥分级		组织学特征
0 级	无急性排斥反应	
1 级	轻度急性排斥反应	少量炎细胞浸润，间质轻度水肿，无心肌细胞损伤
1A 级	局灶性轻度急性排斥反应	局灶性血管周或间质内少许淋巴细胞浸润，无心肌细胞坏死
1B 级	弥漫性轻度急性排斥反应	较弥漫的血管周或间质内及心肌纤维间少数淋巴细胞浸润，无心肌细胞坏死
2 级	局灶性中度急性排斥反应	仅是一个炎细胞浸润灶（大量淋巴细胞伴或不伴嗜酸粒细胞），境界清楚，在炎灶中可见受损的心肌细胞，间质水肿
3 级	中度急性排斥反应	心肌组织结构破坏，灶性心肌坏死，间质明显水肿
3A 级	多灶性中度急性排斥反应	多灶炎性细胞浸润，其中有大量淋巴细胞伴或不伴嗜酸粒细胞，有的灶内可见心肌细胞损伤
3B 级	弥漫性交界性重度急性排斥反应	弥漫性炎症多块活检组织内见多灶性心肌细胞损伤，多量大淋巴细胞及嗜酸粒细胞浸润，偶见中性粒细胞，出血不常见
4 级	重度急性排斥反应	弥漫性大量淋巴细胞、嗜酸粒细胞及中性粒细胞浸润，心肌细胞明显退变坏死，伴明显间质水肿、出血及血管炎
R 级（缓解级）		炎细胞数目减少，肉芽组织形成，病灶纤维化及含铁血黄素沉积。表明抗排斥治疗显著
	其他必须予以报告的情况	
	活检组织不合格	（心肌活检组织少于 4 块）
	体液性排斥反应	（免疫球蛋白等体液因子免疫荧光组织化学染色阳性）
	Quilty 效应	A：炎症细胞仅浸润于心内膜下部位 B：炎症细胞不仅浸润于心内膜下部位，并向下浸润心肌组织
	缺血损伤	A：心脏移植术后 3 周内的缺血性改变 B：移植后期的缺血性改变
	感染	
	移植后淋巴组织异常增生	
	其他	（其次活检部位、移植心复发性疾病等）

（2）急性排斥反应的分级及病理组织学表现：

1）0级（无急性排斥反应）：即移植心脏的EMB组织内，镜下无淋巴细胞浸润即心肌细胞损伤等病变。有时心肌内可见极个别散在的单个核细胞浸润，或在前次活检部位形成的小块瘢痕组织及心肌细胞周围脂肪组织内极少数炎症细胞浸润，而没有其他特征性的组织学表现，也可诊断为0级。

2）1级（轻微的急性排斥反应，mild acute rejection）：基本病变为轻度的局灶性或弥漫性的炎症细胞浸润，心肌细胞无明显损伤。

1A级：局灶性轻度急性排斥反应（focal mild acute rejection）。心肌间质内小血管周围，可见少数淋巴细胞形成的单个或多个的小灶状浸润，完全没有心肌细胞的损伤（彩图1-11）。

1B级：弥漫性轻度急性排斥反应。小灶状淋巴细胞浸润的范围较之1A级略大，不仅可以在心肌间质小血管周围，而且可以向细小血管周围邻近心肌组织内穿插，心肌细胞正常（彩图1-12）。

多数研究者认为1A级和1B级是同一类型排斥反应的一个演进过程，两者在治疗和转归预后上没有差别，因此认为这一级别的急性排斥反应可不必增加免疫抑制剂或进行抗排斥反应冲击治疗，浸润的淋巴细胞多数情况下可自行消失。鉴别诊断主要是移植前的损伤和前次活检部位。移植前的损伤主要表现为心肌细胞的变性坏死，而不是淋巴细胞的浸润；前次活检部位可通过组织连续切片观察予以区分。

3）2级（局灶性中度急性排斥反应）：主要表现为1次EMB获得的多个组织块内，心肌间质内均可见明显的单个核细胞浸润，浸润的炎症细胞多为淋巴细胞、单核细胞，在炎症浸润灶内可见心肌细胞呈凝固性坏死（彩图1-13）。在诊断时应注意与Quilty效应病变相鉴别，可通过对活检组织蜡块变换角度或进一步连续切片等方法解决。

4）3级急性排斥反应（中度急性排斥反应）：主要表现为单独一块或多块EMB组织内均有多灶性的淋巴细胞为主的单个核细胞浸润。浸润的炎症细胞除淋巴细胞外，还混有少许嗜酸粒细胞和中性粒细胞。

3A级：多灶性中度急性排斥反应。至少一块或2块以上EMB组织内均有多灶性的淋巴细胞浸润，并且其中至少有2～3处心肌细胞损伤（彩图1-14）。3A级的主要鉴别诊断包括3B级急性排斥反应、前次活检部位、Quilty效应及感染病变。

3B级：弥漫性交界性重度急性排斥反应。炎细胞浸润呈多灶性、弥漫性，并有相互融合的表现，伴明显的嗜酸粒细胞浸润，偶见中性粒细胞，出血不常见（彩图1-15）。3B级的主要鉴别诊断包括轻度排斥反应、3A级急性排斥反应、移植前损伤、感染等。3A级的炎性浸润主要为明显的灶状炎细胞浸润，3B级则为弥漫性密集的炎细胞浸润；前次活检部位中浸润的炎症细胞较少且不仅局限，并常有少许增生的纤维瘢痕组织；Quilty效应病变为心内膜下部位密集的炎细胞浸润，但浸润灶的数量不多；而对于弓形虫或巨细胞病毒感染，主要为混合型炎症细胞浸润。

对于3级排斥反应，无论是3A级或3B级，几乎所有的心脏移植中心均主张应立即予以抗排斥反应治疗。

5）4级急性排斥反应（重度急性排斥反应）：心脏移植急性排斥反应程度最重的一种类型。有弥漫性大量淋巴细胞、嗜酸粒细胞及中性粒细胞浸润，常见心肌坏死，并有广泛水肿、出血及血管炎的改变。4级急性排斥反应的鉴别诊断包括心肌缺血性损伤、与其前次活检的鉴别。其中缺血性损伤时心肌细胞损伤主要为心肌细胞梗死，而且仅在梗死灶周边有少数炎症细胞浸润，并以中性粒细胞为主。与前次活检部位的鉴别要点为，前次活检部位中不会有4级排斥反应密集的炎症细胞浸润，并且其浸润的部位常累及心内膜下。

6）缓解中以及治愈的急性排斥反应：未列入ISHLT分类系统中，但可依据ISHLT诊断与分级系统予以诊断。即经过有效的抗排斥反应治疗后，其活检的分级由高级别下降为低级别，即急性排斥反应正在缓解中，甚至为0级，即排斥反应已完全好转。

（3）体液排斥反应和急性血管性排斥反应：虽然急性排斥反应通常都被认为是以细胞免疫为主的急性细胞性排斥反应，但近年来随着排斥反应机制的深入研究，已初步明确体液免疫因素在其中同样具有重要作用。移植心脏急性体液性排斥反应或急性血管性排斥反应是指移植心脏内冠状动脉血管分支的血管内皮细胞抗原,诱导受者产生针对该抗原的抗体而形成免疫损伤,有免疫球蛋白及补体在小动脉、毛细血管和静脉内皮上沉积。虽然未见明显的抗原-抗体复合物,但这一免疫损伤机制中有明显补体活化、细胞因子释放、中性粒细胞和巨噬细胞浸润,甚至血栓形成等体液免疫因素的参与。光镜下常规HE染色可见毛细血管内皮细胞肿胀、血管内皮炎,同时有组织间质水肿、出血及中性粒细胞浸润,冷冻切片应用免疫荧光组织化学染色可检出补体片段C1d、C4d、C1q沿毛细血管内皮的沉积,以及石蜡切片CD68等免疫组化染色。由此可见冷冻切片及免疫荧光组织化学染色成为必不可少的环节,但应用石蜡切片对心肌活检组织进行免疫荧光检测常出现较高的假阳性结果,非特异性染色较多,因此未得以广泛开展。目前ISHLT在2004年移植心活检诊断的改进体系中包含了急性体液性排斥反应的项目,以供诊断时参考。Olsen等提出了一项最初的急性体液性或急性血管性排斥反应组织学诊断分级标准(表1-5)。

表1-5 Olsen移植心体液性/血管性排斥反应诊断标准

分级	组织学表现
轻微	光镜:血管内皮活化,心肌间质水肿、出血 免疫荧光染色:免疫球蛋白、补体在血管内皮沉积,间质少量纤维素沉积
中度	光镜:血管内皮活化,心肌间质水肿、出血,有或无血管炎 免疫荧光染色:免疫球蛋白、补体在血管内皮沉积,间质大量纤维素沉积
重度	光镜:大量淋巴细胞、浆细胞和中性粒细胞浸润,心肌间质水肿,心肌细胞坏死 免疫荧光染色:免疫球蛋白、补体在血管内皮沉积,间质内大量纤维素、免疫球蛋白和补体溢出而呈明显的阳性沉积

2. Quilty效应(Quilty effect) 移植心Quilty效应又称为移植心脏心内膜下炎症浸润。在心脏移植术后稍长时间如1个月或数个月以后以及更长期存活者的EMB组织内,常可见到心内膜下局灶性或沿心内膜下弥漫性密集的单个核细胞浸润现象。起先结合其形态学特征称为心内膜下淋巴细胞浸润(endomyocardial infiltrates, EI)类淋巴瘤病变(lymphoma lesions)或心内膜下淋巴细胞浸润(endomyocardial lymphocytic infiltrates, ELI)。其于1981年由Stanford大学的Billingliain最先报道,并以出现该病变受者的姓氏命名为Quilty效应或Quilty损伤(Quilty injury)。Kottke-Marchant等报道其在心脏移植受者EMB组织中的出现率大约是14%。

Quilty效应的定义及其组织学特征为位于移植心脏心内膜下部位,局灶性密集的单个核细胞浸润,其中绝大部分为淋巴细胞(彩图1-16),可伴或不伴有急性排斥反应。进而根据淋巴细胞浸润的部位,即浸润是单纯位于心内膜下或穿透入心内膜下心肌内,而将Quilty效应的组织学表现分为A型和B型。A型(Quilty A)为局限于心内膜下部位的淋巴细胞浸润,浸润的淋巴细胞与其下正常心肌组织有非常清晰的分界,浸润灶内可包裹有小的血管分支。而B型(Quilty B)为浸润的淋巴细胞有心内膜下向略为深层心肌组织内深入侵蚀,因此又称为侵入性Quilty效应(invasive Quilty effect),侵入的淋巴细胞常包围心肌细胞,使得心肌细胞之间间隙增宽,但往往没有明显的心肌细胞坏死。但多数研究显示,A、B两型仅在组织学上有差异,而在临床上没有明显的差别。

Quilty效应内浸润的细胞有多种类型,经Joshi等大量免疫组织化学染色研究的结果显示,浸润的单个核炎症细胞主要包括T细胞、浆细胞、巨噬细胞。其中以T细胞为主,其次为浆细胞。偶尔有少许巨噬细胞、嗜酸粒细胞和中性粒细胞。其中淋巴细胞也具有不同成熟阶段的不同细胞形态。

对Quilty效应的产生机制虽已进行了大量的动物和临床研究,曾经提出与免疫抑制剂环孢素(CsA)的应用、EB病毒(EBV)感染、早期急性排斥反应以及移植后淋巴组织异常增生(PTLD)等因素有关,遗憾的是至今仍无法明确,但一些有趣的现象提示其确实与这些因素具有相关性。其中关于Quilty效应与CsA两者的关系非常耐人寻味,Quilty效应最初是CsA作为新型强效免疫抑制剂在临床心脏移植中应用以后发现的。而在此之前,以糖皮质激素、抗胸腺细胞球蛋白(ATG)和硫唑嘌呤(Aza)为常规免疫抑制剂的时代,并未见Quilty效应的组织学变化。更令人费解的是,Quilty效应仅见于应用CsA的心脏移植受者的移植心内,而接受其他类型器官移植如肾移植或肝移植后,同样应用CsA的受者心脏组织内未能发现Quilty效应的形态变化。

Quilty A与Quilty B两种病变仅是在组织学上有差异,两者的预后没有差异。因此,1994年推出的ISHLT简化诊断分级体系中认为对Quilty效应不必细分为Quilty A与Quilty B两种类型。

Quilty效应应与急性排斥反应相鉴别,尤其是Quilty B与2级急性排斥反应组织学表现非常相似,因而极易混淆,更重要的是两者的临床对策完全不同。两者在活检组织中的形态学鉴别要点主要为,Quilty B中浸润的淋巴细胞是由心内膜向内膜下或更深的心肌组织内浸润,心内膜下浸润与侵入深部心肌组织内的浸润是延续的,同时可见浸润的淋巴细胞非常密集。而2级急性排斥反应时,心肌组织内淋巴细胞浸润是孤立的,呈典型的局灶性,多数情况下心内膜可见浸润,同时浸润的淋巴细胞数量明显少于前者。在实际的移植心EMB组织病理学检查中,由于活检组织取材非常有限以及切片的角度、深度等原因,常使两者的鉴别诊断存在困难,在掌握两者基本组织学特征的前提下,进一步对活检组织予以不同角度的、连续的、深层的切片以及全面观察所有的组织块,有利于鉴别诊断。Joshi等报道在这一鉴别诊断中,由于两者浸润的炎症细胞类型非常接近,浸润细胞表型的免疫组织化学染色分析不能提供帮助。在此情况下,为鉴别诊断,只能建议进行再次活检。

3. 感染性心肌炎(infections myocarditis) 由于术后免疫抑制剂的大量应用,受者机体免疫力明显下降,感染性心肌炎成为术后主要的合并症之一。心脏移植后最常见的机会性感染为细菌性感染,占整个术后感染的50%;其次为病毒感染,占40%;此外真菌感染及寄生虫感染各占5%。而在心脏移植中CMV感染的方式主要为CMV阴性受者接受了CMV阳性的供者器官移植,或输入了CMV阳性血液制品。这是最常见也是最重要的CMV感染方式,这种方式称为原发性感染(primary CMV infection);其次为继发性感染(secondary infection;或称再次激活性感染,reactivated infection)。

4. 2004年ISHLT移植心脏活检诊断体系 在1990年ISHLT诊断体系的基础上,经过多中心协作研究与深入交流,结合近来研究的新进展,ISHLT2004年提出了新的移植心脏活检诊断体系,并经过ISHLT主任委员会通过并予以公布。这一新诊断体系的建立,主要是由于1990年体系已经应用超过15年,虽然这一体系得到了广泛认同,但随着其广泛的应用、排斥反应尤其是对抗体介导性排斥反应(antibody-mediated rejection;或称为体液性排斥反应,humoral rejection)发病机制认识逐渐深入以及1990年体系中的2级急性排斥反应和Quilty效应在诊断和鉴别诊断上易形成混淆,使这两种病变诊断的可重复性较低。ISHLT认识到必须制定一项新的更加准确和全面的诊断体系,2004年ISHLT诊断体系因此应运而生。此次修订不是改变1990年的分级标准,而是为病理学者和心脏科医生更明确的诠释分级标准。

相对于1990年的体系,2004年的新诊断体系的主要变化在于以下几个方面。

(1) 针对急性排斥反应中的细胞免疫和体液免疫两种机制,分别制定了急性细胞性排斥反应(acute cellular rejection, ACR)和急性抗体介导性/急性体液性排斥反应(acute antibody-mediated/acute humoral rejection, MR/AHR)两个诊断内容。

(2) 在ACR对其分级予以简化,将ACR分为4个级别(以R作为改进体系的简写)即0R、1R、2R、3R,其中0R级对应于1990年体系中轻微急性排斥反应(包括1A、1B级和2级)。在1990年体系最大的争议存在于分级标准中关于2级排斥反应的病理诊断和临床意义,在很多移植中心2级排斥反应被当做选择不同治疗方案的一个分水岭。针对病理学者和临床数据显示的大部分误诊的2级排斥反应病例未得到治疗的情况,工作组将2级排斥反应归类到轻度排斥反应中。1990年体系中的3A级被归类于修订后的

2R 级内，即 2R 级对应于 1990 年体系中的中度排斥反应（3A 级），3R 级对应于 1990 年体系中的重度排斥反应（3B 级和 4 级）。1990 年体系中，3B 级排斥反应（弥漫性、交界性、重度急性排斥）和 4 级排斥反应（重度急性排斥）存在诊断上的分歧，二者均有重度弥漫破坏性浸润，主要区别在于活检标本中是否还存在中性粒细胞浸润和明显的水肿、出血。考虑到二者轻微的差异不影响临床治疗方案，因此在修订的分类标准中将 3A 和 4 级归类在同一分级中更合理。

（3）Quilty 效应的重新定义：修订后的标准中，浸润仅局限于心内膜（Quilty A）还是扩散到下层的心肌组织中（Quilty B 或侵袭性 Quilty）是不需特别注明的。因为对 Quilty 进行 A 和 B 分型是没有临床意义的。现在将二者均称为 Quilty 效应。

（4）单独建立急性抗体介导的排斥性/急性体液性排斥反应（AMR/AHR）这一诊断项目，并且建议在发现 AMR/AHR 相关组织学特征的基础上，应进行进一步的 C3d、C4d、C1q、CD68 等指标的免疫组织化学染色以提供辅助诊断，便于最终明确 AMR/AHR 诊断。

（5）将缺血性损伤（包括术后早期和后期的缺血、感染等合并症）加入诊断体系，使得这一诊断体系具有更加完整的内容，明确了心脏移植术后多种合并症的诊断是一个整体诊断概念。

（6）为达到准确诊断的目的，对活检标本及病理标本的处理技术提出明确要求，只有严格依据这一标本处理要求，其诊断才具有准确性及可靠性。

在相应的组织学诊断上，其组织形态学诊断与 1990 年体系中的诊断相同。2004 年改进的 ISHLT 活检诊断体系见表 1-6。

（四）心脏移植术后长期存活中的合并症及其病理学变化

1. 慢性排斥反应——移植心冠状动脉血管病（TCAD） 影响心脏移植长期疗效的最具有挑战性的问题是血管病变的发生，被称为移植心冠状动脉疾病，由于其核心病变主要集中在心冠状动脉及其分支，因此又称为移植心血管病、移植心动脉血管病、移植心冠状动脉病、加速性移植心动脉硬化、移植心闭塞性动脉血管病或移植心内膜增生性疾病等。多数文献倾向于采用移植心动脉血管病及移植心冠状动脉血管病，其中移植心冠状动脉血管病（TCAD）这一称谓应用较多，有时统称为移植心慢性排斥反应。虽然名称略有不同，但其组织病理学表现是一致的。最突出的形态学表现为移植心冠状动脉血管向心性狭窄或局部阻塞，导致移植心心肌缺血及功能障碍，这是长期存活的心脏移植受者的主要致死原因。之所以仍被称为慢性排斥反应，是因为在其致病原因中，除了有与导致普通的冠状血管病类似的非免疫损伤因素外，免疫损伤因素在其中起关键作用。这也是移植心脏冠状动脉血管病与冠状动脉硬化（atherosclerosis）的主要区别。

病变不仅发生在心脏，也见于其他实质性器官移植。心脏移植血管病变发病率大，有时早在移植后 3 个月内发生。在心脏移植术后平均存活 1 年以上的移植受者中，经组织学检查证实，其中 93% 移植受者存在不同程度的慢性排斥反应表现，86% 的移植受者存在明显的动脉血管内膜增生的表现，有 92% 的受者存在不同程度心肌组织缺血坏死修复后形成的微小瘢痕灶，而有 29% 受者存在持续的急性排斥反应，但动脉内膜增生所致的管腔狭窄或阻塞与以前所经历的急性排斥反应次数以及严重程度无关。

根据统计，只有 47% 的成年人心脏移植后 9.5 年内在血管造影检查中未发生 TCAD，儿童的发生率低于成人，75% 患儿移植后 7 年未发生 TCAD，由于供体的心脏已经去神经，大部分患者不能存在典型心绞痛、心肌梗死或缺血的表现。因此，TCAD 常见类型是充血性心力衰竭、室性心律失常和猝死。TCAD 早期的危险因素（发生在术后 3 年）包括供体的高血压病、移植术后 2 周内的感染且需要静脉注射抗生素治疗和移植后 1 年内的排斥反应。TCAD 晚期的危险因素（发生在术后 7 年）包括供体的糖尿病史、供体因颅内出血死亡。TCAD 早晚期的独立危险因素包括捐供者的年龄、接受者的年龄（负相关）、中心流量和受体的体重指数，供体为女性的风险较低。

表 1-6　国际心肺移植协会 2004 年重新修订的急性细胞性排斥反应分级标准与 1990 年标准的比较

诊断内容	2004 年标准体系		1990 年标准体系	
	级别	组织学表现	级别	组织学表现
急性(细胞性)排斥反应	0 R 级	未见急性排斥	0 级	未见急性排斥
	1 R 级,轻度	间质和(或)血管周淋巴细胞浸润/单灶心肌细胞损伤	1 级,轻度	
			1A(局灶)	间质和(或)血管周灶性淋巴细胞浸润无心肌损伤
			1B(弥漫)	多灶或弥漫性淋巴细胞浸润无心肌损伤
			2 级,中度	单灶淋巴细胞浸润伴心肌损伤
	2 R 级,中度	2 灶或多灶淋巴细胞浸润伴心肌损伤	3 级,中度	
			3A(局灶)	多灶淋巴细胞浸润伴心肌损伤
	3 R 级,重度	弥漫性淋巴细胞浸润伴多灶心肌损伤+间质水肿+出血+血管炎	3B(弥漫)	弥漫性淋巴细胞浸润伴心肌损伤
			4 级,重度	淋巴细胞、中性粒细胞弥漫性浸润伴广泛心肌损伤+间质水肿+出血+血管炎
急性抗体介导性/体液性排斥反应(AMR/AHR)	AMR 0 级	无急性抗体介导性排斥反应		1990 年标准中未作要求,仅作为额外的信息予以记录(其诊断依据为免疫荧光染色阳性,血管炎,严重水肿而缺乏明显的细胞排斥反应特征)
	AMR 1 级	具有急性抗体介导性排斥反应的组织学表现及相关免疫组化阳性指标(如 CD68、C4d)		
缺血性损伤	早期	术后 6 周内的缺血性损伤	A 型	心肌细胞空泡变,脂肪坏死,心肌组织内包括中性粒细胞、单核细胞在内的混合性炎症细胞浸润
	后期	移植心冠状动脉血管病相关的缺血性损伤	B 型	由于移植心冠状动脉血管病,心肌细胞空泡变,微小梗死
Quilty 效应	Quilty 效应	不再区分 A 型和 B 型	A 型	心内膜下浸润
			B 型	心内膜下深部心肌组织浸润
其他病变	移植后感染	包括 CMV 感染、弓形虫感染等		
	PTLD*	在心脏移植中罕见,但需注意对 EMB 活检标本的要求		
	活检标本数	3 块		
	切片 HE 染色数	3 张		
	不同的组织断面	3 个		
	特殊染色	0 张		

* PTLD:移植后淋巴组织异常增生(posttransplantation lymphoproliferative disorder)。

移植心脏 TCAD 为特征的慢性排斥反应是移植心脏较长期存活者中最主要的合并症,主要出现于术后 1 年以后甚至更长时间内,但也有少数病例在术后早期即可观察到慢性排斥反应性移植心冠状动脉血管病。因此,对于移植后合并症的时间概念是相对的,并不能作为诊断的绝对依据。对于早期出现的这一病变,应排除供者心脏冠状动脉原有一定程度动脉粥样硬化病变的可能。

2. 移植心慢性排斥反应的病理学变化　虽然移植心慢性排斥反应的确切机制仍未彻底明了,但其基本病理组织学表现已明确。其关键病变为移植心冠状动脉及其分支因内膜增生所致整个管腔向心性狭窄(concentric narrowing),并且这一病变弥漫性累及几乎所有冠状动脉分支。这一病变与冠状动脉粥样硬化病变有明显的区别,后者通常表现为仅在冠状动脉管壁一侧因脂质沉积损伤与修复而增厚,常在冠状动脉的某一局部,而移植心冠状动脉血管病累及所有的分支。一个有趣的现象是,移植心冠状动脉血管病的病变仅出现于移植心动脉端,而受者动脉端没有这一变化,两者泾渭分明。

（1）肉眼观察：典型的移植心脏慢性排斥反应时，可见心脏不同程度肥大。心脏外观表面差异很大，有的正常，有的表面可见梗死后纤维化形成的瘢痕。心脏切面可见心室等部位有明显的心肌梗死瘢痕，并同时可有新的心肌梗死灶。心脏表面冠状动脉主干分支的横切面检查，可见血管壁均匀增厚，管腔向心性狭窄，沿血管长轴剪开，可见内膜常有黄色脂质斑块。

研究发现，对于移植心 TCAD 所累及的血管，移植心脏冠状动脉分支的整个血管树，即不同口径的各级动脉均可被累及，其中管径大于 100～150μm 的动脉血管可全部累及，部分管径 50～100μm 的动脉血管也可被累及，小于 40μm 的缺乏完整中膜平滑肌的血管不常被累及。

（2）镜下观察：移植心 TCAD 最突出的表现为，病变累及心外膜冠状动脉主干及其各级分支。本病包括血管内膜增生，增生血管内膜中的细胞成分主要为大量增生的平滑肌细胞、成纤维细胞、吞噬了大量脂质的巨噬细胞（或称为泡沫细胞）以及不同程度的淋巴细胞，同时合并有胶原增加及脂质沉积，增厚的血管内膜致管腔狭窄甚至闭塞（彩图 1-17）。最初脂质包含在平滑肌细胞和巨噬细胞内，而后这些细胞不堪重负而崩解。巨噬细胞和淋巴细胞主要集中于动脉内皮下。电镜下，可见多数淋巴细胞胞质内含有颗粒，显示主要为细胞毒性 T 细胞，部分侵入受损的内皮细胞；而另一类淋巴细胞胞质内缺乏颗粒，推测为辅助性 T 细胞，其主要位于内膜层深层。内弹力膜作为内膜层和中膜的分界，在 TCAD 时，内弹力膜总体上基本保持完整，仅在局部有细微断裂，但在严重 TCAD，尤其是较大口径动脉分支的 TCAD 时，可见内弹力膜断裂。通常在 TCAD 时，动脉中膜保持基本正常，部分病例中膜可见局灶性纤维化或为脂质取代，严重时整个中膜层均为纤维组织所取代；心肌组织由于不同部位、不同程度的缺血，可见局灶性梗死，梗死灶部位心肌纤维支架塌陷并有灶性淋巴细胞浸润，随后梗死灶由纤维瘢痕组织所取代；心内膜下浅表部位的心肌组织，由于心内膜血管的营养，可不表现为明显的心肌细胞缺血性坏死。虽然移植心冠状动脉是形成 TCAD 的主要部位，但在总体上，各级静脉分支不出现与动脉类似的病变。少数静脉受累时，表现为程度较轻的内膜增生。

对于移植心急性排斥反应诊断有价值的 EMB，在 TCAD 诊断上的价值非常有限，这主要是由于 EMB 取材部位非常表浅而且标本量非常少，活检无法钳取到深部的心肌组织，更难以取到血管分支以观察慢性排斥反应的血管病变。因此，在 EMB 组织中，仅能通过观察是否存在心肌缺血性损伤以及结合心脏移植术后的存活时间，间接提示慢性排斥反应。一个值得注意的现象是部分典型的慢性排斥反应病变中常常同时伴有不同程度甚至严重的急性排斥反应。移植心 TCAD 病变需要与非移植心脏的冠状动脉粥样硬化相鉴别（表 1-7）。

表 1-7　移植心 TCAD 病变与非移植心脏的冠状动脉粥样硬化的鉴别诊断

病理组织学特征	移植心 TCAD	冠状动脉粥样硬化
病变分布	弥漫性、向心性	局限，以大血管为主，偏心性
受累血管	心外膜冠状动脉主干及其分支以及心肌内冠状动脉分支	主要为心外膜冠状动脉主干，心肌内分支少有受累
炎症/脉管炎	少见	无
内膜变化	平滑肌细胞增生	脂质沉积
内弹力膜	基本完整无损	损毁断裂
内皮细胞层	有	无
淋巴细胞浸润	常见	少有
T 细胞的浸润部位	内皮下	脂质斑块边缘
内皮细胞 MHC Ⅱ抗原表达	有	无
钙质沉积	较少	常见
进展时间	数月	数年

3. 移植心脏肥大和纤维化 术后1周开始,部分移植心脏即出现心脏增大及重量增加,但并未出现急性排斥反应,这不仅见于成人移植心脏,也可见于婴儿及儿童移植心脏。心肌细胞胞体宽度增加,并出现心肌间质纤维增生。虽然其确切机制未明,但可能的机制为移植过程中的缺血-再灌注损伤所致的部分心肌组织内细小血管损伤。比较研究显示,同样单位面积内的微小血管尤其是毛细血管数量,在移植心脏少于正常心脏,这可能是由于移植心脏均经历过不同程度的缺血-再灌注损伤,损伤的毛细血管最终消失。局部心肌细胞因局部微循环的减少而萎缩消失,纤维组织逐渐增生,增生的纤维组织导致心脏逐渐肥大及重量增加,由于局部增生的纤维组织位于心肌细胞周围,对心肌细胞产生压迫和局限作用,造成心肌细胞的进一步缺血损伤。移植术后早期发生的这一病变可以持续存在与进展,形成持续的慢性病变的一部分,并有可能造成移植心脏与残余心包粘连等,造成移植心脏的搏动受限。

三、移植心脏其他病理学变化

(一)假象的识别

操作引起的人工假象比较常见,在心内膜心肌活检中应识别。收缩带在移植或非移植的心脏活检切片中都是一种常见的人工假象。活检标本中出现收缩带的几个原因:可能由于活检钳取材时候造成的心肌的损伤,也可能是活检标本固定前的培养基内为低渗性溶液,或培养基的温度过低。收缩带少见于冷冻切片。由于在心脏移植手术活检标本中收缩带出现的原因较多,不应将其视为诊断心肌坏死或缺血性损伤的唯一标准。

在EMB过程中,尤其是在用活检钳钳口钳夹心内膜组织时,由于钳夹拉扯等机械力的作用,造成心内膜活检组织的一些特定变化。如由于应用活检钳前端的钳口夹取组织时,可以造成活检心肌组织上出现明显的钳夹的夹痕或紧箍带(contraction band);或者由于活检钳钳口锋利度不够,在钳夹后的切割分离过程中,不能立即切断心肌组织而形成明显的活检钳拉扯痕迹(bioptome distortion)。此外,同样原因也可以形成活检组织内的假性出血(pseudo hemorrage),这时可见活检组织周围包裹由单一的大量红细胞而没有其他炎症细胞。如果这时钳夹的组织内有细小血管分支,由于钳夹口不够锋利,在切割和拉扯过程中拉扯血管内膜和管壁组织,一旦切割完成,经剧烈拉扯的血管内膜或管壁平滑肌弹性回缩而进入血管腔内,可形成小血管栓塞或者内膜增生的假象。在组织制片过程中,心肌活检组织固定或保存不佳、切片过厚等经HE染色后,形成部分心肌细胞嗜伊红染色过深,局部心肌细胞类似凝固性坏死;其次由于切片数量有限以及未进行多角度、多层面的连续切片,未能发现心肌组织块深部的浸润灶等病变,而错失了本应建立的准确诊断。为克服人为因素对诊断的干扰,应熟练掌握EMB操作技术、选用良好的器械、在活检过程中保持活检组织的原始状态,取材完成后不可夹捏、挤压或拉扯活检组织,避免因不同的染色需要而分割活检组织,以最大限度避免活检组织固有形态的人为破坏。

钳夹假象是活体钳取材时造成的机械性损伤,也可能是组织后期处理中的损伤。我们在处理活检组织时需要小心,因为此种假象可使组织变形,无法诊断。移植时异物带来的如明胶海绵、心脏置入的导管、起搏器的软塑料,也可以见到。活检钳取材时引起的出血带入组织,这种出血性假象与排斥反应引起的出血区别在于前者一般不伴有随着炎性细胞或心肌的病理变化。

(二)EMB取材部位的重叠

EMB取材部位的重叠或称为前次活检部位(previous biopsy site)。在常规开展心内膜活检的单位以及长期存活的心脏移植受者,通常会进行数十次EMB,而且每次活检均要钳取数块心内膜组织,因而许多活检标本会重叠在以前的取材部位上。据报道,术后第1年大约就需要接受15~20次EMB,在这样的情况下大约有50%以上的几率将会取到以前的活检部位。之所以会有如此高的重复活检到同一部位的概率,主要是由于绝大多数EMB均采用经颈静脉的路径、比较恒定的动静脉吻合缘、右心室内乳头肌的走行方向以及心室收缩等原因均容易引导活检钳进入右心室间隔的固定部位反复钳取,难以避免会钳取到前次活检部位。在心脏移植术后存活数月或1年以上者,如果接受过多次EMB,可见右心室间隔壁上有多个直径大约1～2cm的局灶斑片状增厚区域,组织学上可见局部肉芽组织或机化的纤维瘢痕组织,其中有轻微的炎症浸润,周围心肌纤维排列略为紊乱。近期活检者可见心肌间质内轻微出血。其鉴别诊断主要需要与急性排斥反应相鉴别,鉴别要点已在急性排斥反应中予以介绍。

(三) 心内膜浸润(Quilty 效应)

由于环孢素的应用,在很多活检标本中可见到心内膜淋巴细胞浸润现象,通常无需治疗,但需要注意与急性排斥反应相鉴别。

(四) 供心的感染

供心的感染在心脏移植中十分罕见,但移植病理医师在诊断中应具备警惕性。其中主要为供心的弓形虫感染,因为感染时常常能有明显的临床表现,而且在EMB组织学诊断中很难与轻度的急性排斥反应相鉴别,需要借助活检组织的电镜检查以及血清学检查予以明确。

(五) 移植心心肌组织内营养不良性钙化

移植心心肌组织内有时可见局部的小灶状钙质沉积,称为营养不良性钙化(dystrophic calcification)。其形成的原因可能与使用CsA、脓毒血症、贫血、低镁血症、糖皮质激素应用以及酗酒等有关。组织学上可见心肌细胞或心肌间质有暗蓝色或蓝紫色细小颗粒样钙质沉积,颗粒直径大约1～2.5μm,如果钙质较多,大量的营养不良性钙化,可充满整个胞质。营养不良性钙化常位于单个或小团心肌细胞的心内膜下,可覆盖整个心肌细胞甚至多个心肌细胞。

(六) 心肌缺血损伤

相对于移植术后近期的缺血,在术后长期存活过程中也可能由于移植心冠状动脉血管病等原因导致心肌缺血,因此ISHIL移植心活检诊断标准建议在明确存在缺血损伤的前提下,进一步对其组织学划分为A级和B级两个级别。其中A级定义为出现在移植术后近期3周内,主要由于术前或术中的缺血或再灌注损伤所致,称为移植术前损伤(preoperative injury);而B级则主要出现于稍晚,常为术后3个月或3个月以上的心肌缺血损伤,称为晚期缺血变化(late ischemia changes),其原因为移植心冠状动脉血管病的可能性大。移植心脏缺血损伤后常没有明显的临床症状,而坏死等损伤的修复可因免疫抑制剂的应用而延迟。也有报道缺血损伤可进展为移植心间质纤维化。

(七) EMB标本中的脂肪组织

心脏的多数脂肪组织位于心外膜,心肌内仅有极少许的脂肪组织,主要分布心内膜下以及少许位于心肌组织内,在移植心EMB中如果发现脂肪细胞,应仔细鉴别其来源,以明确其来源于心内膜或心外膜。如果脂肪细胞表面可检见间皮细胞或其周围发现交感神经组织,则表明脂肪组织来源于心外膜,提示可能由于活检致心室穿孔。如果活检组织内仅有极少许脂肪细胞夹杂在心肌细胞之间,则提示为正常部位的右心室心肌组织,并且对于较为肥胖以及应用大量糖皮质激素的移植受者,心肌组织内的少许脂肪细胞应视为正常。此外,在少数前次活检部位中,增生的小瘢痕组织内有时也可有少许脂肪细胞。

(八) AMR诊断中常见问题

1. AMR组织学特征 ISHLT-WF2004标准中指出如果没有组织学特征提示AMR,则没有进一步的检测免疫荧光或免疫组化的必要。然而,最近的报道描述AMR组织特征的敏感度(在光镜下,如血管内皮细胞肿胀、血管内巨噬细胞、水肿、出血)太低,不适合作为AMR诊断的依据,因此建议增加免疫学指标作为AMR诊断依据。

2. 补体裂解产物 近十年来检测AMR的免疫荧光方法有了长足的进步,特别是C3d和C4d已成为EMB中敏感性很高的标记,且比抗体更容易检测。在补体系统中,补体C3浓度最高,其次是C4。

根据经验,单独使用C4d染色不是很可靠,应包括C4d和C3d两种染色。最近的一项前瞻性研究指出,评价心脏移植患者AMR

的有效标记包括 IgG、IgM、IgA、C1q、C4d 和 C3d。单独使用 C4d 染色，可能造成误诊，因为约有 10% 的患者存在毛细血管内 C4d 或 C3d 沉积而缺乏临床功能障碍表现。

3. 病理及临床表现的矛盾 补体 C4d 和(或) C3d 激活级联反应不一定伴有功能障碍，可能的解释是，补体活化被中断是机体一种保护机制。除非补充级联形成的膜攻击复合物，否则不会发生移植器官的功能障碍。这种膜攻击复合物形成一个“孔”导致细胞膜完整性破坏。众所周知，补体活性调节剂可以阻断补体级联不同阶段的激活。

4. 补体染色的假象 假象主要是由于免疫荧光染色显微技术，像脂褐素沉积、间质内胶原和动脉的内弹力膜非特异性结合。坏死心肌细胞带可见补体成分。

四、移植心脏排斥反应的临床演变

(一) 超急性排斥反应

发生超急性排斥反应的主要原因是受体血液中存在已经形成供体特异性抗体，超急性排斥反应是一种血管改变，其靶抗原主要是在血管内皮细胞上的 MHC Ⅰ类抗原上。

(二) 加速性排斥反应

加速性排斥反应出现在移植后 3～5 天，临床演变过程主要有发热、心功能改变。强化免疫抑制治疗可能逆转该排斥，但预后较急性排斥反应者差。

(三) 急性排斥反应

在心脏移植中由细胞介导所致的急性排斥，多数出现在移植术后 5 天至数年，其中约 90% 的急性排斥反应发生于移植术后 6 个月内。临床演变过程是起病突然，全身乏力、不适，早期心率加快，呈舒张期奔马律，心包摩擦音，可出现右心功能不全的表现，如肝大、双下肢水肿。在排斥反应早期，心脏超声显示收缩期与舒张期功能改变，舒张期功能不全表现为：等容舒张期缩短，二尖瓣减速时减少，二尖瓣舒张初期流速增加。这些改变常常先于组织学变化，故该检查在对移植心脏排斥的监测中对于活检取材困难的新生儿及儿童尤为重要。在排斥反应晚期可出现左心功能不全，血压下降。血乳酸脱氢酶水平升高，尤以其同工酶变化最为敏感。在未用 CsA 的病例，心电图所示的低电压与排斥反应组织学表现关系密切，如 QRS 波电压和 R 波降低，特别是标准导联 R 波总和减少。但在应用 CsA 的病例则不存在这种相关性。排斥反应晚期的超声多普勒的主要改变是心室壁增厚(大于 13mm)，节段性心收缩功能改变。Schwartz 等报道，在心脏移植患者发生重度排斥反应时，血中 IL-6 水平明显升高。Kimball 等的临床研究亦提示，测定受者血 IL-6 和 IL-8 水平可在 EMB 诊断排斥之前的时间内预报排斥反应的发生。外周血细胞免疫学监测(cytoimmunologic monitoring，CIM)的结果与感染往往难以鉴别，其结果只有在明确排除感染的情况下才具有参考意义。

由于目前 CsA、FK506 等强效免疫抑制剂在临床广泛应用，真正意义上的重度急性排斥反应已不多见，而更多的是轻微的急性排斥反应。对于程度轻微的急性排斥反应，心电图等多项检查常没有任何异常，只有经过 EMB 才能发现并予以诊断。虽然诊断急性排斥反应在很大程度上依靠 EMB，但也必须全面参考临床的各项检查，在 EMB 明确急性排斥反应的同时，准确判断是否具有相应的临床表现。对于 EMB 明确诊断的轻微的急性排斥反应者，应进一步检查是否具有心功能的异常，因为伴有心功能异常者较不伴有心功能异常者更容易进展为中度甚至重度急性排斥反应。因此 EMB 是诊断急性排斥反应等合并症的主要手段，合理地利用 EMB 对于保证移植效果、争取移植心脏及受者的长期存活具有重要的实际意义。虽然 EMB 是目前最佳的急性排斥反应诊断手段，但其存在侵入性或有创性、费用高、较大的生理及心理不适等明显缺点，因而寻找非侵入性的诊断手段是必然趋势。

(四) 慢性排斥反应

慢性排斥反应即移植心冠状动脉血管病(TCAD)或移植心动脉硬化，是影响心脏移植长期存活的主要合并症。对于移植心脏慢性排斥反应也就是 TCAD 的诊断，临床症状方面的观察缺乏意义，因为移植心脏是去交感神经的，移植受者不产生典型的心绞痛表现，只有冠状动脉出现严重狭窄时，移植受者才出现充血性心力衰竭的表现，甚至导致移植受者因为无痛性心肌梗死而突然死亡。心脏移植术后第一年最常见的死亡原因是难治性排斥反应，患者的远期预后特别取决于TCAD。其临床演变不典型，包括心肌梗死和充血性心力衰竭，部分患者出现室性心律失常，突然死亡发生率高且病情进展迅速。因为移植的心脏是去神经或不完全恢复神经支配，所以TCAD的血管变化不会因心绞痛而被察觉，该血管病的首发临床演变常常是进行性心力衰竭或因缺血所致心源性猝死。

目前在TCAD的临床诊断上主要依靠冠状动脉造影(coronary arteriography)。在心脏移植术后6个月至1年后，定期的、连续的冠状动脉血管造影检查并仔细比较每次的造影结果，是早期发现TCAD的一个选择。但由于移植心TCAD的特点为各级口径的冠状动脉分支，尤其是心肌组织内大量细小冠状动脉分支，因此在一定程度上尤其是在早期及时发现TCAD有一定困难，近来应用血管内超声显像(intravascular ultrasound imaging,IVUI)方法可以早期发现TCAD，其对于早期明确诊断TCAD具有良好的效果。对于明确诊断移植心冠状动脉血管病所致的冠状动脉狭窄，可以考虑应用经皮冠状动脉腔内成形术(PTCA)予以治疗；如果已发展为弥漫性冠状动脉狭窄，即冠状动脉各级分支均出现明显狭窄甚至闭塞，唯一的治疗选择只有进行再次心脏移植。

第六节　心脏瓣膜疾病

心脏瓣膜病(heart valvular disease)是一种常见的心脏疾患。很多患者需做心脏瓣膜置换，因此外检中经常能遇到各种瓣膜标本。同时置换上的人工瓣膜(prosthetic heart valve)因很多因素可导致功能不全或失效，所以外检中遇到的人工瓣标本日渐增多，其中包括机械瓣(mechanical heart valve)和生物瓣(bioprosthetic heart valve)。

一、瓣膜的检查方法

对于送检的瓣膜标本，无论是切除的心脏瓣膜，还是送检的生物瓣和机械瓣，病变判定主要靠大体检查，然后选择关键部位取材切片。

(一)天然瓣膜

1. 大体检查　大体检查是评价切除的新瓣膜最重要的部分。显微镜检查有助于诊断心内膜炎或某些少见的代谢性疾病，如Fabry病、Whipple病、类癌综合征、黏多糖储积症和痛风。半月瓣(通常为主动脉瓣)多为完整切除标本，大体上易于恢复原来的形状，故对于大多数此类标本，病理学家可发现其瓣膜异常的病因。而二尖瓣，尤其是反流性二尖瓣，多行修补术或部分切除术，因此只有部分瓣膜可供检查。然而，多数疾病的病因仍可判断相当准确。

(1) 瓣膜的外观：瓣叶有无增厚、纤维化、穿孔、固定、短缩或伸长，瓣口有无狭窄及狭窄程度，有无瓣叶联合融合及其程度。

(2) 表面是否光滑：有无赘生物或血栓，其部位、大小、数目和质地。

(3) 腱索、乳头肌：腱索有无增粗、短缩、延长、断裂或融合，如附带有乳头肌组织，注意有无异常。

(4) 有无钙化及钙化的特点。

(5) 如果为主动脉瓣要注意瓣叶的数目和相对大小。必要时拍摄瓣膜的大体和X线片。

2. 组织学检查　大体检查后，在关键病变部位取材。对瓣膜取材应包括从瓣膜环到游离缘的组织。适当的组织切片能解决有无以下情况。

(1) 炎症：活动性风湿病变，炎症后新生血管形成，感染性心内膜炎等。

(2) 变质、增生：黏液样变性，异常物质(如代谢病时)沉积，类癌性心脏病的残迹等。

(3) 区别先天性和后天性瓣膜损伤。

瓣膜组织切片常用的特殊染色Masson三重染色、PAS和奥辛蓝染色以及细菌和真菌染色。如需要可做扫描电镜观察。

(二)人工瓣膜

1. 类型　机械瓣3种：球形瓣膜、倾斜型蝶瓣和双叶瓣。生物瓣主要也有3种：同种硬脑膜瓣、异种牛心包瓣和异种猪主动脉瓣。

2. 大体检查 与天然瓣膜一样，人工心脏瓣膜的检查中最重要的方面是大体检查。照相是一种很重要的记录方法。

对生物瓣，注意观察瓣叶有无移动及移动程度，瓣叶是否增厚，有无撕裂或穿孔及发生部位和程度，瓣叶内有无血肿和钙化结节，瓣叶表面有无赘生物和组织过度生长，必要时拍摄大体和X线片。

对机械瓣主要靠大体检查，必须检查其结构成分的完整性。在球形瓣膜中，瓣膜可能发生破裂和变形，并可能存在支架或覆盖物的异常。有支架的盘状瓣膜中几乎都可见支架的破损。倾斜性单盘状瓣膜可能出现支架缺损和瓣叶活动障碍。要注意瓣膜支架有无位置移动和变形，有无磨损、缺失或断裂，瓣膜表面有无微小附壁血栓，赘生物或组织过长。机械瓣主要取表面的血栓、赘生物和组织做切片，而生物瓣一般从瓣膜环到游离缘的组织取材制片。

机械性瓣膜最常见的合并症是血栓形成，血栓附着于大多数瓣膜的固定部分。单瓣型倾斜性盘状瓣膜有一个小开口，由于其血流的特点，几乎都可见血栓阻塞小开口。缝线和支架附近组织生长过度可能妨碍瓣叶的活动，这在球形支架瓣膜尤为明显。尤其当临床高度怀疑心内膜炎时，血栓及附着的组织要进行显微镜检查。

人工生物瓣膜功能衰竭的最常见原因为瓣膜变性，心包组织瓣膜的变性更常见且发生较早。

异种猪主动脉瓣膜常伴有一定程度的钙化，且多数发生于钙盐沉积附近，而心包组织瓣膜常发生撕裂却不伴钙化。钙化极少引起瓣膜狭窄或形成栓子。另外，还可能出现瓣膜缺损、撕裂、异常的瓣叶结构和动力学改变。瘢痕形成和瓣叶严重退缩均可导致反流发生。检查猪来源的人工瓣膜时可将其瓣叶部分切除进行彻底检查。由于心包组织瓣膜的外形与正常瓣膜不同，机械因素可引起支架附近的瓣叶撕裂，并可发生血栓形成、赘生物、血肿和组织生长过度等，血栓形成的典型部位是瓣膜基底部的Valsalva窦内。支架的机械压力可使其向瓣膜中心处弯曲，从而改变瓣膜的几何形状，引起瓣膜功能不全和血栓形成。X线检查有助于区分瓣膜撕裂与钙盐沉积。显微镜检查的目的是确定钙盐沉积的位置和观察异体移植中的宿主细胞-瓣膜之间的相互作用。

机械瓣只有缝线部位会发生心内膜炎，而生物瓣则整个瓣叶均可发生心内膜炎，甚至可导致瓣叶的破坏。因此对生物性瓣膜进行显微镜检查时须注意有无赘生物或血栓形成。细菌性心内膜炎的常见病原为葡萄球菌（既有金黄色葡萄球菌也有表皮葡萄球菌）和一些革兰阴性细菌，偶可见军团菌。真菌感染也很常见，包括念珠菌属、曲霉菌属及荚膜组织胞质菌。过去认为分枝杆菌是人工猪瓣膜的感染源之一，偶尔亦可见立克次体感染，约15%的移植瓣膜心内膜炎立克次体培养阳性。系统性疾病也可发生于人工瓣膜，如类癌性疾病和Whipple病。

二、瓣膜的病理改变

心脏瓣膜病分先天性和后天性两类。在先天性异常中，以二叶型主动脉瓣、三尖瓣的Ebstein畸形和肺动脉瓣狭窄等比较多见；后天性病变以风湿性瓣膜病最为常见，其次为感染性心内膜炎、瓣膜的退行性变（黏液样变性等）和二尖瓣脱垂等。

（一）主动脉瓣疾病（aortic valvular disease）

在欧美国家，主动脉瓣是最常切除的瓣膜。一项调查表明约62%的行瓣膜手术的患者切除的是主动脉瓣。一项长期的研究表明，切除的瓣膜中46%为单纯性狭窄，28%为单纯性关闭不全，26%为两者兼有。

主动脉瓣与肺动脉瓣同为半月瓣，通常由三个瓣叶组成，彼此间借缝隙分隔。瓣叶的缝隙处与基底部附着于主动脉壁。组织学上，半月瓣分为纤维部（主要为胶原和一些弹力组织，延伸至游离缘）、海绵部（疏松黏液样的结缔组织，不延伸至游离缘）和心室部（延伸至游离缘）。后者主要由弹力组织组成，在切除标本的显微镜检查时可有助于定向。

主动脉瓣异常可由先天性畸形或后天性病变所致，其中以后天性病变较为多见。

1. 主动脉瓣狭窄(aortic stenosis) 一组研究表明,因瓣膜病而行手术的患者中有35%为单纯性主动脉瓣狭窄。主动脉瓣狭窄的病因可分为先天性、感染后性和变性钙化性瓣膜病。

(1)风湿性主动脉瓣狭窄:单纯风湿性主动脉瓣狭窄甚为少见,常同时伴有二尖瓣病变,并与主动脉瓣的关闭不全相伴随。大体特点为瓣叶明显增厚、纤维化、挛缩和钙化,游离缘亦钙化,瓣叶联合融合,瓣膜活动受限或完全固定,光镜所见与风湿性二尖瓣之病变基本相同。

(2)主动脉瓣退行性变:单纯主动脉瓣狭窄多由瓣膜变性、钙化引起,多见于老年患者。先天性双瓣型及单瓣型主动脉瓣较三瓣型主动脉瓣更易受累。瓣膜基部钙化明显,连合部受累较少,一般不累及游离缘,因而不同于炎症引起的主动脉瓣狭窄。由于瓣膜环严重钙化,切除的主动脉瓣常断离成几片,切除缘有明显钙化。

(3)先天性主动脉瓣狭窄:先天性狭窄的瓣膜为单叶性或二叶性,前者分为两种亚型,即穹隆型和单缝隙型,后者也分为两型。任何一种瓣膜结构,无论是单叶性、二叶性或三叶性,均可能发生感染后性或变性性病变。

先天性二叶性主动脉瓣分两型:左右型和前后型。在前后型中,两条冠状动脉都从前瓣发出,而后瓣为一个增大的无冠状动脉发出的瓣叶。缝隙(纤维带,代表形成不完全的缝隙)常位于前瓣,在左右型中,缝隙常位于右瓣,两侧主动脉窦各有一条冠状动脉发出。缝隙是一种异常的纤维带,可延伸至瓣叶主体,引起瓣膜早期变性钙化,故二叶性主动脉狭窄出现临床症状比三叶性主动脉狭窄要早10年左右。

瓣膜的先天性主动脉瓣狭窄包括:①单一瓣仅有一个瓣叶联合;②双瓣伴一个瓣叶联合融合,瓣口常偏心呈椭圆形;③半球形瓣膜呈纤维性隔膜样,中央留有微小瓣口,三个瓣叶联合融合。

瓣膜上先天性的主动脉瓣狭窄形态学分为3种类型:①漏斗型狭窄伴主动脉中层明显增厚,内膜呈纤维肌性增厚;②纤维隔膜型,在冠状动脉开口上方有纤维隔膜形成,瓣口位于中央或偏位,主动脉大小一般正常;③发育不全型,升主动脉呈弥漫性或管状发育不全。

2. 主动脉瓣关闭不全(aortic insufficiency) 与其他任何关闭不全的瓣膜相同,主动脉瓣若要正常关闭则瓣叶本身及其支持物(即主动脉)都须保持形态学和功能正常。故主动脉瓣关闭不全的病因可能为各种累及瓣叶或主动脉或者两者均有的疾病,主动脉瓣关闭不全最常见的病因为感染后性关闭不全,常继发于风湿性心脏病。近期的一组病例报告表明,进行手术治疗的反流性瓣膜中半数为瓣环扩张,而二叶性瓣膜、感染后瓣膜病变和治疗后损伤则各占14%。

如果瓣膜被分为数块切除,则很难判断是否存在瓣叶的融合。大多数的瓣膜功能不全是由于主动脉根部疾病或扩张引起,瓣膜因慢性主动脉反流而呈现轻微的变性改变,但通常无原发性瓣叶异常。经历过主动脉瓣逆向切开并随后发生主动脉瓣关闭不全的主动脉瓣常无形态学异常。创伤(多为医源性)越来越多地成为主动脉瓣关闭不全的病因。

(1)风湿性主动脉瓣关闭不全:与狭窄性瓣膜相比,风湿性反流性瓣膜的钙化成分较少,大多数反流性瓣膜均是如此。风湿性主动脉瓣关闭不全常伴有不同程度的主动脉瓣狭窄,且常伴二尖瓣病变。手术送检的主动脉瓣,瓣膜增厚、纤维化,时有钙化,瓣叶挛缩、变形、面积缩小、瓣口缩小或增大。如为单纯性主动脉瓣关闭不全,瓣叶联合部无融合或融合不明显,若连合部明显融合,则伴有主动脉瓣狭窄。光镜改变同风湿性二尖瓣病变。

(2)感染性心内膜炎:感染性心内膜炎较易累及主动脉瓣,特别是先天性二叶型主动脉瓣。瓣膜闭锁缘上赘生物形成,瓣叶变形破坏或出现穿孔,瓣膜环破坏致瓣膜脱垂等。以上病变均可致主动脉瓣关闭不全,引起原发性主动脉反流。消退后的心内膜炎可引起瓣叶缺损或主动脉瘤样扩张。

(3)黏液瘤样变性:原发性黏液瘤样主动脉瓣,偶与Marfan综合征伴发,亦可引起主动脉反流,大体上瓣叶面积增大,但亦可变小或大小不等。其组织学表现与黏液瘤样二尖瓣一致,表现为黏多糖物质沉积而引起瓣膜海绵部扩张。光镜见瓣叶纤维层中断,纤维组织减少或消失，内含大量黏液样组织。主动脉瓣黏液瘤样变性可伴有广泛性主动脉中层囊状坏死、主动脉根部扩张、瓣叶脱垂或感染性心内膜炎。

（4）先天性主动脉瓣关闭不全：最常见的先天性主动脉瓣关闭不全为二叶型主动脉瓣和室间隔缺损。前者由于两个瓣叶大小不等，较大瓣叶可因扩大而脱垂，或瓣叶上有裂缝，或并发感染性心内膜炎而致，后者由于主动脉根部与心脏支架衔接不良，使主动脉瓣的右叶或左叶向外侧移位而致主动脉瓣关闭不全。此外，先天性心内膜弹力纤维增生症及主动脉窦动脉瘤也可致主动脉瓣关闭不全。

（5）其他：梅毒性瓣膜可有瘢痕形成或挛缩，但极为罕见。梅毒性主动脉炎时，由于主动脉瓣连合部增宽而导致主动脉瓣关闭不全。原发性主动脉根部扩张，病变特点为主动脉中膜不同程度的破坏而无明显的炎症反应，广泛性囊性中层坏死及与 Marfan 综合征具有相似的主动脉中层病变。老年性和高血压病性主动脉扩张可致主动脉瓣关闭不全。此外，强直性脊柱炎时主动脉瓣叶挛缩伴主动脉根部变形；类风湿性肉芽肿可使主动脉瓣瓣叶基部变形和挛缩；红斑性狼疮时主动脉瓣的继发性穿孔及创伤所致的升主动脉撕裂均可引起主动脉瓣关闭不全。Whipple 病和淋巴细胞性瓣膜炎为主动脉反流较罕见的病因。

3. 主动脉狭窄及关闭不全（combined aortic stenosis and insufficiency） 许多严重的瘢痕性瓣膜，无论是退变性、感染后性、二叶性或治疗后性，均可能引起主动脉狭窄及关闭不全。极少的单叶性瓣膜也可引起此病变。

（二）二尖瓣疾病（mitral valvular disease）

正常二尖瓣的功能和形态都比半月瓣复杂。二尖瓣的正常关闭需要 6 种不同的机制共同作用，包括心房收缩、瓣环收缩、瓣叶结构完好、腱索结构完好形态正常、乳头肌功能正常结构完好以及左心室的正常形态。如果临床病因不清，尤其是二尖瓣关闭不全的病例，二尖瓣的大体检查对于发现病因十分重要。检查的参数须包括估测瓣环周径及瓣叶大小和体积、检查缝隙处以及腱索的完整性及一致性，如可能则进行乳头肌尖端的显微镜检查以排除缺血性病因。

正常的二尖瓣由两个瓣叶组成，前瓣大致为半圆形，约占瓣环周径的 1/3，后瓣为半月形，由 3 个扇形区组成，一个位于中央，两个位于近缝隙处。与半月瓣不同，二尖瓣的缝隙并不完全延伸至瓣环处，且有腱索支撑。瓣叶分为位于边缘的粗糙带和内侧的光滑（或膜状）带。前者为收缩期并排的区域，大多数腱索附着于此。在病理情况下，如急性风湿热或非细菌性血栓性心内膜炎时，两者的分界线（闭锁缘）可见赘生物。腱索发自双侧的乳头肌并附着于双侧瓣叶上，故以前瓣的尖端和后瓣的中间部为界将腱索分为两组。腱索的分支以及第 2 级、第 3 级分支多数附着于二尖瓣瓣叶粗糙带的心室面。

组织学上，正常的二尖瓣由 3 层组成。纤维层与腱索和乳头肌尖端相延续，位于瓣膜的心室面，并由心室内膜覆盖。心室内膜主要由弹力组织组成，表面覆盖有单层的内皮细胞。瓣膜的心房面为海绵层，主要由蛋白多糖、间质细胞、弹力和胶原纤维组成，也含有心肌细胞，并与心房肌相延续。肌肉组织可延伸至瓣膜 1/3 至 2/3 处，但不到达游离缘。瓣膜的心房面为心耳层及其内皮。但这一层不到达瓣膜游离缘，故瓣叶的外 1/3 主要是由纤维层和海绵层组成。腱索的胶原纤维和弹力纤维与瓣叶相延续。大多数腱索的中心由胶原、弹力组织及数量不等的黏多糖物质构成，但有些腱索的中心为肌肉，并有一条中央血管。乳头肌的尖端含有纤维组织，与腱索连接，可能被误认为乳头肌纤维化。乳头肌中常见壁厚的细动脉。

很多原因可引起二尖瓣异常，常见的有风湿性、先天性、黏液样变性、感染性心内膜炎、二尖瓣环钙化及附属结构的异常。

1. 二尖瓣狭窄（mitral stenosis） 二尖瓣口正常面积为 4～6cm^2，轻度狭窄时减至 2cm^2 左右，重度狭窄时瓣口面积在 1cm^2 以下。

（1）风湿性二尖瓣狭窄：最常见。手术切除的二尖瓣标本，瓣膜的闭锁缘处通常没有风湿性赘生物形成，其改变以每个瓣叶的纤维性增厚、瓣叶间粘连及局灶钙化为特点，多有腱索的增粗、缩短和融合且常伴有二尖瓣关闭不全。严重时，瓣叶显著增厚、钙化，瓣叶间广泛粘连融合，腱索明显增粗、短缩，瓣口显著狭窄、固定，呈鱼嘴样外观。光镜下，见瓣膜弥漫性纤维组织增生，并常伴有厚壁小血管形成、瓣叶及连合钙化、腱索融合和纤维化。有时送检的左心耳、瓣叶或乳头肌断片组织中可找到风湿小体。

（2）二尖瓣环钙化：二尖瓣狭窄可由严重的二尖瓣环钙化引起，这是一种见于老年人的病变，如发生于年轻人，往往并发于高钙血症等。此病很少见于70岁以下，女性显著多于男性。钙化可出现于二尖瓣后瓣附着处中央及二尖瓣内侧联合与室间隔膜部相连处，进一步发展使二尖瓣环呈结节状，"C"形钙化为其病理特点。

（3）先天性二尖瓣狭窄：先天性二尖瓣闭锁和二尖瓣狭窄非常少见。闭锁的二尖瓣仅形成一个小凹陷，狭窄的二尖瓣常呈漏斗型，瓣膜增厚并可伴有腱索缩短或畸形。闭锁作为一个单独畸形较少见，常与其他心血管畸形并存。

2. 二尖瓣关闭不全（mitral insufficiency）二尖瓣的正常关闭有许多必要条件。因此，对于手术切除的瓣膜标本，检查瓣叶和腱索的完整性及有无变形十分重要。引起二尖瓣关闭不全的原因远比二尖瓣狭窄复杂，可由二尖瓣及其附属结构的异常所致。二尖瓣狭窄的病例通常进行整个瓣叶切除，而对于半数左右的感染后性及几乎所有的松弛性反流的二尖瓣，手术方式为瓣膜部分切除。因此，临床病史对于正确判断反流的原因十分重要。

（1）黏液瘤样变性：黏液瘤样变性是单纯二尖瓣关闭不全最常见的原因。大体上二尖瓣环增大，瓣叶伸展面积增加，外观可呈胶胨样，瓣膜松弛、腱索伸长、变细，常有断裂，腱索间瓣叶呈圆拱状。光镜见瓣叶的海绵层内有过量的黏液样组织，奥辛蓝染色示酸性黏多糖含量增加。黏液瘤样变性的二尖瓣，瓣叶伸展而非挛缩，瓣叶内无小血管增生及炎细胞浸润，瓣叶间无粘连及钙盐沉积，瓣膜层次结构完整，这些特点有助于同风湿性心瓣膜病鉴别。

（2）感染性心内膜炎：感染性心内膜炎时，心瓣膜的主要病变是赘生物形成和瓣膜穿孔。赘生物可位于瓣叶表面或瓣叶联合损伤处，特点是体积大、质松软、易脱落。前叶病变可引起瓣叶中央穿孔，后叶病变常致瓣叶糜烂和腱索断裂。毒力强的致病菌引起。

（3）单纯性风湿性二尖瓣关闭不全较少见，常伴有不同程度的二尖瓣狭窄。单纯性风湿性二尖瓣关闭不全的病变特点是，瓣膜内钙盐沉积少，瓣叶联合无粘连融合，瓣口增大，腱索无明显增粗和融合，这些特点均与风湿性二尖瓣狭窄不同。

（4）其他：缺血性心脏病伴乳头肌功能不良（乳头肌瘢痕形成或乳头肌断裂）也是二尖瓣关闭不全较常见的原因，严重二尖瓣环钙化可致二尖瓣关闭不全，各种原因所致的左心室扩大可引起功能性二尖瓣关闭不全。先天性畸形，二尖瓣前叶异常或裂开，也可以成为二尖瓣关闭不全的原因。两项独立的研究表明，在因单纯性二尖瓣反流而手术的病例中，缺血性病因占17%～30%。长期的乳头肌功能不全时可见腱索增粗，不应误认为风湿性心脏病。急慢性心内膜炎可引起瓣叶破坏和赘生物形成，也可影响瓣膜的关闭。心内膜炎是腱索断裂的原因之一，其他原因包括黏液瘤样变性及特发性病因。

（三）肺动脉瓣疾病（pulmonic valvular disease）

肺动脉瓣异常比较少见，其中以先天性因素引起者居多，亦可由后天性因素（如风湿性、类癌性心内膜炎等）所致。

1. 肺动脉瓣狭窄（pulmonic stenosis）都是先天性的，大多数为Fallot四联征患者，故患者年龄多小于20岁。类癌或风湿性疾病及感染性心内膜炎偶可引起肺动脉狭窄。

（1）先天性肺动脉瓣狭窄：先天性肺动脉瓣狭窄可发生在瓣膜、瓣膜上和瓣膜下。瓣膜水平的先天性肺动脉瓣狭窄可有多种形态变化，有的瓣膜是圆顶状，向肺动脉干突出，无瓣膜联合，狭窄的瓣口位于瓣膜中央，老年患者可发生瓣膜钙化；有的呈二瓣型，瓣环缩小；有的虽有3个瓣叶，但瓣叶发育不良，且增厚、缩短、变硬，瓣环缩小，联合部通常无融合现象。罕见的畸形还有肺动脉瓣闭锁。瓣上狭窄可发生在肺动脉干、肺动脉主支或肺内动脉。最常见者为肺动脉主干和(或)肺内动脉。狭窄性病变为单个或多个,局限性或节段性,或为肺血管普遍性发育不良。漏斗部狭窄主要见于Fallot四联征,可伴有肺动脉及肺动脉瓣环的发育不良,多伴瓣膜部狭窄。肥厚性心肌病时,即可引起肺动脉瓣膜下狭窄,也可引起主动脉瓣膜下狭窄。

(2) 风湿性肺动脉瓣狭窄:风湿性肺动脉瓣狭窄甚为少见,几乎均伴有其他瓣膜的风湿性病变,瓣叶联合轻度融合,瓣叶增厚,瓣膜无明显变形。

(3) 类癌性肺动脉瓣狭窄:当类癌性心瓣膜病累及肺动脉瓣时,肺动脉瓣挛缩、变白、增厚,瓣叶的肺动脉侧有幼稚的纤维组织增生,致肺动脉瓣狭窄和关闭不全。

2. 肺动脉瓣关闭不全(pulmonic insufficiency) 肺动脉瓣关闭不全极少作为手术指征,它可以是先天性的,也可能由感染性心内膜炎、创伤或类癌性疾病引起。然而,肺动脉反流最常见的原因是肺动脉高压引起的肺动脉环扩张。由于单纯瓣膜异常而产生明显的肺动脉瓣关闭不全极为罕见,通常是由于肺动脉瓣部分或完全缺如引起。各种原因导致肺动脉高压,引起肺动脉主干扩张,致瓣膜环扩大,也为肺动脉瓣关闭不全的主要原因。

(四) 三尖瓣疾病(tricuspid valvular disease)

三尖瓣异常包括三尖瓣狭窄(tricuspid stenosis)和三尖瓣关闭不全(tricuspid insufficiency)。三尖瓣既有先天性,也有后天性,以前者为重要,且功能性改变多于器质性改变。三尖瓣狭窄的原因可以为风湿性心脏病(但只是与二尖瓣疾病伴发)、类癌性心脏病、先天性异常、感染性心内膜炎、代谢性疾病或血囊肿。单纯性三尖瓣反流是三尖瓣手术最常见的原因,约占74%。虽然先前风湿性心脏病是最多见的手术适应证,但近年来对于先天性三尖瓣反流(最常见为Ebstein畸形)也开始行切除三尖瓣的手术治疗,这些患者多在二三十岁时进行瓣膜替换术,而感染性瓣膜的切除多发生于40~60岁之间。引起三尖瓣反流的其他原因包括心内膜炎、类癌综合征、创伤、肺动脉高压、乳头肌功能不全和右心扩大引起的三尖瓣瓣环扩张。形态学分析可有助于鉴别诊断。

1. 风湿性三尖瓣狭窄和关闭不全 风湿性心瓣膜病很少累及三尖瓣,如累及三尖瓣,几乎均同时伴有二尖瓣和主动脉瓣病变。切除的三尖瓣,瓣膜明显增厚、变硬,连合部明显融合,瓣口固定,一般不发生钙化。重度风湿性三尖瓣狭窄一般均伴有三尖瓣关闭不全。

2. 先天性三尖瓣狭窄和关闭不全 主要有以下几种。

(1) Ebstein畸形:主要病理变化是三尖瓣的隔叶和后叶不是附着在正常的三尖瓣环上,而是向下移位附着在心尖附近的右心室心内膜上,下移的瓣叶通常变形。发育不全,部分缺损或粘连,与其相连的腱索和乳头肌常错乱排列,且可有增粗、变细、缩短或缺如,瓣叶可发生黏液样变性。

(2) 先天性三尖瓣狭窄:少见,三尖瓣叶与缩短的乳头肌相连,瓣口缩小,常合并其他畸形;先天性三尖瓣闭锁,三尖瓣缺如或仅能辨认出发育不全的瓣膜结构,右心室发育不良,可通过室间隔缺损与左心室相通。

(3) 先天性三尖瓣关闭不全:罕见,右心室和三尖瓣常扩大,三尖瓣有畸形,瓣叶裂开或前后瓣叶缺乏连合,偶见2个瓣口。

(4) 其他:体内有类癌时,有时在心瓣膜和心内膜引起灶性或弥漫性斑块样增厚,三尖瓣后叶和隔叶纤维组织增生,瓣叶与邻近的心室壁粘连,主要引起三尖瓣关闭不全,感染性心内膜炎时,赘生物阻塞三尖瓣瓣口时引起三尖瓣狭窄。此外,任何原因引起有心室收缩压增高时,均可导致功能性三尖瓣狭窄。

三、人工瓣膜置换后的病理变化

(一) 心脏瓣膜置换术的适应证

心脏瓣膜置换术大多应用于二尖瓣和主动脉瓣病变,少数为三尖瓣病变,肺动脉置换术则更少见。从病因来说,施行瓣膜置换术的心瓣膜病以风湿性心瓣膜病最为常见,部分为先天性瓣膜畸形、感染性心内膜炎、心瓣膜退行性变(包括心瓣膜黏液瘤样变性)、重度瓣膜脱垂等病变。重度二尖瓣狭窄、二尖瓣关闭不全或二尖瓣双病变患者,心功能Ⅲ~Ⅳ级,药物治疗无效,瓣膜交界分离术或瓣膜成形术未能修复者,应考虑施行瓣膜置换术。

二尖瓣关闭不全时,有多种情况施行二尖瓣置换术,包括风湿性二尖瓣关闭不全、二尖瓣腱索断裂、心肌梗死后乳头肌断裂、顽固性感染性心内膜炎、已置换人造瓣膜的功能异常和二尖瓣脱垂等。感染性心内膜炎有时需在急性病程中作瓣膜置换术,最常见的手术指征是活动性感染性心内膜炎合并急剧恶化的充血性心力衰竭、反复栓塞、药物难以控制的持续感染及心肌脓肿形成。手术切除感染瓣膜、清除坏死组织、引流心肌脓肿也是治疗感染的重要措施。

心瓣膜置换术后,人造心瓣功能失效,反复或突然出现肺部充血、水肿,心功能减退;或术后反复发生体循环栓塞,应用抗凝剂或抗血小板凝聚药物无效,以及发生感染性心内膜炎,特别是真菌性心内膜炎,为重新换瓣的手术指征。二尖瓣黏液瘤样变性和瓣膜脱垂引起重度二尖瓣关闭不全时,也可施行换瓣手术。

此外,施行二尖瓣置换术的少见情况有左心室流出道先天性梗阻、先天性二尖瓣关闭不全、Marfan 综合征、肥厚性梗阻性心肌病和类癌性心肌病等,引起二尖瓣功能明显障碍者。

(二) 人造心脏瓣膜的种类和比较

目前世界各国所采用的各种心脏瓣膜有两大类,人造机械瓣膜和生物瓣膜。理想的人造瓣膜应该具有下列特点:化学上具有惰性,在人体内不易产生化学变化,耐久性强,在心动周期中能保持正常开闭;通过人造瓣膜的血流情况应与正常时相仿,且不损害血液成分;不形成血栓,术后不需要抗凝治疗;不产生有损于移植瓣膜的宿主反应;容易消毒,对感染具有抵抗力。

人造机械瓣膜和生物瓣膜两者相比,各具优缺点。机械瓣膜晚期效果满意,耐磨性强,瓣架低的机械瓣适用于各种类型心瓣膜病变的置换手术。机械瓣的缺点是手术死亡率和血栓发生率较高,术后需要终生抗凝治疗,患者可听到瓣膜开闭的金属声。

目前临床上使用的生物瓣膜主要有同种硬脑膜瓣、异种牛心包膜瓣和异种猪主动脉瓣三种。生物瓣的优点是瓣架低,血流特点是与正常瓣膜相仿,不容易产生溶血,术后不需长期抗凝治疗,人造瓣膜上血栓形成及血栓栓塞的发生率低,无机械瓣膜那样的金属音。瓣膜的功能损害发展较迟缓,很少导致突然死亡,可有再次手术机会。生物瓣膜的缺点主要是瓣膜的耐久性尚未完全解决,在术后一定时间内由于瓣膜退行性变而产生瓣膜的功能不全。生物瓣膜移植较久,尤其是当患者有肾衰竭以及儿童中应用生物瓣,易产生钙化。

(三) 人造心瓣在瓣膜置换术后病理变化

1. 生物瓣移植后的病理变化 移植后的生物瓣病理变化有三个特点。

(1) 主要的结构成分为胶原。

(2) 没有合成和修复机制,当胶原纤维由于蛋白溶解或机械牵拉引起缓慢溶解时,损伤的胶原不能被修复,从而导致瓣膜的撕裂和穿孔。

(3) 移植后生物瓣的胶原有进行性钙化倾向,结果引起瓣膜的狭窄和(或)关闭不全,甚至使瓣膜丧失活动性。

【病理变化】

(1) 生物瓣表面血细胞黏附:生物瓣移植后几天内,表面被一层纤维素、血小板及少许红细胞被覆,炎细胞较少,主要为巨噬细胞。

(2) 血栓形成和栓塞现象:与机械瓣相比,生物瓣形成血栓及栓塞的几率要少得多。可发生在移植后早期,也可发生在移植后晚期,血栓常位于瓣叶的流出面(outflow surface),可伴钙盐沉积。血栓脱落可引起栓塞。

(3) 生物瓣感染:生物瓣发生感染的机会比机械瓣低,很多种类的细菌及真菌都可成为致病菌,一旦感染可导致瓣膜环脓肿及瓣叶穿孔。根据程度分为 4 期:Ⅰ期,致病菌局限于附在瓣膜表面的血栓上;Ⅱ期,血栓下方瓣膜浅层内已有致病菌;Ⅲ期,病原菌达瓣膜组织深层;Ⅳ期,瓣叶急性穿孔。

(4) 瓣膜撕裂和穿孔:撕裂多在瓣叶与支架连接部的交界处,呈部分撕裂或自瓣环至瓣尖完全撕裂,有时瓣叶穿孔,且多从瓣叶的缝合孔处扩大而成。根据瓣叶撕裂和穿孔情况分为 4 型:Ⅰ型,撕裂累及瓣叶的游离缘;Ⅱ型,线状穿孔,沿瓣叶基部扩展;Ⅲ型,大的圆形或卵圆形缺损,占据瓣叶的中央,常伴严重的瓣叶破坏；Ⅳ型，损伤为多发的针眼大小穿孔，位于瓣叶中央，常伴钙盐沉积。

(5) 纤维鞘形成：生物瓣移植后，与支架接触的宿主纤维组织增生，最后部分或完全覆盖瓣叶，部分表面衬有内皮。表面增生的纤维对生物瓣似有保护作用，但如过度生长，可引起瓣叶硬化和联合融合而致瓣膜狭窄。因此，手术切除的生物瓣，大体显示瓣环表面及瓣架周围常覆盖厚层纤维组织，且可伴钙化。

(6) 钙化：各种类型的生物瓣均可发生钙化，钙化主要累及瓣膜的胶原纤维和表面机化的微血栓，也可累及其他成分。血栓中钙盐沉积后，一般突出于瓣叶表面，而累及胶原的钙化，在猪生物瓣常广泛分布于海绵层，在心包生物瓣则沉积于瓣叶的中央。

(7) 瓣膜内血肿：血肿呈暗红色，位于瓣叶中央，特别聚积于海绵层内，有时也位于瓣叶与缝合环之间。由于血肿形成，特别是伴钙化时，引起瓣叶增厚和硬化，从而导致瓣口狭窄。

(8) 脂质浸润和淀粉样变性：少数移植的生物瓣内有脂质浸润，有时见大量胆固醇结晶形成。某些Ⅰ型撕裂的生物瓣，在撕裂处有显著脂质浸润。某些硬脑膜生物瓣的缝合环处及猪生物瓣的瓣膜组织内有淀粉样物质沉积。

2. 机械瓣移植后的病理变化

【病理变化】 对于植入的机械瓣，机体的组织反应受以下因素影响：设计类型、结构成分、植入心脏的位置和角度以及通过瓣膜的血流形式。患者的年龄、营养、医疗状况和某些药物也能影响组织反应。因此，如植入机械瓣类型不同，机体组织反应亦有不同，且个体差异很大。机械瓣植入后，可引起瓣笼附近的主动脉和心内膜增厚，甚至整个左心室内膜呈弥漫性增厚，伴平行排列的弹力纤维增生，从而影响左心室功能。在瓣环和瓣笼支柱部，尤其是在半球和瓣环接触处易形成血栓，部分可有内皮细胞被覆，但甚至在数年后，此种内皮被覆很少是完全的。瓣环和瓣口上血栓形成，可引起瓣口狭窄或关闭不全，并可产生血栓栓塞性合并症。机械瓣植入术后，原来的心脏瓣环可发生明显钙化；且在术后任何时间均有并发感染性心内膜炎的危险。

(1) 纤维覆盖：与生物瓣类似，机械瓣移植后，与瓣架接触处宿主组织逐渐生长，且覆盖于瓣架和(或)瓣叶表面，形成一层纤维膜。薄而透明的纤维膜对机械瓣有保护作用，但如形成过度，纤维膜明显增厚，特别是继发血栓形成、钙化或心内膜炎时，可致瓣膜狭窄或关闭不全。

(2) 血栓形成和栓塞：由于机械瓣均由一些致血栓性惰性材料(如硅橡胶、聚四氯乙烯等)制成，因此植入心脏后与流动血液相接触可吸附血浆蛋白和血小板，随后形成血栓。血栓多位于金属瓣架与包布连接处，有时也可位于瓣架顶部，大小不一，新旧不等。血栓形成可致瓣口狭窄和闭塞，血栓机化可使瓣叶增厚，影响瓣膜功能，血栓脱落可引起全身性血栓栓塞，其中以脑栓塞最常见。

(3) 感染：感染多从瓣环附近开始，并侵入邻近组织，可引起瓣环脓肿。感染性赘生物可引起瓣膜狭窄和阻塞，人工瓣松脱或裂开，导致瓣周渗漏和瓣膜关闭不全。含有细菌的赘生物脱落，可引起其他脏器的栓塞性脓肿。

(4) 人工瓣撞击组织：在瓣架高的情况下较易发生这种情况。撞击临近心脏组织，可导致溃疡或人工瓣嵌入心肌组织中，可能影响人工瓣的功能。如果撞击不重，损伤部位可被修复而愈合。

(5) 湍流和溶血：各种人工瓣的瓣口都比自然心瓣瓣口小，其程度因不同人工瓣而异。由于瓣口小，血流通过时跨瓣梯度就大，因此可导致湍流，数年后可引起主动脉内膜和远离人工瓣的心内膜纤维肌性增厚，通常没有临床意义，但如果显著肥厚，特别是在左心室，可影响内膜下心肌纤维的营养和功能。由于血液湍流，因此可产生血管内溶血。

(四) 心脏瓣膜置换术的合并症

1. 血栓形成和栓塞 此种合并症可在人造瓣膜植入后不久或在以后任何时候发生，机械瓣较生物瓣更容易形成血栓。血栓栓塞的发生与下列因素有关：所有人造瓣膜均由硅胶、聚四氯乙烯和钛等惰性材料制成，但均具有致血栓性。人造瓣膜植入后的异物面与流动的血液相接触，异物面上可吸附血浆蛋白和血小板，随后形成血栓。血栓形成与人造瓣膜和宿主组织间的交界面未适当愈合有关，宿主组织长入瓣膜和新生内皮化需要在12～18个月或更长时间才形成,在术后一个月内,瓣环、缝合口等部位尚无内皮覆盖,故易形成血栓。术后心功能不全,出现低排血量综合征,原有心房病变尤其是巨大左心房以及有心房颤动和栓塞史的患者,易发生血栓栓塞性合并症。

人造心瓣上形成的血栓和赘生物大小不一,大如结节状,小的可如毛发丝样,多位于金属瓣架与包布连接处,也可位于瓣架顶部。由于血栓形成的时间不同,其组织学改变新旧不一,可为新鲜血栓,或已发生不同程度的机化。与人造二尖瓣相关的血栓常发生在左心房,围绕缝合环,主要由红细胞和纤维蛋白组成;在经人造主动脉高速血流下形成的血栓以血小板成分为主。人造心瓣膜上血栓形成可引起瓣口狭窄或闭塞,血栓机化可使瓣叶增厚,影响瓣膜功能。人造瓣膜上的血栓脱落,可产生全身性血栓栓塞,其中以脑栓塞最为常见,这是由于心瓣膜上脱落的栓子容易经过颈动脉进入脑组织,并引起脑组织的缺血和梗死。较少见者为栓子进入冠状动脉、肾动脉和肢体动脉等,造成相应脏器的缺血和坏死。

2. 感染性心内膜炎 是人造心瓣膜移植后的一种严重合并症。人造心瓣膜植入后不久,瓣膜上形成血栓和作为异物的金属是引起感染性心内膜炎的危险因素。急性感染时,病原体通常为葡萄球菌,可由于术前或术中人造瓣膜被污染所致。后期感染是在人造瓣膜植入后数月或数年发生,多数由葡萄球菌和链球菌引起,少数为白色念球菌或其他真菌感染。急性期或后期感染均以主动脉瓣置换术较二尖瓣置换更为多见。根据感染程度,可将病变分为 4 期:Ⅰ期,致病菌局限于附在瓣膜表面的血栓上;Ⅱ期,血栓下方瓣膜浅层内已有致病菌;Ⅲ期,病原菌达瓣膜组织深层;Ⅳ期,瓣叶急性穿孔。感染结果可引起瓣膜上赘生物形成,瓣叶穿孔或撕裂,以后瓣膜变形、纤维化和钙化,使瓣膜功能失效。感染从人造心瓣蔓延,可引起瓣环脓肿,人造瓣膜松脱或裂开,导致瓣周渗漏和瓣膜关闭不全。瓣环脓肿可穿入邻近组织,并发动脉瘤形成,并可蔓延至心包、主动脉或其他心腔,形成窦道或瘘管;侵及或破坏心脏传导系统,引起完全性或束支传导阻滞。瓣环脓肿以人造主动脉瓣较二尖瓣多见,机械瓣较生物瓣更容易发生。人造心瓣膜上的赘生物脱落,可引起栓塞、脏器坏死、迁徙性脓肿和栓塞性肾小球肾炎等合并症。

3. 人造心瓣膜功能减退或失效 经人造心瓣膜置换术后的长期临床观察和再度施行换瓣术的外检标本及尸检病例的检查中,发现下列因素可引起人造心瓣膜的功能障碍:生物瓣变性、撕裂而导致的瓣膜严重关闭不全,二尖瓣移植较主动脉移植更容易发生变性。生物瓣增厚、纤维化和钙化,引起瓣膜狭窄和功能减退,为换瓣术的一种主要的后期合并症。人造瓣膜上并发血栓形成和感染性心内膜炎,从而引起瓣周渗漏、瓣膜狭窄或关闭不全以及体循环栓塞等合并症;或选择的人造心瓣过大或过小,或由于手术不当等,也可引起移植瓣的功能障碍。

4. 生物瓣内血肿形成和心室破裂 猪生物瓣移植后的早期或后期可发生瓣叶内血肿,血肿呈暗红色,可从缝合环延伸至瓣叶的游离缘。光镜下显示,瓣膜的海绵层内积聚大量红细胞,伴有少量粒细胞、巨噬细胞、血小板及纤维素条索,瓣膜的结缔组织可发生变性及钙盐沉积。瓣叶内血肿使受累瓣叶的活动度减退,血肿钙化将导致生物瓣狭窄。

二尖瓣置换术后有时可发生心室破裂,破裂部位均在瓣膜环以下,由左心房和左心室的交界部开始,引起瓣膜环下破裂,严重破裂可自左心室后壁一直到心尖部。心室破裂的原因为,缝合时进针过深,缝线穿入心肌时在心肌中形成血肿;在二尖瓣后瓣环处,过分切除钙化组织或后叶组织,导致房室沟处的该部分形成一个弱点;以及乳头肌切除过深,使局部左心室壁变薄而导致心室破裂。

(五) 死亡原因

心脏瓣膜置换术的死亡率与术前心脏病的严重程度、瓣膜受损数目、手术的复杂程度和有无合并症等因素有关。术后近期死亡的原因多为急性心功能或心肺功能衰竭、低心输出量综合征、心律失常、出血、感染及栓塞合并症,后者以脑栓塞和肺栓塞较常见。后期死亡原因多见于瓣膜功能失效所致的心力衰竭,人造心瓣的血栓形成及感染性心内膜炎引起的栓塞合并症等。

四、二尖瓣脱垂

二尖瓣脱垂(mitral valve prolapse,MVP)是指在心脏收缩时,由于1~2个瓣叶松弛,使二尖瓣突向左心房。MVP为一常见的心血管疾病,人群发生率为5%~6%,女性更高。由于脱垂的轻重程度不同,有的临床上有症状和体征,有的无临床表现。

(一)分型

Barlow和Pocock将MVP分为4型。

1. 膨出(billowing) 腱索延长,二尖瓣向左心房膨出,但无瓣膜关闭不全。

2. 脱垂(prolapse) 腱索进一步延长,二尖瓣突向左心房并伴瓣膜关闭不全。

3. 松弛(floppy) 腱索延长,瓣膜表面积扩大使二尖瓣严重脱出伴瓣膜关闭不全。

4. 松弛瓣伴连枷瓣叶(floppy valve flail leaflet) 松弛瓣进一步发展,一些腱索断裂并伴连枷瓣叶。

(二)病理变化

1. 肉眼观察 大体上脱垂瓣膜可同时累及前后二瓣,也可仅见其中之一,后瓣受累为多病变,瓣叶常变性、增厚、变软、灰白色,外观常呈凝胶状。腱索细长,附着点紊乱。瓣叶受累最严重的部分;腱索异常也最显著,有时腱索断裂。

2. 镜下观察 光镜见瓣膜中层黏液样变性,胶原纤维断裂、消失,弹力纤维断裂、溶解。断裂的腱索亦有同样改变。

MVP常合并二尖瓣关闭不全,伴或不伴充血性心力衰竭,其次常伴发腱索断裂,以后叶腱索较易受累。此外,1%~8%的MVP患者伴有感染性心内膜炎。

第七节 动 脉 瘤

动脉管壁病理性局限性扩张称为动脉瘤(aneurysm)。动脉瘤可依病因、形状和动脉瘤壁的结构进行分类(图1-2)。依病因可分为:动脉粥样硬化性、梅毒性、细菌性、外伤性、先天性和夹层动脉瘤。动脉瘤是动脉壁局部薄弱或结构破坏后所形成的永久性异常扩张或膨出。最常见于弹性动脉及其主要分支,其次为较大肌型动脉。

一、结 构 分 类

1. 真性动脉瘤(aneurysm verum) 扩张膨大的动脉瘤,瘤壁仍完整,其壁由所有3层血管壁组织构成,大多数动脉瘤属于此种类型。

2. 假性动脉瘤(aneurysm spurium) 大多由于血管外伤,血液通过破裂处进入周围组织而形成血肿,继而血肿被机化后其内表面被内皮覆盖。因此,假性动脉瘤乃是一种由内皮覆盖的血肿。瘤壁为动脉外膜或周围结缔组织构成,动脉腔内常有凝血、混合血栓或机化,但瘤腔仍与原动脉管腔相通,创伤性动脉瘤多属此类。

3. 夹层动脉瘤(夹层血肿)(aneurysm dissecans) 多见于老年人(但Marfan综合征患者例外),男性多于女性。多从血管树的血流

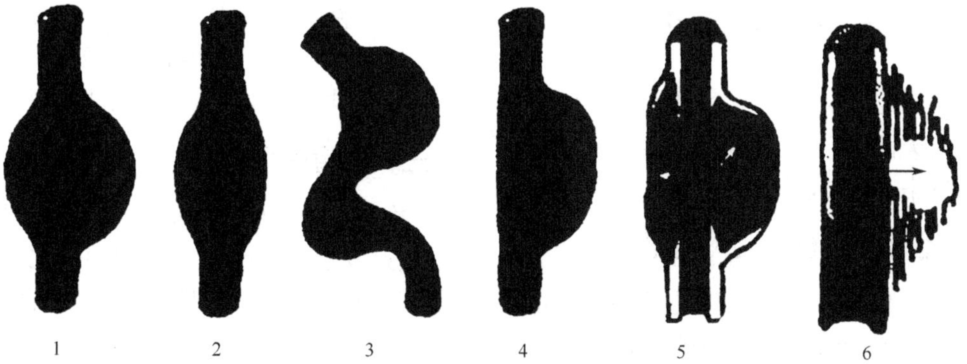

图1-2 动脉瘤的类型

1. 囊状动脉瘤;2. 梭形动脉瘤;3. 蜿蜒状动脉瘤;4. 舟状动脉瘤;5. 夹层动脉瘤;6. 假性动脉瘤

剪应力量强处及血压变动最明显处(升主动脉、主动脉弓)出发,血流从内膜破裂处钻入病理性疏松的中膜(少数乃来自滋养血管的出血),并顺血流方向将中膜纵行劈开,形成一个假血管腔。这种假血管腔可再次破入真血管腔内,血流如同一个迂回旁道。这种动脉瘤的病因、发病机制颇为复杂,可见于先天性血管畸形、代谢性结缔组织疾病(如 Marfan 综合征,其主动脉中膜的弹性纤维断裂、缺失,胶原和蛋白多糖增多)、甲状腺功能过低时的血管壁蛋白多糖增多、梅毒性主动脉炎及动脉粥样硬化等。

二、形态学类型

1. 囊状动脉瘤 被累血管段管壁呈球状扩张,其大者直径可达 15 ~ 20cm。由于血液流过时形成旋涡,因此,这种动脉瘤常并发血栓形成。

2. 梭形动脉瘤 血管壁呈均匀扩张,而又朝一端逐渐均匀缩小,直至达到原来的血管直径,故呈梭形。这种动脉较少发生附壁血栓。

3. 圆柱状动脉瘤 开始血管突然呈滚筒状扩张,同样又突然过渡于正常血管。可发生附壁血栓。

4. 舟状动脉瘤 血管壁呈一侧性扩张,而对侧血管壁则无变化;常见于夹层动脉瘤时。

5. 蜿蜒状动脉瘤 相近的血管段相继呈不对称性扩张,因此被累血管呈蜿蜒状膨隆。大多见于血流方向一再改变的血管(如骨盆的动脉)。

三、病 因 分 类

动脉瘤形成的原因不一,可为先天性或后天性。后天性者,主要由动脉粥样硬化引起,其次为感染、梅毒或外伤引起。

(一)动脉粥样硬化性动脉瘤

晚期动脉粥样硬化,特别是复合病变可继续向深层发展,导致斑块下中膜萎缩,管壁变薄弱,渐向外膨出形成动脉瘤,最多见于腹主动脉,亦可见于胸主动脉、髂动脉、脑动脉等;动脉粥样硬化性动脉瘤大多为单个的,呈囊状或梭状扩张,囊腔内多充以层状血凝块或附壁血栓,但多不阻塞管腔。光镜下囊壁可见动脉粥样硬化性复合病变,时有钙化灶,内面覆有厚层无结构的纤维素血栓样物质,中膜纤维化,弹力纤维断裂,动脉瘤外膜可有轻度纤维化及少量淋巴细胞、浆细胞浸润,有时瘤壁破坏严重,需借助弹力纤维染色证实壁内有无残留弹力纤维,可与假性动脉瘤相鉴别。

腹主动脉瘤在动脉瘤中最为常见,可发生于肾动脉以上或以下。由于肾动脉以下的腹主动脉营养血管最少,所以多发生于肾动脉开口下,髂动脉以上,呈节段性。瘤体的远端多有一段较正常的主动脉,从而有利于手术治疗,亦可累及两侧髂总动脉。动脉瘤一旦形成,由于血流冲击,可进行性发展,最终破裂引起腹膜后出血。破裂多见于直径大于 7cm 的动脉瘤,较小的动脉瘤偶可因继发感染导致破裂,故所有切除的腹主动脉瘤,特别是 7cm 以下者,应作细菌培养。

动脉瘤亦可形成瘘管,主动脉瘤侵蚀破入十二指肠,可形成腹主动脉-十二指肠瘘;如破入下腔静脉,可形成腹主动脉-腔静脉瘘;肝动脉瘤可破入到胆总管;脾动脉瘤可破入到胃、结肠、胰管;髂内动脉瘤则可破入直肠、乙状结肠。四肢动脉的动脉瘤较少见,偶见于股动脉。

(二)感染性动脉瘤

感染性动脉瘤多发生于腹主动脉,常由血管邻近组织的感染灶通过淋巴管及营养血管蔓延至动脉,造成中膜损伤引起动脉瘤,瘤壁较厚,因有大量炎性纤维组织增生与周围组织粘连紧密,手术往往很难剥离。此外亚急性细菌性心内膜炎、肺炎等的感染性栓子栓塞于动脉壁的营养血管,或由内膜损伤处细菌直接侵入动脉壁,均可破坏中膜,引起动脉瘤。

(三)梅毒性动脉瘤

梅毒性动脉瘤是晚期梅毒性主动脉炎的后果,好发于升主动脉,主动脉弓次之,瘤体多呈囊状,常较动脉粥样硬化者为大,直径可达 15 ~ 20cm,时常压迫并侵蚀邻近器官,如气管、食管、喉返神经,也可侵蚀胸骨,使动脉瘤突出于胸部皮下,或压迫或侵蚀胸椎,继而压迫脊髓,动脉瘤破裂可引起出血性休克。

（四）夹层动脉瘤

夹层动脉瘤系血液流入动脉中膜，在壁间形成的剥离性血肿。患者以中老年为主，男性多见。其形成与动脉中膜变性有关。高血压、Marfan综合征、妊娠、主动脉缩窄、主动脉双瓣畸形、外伤等均可导致夹层动脉瘤的形成。最近有报道主动脉内放置球囊及起搏器和体外循环时，动脉导管的插入也可引起主动脉夹层动脉瘤。通常从内膜出现裂隙开始。裂隙多发生于心搏时受应激力最大的升主动脉及降主动脉第一段，随着裂隙的发展，主动脉壁迅速被流入的血流撕开，形成夹层动脉瘤。

腹主动脉较少发生夹层动脉瘤，且多为创伤（包括医源性原因）所引致。夹层动脉瘤不经治疗死亡率很高，最常见的合并症是动脉瘤破裂，致大出血或心包填塞；有的夹层内大量血液流入，可堵塞动脉内腔或动脉分支开口，引起急性阻塞；发生在主动脉根部的夹层动脉瘤也可引起主动脉瓣脱垂和关闭不全，造成血液逆流产生进行性心力衰竭。

【病理变化】 夹层动脉瘤发生于主动脉中膜内1/3与外2/3交界处，中膜剥离形如套管，剥离长度不一，有的仅限于主动脉局部，有的累及主动脉全长，甚至达髂动脉。当病变扩展至主动脉远端时，通常累及动脉全周。夹层动脉瘤95%以上可以在内膜找到一个，有时两个以上的撕裂口，这种破口多见于升主动脉，位于主动脉瓣上4cm以内，或见于降主动脉近锁骨下动脉开口处，多呈横向或斜向走行，一般长4～6cm，边缘锐利。慢性者破裂口收缩，内皮自破口长入。约有10%～20%的夹层动脉瘤在主动脉远端或髂动脉形成另一破裂口，与动脉腔相通，从而使夹层动脉瘤成为血液流通的假腔，时久假腔可以内皮化，出现假内膜，甚或发生动脉粥样硬化，一些长时间生存的患者均属此种类型。有时在假腔内有血栓形成，如血栓完全堵塞假腔，可使夹层动脉瘤自然愈合。偶尔剥离较局限，距原撕裂口仅几厘米，此种多不向外膜破裂，修复后在原内膜撕裂处留有境界清楚的内膜缺损。光镜见夹层动脉瘤囊壁较薄，特征性改变为中膜的“囊性中层坏死”囊壁并无衬覆细胞，无真正坏死或炎症反应，囊腔多始于中膜的黏液样物质蓄积，奥辛蓝染色成亮蓝色，PAS呈红色。囊腔处平滑肌细胞变性消失，弹力纤维断裂或有轻度至中度纤维化。

第八节 纤维肌性结构不良

纤维肌性结构不良（fibromuscular dysplasia）是一种病因不清的非炎症性血管疾病，多见于青少年或30～40岁中年人，男女均可发生，有报告称年轻女性多见。最常见于肾动脉，在欧美居肾血管性高血压病因的首位，为儿童肾动脉狭窄最主要的原因。其他大中肌型动脉亦均可受累，常见的有颈内动脉的颈段、腹腔动脉、肠系膜上下动脉、髂动脉，其次椎动脉、颈外动脉分支、颅底动脉等，有时多动脉同时受累。除肌型动脉外，也有报告弹力型大动脉受累者，表现类似大动脉炎、大动脉缩窄的症状。因此，本病作为一种系统性血管疾病已越来越引人注目。其病因不清，有推测与遗传、激素失调、代谢紊乱及中毒等有关。病变多累及血管一段，病变呈多形性，分4型。

（一）内弹力板分层或断裂

内膜不含脂质或炎性成分，内弹力板有时分层或断裂。中膜、外膜改变甚轻。在弹力板缺失处，血液可进入中膜，引起剥离，形成夹层动脉瘤。常见于儿童及青壮年。

（二）中膜纤维肌结构不良

中膜纤维肌结构不良为最常见的类型。动脉中膜增厚与变薄交替出现，增厚处中膜纤维组织及平滑肌细胞增生，突向管腔致管腔狭小，变薄区肌纤维减少，局部内弹力板不完整或消失，管壁向外膨出，形成微动脉瘤或小囊性动脉瘤。血管造影可见动脉成串珠状，多发生于肾动脉远侧2/3达肾内分支处。

（三）中膜平滑肌及纤维组织真性增生

此型可伴外弹力板断裂。

（四）外膜纤维组织增生

动脉外膜致密结缔组织增生，形成套袖。有时置换1/2～2/3中膜，致动脉腔狭窄。胶原纤维自外膜伸向周围结缔组织。右肾动脉最多见，为局灶性或波及一段肾动脉，常见于青年妇女。

第九节 血管病变

动脉的炎症性疾病可以根据病因、受累血管口径、部位或镜下所见进行分类，如能按病因分类最为理想，但目前只有很少一部分动脉炎能找出致病原因，相比之下，根据动脉口径划分较为实用，故本节按动脉口径分为主动脉炎及周围动脉炎两大类，对伴发主动脉炎的周围动脉炎，为了避免重复，在主动脉炎部分一并叙述。

一、主动脉炎

大动脉炎是指主动脉及其大分支的炎症。主动脉炎包括梅毒性主动脉炎、高安动脉炎、风湿性主动脉炎及类风湿性主动脉炎，其原因有所不同，但其病理变化，无论肉眼观或组织学变化，均非特异性，且都颇为相似，因此不能简单地从肉眼变化及组织学来确定病因。

（一）高安动脉炎

高安动脉炎（Takayasu arteritis）亦称特发性主动脉炎（idiopathic aortitis）、无脉症（pulseless disease）、动脉炎综合征及缩窄性主动脉炎等，是一种好发于青年女性，主要累及主动脉及其主要分支的多动脉炎。本病在全世界范围内均有发病，东方人发病尤高，我国以东北特别是黑龙江省较为常见。目前多数学者认为本病是一种自身免疫性疾病，具有遗传易感性。引起自身免疫反应的原因尚不清，约有1/3患者发病前有各种感染病史，特别是伴活动性结核。

临床发展大多较缓慢，依受累血管部位而表现相应症状，早期可有发热、乏力、关节痛和血沉快。随着病情的发展，数年之后动脉病变加重，引起狭窄或闭塞，出现相应的症状。根据受累部位，临床分4型。

1. Ⅰ型头臂动脉型（上肢无脉型） 病变累及主动脉弓及其分支，引起脑或上肢缺血。

2. Ⅱ型胸腹主动脉型（下肢无脉型） 病变发生在胸主动脉或腹主动脉引起胸（腹）主动脉的狭窄或闭塞，临床表现为头颈上肢的高血压，下肢供血不足的症状。

3. Ⅲ型肾动脉型 病变累及肾动脉开口处或波及肾动脉，引起肾血管性高血压。

4. Ⅳ型混合型 Ⅰ、Ⅱ或Ⅲ型混合，亦可合并肺动脉病变，尸检证实40%肺动脉受累。

【病理变化】 本病可累及主动脉各段及主要分支，最多发生于主动脉弓及其分支，病变有多发性、节段性的特点，肺动脉亦常受累。

大体晚期病变具特征性，管壁纤维化、增厚、极度僵硬，与周围组织有粘连，管腔狭窄、内膜表面凹凸不平，重者有多数斑块隆起，其间为纵行或星状皱纹（树皮样皱纹）。受累大血管腔明显狭窄，甚至被纤维组织完全阻塞。常伴钙化，可继发动脉粥样硬化，狭窄部可继发血栓形成。少数情况下管壁破坏广泛，结缔组织修复不足可引起动脉扩张，甚至动脉瘤形成。主动脉根部病变可引起主动脉瓣关闭不全或主动脉炎直接延及冠状动脉开口，使开口变狭，引起心绞痛或心肌梗死。

光镜早期病变以变质渗出为主，晚期以增生为主，各期病变可以共存。

（1）早期：内膜及中膜内层黏液基质增多并可见平滑肌细胞及弹力纤维变性，动脉中膜可见黏液样变性及纤维素样坏死灶，继而中膜弹力板有灶状甚至较大范围破坏，伴有肉芽组织增生，含有新生毛细血管、不等量结缔组织增生及淋巴细胞浸润，外膜营养血管周围可见淋巴细胞、浆细胞及单核细胞浸润。

（2）进展期：中膜弹力纤维断裂崩解，局部黏液基质胶原纤维增多，平滑肌细胞增生，局部小血管增多，可达内膜深层，内膜黏液变性、平滑肌细胞增生、弹力纤维增多、外膜纤维组织增生。

（3）晚期：以纤维瘢痕形成为主，病变最严重处中膜弹力板几乎全被破坏，代之以大量结缔组织，基质中富含蛋白多糖，PAS染成红色，奥辛蓝染成蓝色。内膜显著增厚，其中平滑肌细胞大量增生并产生大量胶原纤维及蛋白多糖，内弹力膜断裂或消失。外膜大量结缔组织增生，其中胶原纤维常发生玻璃样变；滋养血管壁增厚，其周围有淋巴细胞、浆细胞浸润。

本病的变化与梅毒性主动脉炎极为相似，单从形态学上往往很难鉴别，但本病多见于青年人，病变范围较广；梅毒患者有特异的血清反应，而本病则否。

动脉瘤形成不太多见，但可为多发性。部分患者有无脉症，多由于头、臂动脉近分支出口处的一段血管管腔被增生的胶原纤维阻塞所引起。肾动脉受累时多有高血压。极少数患者可发生冠状动脉炎，可并发冠状动脉瘤、血栓形成及心肌梗死。

（二）梅毒性主动脉炎

梅毒性主动脉炎见于晚期梅毒，往往在原发感染后十余年才出现。近来初期梅毒增多，有可能导致将来梅毒性心血管病的增多。约10%梅毒患者并发心血管合并症，包括单纯性梅毒性主动脉炎、梅毒性动脉瘤、主动脉瓣关闭不全、冠状动脉开口狭窄及心肌梅毒树胶肿等5类。

【病理变化】 梅毒性主动脉炎病变多位于升主动脉及主动脉弓，胸主动脉发生较少，腹主动脉最少，很少超越肾动脉，近端好发可能是和该段的血管及淋巴循环丰富，在二期梅毒常与纵隔淋巴结感染有关。病变特点，肉眼观主动脉明显增宽，内膜白色斑块间可见深浅不一的皱纹；镜下观树胶肿中心为干酪样坏死，外绕以上皮样细胞，偶见巨细胞，很少能在树胶肿中找到梅毒螺旋体。炎症吸收后，中膜留有多数较大星状瘢痕，瘢痕收缩致内膜皱缩。外膜明显增厚，其中营养血管管腔狭窄甚至闭塞，周围大量淋巴细胞、浆细胞浸润。

由于主动脉中层广泛的炎症破坏与瘢痕致动脉壁弹性减弱，管壁扩张，局部可膨出形成动脉瘤。主动脉炎病变延及主动脉瓣环及瓣叶联合，致瓣环扩张，瓣叶联合分离，引起主动脉瓣关闭不全。梅毒性主动脉炎20%～30%有冠状动脉开口狭窄，可引起心绞痛偶致心肌梗死，临床不易与动脉粥样硬化相区分。曾有一例临床诊为动脉粥样硬化，行冠脉搭桥，尸检时发现冠状动脉近端梅毒性动脉炎，搭桥之大隐静脉开口被主动脉梅毒性动脉炎所堵。这说明梅毒性主动脉炎不但搭桥困难，而且移植物有再狭窄的危险。

（三）巨细胞性动脉炎

巨细胞性动脉炎（giant cell arteritis）曾被称为颞动脉炎（temporal arteritis）和颅动脉炎（cranial arteritis）及肉芽肿性动脉炎。本病几乎仅见于中老年人，年龄都在50岁以上，女性多于男性，65%为女性，过去曾认为病变只是局限于颞动脉、颅内动脉及视网膜动脉，尸检证实主动脉、颈内外动脉分支都可以有活动性动脉炎的改变，只是有的缺乏相应临床症状，故本病为系统性血管疾病。

临床初期有发热、头痛，常伴风湿性多发性肌痛，因颞动脉及后睫状支易受累，故常出现颞动脉触痛、增粗、无脉、缺血性视神经炎，以至失明。颞动脉活检有助确诊，病变有自限性，致死者较少。

虽为肉芽肿性炎症，但从病灶中从未分离出微生物，从病变上看，本病似乎是机体对动脉壁某种成分（弹性蛋白）的一种免疫反应。有人报道，有的患者的动脉抗原可引起细胞介导的免疫反应以及用皮质激素治疗有效等支持这种观点。关于遗传因素，有报道在兄弟姊妹之间的发病率比普通人群高10倍。病因尚不清，现多认为是由血管的弹力组织，特别是内弹力板受损，作为抗原，通过自身免疫反应引起血管炎症，60%有CD4阳性、T细胞活化、HLA-DRB_1表达。

【病理变化】 主要侵犯颅动脉，尤其是颞动脉，但可累及全身的中等大的动脉。肉眼见被累血管呈结节状增粗，变硬。镜下早期见动脉中膜平滑肌细胞变性坏死，伴有弹性纤维破坏及炎性细胞浸润。内弹性膜几乎都发生断裂、破坏，引起肉芽肿性炎症反应，其中含有多核巨细胞、类上皮细胞，以及淋巴细胞、单核细胞浸润。血管壁内弥漫性单核细胞浸润，主要集中于内弹力板周围，其中包括CD4阳性的T淋巴细胞及巨噬细胞，结果引起明显的内弹力板断裂崩解。在弹力板破坏处，有肉芽肿反应。其中巨细胞可为异物型或朗格汉斯型，巨细胞胞质内可见弹力板碎片。内膜常见纤维化，管腔可陷于高度狭窄，可并发血栓形成，并见机化、再通现象。愈复期炎性浸润及巨细胞消失，整个动脉壁陷于纤维化。

（四）风湿性主动脉炎

急性风湿病尸检可见到主动脉、颈动脉及冠状动脉及内脏器官的中等动脉及静脉的血管炎，但并不常见，且一般无明显功能影响。

【病理变化】 风湿性主动脉炎常累及升主动脉起始部，亦可发生于胸腹主动脉，在主动脉内膜可见半透明隆起或黄色结节及条索。

光镜病变与发生于心内膜者相似，动脉内膜出现纤维素样坏死灶，伴以少量淋巴细胞及巨噬细胞浸润，同样坏死灶亦可见于中膜浅层。外膜充血、水肿，淋巴细胞、浆细胞浸润。血管周围可见纤维素样坏死灶，坏死周围有不同阶段的肉芽肿反应，但罕见典型 Aschoff 小体。急性期，小血管可自外膜向中膜长入，伴血管周围淋巴细胞、浆细胞及单核细胞浸润，病变愈合后，中膜内留有短痕或血管周围纤维化，但不像梅毒性主动脉炎那么广泛，也很少能累及中膜全层。风湿病反复发作可使主动脉壁增厚、扩张，偶并发梭形动脉瘤、风湿性肌型动脉炎包括冠状动脉炎，炎症波及动脉全层，内膜病变多较明显，愈合后可致血管腔狭窄。

(五) 其他主动脉炎

1. 类风湿性主动脉炎（rheumatoid aortitis, RA） RA 可有各种血管损害，大多数没有特异症状，故常是在尸检时发现。大部分病变为非特异性的，少数亦可见到 RA 的特征性病变——类风湿结节。结节的中心为纤维素样坏死，周围有栅栏状排列的组织细胞、成纤维细胞，偶见多核巨细胞，并有淋巴细胞及浆细胞浸润。

2. 强直性脊柱炎（ankylosing spondylitis）**伴发的主动脉炎** 临床表现为骶髂关节炎，少数严重者可出现主动脉瓣关闭不全，患者伴 HLA-B27、血清类风湿因子阳性，不出现类风湿结节。

主动脉窦与近端主动脉中膜炎症，致弹力纤维及平滑肌细胞破坏，瘢痕修复后主动脉瓣环扩大，炎症及纤维化可延及主动脉瓣及二尖瓣使瓣叶增厚、短缩，引起主动脉瓣关闭不全。

二、周围动脉炎

(一) 结节性多动脉炎

结节性多动脉炎（polyarteritis nodosa, PAN）是一种主要侵犯中、小肌型动脉的坏死性血管炎。男性多见，约为女性的 2.5 倍，平均发病年龄为 45 岁。病因不清，可能为免疫复合物介导的损伤，一些患者血清补体减少、冷球蛋白增高，部分患者与乙型肝炎抗原血症密切相关，30% ~40% 患者在病灶局部可检得乙型肝炎表面抗原-抗体复合物。临床症状取决于侵犯部位。肾脏受累可引起高血压。心脏受累引起心功能不全，胃肠道血管受累可出现“急腹症”。系统性 PAN，50% 死于肾衰，其次为心衰，不经治疗死亡率高。应用皮质激素或加以免疫抑制剂，5 年存活率可达 80%。确诊靠活检。

【病理变化】 可累及多个器官或组织，常侵犯部位依此是肾（85%）、心（75%）、肝（60%）、胃肠（50%）、肌肉（40%），胰（35%）、睾丸（33%）、周围神经（30%）、中枢神经（25%）、皮肤（20%）。主要累及中型及小型动脉，病变呈节段性。典型病变沿动脉呈串珠状结节，静脉多不受累。组织学变化可分成 4 期，不同阶段的病变可同时出现。

1. 变质期 动脉壁中膜发生纤维素样坏死，管壁水肿，有散在的中性粒细胞浸润，内皮细胞肿胀或有血栓形成。

2. 急性炎症期 血管全层炎细胞浸润，有中性粒细胞、嗜酸粒细胞及单核细胞，伴血栓形成。在较大肌动脉由于纤维素样坏死，内弹力层及中膜破坏，常导致动脉瘤形成。

3. 肉芽组织期 急性炎症渐消退，坏死物质为炎性肉芽组织所代，此时可见嗜酸粒细胞、淋巴细胞及浆细胞浸润，血栓可见机化。

4. 纤维化期 病变部位纤维组织增生，其中可见含铁血黄素沉积及散在的炎细胞浸润，并可见钙化、机化血栓、再疏通。

(二) 川崎病

1967 年日本首次报道川崎病（Kawasaki disease），又称黏膜皮肤淋巴结综合征，是一种急或亚急性发热性全身性疾病。常累及心血管系统，尤其是冠状动脉。可致猝死及缺血性心脏病，是小儿及青年冠心病主要原因之一，多发生在 5 岁以下的婴幼儿。临床确诊本病有 6 项标准：①突然发热；②四肢末梢充血硬肿，膜状脱皮；③多形红斑；④双侧结膜充血；⑤口咽充血、红斑；⑥急性非化脓性颈淋巴结肿大。临床经过有急性期(1 ~2 周)、亚急性期(3 ~4 周)，其后进入恢复期，常迁延数月至数年，死亡率 1% ~2%。

【病理变化】 病变与临床经过密切相关，急性期主要表现为微血管（细动脉、毛细血管及小静脉）炎及全心炎，心外膜、心肌间质及心内膜均可见炎症。亚急性期表现为中动脉炎，90%病例冠状动脉受累，冠状动脉3个主支均可有内膜炎并呈弥漫性中性粒细胞、嗜酸粒细胞、淋巴细胞、浆细胞、单核细胞浸润，严重时呈坏死性全动脉炎；但管壁很少见到纤维素样坏死，可有多数动脉瘤形成，并形成血栓。四周后炎症消退，炎性渗出及坏死渐为肉芽组织所取代，动脉内膜及管壁纤维化、钙化、内膜增厚，致管腔狭窄。动脉内膜亦可纤维化钙化，使瘤腔缩小，心肌亦渐纤维化，心内膜弹力纤维增生。严重者呈坏死性全动脉炎。坏死性全动脉炎亦可见于髂动脉、肾动脉、肠系膜、肝、胰动脉，偶亦有动脉瘤形成。此外，许多组织内还可见到非化脓性炎症性病变。愈合后可不留后遗症。

（三）Wegener肉芽肿

1949年由Wegener首先报告。特点包括上下呼吸道坏死性肉芽肿、全身播散性坏死性小血管炎及局灶性坏死性肾小球肾炎。好发于成人，25～55岁，男性多于女性，约为2∶1。临床最常见的表现是上呼吸道症状，鼻窦炎，鼻部坏死溃疡形成，肺部症状如咳嗽、胸痛、咯血，肾脏病变一般无症状，但发展很快，使许多人在几个月内死于尿毒症。各器官受累率：肺100%、鼻旁窦95%、鼻咽91%、泌尿81%、关节57%、皮肤48%、眼43%、耳38%、心29%、神经24%，近年报道仅12%累及心脏，可引起冠状动脉炎、心肌炎及心肌梗死。

【病理变化】 肺、鼻咽及肾均常作病理活检。活检中可见坏死性肉芽肿性炎症及坏死性周围脂肪组织中、急性胆囊炎胆囊管邻近动脉发生急性血管炎。肉芽肿中心常为纤维素样坏死，周围有中性粒细胞，单个核细胞浸润，并有上皮样细胞、多核巨细胞及成纤维细胞增生。肉芽肿可见于血管壁、血管旁及附近，病变可呈不同阶段，血管炎见于小动脉及小静脉，血管壁呈纤维素样坏死，中性粒细胞、淋巴细胞、浆细胞、组织细胞偶有巨细胞浸润。静止期炎症为肉芽组织所代或有纤维化。肾脏病变为局灶性肾小球肾炎，有时为弥漫增生性，时有新月形体形成。

（四）变态反应性血管炎及肉芽肿病

变态反应性血管炎及肉芽肿病（allergic angiitis and granulomatosis）为Churg及Strauss 1951年首先报告，为一种伴有肉芽肿形成的坏死性血管炎。其特点是最初发生哮喘，血中嗜酸粒细胞增高（大于1.5×10^9/L），经过几个月或几年后发生多个器官的血管炎。本病可能是由免疫复合物所介导，血清IgE水平升高，出现IgE循环免疫复合物。免疫荧光证实局部有IgE及C3沉积，不经治疗预后不好。皮质激素治疗，5年存活率可达60%。

【病理变化】 本病有3个基本病变：①组织内嗜酸粒细胞浸润；②血管外肉芽肿；③坏死性血管炎。3种改变并不总是并发。

血管炎发生于中、小动脉及静脉，管壁常呈节段性纤维素样坏死，内膜下及外膜有大量嗜酸粒细胞浸润，上皮样细胞以及单核细胞环绕。管壁的坏死可导致动脉瘤形成及血栓形成，炎症静止、纤维化可导致管腔闭塞。

（五）过敏性血管炎

过敏性血管炎（hypersensitive vasculitis）中的白细胞裂解性血管炎（leucocytoclastic angiitis）是最常见的血管炎，特点是小血管的血管炎。绝大多数病例都是继发于对药物过敏或对细菌抗原的反应，也可以是结缔组织血管病的一部分，也可以伴发于某些恶性肿瘤。大多数病例皮肤受累最为突出，出现的皮疹包括红斑、丘疹、风团、紫癜、血泡以至溃疡；黏膜受累可发生鼻衄、咯血或便血；除皮肤黏膜受累外，2/3可有关节痛和肿胀；1/3有肾脏受累；此外，血管炎还可累及肺、脑、心、胃肠或肌肉，呈现相应的症状。致病因子可以是感染因子（如链球菌、乙肝病毒、流感病毒、巨细胞病毒、疟疾、支原体等）、异种蛋白（如动物血清）、化学品（如杀虫剂、除草剂及石油产物）以及药品（如阿司匹林、磺胺、青霉素），通过免疫复合物沉积而致病。通常在接触刺激物后7～10天发病，一般自限，不复发，不转化为慢性。

【病理变化】 典型的变化是真皮小血管内皮细胞肿胀，管壁有纤维蛋白渗出、变性及坏死。血管壁及血管周围有中性粒细胞浸润和核碎裂，有少数嗜酸粒细胞及单核细胞浸润，有数量不等的红细胞外溢。电镜观察受累小血管多为毛细血管后静脉，特别是直径8～30μm的血管。另有一类坏死性血管炎除中性粒细胞浸润和纤维蛋白沉积外，在静脉周围有明显的淋巴细胞浸润,前者是由于免疫复合物沉积所致,伴低补体血症,后一类可能与变态反应或细胞免疫有关,血清补体正常。

三、静脉硬化

静脉硬化(phlebosclerosis)是一种非炎症性、退行性的静脉病变,又称静脉纤维化、静脉肥厚。特点是静脉壁增厚变硬、纤维化,但无炎症,为长期静脉压增高引起的适应性变化。主要发生于下肢静脉,时为双侧,切面静脉壁厚、腔小。光镜见中膜纤维化,其中结缔组织明显增多,平滑肌细胞相应减少、内膜亦有纤维化并可发生玻璃样变,管壁内、中、外3层分界不清。

一种随年龄增高而出现的静脉内膜增厚斑,称之为静脉内膜肥厚(endophlebo-hypertrophy)。或见于年轻人静脉分支开口处,内膜有限局的线形纤维及间质成分增多,但中膜无改变,与静脉硬化的区别在于后者的内膜纤维增生较广泛,中膜、外膜亦有纤维化。

四、静脉曲张

静脉曲张的特点是静脉扩张、伸长及迂曲。常发生的部位有下肢静脉、食管静脉、痔静脉及精索静脉。本节重点叙述下肢静脉曲张。下肢静脉曲张主要发生在下肢浅组静脉大隐静脉,或小隐静脉,或二者同时发生。下肢深组静脉由于瓣膜较浅组多,且受着周围肌肉的保护,肌肉收缩有助于血液回流,因此深静脉一般不发生静脉曲张。

(一)病因

浅静脉曲张的主要原因是静脉壁薄弱,静脉瓣功能不全及浅静脉内压力持久升高。可分为原发性与继发性两种。原发性下肢静脉曲张主要由于先天性静脉壁薄弱,静脉瓣功能缺陷,几乎70%有家族史。由于静脉瓣功能不全,血液逆流,加之静脉壁薄弱,使浅静脉易于扩张,在此基础上如伴发静脉内压力增高,短时期内就可形成静脉曲张。相反,在继发性下肢静脉曲张,由于静脉壁发育健全,需要较大和较长时间的压力升高,才会形成静脉曲张。造成浅静脉内压力持久升高最常见的原因是站立,经常从事站立工作的人,几乎都有不同程度的浅静脉曲张。此外有时见于妊娠妇女或患有盆腔肿瘤造成腹内压增高,下肢静脉血回流受阻的患者。

(二)病理变化

早期中膜肌纤维及弹力纤维代偿性增生增厚,长期以后,肌纤维及弹力纤维萎缩,胶原纤维增多,部分静脉壁因扩张而变薄,呈袋状膨出,有的地方又因结缔组织增生而变厚,故曲张静脉迂曲、延长,呈不均匀的结节状。

(三)合并症

静脉曲张有3个主要合并症。

(1)血栓性浅静脉炎:曲张的浅静脉内血流缓慢,抗病能力减弱,易因损伤致炎症反应及血栓形成,有时血栓机化钙化后形成静脉石。

(2)患肢皮肤营养障碍:皮肤色素沉着(因血液回流缓慢、组织缺氧、小出血后形成),皮肤及皮下组织纤维化以及发生淤血性溃疡。

(3)急性出血萎缩:皮肤内淤血怒张的小静脉极易因轻微损伤而大量出血。

五、血栓性浅静脉炎和静脉血栓形成

静脉内血栓形成可分成两类。

(一)血栓性静脉炎

血栓性静脉炎临床上较多见,可以发生在四肢、胸腹壁或呈游走性,上肢常见于头静脉和贵要静脉,下肢多见于大、小隐静脉及其属支。病因常是医源性的,如周围静脉内注射刺激性溶液或用导管输液而引起,导管留置时间过长(如超过3天),还可引起化脓性血栓性浅静脉炎。

血栓性静脉炎主要累及浅静脉,沿着注射静脉可摸到条索状物,急性炎症持续1~2周,多为非感染性。光镜下,见急性期静脉壁水肿,内膜有不规则溃疡,血栓牢固附着于内膜损伤处,不易脱落,因而很少引起栓塞,当炎症的急性期消退时,静脉的中膜和外膜可以有不同程度的纤维组织增生,血栓可以溶解吸收或机化。极少数患者血栓继续延伸达深静脉。

（二）深部静脉血栓

深部静脉多发生于下肢，根据发生部位又分为小腿肌肉内静脉丛血栓及髂-股静脉血栓。随着辅助检查的进展如应用同位素标记纤维蛋白原扫描、阻抗体积描记法等，诊断率明显提高。下肢深静脉血栓形成的危险因素很多，如心脏病、恶性肿瘤、手术、妊娠、分娩、肥胖、老年、口服避孕药等，但关系最密切者还是外科手术。

六、血栓闭塞性脉管炎

血栓闭塞性脉管炎（thrombo angiitis obliterans，TAO），简称脉管炎，亦称 Buerger 病，是一种慢性、复发性中小动脉和静脉的炎症性闭塞性疾病，多见于亚洲，欧美少见。我国各地均有发病，北方较南方多，多发于男性青壮年，主要侵犯下肢血管，临床表现为患肢缺血、疼痛、间歇性跛行以及小腿或足部反复出现游走性血栓性浅静脉炎。病情继续发展，动脉缺血更加严重，可出现静息痛，皮肤发绀继而发生溃疡或坏疽。本病的病因不清，可能与吸烟、寒冷和感染、激素影响、血管神经调节障碍、遗传及免疫反应有关。

【病理变化】 血栓闭塞性脉管炎主要侵犯的血管是周围中小动脉及静脉，通常始于动脉，然后侵犯静脉。TAO 在下肢较上肢多见，下肢主要发生在胫前、胫后、足背及足底动脉。上肢发生在桡、尺和指动脉，主干动脉和内脏动脉均很少见到。

动脉病变呈节段性，即炎症性血管节段之间有正常节段，晚期血管壁和血管周围广泛纤维化，有的动静脉和神经均被结缔组织包埋在一起，呈坚硬条索状。组织结构变化随病变不同可分为急、亚急及慢性期病变。不同阶段病变可见于同一血管内。急性期呈全血管炎，常伴血栓形成。管壁各层炎细胞浸润，早期中性白细胞较多，特别在血栓内常有密集的白细胞聚集，偶有微脓肿形成，内膜因细胞增生弥漫增厚，内皮细胞肿胀、脱落。免疫荧光检查曾有报告，急性期内膜中见 IgG、IgM、C1q、C3 沉积。血管壁结构一般保存，内膜中无脂质或钙盐沉积，内弹力板保存完好，肌层无坏死。亚急性期炎症明显消退，炎症几乎均为单个核细胞所代替，机化血栓中偶见巨细胞。慢性期炎症基本消失，血管为机化的血栓所闭塞，中膜肌层完整，有收缩现象，致内弹力板皱曲，动脉周围广泛纤维组织增生，常同时包埋静脉及神经。

静脉的病变与动脉相似，内膜层和血栓周围常有较多的巨细胞、白细胞和淋巴细胞，与动、静脉一并为纤维鞘包绕的神经束，可有退变，有不同程度的脱髓鞘。

在检查标本时应取不同段的血管作组织学观察，并对神经的病变进行观察。

第十节　心 脏 肿 瘤

过去对心脏肿瘤的认识是由大量尸检得来的统计资料，近年来随着心血管影像技术的发展和心脏外科手术的进步，一些少见和罕见的原发性心脏肿瘤不断被发现，并通过外科手术进行治疗取得了很大进展。虽然原发性心脏肿瘤少见，但由于其类型多、病情进展快，即使是良性肿瘤对机体也造成严重的后果。临床上早期发现、早期诊断并及时治疗，能延长患者的存活期。随着医学影像学的发展、心脏手术的进步和免疫组化标记物的广泛应用，使原发性心脏肿瘤能及时发现并得到早期诊断和治疗，大大提高了患者的生存率。由于发病率低，没有特殊的关于心脏恶性肿瘤的分类方案。目前的肿瘤分类与分级绝大部分遵循 WHO 对软组织与骨肿瘤的分类原则（表 1-8）。

表 1-8　WHO 心脏肿瘤组织学分类

良性肿瘤和瘤样病变	恶性多形性纤维组织细胞瘤（MFH）/未分化多形性肉瘤
横纹肌瘤	
组织细胞样心肌病	
成熟心肌细胞错构瘤	
成人型富细胞性横纹肌瘤	纤维肉瘤和黏液纤维肉瘤
	横纹肌肉瘤
心脏黏液瘤	平滑肌肉瘤
乳头状弹性纤维瘤	滑膜肉瘤
血管瘤	脂肪肉瘤
心脏纤维瘤	心脏淋巴瘤
炎性肌纤维母细胞瘤	转移瘤
脂肪瘤	**心包肿瘤**
房室结囊性肿瘤	孤立性纤维性肿瘤
恶性肿瘤	恶性间皮瘤
血管肉瘤	生殖细胞肿瘤
上皮样血管内皮瘤	转移性心包肿瘤

一、概　况

目前尚没有一个完善的心脏肿瘤分级标准，类似其他器官和组织，心脏肿瘤可分为原发肿瘤和转移性肿瘤。原发性心脏肿瘤罕见，文献报道发生率为0.017‰～3.3‰，又分为良性和恶性，约80%为良性肿瘤，主要是心脏黏液瘤和横纹肌瘤。原发性心脏肿瘤的分类，国内外报道有较大差异。Salcedo等报道一组良性肿瘤中黏液瘤占32%，脂肪瘤占11%，心包囊肿占20%。国内汇集各家报道，黏液瘤占93%，心包囊肿占2%。原发性心脏恶性肿瘤非常罕见，但类型较多，多为恶性间皮瘤、恶性淋巴瘤、血管肉瘤、脂肪肉瘤等。恶性肿瘤分类国内外报道相一致，以心脏肉瘤和心包间皮瘤为多，占90%以上。在心脏肉瘤中血管肉瘤占第1位，其他依次为横纹肌肉瘤、纤维肉瘤、间皮瘤、恶性淋巴肉瘤等。转移性肿瘤均为恶性。转移性肿瘤远较原发肿瘤多见，其发生率约为原发性肿瘤的20～40倍。由于心脏继发性肿瘤远远多于原发性肿瘤，所以对原发肿瘤诊断应十分慎重。继发性心脏肿瘤以3种方式侵及心脏：直接侵害、静脉延伸、血道转移。肺及纵隔的恶性肿瘤可直接侵及心脏。来源于下腔静脉、肝脏、肾脏、子宫的恶性肿瘤以静脉延伸的方式侵入心腔。通过血道转移至心肌的肿瘤，多见于恶性黑色素瘤、白血病、恶性淋巴瘤、各类恶性消化道肿瘤。心脏转移肿瘤的发生率依次为肺、乳腺、淋巴瘤及白血病。肿瘤转移的速度则是由肿瘤种类决定的，依次为黑色素瘤、恶性生殖细胞瘤、白血病、淋巴瘤、肺癌和其他各种肉瘤。

心脏肿瘤可局限于心腔、心肌内、心外膜或各种情况合并存在。最常见的转移部位是心包，肿瘤局限于心包而未侵及心外膜者，不属于心脏肿瘤。心外膜肿瘤可单发或多发，可侵犯周围组织或局限；心肌内肿瘤也可单发或多发，最常见的心肌内肿瘤常发生在左心室游离壁和室间隔，发生于此处的心脏肿瘤肿块常很大；心腔内肿块位于单个心腔或多个心腔内，可对血流产生阻碍作用，还可产生肺循环和体循环血栓或体、肺循环同时产生血栓。

有关肿瘤的分级和分期，没有特别针对恶性心脏肿瘤的分级方案。本节应用WHO软组织与骨肿瘤分类标准。肉瘤分级中最广泛使用的两个系统是NCI(美国国家癌症研究所)系统和FNCLCC系统。参考1984年的方法规定及1999年修订版，NCI系统是将组织类型、细胞形态、多形性和核分裂象综合起来，用以区分1级或3级的。其他所有类型的肉瘤依照肿瘤坏死程度被分为2级或3级，坏死区占15%是2级和3级的分界。

FNCLCC系统是基于对肿瘤分化程度、核分裂象和肿瘤坏死程度等3个特征的评分而进行分级的。每个特征参数独立得出1个分数，3个分数相加，以得出的总分进行肿瘤分级(表1-9)。

表1-9　FNCLCC肉瘤分级系统参数表

肿瘤分化
1分：同正常成人结缔组织很相似的肉瘤
2分：能确定组织类型的肉瘤
3分：未分化血管肉瘤
核分裂象计数
1分：0～9个核分裂象/10HP*
2分：10～19个核分裂象/10HP
3分：≥20个核分裂象/10HP
肿瘤坏死
0分：没有坏死
1分：坏死<50%
2分：坏死≥50%
组织学分级
1级：总分2、3分
2级：总分4、5分
3级：总分6、7、8分

*一个高倍视野(HP)面积为0.1734mm²。

二、良性原发性心脏肿瘤

(一)具有肌细胞分化的良性肿瘤

1. 横纹肌瘤(rhabdomyoma)　心脏横纹肌瘤是一种单发或多发的心肌细胞良性肿瘤。典型的肿瘤细胞含有大量的充满糖原的小空泡，多见于15岁以下儿童，约50%病例伴有结节性硬化。临床上，肿瘤小者可无症状，大者可向心腔突起，引起阻塞症状，多发性肿瘤常引起严重的充血性心力衰竭。肿瘤可产生

笔记栏

类似 Fallot 四联征，肺动脉瓣阻塞发生的缺氧发作，超声、血管造影或核磁共振可进行诊断。子宫内超声可在出生前诊断，并在出生后通过手术切除。单发横纹肌瘤很少，多发横纹肌肉瘤不是手术禁忌证。新生儿纹肌肉瘤产生的室性心动过速，术后可消失。

文献报道该肿瘤占婴幼儿心脏肿瘤的 60% ，多见于心室，最常见的部位是心室肌，也可突入心室腔或发展为带蒂可游离的肿瘤，左心室受累几乎占百分之百，并可累及心房及瓣膜，右心室受累约占 80% ，心房受累少见。

【病理变化】

（1）肉眼观察：肿瘤为单发或多发的，境界清楚的无包膜的白色或灰白色结节，直径数毫米至数厘米。偶尔可以长到异乎寻常的大小，向心腔内扩展，几乎将原来的心腔完全阻塞。大多数肿瘤出现在心室，但也可在心房中、腔静脉心房连接处以及心外膜表面。

（2）镜下观察：瘤组织疏松，细胞较大（直径可达 80μm），呈卵圆形。胞质空泡状，富含糖原，核居中，核仁明显。核周围的胞质呈疏网状，细胞形似蜘蛛，故有蜘蛛细胞（spider cell）之称（彩图 1-18）。目前认为本瘤是一种源自胚胎心肌母细胞的婴儿错构瘤。高倍镜检查，可见细线状横纹，细胞含有糖原，PAS 染色阳性；免疫组化研究显示肌红蛋白（myoglobin）、肌动蛋白（actin）、结蛋白（desmin）和波形蛋白（vimentin）阳性，S-100 蛋白阴性。超微结构进一步证实了肿瘤细胞的肌源性质。间质成分一般很少，偶尔出现钙化。

2. 组织细胞样心肌病（histiocytoid cardiomyopathy） 是一种罕见的特异性心律失常性疾病，由具有某些浦肯野细胞（Purkinje cell）特征的心肌细胞的肿瘤性或错构瘤性增殖引起。仅见于婴幼儿，女性多见，男女比例为 1∶3。本病与心律失常有关。病变的性质仍然不能肯定。有人认为这不是一种肿瘤，也不起源于浦肯野细胞，而是一种病因和发病机制不明的心肌病。这种不确定的状况反映在对这种异常的混乱术语上，有婴儿泡沫状心肌变形（foamy myocardial transformation of infancy）、婴儿期黄色瘤性心肌病（infantile xanthomatous cardiomyopathy）、伴有组织细胞样改变的婴儿心肌病（infantile cardiomyopathy with histiocytoid change）和婴儿期组织细胞样心肌病（histiocytoid cardiomyopathy in infancy）。它们被认为是由一种病毒感染引起，如风疹。Amini 等提出这种病不应看成是心肌病，而应是累及周围浦肯野网的一种特殊的病变。许多病因发病学说提出包括病毒感染、心肌缺血、毒物接触、某些代谢异常（糖原储积症、心脏脂质储积症）以及各种线粒体性心肌病。临床多以心律失常性疾病表现为主，大约 20% 的患者出现猝死，常被误归为新生儿猝死综合征（SIDS）。绝大多数患者（95%）出现心肌肥大，也可伴发多种畸形，包括心脏畸形（16%）（房室间隔缺损、左心发育不良综合征和心内膜纤维弹力组织增生症）。17% 的患者发生心外畸形（角膜混浊、小头、白内障、无晶状体、脑积水、胼胝体发育不全、腭裂、喉蹼和线形皮肤缺损）。心内与心外畸形同时存在的占 4% 。

【病理变化】

（1）肉眼观察：边界清楚或弥漫性改变，棕黄色或黄色结节或斑块、斑纹，大小 1 ~ 15mm。可位于左右心房、房室间隔和所有 4 个心脏瓣膜。通常位于内膜下或心外膜下，位于心内膜下的病变主要沿传导系统束支分布。

（2）镜下观察：受累区域显示心肌细胞肿胀，呈丛状或鞘状，圆形或多边形细胞，有淡嗜伊红色的颗粒和常有丰富的泡沫状胞质，没有核分裂象。

组织细胞样心肌病可见 desmin、myoglobin、myosin 和 actin 抗体阳性，巨噬细胞或组织细胞抗原（CD68、CD69、MAC387、LN3、HAM-56）不表达，细胞也不表达 vimintin 和细胞角蛋白（CAM-5，2），S-100 蛋白表达不恒定，细胞增殖标志物（Ki-67、MIB-1）常为阴性。

超微结构显示发育不成熟的细胞连接，胞质中含有大量肿胀的线粒体，线粒体内有崩解的线粒体嵴和致密膜限颗粒，肌原纤维减少并被挤到细胞的周边，胞质中含有大小不等的脂粒、散在的桥粒、闰盘及细丝纤维。

【鉴别诊断】 本病易与线粒体性心肌病混淆。两者在主要的大体、光镜和超微结构都不同。线粒体心肌病不形成散在结节，并且所有心肌细胞均受累，但程度可不同。

组织细胞样心肌病的家族内再发病例占5%，女性占多数，提示本病为一种X染色体连锁基因突变疾病，也可导致纯合子男性在出生前死亡。

因为患儿会频繁出现室性心动过速，并导致猝死。手术切除或直视下冰冻消融多发的小肿瘤结节可达到长期生存，外科干预、电生理映射和心律失常病灶的消融使得生存率接近80%，一些学者发现积极的抗心律失常治疗可使肿瘤退化而不必进行手术，少数病变范围扩大者可行心脏移植。

3. 成熟心肌细胞错构瘤 是指发生于成人的心肌细胞组成的一种特殊肿瘤。可单发或多发，发生在心室或心房，发病机制不清。临床表现取决于肿瘤发生部位。心房的肿瘤可引起室上性心动过速和Wolf-Parkinson-White综合征，心室的肿瘤可导致猝死或无症状。

【病理变化】

（1）肉眼观察：界限不清的坚硬的灰白色肿块，大小2～5cm。与正常心肌相似，但肌束排列紊乱，并有结缔组织条带。

（2）镜下观察：肿瘤由增大的心肌细胞组成，细胞内有明显的横纹，并含有大而不规则的核仁。肿瘤界限不清，边缘与正常心肌组织交错排列，间质中胶原纤维增生，少量脂肪细胞散在。

肿瘤表达actin和myosin，Ki-67或PCNA可证明肿瘤细胞无增殖活性；超微结构显示肿瘤细胞有心肌细胞的特性，但可见肌动蛋白和肌球蛋白异常积聚。

错构瘤的肥大心肌纤维不规则排列与肥厚型心肌病的杂乱特征相似，但后者不伴有局部肿块。

4. 成人型富于细胞性横纹肌瘤 被认为是横纹肌来源的真性肿瘤。3/4的患者发生在心房，全部为35～55岁的成人。常表现为电生理紊乱（室上性心动过速或间断性室性心动过速）。

【病理变化】

（1）肉眼观察：大小2～5cm，质软、膨出、棕褐色，有假包膜。

（2）镜下观察：由圆形或多角形嗜酸粒细胞紧密排列组成，胞质细颗粒状，时有空泡变性，偶见蜘蛛细胞。而心脏横纹肌瘤有胞质透明的大细胞组成，细胞内含有丰富的糖原，可见许多蜘蛛细胞。

【鉴别诊断】 主要是先天性横纹肌瘤，本病发生于成人，Ki-67表达说明细胞具有增殖活性，含有比较少的空泡变性细胞或蜘蛛细胞。与成熟心肌细胞错构瘤不同的是，本瘤界限清楚，含有一些空泡细胞，无肌丝不规则排列团块。与横纹肌肉瘤的区别是虽有细胞增殖活性，但缺少肿瘤坏死和核分裂象，不表达myogenin，界限清楚的假包膜可有助于与横纹肌肉瘤鉴别。

本病预后情况不清，基于对心外横纹肌瘤在成人中生物学行为的研究，推测其为良性肿瘤。有报道心外横纹肌瘤可晚期复发。

（二）多能间充质良性肿瘤

1. 心脏黏液瘤（cardiac myxoma） 黏液瘤是最常见的原发性心脏肿瘤，大约占心脏原发性肿瘤的20%～40%，患者年龄在2～97岁，平均发病年龄50岁。分为散发性及家族性两种。散发性黏液瘤多见于中年女性，通常位于左心房，几乎均为单发性肿瘤，且不伴有其他相关病变。家族性黏液瘤是一种年轻人的疾病，男性略微常见。

【临床表现】 与所有的心脏肿瘤相比最为复杂多变，主要表现有血流受阻、栓塞症状和各种全身症状。黏液瘤的全身症状经常变化，包括肌痛、肌肉虚弱、关节痛、发热、体重下降、贫血、血沉增高、白细胞计数增加、血小板减少、血浆蛋白异常（常是γ球蛋白增加）。这些症状能引起类似心内膜炎和白血病恶化时的表现。超声心电图黏液瘤显示为活动的占位性病变，有蒂与心内膜表面连接，通常从卵圆窝长出，在MRI和CT上则为心腔内不均质的分叶状肿物。

绝大多数黏液瘤为良性，但个别也有转移的报道。发生于右心时，肿瘤碎片可进入肺动脉栓塞于肺，发生于左侧时可进入全身各器官。对于任何心腔的黏液瘤最佳治疗方法就是手术，目前尚没有能使黏液瘤消退或阻止其继续生长的药物。左房黏液瘤复发率较低，即使复发也多在手术切除4年后发生。Reber等研究认为心脏黏液瘤术后复发的原因可能为，手术切除不彻底、黏液瘤有多中心发生倾向、患者有家族性或染色体异常。

心脏黏液瘤通常起源于房间隔,临近卵圆窝,但位于心房其他部位的黏液瘤也有报道,心室罕见,也可起源于心瓣膜。黏液瘤75%位于左心房,23%位于右心房,约2%位于心室。

【病理变化】

(1)肉眼观察:肿瘤的外观、软硬度、大小和重量的变化很大。肿瘤直径小的几毫米,大的可达14cm。重量2~250g。可有蒂也可无蒂,有活动性,呈息肉状或绒毛状,具有多数突起。颜色的显著变化具有特征性,从灰白色、珍珠白或棕黄色区域间混杂有出血引起的棕黑色或暗红色区域,肿瘤的软硬度取决于纤维组织和钙化区域的含量与分布。切面呈灰白色半透明胶胨状,质软易碎;基底呈实性,表面光滑,灰白色,可有钙化(石化心脏黏液瘤)。

(2)镜下观察:以黏液瘤的基质和散在的细胞成分为主,黏液瘤细胞呈星芒状或梭形,核细长、圆形或卵圆形,淡染到浓染,无核分裂象,瘤细胞稀少,散在或三五成群,分布于大量黏液样基质中,基质内富含蛋白多糖。黏液瘤细胞排列成不同类型,围绕血管呈单层或多层排列,血管内衬覆内皮细胞;黏液瘤细胞有形成原始或分化的血管趋势,反映在内皮标记物表达呈阳性。由黏液瘤细胞构成的小巢及单个黏液瘤细胞散在分布于黏液基质中(彩图1-19)。其间还可出现一些梭形细胞,很像成纤维细胞、肌纤维细胞或平滑肌细胞。5%的黏液瘤可出现腺样结构,内衬扁平到立方或柱状细胞(PAS、黏液卡红和奥辛蓝染色以及CK7、AE1/AE3染色阳性)。黏液样基质奥辛蓝强阳性,黏液卡红和PAS染色呈斑片状阳性,基质内可见出血,偶尔可见如出现在脾脏慢性静脉淤血的Gamma-Gandy小体,钙化和骨化生也可出现,后者多发生于右心房黏液瘤。免疫组化可见肿瘤细胞角蛋白阳性,S-100有时阳性,CD34和CD31有时阳性,75%的病例calretinin阳性。对具有腺样结构的黏液瘤的诊断需特别慎重,这些细胞可能表现为黏液分泌细胞,并且免疫组化cytokeratin阳性。这些观察提示黏液瘤起源的细胞具有向间叶和上皮分化的潜能,正因如此,有人将黏液瘤归类为错构瘤。电镜下,细胞器很少,有多少不等的线粒体、平滑或粗面内质网成分及胞质丝。

关于本瘤的组织发生,观点仍不一致,过去被当做机化的血栓。今天,多数学者认为心脏黏液瘤是一种真性肿瘤,支持其肿瘤特征的证据是存在染色体畸变、DNA含量异常和微卫星基因不稳定。许多学者认为本瘤来源于心内膜下血管形成性储备细胞或位于卵圆窝和心内膜周围的原始细胞。也有研究提示黏液瘤细胞有心肌样分化,可能起源于心肌前体细胞。

【特殊表现】

(1)复发和恶性心脏黏液瘤:心脏黏液瘤经手术切除后复发是相当罕见的,但作为一个偶然的现象确实存在。基于此,人们主张对黏液瘤附着的整个区域做扩大范围的切除。然而,有关复发的机制在很大程度上是推测的。也有人提出原发肿瘤未完全切除及瘤细胞散落种植到心脏组织中后来重新生长也可形成复发。心脏黏液瘤的复发也被作为黏液瘤的生物学行为不一定是良性的证据,然而其他的机制可能也起作用。研究认为在年轻人中复发的黏液瘤显示出有家族性,是由于多中心灶未被切除的病灶发作造成的。这种多中心灶的发作称为所谓的黏液瘤综合征(myxoma syndrome)的一部分,也称为Swiss综合征(Swiss syndrome)。复发的黏液瘤显示出生长更快和有更明显的局部浸润的倾向。多中心发作也可以表现为在这些患者中复发,同时发生在多个心腔。例如,外科切除心脏黏液瘤后,皮下出现黏液瘤,这更像是黏液瘤综合征的一部分,而不能解释为"皮肤转移"。对于黏液瘤的潜在恶性具有很大的争议,心脏黏液瘤最终恶性变的可能性仍然是一个令人关注的问题,鉴别诊断主要是软组织肉瘤的黏液样变。

(2)黏液瘤综合征(Carney或Swiss综合征):这种常染色体显性遗传综合征曾被报道为NAME[nevi,atrial myxoma, myxoid neurofibromma, ephelides(痣、心房黏液瘤、黏液型神经纤维瘤、雀斑)]、LAMB[lentigines, atrial myxoma, mucocutaneous myxomas, blue nevi(着色斑、心房黏液瘤、黏膜与皮肤的黏液瘤、蓝痣)]和最近的Carney综合征。该综合征包括心脏黏液瘤和心外表现:异常皮肤色素沉着

(着色斑和蓝痣)、钙化性 Sertoli-Leydig 睾丸肿瘤、皮肤黏液瘤、黏液型乳房纤维腺瘤、色素性肾上腺皮质增生、垂体机能亢进、沙砾体型黑色素沉着性神经鞘瘤和甲状腺肿瘤。家族型黏液瘤估计占心房黏液瘤的7%,与散发型比较,常多发,易复发,多位于右心。患者年龄也偏低,多为20~30岁。

(3)起源于心瓣膜的黏液瘤:对于心瓣膜起源的黏液瘤存有争议,文献报道中有很有力的证据证明黏液瘤至少可以发生于心瓣膜。

栓塞是黏液瘤的主要合并症,可导致各个部位动脉床的缺血症状,黏液瘤一旦确诊,建议立刻手术。鉴于大多数左心房肿瘤长在房间隔,肿瘤边缘可切除5mm范围的正常组织。卵圆窝被认为是黏液瘤肿瘤的前体细胞的所在部位,所以也应尽可能切除。广基肿瘤需要进行全层心脏间隔切除和组织修复。然而,当肿瘤长在心房壁上,建议进行连附着部一并肿瘤切除,以及包括心内膜和下面心肌的周围5mm范围内正常组织切除。

2. 乳头状弹力纤维瘤(papillary fibroelastoma) 又称为弹力纤维乳头状瘤、心瓣膜乳头状瘤或巨大 Lambl 赘生物。它是一种生长在心内膜上的乳头状瘤,被覆含有大量蛋白多糖的内皮细胞。有报道在所有的原发心脏肿瘤中,居第2位,平均年龄60岁,男女相当,它是心脏瓣膜最常见的原发性肿瘤,最常见于瓣膜,尤其常见于主动脉瓣,也可在心房或心室壁的内膜。二尖瓣和三尖瓣的病变常见于心房面,通常在瓣膜的中部附近。在主动脉瓣和肺动脉瓣,这些乳头状肿瘤发生于心室面和动脉面的几率相等,没有明显的差别。临床诊断较困难,因为栓塞合并症可出现在许多基础疾病中。用多平面的经胸和经食管超声心动图诊断。

【病理变化】

(1)肉眼观察:呈海葵样外观,由一串丝线状结构连接到心内膜。肿瘤呈无柄状或者带有一明显而较短的蒂,可以很小,直径仅几毫米,也可以达几个厘米。

(2)镜下观察:由丝状体构成一个致密的中心核,几乎均为无细胞性胶原,偶尔环绕着黏液性基质。周边常含有粗的、碎片状弹力纤维,表面覆有一层内皮细胞,内皮细胞可见增生。

肿瘤表层和深层的免疫组化表现不一致,表层内皮细胞表达 vimentin 和 CD34,与正常的心内膜内皮细胞相比,CD31 和第Ⅷ因子相关蛋白表达减弱,内皮细胞标志物表达减弱,说明内皮细胞受损或机能障碍,深层组织中的梭形细胞局部表达 S-100 蛋白。

【鉴别诊断】 主要是黏液瘤,与黏液瘤相似之处仅限于由疏松结缔组织围绕着由致密胶原构成的中心核而形成的环状结构,并被覆有明显的内皮细胞。

临床上可由于全身栓塞产生一系列的临床后果,特别是发生在左心时,它是猝死的原因之一,通常只做局部瓣叶切除而不做瓣膜置换,迄今尚未见术后复发。

3. 血管瘤(hemangioma) 是一种主要由血管构成的良性肿瘤,心脏血管瘤通常为海绵状血管瘤、毛细血管瘤和动静脉血管瘤3型血管瘤的组合,许多还含有纤维组织和脂肪。可见于任何年龄,没有性别差异。大多数是偶然发现的,患者可出现劳力性呼吸困难、心律失常、右心衰竭、心包炎、心包积液和发育停滞,也可伴有血管综合征,如 Kasabach-Merritt 综合征。临床表现取决于肿瘤的部位和大小。发生于心包的脏层可造成心包积血,心肌内的血管瘤,多见于室间隔和心室的前壁,而内膜下血管瘤在心脏的4个腔都有报道,这两处发生的血管瘤都可以引起心肌的功能障碍,最终形成充血性心力衰竭,酷似心瓣膜病。位于心壁内的血管瘤可以引起房室传导阻滞,位于心内膜下的血管瘤,肿瘤若向心腔内生长,很像黏液瘤。

肉眼及镜下观察与身体其他部位的血管瘤相同。

超声心动图中血管瘤通常为界限清楚的腔内高回声孤立性占位性病变。CT 中为界限清楚的不均匀低密度影,对比增强扫描有强化。特别是对组织浸润最敏感的 MRI,说明本瘤为良性肿瘤,但不能依靠影像学做特异性诊断。有对这类肿瘤不进行治疗的报道,大多数情况不可能全部切除。

(三)具有肌纤维母细胞分化的良性肿瘤

1. 心脏纤维瘤(cardiac fibroma) 纤维

瘤是一种罕见的原发性心脏肿瘤,由成纤维细胞或肌纤维母细胞及含有胶原纤维的基质构成。常发生在心室壁或室间隔的心肌内,最常见部位是室间隔、左右心室游离壁,心房的纤维瘤非常罕见。由于大多数病例发生在新生儿和儿童,本病可能为先天性疾病。临床体征和症状在很大程度上取决于肿瘤的位置。大约1/3的患者,由于肿瘤团块作用出现症状,肿瘤或通过阻塞血流,或影响瓣膜功能,患者可表现为心衰或发绀。另1/3患者可出现昏厥或猝死,原因多为心律失常和心室流出道梗阻。

超声心动图中纤维瘤呈典型的大而界限清楚的孤立性占位,位于心室间隔或游离壁,有时易于同肥厚型心肌病混淆。MRI和CT均显示心室大的孤立性心室占位,CT还可检测到钙化,对明确诊断很有帮助。总之,影像学发现小儿患者具有非常大的少血管的孤立性占位,可提示心脏纤维瘤。

【病理变化】

(1)肉眼观察:圆形团块、纤维性、白色和漩涡状。质硬,白色,与周围心肌有清楚的界限或呈浸润性生长;肿瘤多为单发,平均5cm;肿瘤内可发生钙化。

(2)镜下观察:由淡染的梭形细胞组成,细胞排列疏松、交叉的束状;瘤细胞有卵圆形或锥形的核,没有核仁,胞质淡染,伴有丰富的胶原基质;肿瘤周边部分与周围的心肌混在一起,无清楚界线。肿瘤的中心部分是由透明的无细胞胶原构成,周边可以出现弹力纤维(弹力纤维错构瘤,fibroelastic hamartoma)。钙化、囊性变常见,核分裂象极为罕见。肿瘤富有细胞区和纤维区均可表达vimentin和actin,不表达desmin、CD34及S-100,增殖性标志物的表达在富细胞性肿瘤比纤维性肿瘤更为常见。

大约3%的Glolin综合征患者有心脏纤维瘤。Gorlin综合征(或痣样基底细胞癌综合征)是一种体细胞显性遗传病,其特点是整个身体普遍过生长,颌骨角质囊肿,骨骼肌异常发育,以及肿瘤发生倾向,特别是心脏纤维瘤。有报道,心脏纤维瘤还可伴发脑积水、唇腭裂和Sotos综合征(巨脑伴巨人症)。

心脏纤维瘤是良性的,但可引起传导缺陷和心律失常。肿瘤长入心室游离壁可导致血液从房室瓣膜流入或从心房流出梗阻。通常全部或部分切除可缓解梗阻,患者长期的存活率较高。当确定肿瘤无法切除时,心脏移植是一种选择。然而,有报道即使不完全切除,预后也很好。

2. 炎性肌纤维母细胞瘤(inflammatory myofibroblastic tumour) 又称为浆细胞肉芽肿、炎性假瘤和可能性炎性纤维肉瘤。炎性肌纤维母细胞瘤是由肌纤维母细胞组成的,同时伴有数量不等的炎细胞浸润,包括淋巴细胞、巨噬细胞、浆细胞和嗜酸粒细胞。

该肿瘤非常少见,好发于心室,尤其是右心室流出道,但心脏的任何部位都可被侵犯。临床上没有特殊症状和体征,主要表现与肿瘤所在心脏的部位有关。

【病理变化】

(1)肉眼观察:肿瘤体积较大,可达8cm。倾向于以相对窄的底部附着在心内膜,并向心腔内凸出。

(2)镜下观察:肿瘤由梭形的肌纤维母细胞、成纤维细胞、慢性炎细胞,有时有嗜酸粒细胞。偶见核分裂象和坏死灶。

肿瘤actin和vimentin高表达,不表达desmin、CD34、S-100蛋白和p53。ALK-1表达对心脏炎性肌纤维母细胞瘤的诊断是否有帮助还不知道。

该肿瘤的生物学行为是具有复发倾向的低度恶性病变,但明显的恶性罕见。

3. 心脏脂肪瘤(cardiac lipoma) 是一种由成熟白色脂肪细胞构成的良性肿瘤。心脏肿瘤罕见,10 000例尸检中少于1例,脂肪瘤一般只占被切除心脏肿瘤的0.5%~3%。可发生于儿童,但不到儿童心脏肿瘤的2%。

肿瘤可发生在心脏的任何部位,好发在心包和心外膜表面,也可见于室间隔和心脏瓣膜。当肿瘤位于心脏瓣膜时,被命名为"纤维脂肪瘤"。临床表现取决于发生部位。许多心脏脂肪瘤是偶然发现的,或可表现为各种心律失常、昏厥和心电图异常。超声心电图检查与其他心脏团块不易区分,CT和MRI可显示肿瘤的脂肪性质,非常特异,可用于脂肪瘤的确诊。复发罕见。

【病理变化】

(1)肉眼观察:大体改变取决于脂肪瘤的

类型,有包膜的脂肪瘤的大体形态与其他部位的脂肪瘤相同。瓣膜受累的病例,将会出现瓣膜变形伴有局部增厚,切面可见脂肪组织。

(2) 镜下观察:从定义上讲,为边界清楚的有包膜的肿瘤,与身体其他部位发现的脂肪瘤相同,也有肌脂肪瘤、纤维脂肪瘤、血管脂肪瘤等。心瓣膜的脂肪瘤性错构瘤显示成熟脂肪细胞弥漫浸润,几乎完全取代了瓣叶的原来结构。

【鉴别诊断】 主要是房间隔内的所谓脂肪瘤样肥大,它是成熟脂肪和相似于棕色脂肪的脂肪细胞组成的无包膜病变,混杂有肥大的心肌细胞;病变一般先见于右房面,其上缘卵圆窝正上方显示明显的膨大。另外还需与含有数量不等的脂肪细胞的肌内性血管瘤相鉴别。

当肿瘤引起心肌壁增厚并最终导致心腔狭窄时,应考虑手术切除。根据患者的情况可行不完全切除,但应随访。

4. 房室结囊性肿瘤(cystic tumour of atrioventricular node) 先天性囊性肿瘤或胚胎参与,位于房间隔基底部的房室结区域,内衬细胞可能来源于原始内胚层。该病又称为房室结间皮瘤、淋巴管瘤、血管内皮瘤、包涵囊肿、Tawarian 结节、良性 Mahaim 间皮瘤。首先由 Armstrong 和 Monckeerg 于 1911 年报告。1942 年 Mahaim 认为这种特殊的肿瘤起源于胚胎心脏发育过程中凹入房室管内的心外膜的间皮细胞。Rezek 提出是起源于内胚层。最近免疫组化证明,多数细胞对 CEA 呈阳性反应,说明其为内胚层起源。平均发病年龄 38 岁,男女比例 1∶3。临床上 2/3 的患者出现完全性传导阻滞,15% 出现轻度房室传导阻滞,10% 可没有心脏传导阻滞的病史而突然死亡。

【病理变化】

(1) 肉眼观察:房间隔增厚,在房室结区可有或无轻度高起的结节,多为多囊性病变,大小 2~20mm,肉眼几乎觉察不到。

(2) 镜下观察:多囊性病变替代了房室结,由囊、管和实性的细胞巢构成。囊大小不同,衬覆于囊腔的细胞可为单层或复层,扁平或立方细胞沿最内层常排列成栅栏状。

肿瘤细胞高表达 CK、EMA、CEA 和 B72.3、PAS 阳性、抗淀粉酶消化,奥辛蓝染色阳性;间质主要含有胶原和弹力纤维。电镜下,主要有两种类型的细胞;在实性细胞巢中,细胞有完好的基膜、胞质内弹力细丝和桥粒。囊壁内衬细胞间也有桥粒连接,短的微绒毛,以及可能含有电子高密度物质。

房室结囊性肿瘤是一种良性肿瘤,但可导致严重的心律失常和猝死。有报道少数患者进行了手术切除。

此外,也可见副神经节瘤、颗粒细胞瘤、畸胎瘤及异位组织的报道。

三、恶性原发性心脏肿瘤

(一) 血管肉瘤

恶性原发性心脏肿瘤均为肉瘤,血管肉瘤(angiosarcoma)最为常见,其特征是肿瘤起源于右心房。组织学显示从高分化区的肿瘤性血管到低分化区由梭形细胞和间变细胞密集生长,免疫组化和电镜可有助于诊断。

鉴别诊断包括其他低分化肉瘤如恶性间皮瘤和转移到心脏的肿瘤。

临床表现多样,但其显著的征象是充血性心力衰竭和呼吸困难,大约 25% 的血管肉瘤至少是瘤体的一部分长入心室而引起右心衰竭和出血性心包填塞。平均年龄约为 40 岁,多数患者在出现症状后 10 个月内死亡。死亡原因几乎都是肿瘤对心脏的直接作用造成的,如心脏压塞或心腔阻塞,偶见存活时间较长的病例。血管肉瘤转移很快,手术治疗常难以成功。

(二) 上皮样血管内皮瘤(epithelioid haemangioendothelioma)

上皮样血管内皮瘤是由短条索状或实性巢状排列的上皮样细胞构成的一种血管肿瘤。上皮样细胞呈圆形或卵圆形,含有细胞内小腔,常浸润管壁肌层。对于心脏上皮样血管内皮瘤的病例报道不到 5 例。肿瘤可伴发脊髓发育不良综合征。

【病理变化】 上皮样血管内皮瘤可见条索状的肿瘤细胞在管腔壁内呈环状排列,瘤细胞胞质内局部空泡,即小血管腔。免疫组化第Ⅷ因子相关抗原、CD31、CD34 可确定肿瘤细胞为内皮性的。

鉴别诊断包括上皮样血管瘤，作为心脏原发肿瘤，上皮样血管瘤更为罕见。

预后大约10%的心外血管内皮瘤发生转移，高达1/3的肿瘤复发。心脏的上皮样血管内皮瘤的生物学行为还不清楚。基于从组织学上相似的心外肿瘤获得的数据以及1例发生远端转移的病例报道，考虑本肿瘤为低度恶性。

（三）恶性多形性纤维组织细胞瘤或未分化多形性肉瘤（pleomorphic malignant fibrous histiocytoma, MFH/undifferentiated pleomorphic sarcoma）

本病又称恶性纤维组织细胞瘤，1978年报道，是最常见的软组织肉瘤之一，但作为原发性心脏肿瘤却是罕见的。至今此瘤国外报道35例，国内发现4例。多位于左心房，通常起源于后壁或房间隔，其他部位也可发生。易误诊为黏液瘤，主要鉴别诊断是恶性纤维组织细胞瘤的黏液样型。

手术切除是主要的治疗方法，术后采用化疗和（或）放疗联合治疗的方法，可提高生存率。由于肿瘤浸润性强，局部侵犯广泛，手术完整切除率不高，容易复发和转移，预后非常差，从症状出现到死亡平均存活18个月，原位复发往往是致死原因。

自1978年绝大多数心脏原发性恶性纤维组织细胞瘤位于左心房，临床易误诊为心脏黏液瘤，术后病理可明确诊断。

（四）纤维肉瘤和黏液肉瘤（fibrosarcoma and myxosarcoma）

纤维肉瘤是一种由成纤维细胞和数量不等的细胞间胶原纤维构成的恶性肿瘤，具有典型的人字形结构。有些纤维肉瘤含有丰富的黏液机制，被称为黏液肉瘤，但不认为是心脏黏液瘤恶变。具有明显的多形性、大量血管或编织状的肿瘤更适合归为恶性纤维组织细胞瘤。

【临床表现】 纤维肉瘤最常见于左心房，但各心腔均有报道。纤维肉瘤也可侵及心包腔。其临床表现与其他肉瘤一样，体征与症状取决于肿瘤发生部位。因多数肿瘤发生在左心，因此最常见与肺充血、二尖瓣狭窄和肺静脉梗阻相关的症状和体征。心脏纤维肉瘤很少有转移，若肿瘤转移，可至肺、淋巴结、皮肤和肾脏。

【病理变化】

（1）肉眼观察：典型的纤维肉瘤表现为柔软的突入心腔的息肉样肿物，不常见出血、坏死和色斑形成。

（2）镜下观察：纤维肉瘤由梭形细胞构成，细胞排列成广泛的束状，并以一定角度呈人字形排列。细胞核通常为深染的两端尖的细长形核。核分裂象数量不等。黏液纤维肉瘤中，肿瘤细胞呈星形或卵圆形，梭形细胞少见。

【鉴别诊断】 单相性滑膜肉瘤、炎性肌纤维母细胞瘤和局限性纤维性肿瘤。黏液型纤维肉瘤应和其他黏液肉瘤（MFH、平滑肌肉瘤等）以及心脏黏液瘤鉴别。

（五）横纹肌肉瘤（rhabdomyosarcoma）

横纹肌肉瘤是第二位最常见的心脏原发性恶性肿瘤，可发生于任何年龄，无明显性别差异，多发于男性。横纹肌肉瘤可发生在4个心腔或至少1个以上的心室，并可阻塞一个以上的瓣膜口。

【病理变化】 肉眼观肿瘤可以在心腔内扩展，常形成一种息肉样的外观，可以累及心包膜的脏层和壁层。

镜下，组织学形态与身体其他部位软组织内见到的横纹肌肉瘤相似。临床体征和症状与肿瘤的部位有关，常伴有心脏杂音和心律失常。横纹肌肉瘤预后很差，存活时间短，并且手术治疗常无效。多数患者在确诊后1年内死亡。但目前有心脏移植后长期存活的报道。

（六）平滑肌肉瘤（leiomyosarcoma）

自1985年以来国外报道21例，国内报道4例。多数发生于左心房，表现为心房占位性病变，术后病理可明确诊断。平滑肌肉瘤浸润性很强，局部侵犯广泛，往往伴有远处转移，预后极差。临床上主要的治疗方法是手术完整切除，术后联合化疗和（或）放疗，效果较好，可延长存活期。术后局部复发和转移是主要的死亡原因。

(七) 滑膜肉瘤(synovial sarcoma)

滑膜肉瘤是由梭形及上皮样细胞两型细胞构成的双向肿瘤,特征为X;18染色体异位。

【临床表现】 滑膜肉瘤占心脏肿瘤的5%。心脏滑膜肉瘤与石棉暴露相关。肿瘤好发于心房和心包表面。可有心腔阻塞、栓塞和填塞而引起相应的临床症状。

【病理变化】

(1) 肉眼观察:滑膜肉瘤的体积较大,呈浸润性生长,灰白色、质地较硬,可有出血坏死。

(2) 镜下观察:典型肿瘤为双相性,但单相性在心脏特别常见。梭形细胞部分区域细胞密集区与水肿区交替存在,梭形细胞小而致密,其中常有少量单核淋巴细胞浸润。上皮样细胞排列呈簇状和巢状,偶尔排列呈大的腺腔样结构并可有分支。上皮样细胞的免疫组化染色CK和EMA强阳性表达,在梭形细胞区域呈局灶阳性。梭形细胞表达vimentin,偶尔表达actin,不表达CD34。

【鉴别诊断】 滑膜肉瘤应与另一种双相肿瘤间皮瘤的区别点主要在于肿瘤的发生部位(间皮瘤)和生长形式(间皮瘤倾向于遍及心包弥漫性生长)。此外,滑膜肉瘤的梭形细胞区域细胞形态相对单一。间皮瘤和滑膜肉瘤都可表达calretinin,所以对鉴别诊断无帮助。与间皮瘤不同,孤立性纤维性肿瘤一般分级更低,常表达CD34,细胞丰富区与不丰富区交替存在。

(八) 心脏淋巴瘤

在恶性淋巴瘤病程中,心脏受累作为播散性恶性淋巴瘤的一部分是相当常见的,并在尸解病例中几乎可达20%。另一方面,原发性心脏淋巴瘤仅限于首先起源于心脏的淋巴瘤,以后可以扩散到淋巴结是极端罕见的。组织病理学诊断标准与其他部位淋巴瘤相同。对心脏移植的患者作出“淋巴瘤”的诊断时应倍加谨慎。

四、心脏转移性肿瘤

原发于其他组织和器官转移到心脏的转移肿瘤比原发心脏恶性肿瘤多见。因为癌本身比肉瘤多见,所以转移肿瘤中癌远比肉瘤普遍。机体其他部分有肿瘤,而又出现了心脏进行性扩大、心动过速、心律失常及心衰,常意味着出现了心脏转移,只有很少的转移肿瘤局限于心脏。当出现了心脏转移后,往往同时已出现了其他部位的广泛转移。心脏转移肿瘤首先累及和仅表现心脏症状的情况很罕见。最常见的临床表现是心包填塞,肿瘤直接侵犯心脏与腔静脉或肺静脉常导致房室瓣阻塞及体外循环栓塞或肺循环栓塞或两者栓塞。90%患者心包受累,约10%患者心腔和心肌受影响,约7%患者会出现心功能不全的症状和体征。

(一) 肺癌和乳腺癌

肺癌和乳腺癌先侵及心包壁层,接着是心包腔脏层,最后导致心肌结构改变或心包渗出。肺癌最常见的表现是侵犯肺静脉,并通过肺静脉播散癌细胞到左心房,进入二尖瓣时可致二尖瓣瓣口阻塞,单独或多发的左心室转移肿瘤也很常见。原发肿瘤发生转移时,肿瘤也可从肺扩散到肾和肾上腺后进入静脉,接着进入右心,最后侵及左、右主肺动脉,而引起肺动脉阻塞。

(二) 黑色素瘤

有报道黑色素瘤的心脏转移肿瘤在心脏转移瘤中发生频率最高,可侵及4个心腔及心外膜。黑色素瘤可转移到心脏和全身其他器官部位。

(三) 白血病

白血病常侵犯心脏,各种类型白血病患者在终末期输血小板以前,常有进行性出血,瘤细胞进入心肌和心内、外膜之间。病理检查,白血病浸润心肌细胞非常普遍,有时沉积在心脏的肿瘤细胞肉眼就可看见,很少有白血病表现为心包渗出,有时大量的钙盐可沉积到右心。

(四) 淋巴瘤

淋巴瘤也是心脏转移瘤最常见的,各种类型淋巴瘤患者中近25%出现心内、外膜或心肌或者合并出现肿瘤浸润,淋巴瘤浸润后肉眼就可辨别。

(陈 东 宋丽娜)

参 考 文 献

陈瑞芬，刘红刚，徐庆中等. 2004. 临床病理学. 北京：科学出版社：1 ~ 35

陈实，郭晖. 2009. 移植病理学. 北京：人民卫生出版社：156 ~ 199

李玉林. 2008. 病理学. 第7版. 北京：人民卫生出版社：137 ~ 138

廖玉华，汪朝晖. 2008. 心肌病新分类方法. 临床心血管病杂志，24（7）：481 ~ 483

武忠弼，杨光华. 2002. 中华外科病理学. 北京：人民卫生出版社：117 ~ 119

中华医学会心血管病分会，中华心血管病杂志编委会，中国心肌病诊断与治疗建议工作组. 2007. 心肌病诊断与治疗建议. 中华心血管病杂志，35（1）：3 ~ 16

Maron BJ，Towbin JA，Thiene G，et al. 2006. Contemporary definitions and classification of the cardiomyopathies：an American Heart Association Scientific Statement from the Council on Clinical Cardiology，Heart Failure and Transplantation Committee；Quality of Care and Outcomes Research and Functional Genomics and Translational Biology Interdisciplinary Working Groups；and Council on Epidemiology and Prevention. Circulation，113（14）：1807 ~ 1816.

Olsen SL，Yowell RL，Ensley D，et al. 1993. Vascular rejection in heart transplantation：clinical correlation treatment options，and future considerations. J Heart Lang Transplant，12（2）：135 ~ 142

Sternberg，SS. 回允中主译. 2003. 诊断外科病理学. 北京：北京大学医学出版社：1225 ~ 1235

第 2 章 胰腺疾病

胰腺疾病的发病率持续升高，其诊断和治疗越来越受到重视。随着病理研究技术的发展，更多的是由于有关病理发病机制观点的转变，治疗方法和治疗手段也发生改变。在胰腺外分泌部易发生的疾病如急性胰腺炎，是一种常见病，发病率呈逐年升高。另外还有慢性胰腺炎、胰腺癌等疾病一般预后不良、死亡率高，严重威胁着人类的健康。内分泌部主要由胰岛组成，胰岛主要含有 B 细胞、A 细胞、D 细胞、PP 细胞及 G 细胞，每种细胞都具有特殊的光镜及电镜结构，含有不同的分泌颗粒，用特殊染色、免疫组化方法及超微结构可以显示各种内分泌细胞，每种细胞都具有特殊的功能。重要的胰岛疾病有：与 B 细胞功能障碍有关的糖尿病（胰岛素依赖型糖尿病及非胰岛素依赖型糖尿病）的病因发病，病理变化包括动脉的病变、肾的病变、眼和足的病变及相应的临床病理联系；各种胰岛内分泌细胞发生的肿瘤（胰岛素瘤、胃泌素瘤、腹泻性肿瘤及高血糖素瘤）的病理变化及临床表现。

第一节 胰腺的正常组织结构和基本功能

胰腺表面覆以薄层结缔组织被膜，结缔组织深入胰腺实质内，将其分隔为许多小叶，人小叶结构分界不清。胰腺实质由外分泌部及内分泌部两部分组成（彩图 2-1）。外分泌部分泌胰液，含有多种消化酶，可经导管排入十二指肠，在食物消化中起重要作用。内分泌部是散在于外分泌部之间的细胞团，称为胰岛，分泌的激素直接进入血管，主要参与调节碳水化合物的代谢。

一、外分泌部

（一）胰腺腺泡

胰腺腺泡是外分泌的分泌单位，由一层锥形的腺泡细胞组成，腺泡细胞周有一层基膜，基膜外有少量网状纤维和丰富的毛细血管。腺泡腔内常见染色较浅的泡心细胞，泡心细胞是延伸到腺泡腔内的闰管上皮细胞。

1. 腺泡细胞 胰腺的腺泡细胞属于浆液性腺细胞，细胞的底部位于基膜，顶端临腺泡腔，细胞核大、圆形，靠近细胞的基底部。新鲜胰腺组织的切片观察，腺泡细胞顶部的胞质内可见许多折光性强的颗粒，称为酶原颗粒，在 HE 切片中的酶原颗粒呈明显的嗜酸性。细胞基底部的胞质富含嗜碱性物质，若标本在染色之前用 RNA 酶处理，则腺细胞基底部的胞质便失去碱性反应，证明嗜碱性物质含有核糖核酸。用免疫组化及免疫荧光证明酶原颗粒内含有多种酶，所有胰酶均在胰腺腺泡细胞内合成、储存和释放。主要介绍以下几种胰酶。

（1）糖类消化酶：如胰淀粉酶，此酶不需要激活就具有活性，正常少量可进入血液称血淀粉酶。当急性胰腺炎时大量淀粉酶入血，从尿排出，急性胰腺炎时血及尿中淀粉酶均可升高。

（2）脂肪消化酶：脂肪酶本身即具有活性，不需要其他酶的激活；磷脂酶 A 可被胰蛋白酶和胆盐激活，水解胰腺细胞的卵磷脂，其生成的溶血卵磷脂使细胞崩解，使细胞内大量胰酶释放，胰腺出现严重的炎性反应而导致急性胰腺炎。

（3）胰蛋白消化酶：①胰蛋白酶原在胃酸、肠激酶的作用下，失去了一个六肽片段，酶分子空间构型立即发生变化，形成活性中心，从而构成具有活性的胰蛋白酶。胰蛋白酶可激活其他种类的蛋白消化酶，如弹力蛋白酶、磷脂酶 A 等。②弹性蛋白酶原和胶原酶，在胰蛋白酶作用下弹性蛋白酶被激活，它和胶原酶共同作用消化结缔组织中的相应的纤维蛋白，溶解弹性组织，从而破坏血管壁及胰腺导管，引起胰腺坏死。

电镜观察腺泡细胞在合成蛋白时，粗面内

质网(RER)腔扩大成池，在RER的核糖体上合成酶蛋白的前体进入内质网小池，含前体的内质网以出芽的方式形成运输小泡，进入高尔基复合体的囊泡内，前体在囊泡内浓缩后，形成高密度的物质，含有高密度物质的囊泡脱离高尔基复合体的分泌面形成大泡，并融合成较大的分泌颗粒即酶原颗粒。成熟的酶原颗粒聚集于腺泡细胞的顶部，在腺细胞分泌时，酶原颗粒至细胞表面，以胞吐的方式将其中的酶蛋白释放入腺泡腔(图2-1)，使酶原外释至腺泡腔而始终不与胞质接触，对胞质具有保护作用。当分泌活跃时，几个酶原颗粒可成串地相互联合，深部酶原颗粒的内容物可以通过串连的酶原颗粒排入腺泡腔。急性胰腺炎时，由于腺泡腔变窄，分泌的各种酶类物质可能通过腺泡细胞之间及腺泡周围的间隙逆流入毛细血管和淋巴管从而破坏胰腺组织。胰腺腺泡细胞的分泌颗粒富含酶蛋白，进食后颗粒减少，饥饿时颗粒增多，同时细胞基底部的嗜碱性物质也减少。

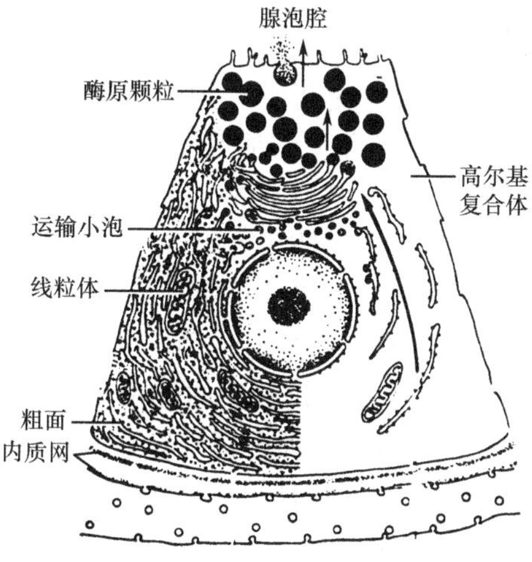

图2-1　腺泡细胞以胞吐的方式释放酶蛋白

无活性的酶原颗粒的膜类似于细胞的质膜，含较高的脂质，比内质网的通透性低，这对界膜外的胞质有保护作用，可防止酶渗出，酶解胞质。

2. 泡心细胞　是位于腺泡腔内的闰管末端的上皮细胞，泡心细胞以不同的方式围绕腺泡腔，在腺泡的切面上，常见泡心细胞位于腺泡腔内或腺泡细胞之间，因此，腺泡细胞的分泌物是通过泡心细胞之间的间隙流入腺泡腔内的。泡心细胞小于腺泡细胞，扁平形，细胞质淡染，核圆或卵圆形(图2-2)。

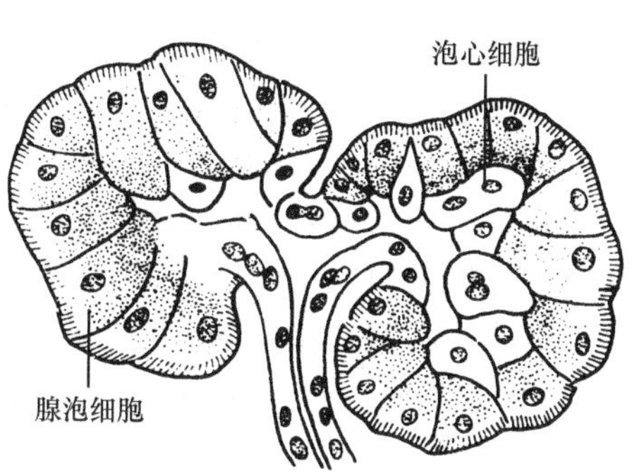

图2-2　腺泡细胞与泡心细胞关系，闰管伸入腺泡的一段为泡心细胞

(二)胰管系统

胰管是胰液排出的管道，位于胰腺实质内，有主胰管和副胰管之分(图2-3)。主胰管又称为Wirsung管，从胰尾部开始，顺其长轴纵贯胰腺实质全长，从胰头右缘穿出，在十二指肠降部后内侧壁中与胆总管汇合成膨大的十二指肠壶腹即Vater壶腹，开口于十二指肠乳头。胰管与胆总管的关系是胆总管的胰腺段向右下方斜穿十二指肠壁内并与胰管相汇合形成Vater壶腹，最后在距离幽门8～10cm处开口于十二指肠乳头。在胰管和胆总管末端及Vater壶腹均有括约肌围绕，统称Oddi括约肌，它们包括胆总管括约肌、胰管括约肌和壶腹括约肌3部分。这些括约肌的收缩，关闭两个管的末端以控制胆液和胰液的排出。

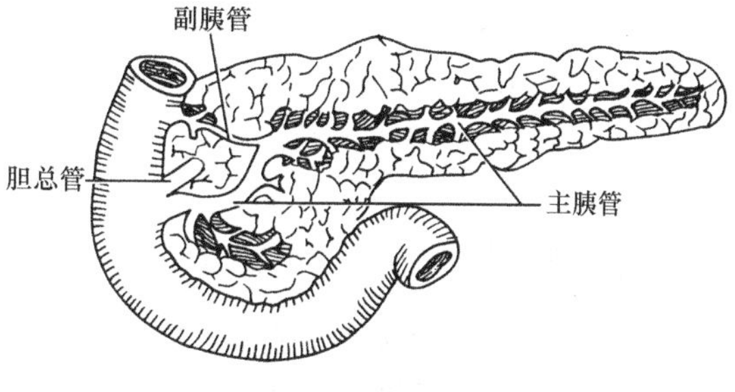

图2-3　胰管系统

导管与腺泡相连的一段细而长的导管称闰管，腺泡腔以泡心细胞与闰管相连，即闰管伸入腺泡的一端为泡心细胞，另一端汇入小叶内导管。小叶内导管出小叶后，在小叶间结缔组织内汇成小叶间导管，后者又汇入主胰管。闰管为单层扁平上皮，细胞结构与泡心细胞类似。小叶内的导管上皮为单层立方上皮，与闰管上皮有相同的细胞内结构。小叶间导管的上皮为单层柱状上皮，在柱状上皮之间有杯状细胞。在人胰腺的闰管上皮细胞之间及小导

管细胞之间可有散在胰岛的A细胞和B细胞。在导管上皮下的结缔组织中也有成群胰岛的A细胞和B细胞。主胰管在接近十二指肠处,导管上皮表面覆有一层黏液,有保护深层组织,免受胰蛋白酶的溶解和破坏的作用。在高压、胆汁及乙醇的作用下,可破坏这种保护作用,这可能是急性胰腺炎的发病机制之一。

二、内分泌部(胰岛)

胰腺的内分泌细胞大多聚集成胰岛,少数细胞为散在分布。胰岛细胞较小,合成和释放分泌物的速度比腺泡细胞慢得多,细胞器也不甚发达,在HE染色切片中胞质着色浅,难以分类。用Mallory-Azan染色法可区分出3种细胞,即A细胞、B细胞及D细胞(图2-4)。电镜下通过分泌颗粒的形态特征及用免疫组化的方法鉴别各类胰岛细胞。

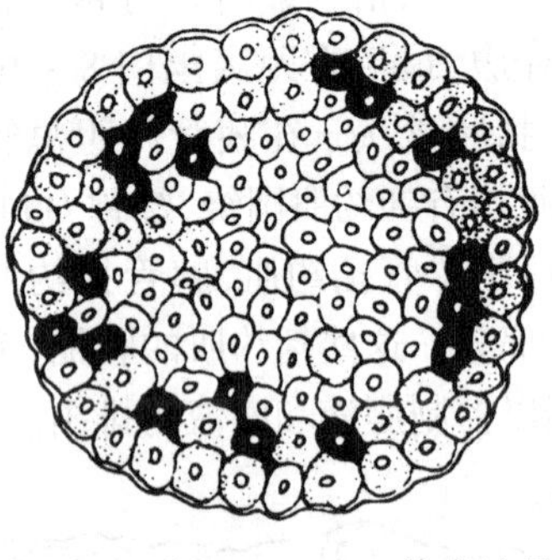

图2-4 用Mallory-Azan染色法显示A细胞、B细胞及D细胞

(一) B细胞

B细胞又称乙细胞、β细胞,为胰岛的主要细胞,在人类约占胰岛细胞数目的75%,主要位于胰岛的中央。Mallory-Azan染色,B细胞的胞质内呈现大量橘黄色颗粒。B细胞可用醛复红染色,胞质呈紫红色。通过免疫组化染色证实B细胞胞质内确含有胰岛素。电镜观察,B细胞内高尔基体比A细胞明显,胞质内有较多的粗面内质网和游离核糖体,B细胞分泌的颗粒呈不规则的核心密度,核心呈晶体样,为长方形、方形、多角形和不规则形。成熟的分泌颗粒直径为225~375nm,平均300nm。核心与界膜之间有很宽的空晕,形成一透明区。在生物化学的研究中前胰岛素在分泌器中可以水解转化为C肽类和胰岛素,从超微结构看,胰岛素主要分布在B细胞分泌颗粒的核心部位,核心周围的透明间隙可能是C肽分布区。B细胞主要分泌胰岛素,故又称为胰岛素细胞。胰岛素的主要作用是促进血液内葡萄糖通过细胞膜进入胞质,为细胞内代谢提供能量,还能促进肝细胞、肌细胞和脂肪细胞将葡萄糖合成糖原或转化成脂肪,从而降低血糖。

(二) A细胞

A细胞又称为甲细胞、α细胞。A细胞约占胰岛细胞数目的20%,主要分布在胰岛的周边部。用Mallory-Azan染色法,A细胞胞质内出现鲜红色的颗粒。最特异的显示方法为免疫组化染色。电镜下,可见A细胞高尔基体发育良好,含中等量的粗面内质网和游离核糖体,A细胞的分泌颗粒直径为190~310nm,平均250nm。分泌颗粒的特征是核心电子密度高,核心与界膜之间的空晕窄,空晕含中等电子密度的颗粒。由于核心可位于分泌颗粒的中央或偏于一侧,所以空晕呈环形或新月形。通过免疫组化证明A细胞不仅含高血糖素,而且还发现含有其他肽类成分,例如GIP(葡萄糖依赖型促胰岛素)为一种多肽类物质,Smith等首先证明了GIP主要存在于人类A细胞里。免疫电镜定位高血糖素出现在A细胞高密度的核心部位,而GIP出现在高密度核心周围的环形和新月形的低密区。A细胞主要分泌高血糖素,促进糖原分解,升高血糖。另外,高血糖素能促使甲状腺分泌降钙素,抑制钙从骨质内游离。

(三) D细胞

D细胞在胰岛中含量很少,占胰岛细胞总数的5%~15%,人的D细胞为卵圆形或梭形,主要分布于胰岛的周边部,或散在于A、B细胞之间,用Mallory-Azan染色D细胞内含有大量蓝色颗粒。电镜下D细胞的细胞器如线粒体、粗面内质网和游离核糖体均较少,高尔基复合体较明显。分泌颗粒为190~370 nm,核心为电子密度较低的细颗粒状物,由界膜紧紧包裹,所以空晕极窄。通过免疫组化结合银染色法以及免疫电镜的观察,证明了D细胞含有生长抑素。生长抑素主要在局部对临近的细胞起强烈的抑制作用,在胰岛主要抑制 A 细胞和 B 细胞的分泌活性。

(四) PP 细胞

PP 细胞占胰岛细胞总数的 2% 左右,Gersell 等发现在胰岛内的分布极不均匀,主要分布在胰头的后部和头钩部,而体、尾部较少,与 A 细胞和 B 细胞分布部位相反。光镜下通过免疫组化的方法证明此细胞。从电镜的形态上可以与 A 细胞、B 细胞相区别,PP 细胞的分泌颗粒小,高核心电子密度,空晕极窄,分泌颗粒的直径为 110 ~ 170 nm,平均为 125 nm。用免疫组化及免疫电镜观察证明 PP 细胞含有胰多肽。胰多肽的作用很广泛,主要抑制胰液的基础分泌及由各种刺激引起的分泌,抑制胆囊、胃窦和小肠的运动,但能增强胆总管括约肌的收缩。

(五) G 细胞

G 细胞是主要合成及储藏胃泌素的细胞,消化道中 90% 的胃泌素是在胃窦部合成的。关于胰腺中有没有含胃泌素的 G 细胞,还要进一步研究,有的学者认为正常情况下胰组织不分泌胃泌素,但是,胰岛胃泌素瘤时能分泌大量的胃泌素,在围生期的胎儿或新生儿的胰腺中都含有胃泌素,大白鼠和人类胰腺组织培养中也能检测到胃泌素,通过免疫组化染色,胃泌素细胞见于成人的胰腺导管。以上实验均支持胃泌素细胞存在于胰腺之中,可能是某些未被识别的胰岛细胞能分泌胃泌素。因此,分泌胃泌素的细胞在胰腺中是否存在以及分泌胃泌素的胰腺细胞类型还需进一步证明。

三、胰岛-腺泡门脉系统

胰岛与一般内分泌腺一样,也有丰富的毛细血管。关于胰岛毛细血管与腺泡周围毛细血管之间有无特殊关系的问题,长期争论未定。现在公认胰岛毛细血管是通过小静脉与外分泌的毛细血管相连,从而提出胰岛-腺泡门脉系统的概念,并推测胰岛可能通过此系统而影响外分泌的功能。胰岛-腺泡门脉系统方式循环的血液占全胰血流量的 15% ~20% ,因此胰岛对外分泌的控制、调节起重要作用。

第二节　胰腺发育异常

胰腺发育异常(pancreas anomalies)包括胰腺先天性囊肿、导管异常、胰腺组织异位以及胰腺内副脾等,临床常表现为梗阻、疼痛,易与肿瘤相混淆。

(一) 环形胰腺

环形胰腺为少见的先天性异常,由于胰腺组织环绕十二指肠,常表现为完全性或部分性十二指肠梗阻。

(二) 异位胰腺

异位胰腺是较为常见的一种组织异位,其发生率占尸解病例的 2% 。异位胰腺常见于胃、十二指肠和空肠,也可见于小肠的任何部位。异位的胰腺组织形成单个或多个大小不等的无包膜的结节,结节的直径约 1cm,少数可达 4 ~5cm,肉眼常表现为质硬、灰白色结节性肿物。异位的胰腺组织一般位于胃及肠道的黏膜下组织,也可以伸展到肌层及浆膜层。一般无明显的临床症状,偶然在外科手术标本或尸体解剖中发现。有时患者出现肠梗阻的临床表现,被误认为是肿瘤。2% 的胰岛素瘤来自异位的胰腺组织。胃肠异位的胰腺组织表面的黏膜可见脐形凹陷或溃疡形成,溃疡可引起消化道出血。镜下异位的胰腺组织由胰腺腺泡、导管、胰岛及胰腺间质组成。

(三) 副脾

75% 的副脾位于脾门区或近脾门区,20% 位于胰尾部。副脾较小,呈圆形,组织结构和功能与正常脾相同。

(四) 胰腺先天性囊肿

婴儿胰腺先天性囊肿一般无临床症状,不易被发现。胰腺先天性囊肿,常伴随其他器官的先天性囊肿同时出现,如肾囊肿、肺囊肿和肝囊肿。

胰腺先天性囊肿在婴儿发病率很低,甚至比肝囊肿及肺囊肿发病率还要低。胰腺先天性囊肿常由胰腺腺泡或小的胰腺导管扩张形成,囊壁衬以扁平或立方上皮。

胰腺假囊肿较真性囊肿多见,约有 8% 为胰腺炎症或外伤等病变后形成囊肿,为继发性囊肿。假性囊肿的腔内无上皮衬覆,因胰腺实质发生变性、坏死和出血等病变后,坏死物经胰管排出而形成囊肿。

纤维性囊肿病

纤维性囊肿病是影响机体所有黏液分泌细胞的全身性代谢障碍性疾病,属于一种少见的遗传性疾病,为常染色体隐性遗传。可发生于新生儿、儿童、青春期及年轻的成人。此病属于纯合子型,发病率为0.05%,而杂合子型不发生此病。

纤维性囊肿病常累及气管、支气管、唾液腺、肠黏膜、胰腺和肺等部位的黏液分泌细胞。病变最严重的部位是胰腺和肺。主要病变表现为全身黏液分泌细胞分泌亢进及黏液的黏稠度增加,因此出现一系列黏液分泌增加并且排泄不畅而引起继发病变。

胎儿在宫内可患纤维性囊肿病,使胰腺的分泌物排泄障碍。由于胰腺纤维性囊肿病,使消化功能障碍,使胎粪变得异常硬,呈灰白或油灰色,这样的胎粪难以通过回盲瓣,潴留在回肠末端,引起新生儿胎粪性肠梗阻,进一步引起肠扭转、近端肠管扩张、肠溃疡、肠穿孔和胎粪性腹膜炎。

【病理变化】 纤维性囊肿病早期无明显的病理改变,继续发展逐渐胰腺体积缩小、变硬。镜下胰腺导管部分扩张,胰腺组织部分轻度或高度萎缩,周围结缔组织增生。在扩张的导管内分泌物明显增多,且黏稠呈均质伊红色或颗粒状。年龄较大的儿童胰导管可呈囊性扩张,囊内分泌物呈同心层状。胰导管上皮为扁平或立方上皮,有时也可呈柱状上皮。

纤维性囊肿病累及呼吸道时,随着支气管内分泌物的增多和黏稠度的增加,可引起支气管的感染,最终导致支气管性肺炎、阻塞性肺气肿、脓气胸,直至呼吸衰竭。

纤维性囊肿一般预后较差,死亡率很高。约3/4的胎粪性肠梗阻的婴儿常在出生后3个月内死亡。无胎粪性肠梗阻的婴儿有1/7在第一年末死亡,3/4的患儿可在近15岁时死亡。

(五)胰腺外分泌组织发育不全

胰腺腺泡组织是胰腺外分泌部的分泌单位,胰腺腺泡组织先天发育不良,使婴儿胰腺分泌物中缺乏胰蛋白酶和胰脂肪酶,并伴有血小板和中性粒细胞的减少。早期的症状是脂肪泻和发育不良,由于中性粒细胞的减少,经常发生呼吸道的感染。病理检查可见胰腺腺泡明显缺乏或完全缺如,而由大量脂肪组织所取代。胰腺内分泌腺(胰岛)正常。胰腺外分泌组织发育不全一般预后不佳。

第三节 胰岛的肥大与增生

母亲患糖尿病是引起婴儿胰岛的肥大与增生(hypertrophy and hyperplasia of islet)的最常见原因。一般在妊娠的最后几周死亡的胎儿或出生后几天死亡的婴儿,几乎均能呈现胰岛的明显肥大,同时胰岛数目也有明显增加。

胰岛体积肥大主要是因胰岛细胞的数目增加所至,胰岛的结构正常。在肥大的胰岛中,也可见少量的胰岛细胞的体积增大,出现胰岛细胞的肥大。在胰岛组织中还可见不规则的退变区,该区域内胰岛细胞被结缔组织所取代。胰岛内可有淋巴细胞、单核细胞和嗜酸粒细胞浸润。肥大的胰岛所含的胰岛素的量比正常者为多。

由于胎儿产生过多的胰岛素和母亲血糖含量较高,糖尿病母亲所生的婴儿常有过多的皮下脂肪组织,而使婴儿体重过大。婴儿的身长超过正常婴儿,内脏器官也成比例的增大,但是组织的分化程度却与器官的大小并不一致,可出现不成熟的组织,如不成熟的肾小球,且胸腺体积较小并有退化现象。

第四节 胰 腺 炎

胰腺炎(pancreatitis)是一种以胰腺实质自身消化为主的病变,同时引起胰腺炎症反应及瘢痕化过程的胰腺疾病。急性出血坏死性胰腺炎早期容易并发多器官功能衰竭,尤其是呼吸功能障碍在75%的急性胰腺炎(acute pancreatitis,AP)患者中发生,临床症状从较轻的低氧血症到成人呼吸窘迫综合征(ARDS)均可出现。另外,还可以引起肝脏的损伤,肝细胞的变性、凋亡和坏死。也可以引起肾脏功能的改变。

根据其病因发病及病理变化不同,可将其分为急性胰腺炎和慢性胰腺炎两种类型。

一、急性胰腺炎

急性胰腺炎(acute pancreatitis)是一种常见病,以往的统计占内科住院患者的2.4%,近年来,由于诊断技术的不断提高,发病率也在逐渐上升。本病男女发病基本相等,好发于40~50岁。临床症状轻重不一,多数有腹痛、恶心、发热,严重时可有休克或多种系统损害的临床表现。

(一)发病机制

1. 胰蛋白酶的自身消化作用 早在1886年,Chiari就提出急性胰腺炎(AP)发病机制中最关键的环节是胰腺被胰蛋白酶自身消化作用引起,直到现在此理论仍被广泛接受。在许多患遗传性AP的家族成员中第7条染色体上发现阳离子胰蛋白酶原基因发生突变,这一发现有力说明了胰蛋白酶在AP启动中的重要性。国内学者发现用牛磺胆酸钠(Na-Tc)致大鼠急性出血、坏死性胰腺炎(acute hemorrhagic necrotizing pancreatitis, AHNP)的胰腺组织进行研究,光镜及电镜观察结果为:大鼠注射Na-Tc后3~6小时,胰腺呈进行性坏死和出血。考虑可能是胰腺腺泡细胞内的消化酶原被激活和释放,导致"自身消化",而引起胰腺的进行性损伤,说明急性胰腺炎的发生与胰蛋白酶自身消化作用有明显的关系。那么消化酶原是怎么激活的呢?近年来,国外一些学者的研究也发现胰腺坏死之前的腺泡细胞内出现大量含有酶原颗粒的自噬泡,免疫组化证实自噬泡内含有酶原颗粒的消化酶和溶酶体的水解酶。Runzi提出了"共存"假说,解释了细胞内胰蛋白酶的激活过程中,由于胰腺腺泡细胞内存在着蛋白转运及分类机制的缺陷(这种缺陷还尚未清楚),溶酶体酶(即组织蛋白酶B)和分泌蛋白(即胰蛋白酶原)共存于易受损的高尔基体分泌小泡中,在此小泡中胰蛋白酶被溶酶体酶激活,引起胰腺组织的自身消化。

正常胰腺分泌十几种酶,除淀粉酶、脂肪酶及核糖核酸酶外,其余均以酶原的形式存在,因而可以防止对胰腺本身的消化作用。一旦胰酶在胰腺内被激活,即可对胰腺有消化作用。在胰腺炎的发病过程中,首先激活少量胰蛋白酶后(常见的激活物为胆汁),胰蛋白酶可以激活更多的蛋白酶原及其他酶,如磷脂酶A(phospholipase A)的激活在胰腺炎的发生和发展中起着关键的作用,因为胰蛋白酶对由脂蛋白构成的细胞膜及线粒体膜并无作用,而胰液中的磷脂酶A激活后,作用于细胞膜和线粒体膜的甘油磷脂,使之分解变为脱脂酸磷脂酰胆碱,亦称溶血磷脂酰胆碱,后者对细胞膜有强烈的溶解作用,可溶解破坏胰腺细胞膜和线粒体膜的脂蛋白结构,致细胞坏死。脂肪坏死也同样先由胰液中的脱脂酸磷脂酰胆碱溶解、破坏了脂肪细胞膜后,胰脂酶才能发挥作用。另外,少量胰蛋白酶被激活后,可以激活弹性硬蛋白酶,在胰腺腺泡的酶原颗粒中含有高浓度的弹性硬蛋白酶,在胰腺分泌液中含有无活性的该酶前体,后者可被胰蛋白酶激活而溶解弹性组织,从而破坏血管壁及胰腺导管。由于以上酶的作用,胰腺发生自身消化作用,促进了胰腺的坏死、溶解及出血。

2. 胰腺微循环障碍 近年来国内外文献报道及许多研究证明,胰腺微循环障碍在急性出血性胰腺炎的发病中占有重要地位。Bassi等证明微循环障碍在急性出血性胰腺炎的早期已出现,主要表现毛细血管通透性增强,小血管内血栓形成,因组织缺血引起胰腺组织出血及坏死。另外,也可因胰腺微循环障碍诱发胰腺细胞缺氧,提高了胰腺细胞的可消化性。Klar等认为胆汁对胰腺血管壁有直接损伤作用,使微血管收缩及通透性增强,通过激活补体加重白细胞与血管内皮的相互作用,引起胰腺血管的损伤。胰蛋白酶能将激肽原转变为激肽,后者可增加血管的通透性,引起渗出。胰蛋白酶还可将激肽释放酶原活化为激肽释放酶,此酶可将血液中的一种α_2球蛋白分解成具有血管活性作用的多肽,称为胰激肽,可引起血管的扩张和血压下降,并增加毛细血管的通透性,引起胰腺炎症反应。用灌注泵向大鼠胰胆管内逆行注射5.0%牛磺胆酸钠液,建立大鼠重症胰腺炎模型,模型组出现明显的微循环障碍,用激光多普勒血流计测胰腺尾部微循环变化,出现血流速度减慢,病理检查微血管明显扩张，血液淤滞，中性粒细胞浸润管壁（彩图 2-2），电镜观察胰腺小血管内血小板聚集成白色血栓（彩图 2-3），小叶间血管内混合血栓形成（彩图 2-4）。用能改善微循环障碍的药物磺腐酸钠早期干预，血液循环障碍及炎症表现均不明显，坏死灶局限并且面积明显减小。以上均说明微血管循环障碍在胰腺发病中起着重要作用。

（二）引起胰腺炎常见的原因

1. 十二指肠壶腹部的阻塞引起胆汁反流 胆总管和胰管共同开口于十二指肠壶腹部，反流的胆汁可进入胰管（共道说），将无活性的胰蛋白酶原激活成胰蛋白酶，再诱发前述一系列酶反应导致胰腺的出血、坏死。引起十二指肠壶腹部阻塞常见的原因有胆石、蛔虫等。

利用胆汁反流的诱因建立急性胰腺炎的动物模型。胰胆管内逆行注射 5% Na-Tc（0.1ml/100g 体重），建立 AHNP 模型。通过动物模型可系统观察病变的发展过程及对各个器官的损伤病变。

2. 胰液分泌亢进使胰管内压升高 暴饮暴食、酒精（乙醇）的刺激使胃酸及十二指肠促胰液素分泌增多，进而促进胰腺胰液分泌增多，造成胰管内压增高。重者可导致胰腺小导管及腺泡破裂，释放出内生性活素，激活胰蛋白酶等，从而引起胰腺组织的出血坏死。乙醇可作用于 Oddi 括约肌，引起收缩功能障碍；乙醇本身对腺泡细胞有直接毒性作用，引起腺细胞的损伤。

在急性胰腺炎的发病过程中，实际很可能是上述两种因素的综合作用，即胰液分泌亢进和不全阻塞并存。近年，又注意到受细菌感染的胆汁可破坏胰管表面被覆的黏液膜（保护屏障）使胰腺组织受到破坏，特别强调了胆道感染在本病发生的重要性。

（三）胰腺炎病理变化

近年来，随着对胰腺炎发生机制认识的深入，胰腺炎的诊治水平有了较大提高。急性胰腺炎是临床上常见的急腹症，是指胰腺及其周围组织被胰酶自身消化所导致的急性化学性炎症，临床分为轻型和重型，可并发多种脏器如心、肝、肺、肾等脏器功能障碍。我们通过动物实验，人为诱导建立大鼠重症急性胰腺炎模型，在零干预的情况下，动态观察胰腺炎对肺脏、肝脏和肾脏损伤的病理变化，为临床急性胰腺炎患者的治疗提供参考。胰胆管内逆行注射 5% Na-Tc（0.1ml/100g 体重），建立急性胰腺炎的动物模型同时，按时段对其进行肉眼、镜下和电镜下的观察。

1. 分型 根据急性胰腺炎的病理变化不同，可将其分为两型。

（1）急性水肿型胰腺炎（acute edematous pancreatitis）：此型胰腺炎较为多见，约占急性胰腺炎的 90%，病变较轻，临床称为轻型胰腺炎。其特点是间质水肿伴炎细胞浸润，肉眼表现为胰腺肿大、颜色灰白、质地较硬，病变多局限在胰尾。病变重者则累及全部胰腺。

镜下可见间质水肿、充血并有少量中性粒细胞浸润，无明显出血坏死（彩图 2-5）。

（2）急性出血坏死性胰腺炎（acute hemorrhagic necrotizing pancreatitis）：本型胰腺炎较少见，可由水肿型胰腺炎转变而来，发病急剧，病变、病情及预后均比水肿型重，临床称为重型胰腺炎。病变特征是广泛的胰腺出血及坏死伴有轻微炎症反应，并可累及肺、肝脏和肾脏。

2. 病理变化

（1）胰腺病变：肉眼观察，胰腺肿大，质地软、出血、呈暗红色，分叶结构模糊，坏死组织可以液化形成囊腔。胰腺、大网膜及肠系膜等处散在混浊的黄白色斑点状或小块状的脂肪坏死灶。坏死灶是由于胰液溢出后，其中脂酶将中性脂肪分解成甘油及脂肪酸，脂肪酸又与组织液中的钙离子结合，形成不溶性的钙皂而出现以上病变。镜下观察，胰腺间质小血管高度充血，血流停滞，血管壁可见大量中性粒细胞浸润伴坏死，血管周围有大量出血，胰腺组织呈大面积凝固性坏死，部分呈溶解性坏死（彩图 2-6）。在坏死的胰腺组织周围可见中性粒细胞及单核细胞浸润。

（2）肺脏病变：急性肺损伤（acute lung injury，ALI）是重症急性胰腺炎（severe acute pancreatitis，SAP）时最常见的合并症之一，临床上多达 70% 的 SAP 患者可以明确检测到的肺损伤，相当一部分患者进展为急性呼吸窘迫综合征（acute respiratory distress syndrome，ARDS），ARDS 发生率约 15%，是急性坏死性胰腺炎患者早期死亡的主要原因之一。病理可见肺泡间隔明显增宽,肺泡腔及肺泡间隔出血,肺小血管周围大量炎细胞浸润,微血管内常见透明血栓,肺泡上皮弥漫性损伤。大片肺不张伴周围肺泡代偿性肺气肿(彩图2-7)。电镜下可见肺泡壁毛细血管内皮细胞线粒体肿胀,毛细血管腔内红细胞淤滞,Ⅱ型上皮细胞损伤,出现板层小体空泡变性。

(3)肝脏损伤:动物模型可见肝细胞出现凋亡,电镜下可见肝细胞和细胞器皱缩,细胞器密集,细胞核染色质边集,出现早期凋亡病理改变(彩图2-8)。光镜下可见凋亡小体,肝细胞核消失,胞质浓缩,形成红色浓染的圆形小体(彩图2-9),严重病变出现桥接坏死(彩图2-10),肝脏小血管内白色血栓形成。

(4)肾脏病变:肾损害的主要形态学改变光镜下为不同程度的肾小管上皮细胞变性、坏死,小管内出现管型,肾小球淤血,由嗜酸性同质性纤维蛋白构成透明血栓(彩图2-11),经PTH染色毛细血管腔内出现蓝紫色纤维素(彩图2-12),即微血栓形成。电镜下正常肾小球毛细血管壁为肾小球的滤过膜由毛细血管内皮细胞、基膜和脏层上皮细胞构成(彩图2-13)。急性胰腺炎时,可见肾小球毛细血管腔内红细胞堆积,血小板变性肿胀,伸出伪足黏附于血管壁,肾小球毛细血管腔内血小板血栓形成(彩图2-14);肾小球毛细血管腔内纤维素析出,血小板黏附于血管壁,基膜不规划增厚(彩图2-15)。

3. 临床病理联系

(1)休克:有多种原因可以引起休克,如由于胰液外溢刺激腹膜引起剧烈疼痛、胰腺组织及腹腔内出血、组织坏死、蛋白质分解引起的机体中毒等均可引起休克。休克严重者抢救不及时可以致死。

(2)腹膜炎:由于急性胰腺炎时,大面积胰腺坏死及胰液外溢,常引起急性腹膜炎。

(3)酶的改变:急性胰腺炎胰腺坏死时,由于胰液外溢,其中含的大量淀粉酶及脂酶可被吸收入血,并从尿中排出,因此临床检查中常见患者血清和尿中淀粉酶及脂酶含量升高,有助于临床急性胰腺炎的诊断。

(4)血清离子的改变:患者血中的钙、钾、钠离子水平下降。血钙下降的原因,近年研究认为急性胰腺炎时胰岛A细胞受刺激,分泌高血糖素,后者使甲状腺分泌降钙素,抑制钙自骨质内游离;另外胰腺炎脂肪坏死时,脂肪酸与组织液中的钙离子结合而消耗的钙得不到补充,使血钙降低。血钾、血钠的降低可能因持续性呕吐造成。

急性水肿型胰腺炎预后较好,病死率3%~10%。急性出血坏死型胰腺炎预后不良,其死亡率超过50%。

二、慢性胰腺炎

慢性胰腺炎(chronic pancreatitis)是由于急性胰腺炎反复发作所造成的一种胰腺慢性进行性破坏性疾病,很多病例急性期不明显,症状隐匿,发现时即属慢性。病变呈现胰腺弥漫性纤维化、萎缩、灶性坏死及胰导管内结石形成或弥漫性钙化。临床上常有胆道系统疾病,患者出现腹痛、脂性泻,有时并发糖尿病。本病发病率较低,男多于女,年龄多在30~50岁。胰腺结石常在慢性胰腺炎患者的腹平面X线片上观察到,这可与急性胰腺炎相鉴别。慢性胰腺炎不论是局灶性、节段性还是弥漫性的,都应引起外科医师的注意,因为大体上类似于胰腺肿瘤。在世界许多地方,饮酒和结石引起的导管阻塞为慢性胰腺炎常见的原因。而在一些热带国家,主要因营养不良及环境因素导致此病。

(一)分型及病理变化

根据病因及病理变化不同,可将慢性胰腺炎分为慢性阻塞性和慢性钙化性两种类型。

(1)慢性阻塞性胰腺炎:多系由生长的肿瘤(胰腺囊腺瘤、胰头癌、胆总管癌)所引起,也可由胆结石或Vater壶腹炎所致。由于分泌物流出障碍引起胰腺导管的阻塞,使胰腺实质纤维化,如果阻塞位于胰头近壶腹部,病变可弥漫累及整个胰腺组织。

(2)慢性钙化性胰腺炎:此型多见,特别在嗜酒的人群及热带营养不良流行区,本病在西方国家酒精中毒为主要原因,可能也与高蛋白、高脂肪饮食有关。

【病理变化】 肉眼观察,胰腺呈结节状,质地硬,切面可见胰腺间质纤维组织增生,胰管扩张,管内偶见结石形成,有时可见胰腺实质坏死,坏死组织液化后被纤维组织包围形成假囊肿。镜下可见胰腺小叶周围和腺泡间纤维组织增生或广泛纤维化,导管病变广泛而严重,上皮发生萎缩或缺损,导管阻塞而形成囊肿或出现萎缩消失。间质有大量淋巴细胞、浆细胞浸润。胰岛组织也可发生萎缩、消失。

(二)临床病理联系

1. 糖尿病 多数患者在晚期出现糖尿病,长期慢性炎症的作用,除了腺泡及导管的萎缩消失外,胰岛组织也发生萎缩、消失,因胰岛的破坏,胰岛B细胞减少,胰岛素分泌量下降而出现糖尿病的临床表现。

2. 脂肪泻 慢性胰腺炎腺泡及导管的萎缩消失,使脂肪酶的分泌减少,而引起脂肪泻。

3. 胰腺癌 约3%左右的患者合并胰腺癌,其原因还不十分清楚,可能酒精中毒比慢性胰腺炎诱发胰腺癌的作用更大。

4. 囊肿形成 慢性胰腺炎因胰腺腺管梗阻,胰液排泄不畅,以致形成大小不等的囊肿。

(三)预后

一般来说本病预后不佳,病死率约为50%左右,死因往往与严重营养不良、代谢紊乱、继发感染、肝硬化(胆总管压迫可形成胆汁性肝硬化)及胰腺癌有关。

第五节 胰 腺 癌

胰腺癌(cancer of the pancreas)为胰腺非内分泌性恶性肿瘤,是由胰腺头部、体部及尾部等外分泌系统发生的恶性肿瘤。

胰腺癌在消化系统恶性肿瘤中比较少见,但在世界各地均呈上升的趋势。在过去的40年里,欧洲、美国、日本的发病率增加了3倍以上。在我国胰腺癌的发病率也不断的上升,已成为我国常见的恶性肿瘤之一。这可能与饮食中蛋白质、脂肪成分增加有关。胰腺癌因早期无明显症状,并且位置较隐蔽,所以早期不易发现。遗憾的是,30年来对Ⅰ期胰腺癌(即胰腺癌位于胰腺局部无转移)患者诊断率一直未提高。

一、病因和发病机制

胰腺癌的病因发病一直不清楚,可考虑的病因有吸烟、饮酒、饮食和化学致癌物等。吸烟者胰腺癌发病率比不吸烟者高2.5倍,且发病年龄早10年。从事化工工作的人,如β萘胺和联苯胺使用者及炼油厂和造纸厂的工人发生胰腺癌的危险性较大。动物实验研究也证明,胰腺是化学致癌物的靶器官。糖尿病患者胰腺癌发生率是平均发生率的2倍,过量饮用咖啡者甚至为3倍。慢性胰腺炎及胆道疾患等可能也与胰腺癌发病有关。有人认为伴有陈旧性钙化的慢性胰腺炎,其钙化灶有致癌作用。

胰腺癌发生也可能和内分泌有关,其根据是男性发病率较绝经前的女性为高,女性在绝经后发病率增高或与男性相似。有自然流产史的妇女发病率增高。

此外,高脂肪、高蛋白、少蔬菜饮食及环境污染也可能与胰腺癌的发病有关。分子生物学迅速发展为肿瘤的病因和发病机制的研究创造了条件。目前已发现绝大多数肿瘤的发生与癌基因有关。

二、分型及病理变化

胰腺癌可发生于胰腺的头、体、尾部或累及整个胰腺,但以头部最多见,约占胰腺癌的60%~70%。胰腺癌的大小和外形不一,呈圆形或卵圆形,有的边界清楚,有的弥漫浸润与临近胰腺组织难分辨。有的呈凹陷硬块状埋在胰腺中,活检时需深取组织方能查出。有的甚至在开腹探查时,肉眼上很难与慢性胰腺炎时增粗变硬的胰腺相鉴别。

(一)镜下分型

1. 胰腺导管腺癌(ductal adenocarcinoma) 胰腺癌多数起源于导管上皮为导管癌,据Miller等统计202例胰腺癌的病理资料,81.6%发生于导管上皮,是胰腺癌的最常见的类型,在胰腺切除标本中,大约24%的患者在其肿瘤临近的导管上皮发现原位癌。通常为分化好的高分化腺癌,间质有多量纤维组织增生,癌细胞为柱状或立方状。细胞分化程度在不同的癌中差异可很大。当癌细胞分化好时,癌细胞呈胞质丰富的高柱状上皮,并形成规则的腺管(彩图2-16),这种癌性腺管与慢性胰腺炎残留和增生的导管很难鉴别。一般胰腺癌的腺管常常呈不规则的分枝状，上皮呈假复层排列，癌细胞核极向消失，腺管上皮常增生形成乳头状结构。间质为大量增生的纤维组织，其中有散在和成堆浸润的癌细胞。胰腺癌细胞特别易侵犯神经和神经周围淋巴管。分化较好的导管细胞癌中可见杯状细胞和鳞状上皮化生灶。此外癌组织中可见黏蛋白，电子显微镜检查也发现，黏蛋白原颗粒存在于许多胰腺导管癌中，在胰腺组织只有胰导管上皮是分泌黏蛋白的唯一细胞，以上这些均支持导管源性细胞学说。大部分导管细胞癌位于胰头部，胰腺腺泡消失和间质硬化性反应出现，癌组织常浸润胰岛，继而胰岛出现变形、纤维化、出血及坏死。此肿瘤多见老年人，男性多见，预后极差。

2. 腺泡细胞癌(acinar cell carcinoma) 少见。癌细胞呈多角形，边界清晰，或为未分化的小圆形细胞，癌细胞形成大小不等的腺泡样结构或弥漫成片，间质少。多数腺泡细胞癌分化差，异型性明显。电镜下有丰富的粗面内质网及酶原颗粒。用癌胚抗原(CEA)作免疫组织化学染色，癌细胞常呈强阳性。导管细胞癌和腺泡细胞癌可以混合存在，常常在导管细胞癌中有腺泡细胞癌的成分。纯粹的腺泡细胞癌很少见。

3. 间变性癌(anaplastic carcinoma) 间变性、多形性、肉瘤样以及未分化癌是用于不易确定来源的外分泌癌，是属于上皮性肿瘤，肿瘤可以发生在胰腺的任何部位，胰头和胰尾发生率大致相同，肿瘤体积一般较大，出血、坏死及囊性变较明显，可有广泛的淋巴结转移。肿瘤多由梭形细胞、多形性大细胞和少量支持间质所组成。不同肿瘤所占成分不同，少数病例中梭形细胞构成肿瘤的全部成分。另外，有些肿瘤中可见巨形瘤细胞，形状各异、核浓染、巨核或奇形核；核仁较大，核分裂常见。当检查间变癌的多个切片时，在肿瘤中还可以发现一般导管腺癌的区域，出现大导管上皮；一些梭形细胞和大得多形性细胞的角蛋白免疫反应阳性；高分化导管腺癌也偶尔出现在间变癌的区域；因此支持这些间变肿瘤来源于上皮组织。少数间变性癌出现大量的破骨细胞样多核巨细胞，其细胞核较规则，这种细胞可以见于以梭形细胞为主的癌。

4. 小细胞癌(small cell carcinoma) 极少见，其组织形态与肺的小细胞未分化癌(即燕麦细胞癌)相似，每个癌细胞核的周围几乎看不到细胞质，所以活检材料很难确诊为胰腺原发癌，只有尸检除外肺原发小细胞未分化癌后才能确诊。近期文献上报道6例均经尸检证实，患者年龄均为60岁以上老人，其中5例肿瘤位于胰头部。病势发展快，一般在诊断后2个月死亡，胰腺小细胞未分化癌可合并高钙血症。

(二)鉴别诊断

一般来讲，胰腺间变性细胞癌和小细胞癌必须与转移癌、恶性纤维组织细胞瘤、平滑肌肉瘤、淋巴瘤及其他可继发累及胰腺的腹膜后软组织肿瘤进行鉴别。

三、扩散转移

胰头癌早期远处转移较少而出现局部浸润，可直接蔓延到邻近组织如胆管、门静脉局部淋巴结与十二指肠。晚期可转移至肝脏；而胰体癌及尾部癌易侵入血管特别是脾静脉，发生广泛远处转移。胰体、胰尾部癌特别容易转移至肺及胸腔淋巴结。胰腺癌转移至肺有时在临床和病理方面均易误诊为原发性肺癌。原发性肺癌和肺的转移性胰腺癌在没有做系统尸检的病例，鉴别诊断常常很困难，甚至不可能。

四、临床表现

胰腺癌一般发病隐匿，症状为非特异性的，如消瘦、腹部不适、恶心，消化不良等。发现时已侵及门静脉等重要部位，而无法切除。侵及腹膜后神经丛则产生持续疼痛。大多数胰头癌出现阻塞性黄疸，可较早就医。胰腺癌一般预后不良，5年存活率仅为2.5%。

第六节 糖 尿 病

糖尿病(diabetes mellitus)是由于胰岛素缺乏和(或)胰岛素的生物效应降低而引起的代谢障碍，以持续的血糖升高和出现尿糖为主要临床表现的常见病。

一、糖尿病的分类

糖尿病依病因可分为原发性糖尿病(primary diabetes mellitus)及继发性糖尿病(secondary diabetes mellitus)两种类型。继发性糖尿病是由于炎症、肿瘤、手术等已知疾病造成胰岛广泛破坏,或由于其他内分泌的异常影响胰岛素的分泌所导致的糖尿病。通常所称糖尿病指原发性糖尿病,按其病因、发病机制、病变、临床表现及预后可将原发性糖尿病分为以下两种类型:胰岛素依赖型糖尿病(insulin-dependent diabetes mellitus,IDDM)和非胰岛素依赖型糖尿病(non-insulin-dependent diabete mellitus,NIDDM)。

二、糖尿病的病因、发病机制

(一)胰岛素依赖型糖尿病(IDDM)

胰岛素依赖型糖尿病(IDDM)又称1型糖尿病,占糖尿病的10%～20%,患者多为青少年,发病时年龄小于20岁,因此又称幼年期糖尿病。胰岛B细胞明显减少,血中胰岛素明显降低,易合并酮血症甚至昏迷,主要依赖胰岛素进行治疗。目前认为其发病是在遗传易感性的基础上,胰岛感染了病毒(如腮腺炎病毒、风疹病毒及柯萨奇B病毒等)或受毒性化学物质(如吡甲硝苯脲等)的作用,使胰岛B细胞损伤,释放出致敏蛋白,引起自身免疫反应(包括细胞免疫和体液免疫),导致胰岛的自身免疫疾病,进一步引起胰岛B细胞严重破坏。有些患者血清中抗病毒抗体滴度显著增高,提示与病毒感染有关。现在认为免疫反应与幼年期的糖尿病发病有关,在收集人类糖尿病资料中发现,幼年期糖尿病患者体内可测到胰岛细胞抗体和细胞表面抗体,而且本病发病常与其他自身免疫性疾病并存。在一些幼年期糖尿病的患者中,临床出现糖尿病的症状后,患者很快死亡,一般出现明显的酮中毒,这些患者的胰岛主要病变为单核细胞性胰岛炎。另有些报道认为,自身免疫反应为引起幼年期糖尿病的病因,是胰岛B细胞损伤的机制。他们发现在未经治疗的婴儿和儿童糖尿病患者的胰岛内出现大量淋巴细胞、单核细胞,偶见嗜酸粒细胞浸润,胰岛出现明显炎症反应,因为此种炎性反应与那些自身免疫损伤引起的炎症表现极为相似,近年来又发现患者血内有抗胰岛细胞的各种抗体,因此认为幼年期糖尿病与自身免疫有关。也有一些研究者报道,通过实验推测出自身免疫直接作用于B细胞的同时,还需要一个促进反应的刺激物参与。比如像化学毒物的作用或感染因素的影响,使B细胞先发生损伤性病变,进一步出现自身免疫反应。因此建立了幼年期糖尿病病因发病假说:环境中的致病因子,首先引起B细胞损伤,这种损伤激发并促进了自身的免疫反应,在胰岛出现了炎症反应,又进一步引起胰岛B细胞损伤。另外遗传因素在自身免疫反应过程中起着十分重要的作用,这增加了发病的危险性。在1型糖尿病的病因中,遗传因素的重要性为50%。遗传易感性的主要依据是:同卵双生的一方患幼年期糖尿病,另一方有50%的患病率,这与HLA类型有明显关系,在中国此型患者中,DR3及DR4的分布频率明显增加,有统计HLA-DR3或DR4的人群患此病的危险性比其他人高5～7倍。这些人存在免疫缺陷,一方面对病毒的抵抗力降低,另一方面抑制T细胞的功能低下,易发生自身免疫反应。

(二)非胰岛素依赖型糖尿病(NIDDM)

非胰岛素依赖型糖尿病(NIDDM)又称2型糖尿病或成人期糖尿病,占糖尿病的90%～95%。此型常在40岁以后发病,病变发展较缓慢。内源性胰岛素合成损伤不大,很少发生酮血症。大多数患者在潜伏期和亚临床期仅表现为高血糖。患者可有"三多"和空腹高血糖症。成年期糖尿病与幼年期糖尿病不同之处是成年期糖尿病不易发生严重代谢障碍,无明显的脂肪和蛋白质消耗临床表现,而相反的多数患者出现肥胖。

有关成人期糖尿病的发病机制也不十分清楚,有以下几种学说。

1. 胰岛素和高血糖素平衡失调 胰岛素缺乏和高血糖素过多。正常情况下血浆葡萄糖水平升高使高血糖素分泌抑制,血浆葡萄糖水平降低使高血糖素释放。高血糖素具有各方面对抗胰岛素的作用,胰岛素和高血糖素形成一个推拉系统,在生长抑素的调节下保持血糖的正常水平。生长抑素的功能是抑制 A 细胞及 B 细胞分泌，但对 A 细胞分泌的高血糖素有较强的抑制作用，因为组织学上 B 细胞分布在胰岛中心形成团块。而 A 细胞位于胰岛的周边，分泌生长抑素的 D 细胞也主要分布在胰岛周边部，少量 D 细胞散在于 A、B 两群细胞之间，这样 D 细胞与 A 细胞的接触面要较 D 细胞与 B 细胞的接触面为广。如果生长抑素缺乏则使 A 细胞分泌高血糖素首先失去控制，血内高血糖素水平增高，血糖升高。

2. 肥胖 是 2 型糖尿病发生的重要因素，约有 60% ~80% 的成年糖尿病患者在发病前均为肥胖者，肥胖的程度与糖尿病的发病率呈正比。有基础研究材料表明，随着年龄增长，体力活动逐渐减少时，人体肌肉与脂肪的比例也在改变。自 25 岁至 75 岁，肌肉组织逐渐减少，由占体重的 47% 减少到 36%，而脂肪由 20% 增加到 36%，此系老年人特别是肥胖多脂肪的老年人中糖尿病明显增多的主要原因之一。因此只要减少进食，降低体重，血糖就可以下降，疾病可以得到控制。引起发病有两个重要环节：①胰岛素分泌不足及分泌异常。长期高热量饮食，刺激 B 细胞，引起高胰岛素血症，但与同样肥胖的非糖尿病者相比，血中胰岛素水平较低，因此胰岛素相对不足。此外对葡萄糖等刺激胰岛素早期呈现延缓反应，说明胰岛 B 细胞本身也有缺陷。长期过度负荷可使胰岛 B 细胞衰竭，因此本病晚期可有胰岛素分泌绝对缺乏，不过远比 1 型为轻。②组织胰岛素抵抗。脂肪细胞越大对胰岛素就越不敏感，脂肪细胞及肌细胞的胰岛素受体减少，故对胰岛素反应差，这是高胰岛素血症引起胰岛素受体负调节的表现。此外营养物质过剩的细胞还存在胰岛素后缺陷，使葡萄糖及氨基酸不能通过细胞膜进入细胞内，事实上营养过剩的细胞已失去了正常处理血液中营养物质的能力。

3. 遗传因素 成年期糖尿病的发病也和遗传有关。糖尿病是遗传性疾病，遗传学研究表明，糖尿病发病率在血统亲属中与非血统亲属中有显著差异，前者较后者高出 5 倍。在 2 型糖尿病中遗传重要性达 90% 以上，因此引起 2 型糖尿病的遗传因素明显高于 1 型糖尿病。

4. 精神因素 近十年来，中外学者确认了精神因素在糖尿病发生、发展中的作用，认为伴随着精神的紧张、情绪的激动及各种应激状态会引起升高血糖激素（如生长激素、去甲肾上腺素、胰高血糖素及肾上腺皮质激素等）的大量分泌，而引起糖尿病。

应强调的是幼年型和成年型糖尿病的发病年龄和病程并不是绝对的；幼年型糖尿病亦可见于成人并且发病缓慢，成人型糖尿病亦可见于年轻人。

三、糖尿病的病理变化及临床表现

糖尿病患者全身很多组织和脏器均可发生病变，但病变的分布和程度很不一致，而且大多数病变为非特异性。尸检发现，有些糖尿病患者许多脏器和组织都可出现病变，另一些患者病变仅局限于少数器官和组织，还有一些患者全身脏器和组织可以完全没有形态上的改变。影响病变的因素主要是患者的年龄、病程、代谢障碍的严重程度及药物治疗的严格性。病程超过 10 ~15 年的糖尿病患者不管是成年期还是幼年期，其血管、胰、肾、视网膜、神经和其他组织都有不同程度的病变。

（一）胰岛的病变

不同类型的糖尿病及其不同时期，胰岛病变差异较大。幼年期糖尿病病变较明显，胰岛体积缩小、细胞数目减少。早期可见胰岛炎，胰岛及其周围组织内大量单核细胞及淋巴细胞浸润，偶见嗜酸粒细胞。胰岛细胞进行性坏死、消失，B 细胞颗粒脱失，这是糖尿病时常见而且重要的病变，它代表已受损的 B 细胞分泌、储存的胰岛素的耗竭。胰岛内 A 细胞显示相对增多，进一步胰岛变小，细胞数目也减少，胰岛纤维化。幼年期糖尿病有时出现胰岛增生，这也可能是对 B 细胞损伤的早期代偿性反应。成人期糖尿病，用常规方法检查胰岛时，早期几乎无明显病变，以后可见胰岛 B 细胞有所减少。常见变化为胰岛淀粉样变，在 B 细胞周围及毛细血管间有淀粉样物质沉着，该物质可能是胰岛素 B 链的分解产物。糖尿病本身对胰腺外分泌影响不大，而常常是胰腺的其他疾病如胰腺炎、胰腺恶性肿瘤、胰腺结石以及胰腺血色素沉着病等，大量破坏胰腺组织，胰岛细胞受损，而引起糖尿病。急性胰腺炎患者可有一时性糖尿及糖耐量不正常，但很少引起糖尿病。慢性胰腺炎特别是伴有胰腺结石时较易合并糖尿病。糖尿病伴有胰腺恶性肿瘤的病例中有的是糖尿病先于恶性肿瘤，有的则是恶性肿瘤引起的糖尿病。

（二）动脉病变

糖尿病患者的各类动脉硬化发病早、分布广和病变重。

1. 动脉粥样硬化 40岁以下的非糖尿病患者仅5%左右患动脉粥样硬化，而糖尿病患者可达75%。病变形态和性质上糖尿病患者的粥样硬化与非糖尿病患者相同，但糖尿病患者的粥样硬化广泛而严重，并且易合并溃疡、钙化和血栓形成，出现严重合并症如心肌梗死、脑卒中和下肢坏疽等。据统计，糖尿病患者的心肌梗死较正常人群高5倍。一般生育年龄的妇女心肌梗死很少见，但患糖尿病的生育年龄妇女心肌梗死的发病率几乎与男性相同。一般认为糖尿病患者易患粥样硬化，这可能与高脂血症有关。但不少糖尿病患者有严重的动脉粥样硬化者，血脂却正常，这可能和与动脉壁代谢失常有关。所有的糖尿病患者，只要病程在10年以上者，不论什么年龄，临床上都有明显的动脉粥样硬化。糖尿病患者血浆脂蛋白代谢异常的发病率约为50%，幼年期糖尿病血糖控制不良者，出现血浆脂蛋白异常。尤其酮症酸中毒时，血浆TG（三酰甘油）和VLDL（极低密度脂蛋白）水平可明显升高，HDL（高密度脂蛋白）浓度降低。但糖尿病得到适当控制后，多数患者血浆TG和VLDL可逆转，HDL可恢复正常或高于正常，高脂血症是引起动脉粥样硬化的重要因素。

2. 细动脉玻璃样变 表现为细动脉基膜增厚，富于Ⅳ型胶原的物质沉着。由于内皮细胞通透性增高致蛋白质渗出增多，故动脉壁有蛋白质沉积，造成管腔狭窄，引起组织缺血，并合并高血压症。

3. 糖尿病性微血管病变 糖尿病时许多组织的毛细血管基膜增厚，这是由于基膜合成增加或分解降低或二者同时发生所至。增厚的基膜为一种均质性或层状玻璃样物质，电镜下由纤细的糖蛋白微纤维构成。基膜不仅增厚而且通透性亦增高，使血浆蛋白很容易逸至血管外。微血管病以肾小球毛细血管及视网膜毛细血管最明显，其次为神经、皮肤、骨骼肌、滑膜及内耳等处的毛细血管出现病变。一些非血管性结构如肾小管、包氏囊及其他组织亦可出现基膜增厚。微血管病亦可见于老年的非糖尿病患者，但其程度远较糖尿病患者为轻。

（三）肾病变

肾脏常常是受累最重的器官。许多糖尿病患者都由于肾脏病变严重而死于肾功衰竭。糖尿病引起肾病的病变是复杂的，而且是由多种因素引起的，这些因素可能包括血糖控制不佳、生化改变、遗传因素、摄入过量蛋白质、高血压病、胰高血糖素分泌过多、脂肪代谢异常、血小板功能亢进、肾脏血流动力学异常（肾小球滤过压和肾小球内压增高）以及吸烟等。

1. 糖尿病性肾小球硬化 有两种类型。一种是弥漫性肾小球硬化，肾小球毛细血管基膜弥漫增厚，血管系膜细胞增生及基质增多，毛细血管间并有多量PAS阳性的物质沉着，这些物质包绕毛细血管周围的细胞。严重者肾小球毛细血管上皮细胞的足突消失，毛细血管腔狭窄，最后整个肾小球硬化。另一种为结节性肾小球硬化，本型肾小球硬化对糖尿病有诊断意义，为特异性病变，病变的肾小球内有一至数个卵圆形或圆形玻璃样结节，玻璃样结节常呈同心圆形分层状，位于小球边缘。结节从肾小球毛细血管间发生，常被周围通畅的毛细血管袢围绕。结节性硬化是由肾小球微动脉瘤发展而来，结节为PAS阳性，含黏多糖、脂类和纤维素，和弥漫性肾小球硬化的沉着物质相同，随着病变发展结节亦增大，最后压迫和包裹毛细血管，阻塞小球球丛，最后整个肾小球呈一玻璃样变硬化物。

2. 肾动脉粥样硬化及细动脉硬化性肾硬化 肾动脉及其主要分支的粥样硬化常见，而且比一般人严重，可导致整个肾缺血，甚至产生灶性肾梗死。另外肾细动脉硬化不仅累及肾小球的入球小动脉，同时亦累及出球小动脉。细动脉由于玻璃样物质沉着而管壁显著增厚，管腔狭窄或完全堵塞。肾小球出球小动脉在一般非糖尿病性肾中很少出现硬化，所以出球小动脉硬化对诊断糖尿病有一定的诊断意义。如果上述非特异性的弥漫性肾小球硬化合并有出球小动脉硬化则可认为是糖尿病的特异性病变。

3. 糖尿病合并急性肾盂肾炎 易伴有肾乳头坏死。肾乳头坏死是由于炎症累及到肾血管，在肾组织缺血的基础上，又进一步引起细菌感染而出现的病变。

（四）眼病变

眼病变是糖尿病的严重合并症之一，由于视网膜病变、白内障或青光眼导致的视力障碍。视网膜病变是糖尿病性微血管病在视网膜的一种表现。视网膜内微血管扩张有微动脉瘤形成、视网膜水肿出血、新生血管形成和纤维化。视网膜病变的发生率与病程长短有密切关系。

（五）足病变

糖尿病合并肢体（主要是足）坏疽，其主要原因是肢端缺血、神经病变、感染、代谢紊乱及多种诱发因素所致。由于肢体动脉脉粥样硬化及血栓形成，致使血管管腔狭窄或阻塞、毛细血管基膜增厚、内皮细胞增生、红细胞变形能力下降、血小板聚集力增强、血液黏度增加、微循环发生障碍，导致肢端缺血而溃烂、感染、坏疽。糖尿病肢端坏疽，单从局部表现很难与非糖尿病坏疽相区别。近年来，对大量患者的研究显示，糖尿病合并肢端坏疽患者临床表现有湿性坏疽、干性坏疽和混合性坏疽 3 种临床类型。

第七节　胰腺内分泌肿瘤

一、胰腺内分泌肿瘤的一般特征

胰腺内分泌肿瘤（endocrine tumors of pancreas）常见的类型有分泌胰岛素的胰岛素瘤、分泌胃泌素的胃泌素瘤、分泌高血糖素的高血糖素瘤、分泌生长抑素的生长抑素瘤以及分泌舒血管肠多肽（VIP）的腹泻性肿瘤。这些功能性胰岛细胞瘤在形态上有不少共性，单纯根据形态（大体和镜下），不结合临床症状、激素测定很难确定它们的类型。大体上看这些肿瘤大小多数直径为 1～2cm，界限清楚，包膜可有可无，切面呈粉白或暗红色，质软；如果间质纤维化、钙化或淀粉样物沉着明显，则质地变韧、变硬 。镜下瘤细胞的特点与正常胰岛细胞相似，有 3 种主要排列方式：①瘤细胞呈高柱状或立方形，排列呈梁状、带状或脑回状，周围有丰富毛细血管；②瘤细胞围绕着毛细血管呈玫瑰花样排列，称为腺样排列；③髓样实性排列，肿瘤细胞形成实性巢索。不同的胰岛细胞肿瘤有不同的排列方式，例如胰岛素瘤、高血糖素瘤常以梁状（脑回状）的排列为特征，胃泌素瘤或腹泻性肿瘤形成腺样结构。但有些学者对以上观点持有不同看法。由于胰岛细胞瘤在 HE 染色切片中形态很相似，只有免疫组织化学和放射免疫方法才能特异性鉴别各种胰岛细胞瘤，也可以通过超微结构分泌颗粒的形态特征协助诊断。部分胰岛素瘤、高血糖素瘤和胃泌素瘤含有与正常 B 细胞、A 细胞和 G 细胞相同特殊结构的分泌颗粒，从而有助于诊断。对于大多数功能性胰腺内分泌肿瘤，从组织学的检查很难鉴别良性与恶性。一般非胰岛发生的恶性肿瘤形态上的诊断指标为细胞及核的异型性、核分裂象、包膜浸润和血管瘤栓等。但这均不能作为恶性胰岛细胞瘤诊断的标准，确定胰岛内分泌恶性肿瘤必须密切随访，是否有转移，转移为恶性的主要依据。另外，如果是恶性胰岛细胞瘤，瘤细胞一般只含有不典型分泌颗粒。

二、胰岛细胞瘤的分类及病理变化

（一）胰岛素瘤

胰岛素瘤（insulinoma）为胰腺内分泌腺所发生的功能性肿瘤中最常见的一种，绝大多数为良性，仅有 10% 为恶性。胰岛素瘤 90% 为单发，10% 为多发。大小不同的肿瘤分布在胰岛组织中，与其他内分泌肿瘤一样，从组织学上检查很难区别良性或恶性肿瘤，形态上的一些恶性指标如核分裂象、核异型性、包膜浸润和血管瘤栓等均不能作为诊断恶性胰岛素瘤的标志，只有找到确切转移才能诊断为恶性胰岛素瘤。必须密切随诊以确定是否有转移。Howard 等研究中，398 个病例中有 9.3% 的病例发生转移。转移是诊断胰岛素瘤的良、恶性是唯一的参数。Stefanini 等报道了 951 个确诊为胰岛素瘤伴临床低血糖症的病例，其中转移率仅为 5% 。

【病理变化】 胰岛素瘤常呈圆形或椭圆形,与周围组织界限清楚,包膜可有可无,切面呈灰白、粉红或暗红色,质地随间质的多少而异,多数肿瘤质软似淋巴结组织。镜下,瘤细胞与正常胰岛细胞大小、形态相似,为多角形细胞,部分呈柱状。瘤细胞排列呈梁状排列,菊形团样结构,少数呈腺泡样、乳头状或弥漫成片。细胞条索或巢之间有薄壁血管分隔。细胞核可有不同程度的异型性,但核分裂象极少见。

如果用鉴别正常 B 细胞的特殊染色方法来对胰岛素瘤进行染色,只有 3/4 的肿瘤出现阳性反应。在每一肿瘤中,含有阳性分泌颗粒的肿瘤细胞的数目也不相同,并且每个肿瘤细胞内所含分泌颗粒的数量多少不等,有时只有几个肿瘤细胞出现少量的特殊颗粒。正常的胰岛组织,每个 B 细胞中出现的明显分泌颗粒,这种 B 细胞组织学特征在肿瘤细胞里几乎找不到,这就说明肿瘤细胞中含胰岛素的量比正常 B 细胞少,也说明胰岛素瘤中含胰岛素的浓度比正常胰岛组织低。用 Bouin 固定液固定取材组织,用免疫荧光和过氧化物酶标记胰岛素能得到可靠的结果。免疫组化方法鉴别肿瘤细胞中的胰岛素是较为敏感的,用免疫组化染色瘤细胞的免疫反应性比周围临近正常胰岛中 B 细胞要弱得多。超微结构可见典型的分泌颗粒具有高电子密度的晶状核心,周围出现很宽的空晕,分泌颗粒的大小为 250nm,但不少胰岛素瘤细胞含不典型的分泌颗粒。分泌颗粒的数量与肿瘤的分泌功能无直接联系,有些临床功能亢进的肿瘤,电镜下很少甚至找不到分泌颗粒。

【临床表现】 胰岛素瘤临床表现为 Whipple 三联征:①患者一般空腹时发生低血糖症;②发病时血糖值在 2.8mmol/L 以下;③发病时饮糖水或注射葡萄糖症状缓解。而在病理变化中胰岛素瘤含胰岛素的水平比正常胰岛低,用免疫组化染色也证明胰岛素瘤中瘤细胞较正常 B 细胞的胰岛素含量少,而血清中胰岛素和前胰岛素的却较正常为高。研究结果解释为胰岛素瘤的瘤细胞的主要缺陷是储存胰岛素的功能降低,导致一部分瘤细胞中的胰岛素无控制的释放。胰岛素瘤瘤细胞能合成胰岛素,也能对刺激发生反应而释放胰岛素。然而当机体不需要胰岛素时,肿瘤细胞部分或完全失去了储存胰岛素的能力,释放胰岛素。而正常的胰岛 B 细胞,当血糖降低时,能抑制胰岛素的释放。而胰岛素瘤的瘤细胞这种调节机制不完善使胰岛素持续释放,从而引起血清中胰岛素较正常为高,并且临床上患者出现低血糖的症状。

(二)胃泌素瘤

胃泌素瘤(gastrinoma)是第二常见的胰腺内分泌功能肿瘤。1955 年,Zolliger 和 Ellison 首先报道 2 例具有下列临床及病理特征的患者,严重的上消化道溃疡、明显的胃酸分泌过多、胰岛出现非 B 细胞肿瘤,并认为溃疡和胃酸分泌过多是由于胰岛内某种肿瘤,可以分泌一种未知的促胃酸分泌的物质引起的。1967 年和 1968 年 Gregory 和 Mcguigan 等通过放射免疫技术测定,证实这些肿瘤都含有大量的胃泌素并且释放到血液循环。由于胃泌素促使胃酸分泌明显增高,随之发生了上消化道进行性的顽固性的溃疡,因此将此肿瘤命名为胃泌素瘤,并将此病命名为 Zolliger-Ellison 综合征,简称 ZES。

【病理变化】 90% ~95% 的胃泌素瘤患者肿瘤发生在胰腺,肿瘤多位于胰腺头部,胰腺体部较少见,近 2/3 的胃泌素瘤的组织学形态及生物学行为均为恶性。少数(5% ~10%)胃泌素瘤患者肿瘤的原发部位不在胰腺,而发生在胰腺以外的组织,好发部位为十二指肠,此部位发生的肿瘤 50% 为单个,并不发生转移,因此能完全切除。

虽然 90% ~95% 胃泌素瘤发生在胰腺,然而在正常情况,主要是胃窦部的 G 细胞分泌胃泌素,胰腺组织中无分泌胃泌素的细胞。因此,一般认为胰腺的胃泌素瘤起源于内分泌干细胞的不适当地分化,这可以解释胰腺胃泌素瘤的异源细胞类型。胰岛比肠胃泌素瘤的恶性程度较高。

形态学上确诊胃泌素瘤的唯一手段是用免疫组化方法,在 Creutzfeldt 的研究中,观察了 21 个胃泌素瘤患者,通过抗胃泌素血清染色,其中 20 个胃泌素瘤出现细胞阳性反应。在同一实验室内,用同一种免疫组化技术,在人类正常胰岛组织中没有发现分泌胃泌素的细胞。Creutzfeldt 对 20 例胃泌素瘤进行了超微结构的免疫组化研究，其中15例胃泌素瘤与胃窦部G细胞分泌颗粒完全相同，主要表现颗粒的核心呈絮状。20例胃泌素瘤中只有3例所有肿瘤细胞内均含有胃窦G细胞的典型分泌颗粒。大多数胃泌素瘤细胞除含有胃窦G细胞典型分泌颗粒外，还含有非典型颗粒。这些颗粒核心为高电子密度、圆形。有些胃泌素瘤中常含有无颗粒的肿瘤细胞，而这种细胞常出现活跃的功能，说明与胰岛素瘤细胞一样，这种肿瘤细胞也对胃泌素的储存能力低下。

【临床表现】 胃泌素瘤可发生在任何年龄，多数在40～60岁。文献报道，在临床上顽固性消化性溃疡的病例中，约有10%为胃泌素瘤，胃泌素瘤患者的第1个症状是极严重溃疡，对普通消化性溃疡有效的各种治疗方法对胃泌素瘤引起的溃疡均无明显疗效，治疗后只能暂时缓解。溃疡的部位多位于十二指肠的近端，其次是胃。虽然胃泌素瘤溃疡多数是单个，并且与普通消化性溃疡发病部位相同，但是如果溃疡发生在远离十二指肠球部，在十二指肠远端或空肠发现多个溃疡，应高度怀疑胃泌素瘤。另外临床上出现明显的胃酸分泌过多，溃疡切除手术后，又有新的溃疡复发，常伴有出血和穿孔，并有明显的溃疡家族史的患者，也应考虑是胃泌素瘤。胃泌素瘤的第2个临床症状是腹泻，约有40%胃泌素瘤患者出现腹泻症状。腹泻的轻重在不同的患者表现也不尽相同，近7%患者只出现腹泻而无溃疡形成。出现腹泻的原因是：大量胃液流入十二指肠，引起小肠蠕动亢进；胃酸进入小肠引起小肠黏膜的损伤，胃泌素也可以损伤小肠黏膜，抑制小肠的吸收，出现腹泻。胃酸大量分泌进入空肠，降低空肠的pH。在酸性环境，使脂肪酶发生不可逆的变性，导致脂肪消化不良，出现脂肪性腹泻。另外，胃泌素瘤患者还可以出现便血、呕吐、吐血及穿孔等临床表现。

（三）致腹泻性肿瘤

致腹泻性肿瘤（diarrheogenic tumor）是继Whipple三联征和Zollinger-Ellison综合征后，1958年，Verner和Morrison描述的第3个综合征，表现为严重的顽固的水样泻、低钾、低胃酸或无胃酸（watery diarrhea, hypokalemia and achlorhydria，WDHA）。虽然文献上有不少病例报道，但至今尚未确定导致这一综合征的激素性质，曾考虑的激素有胃泌素、高血糖素、舒血管肠多肽和胰多肽等多种激素联合作用引起，目前认为其中舒血管肠多肽（VIP）作为激素与腹泻性肿瘤的关系最受重视，用免疫组化的方法研究腹泻性肿瘤，发现舒血管肠多肽出现在大多数胰岛腹泻性肿瘤细胞内。

【临床表现】

（1）腹泻：临床表现主要是腹泻，是患者最显著和最常见的症状，大便次数增多、量大、呈水样、颜色似淡茶水。引起腹泻的原因可能是多种激素联合作用，也有人认为腹泻与胰岛细胞瘤VIP的含量增高有关。VIP能改变肠黏膜的功能，是导致腹泻的激素。Chey对一些腹泻综合征患者进行研究，约2/3患者血清VIP水平增高，而通过免疫组化染色，全部肿瘤都存在VIP。但是特别强调的是在肿瘤组织中，还能检测出各种不同的肽类激素其中包括少量促胰液素及胰多肽。

（2）低血钾症：低血钾也是常见症状。低血钾出现原因是由于水样便使大量的钾丢失，在腹泻严重的患者，症状更为明显。随着肿瘤的切除，腹泻缓解，血钾恢复正常。低钾的临床表现为肢体肌肉无力，低钾合并肾病，引起肾功衰竭。

（3）无胃酸或低胃酸症：无胃酸或低胃酸症也是此肿瘤的主要症状，患者出现食欲不振，由于低血钾本身就抑制胃酸分泌，所以低血钾是无胃酸或胃酸降低的主要原因。但也有人认为肿瘤分泌的激素可以抑制胃酸的分泌，因为当胰腺肿瘤切除后，胃酸恢复正常，并且有的患者胃酸还高于正常，有些患者由于胃酸分泌过多而出现了浅表性溃疡。

（四）高血糖素瘤

1966年，McGavran等报道了第一例分泌高血糖素的A细胞瘤，以后发现患高血糖素瘤（glucagonoma）的患者临床上有一系列的综合症状，其中包括皮肤红斑、糖尿病、贫血、消瘦和口角炎等。

【病理变化】 高血糖素瘤一般为单个，直径1.5～3.5cm，大多数位于胰尾部。用免疫组化染色显示高血糖素阳性细胞，超微结构观察瘤细胞分泌颗粒与A细胞分泌颗粒相似，圆形偏心的高电子密度核心和界膜间有一环形中密度晕。高血糖素瘤分泌颗粒少，形态变异很大，约有3种类型：①小圆颗粒直径150nm；②中等大小颗粒直径180～260nm，核心电子密度不均匀；③较大的颗粒直径为180～300nm，很像正常A细胞的分泌颗粒。

【临床表现】 高血糖素瘤80%以上为恶性，多见中年人。胰岛高血糖素瘤初期一般症状不明显，以后随时间的推移，患者出现明显症状，主要表现为肿瘤体积增大，出现压迫和疼痛的感觉，腹部可触及。高血糖素瘤为恶性时，出现恶性肿瘤的症状，食欲不振，体重减轻，全身衰竭。因高血糖素有升高血糖的作用，患者出现糖尿病的临床症状。1974年，Lightman报告了1例糖尿病患者，血糖明显升高，后发现胰岛的高血糖素瘤，切除肿瘤后，血中高血糖素降低，同时糖尿病的症状也有所减轻。另外高血糖素瘤还出现特殊的皮肤症状，病变范围较广泛，在下腹部、大腿部、腹股沟部、会阴部及臀部变化最明显，皮肤开始呈红斑状，不久红斑的中央形成水疱。这些水疱破裂，随后结痂，病程通常1～2周。另外有些患者表现为口角炎、舌炎和牙龈炎，还有些患者出现体重减轻、贫血、腹泻等症状。高血糖素瘤是一种非常少见的肿瘤，而且有些患者无明显特殊症状，故诊断较困难。

（陈瑞芬　王大业　李海燕）

参考文献

陈瑞芬，董小黎，郑国芬. 1997. 胰腺疾病及病理. 北京：世界图书出版公司

李海燕，陈瑞芬. 2004. 实验性急性出血坏死性胰腺炎时肝脏的病理形态学观察及肝细胞的凋亡. 电子显微学报，23(1)：48～53

李玉林. 2008. 病理学. 北京：人民卫生出版社：298～299

王云帆，陈瑞芬. 2005. 大鼠急性出血坏死性胰腺炎肾脏损伤的超微结构研究. 电子显微学报，24(5)：524～528

赵敏，陈瑞芬. 2002. 急性出血坏死性胰腺炎时胰腺微循环的病理形态学观察及NO在胰腺微循环障碍形成中的作用探讨. 电子显微学报，21(6)：893～899

Fitzgerald PJ, Morrison AB. 1980. The Pancreas. Baltimore: Waverly Press, Inc

第 3 章 淋巴、造血系统疾病

淋巴、造血系统疾病在此指的是淋巴组织和造血组织发生的疾病。而循环系统(淋巴管和血管)发生的疾病不包括在本章里。淋巴组织包括:中枢(幼稚)淋巴组织,如骨髓(B 细胞发育成熟的器官)、胸腺(T 细胞发育成熟的器官);外周(成熟)淋巴组织,如分布在淋巴结、扁桃体、脾脏、散在于消化道和皮肤等处的淋巴细胞。淋巴细胞包括 B 细胞、T 细胞和自然杀伤(NK)细胞。造血组织主要分布在骨髓,胚胎时也见于肝、骨髓、脾、淋巴结等器官,其中包括各种分化程度的各种系列的造血细胞,如红细胞系列、粒细胞系列、单核细胞系列、巨核细胞系列的细胞等。淋巴、造血系统发生的疾病种类很多,包括感染性疾病、代谢性疾病、遗传性疾病、肿瘤等。本章侧重介绍淋巴造血系统的肿瘤。

第一节 淋巴造血系统肿瘤分类

分类是为了更好的认识疾病,是诊断、治疗和研究的前提。世界卫生组织来对疾病分类是为了形成一种疾病的世界性语言,便于国际间交流。从淋巴造血系统疾病分类(表 3-1)可以看出,淋巴造血系统肿瘤非常复杂,分类主要依据:①细胞谱系划分肿瘤,如髓系、淋巴组织、组织细胞/树突状细胞;②根据细胞的分化程度划分为前驱(幼稚)肿瘤(如急性髓系白血病、淋巴母细胞淋巴瘤/白血病、谱系未定的急性白血病、母细胞性浆样树突状细胞肿瘤)和外周(成熟型)肿瘤(如骨髓增生性肿瘤、骨髓增生异常/骨髓增生性肿瘤、骨髓增生异常综合征、成熟 B 细胞和 T/NK 细胞肿瘤、霍奇金淋巴瘤和组织细胞/树突状细胞肿瘤);③成熟型髓系肿瘤根据其生物学(骨髓增生伴有效造血,而骨髓增生异常伴无效造血)和遗传学特性来进一步划分,成熟型淋巴组织肿瘤主要根据临床表现(白血病的播散性、结外、惰性、侵袭性)再进一步命名。

表 3-1 世界卫生组织(WHO)2008 年造血与淋巴组织肿瘤分类

分类	IDC-O
骨髓增殖性肿瘤	
慢性粒细胞白血病,BCR-ABL1 阳性	9875/3
慢性中性粒细胞白血病	9963/3
真性红细胞增多症	9950/3
原发性骨髓纤维化	9961/3
原发性血小板增多症	9962/3
慢性嗜酸粒细胞白血病,非特殊类型	9964/3
肥大细胞增生症	
皮肤肥大细胞增生症	9740/1
系统性肥大细胞增生症	9741/3
肥大细胞白血病	9742/3
肥大细胞肉瘤	9740/3
皮肤外肥大细胞肿瘤	9740/1
骨髓增殖性肿瘤,无法分类	9975/3
骨髓和淋巴肿瘤,伴嗜酸粒细胞和 PDGFRA、PDGFRB 或 FGFR1 异常	
骨髓和淋巴肿瘤,伴 PDGFRA 重排	*9965/3*
骨髓肿瘤,伴 PDGFRB 重排	*9966/3*
骨髓和淋巴肿瘤,伴 FGFR1 异常	*9967/3*
骨髓增生异常/骨髓增殖性肿瘤	
慢性粒-单核细胞白血病	9945/3
不典型慢性粒细胞白血病,BCR-ABL1 阴性	9876/3
幼年型粒-单核细胞白血病	9946/3
骨髓增生异常/骨髓增殖性肿瘤,无法分类	9975/3
难治性贫血伴环形铁粒幼细胞(与显著性血小板增多症相关)	9982/3
骨髓增生异常综合征	
难治性血细胞减少伴单一型发育异常	
难治性贫血	9980/3
难治性中性粒细胞减少	*9991/3*
难治性血小板减少	*9992/3*
难治性贫血伴环形铁粒幼细胞	9982/3
难治性血细胞减少伴多系发育异常	9985/3
难治性贫血伴原始细胞增多	9983/3

笔记栏

续表

分类	IDC-O
骨髓增生异常综合征伴孤立5q丢失	9986/3
骨髓增生异常综合征，无法分类	9989/3
儿童骨髓异常增生综合征	
儿童难治性全血细胞减少	9985/3
急性髓系白血病(AML)和相关前驱细胞肿瘤	
AML伴重现性细胞遗传学异常	
AML伴t(8;21);(q22;q22);RUNX1-RUNX1T1	9896/3
AML伴inv(16)(p13.1;q22)或t(16;16)(p13;q22);CBFB-MYH11	9871/3
急性早幼粒细胞白血病伴t(15;17)(q22;q12);PML-RARA	9866/3
AML伴t(9;11)(p22;q23);MLLT3-MLL	9897/3
AML伴t(6;9)(p23;q34);DEK-NUP214	*9865/3*
AML伴inv(3)(q21;q26.2)或t(3;3)(q21;q26.2); RPN1-EVI1	*9869/3*
AML(原始巨核细胞性)伴t(1;22)(p13;q13);RBM15-MKL1	*9911/3*
AML伴NPM1突变	9861/3
AML伴CEBPA突变	9861/3
AML伴骨髓增生异常相关改变	9895/3
治疗相关髓系肿瘤	9920/3
急性髓系白血病，非特殊类型	9861/3
AML，微分化型	9872/3
AML，非成熟型	9873/3
AML，伴成熟型	9874/3
急性粒-单核细胞白血病	9867/3
急性原始单核细胞和单核细胞白血病	9891/3
急性红白血病	9840/3
急性原始巨核细胞白血病	9910/3
急性嗜碱粒细胞白血病	9870/3
急性全髓增殖伴骨髓纤维化	9931/3
髓系肉瘤	9930/3
与Down综合征相关的骨髓增殖	
过渡性异常骨髓增生	*9898/1*
与Down综合征相关的髓系白血病	*9898/3*
原始(母细胞性)浆细胞样树突细胞	9727/3
急性未定系列白血病	
急性未分化白血病	9801/3
混合表型急性白血病伴t(9;22)(q34;q11.2);BCR-ABL1	*9806/3*
混合表型急性白血病伴t(v;11q23);MLL重排	*9807/3*

分类	IDC-O
混合表型急性白血病，B/髓系，非特殊类型	*9808/3*
混合表型急性白血病，T/髓系，非特殊类型	*9809/3*
NK细胞淋巴母细胞白血病/淋巴瘤	
前驱淋巴细胞肿瘤	
B淋巴母细胞白血病/淋巴瘤	
B淋巴母细胞白血病/淋巴瘤，非特殊类型	*9811/3*
B淋巴母细胞白血病/淋巴瘤，伴重现性细胞遗传学异常	
B淋巴母细胞白血病/淋巴瘤，伴t(9;22)(q34;q11.2);BCR-ABL1	*9812/3*
B淋巴母细胞白血病/淋巴瘤，伴t(v;11q23);MLL重排	*9813/3*
B淋巴母细胞白血病/淋巴瘤，伴t(12;21);(p13;q22);TEL-AML1(ETV6-RUNX1)	*9814/3*
B淋巴母细胞白血病/淋巴瘤，伴超二倍体	*9815/3*
B淋巴母细胞白血病/淋巴瘤，伴低二倍体(伴低二倍体ALL)	*9816/3*
B淋巴母细胞白血病/淋巴瘤，伴t(5;14);(q 31;q32);IL3-IGH	*9817/3*
B淋巴母细胞白血病/淋巴瘤，伴t(1;19);(q 23;p13.3);E2A-PBX1(TCF3-PBX1)	*9818/3*
T淋巴母细胞白血病/淋巴瘤	*9837/3*
成熟B细胞肿瘤	
慢性淋巴细胞白血病/小淋巴细胞性淋巴瘤	9823/3
B细胞前淋巴细胞白血病	9833/3
脾脏B细胞边缘带淋巴瘤	9689/3
毛细胞白血病	9940/3
脾脏B细胞淋巴瘤/白血病，无法分类	*9591/3*
脾脏弥漫性红髓小B细胞淋巴瘤	*9591/3*
毛细胞白血病变异型	*9591/3*
淋巴浆细胞淋巴瘤	9671/3
Waldenström巨球蛋白血症	9761/3
重链病	9762/3
IgA重链病	9762/3
IgG重链病	9762/3
IgM重链病	9762/3
浆细胞骨髓瘤	9732/3
骨孤立性浆细胞瘤	9731/3
骨外浆细胞瘤	9734/3
黏膜相关淋巴组织结外边缘带淋巴瘤(MALT淋巴瘤)	9699/3
结内边缘带淋巴瘤	9699/3
儿童结内边缘带淋巴瘤	9699/3
滤泡性淋巴瘤	9690/3

续表

分类	IDC-O
儿童滤泡性淋巴瘤	9690/3
原发皮肤滤泡中心淋巴瘤	*9597/3*
套细胞淋巴瘤	9673/3
弥漫大B细胞淋巴瘤(DLBCL),非特殊类型	9680/3
T细胞/组织细胞丰富的大B细胞淋巴瘤	9688/3
原发中枢神经系统DLBCL	9680/3
原发皮肤DLBCL,腿型	9680/3
老年性EB病毒阳性DLBCL	9680/3
慢性炎症相关DLBCL	9680/3
淋巴瘤样肉芽肿	9766/1
原发纵隔(胸腺)大B细胞淋巴瘤	9679/3
血管内大B细胞淋巴瘤	9712/3
ALK阳性大B细胞淋巴瘤	9737/3
浆母细胞淋巴瘤	9735/3
起源于HHV8相关的多中心Castleman病大B细胞淋巴瘤	*9738/3*
原发渗出性淋巴瘤	9678/3
Burkitt淋巴瘤	9687/3
不能分类的B细胞淋巴瘤,特征介于DLBCL和Burkitt淋巴瘤之间	9680/3
不能分类的B细胞淋巴瘤,特征介于DLBCL和经典霍奇金淋巴瘤之间	9596/3
成熟T细胞和NK细胞肿瘤	
T细胞前淋巴细胞白血病	9834/3
T细胞大颗粒淋巴细胞白血病	9831/3
慢性NK细胞淋巴增殖性疾病	9831/3
侵袭性NK细胞白血病	9948/3
儿童系统性EB病毒阳性T细胞淋巴增殖性疾病	*9724/3*
种痘水疱病样淋巴瘤	*9725/3*
成人T细胞白血病/淋巴瘤	9827/3
结外NK/T细胞淋巴瘤,鼻型	9719/3
肠病相关T细胞淋巴瘤	9717/3
肝脾T细胞淋巴瘤	9716/3
皮下脂膜炎样T细胞淋巴瘤	9708/3
蕈样霉菌病	9700/3
Sezary综合征	9701/3
原发皮肤CD30⁺T细胞增殖性疾病	
淋巴瘤样丘疹病	9718/1
原发皮肤间变性大细胞淋巴瘤	9718/3
原发皮肤γδT细胞淋巴瘤	*9726/3*
原发皮肤 $CD8^+$ 侵袭性嗜表皮细胞毒性T细胞淋巴瘤	9709/3
原发皮肤 $CD4^+$ 小/中T细胞淋巴瘤	9709/3
外周T细胞淋巴瘤,非特殊类型	9702/3
血管免疫母细胞T细胞淋巴瘤	9705/3
ALK阳性间变性大细胞淋巴瘤	9714/3
ALK阴性间变性大细胞淋巴瘤	9702/3
霍奇金淋巴瘤	
结节性淋巴细胞为主霍奇金淋巴瘤	9659/3
经典霍奇金淋巴瘤	9650/3
结节硬化型经典霍奇金淋巴瘤	9663/3
淋巴细胞丰富型经典霍奇金淋巴瘤	9651/3
混合细胞型经典霍奇金淋巴瘤	9652/3
淋巴细胞消减型经典霍奇金淋巴瘤	9653/3
组织细胞和树状突细胞肿瘤	
组织细胞肉瘤	9755/3
Langerhans细胞组织细胞增生症	9751/3
Langerhans细胞肉瘤	9756/3
指状突树突细胞肉瘤	9757/3
滤泡树突细胞肉瘤	9758/3
成纤维细胞性网织细胞肿瘤	9759/3
尚未确定的树突细胞肿瘤	9757/3
播散性幼年性黄色肉芽肿	
移植后淋巴增殖性疾病(PTLD)	
早期病变	
浆细胞增生	9971/1
传染性单核细胞增多症样PTLD	9971/1
多形性PTLD	9971/3
单形性PTLD(B和T/NK细胞类型)*	
经典霍奇金淋巴瘤型PTLD*	

*根据相对应的白血病或者淋巴瘤,对这些病变进行分类和分别确定ICD-O编码。

1. ICD-O:国际疾病分类形态学编码(ICD-O),第3版。
2. 编码/3为恶性肿瘤,/2为原位肿瘤,/1为恶性程度低或恶性程度未定的病变,/0为良性肿瘤。
3. 斜体数字为第4版ICD-O的临时编码,希望在下一个ICD-O版中能够收录,但目前可能还会变化。
4. 斜体的组织学类型是临时的独立疾病,现在WHO工作组认为尚无充分证据将其定为独立疾病。

一、B 淋巴细胞分化过程及相关淋巴瘤

(一) B 细胞的分化过程

最原始的 B 细胞叫前(躯)B 细胞,由干细胞转化而来,位于骨髓中,因此骨髓是 B 细胞的中枢,原始幼稚 B 细胞在骨髓中分化成熟。最早成熟的 B 细胞是“童贞”B 细胞,即 B,细胞,该细胞虽然成熟了,但没有受到任何抗原刺激。B1 细胞成熟后迁徙到外周的淋巴组织中定居,为参与免疫反应做准备。外周淋巴组织包括淋巴结、扁桃体、脾脏以及皮肤和黏膜组织中散在淋巴组织。如果 B1 细胞迁徙到了淋巴结,定居在皮质区,形成初级滤泡。当 B1 细胞受到抗原刺激后会分化形成浆细胞,分化有两条途径。一条途径是直接快速的转化成了活化淋巴样母细胞和免疫母细胞,再转化成浆样细胞和浆细胞。经过这条途径形成的浆细胞产生非特异性抗体,可以对外来抗原作出快速反应。另一条途径是 B1 细胞转化成滤泡母细胞、中心母细胞、中心细胞。这些细胞出现后就出现了生发中心,形成了次级滤泡。在生发中心内这些细胞经过 IgH 基因重排,能够识别抗原信息的中心细胞可进一步分化成熟离开生发中心;不能识别抗原信息的中心细胞出现凋亡,最后被生发中心内组织细胞吞噬,形成吞噬碎片的组织细胞,即可染小体组织细胞。离开生发中心的中心细胞转化成了边缘带 B 细胞和 B2 细胞(记忆 B 细胞),最后转化成了浆细胞(图 3-1)。该途径形成的浆细胞能够产生特异性抗体,专门针对刺激 B1 细胞的抗原。因此,生发中心是产生特异性抗体“工厂”。

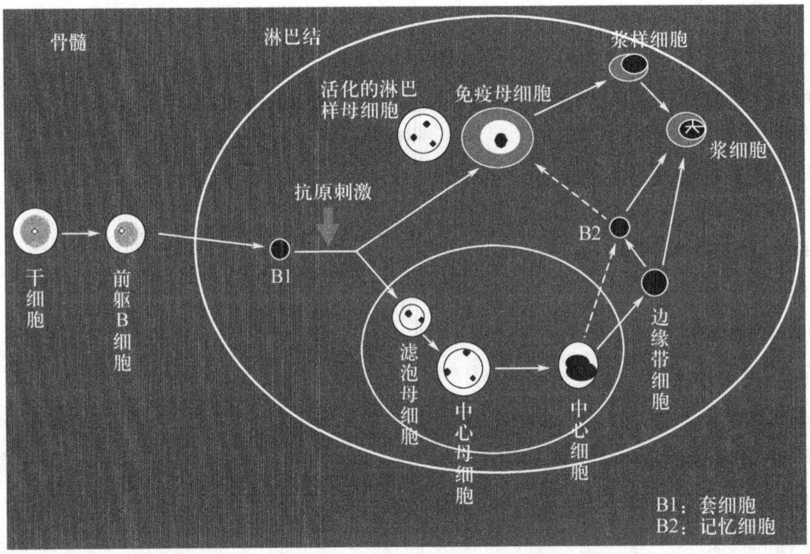

图 3-1　B 细胞发育转化示意图

(二) 各种 B 淋巴瘤对应的正常淋巴细胞

B 细胞淋巴瘤的发生常常是由于不同分化阶段的淋巴细胞出现克隆性增生。因此,绝大多数 WHO 分类中的 B 细胞淋巴瘤都有对应的正常分化阶段的 B 细胞(表 3-2)。

(三) 淋巴细胞分化阶段与淋巴瘤恶性程度的关系

图 3-1 显示的分化过程中,最左侧的细胞最幼稚,最右侧的细胞最成熟,中间的细胞成熟度居中。这些细胞相对应的淋巴瘤的恶性程度也是从左往右逐渐降低。例如,前驱急性 B 淋巴细胞白血病/B 淋巴母细胞淋巴瘤是高度侵袭性淋巴瘤(即高度恶性),B 小淋巴细胞性淋巴瘤/慢性淋巴细胞性白血病、浆细胞瘤、淋巴浆细胞淋巴瘤都属于惰性淋巴瘤(即低度恶性),滤泡性淋巴瘤(Ⅲ级)和弥漫大 B 细胞淋巴瘤则属于中度或中偏高度恶性。Burkitt 淋巴瘤例外,虽然滤泡母细胞处于分化中间阶段,但 Burkitt 淋巴瘤属于高度恶性淋巴瘤。

表 3-2　B 细胞淋巴瘤对应的正常分化阶段的 B 细胞

淋巴瘤	对应的正常 B 细胞	备注
前驱 B 细胞	前驱急性 B 淋巴细胞白血病/B 淋巴母细胞淋巴瘤	
套细胞(B1 细胞)	套细胞淋巴瘤,B 小淋巴细胞淋巴瘤/慢性淋巴细胞白血病	
滤泡母细胞	Burkitt 淋巴瘤	
中心母细胞和中心细胞	滤泡性淋巴瘤	
中心母细胞	弥漫大 B 细胞淋巴瘤	起源于生发中心
中心母细胞?	霍奇金淋巴瘤	生发中心或生发中心后细胞
边缘带 B 细胞	结内边缘带 B 细胞淋巴瘤 脾脏边缘带 B 细胞淋巴瘤 黏膜相关边缘带 B 细胞淋巴瘤	
小 B 细胞(B2)记忆细胞	B 小淋巴细胞淋巴瘤/慢性淋巴细胞白血病	
浆细胞	浆细胞瘤:孤立性浆细胞、多发性骨髓瘤、轻链和重链病等	
浆样细胞	淋巴浆细胞淋巴瘤	
活化淋巴样母细胞和免疫母细胞	弥漫大 B 细胞淋巴瘤	起源于生发中心外活化 B 细胞
边缘带 B 细胞?	毛细胞白血病	待定
外周 B 细胞	B 前淋巴细胞白血病	未知分化阶段

(四) 淋巴细胞分化阶段与淋巴瘤发生年龄的关系

淋巴瘤的发生与淋巴细胞分化阶段有一定关系,存在一定的发病年龄趋势。儿童体内幼稚细胞相对较多,因此儿童发生前驱急性 B 淋巴细胞白血病/B 淋巴母细胞淋巴瘤的机会很多,很少发生浆细胞瘤、淋巴浆细胞瘤。而老年人体内成熟细胞(如小淋巴细胞和浆细胞等)相对较多,因此,发生 B 小淋巴细胞性淋巴瘤/慢性淋巴细胞性白血病、浆细胞瘤、淋巴浆细胞淋巴瘤机会较多。而中年人介于二者之间,发生弥漫大 B 细胞淋巴瘤较多。

其实,儿童淋巴瘤很具有特点,绝大多数儿童淋巴瘤集中为 4 种:T 或 B 淋巴母细胞淋巴瘤/急性淋巴细胞白血病、霍奇金淋巴瘤、间变性大细胞淋巴瘤和 Burkitt 淋巴瘤。因此,遇到儿童淋巴瘤时,应首先考虑这 4 种淋巴瘤,只有排除了这 4 种淋巴瘤后,才考虑其他类型淋巴瘤。

(五) 值得注意的两个问题

1. 淋巴瘤与淋巴细胞白血病　临床上常常将淋巴瘤和淋巴细胞白血病视为两种不同疾病,临床表现、治疗方案和预后都不同。但是,从病理形态、免疫表型和遗传学特征看它们都一致,即它们的本质是相同,只是表现形式不同,一个表现为肿块,另一个表现为白血病。因此 WHO 分类将它们归为同一疾病。治疗预后和治疗方案不同主要由于它们瘤负荷差异所致。

2. 浆细胞瘤与淋巴瘤　临床上也常常将淋巴瘤和浆细胞视为两种不同疾病,主要是因为二者有不同的临床表现,特别是多发性骨髓瘤。其实,浆细胞也是淋巴细胞,是淋巴细胞分化到最后的终末细胞,因此浆细胞瘤从本质上仍然是淋巴瘤。只是因为浆细胞能分泌免疫球蛋白而具有独特性。也正是由于浆细胞瘤分泌免疫球蛋白,才引起一系列与免疫球蛋白相关的不同于其他淋巴瘤的临床表现。其次,多发性骨髓瘤发生部位的特点造成骨质破坏,引起疼痛和血钙升高等临床表现。

二、T 淋巴细胞分化过程及相关淋巴瘤

(一) T 淋巴细胞分化过程

目前对 T 细胞分化过程的认识远不如 B

细胞，从形态学上可以辨认的T细胞也相当有限。从免疫表型分化图上看（图3-2），最原始的前驱T淋巴母细胞起源于骨髓的干细胞，定位在胸腺，前胸腺T细胞均不表达CD3、CD4和CD8。进入胸腺皮质的T细胞经过TCRβ基因重排，表达CD1、CD3、CD4、CD8和TCRα/β抗原。经过TCRα基因重排后进一步分化，进入胸腺髓质，T细胞表达CD3和TCRα/β抗原，部分细胞表达CD4或CD8。当分化成熟后T细胞离开胸腺，迁徙到外周淋巴组织，此时的成熟T细胞分化成了$CD4^+$和$CD8^+$两大类。大约$CD4^+$T细胞占60%～80%，$CD8^+$T细胞占20%～40%。这些成熟的T细胞都属于TCRα/β型。另外，有一部分T细胞在前胸腺阶段经过TCRγ基因重排，进入胸腺皮质后表达CD3和TCRγ/δ。最后分化成熟为TCRγ/δ型的T细胞，表达CD3，而不表达CD4和CD8。这类细胞数量很少，大约占所有T细胞的5%，主要分布在脾脏的红髓和皮肤，这种细胞与肝脾γ/δT细胞淋巴瘤的发生有关。还有一部分原始的T细胞在前胸腺阶段，没有发生任何TCR基因重排，最后分化成了NK细胞，它们的免疫表型为表面$CD3(sCD3)^-$、胞质$CD3(cCD3)^+$、$CD56^+$。另外，有一小部分细胞不经过胸腺途径分化，直接分化成为了NK细胞、TCRγ/δ型T细胞（主要分布在小肠黏膜，与肠病性T细胞淋巴瘤的发生有关）、TCRα/β型T细胞（罕见）。TCRα/β型$CD8^+$T细胞、TCRγ/δ型T细胞和NK细胞都可以表达细胞毒性分子，包括TIA-1、粒酶B（granzyme B）、穿孔素（perforin）。因此，T细胞和NK细胞在免疫表型上有重叠和交叉。

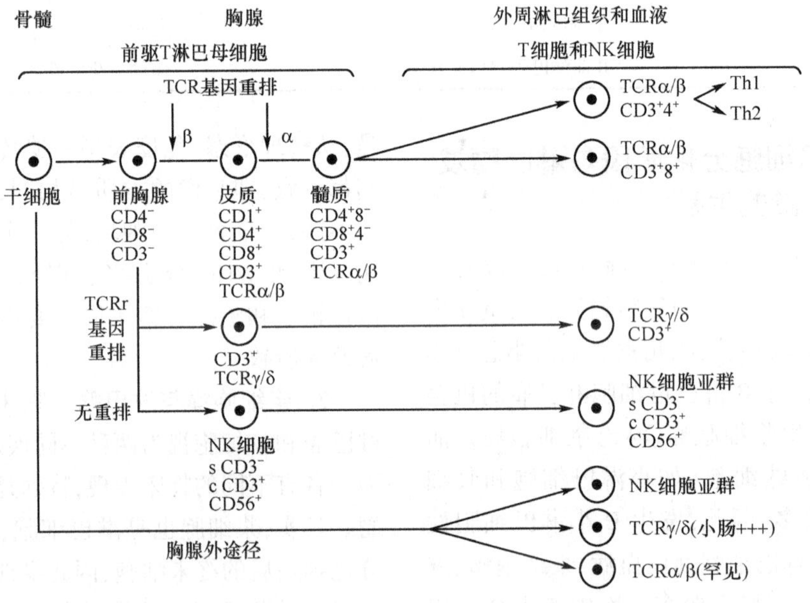

图3-2 T、NK细胞分化过程（翻译自Feller书中）

（二）T、NK细胞淋巴瘤

在正常T、NK细胞分化过程中，可辨认的正常T细胞的形态很少，一般只有T小淋巴细胞、曲核T细胞和T免疫母细胞。而肿瘤性T、NK细胞的形态变化范围很大，即使是同一种T、NK细胞淋巴瘤，它的细胞形态在不同病例中的变化可以从小淋巴细胞到大淋巴细胞，甚至可以出现间变性细胞形态。因此，T、NK细胞淋巴瘤不像B细胞淋巴瘤与正常分化阶段的B细胞有较好的对应。WHO分类中十几种T、NK细胞淋巴瘤，除T淋巴母细胞淋巴瘤/白血病与前驱T细胞、T淋巴母细胞淋巴瘤（已归入非特殊类型外周T细胞淋巴瘤）与T免疫母细胞能够相对应外，其余大多数淋巴瘤找不到对应的正常分化的T、NK细胞。因此，要区分T、NK细胞淋巴瘤不能仅仅依靠形态，而更应该依赖多个指标的综合分析。形态是基础，临床资料（特别是部位和年龄）和免疫表型是重要的分析指标，遇到疑难病例时，分子遗传学分析也很必要。

1. 好发部位 很多T、NK细胞淋巴瘤有独特的好发部位,因此根据发生部位可以区分出不同的T、NK细胞淋巴瘤。

(1)白血病性/播散性:包括T前淋巴细胞白血病、T大颗粒细胞白血病、侵袭性NK细胞白血病、赛塞里综合征、成人T细胞淋巴瘤/白血病。

(2)淋巴结:包括非特殊类型外周T细胞淋巴瘤、血管免疫母细胞T细胞淋巴瘤、原发系统性间变性大细胞淋巴瘤。

(3)皮肤:蕈样霉菌病、皮肤原发间变性大细胞淋巴瘤、皮下脂膜炎样T细胞淋巴瘤。

(4)其他部位:结外鼻型NK/T细胞淋巴瘤、肠病型T细胞淋巴瘤、肝脾(γ、δ)T细胞淋巴瘤。

2. 免疫表型 免疫表型是辨认T、NK细胞的最有价值的指标。T、NK细胞淋巴瘤起源于不同细胞,都具有相应的免疫表型。大致可分为3类。

(1)细胞毒性T细胞淋巴瘤:这些细胞除表达CD3外,还表达细胞毒性分子,如TIA-1、粒酶B、穿孔素。包括皮下脂膜炎样T细胞淋巴瘤、肠病型T细胞淋巴瘤、T大颗粒细胞白血病、皮肤原发间变性大细胞淋巴瘤、原发系统性间变性大细胞淋巴瘤、肝脾(γ、δ)T细胞淋巴瘤。

(2)NK细胞淋巴瘤:这些细胞表达CD56和胞质型CD3,也可表达细胞毒性分子,但不表达胞膜型CD3。包括侵袭性NK细胞白血病、结外鼻型NK/T细胞淋巴瘤。

(3)普通T细胞淋巴瘤:这些细胞不表达(或很少表达)CD56和细胞毒性分子。包括非特殊类型外周T细胞淋巴瘤、成人T细胞淋巴瘤、蕈样霉菌病/赛塞里综合征、血管免疫母细胞T细胞淋巴瘤、T前淋巴细胞白血病。

3. 生物学行为 从临床角度,T、NK细胞淋巴瘤有不同的侵袭性,大致可分成2类。

(1)惰性淋巴瘤:这类淋巴瘤生长缓慢,一般对人体的威胁较小,常常需要生长几年,甚至十几年。包括蕈样霉菌病、皮肤原发间变性大细胞淋巴瘤、T大颗粒细胞白血病。

(2)侵袭性淋巴瘤:T前淋巴细胞白血病、侵袭性NK细胞白血病、成人T细胞淋巴瘤/白血病、结外鼻型NK/T细胞淋巴瘤、肠病型T细胞淋巴瘤、肝脾(γ、δ)T细胞淋巴瘤、皮下脂膜炎样T细胞淋巴瘤、赛塞里综合征、非特殊类型外周T细胞淋巴瘤、血管免疫母细胞T细胞淋巴瘤、原发系统性间变性大细胞淋巴瘤(ALCL)。

(三)T、NK细胞淋巴瘤的诊断程序

了解了T、NK细胞淋巴瘤好发部位、免疫表型、生物学行为三方面划分后根据形态,按照一定程序,就可以基本上对每一个T、NK细胞淋巴瘤做出诊断(图3-3)。

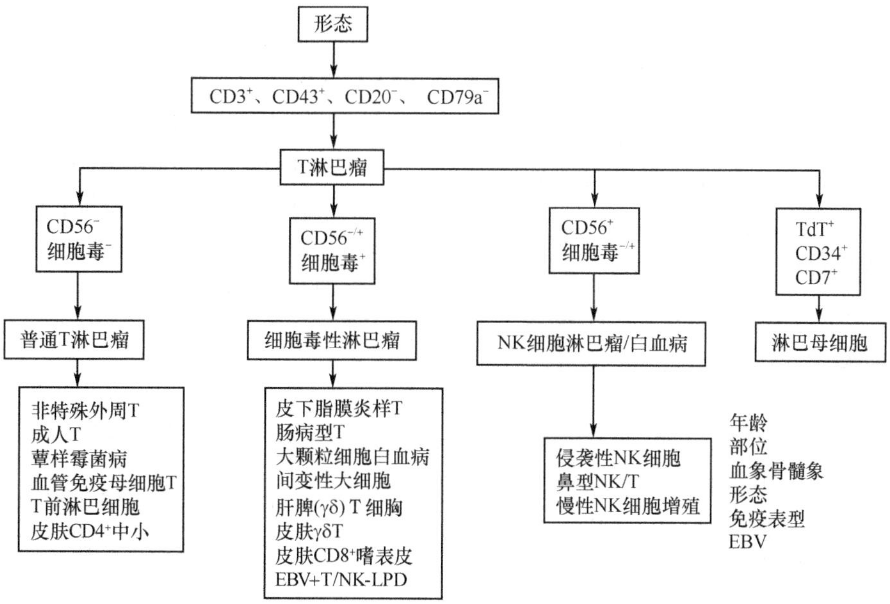

图3-3 T/NK细胞淋巴瘤诊断程序

首先,当形态学考虑为淋巴瘤后,应该分别做两个 T 细胞和 B 细胞标记:CD3、CD43、CD20、CD79a。如果肿瘤细胞呈 $CD3^{+}$、$CD43^{+}$、$CD20^{-}$、$CD79a^{-}$,基本可以除外 B 细胞淋巴瘤,而诊断 T、NK 细胞淋巴瘤。为了进一步区分这十几种 T、NK 细胞淋巴瘤,还应该同时做 NK 细胞(CD56)和细胞毒性分子(如粒酶 B)标记。①如果染色结果 CD56 和细胞毒性分子都阴性,这种淋巴瘤应该属于普通型 T 细胞淋巴瘤。其中包括非特殊类型外周 T 细胞淋巴瘤、成人 T 细胞淋巴瘤、蕈样霉菌病/赛塞里综合征、血管免疫母细胞 T 细胞淋巴瘤、T 前淋巴细胞白血病 5 种。②如果染色结果 CD56 阴性或少数细胞阳性,细胞毒性分子阳性,这种属于细胞毒性 T 细胞淋巴瘤,包括 6 种淋巴瘤:皮下脂膜炎样 T 细胞淋巴瘤、肠病型 T 细胞淋巴瘤、T 大颗粒细胞白血病、皮肤原发间变性大细胞淋巴瘤、原发系统性间变性大细胞淋巴瘤、肝脾(γ、δ)T 细胞淋巴瘤。③如果染色结果 CD56 阳性,细胞毒性分子阴性或部分细胞阳性,这种属于 NK 细胞淋巴瘤/白血病,包括 3 种淋巴瘤/白血病:侵袭性 NK 细胞白血病、结外鼻型 NK/T 细胞淋巴瘤。

得到上面三种情况的任何一种情况后,再结合发病部位、年龄、生物学行为、血象骨髓象、进一步的免疫表型分析和分子病理分析,就可以将这 5 种淋巴瘤区分开。例如,如果得到的是第一种情况,患者是成年人,病变部位在皮肤,成斑片状,有数年病史。根据发病部位和惰性生长的生物学行为,基本上就会考虑是蕈样霉菌病。这时再重新观察病变如果病变真皮浅层、存在嗜表皮现象及曲核 T 细胞,再进一步做免疫标记,$CD4^{+}$,$CD8^{-}$,就可以确定是蕈样霉菌病。如果外周血或骨髓内查到异型淋巴细胞,可考虑病变已发展到赛塞里综合征。如果得到第二种情况,患者是成年人,有慢性腹泻病史,突然肠穿孔,送检病变在小肠。应考虑到肠病性 T 细胞淋巴瘤的可能,如果进一步的免疫标记 $CD4^{-}$、$CD5^{-}$、$CD8^{-}$、$CD103^{+}$,可确诊为肠病性 T 细胞淋巴瘤。如果得到第三种情况,患者是中年人,病变部位在鼻腔,应首先考虑鼻型 NK/T 细胞淋巴瘤。再观察病变组织有坏死、瘤细胞浸润血管现象,EBER 也阳性,就可以确诊为鼻型 NK/T 细胞淋巴瘤。

对于 T 淋巴母细胞淋巴瘤/白血病,年龄和形态学很重要。发生在儿童的淋巴瘤,一定要想到该瘤的可能性。如果瘤细胞都是小细胞,单一,核分裂象多,更应该考虑本病。免疫标记 CD3 可阳性可阴性,但总是表达 CD7,绝大多数病例表达 TdT,部分病例表达 CD34。如果 CD7 和 TdT 都阳性,便可以确诊。

第二节　髓系肿瘤

髓系肿瘤(myeloid neoplasms)是骨髓内具有多向分化潜能的造血干细胞克隆性增生。根据受累细胞系的不同,可形成粒细胞、单核细胞、红细胞和巨核细胞来源的肿瘤。髓系肿瘤多表现为白血病。白血病(leukemia)是骨髓造血干细胞克隆性增生形成的恶性肿瘤,其特征为骨髓内异常的白细胞(白血病细胞)弥漫性增生取代了正常骨髓组织,并常侵入周围血液,使周围血内白细胞出现量和质的改变(白细胞增多或减少,常有幼稚白细胞出现)。白血病细胞并可广泛浸润肝、脾、淋巴结等全身各组织和器官,经常引起贫血、出血和感染。

WHO 分类将髓系肿瘤分为 4 大类:①急性髓性白血病(acute myelogenous leukemia, AML),以不成熟髓细胞在骨髓内聚集和骨髓造血抑制为特征;②慢性骨髓增生性疾病(chronic myeloproliferative disorders, CMPD),以终末分化的髓细胞增生和外周血细胞数量的明显增加为特征;③骨髓异常增生综合征(myelodysplastic syndrome, MDS),以骨髓无效造血和外周血细胞减少为特征;④骨髓异常增生/骨髓增生性疾病(MDS/MPD),具有慢性骨髓性增生疾病和骨髓异常增生综合征的表现。

一、病因和发病机制

髓系肿瘤的病因尚未彻底阐明,其病因和发病机制复杂,可能是多方面因素相互作用的结果,主要与以下因素有关。

(一)电离辐射

对日本广岛及长崎两地原子弹爆炸区幸

存人群的随访观察表明,接受大剂量电离辐射的人群中,白血病的发生率比未辐射地区高30倍和17倍。我国对医用X射线工作者进行的调查发现,放射科医生在没有足够的防护以前,死于白血病的比较常见,在改进防护措施之后,这一危险已减少,但白血病的发病率仍略高于其他科的医生。接受放射治疗的患者也可发生白血病,如放射治疗强直性脊柱炎时,患者白血病的发病率亦较对照组高。研究表明,离子射线可诱导DNA双链断裂,引起点突变,遗传物质丢失或染色体异位等,由此引起的原癌基因激活及放射线引起的机体免疫力的缺陷都可能参与白血病的发生。

(二) 遗传因素

某些白血病的发生与遗传有关,如家族性白血病约占白血病的7%,单卵孪生子,第一个人发生了白血病,另一个人的发病率可达1/5,比双卵孪生子者高12倍。某些遗传性疾病常伴有较高的白血病发病率,如Down综合征(21三体综合征)其白血病的发病率比一般人群高20倍,范科尼贫血患者在40岁以前约50%出现骨髓异常增生综合征或急性髓性白血病。亦有常染色体隐性遗传的7号染色体单体儿童从MDS演变为急性髓性白血病的报道以及家族性AML的报道。目前研究认为,遗传学变异主要表现为抑癌基因丢失或突变失活,癌基因表达增高或突变激活,从而导致白血病的发生。

(三) 环境/获得性因素

相关因素包括有病毒、高压电磁场、烷化剂、苯、氯霉素、石油产品、有机溶剂、重金属、杀虫剂、染发剂、烟尘、吸烟、酗酒等。

其中苯的致白血病作用较明确,如果空气中苯的浓度为$(15\sim150)\times10^{-6}kg/m^2$,则白血病发生的相对危险性为5.7。苯导致的白血病主要为急性白血病,与苯有关的急性中幼粒细胞白血病患者染色体异常,如5号染色体和7号染色体完全或部分丢失。此外,烷化剂、细胞毒药物的致白血病作用亦较肯定。乙双吗啉具有显著的致染色体畸变的作用,国内报告其致白血病主要为AML/ MDS。氯霉素所引起的再生障碍性贫血,少数最后发生了急性髓性白血病。保泰松亦有可能致白血病。

二、急性髓性白血病

急性白血病(acute leukemia,AL)是造血干细胞克隆性增生形成的恶性肿瘤。急性白血病起病急,病情进展迅速,病程短,骨髓和周围血中以异常的原始及早期幼稚细胞为主,原始细胞常超过30%,极个别少于20%。可根据异常增生的白血病细胞系列分为急性髓性白血病和急性淋巴细胞白血病,急性淋巴细胞白血病属于淋巴组织肿瘤。

急性髓性白血病(acute myelogenous leukemia,AML)是一组异质性的肿瘤,它们在形态学、细胞遗传学、临床表现、治疗和预后等方面均不相同。近年来,由于人口老龄化,急性髓性白血病发生率呈上升趋势,治疗相关性AML发生率亦逐渐上升,急性髓性白血病年发病率为(2~4)/10万,多见于成年人,发病的高峰年龄在15~39岁,也可见于老人和儿童。

(一) 分类

2001年,WHO借鉴淋巴瘤的REAL分型原则,将急性髓性白血病分为4类及其若干亚类:①伴重现性染色体异常的急性髓性白血病;②伴多系增生异常的急性髓性白血病;③治疗相关的急性髓性白血病;④不另分类的急性髓性白血病。

目前临床通用的是法国、美国和英国联合制定的关于急性白血病的分类,即FAB分类。它根据瘤细胞分化和细胞属性将急性髓性白血病分为8型(M0~M7型),其中囊括了粒细胞系、单核细胞系、红细胞系和巨核细胞系来源的白血病,具体如下。

(1) M0:属急性髓性白血病中的最少分化型,大约占AML的2%~3%。其特点为原始细胞无原粒细胞形态学和细胞化学特点,但表达粒细胞系统的抗原。

(2) M1:属急性髓性白血病中的未分化型,大约占AML的20%。其特点为少于3%的原始细胞为过氧化酶阳性。

(3) M2:属急性髓性白血病中的成熟型,大约占AML的30%~40%。其特点为病变由原始粒细胞到中幼粒细胞的各阶段细胞组成。

(4) M3:急性早幼粒细胞白血病,大约占急性髓性白血病的5% ~10%。其特点为病变以早幼粒细胞为主。

(5) M4:急性粒单核细胞白血病,大约占急性髓性白血病的15% ~20%。其特点为病变由原始粒细胞到中幼粒细胞的各阶段细胞和幼单核细胞组成。

(6) M5:急性单核细胞白血病,大约占急性髓性白血病的10%。其特点为病变以原单核细胞为主(M5a)或以幼单核细胞为主(M5b)。

(7) M6:红白血病,大约占急性髓性白血病的5%。其特点为病变以病态的巨幼样、巨核和多核原红细胞为主,非红细胞系统的细胞中,原粒细胞超过30%。

(8) M7:急性巨核细胞白血病,大约占急性髓性白血病的1%。其特点为病变以多形性的原巨核细胞为主,抗血小板抗体阳性反应,常伴有骨髓纤维化。

(二) 病理改变

(1) 原始粒细胞在骨髓内弥漫性增生,取代原骨髓组织,骨髓涂片中的原始细胞常超过30%(彩图3-1)。

(2) 外周血白细胞出现质和量的变化,即白细胞总数升高,以原始粒细胞为主(彩图3-2),偶尔见外周血涂片中不含任何母细胞,即非白血性白血病表现。

(3) 脏器浸润特点是肿瘤细胞主要在淋巴结的副皮质区及窦内浸润,在脾脏红髓内浸润,以及肝窦内浸润。

(4) 瘤细胞在全身各器官、组织内广泛浸润,一般不形成肿块(彩图3-3)。除以上器官外,急性髓性白血病还可以浸润脑、脊髓、周围神经、心肌、肾脏、肾上腺、甲状腺、睾丸和皮肤等全身各器官和组织。瘤细胞多首先出现在血管周围,后逐渐浸润到周围组织。

髓系肉瘤(myeloid sarcoma)又称粒细胞肉瘤(granulocytic sarcoma),是白血病的肿瘤细胞在骨髓以外的器官或组织内聚集增生而形成的肿块。因瘤组织在新鲜时肉眼观呈绿色,但当暴露于日光后,绿色迅速消退,若用还原剂可使绿色重现,故可称为绿色瘤(chloroma)。髓系肉瘤多见于AML患者,好发于扁骨和不规则骨,如颧骨、额骨、肋骨和椎骨等,肿瘤位于骨膜下,也可发生于皮肤、淋巴结、胃肠道、前列腺、睾丸、乳腺和肾脏等处。

(三) 临床病理联系

患者临床主要表现有进行性贫血,白细胞减少,血小板减少,自发性皮肤、黏膜、牙龈等处出血,乏力,感染等。急性髓性白血病患者的造血干细胞恶变,发生分化障碍,不能分化为成熟的细胞,使骨髓内原始和幼稚的细胞大量堆积,成熟细胞明显减少,大量异常的原始和幼稚细胞增生,抑制正常的造血干细胞和血细胞生成,引起红细胞、白细胞和血小板减少,由此所致的贫血和出血是患者的主要临床特征。骨关节痛是白血病患者的常见表现,骨痛以胸骨、肋骨和脊柱骨常见,关节痛可呈对称性和游走性,骨痛可能与髓腔内压增高、骨皮质和骨膜受累有关。急性髓性白血病患者可有轻度淋巴结和肝脾肿大,急性单核细胞白血病易侵犯皮肤和牙龈。

急性髓性白血病的治疗多采用联合化疗,约60%的患者可获完全缓解,但是只有15% ~30%的患者可获5年无病生存期。但是,对于难治性、复发性的白血病患者,依然是急需解决的难题,同时老年急性髓性白血病患者的疗效不理想,长期生存率不足20%。目前骨髓移植是唯一根治白血病的方法。随着一些新的药物如核苷类似物以及新的治疗策略如靶向治疗的研究应用,有可能将急性髓性白血病的治疗推向一个新阶段。

急性髓性白血病患者的死亡原因主要是多器官功能衰竭、继发感染以及各种合并症。

三、慢性骨髓增生性疾病

慢性骨髓增生性疾病(chronic myeloproliferative disorders, CMPD)是骨髓中具有多向分化潜能干细胞克隆性增生形成的一类肿瘤性疾病。其瘤细胞可分化为成熟的红细胞、血小板、粒细胞和单核细胞,某些病例还可分化为淋巴细胞。此类疾病,一方面肿瘤细胞在骨髓内增生抑制了正常造血;另一方面干细胞的成熟分化相对不受影响,因此出现骨髓造血增加伴外周血细胞数量增加。

常见的慢性骨髓增生性疾病有4种:①慢性髓性白血病;②真性红细胞增多症;③特发

性血小板增多症；④原发性骨髓纤维化。它们有一些类似的表现，如所有CMPD患者都有不同程度的脾脏肿大，在肿瘤的后期都会发生骨髓纤维化和外周血细胞数量减少。除慢性髓性白血病外，其他CMPD都可能进展为急性白血病。

慢性髓性白血病

慢性髓性白血病（chronic myelogenous leukemia，CML）年发病率为1/10万～2/10万，疾病见于各个年龄，发病中位年龄为50～60岁，男性略多于女性。慢性髓性白血病诱因不清楚，在某些病例与电离辐射有关。

慢性髓性白血病与其他类型慢性骨髓增生性疾病的不同之处是其特殊的遗传学异常，即22号染色体的长臂易位至9号染色体长臂［t(9;22)(q34;q11)］，衍生出一个$9q^+$和一个小的$22q^-$相连接的异常染色体，后者称为费城（Philadelphia chromosome1，Ph^1）染色体。费城染色体含有BCR-ABL融合基因，其蛋白产物是210dka的具有酪氨酸酶活性的融合蛋白（P210蛋白），用FISH和RT-PCR方法可进行BCR-ABL融合基因及其转录产物的检测。P210蛋白对造血细胞具有较强的转化活性，在小鼠可引起类似慢性髓性白血病的骨髓增生。

【病理变化】 骨髓有核细胞增生明显活跃，可达100×10^9/L，并取代脂肪组织。与急性白血病不同，慢性髓性白血病时，髓样干细胞仍具有分化成熟的能力，周围血内可见大量较成熟的各分化阶段的粒细胞（彩图3-4），以分叶核和杆状核粒细胞为主，巨核细胞数量增加，红系统细胞数量正常或减少，还可见泡沫细胞，血小板早期可增多，晚期则被抑制。随着病变的进展，会发生纤维化改变。外周血白细胞计数明显增加，以中、晚幼粒细胞为主，原始粒细胞少于10%，常见嗜酸粒细胞和嗜碱粒细胞增多。因髓外造血可使脾脏明显肿大。用染色体分析以及FISH或PCR方法进行BCR-ABL融合基因的检测，这是区别慢性髓性白血病与其他慢性骨髓增生性疾病的最佳方法。

慢性白血病时，白血病细胞还常常浸润胃肠、心脏、肾脏等全身器官和组织，白血病细胞浸润处可破坏相应的组织和器官而引起出血、感染等继发性变化。

【临床表现】 起病缓慢，病程长，早期多无明显症状，有的患者在体格检查或其他疾病就诊时才被发现。患者主要是成年人。慢性髓性白血病最常见的症状和体征包括乏力、食欲缺乏、消瘦、发热、脾脏肿大、胸骨压痛、贫血等。脾脏显著肿大是慢性髓性白血病最明显的特点，肿大的脾脏可占据腹腔大部，甚至达到盆腔。红髓脾窦内有大量的白血病细胞浸润，可压迫血管引起脾梗死。一般脾脏肿大与患者的白细胞数目、病情和病期密切相关。

慢性髓性白血病患者平均生存期约3年，之后约50%患者进入加速期，加速期的主要症状包括突然出现原因不明的发热、夜汗增多、体重下降、脾脏进行性肿大、贫血加重、骨痛等，此时进行性粒细胞成熟受阻，骨髓和外周血的原始粒细胞和嗜碱粒细胞比例增加。约6～12个月后，肿瘤进入终末期，呈急性白血病表象，即母细胞危象，急性变发生后病情常急转直下，预后很差。其余50%的患者不经加速期，而直接出现母细胞危象。约70%的母细胞危象病例其瘤细胞为原始粒细胞。

四、类白血病反应

类白血病反应（leukemoid reaction）通常是由于严重感染、某些恶性肿瘤、药物中毒、大量出血和溶血、急性组织损伤和变态反应等刺激造血组织而产生的异常反应。其表现为周围血中白细胞显著增多（可达50×10^9/L以上），并有幼稚细胞出现。类白血病反应与粒细胞白血病有本质的不同，其治疗和预后亦与白血病不同。一般根据病史、临床表现和细胞形态可以与白血病进行鉴别，但有时鉴别诊断比较困难。

类白血病反应有以下特点可与白血病鉴别：①引起类白血病反应的原因去除后，血象可恢复正常；②类白血病反应一般白细胞数很少超过200×10^9/L；③类白血病反应时，一般无明显贫血和血小板减少；④类白血病反应时，粒细胞有严重中毒性改变，胞质内可见中毒性颗粒和空泡（应激情况下的退行性变）等；⑤类白血病反应时，中性粒细胞的碱性磷酸酶活性和糖原皆明显增高，而粒细胞白血病时，两者均显著降低；⑥慢性髓性白血病时，白血病细胞内可见特征性的 Ph^1 染色体，而类白血病反应时则无；⑦类白血病反应时，骨髓细胞形态或骨髓病理切片除增生和左移外，仍保持正常结构。

类白血病反应的预后主要取决于原发性疾病。一般类白血病反应的预后较好，当病因去除或治疗原发病后，类白血病反应消失，血象可恢复正常。

第三节 淋巴瘤

淋巴瘤是原发于淋巴组织的恶性肿瘤。是常见的恶性肿瘤之一，在我国淋巴瘤发病率占恶性肿瘤总数的3% ~4%。近几十年来发病率呈上升趋势，已从以前所有恶性肿瘤发病排名第11位，上升到第9位。淋巴瘤的发病与人种、年龄、性别、地理环境和社会经济状况有明显关系。西方发达国家淋巴瘤发病率比中国更高。

根据形态、免疫表型、遗传学特征和临床特点，将淋巴瘤分为霍奇金淋巴瘤(HL)和非霍奇金淋巴瘤(NHL)两大类；NHL又分为B细胞淋巴瘤和T/NK细胞淋巴瘤两类。在西方国家，HL约占所有淋巴瘤的30%，NHL约占70%。NHL中B细胞淋巴瘤占80% ~85%。在我国，根据中国抗癌协会淋巴瘤病理协作组自2008年5月至2009年8月对我国42家三级甲等医院病理诊断的12527例淋巴瘤统计结果显示，HL占9%，NHL占85%，未分类淋巴瘤占6%。HL中，经典HL占90%，结节性淋巴细胞为主HL(NLPHL)占10%。NHL中B细胞淋巴瘤占73%，T细胞淋巴瘤占27%。B细胞淋巴瘤中常见淋巴瘤的排名依次是：弥漫大B细胞淋巴瘤(57%)、黏膜相关组织边缘带B细胞淋巴瘤(10%)、滤泡性淋巴瘤(9%)、小淋巴细胞性淋巴瘤/慢性淋巴细胞性白血病(7%)、套细胞淋巴瘤(5%)。T细胞淋巴瘤中常见淋巴瘤的排名依次是：结外NK/T细胞淋巴瘤(32.5%)、T淋巴母细胞淋巴瘤(14%)、血管免疫母细胞淋巴瘤(13%)、非特殊类型外周T细胞淋巴瘤(12.7%)、间变性大细胞淋巴瘤(11%)。

一、非霍奇金B细胞淋巴瘤

(一) 弥漫大B细胞淋巴瘤(DLBCL)

DLBCL是由弥漫生长的大B细胞组成的肿瘤，瘤细胞核的大小大于或等于正常巨噬细胞核，或为正常小淋巴细胞核的两倍以上。根据形态学、生物学和临床特点可将大B细胞淋巴瘤再进一步划分为形态学变异型、免疫表型和分子生物学亚型以及独立的疾病实体。

1. 流行病学和病因 DLBCL占到西方国家成人非霍奇金淋巴瘤的30%左右，发展中国家还要更高。在我国DLBCL占NHL-B细胞淋巴瘤的(57%)，好发于老年人，中位年龄在60 ~70岁，但儿童、年轻人也可发生。男性发病略高于女性。

DLBCL的病因仍然未知，潜在的免疫缺陷是一重要的危险因素。在免疫缺陷患者中发生DLBCL检测出EBV概率很高。DLBCL通常为原发，也可由侵袭性低的淋巴瘤进展或转化而来，如慢性淋巴细胞白血病/小淋巴细胞淋巴瘤(CLL/SLL)、滤泡性淋巴瘤(FL)、边缘区细胞淋巴瘤(MEL)或结节性淋巴细胞为主型霍奇金淋巴瘤(NLPHL)等。

2. 好发部位和临床特征 淋巴结和结外均可发生，40%以上的病例原发于结外部位。胃肠道为结外最常受累部位，骨、皮肤、睾丸、脾脏、咽环、涎腺和甲状腺都是常见的结外受累部位，约1/4的DLBCL累及骨髓。

患者往往偶然发现淋巴结或其他部位出现无痛性肿块并生长迅速，约半数患者为Ⅰ期或Ⅱ期。大部分患者无症状，少数出现B症状(低热、盗汗、体重减轻)和(或)受累部位的局部症状。如发生在消化道，可出现便血、肠梗阻等。

3. 形态学 淋巴结结构破坏，由弥漫浸润的大淋巴细胞取代。淋巴结部分受累可见于滤泡间区。瘤细胞常浸润结外组织。DLBCL的细胞形态学多样，包括常见和罕见的形态学变异型。如中心母细胞型(彩图3-5)、免疫母细胞型和间变样大细胞型等。如果遇到中等大小细胞为主的病例时，需除外白血病髓外累及、Burkitt淋巴瘤和母细胞性套细胞淋巴瘤。中心母细胞为中至大淋巴样细胞,胞质稀少,双嗜性或嗜碱性;胞核圆形、卵圆形,空泡状,染色质细,2～4个核仁,靠近核膜。免疫母细胞为单个中位核仁,胞质丰富、嗜碱性。间变样大细胞的特点是细胞大,圆形、卵圆形或多角形,多形性奇异核,类似于霍奇金细胞或间变大细胞淋巴瘤中的细胞。DLBCL也可出现黏液样或纤维样基质、梭形或印戒细胞。

4. 免疫表型 肿瘤细胞表达B标志,如CD20(彩图3-6)、CD79a和PAX5等。多数病例也可表达免疫球蛋白(IgM>IgG>IgA)。基本不表达CD38和CD138。偶尔在间变样大细胞型表达CD30。少数病例表达CD5,提示是原发的DLBCL,而不是继发于低级别B细胞淋巴瘤。

最近Choi等的研究提出GCET1、CD10、BCL6、MUM1、FOXP1 5个抗体对DLBCL进行免疫分型比Hans的CD10、BCL6、MUM1 3个抗体分型更准确,与基因表达谱吻合得更好。$GCET1^-/CD10^+$、$GCET1^+/MUM1^-$、$GCET1^-/CD10^-/BCL6^+/FOXP1^-$这3种情况为生发中心细胞样型(GCB),其余组合情况均为活化B细胞样型(ABC)。3年总体生存率GCB(87%)显著比ABC(44%)高。

5. 遗传学 存在免疫球蛋白轻链和重链基因克隆性重排,并有IgH可变区体细胞高频突变。还发现部分病例存在*PIMI*、*MYC*、*RhoH/TTF*(*ARHH*)和PAX5等多个遗传位点的异常体细胞高频突变。部分病例中也检测到BCL2和BCL6基因易位。

6. 细胞起源 可能来源于生发中心或生发中心后(活化B细胞)B细胞。

7. 预后及预测因素 DLBCL是侵袭性淋巴瘤,但多种药物联合化疗可能治愈。使用美罗华以前主要采用CHOP方案,其长期缓解率约50%。近十年来,CHOP方案中增加CD20单克隆抗体(美罗华)可使生存状况显著改善,长期缓解率达到70%以上。国际预后指数(IPI)仍然具有一定的预测价值。

(二)黏膜相关淋巴组织结外边缘区淋巴瘤

黏膜相关淋巴组织结外边缘区淋巴瘤(MALT淋巴瘤)是一种由形态学表现各异的小B细胞构成的结外淋巴瘤,包括边缘区细胞(中心细胞样)、单核样细胞、小淋巴细胞以及散在分布的免疫母细胞和中心母细胞样细胞。部分病例中存在浆细胞分化。肿瘤细胞开始在反应性滤泡边缘区浸润然后扩散至滤泡间区。在上皮组织中,典型的表现为肿瘤细胞浸润上皮形成淋巴上皮病变。

1. 流行病学和病因 MALT淋巴瘤占到所有B细胞淋巴瘤的7%～8%,占原发性胃淋巴瘤的比例可高达50%。大多数病例发生在成人,中位年龄61岁,女性发病稍高(男女比例为1:1.2)。研究表明在意大利东北部胃MALT淋巴瘤发病率较高,而在中东、南非好望角以及其他热带及亚热带地区,一种名为免疫增生性小肠病(IPSID)(以前称为α重链病)的疾病发生率较高。在我国,MALT淋巴瘤占所有B细胞淋巴瘤的10%,发病率仅次于DLBCL,居第2位。

现在已经证明幽门螺杆菌与胃MALT淋巴瘤有密切关系。幽门螺杆菌可以使T细胞活化,这种活化T细胞的存在可以维持胃MALT淋巴瘤细胞增殖。因此,通过抗幽门螺杆菌治疗可以使部分胃MALT淋巴瘤消退。另外,沙眼衣原体、空肠弯曲杆菌和Burgdorferi螺旋体刺激可分别在一些眼附属器MALT淋巴瘤、免疫增殖性小肠病(IPSID)和皮肤MALT淋巴瘤的发生中起一定作用。除此之外,自身免疫疾病或同一部位长期慢性感染形成的"获得性MALT"可与淋巴瘤的发生有关。

2. 前驱病变 很多MALT淋巴瘤病例可追溯到慢性炎症病史。慢性炎症可由于感染、自身免疫病或其他未知的刺激引起。感染原包括幽门螺杆菌、沙眼衣原体、空肠弯曲杆菌和Burgdorferi螺旋体等。在发生MALT淋巴瘤之前常出现MALT增生。90%以上的胃MALT淋巴瘤病例存在幽门螺杆菌感染。与自身免疫疾病相关的疾病如干燥综合征和桥本甲状腺炎是涎腺及甲状腺MALT淋巴瘤的前驱病变。患有干燥综合征或桥本甲状腺炎的患者发生淋巴瘤的风险分别增加44倍和3倍。

3. 部位和临床特征 胃肠道是MALT淋巴瘤最常见的发生部位,占所有病例的50%,

而在胃肠道中最常累及的部位是胃(85%)。在IPSID的患者常累及小肠。其他常见部位包括涎腺、肺、头颈部、眼附属器、皮肤、甲状腺和乳腺。

患者可因局部无痛性肿块或发病部位的相关症状就诊。就诊时大多数患者的病变为Ⅰ或Ⅱ期,少数伴有骨髓累及。骨髓累及在胃部MALT淋巴瘤患者中的发生率较低,而在肺和眼附属器的患者较多见。部分病例可存在多发性结外部位侵犯。多灶性淋巴结侵犯少见。结内淋巴瘤分级方法可能不一定适合MALT淋巴瘤。因为存在多个结外部位(特别是成对器官)侵犯,并不能确定是真实的播散性病变。部分患者可检测到血清M成分。IPSID患者的血中可检测到异常的α重链。

4. 形态学 肿瘤开始在反应性滤泡周围的边缘区和套区浸润,进一步向外扩展,形成大片围绕滤泡的融合区域。边缘区B细胞包括3种B细胞:①中心细胞样B细胞,细胞中等大小,形态类似于中心细胞;②单核样B细胞,细胞小至中等大小,核圆形、椭圆形或轻度不规则,核仁不明显,胞质丰富,淡染;③小淋巴细胞样B细胞,类似于小淋巴细胞。另外部分瘤细胞具有浆细胞分化,因此可以见到肿瘤性的浆细胞和浆样细胞。通常还可见少数散在的类似中心母细胞或免疫母细胞的大细胞。瘤细胞向内浸润,可进入残存的生发中心,形成"滤泡殖入"。在腺体组织中,瘤细胞常侵犯上皮形成所谓的淋巴上皮病变。淋巴上皮病变表现为3个或3个以上边缘区细胞浸入上皮并形成破坏,常伴有上皮细胞嗜酸性变(彩图3-7)。MALT淋巴瘤是指小细胞构成的淋巴瘤,其中可见到数目不等的转化中心母细胞或免疫母细胞样细胞,但是当转化大细胞呈片状增殖分布时,应该更名为弥漫性大B细胞淋巴瘤。

5. 免疫表型 肿瘤细胞呈$CD20^+$、$CD79a^+$、$CD5^-$、$CD10^-$、$CD23^-$、$CD43^{+/-}$、$CD11c^{+/-}$、$IgM^+>IgA^+>IgG^+$,并可表达限制性轻链(Lambda或Kappa)。瘤细胞可表达边缘区细胞相关抗原CD21和CD35。目前并没有针对MALT淋巴瘤的特异标记物。表达限制性轻链对于与良性淋巴样增生的鉴别诊断很有价值。在与其他小B细胞淋巴瘤鉴别诊断中,主要依据是这些肿瘤特异性标记物缺失。CD5表达缺失有助于鉴别大多数套细胞淋巴瘤和小淋巴细胞性淋巴瘤,Cyclin D1有助于区分套细胞淋巴瘤,CD10有助于鉴别滤泡性淋巴瘤。

6. 遗传学 肿瘤可表现免疫球蛋白重链和轻链基因重排,并且存在一些不同位点的体细胞超突变,符合起源于生发中心后记忆B细胞。MALT淋巴瘤相关的染色体易位包括t(11;18)(q21;q21), t(1;14)(p22;q32), t(14;18)(q32;q21)和t(3;14)(p14.1;q32),分布可导致融合蛋白AP12-MALT1的产生或BCL10、MALT1、FOXP1转录失调。

7. 细胞起源 估计起源于生发中心后边缘区B细胞。

8. 预后及预测因素 MALT淋巴瘤具有惰性的临床过程且扩散缓慢。肿瘤复发可在许多年以后出现在其他部位。原发性胃MALT淋巴瘤患者复发率较低。肿瘤对放射治疗敏感。局部治疗就可获得长期无病生存。多部位受侵犯甚至骨髓侵犯也不一定提示预后差。采用抗幽门螺杆菌治疗可以使幽门螺杆菌相关胃MALT淋巴瘤患者的病变消退。而具有t(11;18)(q21;q21)的患者抗幽门螺杆菌治疗无效。在IPSID中,广谱抗生素治疗有效。抗生素也可用于治疗其他类型的MALT淋巴瘤。

(三)滤泡性淋巴瘤

滤泡性淋巴瘤(FL)是滤泡中心B细胞(中心细胞和中心母细胞)发生的肿瘤,常表现为滤泡样生长方式。病变中表现为完全弥漫生长方式的由中心细胞和中心母细胞构成的淋巴瘤可归入FL。

1. 流行病学 FL约占所有淋巴瘤的20%,欧美国家发病率最高,发展中国家发病率相对较低。我国FL占所有B细胞淋巴瘤的9%,排名第3。FL主要发生于成人,中位年龄50~60岁,很少见于20岁以下的人,男女发病比例为1:1.7,儿童病例以男性为主。

2. 部位和临床特征 FL主要侵犯淋巴结,也可侵犯结外器官和组织,如脾脏、扁桃体、胃肠道和软组织等。

多数患者诊断时表病变已广泛播散,包括全身浅表淋巴结和深部淋巴结以及脾肿大,一半左右的病例存在骨髓侵犯。仅少数患者在诊断时处在肿瘤Ⅰ期或Ⅱ期。但几乎所有患者无消瘦、乏力、盗汗等B症状。

3. 形态学

(1)生长模式:大多数FL呈滤泡状,由紧密排列的滤泡构成,淋巴结的正常结构破坏消失。肿瘤性滤泡常边界不清,套区消失。生发中心明暗区不清,可染小体巨噬细胞减少或消失。肿瘤细胞常浸至滤泡间区、血管周围,它们主要是中心细胞,比生发中心内的中心细胞小,核形更规则。

FL中也可见到弥漫区域,特别是肠系膜和腹膜后FL。弥漫区是指完全缺乏滤泡的区域,即该区域没有$CD21^+$/$CD23^+$的滤泡树突细胞。以中心细胞为主构成的弥漫区不具有临床意义。但是,弥漫区由FL3级细胞构成时就应诊断为弥漫性大B细胞淋巴瘤。以中心细胞为主伴有少数的中心母细胞构成的弥漫区的临床意义尚不明确,可在病理报告中注明滤泡区和弥漫区的相对比例,即滤泡性(滤泡区>75%),滤泡性和弥漫性(滤泡区25%~75%),或局部滤泡性/以弥漫性为主(滤泡区<25%)。

(2)弥漫性滤泡淋巴瘤:是指完全弥漫生长的细胞形态和免疫表型都与FL相同的淋巴瘤。当瘤细胞呈FL1-2级并呈完全弥漫生长方式时,应作出弥漫性FL的诊断。但是必须证实大小细胞具有生发中心细胞的免疫表型。因此,只靠形态学不应做出弥漫性FL的诊断。

(3)"原位"滤泡性淋巴瘤:是指肿瘤细胞局限在生发中心内的FL,周围常伴有非肿瘤性滤泡。"原位"FL形态学上难以与非肿瘤性滤泡鉴别,常常是因生发中心细胞表达BCL2而被发现。它可能是FL淋巴瘤的早期病变,也可能是其他部位FL瘤细胞在此处生发中心植入,还可能永远不发展成典型的FL。

(4)细胞学:FL由中心细胞和中心母细胞构成。中心细胞是小至中等大小的细胞,核形不规则,核仁不清楚,胞质少而淡染。中心母细胞是大细胞(小淋巴细胞的2~3倍),胞质中等,核圆形或卵圆形,偶尔呈多叶状核,可见1~3个位于核周的核仁。有些病例以中心细胞为主,少数中心母细胞,因此这些病例表现出形态单一,不同于反应性滤泡。其实每一病例所含中心母细胞的数目并不相同。少数FL的滤泡周围可见边缘区或单核细胞样B细胞,是肿瘤克隆性分化的结果。偶尔也可见到的浆细胞分化和印戒细胞。

4. 滤泡性淋巴瘤分级 由于FL中大细胞数量不同,其预后和治疗也不同,因此对FL做了分级。根据中心母细胞的数量将FL分成3级。分级是通过在每40倍高倍显微镜视野下计数或估计10个肿瘤性滤泡内所含中心母细胞的绝对数目并除以10。至少需要评估不同滤泡内10个高倍视野,并且应该是具有代表性的滤泡,而不应仅选择含有最多大细胞的滤泡。1级为0~5个中心母细胞/HP,2级为6~15个中心母细胞/HP,3级为大于15中心母细胞/HP。3级进一步分为3A级和3B级。3A级病例中仍可见到中心细胞,而3B级滤泡完全由大的母细胞构成。1级和2级FL表现相似且均为惰性肿瘤,因此可报告为"1-2级"。

5. 免疫表型 瘤细胞通常表达CD20、CD79a、PAX5等B细胞相关抗原,并且$BCL2^+$、$BCL6^+$、$CD10^+$(彩图3-8)、$CD5^-$。一些病例特别是3B病例缺乏CD10表达,但仍表达BCL6。MUM1在FL呈阴性,也有少数以3B级$CD10^-$的病例可表达MUM1,且缺乏BCL2基因重排,这可能与DLBCL有关。滤泡区域不同程度表达CD21和CD23,表明存在树状突细胞网(FDC),但比正常滤泡稀疏。80%~90%的1级和2级FL表达BCL2,但在3级FL中仅有50%。BCL2丢失部分原因是因为BCL2基因突变导致抗原改变。BCL2阳性有助于肿瘤性或反应性滤泡的鉴别,但是BCL2阴性不能排除FL。BCL2阳性是诊断原位FL的主要依据。BCL2阳性无助于鉴别FL与其他低级别B细胞淋巴瘤,因为大多数此类肿瘤可表达BCL2。FL的增殖指数通常与组织学分级有关,大多数1-2级病例增殖分数小于20%,而多数3级病例增殖分数大于20%。因此,Ki67染色应作为组织学分级的一个辅助指标,并具有临床意义。

6. 遗传学 免疫球蛋白重链和轻链均表现重排,可变区基因存在广泛且不断进行的自体超突变。FL通常特征性存在染色体易位t(14;18)(q32;q21)和BCL2基因重排。也存在选择性BCL2基因与免疫球蛋白轻链基因易位。

7. 细胞起源 可能起源于生发中心B细胞。

8. 预后和预测因素 FL的预后与诊断时病变程度密切相关。国际预后指数是重要的预测指标。组织学分级与FL预后相关,1-2级的病例表现为惰性,除了少数局灶性病例外通常不可治愈。FL3级具有明显侵袭性,但使用含有阿霉素或美罗华的治疗方案可以得到明显改善。

二、非霍奇金NK/T细胞淋巴瘤

(一)结外鼻型NK/T细胞淋巴瘤

结外鼻型NK/T细胞淋巴瘤是一种发生于结外部位的NK细胞/细胞毒性T细胞淋巴瘤,以血管损伤和破坏、明显坏死、细胞毒性表型及与EB病毒(EBV)相关为特征,也称为血管中心性T细胞淋巴瘤、恶性中线网状细胞增多症、多形性网状细胞增多症、致命性中线肉芽肿、血管中心性免疫增生性病变。

1. 流行病学和病因 结外NK/T细胞淋巴瘤好发于亚洲及美洲中南部本土人群,在我国是发病率最高的一种T细胞淋巴瘤,占所有T细胞淋巴瘤的31%,常见于成人,男性多于女性。

结外NK/T细胞淋巴瘤的病因了解尚不十分明确。但是与EB病毒密切相关,EB病毒可表现克隆性伴有Ⅱ型潜伏感染模式($EBNA\text{-}1^+$、$EBNA\text{-}2^-$、$LMP1^+$),并且常表现LMP-1基因存在30对碱基缺失。EB病毒几乎均为A型。可以检测血液中循环的EBV DNA监测疾病状态,高滴度与疾病广泛播散、治疗反应差及预后差相关。结外NK/T细胞淋巴瘤的发生也与免疫抑制有关,包括器官移植后使用免疫抑制剂。

2. 部位和临床特征 结外NK/T细胞淋巴瘤几乎都发生在结外部位。肿瘤最常侵犯上呼吸道(鼻腔、鼻咽部、鼻旁窦、腭部),最典型的侵犯部位是鼻腔。其他好发部位还包括皮肤、软组织、胃肠道和睾丸。少数病例可侵犯淋巴结。原发于淋巴结而无结外侵犯的病例十分罕见。

常表现鼻腔堵塞或鼻出血症状,是由于肿瘤对面部广泛破坏所致。肿瘤可扩展至邻近组织,如鼻咽部、鼻旁窦、眼窝、口腔、腭部和口咽部。发病时病变常局限于上呼吸道,骨髓侵犯不常见。在疾病过程中病变可快速广泛播散到皮肤、胃肠道、睾丸或颈部淋巴结等部位。有的患者可继发噬血细胞综合征。

发生于上呼吸道以外的NK/T细胞淋巴瘤,根据侵犯部位而具有不同表现。皮肤病变常呈结节性,并伴有溃疡。小肠病变常表现为穿孔。其他侵犯部位常表现为肿块。患者就诊时常已处在进展期,有多个结外部位侵犯。患者可表现系统症状如发热、不适和体重下降。作为播散性病变的一部分,淋巴结也可被侵及。可发生骨髓和外周血侵犯,并且这些病例可与侵袭性NK细胞白血病相互重叠发生。

该肿瘤应与EBV相关T细胞或NK细胞淋巴增殖性疾病鉴别,如慢性活动性EBV感染、儿童系统性EBV阳性T细胞淋巴增殖性疾病以及主要发生于儿童的种痘水疱病样淋巴瘤。

3. 形态学 不管发生于任何部位,结外NK/T细胞淋巴瘤的组织学特征表现相似。黏膜部位常表现广泛性溃疡。淋巴瘤性浸润呈弥漫性及渗透性。黏膜腺体常表现为稀疏分布甚至缺失。病变常存在血管中心性和血管破坏性生长模式,血管中可见到纤维蛋白样改变(彩图3-9)。常可见凝固性坏死和混合存在的凋亡小体。这些是由于淋巴细胞导致血管闭塞所致,但是最近研究提示也存在其他的因素(如趋化因子、细胞因子)。

结外NK/T细胞淋巴瘤的细胞形态谱非常广泛。细胞可以表现为小的、中等大小的、大的或间变性细胞。在多数病例中,淋巴瘤由中等大小的细胞构成,或者是由小细胞及大细胞混合构成。细胞常具有不规则折叠的细胞核,可表现为拉长型。除了非常大的细胞之外,染色质呈颗粒性。大细胞可具有泡状核。核仁通常不清楚或存在小核仁。胞质中等含量,常表现为淡染至透明。核分裂象易见,包括以小细胞为主的病例。在Giemsa染色的印片中常可观察到嗜甲苯胺蓝颗粒。在超微结构方面可存在电子密度高的有膜颗粒。

结外NK/T细胞淋巴瘤,特别是以小细胞

或混合性细胞为主的病例，或伴有明显的炎性细胞（小淋巴细胞、浆细胞、组织细胞和嗜酸粒细胞）混合存在的病例，可与炎症病变相混淆。淋巴瘤有时可伴随存在覆盖其上的表皮假上皮瘤样增生。

4. 免疫表型 结外 NK/T 细胞淋巴瘤最典型的免疫表型是 $CD2^+$、$CD56^+$、$CD3^-$ 和 $CD3\varepsilon^+$。CD56 对于结外 NK/T 细胞淋巴瘤并不具有特异性，在外周 T 细胞淋巴瘤中也可表达，特别是 γ、δ 型 T 细胞病例。细胞毒性颗粒（如粒酶 B、TIA-1 和穿孔素）总是阳性。其他 T 细胞和 NK 细胞相关抗原通常呈阴性，如 CD4、CD5、CD8、TCRδ、βF1、CD16 和 CD57。瘤细胞常表达 CD43、CD45RO、HLA-DR、CD25、FAS（CD95）和 FASL。偶尔表达 CD7 或 CD30。如果细胞毒性颗粒和 EBV 阳性，具有 $CD3\varepsilon^+$、$CD56^-$表型的淋巴瘤也可归类于结外 NK/T 细胞淋巴瘤，因为这些病例的临床表现与 CD56 阳性病例相似。相反，发生于鼻部或其他结外部位的淋巴瘤如果表现 $CD3^+$、$CD56^-$，而 EBV 及细胞毒性颗粒呈阴性，应诊断为非特殊型外周 T 细胞淋巴瘤。

如果 EBV 呈阴性，应怀疑结外 NK/T 细胞淋巴瘤的诊断。EBV 编码 RNA（EBER）原位杂交是证实 EBV 存在的最可靠方法。而 EBV LMP1 免疫染色结果可靠性较差。

5. 遗传学 多数病例中 T 细胞受体和免疫球蛋白基因保持胚系型。少数病例的 T 细胞受体基因可表现克隆性重排，推测可能与细胞毒性 T 细胞起源的病例相关。结外 NK/T 细胞淋巴瘤中可存在各种不同的细胞遗传学异常，但是至今尚未证实存在特异的染色体易位。

6. 细胞起源 活化的 NK 细胞，少数情况下为细胞毒性 T 淋巴细胞。

7. 预后及预测因素 鼻部 NK/T 细胞淋巴瘤患者的预后表现不一致，一些患者对治疗反应良好，而其他患者即使在采用侵袭性治疗之后也可能因播散性疾病而死亡。回顾性研究表明该肿瘤患者生存率约 30% ~40%。但是由于使用了更强化的治疗，包括放射治疗，近年来其生存率有所提高。与预后不良相关的重要因素包括：进展期病变（Ⅲ或Ⅳ期）、不良的国际预后指数、骨骼或皮肤侵犯、血液循环性 EBV DNA 拷贝数高、骨髓中存在 EBV^+ 细胞。发生于鼻腔外部位的结外 NK/T 细胞淋巴瘤具有高度侵袭性，患者生存时间短并且对治疗反应差。多耐药性基因的表达与肿瘤化疗耐受有关。

（二）非特殊类型外周 T 细胞淋巴瘤

非特殊类型外周 T 细胞淋巴瘤是一种发生于淋巴结内外的异质性成熟 T 细胞淋巴瘤，尚无特异的明确定义的成熟 T 细胞淋巴瘤。

1. 流行病学 该肿瘤在西方国家约占外周 T 细胞淋巴瘤（PTCL）的 30%。在我国占 15%。大多数病例发生于成人，极少见于儿童。男女发病比例为 2∶1。

2. 部位和临床特征 该肿瘤可发生于任何部位，大多数发生在淋巴结。常侵及骨髓、肝脏、脾脏和结外组织。有时可侵犯外周血，但是白血病不常见。结外病变最常累及皮肤和胃肠道。因此要求排除其他特异淋巴瘤之后才能作出非特殊型外周 T 细胞淋巴瘤的诊断。少见的侵犯部位有肺脏、涎腺和中枢神经系统。

患者最常见的表现是淋巴结肿大，少数伴有 B 症状。可存在嗜酸粒细胞增多症、瘙痒症等症状，但较少发生噬血细胞综合征。

3. 形态学 在淋巴结中，该瘤常造成正常结构消失，表现为副皮质区弥漫性浸润。细胞学形态多种多样，谱系很广，可从高度多形性变化至单形性形态表现。多数病例由中等大小和（或）大细胞构成，伴有不规则形、多形性、深染或空泡状核，核仁明显且可见大量的核分裂象。也可存在透明细胞和 RS 细胞。少数病例以伴有非典型及不规则性细胞核的小淋巴细胞为主。高内皮血管数量增多。可见到 T 区（滤泡间区）生长模式。炎性背景常见，包括小淋巴细胞、嗜酸粒细胞、浆细胞、大 B 细胞和簇状的上皮样组织细胞。淋巴上皮样细胞变型病例中存在大量的上皮样组织细胞。与血管免疫母细胞性 T 细胞淋巴瘤的鉴别诊断需要进行广泛的免疫表型分析。一种较为罕见的变异型病例中可见肿瘤细胞选择性浸润淋巴滤泡，这种滤泡性生长模式容易让人将其误认为是一种滤泡起源的 B 细胞淋巴瘤。

结外弥漫性浸润的病变一般由小细胞构成。在皮肤中，淋巴瘤细胞多浸润真皮和皮下组织，常形成溃疡性结节。亦可见嗜表皮性、血管中心性和侵犯皮肤附属器的现象。

4. 免疫表型 非特殊型外周T细胞淋巴瘤，常有异常的T细胞表型，如CD5和CD7表达下调或丢失。淋巴结病例以$CD4^+/CD8^-$表型为主。有时可见CD4/CD8双阳性或双阴性，或是CD8、CD56及细胞毒性颗粒表达。βF1通常呈阳性表达，这不同于γ、δT细胞淋巴瘤和NK细胞淋巴瘤。多数病例CD52阴性。部分病例中的大细胞可表达CD30。当伴CD15表达时，可能与HL混淆，但是表型谱和形态学有助于与HL的鉴别。与间变性大细胞淋巴瘤不同的是，非特殊型外周T细胞淋巴瘤通常缺乏滤泡性辅助T细胞表型，如$CD10^+$、$BCL6^+$、$PD1^+$和$CXCL13^+$。增殖指数通常比较高，Ki67阳性率超过70%，与预后差有关。

5. 遗传学 多数病例中TCR基因呈克隆性重排。

6. 细胞起源 估计是活化的成熟T淋巴细胞，多数是CD4阳性记忆T细胞。

7. 预后及预测因素 这类淋巴瘤具有高侵袭性，对治疗反应差，常有复发，5年总生存率和无病生存率低（20%～30%）。目前认为与预后相关的几个因素包括分期和IPI分数。EBV阳性、NFκB途径失调、增殖相关基因表达增高及细胞毒性颗粒阳性表达是预后差的指标。

8. 组织学变型

（1）淋巴上皮样型（Lennert淋巴瘤）：该瘤表现为弥漫性或较少见到的滤泡间生长模式。在细胞学方面，该瘤主要由核轻度不规则的小细胞、簇状的上皮样组织细胞以及一些较大的非典型性母细胞构成。可混合存在炎性细胞及散在的RS细胞。高内皮血管不明显。

（2）滤泡型：该型淋巴瘤通常由异型透明细胞构成，这些细胞可在滤泡内聚集（类似滤泡性淋巴瘤），或在进行性转化的生发中心内形成小结节（类似结节性淋巴细胞为主型霍奇金淋巴瘤），或表现为滤泡旁区扩大或围绕异常增生的滤泡形成结节性聚集物（类似结内边缘区淋巴瘤）。它与血管免疫母细胞性淋巴瘤不同的是缺乏扩大的滤泡树突细胞网和缺乏高内皮血管。

（3）T区型：T区型淋巴瘤是以淋巴滤泡之间生长方式为特征的T细胞淋巴瘤。肿瘤细胞以小细胞为主，细胞轻度异型，易误诊为副皮质区良性增生。肿瘤细胞表达CD3、CD4，可有CD5或CD7表达缺失。

三、霍奇金淋巴瘤

（一）概述

1. 历史回顾 人们普遍认为霍奇金淋巴瘤（Hodgkin lymphoma，HL）是人类最早认识的一种淋巴瘤，至今已有170多年的历史。1832年，英国伦敦Guy医院的Thomas Hodgkin（托马斯·霍奇金）医生通过尸体解剖、肉眼观察，在他的论文中对7例淋巴结和脾脏肿大的病例进行了描述。因此，霍奇金被公认为第一个描述淋巴瘤的人。33年后Wilks（1865年）进一步描述了这类疾病的临床特征，其中有4例是霍奇金描述过的病例，因此Wilks称其为霍奇金病（Hodgkin disease，HD）。该病的特点是淋巴结进行性肿大，通常首先发生于颈部，然后累及到胸腹腔淋巴结，出现脾脏肿大，最后死亡。1878年Greenfield首次对HD进行了初步的组织形态学描述。1898年Sternberg和1902年Reed进一步描述了HD的组织学特点，特别对病变中具有特征性的巨细胞进行了详细的描述。Sternberg着重描述了巨细胞多叶核的特点，而Reed则强调了巨细胞的大核仁。因此，这种特征性的巨细胞后来称为Reed-Sternberg（RS）细胞。目前，将单叶核的巨细胞称为Hodgkin（H）细胞，多叶核的巨细胞称为Reed-Sternberg（RS）细胞，它们统称为Hodgkin/Reed-Sternberg（HRS）细胞。

2. HRS细胞的性质和起源 自从HD被认识以来，它一直带着一张神秘的面纱。对于HD是什么性质的疾病，人们争论了一个多世纪，有人认为是炎症，有人认为是肿瘤，真是见仁见智。支持炎症的理由是，没有哪一种肿瘤组织中能有像HD那样多的炎性细胞成分，并且有的HD病例预后很好而不同于其他淋巴瘤。然而，更多的人主张HD是肿瘤性疾病，因为病变组织呈浸润性生长，破坏正常组织结构；可累及或转移到其他组织和器官；如不采取积极治疗，患者最终会死亡。因此，HD是肿瘤的观点是人们近几十年来普遍接受的观点，并认为那些具有特征性的巨细胞（HRS细胞)是肿瘤细胞。然而,HRS细胞是否具有肿瘤细胞的性质——克隆性?HRS细胞起源于什么细胞?这是两个重大问题,这两大问题不能解决,就不能从根本上证明HD是肿瘤,也不能弄清楚HD是什么类型的肿瘤。由于HD与其他肿瘤不同,HD组织中的肿瘤细胞仅占所有细胞的极少数(约0.1%~10%),并且HRS细胞株难以培养成功,因此研究其他肿瘤的常规方法不宜用于HD的研究。直到20世纪末21世纪初人们通过免疫组织化学、单个细胞微切技术和分子生物学技术相结合的办法才证明了HRS细胞来源于淋巴细胞,绝大多数(98%)来源于生发中心的B细胞,极少数(2%)来源于T细胞,并且证明了这些细胞具有单克隆性。因此,目前人们已普遍认为HD是一种具有特殊临床和病理特征的真性淋巴瘤。它的特殊性在于HRS细胞在形态和免疫表型方面均不同于正常的T细胞和B细胞,即不存在与HRS细胞相对应的正常T细胞和B细胞。大多数病例中的HRS细胞或多或少的丢失了正常T细胞和B细胞的抗原,而获得了一些正常T细胞和B细胞不常有的抗原,比如CD30、CD15、CD70、TARC、MUM1等。根据这些新的认识,2001年世界卫生组织(WHO)在淋巴造血组织肿瘤分类中将其正式命名为霍奇金淋巴瘤(Hodgkin lymphoma, HL)。同时考虑到习惯问题,HD这个名称仍可使用。至此,HD神秘的面纱被揭开了。

3. HL与EB病毒 与HRS细胞的起源和性质研究相比,HL的病因研究却没有取得突破性的进展。尽管如此,经过近来20年的研究,对于HL病因的认识还是向前迈进了一大步。特别是在EB病毒(EBV)与HL相关性和致病机制方面的研究取得了重要进步。早期的流行病学研究发现HL的发病率呈两个年龄高峰,因此提示HL可能与某些感染因子有关。EBV则是头号"嫌疑者",因为HL患者患病前和患病后的血清中EBV抗体升高,有传染性单核细胞增多症病史的人发生HL的危险性增高2~4倍。从上世纪80年代中期开始,人们用免疫组织化学和分子生物学方法,不仅从HL的组织中,而且还从HL的肿瘤细胞(HRS细胞)中检测到了EBV的基因组和基因产物,并且发现HRS细胞中的EBV具有单克隆性,提示EBV在HL发生初期或发生前就已感染了相关细胞。到目前为止,全世界大约50%的HL有EBV感染。HL的EBV感染率与地理环境、经济发展水平、年龄、特殊人群、组织学类型有明显关系,如在亚洲、非洲和南美洲发展中国家HL的EBV检出率比欧美发达国家高。儿童HL感染EBV比成人HL高。EBV与HIV相关HL也有非常密切关系,EBV检出率达90%~100%。在组织学上混合细胞亚型(MCHL)与EBV关系最密切(80%~100%),其次是富于淋巴细胞型(LRCHL)(47%),淋巴细胞消减型(LDHL)和结节硬化型(NSHL)(约10%~40%)。结节性淋巴细胞为主HL(NLPHL)几乎与EBV无关。不过,近年有报道显示在南美和我国,有个别或少数NLPHL病例与EBV有关。

(二)流行病学和临床表现

HL发病率表现出地区的差异,在西方国家发病率较高,约1.6/10万~3.4/10万。在我国发病率较低,上海的资料为0.3/10万~0.4/10万,约占所有淋巴瘤的10%,但在儿童明显增高,达到了31.7%,与西方国家儿童的情况相似(25%~30%)。HL的发病年龄具有明显的双峰特点,第一个高峰发生在年轻人(15~35岁),第二个高峰出现在老年人(55岁以上)。但是在发展中国家第一个高峰有所前移,并且峰高较低,我国的情况亦如此,第一个高峰在10岁以内。华西医科大学第一附院的资料显示,HL的患病高峰在儿童,随着年龄增加患病率基本上是逐渐降低(0~10岁45例,11~20岁33例,21~30岁35例,31~40岁14例,41~50岁4例,51~60岁5例,61~70岁3例,71~80岁4例)。发病年龄从出生到老年,平均发病年龄在30岁左右。患者男性多于女性,男女比例约为2.6:1,但在西方国家第一个发病高峰年轻女性略多或男女比近1:1,并且在组织学上主要为结节硬化型。

淋巴结肿大常为HL的首发症状,随病情发展可出现乏力、发热、盗汗、体重减轻、瘙痒、贫血等全身症状。根据与预后的关系,临床症状又分为A症状和B症状。患者反复发热(超过38.3C)、盗汗、体重减轻(半年内减轻10%以上),定为B症状;无此3项症状定为A症状。有B症状的患者预后较差。颈部淋巴结是最常见的首发部位,约占90%,其次为纵隔、腋下、腹股沟淋巴结等。

HL具有以下的特征:①HL是发生于淋巴细胞(主要是B细胞)的肿瘤;②通常原发于淋巴结,特别好发于颈部淋巴结,几乎不原发于淋巴结外;③多见于年轻人;④在组织学上,HL由少数散在的单叶核和多叶核瘤巨细胞(称为HRS细胞)和其周围大量非肿瘤性的反应性细胞组成;⑤约半数有EBV感染;⑥80%病例可以治愈,预后比非霍奇金淋巴瘤好。

(三)治疗

HL的治疗效果比非霍奇金淋巴瘤好得多,在最近几十年里HL的治疗取得了很大进步,特别是采用现代的治疗方法后,80%的HL患者无论哪种亚型都可以得到治愈。现代治疗方法主要包括更高强度的化疗辅以适量的局部放疗。ABVD(adriamycin, bleomycin, vinblastine, dacarbazine)方案是目前治疗早中期(Ⅰ~Ⅱ期)HL的金标准,BEACOPP(bleomycin, etoposide, adriamycin, cyclophosphamide, vincristine, procarbazine, prednisone)方案治疗晚期HL效果更好。复发性和难治性HL仍然是目前的治疗难点。对肿瘤细胞生物学方面的进一步研究在将来可能对治疗会有更新的进展。

(四)分类

HL与其他肿瘤相比具有显著的特点,肿瘤细胞(HRS细胞)仅占所有细胞中的极少数(0.1%~10%),HRS细胞散在分布于特殊的反应性细胞背景之中。传统上,HL被认为是单一疾病。历史上有过几次根据纯形态学的分型:①Jackson和Parker(1949年)将其分为3个亚型,副肉芽肿型、肉芽肿型和肉瘤型;②Luckes和Butler(1963年)将其分为6个亚型,LH结节型、LH弥漫型、结节硬化型、混合细胞型、弥漫纤维化型、网状细胞型;③Rye国际会议(1965年)讨论决定将Luckes和Butler的6个亚型合并为4个亚型,淋巴细胞为主型、结节硬化型、混合细胞型、淋巴细胞消减型。

根据近来20年形态学、生物学和临床的研究进展,人们认识到HL不是单一疾病,而是两个独立疾病,在修订的欧美淋巴瘤分类(REAL分类,1994年)的基础上,2008年世界卫生组织(WHO)的淋巴造血系统肿瘤分类正式将它们命名为:结节性淋巴细胞为主霍奇金淋巴瘤(nodular lymphocyte predominant Hodgkin lymphoma, NLPHL)和经典霍奇金淋巴瘤(classical Hodgkin lymphoma, CHL)。CHL又包括4个亚型:富于淋巴细胞型(lymphocyte rich Hodgkin lymphoma, LRCHL)、结节硬化型(nodular sclerosis Hodgkin lymphoma, NSHL)、混合细胞型(mixed cellularity Hodgkin lymphoma, MCHL)和淋巴细胞消减型(lymphocyte depletion Hodgkin lymphoma, LDHL)。NLPHL与CHL在流行病学、临床特征、形态学、免疫表型、遗传学、与EBV的相关性、自然史方面都有所不同。但这两个HL也具有一些共同的特征:①在形态学上,病变组织中肿瘤性巨细胞仅占极少数,而瘤细胞周围存在大量反应性非肿瘤性细胞;②在临床表现上,都好发于颈部淋巴结,诊断时常为典型的局部病变,即处在疾病早期,并且多见于年轻人。虽然现在已经知道,绝大多数病例中的瘤细胞属于B细胞,但上面两个方面的特征则不同于其他非霍奇金B细胞淋巴瘤。CHL的4个亚型之间存在着差异,他们具有不同的好发部位、临床特点、生长方式、背景细胞成分、肿瘤细胞数量和(或)异型程度、EBV感染检出率,但肿瘤细胞的免疫表型是相同的(表3-3)。

表3-3 HL分类比较

Jackson和Parker	Lukes和Butler	Rye	WHO(2008年)
副肉芽肿型	LH结节型 LH弥漫型	淋巴细胞为主型	结节性淋巴细胞为主HL 经典HL富于淋巴细胞型
肉芽肿型	结节硬化型 混合细胞型	结节硬化型 混合细胞型	经典HL结节硬化型 经典HL混合细胞型
肉瘤型	弥漫纤维化型 网质细胞型	淋巴细胞消减型	经典HL淋巴细胞消减型

(五) 分期

HL 的治疗是基于临床和病理的疾病分期,目前使用的是修订后的 Ann-Arbor 分期(表 3-4)。

表 3-4 修订的 Ann Arbor 分期

分期	标准
Ⅰ	病变累及一个淋巴结区(Ⅰ)或淋巴样结构,即脾、胸腺、Waldeyer 环($Ⅰ_E$)
Ⅱ	病变累及两个或多个淋巴结区,限于膈肌一侧(纵隔为一个部位),解剖部位应用数字表明(如$Ⅱ_3$)
Ⅲ	累及膈肌两侧淋巴结或淋巴样结构
Ⅲ1	伴有或不伴有脾脏、肺门、腹腔、肝门淋巴结受累
Ⅲ2	伴主动脉旁、髂或肠系膜淋巴结受累
Ⅳ	淋巴结外部位受累超出了 E 定义的范围(即脾、胸腺、Waldeyer 环)

(六) 结节性淋巴细胞为主霍奇金淋巴瘤

NLPHL 也称为霍奇金副肉芽肿、淋巴细胞和(或)组织细胞(L-H)为主霍奇金病、淋巴细胞为主霍奇金病、结节性淋巴细胞为主霍奇金病,是单克隆 B 细胞肿瘤,具有结节或结节和弥漫混合的形态学特征。结节是滤泡树突状细胞(FDC)编织成的大球形网,网中还充满了非肿瘤性的小淋巴细胞和散在分布的肿瘤性大细胞,这些大细胞称为"爆米花(popcorn)"细胞或 LH 细胞[lymphocytic and/or histocytic Reed-Sternberg cell variants,淋巴细胞和(或)组织细胞性 RS 细胞变异型]。

有资料显示可能存在单纯的弥漫性淋巴细胞为主 HL,约占 3%,但现在仍然不清楚是否真正存在。过去很多诊断为弥漫性淋巴细胞为主 HL 的病例,可能是富于淋巴细胞的经典 HL,或者是 T 细胞丰富的大 B 细胞淋巴瘤。目前仍不能排除 NLPHL 与 T 细胞丰富的 B 细胞淋巴瘤之间存在重叠。

1. 流行病学 根据欧美的报道,NLPHL 占所有 HL 的 2% ~6%,平均约 5%。由于认识本病的时间不长,过去与富于淋巴细胞的经典 HL 一起归在淋巴细胞为主 HD 中(Rye 分类),因此在中国根据 WHO 新分类的病例统计资料尚不多。从目前少数资料看,差别很大,在 1.6% ~18%,但比较可信的范围大约在 3% ~7%。患者多数是男性,年龄常在 30 ~50 岁。

2. 累及部位 最常累及的是颈部淋巴结,其次是腋下和腹股沟淋巴结。约 7% 病例累及纵隔,而脾和骨髓受累罕见。

3. 临床特点 大多数患者就诊时仅为局部淋巴结病变,处于早期(临床Ⅰ或Ⅱ期)阶段,5% ~10% 患者为进展期。该病发展缓慢,常在淋巴结肿大数月或数年后才去就医。13% 的患者出现 B 症状(发热、盗汗、体重减轻),10% 的病例可形成 Bulky 病(即瘤块大于 10cm,或肿块超过第 5、6 胸椎水平的纵隔宽度 1/3)。疾病后期容易复发,但复发后仍保持对治疗良好反应,患者很少因本病致死。

4. 前驱病变 前驱病变可能有 2 种:进行性转化生发中心(PTGC)和增生的淋巴滤泡。PTGC 表现为滤泡增大,套区的小 B 淋巴细胞进入滤泡中,取代生发中心,成为了滤泡的主要细胞成分。因为在部分患者的淋巴结内同时见到 NLPHL 和 PTGC,并且两者的结节大小和形态相似,因此 PTGC 是最可疑的前驱病变。还有一些患者在 NLPHL 诊断前、后的淋巴结活检中见不到 PTGC 或其他病变,仅能见到增生的滤泡,因此提示增生滤泡可能为前驱病变。虽然 NLPHL 中常见 PTGC,但它是否真的是 NLPHL 的瘤前病变,尚无定论。大多数反应性增生和 PTGC 并不发展成为 HL。自 1975 年 Lennert 和 Muller-Hermelink 首次描述 PTGC 以来,已有很多资料提到这个名字,但它的意义至今不清楚。

5. 形态学 淋巴结结构部分或全部被破坏,取而代之的是结节或结节和弥漫混合的病变。结节数量不等,体积比较大,超过常见的反应性淋巴滤泡的大小,结节界限清楚或不太清楚,周边多无纤维带或有纤细纤维带,结节的边缘可见组织细胞和一些多克隆浆细胞。病变主要由小淋巴细胞、组织细胞和上皮样组织细胞构成背景,背景中偶见散在单个中性白细胞,但不存在嗜酸粒细胞,也不存在中心母细胞。在背景中可见醒目的散在分布的大瘤细胞——LH 细胞。LH 细胞体积大,比典型的 HRS 细胞略小,比免疫母细胞大,胞质少,单一大核,核常重叠或分叶,甚至呈爆米花样,因此有"爆米花"细胞的名称。核染色质细,呈泡状，核膜薄，核仁多个、嗜碱性、中等大小，比典型 HRS 细胞的核仁小（彩图 3-10）。不过，约半数病例中可见到分叶核、大核仁的 LH 细胞，形态似典型 HRS 细胞，但这些细胞的数量很少，只有少数病例中这种细胞较多。LH 细胞的数量不等，但通常较少。结节内几乎没有残留的生发中心。病变弥漫区主要由小淋巴细胞和组织细胞组成，后者可单个或成簇。该瘤很少以弥漫性为主的形式出现。欧洲淋巴瘤工作组曾将病变结节区域大于 30% 定为 NLPHL，小于 30% 定为弥漫性淋巴细胞为主 HL 伴结节区。该小组发现 219 例淋巴细胞为主 HL（LPHL）中仅有 6 例为弥漫性 LPHL 伴结节区。大约 3% 的病例可以完全呈弥漫分布，与 T 细胞丰富的大 B 细胞淋巴瘤鉴别非常困难。最近有研究根据生长方式将 NLPHL 分为 6 个变异型：典型（富于 B 细胞）结节型，匍行（serpiginous）结节型，结节外 LH 细胞为主结节型，富于 T 细胞结节型，富于 T 细胞的弥漫型（TCRBCL 样型），富于 B 细胞的弥漫型。富于 T 细胞的弥漫型主要见于复发病例，提示 T 细胞增多可能预后变差。结节外 LH 细胞为主结节型可能是结节发展成弥漫的过渡阶段。在淋巴结结构尚未全部破坏的病例中偶尔在病变附近存在反应性滤泡增生伴有 PTGC。

6. 免疫表型 几乎所有病例中 LH 细胞呈 CD20⁺、CD79α⁺、BCL-6⁺、CD45⁺，多数病例 J 链⁺、CD75⁺，约一半的病例 EMA⁺。Ig 轻链和重链常呈强阳性。几乎所有病例中的 LH 细胞都不表达 CD15 和 CD30。但偶尔也可见 CD30⁺的细胞，这是由于存在反应性 CD30 阳性的淋巴样母细胞（活化的淋巴细胞或免疫母细胞），这与 LH 细胞无关。少数情况下 LH 细胞可呈 CD30 弱阳性。由于 LH 细胞呈 Ki-67 阳性，表明 LH 细胞处在细胞增殖周期之中。多数 LH 细胞被 CD3⁺ 和 CD57⁺ T 细胞围绕。

Oct2 能够选择性的标记 LH 细胞，因此是很有用的标记物。Oct2 是一种转录因子，能够激活 Ig 基因的启动子及相邻的活化因子 BOB1。Oct2 和 BOB1 在鉴别 CHL 和 NLPHL 有用。因为 LH 细胞均表达 Oct2 和 BOB1，但是 CHL 中的 HRS 细胞只表达其中一种，或两种均不表达。同时表达 Oct2 和 BOB1 的 CHL 病例尚未见到。

NLPHL 的背景结节是由滤泡树突状细胞构成的大球形网，其内充满了大量的小 B 细胞和 CD57⁺T 细胞。结节内没有 CD10⁺的生发中心细胞，也有个别报道认为 CD10⁺生发中心细胞见于 15% 的病例。CD20⁺染色有助于辨认 HE 切片中弥漫病变区域不太清楚的结节。CD21 或 CD23 对滤泡树突细胞染色可以清楚地显示出增大的结节。弥散区域中 T 细胞数量很多，即使在结节中 T 细胞数量也很多，这些 T 细胞主要是 CD3⁺、CD4⁺和 CD57⁺，但结节内 CD8⁺ 和 TIA1⁺ 的细胞很少。这与 TCRBCL 不同，TCRBCL 主要是 CD8+的细胞毒性 T 细胞（表 3-5）。

表 3-5 确定 NLPHL 中结节的免疫表型标准

1. 大量 CD20⁺的小 B 细胞形成结节或结节样结构
2. 结节中有 CD20⁺的肿瘤性大 B 细胞-LH 细胞
3. 结节中聚集了 CD21⁺的滤泡树突细胞
4. 结节内有大量的 CD57⁺T 细胞
5. 结节内 CD4⁺T 细胞>CD8⁺T 细胞

7. 诊断和鉴别诊断 NLPHL 诊断要点：①满足 HL 的基本标准，即散在大细胞+反应性细胞背景；②至少有一个典型的大结节；③必须见到 LH 细胞；④背景中的细胞是小淋巴细胞和组织细胞，没有中性粒细胞和嗜酸粒细胞；⑤LH 细胞总是呈 LCA⁺、CD20⁺、CD15⁻、CD30⁻，LH 细胞周围有大量 CD3⁺ 和 CD57⁺细胞围绕。

最容易与本病混淆的疾病是 LRCHL，最难鉴别的是 TCRBCL。

（1）LRCHL：有两种组织形式，结节性和弥漫性。当呈结节性生长时很容易与 NLPHL 混淆（表 3-6）。

（2）TCRBCL：NLPHL 的结节明显时，鉴别很容易，根据现在 WHO 的标准，在弥漫性病变中只要找到一个具有典型 NLPHL 特征的结节就足以排除 TCRBCL。但结节不明显或完全呈弥漫生长时，应与 TCRBCL 鉴别。但二者的鉴别非常困难，甚至二者可能有重叠。好在完全弥漫的 LPHL 只有 3%。当看到典型 LH 细胞时，有助于 LPHL 的诊断。当瘤细胞呈簇状或小片状时，提示 TCRBCL 可能性大。

免疫组化对肿瘤细胞的鉴别尚无帮助，但对背景中反应性细胞的标记可能有些提示作用。NLPHL中B细胞多于T细胞，$CD57^+$的T细胞较多，可围绕LH细胞形成花型，$CD4^+$T细胞较多，而$CD8^+$和TIA-1^+T细胞很少。相反，TCRBCL中T细胞多于B细胞，$CD57^+$细胞通常较少，$CD8^+$和TIA-1^+细胞较多。从临床来看，NLPHL就诊时多为早期(Ⅰ、Ⅱ期)，没有B症状，而TCRBCL多为进展期(Ⅲ、Ⅳ期)，常有B症状。

表3-6 NLPHL与LRCHL的鉴别

	NLPHL	LRCHL
反应性背景		
组织学		
小淋巴细胞组成的结节	+	+
萎缩生发中心	-/+(15%)	+(偏心)
上皮样细胞簇	+	+/-
粒细胞	-	-
结节周围纤细纤维带	-/+	-/+
免疫组织化学		
B细胞组成的结节	+	+
$CD57^+$ T细胞	+	-/+
$CD57^+$细胞的花形	+	-
$CD3^+$细胞的花形	+	+
$CD21^+$ FDC网	膨大的网	致密萎缩生发中心，套区膨大
肿瘤细胞		
形态学		
LH(爆米花)细胞	+	+/-
RS细胞	-/+	+
免疫组织化学		
CD20	+(98%)	-/+(32.5%)
CD79α	+(80%)	-/+(8.7%)
J-chain	+(91.5%)	-(0%)
CD30	-(0%)	+(92.5%)
CD15	-(0%)	+(81%)
EMA	+/-(54%)	-/+(2.5%)
EBV		
EBER(LMP1)	-(0%)	-/+(47%)

(3)进行性转化生发中心(PTGC)：由于PTGC结节形态与NLPHL结节相似，二者也常出现在同一淋巴结，因此应做鉴别。PTGC是由于长期持续的淋巴滤泡增生而变大的，套区小淋巴细胞突破并进入生发中心，生发中心内原有的中心细胞和中心母细胞被分割挤压，但常能见到残留的生发中心细胞($CD10^+$)，没有LH(爆米花)细胞。

8. 遗传学 LH细胞呈单克隆性Ig基因重排。从组织中提出的DNA常检查不出Ig基因呈单克隆，因为病变中有大量的反应性B细胞干扰。只有通过微切获取单个瘤细胞，从中提出的DNA，才能查到单克隆性Ig基因重排。同时还检测到了Ig基因可变区具有很多自身突变点，并且存在突变正在进行的信号。这种Ig基因重排是具有功能的，因为在多数病例的LH细胞中可测到转录的Ig mRNA。这与CHL中的HRS细胞不同。LH细胞没有EBV感染，但旁边的反应性淋巴细胞或许可查出EBV。

9. 细胞起源 起源于生发中心B细胞，中心母细胞分化阶段。

10. 预后和预测因素 Ⅰ、Ⅱ期患者的预后非常好，10年生存率大于80%。现在还不清楚是否在诊断后立即采取治疗能够取得更好的效果。因此，在有的国家(如法国)对于Ⅰ期患者在行局部淋巴结切除后不再做进一步治疗。只进行观察和等待，不进行太积极的治疗。进展期患者的预后不好。3%~5%的病例进展成为大B细胞淋巴瘤。与NLPHL有关的大B细胞淋巴瘤如果是局限性的，其预后较好，但也有报道显示，一旦NLPHL发展成了DLBCL，其预后与原发性DLBCL没有明显差别，因此应该采用更积极的方法治疗。已证实NLPHL与DLBCL之间存在克隆性关系。

(七)经典型霍奇金淋巴瘤

CHL是单克隆淋巴细胞性肿瘤，由肿瘤细胞和反应性背景两部分组成，肿瘤细胞散在分布于反应性背景之中。肿瘤细胞包括单核霍奇金(Hodgkin，H)细胞和多核RS细胞，统称为HRS。反应性背景包括数量不等的非肿瘤性小淋巴细胞、嗜酸粒细胞、中性粒细胞、组织细胞、浆细胞、成纤维细胞和胶原纤维。根据背景的成分和HRS细胞的形态，CHL分为4个亚型：富于淋巴细胞型CHL(LRCHL)，结节硬化型HL(NSHL)，混合细胞型HL(MCHL)和淋巴细胞消减型HL(LDHL)。这4种亚型的HRS细胞具有相同的免疫表型和遗传学特征，但各亚型的临床表现和与 EBV 的关系是不同的。

1. 流行病学 CHL 占所有 HL 的 95%，因此以前 HL 流行病学的资料基本代表了 CHL。HL 发病率表现出明显的地区差异，在西方国家 HL 发病率较高（约 1.6/10 万～3.4/10 万），约占所有淋巴瘤的 30%。在中国发病率较低（0.3/10 万～0.4/10 万），约占所有淋巴瘤的 10%，但在儿童明显增高，达到了 31.7%，与西方国家儿童的情况相似（25%～30%）。HL 的发病年龄具有明显的双峰特点，第 1 个高峰发生在年轻人（15～35 岁），第 2 个高峰出现在老年人（55 岁以上）。但是在发展中国家第一个高峰有所前移，并且峰高较低，中国的情况亦如此，第一个高峰在 10 岁以内。华西医科大学第一附院的资料显示，HL 的患病高峰在儿童，随着年龄增加患病率基本上是逐渐降低。发病年龄从初生到老年，平均发病年龄在 30 岁左右。患者男性多于女性，男女比例约为 2.6：1，但在西方国家第一个高峰年轻女性略多或男女比约 1：1，并且在组织学上主要为结节硬化型。有传染性单核细胞增生症病史的患者发生 HL 的危险性增大。有呈家族和地区聚集的报道。

2. 累及部位 CHL 最常发生在颈部淋巴结（75%～90%），其次是纵隔、腋下和主动脉旁淋巴结，而中线以外的淋巴结（如滑车上淋巴结）几乎从不受累及。55% 的患者就诊时表现为局部病变（Ⅰ或Ⅱ期），约 60% 的患者有纵隔淋巴结受累，其中多数是 NSHL，这与 NLPHL 不同（仅 7% 累及纵隔）。脾脏受累并不少见，约 20%。骨髓很少受累（5%）。由于骨髓缺乏淋巴管，一旦骨髓出现浸润，提示是经血管播散（即为Ⅳ期）。不同组织学亚型累及的部位也有所不同。如 NSHL 容易累及纵隔（80%），而 LRCHL 则不易累及纵隔（15%）。HL 的进展具有一个明显的特点，即按淋巴引流方向呈连续性的逐站的累及淋巴结，不像非霍奇金淋巴瘤呈跳跃式进展。虽然有原发于淋巴结外 HL 的报道，但是非常罕见，换句话说，HL 几乎不原发于淋巴结外，因此诊断原发性结外 HL 应非常慎重。原发部位是鉴别 HL 与非霍奇金淋巴瘤的一个重要参考指标。

3. 临床特点 患者常常因发现颈部一侧或双侧无痛性肿块或体检时偶然发现纵隔肿块就诊。此时常常为单一的或多个融合的淋巴结肿大，局限于 1～2 个淋巴结区，NSHL 多累及纵隔淋巴结，腹腔淋巴结和脾脏受累多为 MCHL。早期多无任何不适，随着疾病的发展可出现全身症状，包括发烧、盗汗、体重明显下降（称为 B 症状），乏力、食欲缺乏、全身瘙痒等，这些症状见于 40% 的患者。

4. 病因学 目前认为 EBV 与 CHL 发病关系最为密切。定位性技术检测到 HRS 细胞中存在 EBV。全世界约 50% 的 CHL 存在 EBV 感染，中国 HL 感染 EBV 达到 61%，其中儿童（14 岁以下）HL 达到 89%，成人 HL 达到 38%。特别是 10 岁以下的儿童感染率更高，达 95%。并且儿童 HL 的 EBV 感染与组织学类型无关，即每种类型的 HL 均与 EBV 有密切关系。提示儿童 HL 可能是 EBV 相关的独立疾病。在组织学上 MCHL 亚型与 EBV 关系最密切（80%～100%），其次是 LRCHL（47%），LDHL 和 NSHL（10%～40%）。与此相反，NLPHL 与 EBV 无关。中国 HL 感染的 EBV 亚型主要是 1 型（A 型），2 型（B 型）很少（9%）。EBV 在 HL 的发病过程中可能起了重要作用。EBV 合成的一种潜伏期膜蛋白（LMP1）被公认为具有致癌的生物学特性，比如能使成熟的淋巴细胞转化为淋巴样母细胞，使犬齿类动物成纤维细胞发生转化并使它们在裸鼠体内致瘤。目前的理论认为，LMP1 可能是阻断了具有 Ig 基因缺陷的生发中心细胞进入凋亡的路径，使得这些存在基因缺陷的细胞继续存活，最终发展成了 HL。EBV 是部分 HL 中发现的唯一病毒，对其他病毒的检测尚未取得成功。免疫缺陷如 HIV 感染所致的免疫监视功能失常可能引起 EBV 相关的 HL。在这种 HIV 感染有关 HL 中 EBV 检出率达 90%～100%。

5. 形态学 肉眼观察，可以淋巴结肿大，有包膜，切面呈鱼肉状。NSHL 中可见明显结节，致密纤维条带和包膜增厚。脾脏受累及时，白髓区可见散在结节，有时可见大瘤块，如果是 NSHL，可见纤维条带。发生在胸腺的 HL 可出现囊性变。

镜下，可以淋巴结结构部分或全部破坏。

病变主要包括两部分:肿瘤细胞成分和反应性背景成分。肿瘤细胞是指经典型RS细胞及其变异型细胞,统称为HRS细胞,有7种不同的形态。

(1)经典型RS细胞:是一种胞质丰富微嗜碱性或嗜双染性的巨细胞,直径为15~45μm,有2个形态相似的核或分叶状核,核大圆形或椭圆形,核膜清楚,染色质淡。每个核叶有一个中位嗜酸性大核仁,直径3~5μm,相当于红细胞大小,周围有空晕,看起来很醒目,如同"鹰眼"。两个细胞核形态相似,较对称,似物影镜映,因此有"镜影"细胞之称(彩图3-11)。这种细胞非常具有特征性,在HL中具有比较重要的诊断价值,故有诊断性RS细胞之称。值得注意的是RS细胞只是诊断HL的一个重要指标,但不是唯一的指标,除此之外,还必须具备"反应性背景"这项必不可少的指标。因为RS细胞样的细胞也可见于其他不少疾病,如间变型大细胞淋巴瘤、恶性黑色素瘤、精原细胞瘤、低分化癌等,而这些疾病都不具有反应性背景。

(2)单核型RS细胞:又称为霍奇金(Hodgkin,H)细胞。在形态上除了是单核细胞外其余特征与经典型RS细胞相同。这种细胞可能是经典型RS细胞的前体细胞,即核分裂前的细胞,也可能是由于切片时只切到了经典型RS细胞的一叶核所致。这种细胞可见于各型经典霍奇金淋巴瘤,但MCHL更多见。在反应性增生的淋巴组织中有时会见到类似这种单核型RS细胞的免疫母细胞,应予以鉴别。免疫母细胞要小些,核仁也小些,约2~3μm,核仁周围没有空晕,因此不够醒目。

(3)多核型RS细胞:其特点是细胞更大,有多个核,有的核呈"马蹄形",其余特征与经典型RS细胞相同。这种细胞也有较高的诊断价值,主要见于LDHL和MCHL,但也可见于非霍奇金淋巴瘤,如间变型大细胞淋巴瘤。

(4)陷窝型RS细胞:又称为陷窝细胞,是经典型RS细胞的一种特殊变异型。形态特点是细胞大,细胞界限清楚,胞质空,核似悬在细胞的中央。多为单个核,也可见多个核,核仁通常较典型RS细胞的核仁小。出现这种细胞的原因完全是人为所致,是由于组织固定不好造成细胞收缩引起的,如果先将淋巴结切开再固定这种现象就会消失。因此,也不难理解为什么这种细胞多见于包膜厚纤维条带多的NSHL。

(5)固缩型RS细胞:又称为"干尸"细胞(mummified cell),这种细胞比经典型RS细胞小,细胞膜塌陷,形态不规则,如同细胞缺水的干瘪状,最醒目的是细胞核,低倍镜下很容易注意到形态不规则的深染如墨的细胞核。细胞核的大小不一,与其身前的大小和固缩的程度有关。核仁因核深染而不明显。这种细胞是一种凋亡的RS细胞,可见于各型HL,由于很少见于其他肿瘤(可见于间变型大细胞淋巴瘤),因此对HL的诊断有提示作用。

(6)奇异型RS细胞:这种细胞较大,可以是单核,也可以是多核,细胞核不规则,异型性明显,核分裂象多见。主要见于LDHL。

(7)LH型RS细胞:LH细胞比经典型RS细胞略小,比免疫母细胞大,胞质少,为单一核,核大,常扭曲重叠或分叶,形似爆米花,因此有"爆米花"细胞之称。核染色质细,核呈泡状,核膜薄,核仁多个嗜碱性,中等大小,比经典型RS细胞的核仁小。LH细胞主要见于NLPHL,但在部分LRCHL中也可见少数LH细胞,此时应做免疫标记进行鉴别。

传统上一直认为LH细胞是RS细胞的一种变异型,但是近年来免疫表型和遗传学研究显示LH细胞明显地不同于经典型RS细胞及其他变异型,如LH细胞几乎总是$CD20^+$、$CD15^-$、$CD30^-$、Ig基因具有转录的功能及可变区存在自身突变和突变正在进行的信号,而经典型RS细胞及其他变异型细胞几乎都呈$CD30^+$,大多数$CD15^+$,少数(约20%~40%)$CD20^+$,Ig基因虽然有重排和自身突变,但不具有转录的功能。因此LH细胞是RS细胞的一种变异型这种传统的观点正在被动摇。

肿瘤细胞仅占整个病变的很少一部分,约0.1%~10%。病变背景的反应性成分占绝大多数,主要有小淋巴细胞、浆细胞、嗜酸粒细胞、中性粒细胞、组织细胞、上皮样细胞、成纤维细胞及纤维化。不同的组织学亚型有不同的背景成分。

确定继发病灶(如骨髓和肝脏)是根据炎

性背景中存在 $CD15^+$ 和(或)$CD30^+$ 的非经典的单核细胞,并不要求一定要有经典型 RS 细胞。

6. 免疫表型 几乎所有的 HRS 细胞呈 $CD30^+$,表明 CD30 在 CHL 的标记中敏感性很高;由于 CD30 还见于其他病变,如间变型大细胞淋巴瘤、部分弥漫大 B 细胞淋巴瘤等,因此特异性不太高。75% ~ 85% 的 CHL 呈 $CD15^+$,而其他淋巴瘤呈阴性,表明 CD15 的特异性较高。有的 CHL 病例可能仅有很少数肿瘤细胞呈 $CD15^+$,阳性信号常在高尔基体区,不太醒目,因此应注意用高倍镜观察。CD15 和 CD30 是诊断 CHL 必备组合抗体。通常 CD45(LCA)、J 链、CD75、CD68 在 CHL 总是阴性。约 20% ~40% 病例可有 CD20 表达,但强度变化很大,多数较弱,并且阳性细胞数量很少,因此容易漏掉,造成检出率不高。CD79α 很少阳性。虽然 CHL 表达 CD20 和 CD79α 不高,但约 90% 病例表达 B 细胞特异活化因子蛋白(BSAP)。BSAP 是一种 B 细胞特异性转录因子和 PAX5 基因产物,证明 HRS 细胞是 B 细胞来源。BSAP 在 HRS 细胞表达较反应性 B 细胞弱,这样容易辨认。EBV 的潜伏期膜蛋白 1(LMP1)的表达依不同的组织亚型和流行病因素有所不同,90% 以上的 MCHL 表达 LMP1。有些病例中少数 HRS 细胞可表达很弱的一种或几种 T 细胞抗原。通常对此很难判断,因为 HRS 细胞周围有大量 T 细胞包绕。多数 T 细胞抗原阳性的 CHL 没有 TCR 基因重排,而表现出 Ig 基因重排,因此 T 细胞抗原表达常常是奇异表达。5% 的病例可有 EMA^+,但较弱,这与 NLPHL 和间变型大细胞淋巴瘤不同。还有一个特点是不存在转录因子 Oct2 和(或)共同活化因子 BOB1(BOB1 在促进 Ig 转录有重要作用),这有别于 NLPHL。多数 HRS 细胞表达 Ki-67,表明 HRS 细胞具有很高细胞增殖活性,而不是被炎性细胞困扰的濒死的细胞。

肿瘤细胞较多的 CHL 看上去与间变性大细胞淋巴瘤(ALCL)相似,但 CHL 的 HRS 呈 BSAP 阳性,而 ALCL 总是阴性。EMA 和 ALK 的阴性率也有一定帮助。LMP1 也有利于 CHL 的诊断。最难鉴别诊断的是大 B 细胞具有间变性的形态(即 B 间变性大细胞淋巴瘤,WHO 将其归入了弥漫大 B 细胞淋巴瘤)。可能二者之间确实存在生物学上的重叠。

7. 细胞因子和化学因子 HL 不同于其他肿瘤的显著特点之一就是病变背景中存在大量的反应性细胞,正因为如此,HL 曾长期被误认为是炎性疾病。HL 背景中为什么会出现大量的反应性细胞呢?现代的研究提示可能与 HRS 细胞表达多种细胞和化学因子有关。现在已知 HRS 细胞常存在细胞因子和化学因子的过表达或异常表达,这些因子包括 IL-2、IL-5、IL-6、IL-7、IL-9、IL-10、IL-13 和 IL-13 受体,粒细胞-巨噬细胞集落刺激因子、淋巴毒素 α、转化生长因子 β(TGF-β),eotaxin 和 CC 化学因子 TARC。eotaxin 过表达可能与嗜酸粒细胞浸润有关,TGF-β 表达与纤维化有关,CC 化学因子 TARC 表达与大量 2 型辅助 T(Th2)细胞浸润有关。

8. 遗传学

(1) 抗原受体基因:HRS 细胞的起源和性质一直是人们关注的重要问题,由于以前技术和条件的限制,这些问题始终未得到解决。最近 10 年来随着条件的成熟,现在已经证实 98% 以上的 CHL 有 Ig 基因克隆性重排,极少的病例有 TCR 重排。提示绝大多数 CHL 来源于 B 细胞,极少数来源于 T 细胞,并且这些细胞具有单克隆性质。这样从遗传学上进一步支持 CHL 具有肿瘤的性质,而不是炎症。至今为止仅发现 4 例 CHL 为 T 细胞基因型,其中 3 例是通过单个细胞 PCR 检查发现。克隆性重排通常不宜用完整组织切片的 DNA 进行分析,因为背景细胞中含有大量的 T 细胞和 B 细胞,而应通过微切的方法获取单个 HRS 细胞的 DNA 进行分析。CHL 出现 T 细胞基因型的原因很复杂,其中一个原因可能是由于有的外周 T 淋巴瘤貌似 CHL 而被当做 CHL 病例。但是真正的 T 细胞淋巴瘤用全片提取 DNA 亦能查出 TCR 的克隆性。

(2) Ig 基因的自身突变:原始的 B 细胞具有胚系的 Ig 基因,而这种胚系 Ig 基因是没有转录功能的。B 细胞在分化成熟的过程中,Ig 基因必须经过重排才能具有功能。现在已知进入生发中心反应的 B 细胞不仅具有Ig基因重排,而且Ig基因的可变区存在基因自身突变,因为只有当B细胞参与生发中心反应时,才会启动重链基因自身突变。这种自身突变是生发中心细胞的标志。现在发现在CHL中已经重排的Ig基因的可变区内存在很多自身突变,这些发现表明HRS细胞起源于生发中心细胞或其后代。但CHL通常没有基因正在突变的信号(标志),这与NLPHL不同。通过对CHL和滤泡性非霍奇金淋巴瘤形成的复合瘤的研究发现两者具有相同的前体细胞。这些前体细胞已证明携带有重链基因自身突变,并且与生发中心B细胞是一致的。这一发现进一步支持HRS细胞起源于生发中心B细胞,而不是"生发中心后"的B细胞。

(3) EBV感染:检测EBV感染的方法有多种,包括非定位性的Southern blot、PCR及定位性的原位杂交和免疫组化。目前公认的标准方法是EBER(彩图3-12)原位杂交和LMP1免疫组化。EBV在HRS细胞中的感染率与组织学亚型和流行病学因素有关。MCHL感染率最高(80% ~100%),NSHL最低(10% ~40%)。在发展中国家和HIV感染的人群中EBV感染率很高,接近100%。儿童HL比成人HL感染率高,特别是10岁以下儿童,中国10岁以下儿童感染达95%,并且与组织学亚型无关,即几乎所有亚型均有感染。55岁以上老人比青壮年感染率高。因此EBV在HL中感染率也呈双峰。EBV的亚型也随地区不同有所变化。在发达国家主要是1型EBV,在中国也主要是1型,在部分非洲和南美发展中国家主要是2型,并且双重感染也较普遍,HIV感染人群也常是2型。EBV^+的HL通常在复发时仍然保持同样EBV株。HRS细胞中的EBV表达LMP1和EBNA-1,但不表达EBNA2。这种表达形式是EBV潜伏感染Ⅱ型的特征。

9. 细胞起源 98%以上HRS细胞起源于生发中心阶段分化的成熟B细胞,极少数起源于外周T细胞。

10. 预后和预测因素 现代的放疗和化疗相结合的方法使大多数HL(80%)能够治愈。治疗方案主要是综合病理分型和临床分期来决定的。在现代治疗方法出现以前,组织学类型与总体生存率有非常密切的关系。现在分期和全身症状(如是否有B症状)成了比组织学亚型重要得多的预后指标。临床和实验室的参数(如乳酸脱氢酶)也与预后有关。

混合细胞型(MCHL)

混合细胞型是经典霍奇金淋巴瘤(CHL)的一个亚型,病变呈弥漫性或结节样,HRS细胞散在于混合的多种炎性细胞背景之中,结节没有纤维硬化。与Rye分类不同,现在MCHL被认为是一个真性亚型。

在西方国家MCHL大约占CHL的20% ~25%。在发展中国家MCHL是常见的一种亚型,在中国约占成人CHL的40%和儿童CHL的86%。HIV感染的患者MCHL所占比例增高。中位年龄37岁,大约70%是男性。

(1) 累及部位和临床特点:患者就诊时常常已是Ⅲ或Ⅳ期。B症状常见。常累及周围淋巴结,但纵隔受累少,30%累及脾脏,3%累及肝脏,1% ~3%累及其他器官。

(2) 形态学:淋巴结结构破坏,但也可能见到滤泡间区生长形式的HL。多数病例呈弥漫性生长,有的可见结节样结构,但结节周围没有宽阔的纤维条带。可以出现间质纤维化,但淋巴结包膜不增厚。容易见到经典型、单核型和多核型RS细胞。背景由混合性细胞组成,其成分变化可以很大,常有中性粒细胞、嗜酸粒细胞、组织细胞和浆细胞,可以一种为主。组织细胞可以像上皮样细胞分化并形成肉芽肿样结构。

(3) 免疫组化:肿瘤细胞具有CHL的表型(见前面)。但EBV编码的LMP-1的表达(80%以上)要比NSHL和LRCHL高得多。

(4) 诊断要点:①满足HL的基本标准,即散在大细胞+反应性细胞背景;②大细胞(HRS细胞),主要为典型RS细胞、单核型和多核型RS细胞;③混合性反应性背景,中性粒细胞、嗜酸粒细胞、组织细胞和浆细胞等;④弥漫为主,可有结节样结构,但无硬化纤维带包绕和包膜增厚;⑤HRS细胞总是$CD30^+$,多数呈$CD15^+$,少数呈$CD20^+$,极少出现EMA^+;⑥绝大多数有EBV感染,即$EBER^+$和$LMP1^+$。

(5) 预后:在现代治疗方法引入之前,

MCHL 的预后较结节硬化型 HL 差，比淋巴细胞消减型 HL 好些。但现在这些差别已很不明显了。

结节硬化型 HL

结节硬化型（NSHL）是 CHL 的一个亚型，至少有一个由纤维条带围成的结节，并且结节内有陷窝型 RS 细胞。

NSHL 在西方国家发病比较高，约占所有 CHL 的 70%，在中国约占成人 CHL 的 50%，约占儿童 CHL 的 7%。中位年龄是 28 ~ 30 岁。NSHL 是男性不占优势的一型 HL，男女比例约为 1∶1。

（1）累及部位和临床特点：纵隔受累及占 80%，巨大瘤块占 54%，累及脾和（或）肺占 10%，骨髓占 3%。

多数患者就诊时为临床Ⅱ期。40% 的患者有 B 症状。

（2）形态学：病变具有 CHL 的表现，呈结节状生长，结节周围被宽阔的纤维条带包绕，结节内有陷窝型 RS 细胞。诊断 NSHL 至少要见到一个这样的结节。由于纤维化首先是从包膜开始，然后从增厚的包膜向淋巴结内扩展，最后将淋巴结分割成大小不等的结节，因此包膜纤维化（增厚）是诊断 NSHL 的一个必要条件。NSHL 中的 HRS 细胞、小淋巴细胞和其他非肿瘤性反应细胞数量变化很大。这型 NSHL 的 HRS 细胞的核稍小，核叶可较多，核仁小于经典型 RS 细胞的核仁。经甲醛固定，HRS 细胞常发生收缩（人工现象），因此这些细胞看起来像处在一个陷窝中，故称为“陷窝”细胞。结节中的陷窝细胞有时比较多并聚集成堆，此时可出现细胞坏死，结节内形成坏死灶。当陷窝细胞聚集很多时，称为变异型合体细胞。嗜酸粒细胞和中性粒细胞常常较多。

英国全国淋巴瘤调查组建立了 NSHL 的分级制：Ⅰ级，75% 以上的结节内 HRS 细胞散在分布于淋巴细胞及其他混合细胞或纤维组织细胞背景上；Ⅱ级，至少 25% 的结节内有数量较多的 HRS 细胞（定义为，40 倍视野下见到成片的瘤细胞区）。常规临床诊断无需分级，但对研究有用。

（3）免疫表型：瘤细胞具有 CHL 的表型；然而，EBV 编码的 LMP1 的检出率（10% ~ 40%）较其他亚型少。提示多数 NSHL 可能与其他未知病因有关。

（4）诊断要点：①满足 HL 的基本标准，即散在大细胞+反应性细胞背景；②至少有一个纤维包绕的硬化结节和包膜增厚；③大细胞（HRS 细胞）主要为陷窝型 RS 细胞、单核型和多核型 RS 细胞；④混合性反应性背景，包括中性粒细胞、嗜酸粒细胞、组织细胞和浆细胞等；⑤HRS 细胞总是 $CD30^+$，多数呈 $CD15^+$，少数呈 $CD20^+$，极少出现 EMA^+；⑥少数有 EBV 感染，即 $EBER^+$ 和 $LMP1^+$。

（5）预后及预测因素：NSHL 的预后略好于 MCHL 和 LDHL，其中部分原因是 NSHL 被发现时多于处于较早期（Ⅱ期）。纵隔形成巨大肿块是本病发展成晚期的危险因素。

淋巴细胞丰富型 HL（LRCHL）

LRCHL 是 CHL 的一个亚型，呈结节状（常见）或弥漫性。HRS 细胞散在分布。背景中有大量的小淋巴细胞，不存在中性粒细胞和嗜酸粒细胞。

LRCHL 大约占 CHL 的 3% ~5%，类似于 NLPHL。在中国占 5% ~12%。中位年龄较其他 CHL 亚型和 NLPHL 高。大约 70% 患者为男性。

（1）累及部位和临床特点：累及的典型部位是周围淋巴结。15% 累及纵隔，11% 形成巨大瘤块。

多数患者为Ⅰ或Ⅱ期。B 症状罕见。临床特点类似于 NLPHL，但复发的频率要小些。

（2）形态学：有两种生长方式，结节性（常见）和弥漫性（少见）。病变区有大量的小结节，结节间的 T 区变窄或消失。小结节由小淋巴细胞组成。可有生发中心，但常为偏心的退化或变小的生发中心。HRS 细胞多见于扩大的套区中。经典型 RS 细胞不易见到，但单核型 RS 细胞易见。部分 HRS 细胞可以像 LH 细胞或单核的陷窝细胞，这一亚型容易与 NLPHL 混淆。最近欧洲淋巴瘤工作组分析了 388 例曾诊断为 NLPHL 的病例，结果发现 115 例（约 30%）是 LRCHL。鉴别诊断主要靠免疫组化，LRCHL 具有 CHL

中 HRS 细胞的典型免疫表型(见前面)。嗜酸粒细胞和中性粒细胞通常不存在,但也有可能出现少量。

(3) 免疫表型:HRS 细胞的免疫表型与其他类型的 CHL 相同。小结节内的小淋巴细胞具有套细胞的特点(IgM^+,IgD^+)。因此这些结节主要代表了扩大的套区。至少部分结节内有 $CD21^+$的偏心的小生发中心,但在 NLPHL 中几乎不存在生发中心,因此这一特点有助于鉴别诊断。弥漫性 LRCHL 中的小淋巴细胞几乎都是 T 细胞。

(4) 诊断要点:①满足 HL 的基本标准,即散在大细胞+反应性细胞背景;②主要为小结节状,少数为弥漫性;③大细胞主要为单核型 RS 细胞,可见少数 LH 样细胞;④背景中的细胞是小淋巴细胞,没有中性粒细胞和嗜酸粒细胞;⑤大细胞具有 CHL 中 HRS 细胞的典型免疫表型(HRS 细胞总是 $CD30^+$,多数呈 $CD15^+$,少数呈 $CD20^+$,极少出现 EMA^+),大细胞周围有大量 $CD3^+$,但很少 $CD57^+$细胞;⑥结节内常有 $CD21^+$的残留的偏位生发中心。

(5) 预后和预测因素:采用现代治疗方法,生存率较 CHL 的其他亚型稍好,类似于 NLPHL 的预后。但是 LRCHL 患者复发后,预后没有 NLPHL 患者复发后的预后好。

淋巴细胞消减型 HL(LDHL)

LDHL 是一种弥漫性的 CHL,HRS 细胞增多和(或)淋巴细胞减少。在过去的几十年中 LDHL 的定义经历过几次变化,这是由于临床资料不多所致。过去很多诊断为 LDHL 的病例现在认为是非霍奇金淋巴瘤,是间变性或多形性大细胞形态。其余的可能是 NSHL 的淋巴细胞削减型(即Ⅱ型 NSHL)。

在西方国家这是一种最少见的 CHL 亚型,占所有 CHL 不到5%,在发展中国家稍多,在中国约占 5% ~7%。中位年龄类似于其他 CHL 亚型,为 37 岁,75% 为男性。这一亚型常与 HIV 感染有关。

(1) 累及部位和临床特点:常常选择性的累及腹腔器官、腹膜后淋巴结和骨髓,而外周淋巴结则较少受累及。

患者就诊时 70% 为晚期(Ⅲ期或Ⅳ期),约 80% 有 B 症状。

(2) 形态学:虽然 LDHL 的形态变化很大,但共同特征是 HRS 细胞相对多于背景中的淋巴细胞。有的病例很像混合细胞型,但 HRS 细胞数量更多。有的病例以奇异型(多形性)RS 细胞为主,呈肉瘤样表现。这些病例与间变性大细胞淋巴瘤鉴别较困难。另一些病例表现出弥漫性纤维化,成纤维细胞增多或不增多,但 HRS 细胞明显减少。如果有结节纤维硬化,就应将其归为 NSHL。

(3) 免疫表型:与其他 CHL 亚型一致。多数 HIV^+病例有 EBV 感染,$LMP\text{-}1^+$。

(4) 诊断要点:①满足 HL 的基本标准,即散在大细胞+反应性细胞背景;②主要为弥漫性生长;③大细胞主要为奇异型 RS 细胞、单核型和多核型 RS 细胞,可见固缩型 RS 细胞;④大细胞或纤维成分相对增多,淋巴细胞相对减少,可见中性粒细胞和嗜酸粒细胞;⑤大细胞具有 CHL 中 HRS 细胞的典型免疫表型(HRS 细胞总是 $CD30^+$,多数呈 $CD15^+$,少数呈 $CD20^+$,极少出现 EMA^+);⑥可检测到 EBV(EBER、LMP1)。

(5) 鉴别诊断:在过去,HL 的诊断过多,主要原因是病理医生只注意 HRS 细胞而忽略了病变背景,将很多具有 HRS 样细胞的肿瘤诊断成了 HL。因此,应特别注意鉴别具有 HRS 样细胞的各种肿瘤。

1) 传染性单核细胞增多症(infectious mononucleosis,IM):IM 是 EBV 感染性疾病,有该病病史的人发生 HL 的危险性增高 2 ~4 倍,病变中可以出现 HRS 样的细胞、组织细胞等,可能与 LRCHL 和 MCHL 混淆,因此应当鉴别。IM 是 EBV 的急性感染性疾病,起病急,突然出现头痛、咽痛、高热、接着淋巴结肿大伴压痛,血常规白细胞不升高,甚至有些偏低,外周血中可见异型淋巴细胞,EBV 抗体滴度可增高。患者就诊时病史多在 1 ~2 周。淋巴结以 T 区反应性增生为主,一般结构没有破坏,淋巴滤泡和淋巴窦可见,不形成结节样结构,没有纤维化。T 区和淋巴窦内有较多活化的淋巴细胞、免疫母细胞,有的甚至像单核型 RS 细胞,但呈 $CD45(LCA)^+$,$CD20^+$、$CD15^-$,部分细胞 $CD30^+$。如果鉴别仍然困难,可进行短期随访,因为 IM 是自限性疾病,病程一般不超过 1 个月。

2）反应性淋巴组织增生（reactive lymphoproliferation，RLP）：RLP 是常见的淋巴结的改变，有时滤泡间区可出现大细胞（活化淋巴细胞和免疫母细胞），应与滤泡间区生长的 HL 鉴别。RLP 没有结构破坏，淋巴滤泡分布均匀，大细胞的核仁不如 HRS 细胞核仁大，核仁周围没有空晕，$CD45^+$、$CD15^-$、$CD20^{+/-}$、$CD3^{-/+}$、$CD30^{+/-}$。

3）结节性淋巴细胞为主霍奇金淋巴瘤（NLPHL）：容易与 LRCHL 混淆（表 3-7）。

4）T 细胞丰富 B 细胞淋巴瘤（TCRBCL）：容易与弥漫性 LRCHL 混淆，应鉴别。TCRBCL 的细胞类型主要是中心母细胞样或免疫母细胞样细胞，有时也可见到 LH 样细胞，但见不到典型 HRS 细胞。如果见到瘤细胞呈簇或小片有利于 TCRBCL 的诊断。免疫表型易于鉴别（表 3-7）。

5）间变型大细胞淋巴瘤（ALCL）：过去诊断的 LDHL 中，后来证实有很多是 ALCL。二者的鉴别主要靠免疫表型（表 3-7）。

6）恶性纤维组织细胞瘤、大细胞未分化癌、恶性黑色素瘤、精原细胞瘤等：这些肿瘤都可出现 HRS 样细胞，但肿瘤细胞成分很多，没有反应性背景，瘤细胞呈 $CD15^-$、$CD30^-$、$CD20^-$。

表 3-7　HL 与 T 细胞丰富的大 B 细胞淋巴瘤、弥漫大 B 细胞淋巴瘤、大细胞间变型淋巴瘤的免疫表型及 EBV 感染鉴别诊断

标记	NLPHL	TCRBCL	CHL	DLBCL	ALCL
CD30	–	–	+	–/+	+
CD15	–	–	+/–	–	–
CD45	+	+	–/+	+	–
CD20	+	+	–/+	+	–
CD79α	+	+	–/+	+	–
BSAP	+	+	+	+	–
J chain	+/–	+/–	–	–/+	–
Ig	+/–	+/–	–	–/+	–
Oct2	S+	S+	–/+(5%)	+	?
BOB1	+	+	–	+	?
CD3	–	–	–	–	–/+
CD2	–	–	–	–	+/–
穿孔素/粒酶 B	–	–	–	–	+
CD43	–	–	–	–/+	+/–
EMA	+/–	+/–	–(5% 弱阳)	–/+(伴间变)	+/–
ALK	–	–	–	–	+/–
LMP1(EBER)	–	–	+(50%)	–	–

注：+，几乎所有病例阳性；+/–，大多数病例阳性；–，几乎所有病例阴性；–/+，大多数病例阴性；S，强阳性。

（6）预后和预测因素：从历史上看，LDHL 是侵袭性的，预后较差。采用现代治疗方法后，如果临床分期相同，LDHL 与其他亚型 CHL 具有相似的预后。HIV^+的患者预后较差。

四、免疫缺陷相关淋巴增殖性疾病

目前认为有 4 种免疫缺陷疾患与淋巴瘤和淋巴组织增生性疾患（LPD）发生有关：原发性免疫缺陷综合征和疾患、人类免疫缺陷病毒（HIV）感染、与器官或骨髓移植相关的免疫抑制、氨甲蝶呤治疗相关的免疫抑制。多数 LPD 病例与普通的 T 细胞、B 细胞肿瘤类型相近，但移植后的淋巴组织增生性疾病（PTLD）有其特点。原发性免疫缺陷和疾患相关 LPD 具有明显异源性。每类原发性免疫缺陷应单独分析。HIV 感染相关的淋巴瘤主要是因为机体对致瘤性病毒，如 EB 病毒、HHV8/KSHV 等免疫监控不足造成的，也与慢性抗原刺激和免疫调节缺陷有关。此类淋巴瘤的发生往往是多因素的，与多数患者先前已有淋巴组织的增生有关。PTLD 与免疫监控缺陷和因移植器官带来的慢性抗原刺激都有联系。PTLD 的谱系提示此类淋巴疾病的发生是一个多阶段的过程。氨甲蝶呤治疗的患者发生 LPD 的风险不仅与药物所致的免疫抑制有关，在自身免疫性疾病患者中还与其本来淋巴瘤发病率就高有关。

氨甲蝶呤相关性淋巴增生疾病

氨甲蝶呤主要是治疗自身免疫性疾病，如风湿性关节炎、银屑病和皮肌炎。发生的淋巴组织增殖性疾病类似弥漫大 B 细胞淋巴瘤、霍奇金淋巴瘤或多形性移植后淋巴组织增殖性疾病。这类 LPD 疾病常与 EB 病毒相关，可在停止氨甲蝶呤治疗后好转。

1. 流行病学 这类疾病的发病率尚不十分清楚。85% 的病例发生在患风湿性关节炎（RA）患者，6% 发生在皮肌炎患者，还有 6% 发生在银屑病患者。患有 RA 的患者在没有使用氨甲蝶呤治疗的情况下淋巴瘤的发病率就高于常人 2～20 倍。因此，氨甲蝶呤是否真的能提高淋巴瘤发病风险尚存争议。通过两组患有或不患 RA 的淋巴瘤患者的病例对照实验证明，RA 患者 EB 病毒阳性的概率无明显增高，提示在 RA 患者中多数淋巴瘤的发生是非免疫抑制因素引起的。从诊断结缔组织病到发展成淋巴瘤的间期大约是 15 年，这与未使用氨甲蝶呤治疗的患者无明显差异。使用氨甲蝶呤治疗的平均时间是 3 年，氨甲蝶呤平均累及剂量是 0. 8g。

2. 部位和临床特点 约 40% 的病例发生在淋巴结外，包括胃肠道、皮肤、肺、肾和软组织。淋巴结外累及的发生率因组织学类型而不同：DLBCL 为 50%，HL 为 20%，淋巴浆细胞淋巴瘤和非典型淋巴浆细胞浸润为 100%，滤泡性淋巴瘤为 40%。

本病的临床特点类似于那些无免疫抑制的淋巴瘤患者。

3. 病因学 大约 50% 的 LPD 病例 EB 病毒阳性。EB 病毒感染的概率在不同组织学类型间有差异，EB 病毒见于大约 50% 的 DLBCL、75% 的 HL 和 HL 样淋巴瘤、40% 的淋巴浆细胞浸润和 40% 的滤泡性淋巴瘤。

4. 组织病理学 比较常见的是 DLBCL（35%）和霍奇金淋巴瘤（25%）/霍奇金样病变（8%），而滤泡性淋巴瘤（10%）、Burkitt 淋巴瘤（4%）和周围性 T 细胞淋巴瘤（4%）比较少见。多形性的、小淋巴细胞或淋巴浆细胞性浸润的见于约 14% 的病例。

5. 免疫表型 免疫表型与那些与氨甲蝶呤治疗无关的淋巴瘤相似。在诊断为霍奇金样病变中肿瘤细胞 $CD20$ 和 $CD30^+$，而 $CD15^-$，而在诊断为霍奇金淋巴瘤的病例中，大细胞 $CD15^+$。

6. 遗传学 遗传学特征与那些与氨甲蝶呤治疗无关的淋巴瘤相似。

7. 预后和预测因素 总的来说，大约有 60% 的报道病例在停止氨甲蝶呤后至少是出现部分好转，多数好转病例见于 EB 病毒阳性的患者。在 DLBCL，大约 40% 有好转，而 60% 的需要细胞毒药物治疗，总的生存率约 50%。在 HL 约 30% 好转，而 HL 样病变 100% 好转，总的 HL 好转率大约是 75%。诊断为淋巴浆细胞浸润或淋巴浆细胞淋巴瘤的病例多数在停止氨甲蝶呤治疗后好转，存活率约为 75%。

第四节　组织细胞肿瘤

一、组织细胞肉瘤

组织细胞肉瘤是一种具有成熟组织细胞特征的恶性肿瘤。组织细胞肉瘤是一种罕见肉瘤。发病年龄广，从婴儿到老年人皆可发病，但多数发生在成人，男性略多于女性。病因未明。大多数病例发生在结外，最常见于肠道、皮肤及软组织，其次为淋巴结，少数患者呈全身性表现，多器官受累及，可称为“恶性组织细胞增生症”。

1. 临床特征 可表现为孤立性肿块，常有发热和体重下降等全身性症状。皮肤表现多样，可呈躯干和四肢良性皮疹、孤立性病变或无数的肿块。发生在肠道病变者，常表现为肠梗阻。可出现肝脾肿大和全血细胞减少。也可出现溶骨性病损。

2. 形态学 肿瘤由弥漫分布的大细胞组成,细胞形态单一,也可多形,常为圆形至卵圆形大细胞,也可见到灶状梭形细胞(肉瘤样)。胞质丰富、嗜酸性,偶呈泡沫状。偶见噬血细胞现象。细胞核呈圆形至卵圆形或不规则,分叶核亦常见。染色质呈泡沫状,从中等至明显的异型。常需要借助免疫组化与恶性黑色素瘤和的分化癌鉴别。

背景中可见数量不等的炎性细胞,如小淋巴细胞、浆细胞、组织细胞和嗜酸粒细胞。有时肿瘤细胞被大量炎性细胞所掩盖,容易漏诊。这种情况在中枢神经系统更常见。

电镜下,肿瘤细胞胞质丰富,可见许多溶酶体。未见 Birbeck 颗粒和细胞间连接。

3. 免疫表型 表达一种或多种组织细胞标记物,包括 CD163、CD68(KP1 和 PGM1)和溶菌酶。缺乏朗格汉斯细胞标记(CD1α、langerin)、滤泡树突细胞标记(CD21、CD35)及髓细胞标记(CD33、CD13、MPO)。CD68 和溶菌酶胞质颗粒状着色,溶菌酶表现为高尔基区加强染色。CD163 细胞膜和(或)细胞质着色。极少数情况下 CD15 弱表达。另外,CD45、CD45RO 和 HLA-DR 通常阳性。S-100 蛋白也可表达,但通常弱或局灶。无 B 细胞和 T 细胞抗原表达。CD4 通常阳性。HMB45、EMA/CK 阴性。Ki-67 指数表达不等。

4. 细胞起源 可能起源于成熟的组织细胞。

5. 预后及预测因素 组织细胞肉瘤是侵袭性肿瘤,对治疗无明显反应。多数患者(约 60% ~80%)死于疾病进展。病灶局限或处于早期阶段的患者生存期更长。

二、朗格汉斯细胞组织细胞肿瘤

根据朗格汉斯细胞肿瘤的细胞异型性和临床侵袭性,分成两个主要的亚型:朗格汉斯细胞组织细胞增生症和朗格汉斯细胞肉瘤。由于朗格汉斯细胞肉瘤罕见,在此不做介绍。

朗格汉斯细胞组织细胞增生症

朗格汉斯细胞组织细胞增生症(LCH)是朗格汉斯细胞的克隆性增生,可表达 CD1α、langerin 和 S-100 蛋白,超微结构可见 Birbeck 颗粒,也称为组织细胞增生症 X、嗜酸粒细胞肉芽肿(孤立性病变)、Hand-Schuller-Christian 病(多发性病变)、Lettere-Siwe 病(散在弥漫或内脏浸润)。

发病率每年约 5/100 万,多见于儿童。男性好发(男女比例为 3.7∶1)。白人多见,黑人罕见。有家族聚集性,但无垂直遗传。肺原发者几乎均有吸烟史,通常是非克隆性增生。

该病可为单一病灶,也可表现为单系统多病灶或多系统多病灶。单一病灶最好发于骨(颅骨、股骨、盆骨和肋骨)和临近的软组织,其次是淋巴结、皮肤和肺。多发性病灶通常累及骨和临近软组织。在多系统累及的病变中,皮肤、骨、肝和脾易累及,性腺和肾脏很少累及。

1. 临床特征 孤立性病变可发生于儿童或成人,常表现为骨质破坏。在其他部位的单一病灶表现为肿块或肿大的淋巴结。单系统多灶者通常见于幼童,呈现多灶性骨破坏,常伴有周围软组织包块。头骨和下颌骨常累及。由于垂体受累,可出现尿崩症。多系统受累者常见于婴儿,多有发热、全血细胞减少、皮肤和骨的病变及肝脾肿大。儿童期肺部病变的临床表现多样。

2. 形态学 朗格汉斯细胞呈卵圆形,约 10 ~15μm,具有核沟、折叠、凹陷或呈分叶状的核,染色质细腻、有不太清晰的核仁、核膜薄。核分裂象数目不一,可很多,但无核的异型性。胞质中等量,弱嗜酸性。LCH 细胞卵圆形,缺乏细胞树突。背景中有数量不等的嗜酸粒细胞、组织细胞、中性粒细胞和小淋巴细胞(彩图 3-13)。偶见嗜酸性脓肿。病变早期常见大量的朗格汉斯细胞,并可见嗜酸粒细胞和中性粒细胞,然而晚期 LCH 细胞减少,泡沫样巨噬细胞增生并纤维化。

淋巴结受累时最先出现在窦内,继而出现在副皮质区。脾红髓受累最易呈结节状。肝脏肝内胆管受累可继发硬化性胆管炎。骨髓受累时活检比涂片更易辨认。

电镜下,朗格汉斯细胞特征性超微结构是胞质内的 Birbeck 颗粒。这种颗粒可以通过 langerin 蛋白的表达而确认。Birbeck 颗粒呈网球拍样,大约 200 ~400nm 长,33nm 宽,有拉链样的外观。

3. 免疫表型 肿瘤性的朗格汉斯细胞总是表达 CD1α、langerin 和 S100 蛋白。另外 Vimentin、HLA-DR、CD68 阳性。CD45 和溶菌酶弱阳性。

4. 遗传学 X 染色体连锁的雄性激素受体基因测定,除一些成人肺部的病变外,朗格汉斯细胞组织细胞增生症均为克隆性增生。尚未发现明确的基因缺陷。

5. 细胞起源 可能起源成熟的朗格汉斯细胞。

6. 预后及预测因素 临床过程与诊断时的分期有关,单一病灶的患者总生存率大于 99%。多系统性累及的儿童患者对治疗反应欠佳,死亡率达 66%。骨髓、肝、肺的累及为高危因素。由单一病灶进展成多系统的疾病可能发生,最常见于婴儿。年龄因素是一个不太重要的预后指标。

(周小鸽 董小黎)

参考文献

郝玉书,王建祥,肖志坚等. 2006. 白细胞疾病基础理论与临床. 上海:上海科学技术出版社:385~509

黄晓军. 2009. 血液病学. 北京:人民卫生出版社:84~99

李玉林. 2008. 病理学. 第 7 版. 北京:人民卫生出版社:198~217

刘执玉. 2003. 淋巴的基础与临床. 北京:科学出版社:13~28

罗绍凯,洪文德,李娟. 2003. 临床血液病学. 北京:科学出版社:337~366

王云祥. 1984. 实用淋巴系统解剖学. 北京:人民卫生出版社:45~54

许良中. 2002. 现代恶性淋巴瘤病理学. 上海:上海科学技术文献出版社:1~20

张乃鑫. 1999. 淋巴结病理诊断的基本训练. 诊断病理学杂志,6(4):193~196

周晋,黄河. 2009. 血液内科学. 北京:人民卫生出版社:39~45

周小鸽. 2008. 淋巴瘤病理诊断基础. 白血病-淋巴瘤,17(3):224~240

周小鸽. 2008. 淋巴瘤病理诊断基础. 白血病-淋巴瘤,17(4):306~308

朱梅刚. 2003. 恶性淋巴瘤病理诊断学. 广东:广东科技出版社:1~4

Feller AC, Diebold J. 2004. Histopathology of nodal and extranodal non-Hodgkin's lymphomas, based on the WHO classification. 3rd ed. Berlin:Springer:409~414

Jaffe ES, Harris NL, Stein H, et al. 2001. World Health Orgainization classification of tumors. Pathology and genetics of tumors of haematopoietic and lymphoid tissues. Lyon:IARC Press:77~124

Lennert K, Feller AC. 1992. The diagnosis of lymphoma. 2nd ed. Berlin:Springer-Verlag:1~6

Swerdlow SH, Campo E, Harris NL, et al. 2008. WHO classification of tumors of haematopoietic and lymphoid tissues. Lyon:IARC Press:220~360

第 4 章 子宫内膜及乳腺疾病

第一节 正常子宫内膜组织学

一、子宫内膜组织结构

子宫内膜(endometrium)由单层柱状上皮和固有层组成,上皮细胞有纤毛细胞和分泌细胞两种类型。固有层较厚,含有网状纤维、间质和间质细胞。固有层内还有子宫腺、血管和淋巴管。子宫腺为单管状腺,腺上皮和黏膜上皮相同,只是纤毛细胞较少。子宫内膜分为基底层和功能层,功能层为浅层、较厚,自青春期起,每月发生一次剥脱和出血。在分泌晚期功能层又分为致密层和海绵层,海绵层与基底层相连。基底层较薄,靠近肌层,内含较多的细胞和纤维,经期时不脱落,有增生和修复功能层的能力。

间质细胞主要有两种,即子宫蜕膜样细胞和颗粒细胞。在月经周期开始时,间质细胞呈梭形、分化差。随着时间的延长,细胞质形成突起,并相互连接,细胞增大呈分叶状,部分细胞变成圆形,胞质内充满糖原和脂滴,为蜕膜样细胞。如有妊娠发生,蜕膜样细胞逐渐变成蜕膜细胞。另一部分细胞体积变小,胞质出现分泌颗粒,称颗粒细胞,颗粒内含有松弛素(图4-1)。

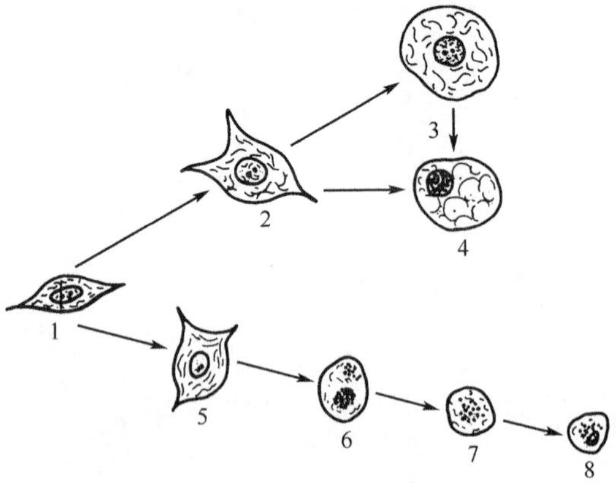

图4-1 间质细胞分化过程

1. 低分化间质细胞;2. 间质细胞分化呈分叶状;3. 蜕膜细胞;4. 泡沫样蜕膜细胞;5. 间质细胞变小圆;6～8. 不同发育阶段的颗粒细胞

二、子宫内膜的生理变化

(一) 正常生育年龄的子宫内膜

子宫内膜的周期变化主要受卵巢雌激素和孕激素的影响。自月经的第1天到下次月经来潮开始称为一个周期,通常是28天。排卵前,内膜受雌激素的影响,为增生期内膜;排卵后,除雌激素外还受黄体分泌的孕激素的影响,已受雌激素准备过的内膜就转变为分泌期。

1. 增生期(proliferation phase,卵泡期) 一般持续2周,正常可以在10～20天的范围内。在这期中,内膜的各种成分包括表面上皮、腺体及腺上皮、间质及血管等,都是在一个逐渐生长的过程中。通常分为早期、中期和晚期。

(1) 早期增生期(第4～7天/28天的周期):内膜薄,厚度约为1～2mm。腺体分散、稀少,腔狭而直(彩图4-1)。表面上皮细胞及腺上皮细胞呈低柱状,细胞内核糖核酸(RNA)量少,核居底部,小而长卵形、色深,核仁不易见。间质疏松,细胞呈梭形,胞质少,核长卵形、色深。螺旋小动脉居于内膜层的深部。

(2) 中期增生期(第8～10天/28天的周期):随着雌激素的作用逐渐加强,内膜增厚、水肿。腺体增多、弯曲。表面上皮及腺上皮细胞增生,呈柱状;胞质内RNA量仍不多,细胞核增大,可见核仁;核内脱氧核糖核酸(DNA)增加,很多细胞有核分裂象。腺上皮细胞中偶夹有透亮细胞。间质水肿,细胞梭形,核增大呈纺锤状,也有较多的分裂象。螺旋小动脉逐渐发育、壁增厚。

(3) 晚期增生期(第11～14天/28天的周期):内膜增厚达2～3mm。表面上皮细胞呈高柱状。腺体继续生长,弯曲度增加;腺上皮细胞继续增生,相互拥挤,致使细胞核不在同一平面上,出现假复层现象,胞质内RNA含量增多,在细胞的底部可出现少量糖原颗粒;核增大,常有一至数个核仁,核内DNA量增多,分裂象增多。腺上皮细胞中夹杂的透亮细胞量也增多。间质细胞增生,有的细胞胞质少,呈星形,核内有明显的核仁,分裂象增多,星形间质细胞可相互吻合成网,中间含水肿液,在功能层上半部即近腔面的间质细胞质内含有很多的RNA,而在下半部则只含少量。此两层以后在分泌期时将分别成为致密层及海绵层。螺旋小动脉增生,壁增厚,有弹力纤维围绕。

增生期内膜自早期到晚期是一个逐渐增生的过程,其主要特点是腺体越来越多越弯曲;腺上皮细胞增生呈假复层,细胞核增大、核仁明显、分裂象增多。透亮细胞数目增加。透亮细胞具有两种形态:一种细胞出现在腺上皮顶部近腺腔缘,很像是纤毛细胞的前身;另一种出现在腺体的底部近基膜,细胞较小、核深,可能是储备细胞。这类透亮细胞的出现都与雌激素的活力有关。

2. 分泌期(secretory phase,黄体期) 排卵后,正常黄体酮以一定的规律发育和退化,子宫内膜亦发生相应的变化。一般持续2周,可以相差2天左右,如果太短或太长都是不正常的。通常也分为早、中、晚3期。

(1) 早期分泌期(第16~19天/28天周期):排卵后的第1天为周期的第15天,内膜与晚期增生期相似。排卵期内膜有时在表层有出血灶,引起排卵期出血,发生于5%的妇女中。到第16天,腺体腔较扩大,腺体与腺体相互靠近,由于腺腔的面积增加,腺上皮细胞自假复层回复至单层排列;约有50%的腺上皮细胞核被推上,出现核下空泡,空泡是糖原积储而成,过碘酸-希夫染色(PAS)阳性。到第17天腺上皮细胞的核下空泡更为普遍而明显,细胞质内有丰富的RNA;核卵圆、核质松浅、透亮而淡染,核仁大,与增生期内的致密核有明显的区别。第18、19天,核下空泡逐渐消失,糖原移至腺上皮细胞的游离缘。早期分泌期的主要形态特点是出现腺体上皮内的核下空泡(彩图4-2)。核下空泡是说明排卵的一个重要依据。在有些情况下,没有排卵,卵巢内卵泡膜细胞黄素化后也有孕激素的分泌,使腺体出现核下空泡,但往往是少量且不整齐的。

(2) 中期分泌期(第20~23天/28天周期):内膜增厚、水肿。腺体腔扩大,呈锯齿状(由于腺体基膜及间质向腺腔内凹),腺上皮细胞顶端模糊,出现顶浆分泌;胞质内RNA量减少,核圆形,核质均匀略深。腺腔内有分泌物,内含糖原、中性及酸性多糖类等物质。间质水肿,细胞梭形或星形,核卵圆、分裂象减少。螺旋血管增生并上升至功能层、壁增厚。少数围绕血管的间质细胞变得较大,胞质丰富。中期分泌期的主要形态特点是腺体上皮细胞的顶浆分泌。

(3) 晚期分泌期(第24~28天/28天周期):内膜增厚、水肿,厚度可达5~10mm。在周期的24天左右,表层内膜间质细胞有明显的变化,分化成两种细胞,一种是肥大具有丰富胞质及网状核的蜕膜样细胞,另一种是小圆形的有分叶核及玫瑰红颗粒的内膜颗粒细胞。这种间质细胞的分化首先在血管周围开始,因该处血供较好,受孕激素作用早,以后波及整个致密层。螺旋小动脉增生,螺旋弯曲度增加,它生长的高度与内膜生长高度相比为10∶1左右,成团的在表层内膜中见到。到周期的第27~28天,卵巢中黄体萎缩,激素消退,在海绵层的内膜腺体衰竭,腺上皮呈低柱状,胞质内RNA消失,核圆而致密,腺腔内无分泌。晚期分泌期的主要形态特点是内膜间质细胞分化成蜕膜样细胞及内膜颗粒细胞。

3. 月经期(menstrual phase) 月经第1天,表面内膜出血,呈蜕膜样变化的间质细胞收缩,细胞间隙增宽,细胞分散,有中性粒细胞浸润;腺体衰竭,皱缩,腺上皮细胞胞质变空,核浓缩、深染。有些腺体断裂成条索状,螺旋小动脉扩张,壁有退变,微血管及静脉窦扩张。月经第2天只能见到破碎的腺上皮及间质细胞,有新鲜的出血及成堆的中性粒细胞浸润。

(二) 妊娠期子宫内膜

当卵细胞受精后,晚期分泌期内膜即进一步发展为早期妊娠期内膜。致密层腺体较少且分散,常呈裂隙状,内衬立方或扁平上皮。随着妊娠月份的增加,腺体逐渐消失而成为血窦,间质蜕膜样细胞逐渐变成蜕膜细胞,呈多边形,相嵌呈砌砖状排列,胞质丰富,其中含有糖原及各种酶,血管腔扩大、壁薄。

海绵层中腺体比致密层多,腺体扩大、弯曲、分泌旺盛，腔内有分泌物。上皮细胞胞质透亮，呈簇状向腔内突起，胞核不在一个平面上。核大深染，形状不一，突出于细胞的顶部如鞋钉样，此为内膜腺体的AS现象(Arias-Stella reaction)。

基底层中有些腺上皮表现轻度分泌现象。

随着孕卵的生长发育，腺体逐渐消失，致密层与海绵层分界不清，都由肥大的蜕膜细胞组成，并伴有丰富的血管。

(三)绝经后的内膜

绝经后卵巢功能衰退，雌激素分泌低下，内膜萎缩，一般有两种形态。

1. 单纯萎缩(simple atrophy) 内膜菲薄。镜下见腺体稀少、分散，腺腔小直而狭窄，腺上皮细胞立方形或低柱状，核长杆状、DNA少、不活跃。间质细胞梭形、排列致密，纤维增生。细胞内的RNA及各种酶均极少。无螺旋小动脉，功能层与基底层界限不清。

2. 囊性萎缩(cystic atrophy) 内膜菲薄。有大小不等的孔，镜下见腺体大小不一，有的可扩大数十倍，但上皮细胞及间质细胞都不活跃。

这两种不同的形态变化，可能与末次月经周期是有排卵月经或是无排卵月经有关。如有排卵，内膜呈单纯萎缩。如无排卵，内膜为腺囊型增生过长，绝经后可将其腺体大小不一的形态保留下来而成为囊性萎缩。此两种形态差别无临床意义。囊性萎缩较常见，约占76%，单纯性萎缩约占7.8%。

三、卵巢的生殖内分泌变化

月经周期乃是一次卵细胞成熟，为受精和成孕作准备的过程。月经周期的调节主要是通过丘脑下部、垂体和卵巢的激素作用，称为下丘脑-垂体-卵巢轴。此轴又受中枢神经系统的调控。丘脑下部调节月经的主要激素是促性腺激素释放激素(GnRH)，其生理功能主要是促进垂体分泌促黄体生成素(LH)及促卵泡素(FSH)。促性腺激素是垂体前叶嗜碱性细胞分泌的激素，人体内有两种，即FSH和LH。FSH的作用是促进卵巢的卵泡成熟，并使其分泌雌激素(E)。LH的作用是激发卵巢的间质细胞，并在FSH的协同作用下，使颗粒细胞分泌雌激素。在月经中期，LH的突发性分泌促使卵泡排卵。

当上一周期的黄体退化时，雌、孕激素显著减少，消除了对垂体促性腺激素的抑制作用，使FSH水平升高，促使卵泡的生长和发育。发育中的卵泡开始分泌雌激素，在月经第7天左右才能在血液中测到。当雌激素的分泌量逐渐上升时，FSH分泌量相应地下降，而LH则逐渐上升。在接近排卵期时，雌激素分泌量达最高峰，通过对下丘脑周期中枢的反馈作用，于数小时后出现LH冲击峰和较小的FSH峰。正是在排卵前大约16～24小时所出现的LH冲击峰和较小的FSH峰的协同作用，诱发成熟卵泡排卵。

排卵后，黄体形成并分泌雌激素和孕激素，排卵后8～9天达最高峰，然后逐渐下降。由于雌激素和孕激素协同对下丘脑的负反馈作用，使黄体期的FSH和LH皆处于低水平。大约在月经的第26天，当性激素下降到较低的水平时，FSH先开始上升，为下周期卵泡的生长发育做好准备(图4-2)。

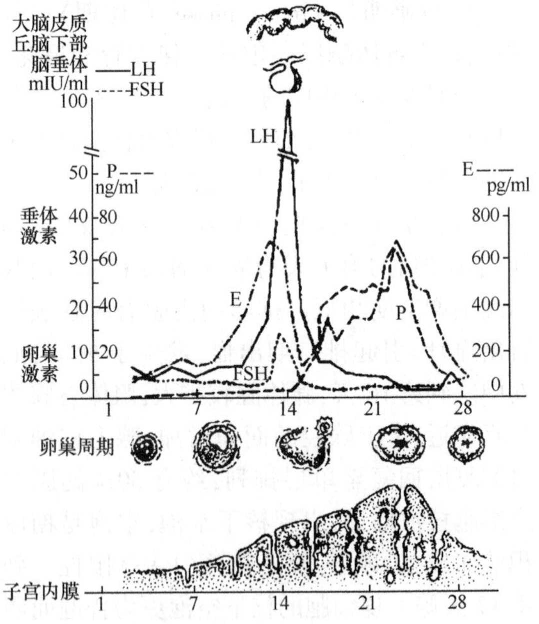

图4-2 丘脑-垂体-卵巢轴及子宫内膜变化

第二节 卵巢功能紊乱引起内膜的病理改变

受卵巢激素作用的几个靶器官中，子宫内膜显然是最敏感的，能迅速地对卵巢激素的平衡失调起反应，引起平衡失调的原因可能是卵巢中分泌激素的功能缺乏、不足或过度。

一、内膜形态变化

（一）无功能内膜

由于卵泡先天性发育不良或由于化学毒物、下丘脑垂体系统的控制中枢受到损伤，使卵巢功能消失，雌激素分泌不足而引起的内膜的变化。子宫内膜由于受不到激素的作用，保持在一个无功能的静止期，内膜呈萎缩或增生反应不好（停止期），前者像绝经后的萎缩内膜，后者则其增生反应略较内膜萎缩为好，但尚达不到早期增生的水平；腺体小、直，腺细胞低柱状或柱状而具有不活跃的细胞核，呈棒状；胞质中 RNA 低，酶活力少，不见分裂象，间质细胞致密。严重时表面只有一层扁平的上皮细胞，与肌层之间只有少量间质细胞相隔，临床表现为闭经。

（二）卵巢功能不足及内膜增生反应差（inadequate proliferation）

因卵巢发育差，内膜受雌激素作用不足，子宫内膜不能再生或进行正常周期变化。临床表现为闭经或月经稀少、不孕症等。镜下见内膜薄，腺体较上述萎缩的内膜略多，腺腔狭窄；腺上皮细胞单层，呈立方形或低柱状、胞质少、核瘦长，不见分裂象。间质细胞呈梭形，其中 RNA 只有少量，酶活力很低。

（三）无排卵的子宫内膜

卵泡发育成熟后，中枢的黄体生成激素（LH）水平低或 FSH 过度刺激，则不发生排卵，随着雌激素的逐渐减少，可发生撤退性出血，故常出现周期或经期的不正常。由于无黄体的形成，无黄体酮拮抗的雌激素作用，子宫内膜可呈现各个不同的增生阶段，自早期到晚期增生期，甚至可呈现轻度增生过长、腺囊型增生过长，少见的情况下还出现复杂型增生过长。内膜腺体数目增多，分布不均匀，局部聚集，并有腺体的结构和形态不正常，呈立方形、三角形或不规则形。有时在少量腺体中可出现不规则的核下空泡，但不像早期分泌期时那样整齐而广泛。无排卵周期可在正常妇女中自发出现，但多见于青春期及更年期。在不育妇女的内膜活检中，无排卵内膜占 15% ~30%。

（四）子宫内膜增生症（endometrial hyperplasia，EH）

这类内膜变化是由于异常激素作用子宫内膜所诱发的良性到恶性前增生性病变的一系列形态学表现，临床表现月经周期紊乱，不规则阴道出血。肉眼观察内膜增厚，表面粗糙，厚度可达 2cm 以上，表面息肉状，切面可见小孔（扩大的腺体），常有出血和水肿。根据腺体结构的复杂程度分为单纯性和复杂性（腺瘤性），根据细胞学的特征又分为增生性和非典型性增生性两种（1994 年 WHO 诊断标准）。

1. 不伴非典型增生的增生症

（1）单纯性增生（simplex hyperplasia）：最明显的镜下特点是腺体及间质均增生，但以腺体为主。增生腺体大小不一，大腺体腔可比小腺体腔大数十倍，同时伴少量单一分枝或乳头结构，腺腔拥挤，腺上皮细胞柱状，排列呈假复层，胞质多，核分裂象多见，核仁不明显。透亮的纤毛细胞也增多，碱性磷酸酶活力很强。在有些扩大的腺体中，腺上皮细胞由于受压可变成低柱状。间质常水肿，螺旋小血管发育不好、竖直，血管壁平滑肌增生，表面微血管及小静脉很多，扩张而淤血，有些血管内有透明血栓阻塞，内膜有局部的坏死及出血。

伴有分泌反应出现时，表现为腺体大小不一致，腺上皮细胞有明显及规则的核下空泡。这类现象的出现是由于过度增生的内膜受到来自黄素化的内卵泡膜细胞产生的孕激素的作用所致。

（2）复杂增生（complex hyperplasia）：镜下特点是，腺体重度增生，间质相对减少，腺体与间质之比超过 3∶1；腺体与腺体之间相邻很紧，两个腺体之间只有极少量的纤维间质相隔，可见背靠背现象；腺上皮增生，向腺腔突出形成芽孢状或搭桥状，甚至可形成实心团块。腺上皮细胞柱状，排列呈假复层或复层，透亮的纤毛细胞增多，核分裂象增多，染色质细，核仁不明显，可见各种化生（彩图 4-3）。

2. 非典型增生（atypical hyperplasia）　这类内膜增生仅表现为腺体增生，间质很少。增生的腺上皮失去极性呈现非典型性，表现细胞核变圆，核膜不规则，核仁明显，染色质增粗。

根据腺体结构的复杂程度又可分为单纯性和复杂性非典型性增生。单纯性非典型性增生非常少见，常见类型是复杂性非典型性增生，其内膜腺体结构的异常与复杂性增生相同。按病变程度分为轻、中、重度不典型增生。轻度：腺体大小不一，形态不规则，上皮细胞呈假复层排列，核大，无明显异型性。中度：腺体不规则，可见有"出芽"，乳头状结构形成，上皮细胞排列失去极向，细胞异型性明显。重度：腺体大小形态不一，可见筛状、团块结构，上皮细胞排列紊乱，细胞大，核明显增大，异型性明显，核分裂象增多（彩图4-4）。

在复杂性和不典型性增生中常见有两种特殊变化：①细胞化生，在腺腔或腺体间的间质中出现，圆形或不规则形的小结节，细胞像鳞状细胞，但没有间桥及细胞角化；②泡沫细胞，来源于间质细胞，呈灶状聚集，胞质丰富透明，含脂质。Dallenbach-Hellweg 等认为内膜受到过多雌激素影响，来不及代谢，有些雌激素的衍化物就储藏在间质细胞内，形成这类细胞，并且认为泡沫细胞越多就越易发展成癌。

一般认为，不规则内膜增殖是正常内膜对于无排卵周期的生理反应，几乎见于所有围绝经期妇女，通过诊刮即可治愈。迄今未见有其发展为癌的报道，多数恢复正常，约20%进展成增生症。而"增生症"则表明一种不正常状态，往往需要激素等治疗。大多数子宫内膜增生可长时间保持在良性状态，但对于内膜不典型增生则有一定的癌变可能，被认为是一种癌前病变。癌变的过程是一个较为漫长的发展过程，其中的发病机制不是十分清楚，但与雌激素长期失去孕激素的拮抗作用，最终使某些"有肿瘤启动潜力的细胞"发展为肿瘤细胞。故对这类病变必须积极转化内膜，促使排卵，并严密随访，必要时可手术切除子宫。

（五）内膜分泌反应不足（inadequate secretion）

黄体的发育不全或退化过早，内膜受孕激素作用的量不足，临床表现为月经周期短、周期不规则、量少及不育。镜下，腺体直，不弯曲，腺上皮细胞核为长形，位于细胞中央，胞质红染，间质细胞小，蜕膜样反应不明显。由于孕激素影响内膜不足，在血管附近的分泌反应正常，离血管较远处则反应欠佳。分泌反应差的诊断需要与临床病史相结合，例如经前期的内膜还停留在早期分泌阶段；有些还可借助于组织化学的检查，如分泌不好的腺细胞中，除糖原减少外，还有碱性磷酸酶（AKP）的上升及酸性磷酸酶（ACP）的下降等。

（六）内膜不规则脱卸（irregular shedding of endometrium）

由于垂体促性腺激素的过度刺激，卵巢中黄体萎缩不全，持续分泌孕激素，内膜受它的影响，不能很好地脱落。临床表现为月经周期正常，但经期延长，出血量多，多见于25～30岁生育年龄妇女，常发生在产后或流产后。诊刮需在月经来潮后5～6天。镜下，不同退化阶段的子宫内膜碎片以各种不同形式相互混杂一起，腺腔呈星形；腺上皮细胞胞质较多，色淡，内有丰富糖原颗粒，核较固缩；间质致密，颗粒细胞增多。螺旋小血管退化。有的地区内膜松解出血。在流血时间较长的病例中，常有新生的呈增生反应的内膜长出。

下丘脑-垂体-卵巢轴的功能失调可引起黄体持续分泌孕激素，同时绒毛膜促性激素的存在也能使黄体持续分泌。因此与妊娠有关的病变，例如流产及宫外孕等内膜也有不规则脱卸的表现。另外有些妨碍内膜正常脱卸的疾病，例如子宫肌瘤、内膜息肉等也可以使内膜有此种现象。因此，诊断内膜不规则脱卸应首先排除这些疾病。

（七）内膜分泌反应不同步（discordant endometrium）

镜下，内膜的腺体及间质反应不同步，如腺体腔很小、较直，似萎缩腺体，但腺上皮细胞有分泌现象。间质细胞肥大，似蜕膜样细胞。可有多种原因引起内膜分泌反应不同步，如卵巢分泌雌、孕激素的比例失衡，或是内膜受雌激素的准备不足。多见于更年期月经失调、体内有残存绒毛膜促性激素的情况下，例如流产或宫外孕患者长时间流血后也出现这类内膜，避孕药也可以引起这类变化。

（八）功能性腺体肥大（functional glandular hypertrophy）

晚期分泌期腺体出现异常肥大，呈高度分

泌反应的内膜，其形态极像早期妊娠内膜，锯齿状有顶浆分泌的腺体、间质水肿及蜕膜样反应三者并存。虽然分泌反应极好，但患者不育，发生原因可以是垂体促性腺激素的过度刺激、卵巢黄体的过度分泌或子宫内膜的过度反应，也可能是激素在体内的代谢紊乱。

二、应用内膜活检诊断卵巢功能失调的注意事项

（一）取材时间

应根据患者的功能失调情况及医生的初步判断来决定活检时间。如对不孕症或怀疑黄体功能是否健全者，要在经前期取内膜。通常在月经第1天刮宫。如果月经过多，经期延长，怀疑内膜不规则脱卸者，则需在行经第5～6天后取内膜，观察是否还有分泌反应的内膜存在。不育症月经周期不规则者，最好配合测基础体温，在排卵后或行经前取内膜。闭经及不规则流血的患者则可在任何时候取材。但流血时间太长后，内膜往往破碎脱落，以此判断卵巢功能不十分准确。

（二）取材部位

子宫内膜分为功能层及基底层，其对激素的反应不一致，且子宫底及宫体部内膜对激素的反应也不一致。取材一般多取自宫底及宫体部，取内膜时不必太深。观察切片时，要以腺体及间质的组织细胞形态学判断卵巢的功能状态，要注意区分功能层和基底层，不要将基底层的内膜误认为反应不好。

（三）结合临床病史进行诊断

内膜功能的变化须与临床病史及表现紧密结合，才能做出正确的诊断：①年龄，如囊性萎缩性子宫内膜，在老年妇女为正常组织，对于育龄期妇女，则反应卵巢功能低下；②用药情况，服孕酮类药后，腺体与间质不相符合的特殊分泌形态，内膜间质细胞有蜕膜样反应，有时与妊娠期的蜕膜组织难区分，两者的鉴别往往要参考病史；③结合行经日期及取材后的行经情况作出诊断，如取出内膜是增生期反应，月经2～3天后来潮，则为无排卵月经；但如2周后月经来潮，则可能是排卵延迟；再如内膜为早期分泌反应，月经2～3天后来潮者表示黄体期短，分泌不足。

第三节　子宫内膜异位症

子宫内膜异位症（endometriosis）是指正常的子宫内膜腺体和间质出现在子宫内膜以外的部位，一般将子宫肌层内子宫内膜异位称为子宫腺肌病（adenomyosis），而子宫以外（包括子宫浆膜层和浆膜外层）子宫内膜异位称为子宫内膜异位症。

一、子宫腺肌病

子宫腺肌病多发生在育龄期妇女，临床表现有子宫增大、痛经及月经过多。

【病理变化】

1. 肉眼观察　分两型：①弥漫型，子宫均匀增大，呈球形，当合并有子宫平滑肌瘤时，增大更明显；②局限型，子宫呈不规则增大，可见单个或多个结节，多见于子宫后壁，切面见增厚的子宫壁中有大小不等的腔隙，其中含有暗红色血性浆液，有的血液吸收后形成较大的囊腔。腔隙周围可见增生的平滑肌纤维呈旋涡或编织状排列，似平滑肌瘤，但没有假包膜，故又有腺肌瘤之称。

2. 镜下观察　距子宫内膜基底层以下至少一个低倍（10×10）视野（约2mm）处的子宫肌层中出现子宫内膜腺体及间质，按其分布深浅不同分为浅表腺肌病和深在腺肌病。腺体呈岛状分布，腺上皮多呈增生期改变，对雌激素有反应，但对孕激素不敏感，因此分泌反应差。腺体周围有肥大的平滑肌纤维（彩图4-5）。

二、子宫内膜异位症

子宫内膜异位症多发生于育龄期妇女，临床表现有痛经和不育。病灶分布广泛，但最常见的部位是宫底韧带、子宫直肠陷凹和卵巢，其他部位如输卵管、直肠、膀胱、子宫颈、阴道、外阴、腹股沟、腹壁瘢痕等均可发生。

【病理变化】

1. 肉眼观察　发生于卵巢的子宫内膜异

位症常见于双侧卵巢表面，呈灰红色、棕色小囊肿，由于反复出血，与周围组织粘连。异位的子宫内膜在卵巢激素的作用下可发生周期性改变，反复出血，由于无管道向外排出，血液及组织碎片聚集在组织间隙内，形成所谓子宫内膜异位囊肿（又称巧克力囊肿）。

2. 镜下观察 囊壁内可找到子宫内膜腺体及间质，但大部分囊壁内衬上皮被破坏，间质部分为肥大的含铁血黄素细胞所代替，其外有玻璃样变性的结缔组织。发生在子宫直肠陷凹的子宫内膜异位症，表现为蓝色的小结节，由于病灶处反复出血形成纤维化，与周围粘连，使后陷凹发生变形、闭塞，造成不育。镜下可见到内膜组织，但不典型，浸润到直肠和阴道壁时，易被误诊断为肿瘤。

关于子宫内膜异位症的发生机制有以下几个学说。

(1)种植学说：1921 年，Sampson 提出脱落的子宫内膜碎片可通过输卵管进入盆腔，在子宫外其他器官中生长，如经血倒流或医源性种植，有些内膜组织还可经淋巴管、血管扩散。

(2)体腔上皮化生学说：此学说认为异位的子宫内膜组织是由器官本身局部的器官上皮化生而来，卵巢的发生上皮、盆腔腹膜、直肠阴道隔、脐等都是由体腔上皮化生而来，这些组织在某些因素的刺激下，可以化生成内膜样组织。

近些年来的许多研究表明，内膜异位的发生与机体免疫反应异常有关，当免疫反应与免疫抑制失衡时，导致免疫失控所致。

第四节 子宫上皮性肿瘤及相关病变

一、子宫内膜息肉

子宫内膜息肉为突出于子宫内膜表面的良性结节状隆起，由子宫内膜腺体及间质组成。大多数息肉并非真正的肿瘤，而可能是子宫内膜增生形成的界限清楚的病灶。子宫内膜息肉是妇科常见的一种宫腔良性病变，可能与炎症、内分泌紊乱，特别是雌激素水平过高有关。子宫内膜息肉可发生于青春期任何年龄，最常见于35 岁以上的女性。由于缺乏典型的症状，临床上往往难以诊断，单发较小的子宫内膜息肉，常无症状，往往由于其他疾病切除子宫后，在检查或施诊断刮宫后，才得出结果。而多发性弥漫型者，常表现为月经过多，经期长或不规则子宫出血，与子宫内膜面积增加、过度增生有关。大型或突入颈管的息肉，易继发感染、坏死而引起不规则出血及恶臭的血性分泌物。

【病理变化】

1. 肉眼观察 最常见的类型是局限性的内膜肿物突出于子宫腔内，单个或多发，灰红色，有光泽，一般体积较小，平均直径在 0.5 ~ 2cm 之间。小的仅有 1 ~ 2mm 直径，大而多发者可充满宫腔。蒂粗细、长短不一，长者可突出于子宫颈口外。有的蒂较短，呈弥漫型生长。息肉表面常有出血坏死，亦可合并感染，如蒂扭转，则发生出血性梗死。

2. 镜下观察 子宫内膜息肉由子宫内膜组成，表面被覆一层立方上皮或低柱状上皮，腺体成片分布伴扩张（彩图 4-6），间质中可见特征性厚壁、弯曲、扩张的血管，这是与息肉样增生最重要的鉴别点。息肉的腺体和间质周期性变化很罕见。息肉中可以出现非典型性增生和恶性肿瘤，包括子宫内膜样癌及其他类型肿瘤。

由于蒂部狭窄，血液供应减少，息肉极易变性。最易发生息肉血管内血栓形成，因淤血而变成深紫色，常在顶端开始发生坏死，最后可能腐崩而脱落。

子宫内膜息肉的治疗常采用手术摘除的方法，很少出现复发。

二、子宫内膜癌前病变

子宫内膜癌主要有两种类型，即内膜样癌（Ⅰ型）和浆液性乳头状癌（Ⅱ型）。这两种癌各自具有其独特的临床表现、组织特点及分子改变，同时也具有各自不同的癌前病变。

（一）子宫内膜上皮内肿瘤（EIN）

长期以来子宫内膜增生的诊断标准一直是依据 1994 年 WHO 制定的诊断标准，然而后来的重复性研究发现，这种诊断的子宫内膜增生包括了激素引起的变化和单克隆性增生的癌前变化。因此，2000 年 Mutter 和其子宫内膜疾病合作小组提出将内膜增生分为：内膜增生症（endometrial hyperplasia，EH）和上皮内肿瘤（endometrial intraepithelial neoplasia，EIN）（图 4-3）。EH 为多克隆性增生，是机体对内源性和外源性高雌激素状态的生理反应，经刮宫及孕激素治疗后可退缩，极少数发展为分化较好的癌。EIN 是指结构和细胞学发生癌前改变的子宫内膜腺体的克隆性增生，是Ⅰ型子宫内膜样癌的癌前病变。

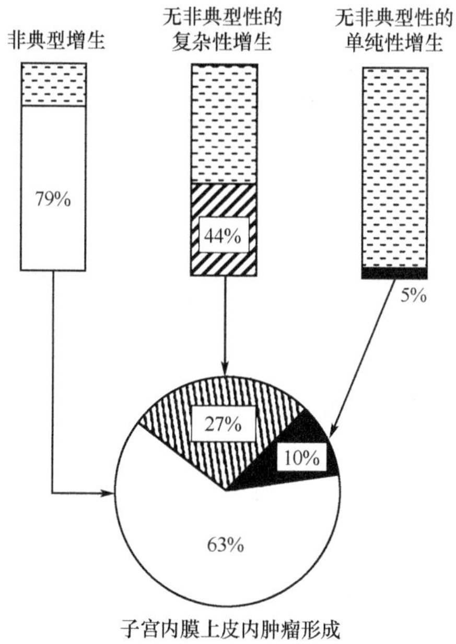

图 4-3　以往诊断内膜增生症和 EIN 的关系

EIN 的诊断主要是通过对比组织病理、临床结局、分子学改变、客观的计算机组织形态测量学发展而来。其基本诊断标准包括：①结构，局部间质内腺体过度生长；②细胞学改变，灶状密集腺体和背景腺体的细胞学表现不同，有不典型增生的腺体改变；③体积大于 $1mm^3$，最大直径大于 1mm。诊断 EIN 必须排除类似病变，应与良性激素作用、腺癌以及组织病理学表现部分与之重叠的类似病变相鉴别。

EIN 与高分化腺癌的鉴别是很困难的。从细胞学特征难以区别，目前认为有无间质反应是鉴别的重要依据。1994 年，Kurman 等提出判断浸润的主要形态指征有以下几点：①腺体不规则浸润伴有间质反应，与正常增殖期内膜间质细胞的区别是细胞为梭形，胞质红染，而增殖期间质细胞为卵圆形，胞质空或嗜碱性；②腺体融合，单个腺体之间无间质分隔，腺体互相连接形成一复杂“迷宫”样结构，有的腺体上皮搭桥或“出芽”，有的表现为“背靠背”；③复杂的乳头状结构，有的乳头中央有少量纤维分枝，有的乳头中央纤维、血管轴心非常纤细，几乎看不到血管，呈绒毛管状结构；④内膜内有超过 $2mm^2$ 区域的鳞状上皮化生并伴有核异型。

（二）子宫内膜上皮内癌（EIC）

子宫内膜上皮内癌（Endometrial intraepithelial carcinoma，EIC）作为浆液性乳头状癌的“前驱病变”又称为浆液性 EIC（Serous EIC），最初由 Sherman 于 1992 年提出，并由 Ambros 等于 1995 年开始正式使用，即指子宫内膜表面上皮或腺体出现明显恶性的肿瘤细胞，同时子宫内膜癌间质浸润而没有肌层浸润。

EIC 病理组织学特征表现为：肉眼，内膜增厚，呈息肉状或斑块状。镜下，局部表面上皮或腺体出现恶性肿瘤细胞，1 ~ 2 层或 5 层以上。可有乳头形成，含有被以恶性细胞的纤维血管轴心，瘤细胞形态同浆液性癌。细胞极向消失、呈多角形，有鞋钉细胞，胞质红染，核大，核仁明显，核分裂象易见。EIC 癌细胞累及萎缩的内膜腺体，癌细胞插入基底细胞与表面上皮细胞之间，形成相似于乳腺导管 Paget 病样蔓延。

EIC 与浸润性浆液性癌的鉴别是病变小于 1cm，没有融合的腺体。如果形态上有融合的腺体，但病变不足 1cm，可称微小浆液性癌。EIC 还需与子宫内膜良性化生相鉴别。

三、子宫内膜癌

子宫内膜癌（endometrial carcinoma）是女性生殖系统常见的恶性肿瘤之一，多发生在 55 ~ 65 岁，在我国该病的发生率仅次于宫颈癌。子宫内膜癌是以 PTEN 和 P53 肿瘤抑制基因的通路被取消为特征，这两个基因的缺失和（或）突变发生在高级别肿瘤广泛扩散的早期阶段及癌前病变可检出的最早阶段。从病因学上分为两大类，即雌激素依赖型（Ⅰ型）和非雌激素依赖型（Ⅱ型）（表 4-1）。Ⅰ型子宫内膜癌发病率高，占 80% ~ 85%，肿瘤分化好，多为子宫内膜样腺癌，常发生在围绝经期妇女。其发生常伴有子宫内膜非典型性增生及 EIN，无抵抗的雌激素刺激是发生这一类型

表 4-1 Ⅰ、Ⅱ型子宫内膜癌比较

	Ⅰ型	Ⅱ型
与雌激素关系	有	无
发病年龄	围绝经期	老年,绝经后
发病率	80% ~85%	15% ~20%
癌前病变	不典型性增生,上皮内肿瘤(EIN)	上皮内癌(EIC)
肿瘤级别	低	高
组织学分型	子宫内膜样癌/黏液腺癌	浆液性/透明细胞腺癌
生物学行为	进展慢,预后好	侵袭性强,预后差
基因改变	PTEN 突变,K-ras 突变,微卫星不稳定	P53 突变

肿瘤的原因。患者常有肥胖、糖尿病、未经产、高血压、绝经晚。以往又称作普通型子宫内膜样癌。Ⅱ型子宫内膜癌常发生于年龄较大的绝经后妇女,发病率占 15% ~20%。肿瘤分化差,多为浆液性、透明细胞性腺癌,其发生与雌激素关系不大,以往又称作特殊类型癌。临床表现为绝经后阴道出血,年轻女性表现为月经过多。

(一) 大体检查

多发生于子宫底及后壁,少数可在侧壁、宫角、前壁及子宫下段。有两种类型:局限型和弥散型。局限型占大多数,局限于子宫某一局部。弥漫型可累及整个子宫,呈多灶性。早期表现内膜粗糙,无明显肿块形成,晚期肿瘤呈息肉状或菜花状,向腔内生长,质脆,表面有出血和溃疡形成。

(二) 组织学分型(表 4-2)

表 4-2 子宫内膜癌分类(WHO2003 年)

子宫内膜样腺癌	透明细胞腺癌
伴鳞状分化型	混合性腺癌
绒毛腺型	鳞状细胞癌
分泌型	移行细胞癌
绒毛细胞型	小细胞癌
黏液腺癌	未分化癌
浆液性腺癌	

1. 子宫内膜样腺癌(endometrioid adenocarcinoma) 是原发于子宫内膜腺癌,由相似于正常子宫内膜的腺体组成。子宫内膜样癌是最常见的一种类型,镜下癌组织形成与子宫内膜腺体相似的腺癌结构。根据癌细胞的分化程度可分为高、中、低三个分化类型:①高分化腺癌(Ⅰ级),以腺样结构为主,实性区域5%以下。腺体结构很像子宫内膜腺体,管状腺体排列紊乱、拥挤,腺体间少量间隔,呈背靠背,细胞有轻度异型性,有些肿瘤细胞形成细长的乳头状结构,乳头被覆立方或矮柱状宫内膜样腺上皮,又称高分化乳头状腺癌,该型恶性度低,预后好;②中分化腺癌(Ⅱ型),腺体不规则,数量多,上皮细胞复层,核异型性明显,可见核分裂象,部分可呈实体片状结构,实性区占6% ~50%;③低分化腺癌(Ⅲ级),实性区大于50%,细胞异型性大,核分裂象多,可见细胞坏死灶(彩图 4-7)。在各种分化级别的肿瘤组织中可以看到化生的变化,因而出现各种亚型包括鳞状分化型、绒毛腺型、分泌型、纤毛细胞性等,这些亚型并无特殊的生物学意义,其分化程度仍按腺体结构分级。

2. 浆液性腺癌(serous adenocarcinoma) 又称浆液性乳头状癌,属Ⅱ型内膜癌,恶性度高,侵袭性强。以形成宽纤维血管轴心的 2 级甚至 3 级乳头为特征,可见脱落的细胞簇。肿瘤细胞核为圆形、无极向、分化差,常位于顶部,可见核仁。30%病例可见沙砾体。当肿瘤呈腺型生长时腺体结构一般复杂并呈“迷宫样”。EIC 为其癌前驱病变。

3. 黏液腺癌(mucinous adenocarcinoma) 是原发性子宫内膜腺癌,其中大部分肿瘤细胞含有细胞内黏液,而子宫内膜样癌和透明细胞癌可见大量腺腔内黏液。该类型占Ⅰ型子宫内膜癌的 9%,其分级同子宫内膜样腺癌,但几乎都是Ⅰ级,预后较好。

4. 透明细胞腺癌(clear cell adenocarcinoma) 属Ⅱ型子宫内膜癌,主要由透明细胞或鞋钉细胞组成的腺癌(彩图 4-8)。肿瘤细胞胞质透明、富糖原、单个突向腔内的鞋钉细胞以及乳头腔隙为该肿瘤的典型特征。核大，异型性明显，常形成奇异核和多核。肿瘤组织可形成管状、乳头状、管囊状或实性。透明细胞腺癌患者诊断时常处于临床晚期，因此预后较差。

5. 混合型腺癌（mixed adenocarcinoma）是指Ⅰ型和Ⅱ型内膜癌混合存在，其中较少的肿瘤成分至少要占整个肿瘤组织成分的10%。一般认为Ⅱ型内膜癌的比例在25%以上者预后不好。

（三）浸润及扩散

子宫内膜癌一般生长慢，长时间局限于子宫内膜内生长，极少数浸润到子宫以外器官，直接蔓延可侵犯至输卵管、卵巢、子宫颈、阴道等处，并可广泛种植于腹膜、子宫直肠窝及大网膜。早期主要是通过淋巴道转移，晚期可经血行转移到肺、肝、骨等处。1988年，国际妇产科联盟（FIGO）根据子宫内膜癌侵犯的范围进行如下临床分期（表4-3）。

表4-3 子宫内膜癌临床分期

Ⅰ期：限于子宫内
Ⅰa，肿瘤限于内膜
Ⅰb，肌层浸润<1/2
Ⅰc，肌层浸润>1/2
Ⅱ期：宫颈受侵犯
Ⅱa，仅宫颈腺体受侵犯
Ⅱb，宫颈间质受侵犯
Ⅲ期：盆腔受累及
Ⅲa，肿瘤侵犯浆膜和（或）附件和（或）腹水细胞学阳性
Ⅲb，阴道转移
Ⅲc，转移至盆腔和（或）主动脉旁淋巴结
Ⅳ期：盆腔外的转移
Ⅳa，侵犯膀胱和（或）肠黏膜
Ⅳb，远处转移，包括腹腔内和（或）腹股沟淋巴结转移

子宫内膜癌的病理分级主要是根据癌组织结构和核的异型性而定，子宫内膜癌的预后取决于组织学分级及临床分期。

第五节 乳 腺 疾 病

一、乳腺疾病的分类

（一）乳腺的组织结构

乳腺来源于胚胎外胚层，系从大汗腺衍生而来的复管泡状腺，由实质和间质共同构成。实质包括乳腺导管系统和乳腺小叶，间质由脂肪、纤维结缔组织、淋巴管、血管、神经及平滑肌等组成。乳腺小叶是乳腺结构和功能的基本单位，由终末导管、腺泡管和末梢膨大的腺泡及疏松的小叶内间质构成，与小叶周围间质分界清楚。成人女性乳腺结构受激素的影响而变化，静止期乳腺小叶一般由10～30个末梢导管汇集而成，但妊娠期及哺乳期乳腺小叶的腺泡数目可多达近百个。乳腺导管内衬单层柱状上皮，腺泡为立方上皮，此层是乳腺癌发生的组织基础。其外为一层梭形的肌上皮细胞，在末梢导管处最明显，腺泡处较稀疏，肌上皮细胞消失，常是诊断乳腺癌的依据之一。再向外是由网状纤维形成的基膜，镀银染色时清晰可见，基膜是否完整是判断乳腺癌有无间质浸润最可靠的依据。在基膜外还有上皮下结缔组织、弹力纤维、薄弱的平滑肌、管周结缔组织和一般结缔组织等成分。

（二）乳腺疾病的病理学分类

1. 乳腺增生性疾病分为3类 包括：①乳腺小叶增生；②乳腺囊性增生病；③乳腺腺病。

2. 乳腺瘤样病变分为8类 包括：①乳腺导管扩张症；②积乳囊肿；③肉芽肿性乳腺炎；④脂肪坏死；⑤异物性肉芽肿；⑥乳腺结核病；⑦泌乳期乳腺复旧不全；⑧男性乳腺发育。

3. 乳腺良性肿瘤分为以下3类

（1）上皮性肿瘤：①导管内乳头状瘤；②乳头管腺瘤；③腺瘤（包括管状腺瘤、泌乳性腺瘤、大汗腺腺瘤）；④其他（如腺肌上皮瘤、多形性腺瘤等）。

（2）结缔组织与上皮混合性肿瘤，如腺纤维瘤。

（3）其他来源肿瘤：①如乳腺错构瘤；②颗粒细胞瘤；③血管瘤；④脂肪瘤；⑤平滑肌瘤。

4. 乳腺恶性肿瘤（乳腺癌）分为以下3类

（1）上皮性肿瘤：①非浸润性癌（包括导管内癌、小叶原位癌）；②早期浸润癌（包括导管癌早期浸润、小叶癌早期浸润）；③浸润性非特殊型癌（包括浸润性小叶癌、浸润性导管癌，又分为硬癌、髓样癌、单纯癌、腺癌）；④浸润性特殊型癌（包括乳头状癌、髓样癌伴大量淋巴细胞浸润、小管癌、腺样囊腺癌、黏液腺癌、大汗腺样癌、鳞癌、乳头 Paget 病)；⑤其他罕见癌(包括分泌型癌、富脂质癌、印戒细胞癌、富糖原透明细胞癌、伴嗜银细胞的乳腺癌、腺纤维瘤癌变、乳头状瘤病癌变、伴化生的癌)。

(2) 结缔组织与上皮混合性肿瘤：①叶状囊肉瘤；②癌肉瘤。

(3) 其他来源肿瘤：①间质肉瘤；②血管内皮肉瘤；③隆突性皮肤纤维肉瘤；④恶性纤维组织细胞瘤；⑤转移性肿瘤。

二、乳腺增生性疾病

乳腺增生性疾病为一种常见的非炎症、非肿瘤性的良性增生性疾病，是由于卵巢内分泌功能紊乱导致乳腺导管上皮和间质结缔组织不同程度增生，并可有囊肿形成。由于其形态、结构复杂多样，因此命名较为繁多混乱，如乳腺小叶增生、乳腺结构不良、乳腺腺病、乳腺囊性病、囊性增生病等。

(一) 乳腺小叶增生

乳腺小叶增生(lobular hyperplasia)是常见的乳腺增生性病变的一种，多见于 20 ~ 40 岁之间的育龄期妇女。其发生与卵巢内分泌状态有关。多发生于乳腺的外上象限，主要表现为乳腺局部组织片状增厚或弥漫性颗粒状增厚区，边界不清，可有轻度压痛，常伴有与月经周期有关的乳腺胀痛感。

【病理变化】

1. 肉眼观察 病变组织灰白色，无包膜，边界不清楚，质地韧而不均匀。切面可见多数散在的浅灰或灰粉色半透明小颗粒区。有时可见微小的囊腔形成。

2. 镜下观察 病变常累及多个小叶，有两种表现形式：①小叶数目增多及小叶内末梢导管和腺泡数目增多(图 4-4)。一个低倍镜视野内的小叶数目 5 个以上；小叶体积增大，每个小叶内的末梢导管或腺泡的数目常超过 30 个。但小叶内间质不增生，仍为疏松结缔组织，小叶间为致密结缔组织，故小叶境界清楚。小叶相互靠近，小叶内或小叶间可有数量不等的淋巴细胞浸润。进一步发展，增生的导管和腺泡可呈囊状扩张，即肉眼所见的微小囊腔。②小叶内管泡上皮细胞增生，细胞层次增多，但排列极性正常，细胞无异型性，肌上皮细胞明显。若增生的上皮细胞出现异型，即为小叶不典型增生。需注意与小叶原位癌鉴别。

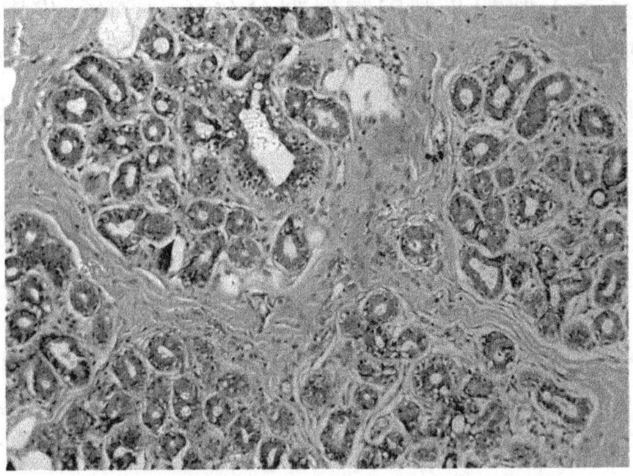

图 4-4 乳腺小叶增生

乳腺组织内小叶密集，小叶内腺泡数量增多

(二) 乳腺囊性增生病

乳腺囊性增生病(cystic hyperplasia)多发生于 40 岁左右的妇女，青春期及绝经后则少见。其发生与雌、孕激素平衡失调有关，主要是孕激素水平低下而雌激素分泌过量，长期作用于乳腺组织的结果。临床上表现为乳腺组织局部增厚，边界不清楚的肿块或多个大小不等的结节，早期可有隐痛或刺痛，偶见乳头溢液。组织学表现为乳腺导管上皮不同程度增生，伴中、小导管不同程度扩张。

【病理变化】

1. 肉眼观察 病变无明确边界，质地不均。常见大小不同、软硬不一的圆形囊性结节。囊内容物清澈透明，或呈淡黄色黏稠液，亦可为乳酪样物。囊壁可光滑也可有乳头状物附着。有时见一个大囊周围有多个小囊。囊肿之间的乳腺组织常见多少不等的灰白或灰红色颗粒状隆起区。

2. 镜下观察 目前有关乳腺囊性增生病的病理诊断标准尚不统一，常见有以下几种基本变化可认为是本病的组成部分，而乳头状瘤病、腺管型腺病和囊肿是本病的主要病变。各种病变的出现率与取材和切片多少有关，但不一定同时都存在。如果切片中找到 5 种病变中的 3 种，或 3 种主要病变中的 2 种时，即可诊断为本病。

(1) 囊肿：由小导管高度扩张而形成(彩图4-9)，常含黄色或清亮液体，可孤立存在，亦可数个相邻。囊壁内衬覆一层立方或扁平上皮细胞，胞核无异型，外围肌上皮细胞层。如囊壁上皮仅有囊性扩张而无上皮增生，称为单纯性囊肿。若呈乳头状增生，称为乳头状囊肿，乳头可无间质，也可是有结缔组织轴心的乳头；有时衬覆的上皮细胞呈大汗腺化生改变。囊肿破裂可引起周围炎症反应和纤维化，出现胆固醇结晶和大量泡沫细胞。

(2) 导管上皮增生：多见于中、小导管及末梢导管，导管轻度扩张，衬覆的腺上皮细胞增生，层次增多，但排列极性正常，细胞核无异型性，肌上皮细胞清晰可见，双层结构存在。如增生进一步发展，细胞排列极性开始紊乱，上皮细胞出现不同程度异型性，则称导管上皮不典型增生。

(3) 乳头状瘤病：多个中、小导管不同程度扩张，其上皮细胞呈乳头状增生，细胞层次增多，有排列极向，肌上皮细胞存在。多数乳头简单，没有分支，有时也可融合成较复杂的结构。常见有以下3种形式：①乳头状增生，受累小导管扩张，上皮细胞高度增生，形成乳头状突起，其中可有或无纤维脉管束；②网状增生，乳头继续增生延伸，顶部相互连接形成网状或腺管样结构；③实性增生，网状增生进一步发展，增生的上皮充满管腔可成实性巢。

(4) 腺管型腺病(盲管腺病)：为小的扩张成囊肿状的盲端导管增生，管腔内一般无分泌物。增生的腺上皮细胞呈低柱状或立方形。晚期，小导管或末梢导管常扩张，偶形成囊肿，腺上皮细胞呈低立方形，胞核无异型性，肌上皮细胞存在。有时可见腺上皮细胞呈大汗腺化生改变，也可见小的导管内乳头状瘤，病变不超过小叶范围。

(5) 上皮细胞大汗腺化生：常见，多见于囊肿、乳头状瘤病及腺管型腺病的上皮细胞。表现为上皮细胞呈高柱状或锥形，胞体大，胞质丰富，嗜酸、颗粒状，常见顶浆突起，胞核小而圆、深染，位于基底部。该种病变的出现视为良性的标志，此种细胞是由正常乳腺上皮衍生来的。

乳腺小叶增生性病变为一般的良性增生性病变，不存在癌变的危险，但囊性增生病与乳腺癌有一定关系，在这5种病变中导管上皮增生和乳头状瘤病癌变危险大。对于乳腺囊性增生病患者，应行肿块局部切除及随诊，必要时可行乳腺单纯切除。

三、乳腺瘤样病变

(一) 乳腺导管扩张症

乳腺导管扩张症(mammary duct ectasia，MDE)与浆细胞性乳腺炎(plasma cell mastitis)是一种疾病的不同阶段，多见于绝经期前妇女。任何原因导致乳腺导管阻塞、狭窄或管内容物排泄不畅均为本病的诱因。早期分泌物在导管内淤积、潴留使导管扩张，常表现为淡黄色、棕色或血性的乳头溢液。晚期，因导管周围炎乳晕周围出现边界不清，质硬的肿块，伴疼痛及乳头回缩。有的出现表皮红肿、破溃等症状。需注意与乳腺癌鉴别，病理检查容易确诊。

【病理变化】

1. 肉眼观察 乳头或乳晕下质硬肿块，切面黄白相间，可见扩张的导管，有时呈囊肿样，挤压有土黄色奶酪样分泌物溢出。扩张导管周围为灰白色半透明的纤维性厚壁。

2. 镜下观察 有两个显著的组织学特点：①大导管扩张，上皮萎缩或脱落，腔内有脂性碎屑及大量吞噬脂肪的泡沫细胞，导管周围间质纤维化，甚至玻璃样变，形成很厚的纤维性囊壁；②导管周围因腔内容物溢出而呈现明显的炎症反应，有浆细胞和淋巴细胞浸润。另外，有时可见大量泡沫细胞、多核巨细胞和上皮样细胞等聚集形成肉芽肿病变。当合并有急性炎症反应时，病灶内出现大量的中性粒细胞，甚至形成脓肿。病变进一步发展可使导管发生纤维性闭塞。

(二) 积乳囊肿

积乳囊肿(galactocele)又称乳汁淤积症，发生于哺乳期或哺乳后的妇女。由于炎症、乳腺结构不良、肿瘤或哺乳习惯不良等原因使乳腺导管闭塞，乳汁淤积，导管扩张形成囊肿。

【病理变化】

1. 肉眼观察 乳晕区以外的周边部肿块，单个或多个，圆形、椭圆形，囊性，边界清楚，大小不一。囊壁薄、光滑，囊内有稀薄的乳汁。晚期囊壁变厚,腔内乳汁浓缩成乳酪样物,甚至呈干粉状,质地明显变硬。

2. 镜下观察 囊内可见红染无定形物及泡沫细胞,囊内壁为单层扁平上皮细胞,囊壁由薄层纤维组织构成,囊壁内及囊周有时可见单核细胞、类上皮细胞、多核巨细胞、淋巴细胞、浆细胞等。病变周围可见小导管扩张和泌乳期乳腺小叶。

(三) 男性乳腺发育

男性乳腺类似发育期前的女性乳腺,由一些小导管和少量纤维脂肪组织构成,无腺体和小叶结构。其生长发育也受激素的影响和调节,雌激素可促进乳腺发育,雄激素有与雌激素的相互拮抗作用。由于雌激素和雄激素平衡失调可引起男性乳腺发育(gynecomastia)。常以乳头中心部增生为主,可单侧,也可双侧。青春期和老年期多见。老年男性发病主要与睾丸功能衰退,血清中相对雌激素水平增多有关。另外,男性乳腺发育也与肝脏疾病、生殖腺功能不全、服用作用于神经的药物以及生殖细胞和垂体等肿瘤有关。

【病理变化】

1. 肉眼观察 乳晕下盘状肿块是最常见的症状,有弹性,界限清楚。肿块可与乳晕及乳头有粘连,但与胸肌无粘连。

2. 镜下观察 表现为乳腺导管和间质不同程度的增生(图4-5)。增生的导管由上皮和肌上皮细胞构成。可呈乳头状增生。细胞形态规则,立方状或柱状,可见局灶鳞化,很少有小叶形成。晚期间质纤维化明显。上皮增生显著的易被误认为癌,应注意与男性乳腺癌鉴别。

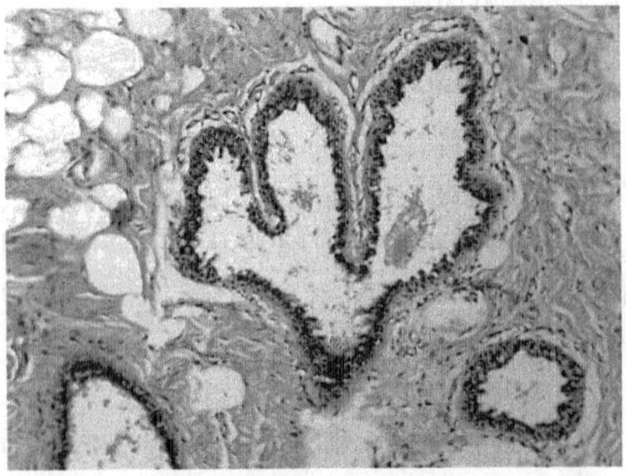

图4-5 男性乳腺发育
乳腺导管呈乳头状增生,间质纤维化

四、乳腺良性肿瘤

(一) 良性上皮性肿瘤

导管内乳头状瘤(intraductal papilloma)又称大导管乳头状瘤,是发生于乳晕区大导管的良性乳头状瘤,常为孤立单发,少数也可同时累及几个大导管。多见于经产妇,以40~45岁最为多见,与雌激素过度刺激有关。主要症状为单侧乳头溢液或溢血。病程较长,只有极少数可发生癌变。

【病理变化】

1. 肉眼观察 为带蒂的境界清楚的圆形或菜花状肿物附着于扩张的大导管壁上,肿物质地脆,切面灰白或红褐色,蒂可细长或粗短。表面乳头粗细不等,有的易脱落出血,有恶变倾向。有时扩张的导管内充满浆液性、血性液体或凝血块。

2. 镜下观察 导管上皮增生呈乳头状,并形成复杂的分支,轴心为间质纤维脉管组织。表面被覆单层立方或柱状上皮细胞或含有肌上皮的双层细胞,细胞无异型性。常见以下几种类型:①纤维型,乳头粗,间质纤维丰富,表面被覆单层上皮或双层上皮细胞;②腺型,上皮增生,反复分支,互相连接成腺样腔隙,间质少;③移行型,导管上皮增生,互相融合成实性细胞巢。

本病一般采取局部肿块切除,当细胞出现中度异型性具有潜在恶变可能时,可采取单纯乳腺切除。

(二) 良性结缔组织和上皮混合性肿瘤

腺纤维瘤(adenofibroma)亦称纤维腺瘤(fibroadenoma),是最常见的乳腺良性肿瘤,由乳腺纤维组织和腺管两种成分增生共同构成。其发生与局部乳腺组织对雌激素的反应性过高有关。多发生于30岁以前的女性,尤其20岁左右者最多见,绝经后则少见。主要表现为边界清楚的结节状肿物,表面光滑,活动性好,偶伴阵发性疼痛。极少数可发生恶变。

【病理变化】

1. 肉眼观察 肿瘤呈结节状,圆形或椭圆形(图4-6),直径一般在1~3cm。表面光滑、质韧、有弹性、边界清楚,有完整包膜。切面质地均匀,灰白或淡粉色,稍外突,有时还可呈颗粒状、囊状或黏液样，并有大小不等的裂隙。若上皮成分较多则呈浅棕红色。病程长的腺纤维瘤间质常呈致密编织状，有时还可见钙化或骨化区。

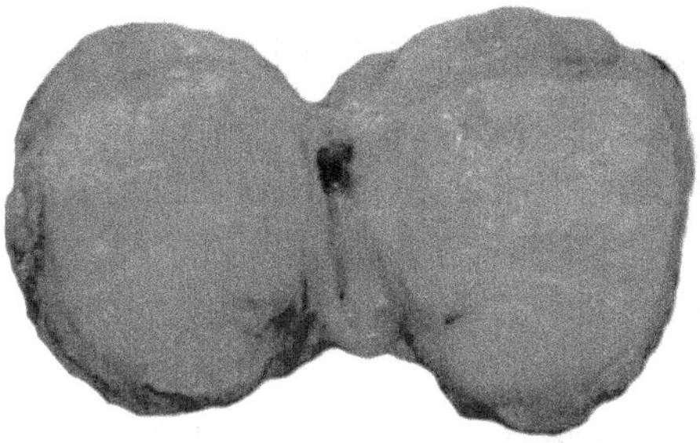

图 4-6　乳腺纤维腺瘤
肿瘤椭圆形，界限清楚，包膜完整

2. 镜下观察　主要由纤维间质和腺上皮混合增生而形成。根据肿瘤中纤维组织和腺管结构的相互关系，分为 5 型。

（1）向管型（管内型）腺纤维瘤：主要表现为腺管上皮下结缔组织增生将导管挤压呈裂隙状（图 4-7），上皮下平滑肌组织也参与肿瘤形成，但无弹力纤维成分。病变早期，上皮下结缔组织呈灶性增生，细胞呈星形或梭形，有程度不等的黏液性变。增生的纤维组织从管壁单点或多点突向腔面，继而逐渐充填挤压管腔，使之形成不规则的裂隙状。使腺管的腺上皮因受挤压而呈紧密的两排。在断面上，因未切到从管壁突入的部分，纤维组织常似生长在管内，故又称管内型腺纤维瘤。腺上皮细胞可以正常或增生形成乳头状，也可以萎缩甚至完全消失。上皮和纤维细胞皆无异型性。病程长的肿瘤，纤维组织可变致密，并发生透明变性，偶尔可见片状钙化，上皮时常萎缩或消失。

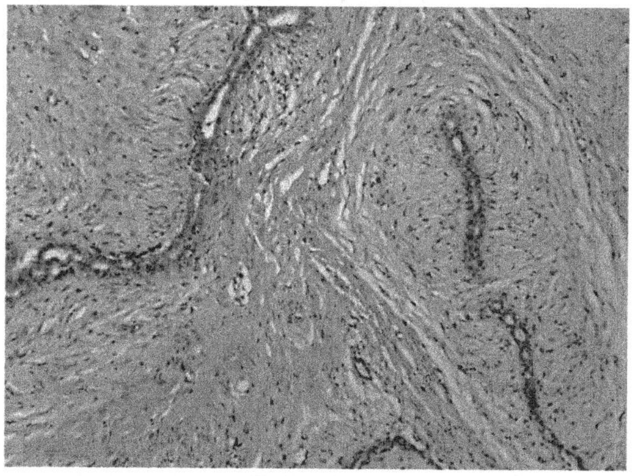

图 4-7　乳腺腺纤维瘤（管内型）
增生的纤维组织压迫腺管使之呈狭长的裂隙状

（2）围管型（管周型）腺纤维瘤：病变主要为腺管周围弹力纤维层外的管周结缔组织增生，弹力纤维亦参与肿瘤形成，但无平滑肌，亦不呈黏液性变。乳腺小叶结构消失，腺管弥漫散布。增生的纤维组织围绕并挤压腺管，使之成小管状（图 4-8）。纤维组织致密，常见胶原变性及玻璃样变，甚至钙化或骨化。腺上皮正常或轻度增生，有时可形成乳头。上皮及纤维细胞均无异型。

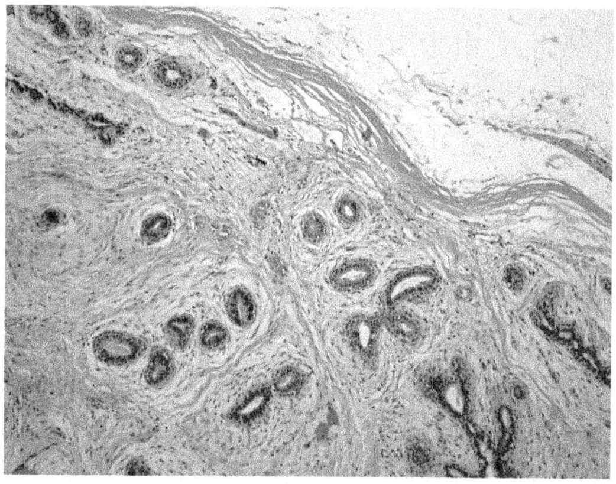

图 4-8　乳腺纤维腺瘤（管周型）
增生的纤维组织围绕并挤压纤维，使之呈小管状

（3）混合型腺纤维瘤：一个肿瘤中同时存在向管型和围管型腺纤维瘤 2 种病变。此型腺纤维瘤不少见。

（4）囊性增生型腺纤维瘤：为乳腺内单发肿块，与周围乳腺组织界限清楚，可有包膜。有多种增生的上皮性病变与结缔组织增生而形成。上皮病变包括囊肿、导管上皮不同程度增生、乳头状瘤病、腺管型腺病及大汗腺化生等。上皮细胞和纤维细胞皆无异型性。本瘤与囊性增生病的区别，在于后者病变广泛，与周围组织界限不清楚。且常累及双侧乳腺，镜下仍可见小叶结构。

（5）分叶型腺纤维瘤（巨腺纤维瘤）：本瘤多见于青春期和 40 岁以上的女性，肿瘤生长迅速，体积一般较大，直径常超过 5cm，最大可达 20cm，少数也可较小，基本结构似向管型腺纤维瘤。由于上皮下结缔组织从多点突入高度扩张的管腔，且不完全充满后者，故在标本肉眼观察和显微镜检查皆呈明显分叶状。一般纤维细胞和腺上皮细胞均增生较活跃，但均无异型性。本瘤与向管型腺纤维瘤的区别为，肿瘤体积大，有明显分叶。本瘤与叶状囊肉瘤的区别为，肿瘤有完整包膜，间质细胞无异型性，无核分裂象。

腺纤维瘤很少发生恶变，临床常采用局部切除，术后不复发。

（三）其他良性肿瘤

间叶组织发生的良性肿瘤均可在乳腺发生，但十分少见，多数表现为局部肿块，界限清楚，生长缓慢。

乳腺错构瘤（hamartoma of breast）又称腺脂肪瘤，是由脂肪组织、纤维组织、乳腺腺体等乳腺中的各种成分混杂在一起组成。病因不清，多发生在中青年妇女，常无临床症状，肿瘤邻近皮肤无改变。巨大乳腺错构瘤可以使乳腺变形。

【病理变化】

1. 肉眼观察 肿瘤大小不一、质软、圆形或分叶状，多位于乳腺一侧的外上象限，且在乳房的基底部，外有包膜，根据肿瘤构成成分不同，切面可似正常乳腺组织，也可呈淡黄或灰白色。

2. 镜下观察 肿瘤有包膜，与周围正常组织的界限清楚，由含不同比例的乳腺导管、小叶、纤维结缔组织、脂肪组织混杂构成。乳腺小叶、导管发育良好，有的可见异常增生，有的病例中脂肪组织特别丰富。

乳腺错构瘤因肿瘤边界清楚，手术容易完全切除，术后一般不复发及癌变。

第六节 乳 腺 癌

乳腺癌是女性最常见的恶性肿瘤之一，发病率有逐年增高的趋势，现全世界每年约有130万妇女发生乳腺癌，约有40万妇女死于本癌。乳腺癌在世界范围内的分布具有明显的地区差异性，根据其发病和死亡情况可以分为高发地区（北美、西欧和北欧）、中等水平发病地区（南欧和东欧）和低发地区（亚洲、拉丁美洲和非洲的大部分地区）。我国乳腺癌尚属于低发地区，但在北京、天津、上海等大城市，乳腺癌已跃居女性恶性肿瘤发病率的首位。乳腺癌在女性青春期前罕见，25岁以后发病增加，我国妇女乳腺癌发病的高峰年龄段为40～50岁，比西方国家妇女乳腺癌发病的高峰年龄段低5～10岁。

一、概　述

（一）病因学

乳腺癌的病因目前尚未完全阐明，但从大量流行病学、临床实践和动物实验等有关资料显示，乳腺癌的发生涉及饮食、生育、激素失调等多种因素，西方国家发病率高主要与摄入富含动物脂肪和蛋白质的高热量食物和缺乏体育锻炼有关。

1. 性激素 多年来一直认为，乳腺癌的发生与卵巢激素，特别是雌激素的分泌过多和长期作用有关。研究发现，绝经后妇女患乳腺癌者较健康女性体内总雌激素水平高15%～24%。口服避孕药和妇女停经后使用雌激素替代疗法会增加绝经后妇女患乳腺癌的机会。月经初潮年龄早、绝经晚、行经年数长的妇女发生乳腺癌的相对危险性增加。

2. 生育与哺乳情况 未生育、未哺乳、初产年龄大于35岁或不孕症的妇女，其发生乳腺癌的机会明显增加。

3. 家族史及乳腺癌相关基因 据统计，有乳腺癌家族史的妇女乳腺癌发病率比无家族史者高2～3倍，若一级亲属在绝经前患双侧乳腺癌，其相对危险度高达9倍。近期的研究发现，乳腺癌的易感基因主要有BRCA-1和BRCA-2。BRCA-1位于17号染色体上，已证实BRCA-1基因突变和缺失的女性，乳腺癌发生率高达85%，45%的遗传性乳腺癌患者有此基因突变，在有家族史的人群中及被诊断早期乳腺癌的年轻妇女中均可检测到。BRCA-2位于13号染色体上，在无BRCA-1突变的遗传性乳腺癌患者中，其中70%与BRCA-2基因突变有关。

4. 乳腺增生性病变及患一侧乳腺癌 有乳腺增生性病变，特别是伴发乳头状瘤病和导管上皮增生者，其发生乳腺癌的危险性将明显增加，在乳腺癌切除的标本中大多有乳腺增生病的背景，对乳腺增生症的患者进行保守治疗并长期随访后发现，其癌变率是对照组的2～4倍。患一侧乳腺癌后，其对侧乳腺癌发生率比正常女性高5倍，特别是病理类型为小叶癌、导管内癌及特殊型癌者，其对侧乳腺发生癌的机会更多。文献报道一侧为小叶癌时，对侧乳腺癌的发生率高达35% ~59%。

5. 营养、体重与运动 乳腺癌的发生与营养摄入量、肥胖体质和缺乏运动有关。通过人口调查研究，发现不同国家地区乳腺癌发生率的差异与营养因素，特别是摄入脂肪总量较高有关。脂肪增加乳腺癌的危险性，可能与脂肪加速儿童期生长发育、促进性成熟，使乳腺上皮细胞较早暴露于雌激素及催乳素中，从而增加癌变机会。另外，脂肪还能增加雄烯二酮转化为雌激素。摄入大量的水果和蔬菜有可能降低乳腺癌的发病风险。体重增加与发病风险间的相关性在绝经后随着年龄的增加而逐步上升。但经常参加体育运动的女性乳腺癌发病风险可下降20% ~40%，而且不受绝经状况的影响。

（二）组织发生

乳腺癌多数起源于乳腺导管上皮，少数起源于乳腺小叶终末导管，由上皮增生至不典型增生，而逐步发展为原位癌、早期浸润癌至浸润性癌。近年来，有些学者提出乳腺小叶癌及硬癌起源于肌上皮。乳腺癌的发生可以是单中心性或多中心性，一般以单中心性起源较常见。对于多中心性起源目前有观点认为，可能是由于导管癌沿着同一导管系统播散形成，在病理切片中表现为以多个导管为中心的病变，欧美地区较多见。

（三）乳腺癌的浸润和转移

1. 乳腺内扩展 乳腺癌的早期阶段是原位癌或非浸润癌，而后逐步发展为早期浸润癌至浸润性癌。起源于导管的癌细胞沿导管腔内蔓延，可通过末梢导管至小叶腺泡，亦可通过中导管和大导管至乳头表皮；起源于小叶腺泡的癌细胞，可沿末梢导管向小叶外的小导管及中等导管或腺泡周围淋巴管及神经周围间隙在乳腺内扩散。

2. 乳腺外扩展 癌细胞通过直接蔓延或沿淋巴管蔓延累及乳腺表面皮肤、胸筋膜、胸肌及胸壁。一般先累及Cooper韧带，出现酒窝征；继而侵及皮下淋巴管，使淋巴回流受阻，皮肤水肿，出现橘皮样改变；皮下淋巴管内停留的癌细胞可增殖发展成皮肤结节（彩图4-10），即卫星结节。胸筋膜、胸肌及前胸壁亦可被癌侵及，以至造成癌瘤与胸壁固定，此为较晚期之表现。

3. 淋巴道转移 是乳腺癌最常见的转移途径，侵入淋巴管的癌细胞以栓子形式首先转移至附近局部淋巴结，其中同侧腋窝淋巴结是乳腺癌淋巴道转移最早和最多见的部位。乳腺癌患者就诊时，腋窝淋巴结转移率高达50% ~60%。晚期相继转移至锁骨下、锁骨上淋巴结。位于乳腺内上象限的癌组织常转移到乳内动脉旁淋巴结，进一步发展转移到纵隔淋巴结。少部分病例发生对侧腋窝淋巴结转移。乳腺癌的淋巴转移可以在癌灶出现浸润之前、之后或同时发生。

4. 血道转移 乳腺癌在淋巴转移的基础上，特别是在锁骨上、下淋巴结或内乳淋巴结受累情况下，癌细胞可经集合淋巴干或胸导管进入血循环；癌细胞也可直接侵入乳腺内静脉，进入血循环而转移到全身各器官。部分病例的癌细胞还可通过肋间静脉和椎静脉的交通支，进入脊椎静脉系统，而导致椎骨和脑转移。血道转移最多见的器官是肺、肝、骨，其次为肾上腺、脑、卵巢及皮肤等。乳腺癌的血道转移可以发生在淋巴转移之后，亦可出现于淋巴结转移之前，甚至可发生于癌的早期阶段。一旦出现血道转移，即表明患者预后不良。

（四）大体分型

乳腺癌标本肉眼检查，可分为以下7型。

1. 浸润为主型 肿瘤边界不清，呈蟹足样向周围组织浸润（彩图4-11），切面凹陷，呈灰白色，质硬。

2. 膨胀为主型 肿瘤边界较清楚，向周围组织推挤性生长，切面平坦或微隆起，灰黄或灰粉色，质地较软，有时可见坏死。

3. 囊性乳头状型 肿瘤呈囊性，边界清楚，其中有乳头状或分叶状组织突出囊腔，质较软而脆，囊内常含暗褐色液体。

4. 粉刺样型 一半以上位于乳腺中央部位。病变较广泛，常无明显边界，切面呈颗粒状，挤压病变区可见多处有灰黄色泥样物溢出。

5. 黏液样型 肿瘤边界清楚，质软，切面光泽，呈半透明胶胨样。

6. 乳头湿疹样型 乳头糜烂、渗液、结痂，严重者乳头及乳晕溃烂。

7. 多灶型 1个乳腺内有2个或2个以

上互不相连的癌灶同时存在，其外形可以是上述的任何类型。

（五）组织学特点

1. 细胞异型性 乳腺癌癌细胞均有程度不同的异型性，表现为细胞和胞核的大小、形状不一致，胞核大、形状不规则，核内染色质增多、颗粒粗、深染，核仁大，核膜厚。有时还可见瘤巨细胞。

2. 浸润性生长 癌细胞可突破管泡壁的基膜向间质及周围组织侵袭性生长，亦可侵犯血管、淋巴管、神经、肌肉及脂肪组织。但非浸润的原位癌则无浸润性生长表现。

3. 细胞排列极性紊乱 癌细胞失去正常导管或腺泡上皮的排列极性，而呈杂乱无章的堆积，可形成不规则的实性细胞团块、条索、小梁，也可形成不规则的腺管、乳头，还可单细胞线状排列或弥漫散在分布等。

4. 肌上皮消失 正常的乳腺导管或腺泡均有腺上皮和肌上皮双层结构，在乳腺癌则肌上皮消失。但在导管内癌的边缘区有时可偶见少数肌上皮细胞。

5. 肿瘤性坏死 在乳腺癌，特别是导管内癌常见肿瘤性坏死。此种坏死为凝固性不死，即细胞的胞膜和核膜消失，胞质、胞核变成碎片。

6. 筛状结构 在无一定排列方向的瘤细胞片块中，形成多个大小形态较一致的圆形腔隙，腔隙之间无纤维脉管间质存在。

7. 实质与间质分离 在HE切片中，癌细胞灶或腺管与周围纤维间质之间出现明显的空隙。这在乳腺癌，特别是大汗腺样癌常见。

8. 组织反应 乳腺癌组织浸润间质后，常引起局部纤维组织增生，并包绕癌细胞灶或癌细胞。紧贴癌细胞灶还有一层网状纤维围绕。

上述8条是光镜下诊断乳腺癌的综合指标，但并非诊断每例乳腺癌都必须具备。

二、乳腺癌病理学分类

乳腺癌的病理学分类比较复杂，根据是否有间质浸润分为非浸润性癌和浸润性癌2种类型，又根据其组织起源，进一步分为导管癌和小叶癌。

（一）非浸润性癌

非浸润性癌（non-infiltrative carcinoma）即原位癌，是指癌细胞局限于导管、小叶内末梢导管或腺泡基膜内。

1. 导管内癌（intraductal carcinoma） 发生于中、小导管，导管不同程度扩张，其中可见轻度到中度异型的癌细胞局限于导管内，管壁基膜完整。癌细胞可以呈多种排列方式，彼此可相互移行，有时同一肿瘤中可见数种结构。根据镜下癌细胞的排列和组织结构，可分为以下5个亚型。

（1）实性型：癌细胞中等大小，细胞膜界限清楚，胞质透亮，充满多个扩张的导管内，呈实性结构（图4-9），排列极性消失，肌上皮细胞消失。有时在癌细胞灶中央，见少量坏死癌细胞或小圆形空隙。

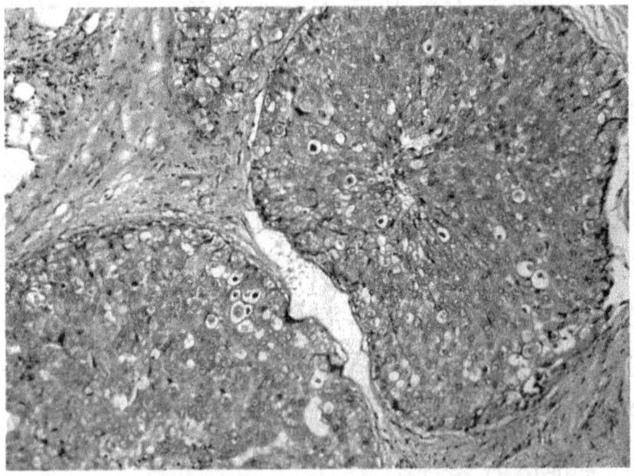

图4-9 乳腺导管内癌（实性型）
癌细胞充满扩张的导管呈实性结构，基膜完整

（2）筛状型：导管内的癌细胞形成多个大小、形态比较一致的圆形筛状腔隙，腔隙规则，排列有极性，筛孔之间无纤维间质（图4-10）。

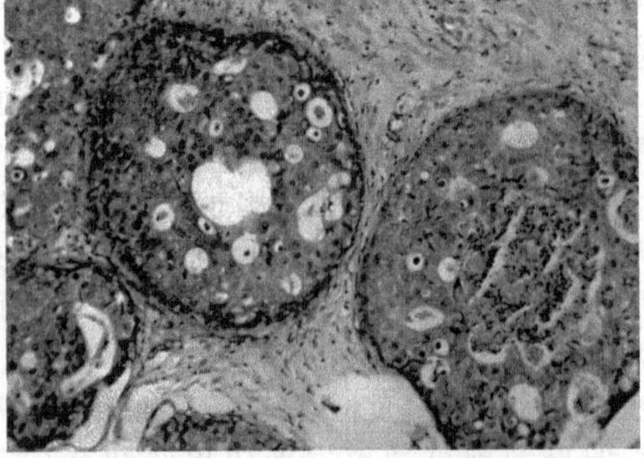

图4-10 乳腺导管内癌（筛状型）
癌细胞中可见大小形态较一致的圆形腔隙

(3) 低乳头型:多个导管高度扩张,其中癌细胞形成多个不含纤维脉管束的小乳头状突起伸向腔内,癌细胞质较丰富、嗜酸,腔侧有时可见空泡或顶浆突起。

(4) 粉刺样型:导管内癌细胞呈实性排列,体积较大,核分裂象多见,无结缔组织间质,中央发生大片坏死(图 4-11),坏死的癌细胞形成大量嗜酸性颗粒状物质和大小不等的核碎片,形成粉刺样物,并常伴有颗粒状钙化。癌变导管周围常出现间质向心性纤维化及轻、中度慢性炎细胞浸润。

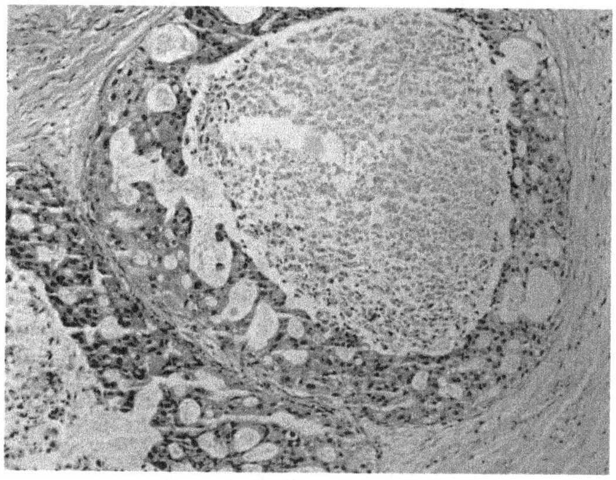

图 4-11 乳腺导管内癌(粉刺型)

癌细胞局限于导管内,中央癌细胞大片坏死

(5) 管状型:异型的癌细胞排列成中等大小、圆形或椭圆形的腺管,不形成乳头。癌细胞立方形,常呈单层排列,胞质红染,核着色深,核分裂象少见。

2. 小叶原位癌(lobular carcinoma in situ) 发生于小叶内末梢导管或腺泡,癌细胞局限于管泡内,呈实性排列,未穿破其基膜(彩图 4-12)。小叶结构存在,体积增大,管泡增多、变粗,其内充满松散、无极性的癌细胞,管泡腔及肌上皮消失。癌细胞体积稍大、圆形、大小一致,胞质较丰富、淡染。胞核稍大、规则,染色质细致,分布较均匀,核仁不明显,核分裂少见。小叶原位癌常见多中心发生和双侧乳腺发生。

(二) 早期浸润性癌

早期浸润性癌(early infiltrative carcinoma)是指原位癌突破导管、末梢导管或腺泡基膜,开始向间质浸润的阶段。早期浸润阶段一般较短,病情也较局限,检查时很难发现,故需多取材、多切片,甚至连续切片或网状纤维染色才能做出准确诊断。

1. 导管癌早期浸润(early infiltration of ductal carcinoma) 导管内癌局部少量的癌细胞突破管壁基膜,向导管周围间质呈生芽样浸润。

2. 小叶癌早期浸润(early infiltration of lobular carcinoma) 小叶原位癌的癌细胞穿破末梢导管或腺泡基膜,开始向小叶内间质浸润,仍局限于小叶范围内。如浸出小叶,则归浸润性小叶癌。

早期浸润癌阶段病变较局限,如此时实行乳腺癌根治术,患者预后较好。

(三) 浸润性非特殊型癌

浸润性非特殊型癌(infiltrative non-specific carcinoma)较常见,组织形态无特殊类型,预后均较差。

1. 浸润性小叶癌(infiltrative lobular carcinoma) 凡是小叶癌早期浸润的癌细胞向小叶外间质浸润性生长者,即为浸润性小叶癌。肉眼下,不规则形、质硬、边界不清、切面灰白色,不具备特异的形态学特征。镜下见,癌细胞体积较小、大小形态一致,胞质少,核呈圆形或不规则卵圆形、大小亦较一致,核仁不明显,核分裂象较少见。癌细胞常呈单行线状浸润于致密的纤维间质中(彩图 4-13),或围绕导管呈靶环状排列,亦可弥散浸润在纤维间质中,有时可见残存的小叶原位癌成分。本癌又称小细胞癌,预后极差。

2. 浸润性导管癌(infiltrative ductal carcinoma) 是最常见的类型。本癌占浸润癌的 75% ~80%,发病高峰为 40 ~60 岁,约半数发生于乳腺外上象限,其次发生于乳腺中央区、外下象限、内下象限。肉眼下,常单发,切面灰白色,边界不清,常见癌组织向周围脂肪组织放射状伸展,质硬,可有出血、坏死及囊性变。癌组织侵及乳头,可导致乳头回缩下陷。癌组织阻塞真皮淋巴管,可致皮肤水肿,毛囊汗腺处皮肤相对下陷,呈橘皮样外观。晚期形成巨大肿块,可穿破皮肤形成溃疡。镜下见,癌细胞形态及结构多种多样,可形成条索状、片状、巢状或单个细胞浸润。可有或无腺管结构,细胞大小不一,异型性明显,核分裂象多,间质多少不等。根据组织学结构特点分为以下几种类型。

(1) 硬癌(scirrhous carcinoma):癌实质少,间质成分多(占 2/3 以上)而且致密,质硬，故称硬癌。癌细胞较小，呈多角型或立方状，异型明显，核深染。常排列成细条索或小片块状（图4-12），很少形成腺样结构。间质纤维组织丰富而致密，常发生透明变性和弹力纤维增生。本癌预后极差。

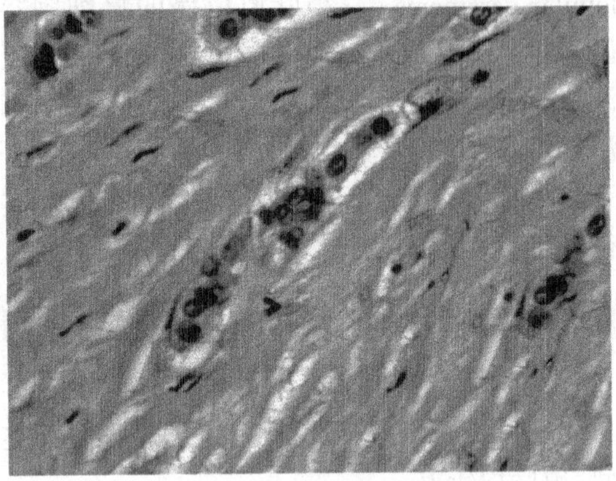

图4-12　乳腺浸润性导管癌（硬癌）
癌细胞排列呈索条状，细胞异型性明显，间质内有大量致密的结缔组织增生

（2）髓样癌（medullary carcinoma）：癌实质多（占2/3以上），间质成分少，质软，又称软癌。癌细胞较大，异型明显，核分裂象多见，常排列成密集的不规则片块状或巢状（彩图4-14），由少量纤维间质分隔，可见腺样结构和导管内癌成分。癌灶中部常见大片坏死，间质缺少淋巴细胞浸润。

（3）单纯癌（carcinoma simplex）：是乳腺癌最多见的一型。癌组织中实质与间质成分的比例大致相等，介于硬癌和髓样癌之间（图4-13）。其形态变化复杂多样。癌细胞大小形态不一，异型明显，核分裂象常见，主要形成不规则实性条索、小梁或灶团状，由间质纤维组织分隔，也可有少量腺样结构，其周边常见导管癌成分。

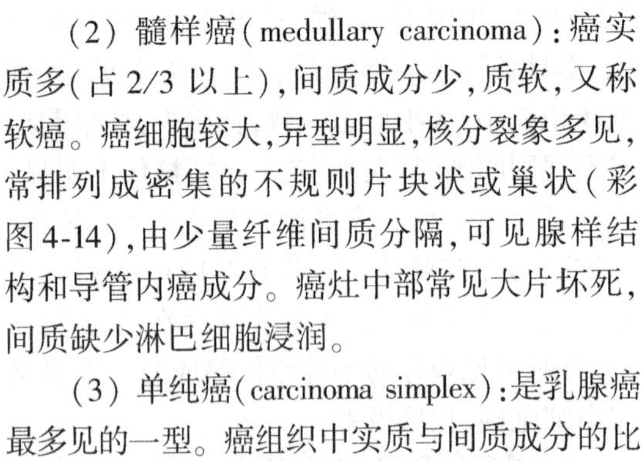

图4-13　乳腺浸润性导管癌（单纯癌）
癌实质成分与间质成分比例相等

（4）腺癌（adenocarcinoma）：癌组织中，腺管样结构占一半以上。腺管大小、形状不规则，呈浸润性生长，其衬覆腺上皮细胞层次不等，排列极性紊乱，缺乏肌上皮和基膜。癌细胞质较丰富，核深染，异型明显，核分裂象多见。

在同一肿瘤内往往可见上述几种类型混合出现，称为混合性浸润性导管癌。

（四）浸润性特殊型癌

浸润性特殊型癌（infiltrative specific carcinoma）为具有特殊组织学形态的浸润性癌，临床少见，恶性度低，预后一般较好。

1. 乳头状癌（papillary carcinoma）　绝经后女性多见。肉眼下，约2/3的患者肿瘤界限清楚。镜下见，多发生于大导管，境界清楚，癌实质以纤细或钝的乳头状结构为主。乳头中部常见纤维脉管束，表面被覆单层或复层轻度到中度异型的癌细胞，部分癌细胞也可形成多少不等的腺管、筛状结构或实性灶，排列极性紊乱，肌上皮消失，常见核分裂象。若病变导管高度扩张呈囊状者，称囊性乳头状癌。癌组织局限于导管内或囊内时，归非浸润性癌。

2. 髓样癌伴大量淋巴细胞浸润（medullary carcinoma with massive lymphocytic in filtration）　又称典型髓样癌。50岁以下女性多见。肉眼下，肿瘤体积大，常位于乳腺中央较深处，球形或结节状，边界清楚，有时有假包膜形成，质软，呈灰白色脑髓样。镜下，无腺管和小叶结构，癌细胞弥漫成片生长、实质多、间质少，癌细胞体积大，胞质丰富、略嗜碱性，胞膜不清，常互相融合呈合体状，似合体滋养层细胞。胞核大、空泡状，核仁明显，核分裂象多见。癌细胞密集，呈大片或粗条索状，偶见弥散分布，无腺管或导管结构。癌巢之间及其周围有大量淋巴细胞弥漫浸润（图4-14），一般认为是机体对肿瘤的反应所致，主要为T淋巴细胞。具有阻止肿瘤细胞生长、蔓延的作用，预后较好。

3. 小管癌（tubular carcinoma）　又称高分化腺癌。较少见，占浸润癌的1%～2%。平均发病年龄为50岁。预后好，手术切除后治愈率高达95%～100%。肉眼下，体积较小，直径多1cm左右，为质地硬的小结节状。镜下见，癌细胞立方或低柱状，大小相当一致。

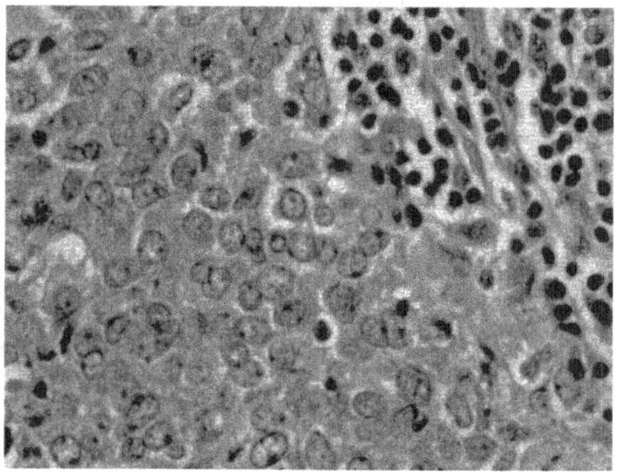

图 4-14　典型髓样癌

癌细胞体积大，呈大片块状排列，癌实质多，间质少，伴有丰富的淋巴细胞浸润

核圆，在细胞中部，异形性不明显，核分裂象少见。癌细胞排列成大小比较规则的单层腺管，在胞质顶部可见大汗腺样突起，无肌上皮细胞和基膜（图 4-15）。癌性腺管在间质及周围脂肪组织中浸润性生长，常有明显的纤维组织反应。诊断小管癌时，应注意与以腺管为主的浸润性导管癌、硬化性腺病等区别。

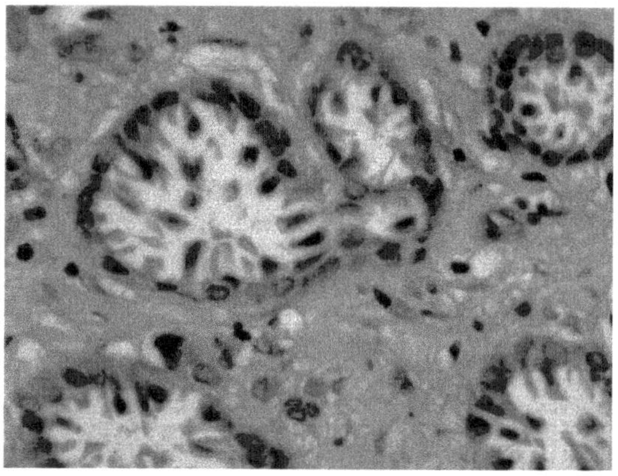

图 4-15　乳腺小管癌

癌细胞排列成规则的单层腺管，胞质顶部可见大汗腺样突起，无肌上皮细胞和基膜

4. 腺样囊性癌（adenoid cystic carcinoma）　又称筛状癌，多位于乳晕下方。本癌形态与唾液腺和肺等的腺样囊性癌极为相似。肉眼下，肿瘤通常边界清楚，切面灰白或灰红色，有明显的小囊腔形成。镜下，由腺上皮细胞和肌上皮细胞组成。腺上皮细胞似皮肤基底细胞，体积小，核大深染，排列成大小、形态不一的片块或小梁状、内有数目不等的圆形筛状空隙。肌上皮细胞呈梭形，胞核小、深染，衬覆于圆形腔面或围绕细胞片块，间质与正常乳腺组织相似，可见结缔组织增生。

5. 黏液癌（mucinous carcinoma）　又称黏液腺癌、胶样癌。多见于停经后女性，平均年龄常大于 60 岁。肉眼下，肿瘤界限清楚，生长缓慢，半透明胶胨状，有光泽，可见有向周围挤压的边缘。镜下，癌细胞小，均匀一致。癌实质中，上皮黏液成分占半量以上。黏液在细胞外，形成黏液湖，罕见在细胞内。癌细胞排列成小灶状、腺管样或小乳头状，漂散于黏液中（彩图 4-15）。有时上皮成分很少，应多切片仔细观察。黏液量少或只见于癌瘤之一部分者，不归入本癌，仍诊断为相应类型的癌。有典型印戒细胞者归印戒细胞癌。有时乳腺黏液潴留性囊肿的黏液可破入间质，应与黏液癌鉴别。

6. 大汗腺样癌（apocrine carcinoma）　较少见。肉眼下，肿瘤切面灰红色，偶尔可见豆渣样坏死物。镜下见，癌实质的全部或大部由大汗腺样癌细胞组成，癌细胞大，呈立方形、柱状或楔形，胞质丰富、嗜酸、颗粒状，PAS 染色呈强阳性，有时可见胞质突起。胞核轻度到中度异型。癌细胞形成小灶、腺管或小乳头状，实质、间质常明显分离。诊断本癌应排除其他型癌的大汗腺化生。

7. 鳞状细胞癌（squamous cell carcinoma）　很少见。肉眼下，与一般乳腺癌无明显区别。体积较大，切面癌组织中央区有时有含角化物的大囊腔形成。镜下见，与发生在其他部位的鳞癌组织形态相似。癌实质全部或大部分为典型的鳞状细胞癌结构，即可见细胞间桥和（或）角化，细胞形成大小不等的实体团块状。应注意排除其他型癌的部分鳞状细胞化生及由皮肤或表皮样囊肿发生的癌。

8. 乳头 Paget 病　男女均可发生，且男性发病率高于女性。肿瘤多开始于乳头中央，以后波及乳晕和周围表皮。肉眼下，早期乳头发红，有痒和烧灼感。继续发展乳头粗糙，并出现糜烂、结痂，有浆液性或血性渗出物形成，似湿疹，故又称乳头湿疹样癌。镜下，乳头或乳晕表皮内有散在、成灶或腺样排列的 Paget 细胞（彩图 4-16）。该细胞体积大，圆形或椭圆形，境界清楚，胞质丰富，淡染或空亮，黏液染色常阳性。胞核大，核仁明显，核分裂象易见。表皮内的 Paget 细胞与周围鳞状细胞之间无细胞间桥，常见空隙。病变早期 Paget 细胞多位于表皮基底层，而后可侵入表皮全层，但不侵犯真皮层。

三、乳腺癌的癌前病变

WHO 规定，发展为恶性疾病可能性超过 20% 的各种病变属于癌前病变。癌前病变属于良性病变，并不一定都转化为癌。乳腺癌的癌前病变是指一些乳腺增生性病变。正确认识乳腺癌的癌前病变，对于早期发现、早期诊断乳腺癌及做好二级预防均有现实意义。目前认为，乳腺组织的不典型增生、乳头状瘤病及乳腺囊性增生应视为乳腺癌的癌前病变。

（一）乳腺组织非典型增生

1. 导管上皮不典型增生（ductal epithelial atypical hyperplasia） 根据其不典型增生的程度可分为轻度和重度。

（1）导管上皮轻度不典型增生：表现为导管扩张、上皮细胞增生形成实性、乳头状结构，增生细胞和胞核轻度增大，部分细胞仍清楚。

（2）导管上皮重度不典型增生：表现为导管明显扩张，上皮细胞增生形成实性、乳头状或类筛状结构，细胞和胞核增大，出现一定程度异型性，大部分细胞排列极性紊乱，肌上皮细胞不明显。

2. 小叶不典型增生（lobular atypical hyperplasia） 病变小叶增大，末梢导管或腺泡增多并变粗，上皮细胞层次增多，并可出现轻度异型性，管、泡腔变小，肌上皮细胞不明显。研究表明，重度非典型增生为明确的癌前病变，约 10% 发展为乳腺癌，癌变率较正常人群高 5～18 倍。

（二）乳头状瘤病

乳头状瘤病（papillomatosis）发生于小导管及小叶内终末小导管，实为乳腺组织的非典型增生。根据其病变程度可分轻度、中度和重度，其中的重度乳头状瘤病与乳腺癌关系密切，为重要的癌前病变。

1. 轻度乳头状瘤病 多个中、小导管轻度扩张，上皮细胞增生形成低而稀的乳头结构，间质较多，只有简单分支，被覆乳头的腺上皮细胞 1～2 层，肌上皮细胞明显。

2. 中度乳头状瘤病 多个导管扩张，增生的上皮细胞形成多数乳头结构，分支较多，常连接成网状或腺样，被覆的腺上皮细胞 3～5 层或占据管腔的大部分，细胞无异型性、肌上皮细胞清楚。

3. 重度乳头状瘤病 多数导管扩张，乳头拥挤，间质少，常见复杂分支联结成密集的网状和腺样结构，被覆腺上皮细胞 6 层以上或形成实性细胞灶，排列极性部分紊乱，可见轻度异型性，肌上皮细胞仍可找见。

四、乳腺癌与激素受体及相关基因

（一）雌、孕激素受体

乳腺是女性激素（主要是雌激素和孕激素）的靶器官，其生长、发育等生理过程和细胞的增生、癌变等病理过程均受女性激素的调控。这种调控作用是通过存在于乳腺上皮细胞内的雌激素受体（estrogen receptor，ER）和孕激素受体（progesterone receptor，PR）完成的。乳腺上皮细胞内受体含量的多少，决定了它对激素反应的大小，而激素-受体复合物可直接与细胞核内靶 DNA 调控序列相结合，从而产生相应的生物学效应。当细胞发生癌变时，不同分化程度的细胞其保留 ER、PR 的程度亦不相同，有些癌细胞可以部分或全部保留，有些可以部分或全部丢失。当癌细胞有受体表达时，该乳腺癌的生长和增殖仍受内分泌的调控，称为激素依赖性乳腺癌。当癌细胞丢失了受体，则该乳腺癌的生长和增殖不再受内分泌的调控，称为非激素依赖性乳腺癌。激素依赖性乳腺癌约占全部乳腺癌的 50%～60%，多见于绝经后的患者。因此，检测 ER、PR 具有一定的临床意义。

1. 估计预后 临床上，ER 和 PR 通常作为乳腺癌的预测因子，同时也可以作为预后因子。表达 ER、PR 的癌细胞，往往分化较高、核分裂象少，发展慢，患者通常年龄较大；而 ER、PR 阴性的乳腺癌则分化差，侵袭性强，恶性度高。大量临床研究亦证实，ER、PR 阳性的乳腺癌患者的预后较阴性者好，缓解率高，复发少。在伴有转移的乳腺癌病例中，ER 受体阳性者转移部位多在皮肤、软组织、生殖系统或骨髓，受体阴性者则以脑、肝、肺等内脏转移多见。另有研究发现,在短期随访中,ER、PR均与预后有关,而延长随访期则只有PR与预后有关。因此在检测ER时,同时检测PR则更有参考价值。目前,受体状况已作为判断乳腺癌患者预后的一项重要指标。

2. 内分泌治疗的依据 对于激素依赖性乳腺癌,可运用内分泌治疗。据统计,乳腺癌患者盲目进行内分泌治疗的有效率约为30%,如果选择ER阳性病例进行内分泌治疗,其有效率为55%～60%,ER、PR均阳性者的有效率可高达77%～80%,ER、PR均阴性者的有效率仅为8.4%～10%。另外,内分泌治疗的效果还与ER、PR的表达水平呈正相关,受体水平越高,其疗效越好。

(二)乳腺癌相关基因

乳腺癌的相关基因已发现有数十种。其中Her-2基因为乳腺癌的主要相关基因,也称为neu、C-erbB-2,其表达的蛋白产物为人表皮生长因子受体-2,是一种细胞来源的癌基因,定位于染色体17q21,编码分子量为185kD的具有细胞内酪氨酸激酶活性的跨膜蛋白P185。通常在20%～30%的乳腺癌患者中有过表达现象。Her-2基因过表达的乳腺癌细胞生长快、预后不良。但同时也是分子水平抗癌药物设计的重要靶点。因此,HER-2基因检测对指导乳腺癌患者用药有重要临床意义。赫赛汀(herceptin)是以Her-2为靶点的人源化单克隆抗体,是针对HER-2基因扩增的靶向治疗药物,1998年美国FDA批准该药用于Her-2过度表达转移性乳腺癌治疗,成为乳腺癌治疗领域第一个分子靶向性药物,疗效明确、可靠、安全,为临床治疗带来了新突破。赫赛汀单药治疗疗效肯定,但晚期乳腺癌患者的单药治疗有效率仅为15%～20%。赫赛汀与阿霉素、紫杉醇类药物联合化疗治疗转移性乳腺癌能提高疗效,延长患者生存期。可以预计在未来的肿瘤化疗中,针对分子靶点的新一代抗肿瘤药将凭借特异性强、靶向性好及毒副作用小而成为治疗的主要方向。

(三)Her-2与激素受体的相关性

Her-2一般在正常乳腺组织及良性病变组织中不表达,在乳腺不典型增生及癌细胞中表达。乳腺癌中Her-2的过度表达预示恶性程度较高,预后差,与淋巴结转移呈正相关,与ER、PR的表达呈负相关,而乳腺癌的分化程度与ER表达水平呈正相关,提示Her-2表达与ER表达之间存在相关性,影响乳腺癌的生物学行为。两者的联合检测有助于乳腺癌治疗方案的选择和预后判断。

(李　良　刘立新)

参考文献

陈乐真. 2002. 妇产科诊断病理学. 北京:人民军医出版社

陈乐真. 2006. 子宫内膜癌前病变的研究新进展. 中华医学会第九次全国妇科肿瘤学术会议论文汇编:14-16

陈忠年. 1982. 妇产科病理学. 上海:上海科学技术出版社

成令忠. 1993. 组织学. 第2版. 北京:人民卫生出版社

付丽,傅西林. 2008. 乳腺肿瘤病理学. 北京:人民卫生出版社

回允中. 2008. 子宫内膜上皮内肿瘤形成的病理学诊断. 中华病理学杂志,37(4):228-230

李诵絃. 1997. 实用妇科内分泌学. 上海:上海医科大学出版社

林崧. 1986. 妇产科病理学. 天津:天津科学技术出版社

刘彤华. 2006. 诊断病理学. 北京:人民卫生出版社

沈镇宙,邵志敏. 2005. 乳腺肿瘤学. 上海:上海科学技术出版社

王德延. 1987. 肿瘤病理诊断. 天津:天津科学技术出版社

许良中. 1999. 乳腺病理学. 上海:上海医科大学出版社

2006. 乳腺及女性生殖器官肿瘤病理学和遗传学(世界卫生组织肿瘤分类及诊断标准系列). 北京:人民卫生出版社

G. Dallenbach-Hellweg. 陈志龙译. 1984. 子宫内膜组织病理学. 上海:上海科学技术出版社

第5章 内分泌系统疾病

第一节 概 述

一、内分泌系统的概念和组成

内分泌系统(endocrine system)是机体的调节系统,与神经系统相辅相成,共同维持内环境的稳定,调节机体的生长发育和各种代谢活动,并控制生殖,影响行为。

内分泌系统由内分泌腺和分布于不同器官内的各种各样的内分泌细胞组成,后者又称为弥散神经内分泌系统(dispersed or diffuse neuroendocrine system, DNES),主要的内分泌腺有甲状腺、甲状旁腺、肾上腺、垂体、松果体等。内分泌腺的结构特点为腺细胞排列成索状、团状或围成滤泡状,无排送分泌物的导管,毛细血管丰富。DNES内的分泌细胞散在分布于不同器官中,它们均含有神经内分泌颗粒和合成并分泌肽和胺类物质。

二、常见内分泌疾病的类型及特点

内分泌疾病的常见类型有肿瘤、炎症、血液循环障碍及遗传性疾病等。这些疾病的共同特点是均可引起相应激素的增多或减少,导致功能的亢进或减退,使相应靶组织或器官增生、肥大或萎缩。

内分泌系统疾病很多,本章主要介绍甲状腺、肾上腺、垂体及弥散性神经内分泌系统的常见病和多发病。

第二节 甲状腺疾病

甲状腺是人体最大的内分泌腺,其自身又受下丘脑-垂体-甲状腺轴的调节,甲状腺功能的改变会引起其形态改变,形态变化又会导致相应的功能异常。甲状腺疾病的发病率在所有内分泌腺疾病中居第1位,其病变种类繁多,病理表现复杂,在形态上,主要表现为单纯性肿、肿瘤性肿、炎症性肿(含急、慢性炎)以及它的先天性病变等。

对甲状腺疾病的研究历史已非常久远。早在公元前2世纪我国古籍《山海经》就有甲状腺肿的记载,称其为瘿病。隋朝名医巢元方指出瘿病发病和水土地理环境密切相关。晋代名医首先提出用含碘量高的昆布和海藻浸酒治疗甲状腺肿。公元3世纪有人试用"割瘿",探索手术治疗。随着生物医学技术的开发和应用,分子生物学技术除了用于甲状腺疾病的发病机制研究外, 在一些病理实验室已用作病理诊断的辅助手段, 从而深化了对甲状腺疾病的认识, 也提高了甲状腺疾病诊断的准确性。甲状腺的针吸细胞学检查于20世纪70年代开始在我国使用, 该方法简便实用, 有其独特的优越性, 但由于其取材的局限性, 在我国应用还不是很普遍, 值得进一步推广。

一、甲状腺的解剖学、组织胚胎学及其功能

(一)甲状腺的胚胎发育

甲状腺的发生主要起源于内胚层,由正中原基发育而成。另外,两外侧原基发育成甲状腺滤泡旁细胞和少部分甲状腺组织。人甲状腺发育较早,约在胚胎第3周内开始,第1和第2对咽囊中间的咽前壁内胚层增厚,并向腹侧突出,里面形成凹陷,增厚的内胚层是发育成甲状腺的最原始细胞,称正中原基。约第4周,正中原基外突愈明显,里面凹陷愈深,形成一个"长颈瓶"状,其远端逐渐膨大形成甲状腺的雏形,而与原始咽部相连的狭管称甲状腺舌导管。甲状腺舌导管未完全消失的残余部分,大多发育成甲状腺锥状叶,而部分可形成异位甲状腺组织或甲状舌管囊肿。第7周,舌导管完全消失,甲状腺原始叶中的空泡消失,成为一团实质组织,并向两侧发展,形成甲状腺的两侧叶和中间的峡部。

笔记栏

甲状腺外侧原基源自胚胎的第4咽囊,约第7周两侧第4咽囊尾部的上皮组织开始向外突出,为发育成甲状旁腺和少部分甲状腺的原基,称鳃后体。最初鳃后体位于正中原基的尾端,随着正中原基的下降,第8周与正中原基两叶的背面相接触,并逐渐与之完全融合,此时甲状腺已具有固定的位置和形态,以后的发育仅限于腺体本身的结构。第9周末甲状腺的实体组织开始增生,第10周末开始出现滤泡,第12周末甲状腺滤泡可出现胶质,并具有储碘功能,第14周整个甲状腺的发育已基本完成。

(二)甲状腺的解剖

甲状腺是人体最大的内分泌腺,位于颈前下方软组织内。上端位于甲状软骨中点,下端至第6气管软骨环,有时可达胸骨上窝或胸骨后,整个甲状腺被纤维结缔组织紧密粘贴在甲状软骨与气管软骨环的前面和两侧,腺体前面稍凸出,后内侧略凹陷。

甲状腺呈"H"形,由左右两侧叶和连接两侧叶的峡部组成(图5-1)。有些峡部缺如,也有时峡部上缘还有一锥状小叶。锥状叶偶尔从甲状腺的左叶或右叶伸出。甲状腺形态和大小有较大的差异,形态上右叶往往较左叶稍大,右叶的上极较左叶为高,下极较左叶为低,在甲状腺普遍增生时这种差别更为明显。甲状腺重量变化很大,缺碘地区的甲状腺较大,碘丰富的地区甲状腺较小,一般成人甲状腺重量为20~40g。甲状腺大小和重量也随年龄而有差别,新生儿约1.5g,10岁儿童约10~20g,到老年甲状腺将显著萎缩,其重量约10~15g。

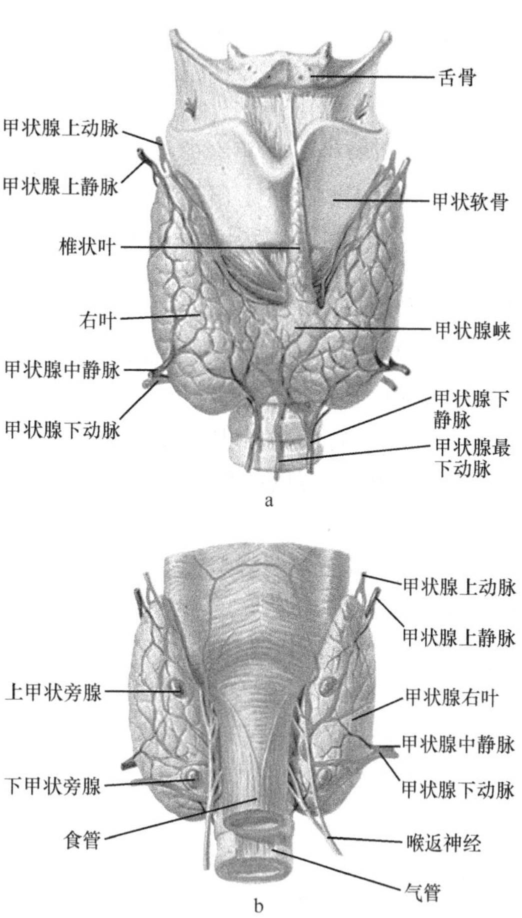

图5-1 正常甲状腺及甲状旁腺

(a)正面观;(b)后面观

1. 甲状腺血管分布 甲状腺是人体血液供应最丰富的器官,每分钟每克组织血流量达4~6ml,比脑、肾供血量还要多,约等于肾血流量的3倍。甲亢时通过甲状腺的血流量可增加100倍。

(1)甲状腺动脉:甲状腺由左右成对的甲状腺上动脉和甲状腺下动脉供血,甲状腺各动脉间在甲状腺内相互有吻合,而且还和食管、喉、气管的血管相吻合,以保证甲状腺有足够的血液供应。因此临床上即使结扎甲状腺两侧上下动脉,甲状腺仍有丰富的血液供应。

(2)甲状腺静脉:甲状腺静脉大体上与动脉平行,入颈内静脉,最后甲状腺静脉入左头臂静脉,甲状腺静脉还常和喉、气管及邻近组织的静脉相通。有时有肿物压迫时,静脉增粗甚至达1cm,呈血窦样,破裂可出血不止,形成气栓。

2. 甲状腺的淋巴引流 甲状腺淋巴管也极为丰富,开始于小叶内组织的毛细淋巴管,再汇集成较大的淋巴管与血管伴行,入上下颈深淋巴结、气管淋巴结以及纵隔和喉前淋巴结。故甲状腺癌可沿淋巴管转移至上述淋巴结。

3. 甲状腺的神经分布 甲状腺的神经支配来自交感神经和副交感神经。交感神经来自颈上节及星状节,副交感神经由迷走神经发出,两者通过喉上神经分支进入甲状腺,分布于小叶间、滤泡周围和血管周围。这些神经为非分泌神经,主要功能是调节甲状腺中的血流。

喉返神经是支配喉部肌肉运动的神经,分两支:前支分布在声带的内收肌上;后支分布在声带的外展肌上。此神经位于甲状腺后面,与甲状腺下动脉分支交错之处,关系十分密切,最终在环状软骨上方进入喉部。此位置比较恒定。这两处在甲状腺切除术时最容易损伤,故称“喉返神经危险区”。如果喉返神经前支损伤,可使声带处于外展位置,造成声哑(仅一侧神经损伤为可复性);如果喉返神经后支损伤,可使声带处于内收位置上(仅一侧神经损伤不影响发音,若双侧损伤会引起呼吸困难)。

(三) 甲状腺的组织学

甲状腺为实质性器官,其表面的薄层结缔组织被膜伴血管和神经伸入腺体内,将腺体分隔成许多小叶,每个小叶内有 20 ~ 40 个甲状腺滤泡,这是甲状腺的结构和功能单位,人类甲状腺内约有 300 万个滤泡。

甲状腺滤泡大小不一,直径约 100 ~ 300μm,滤泡腔内含胶质,是滤泡上皮的分泌物,主要成分是甲状腺球蛋白,PAS 反应阳性。滤泡上皮细胞通常呈立方形,核为球形且位于细胞中央,染色质呈颗粒状,可见核仁,胞质略嗜酸性,具有合成、储存和分泌甲状腺激素的作用(图 5-2)。

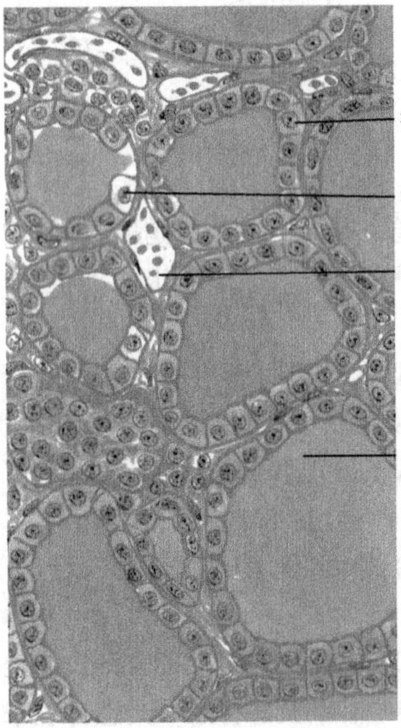

图 5-2 正常甲状腺组织结构

甲状腺的组织结构随着其生理机能状态、年龄等的不同而发生变化。如幼儿时期,滤泡上皮为高柱状上皮细胞,滤泡腔小,胶质少;成年人滤泡上皮则为立方形,滤泡腔明显扩大,充满胶质。甲状腺功能旺盛或亢进时,滤泡细胞较高,常呈柱状,滤泡腔小,胶质含量少而稀薄,HE 染色切片中呈弱酸性;功能低下时,滤泡上皮细胞变矮,呈扁平形,胶质含量多而黏稠,HE 染色呈强嗜酸性。

电镜下,滤泡周围有厚约 40 ~ 50nm 的基膜,滤泡间有窗孔型毛细血管。滤泡细胞呈五角或六角形,细胞间隙很小,细胞邻面有典型的连接复合体,细胞顶面有许多微绒毛伸向滤泡腔。立方形细胞质内有较多的线粒体,粗面内质网比较发达,高尔基体位于核周围或核上区,溶酶体多位于顶部。胶质滴呈圆形或椭圆形的小球状,位于微绒毛下方细胞膜附近。

滤泡旁细胞,又称明亮细胞、C 细胞、降钙素细胞,多位于滤泡壁上,也可在滤泡间质中,可单独存在亦可聚集成群。位于滤泡壁的细胞与滤泡细胞不同,紧贴基膜,不接近滤泡腔。滤泡旁细胞较滤泡细胞大而淡染,呈卵圆形、多边形或梭形,核较大,含有丰富的嗜酸性胞质颗粒。滤泡旁细胞与滤泡上皮细胞胚胎来源不同,滤泡旁细胞来源于神经脊,属于含胺或能摄取胺前身物,并能进行脱竣反应的 APUD 细胞,滤泡旁细胞能分泌降钙素(彩图 5-1)。滤泡之间是由少量纤维结缔组织和毛细血管构成的甲状腺间质。

(四) 甲状腺素的合成与分泌

甲状腺滤泡上皮细胞主要功能是合成和分泌甲状腺激素。甲状腺激素包括甲状腺素(T_4)和三碘甲状腺原氨酸(T_3)。体内 T_4 全部来源于甲状腺,而 T_3 仅小部分从甲状腺生成,其余大部分是在甲状腺以外的组织中由 T_4 转变而来。

甲状腺素的合成:食物中的碘化合物于肠道内还原成无机单离子碘(I^-),吸收入血。甲状腺滤泡上皮摄取血液中 I^-,经碘泵浓缩 25 ~40 倍。以后细胞质内的 I^- 在过氧化酶的催化下被活化。另外甲状腺滤泡上皮细胞从血液中摄取酪氨酸等氨基酸,合成甲状腺球蛋白,储存于滤泡腔内,活化的 I^- 在滤泡腔内使甲状腺球蛋白中的酪氨酸残基碘化,形成一碘或二碘酪氨酸,进而通过碘化酪氨酸偶联作用生成 T_3 和 T_4。T_3 活性比 T_4 要大 3 ~5 倍。I^- 的活化和酪氨酸碘化都在同一过氧化酶的催化下完成,故抑制此酶活性的药物(如硫尿嘧啶)有阻断 T_4 和 T_3 合成的作用,可用于治疗甲状腺功能亢进。

带有 T_3、T_4 的甲状腺球蛋白储存于滤泡内,呈粉染的胶样物质。分泌甲状腺素时,滤泡上皮细胞先吞噬甲状腺球蛋白,再分解成 T_3、T_4。最后分泌而进入毛细血管内,随血流运动到全身各脏器。

(五)甲状腺素的生物学作用

甲状腺激素的生物学作用主要是促进物质与能量代谢以及生长发育过程。

1. 对代谢的影响

(1)氧消耗和产热:甲状腺激素可加速体内细胞氧化反应的速度,提高绝大多数组织的耗氧量,增加产热(基础代谢增强)。

(2)糖、脂肪、蛋白质的代谢:①T_4 可加速肠道内葡萄糖的磷酸化反应,促进糖的吸收与肝糖原分解,因此甲亢患者可出现血糖增高,甚至出现糖尿现象;②T_4 可加速胆固醇的合成、分解及其在胆汁中的排泄,甲亢时血胆固醇分解和排泄加速,其血中浓度低于正常,相反,甲低时则高于正常;③生理剂量的甲状腺激素(T_4 或 T_3)对蛋白质合成代谢有促进作用。当甲状腺功能减退时,蛋白质合成率比正常人低,从尿中排出氮量增加。甲状腺功能亢进时蛋白质分解代谢增强,尿氮增加,肌肉蛋白质分解加强,肌酸转化为肌酐及磷酸肌酸发生障碍,使肌酐含量降低,肌肉无力,机体消瘦,但此时中枢神经系统兴奋性增高,频繁发出神经冲动,使肌肉受到频繁的刺激,表现为纤维震颤,因而消耗额外能量,是基础代谢率增加的重要原因之一。

(3)水及电解质代谢:甲状腺激素的增加,可以导致钙、磷丢失,尿素钙、磷排泄增多,血钙、磷一般正常或血钙偏高,骨的吸收或更新率加速。当甲状腺激素缺乏时,可造成组织间隙的钙盐潴留,毛细血管通透性增强,血容量降低。

(4)维生素的代谢:甲状腺机能减退患者因胡萝卜素转变为维生素 A 受阻,血中胡萝卜素增多,使皮肤呈现黄色;同时表现维生素 A 缺乏。甲状腺功能亢进患者因代谢旺盛而对核黄素、烟酰胺、硫胺素、维生素 C 及维生素 B_{12} 的需要量增加,故出现多种维生素缺乏的表现。

(5)对肌肉代谢的影响:体内 T_4 过多时,肌肉中肌酸转化为肌酐及磷酸肌酸发生障碍,使肌酐含量降低,尿中肌酸增多,表现为不同程度的肌无力。

2. 对发育和生长的影响 甲状腺激素对生长和发育的影响与年龄有关。T_4(或 T_3)对脑与长骨的生长发育具有促进作用,特别是在出生后头 4 个月内,影响最大,在此之前,影响不明显。由于各种原因导致先天性甲状腺发育不全的胎儿,不仅身体发育不良,大脑发育也不良,有时虽然出生时发育基本正常,但数周至 3 ~4 个月后即出现以智力迟钝、长骨生长停滞等现象为主要症状的呆小病,或称克汀病(cretinism)。

3. 对神经系统的影响 对已分化成熟的成人神经系统,T_4 或 T_3 作用主要表现为兴奋中枢神经系统。甲亢时,患者注意力不集中、多愁善感、易激动、烦躁不安、肌肉颤抖、睡眠不好而且多梦,严重时可发生惊厥,不省人事,由于自主神经兴奋性增高,出现胃肠蠕动加快、多汗等。甲低则相反,中枢神经系统兴奋性降低,出现记忆力衰退,说话和行动迟缓,淡漠无情与终日嗜睡状态。

4. 其他作用 可分为两大类。第一类是加强或调节其他激素的作用,例如对月经正常周期、排卵、受精以及维持妊娠正常等均有一定的影响。第二类作用包括:①对心血管系统的作用,T_4 或 T_3 可使心率加快,心肌收缩力增强,心输出量与心做功增加。②对消化器官的作用,甲亢患者食欲旺盛,食量明显超过常人,胃肠蠕动增强,而且有时明显消瘦。③对内分泌系统的作用,甲状腺激素可使各种激素和药物的代谢及清除加快,约 40% 的甲减患者有高催乳素血症,在给予甲状腺素治疗后可恢复正常,患有甲亢的糖尿病患者其胰岛素需用量增加。甲状腺激素对肾上腺主要表现为刺激作用。④甲状腺激素对于维持正常人的生殖机能具有重要意义。

(六)甲状腺功能的调节

T_3、T_4 的合成和分泌主要受促甲状腺激素(TSH)的控制。TSH 是由垂体前叶的特异细胞合成并分泌的。TSH 的合成与释放,受两种因子控制。一种来自下丘脑的促甲状腺释放激素(TRH),此为一种正性刺激激素。另一种血液循环中 T_3、T_4 水平的升高,这可以认为是一种负性刺激激素,它能抑制 TSH 的合成与释放。此外,多种激素、神经递质、药物以及临床状态等均能调节这种控制。下丘脑又在较高一级的中枢控制之下。除 TSH 以外甲状腺本身也能调节激素的合成与释放(通过负反馈方式)(图5-3)。

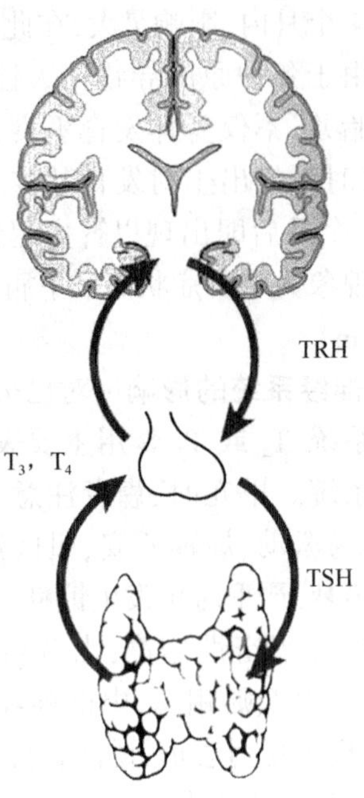

图5-3　下丘脑-垂体-甲状腺内分泌调控通路

二、甲状腺炎

甲状腺炎(thyroiditis)是指由病原生物、各种理化因素和自身免疫反应等引起的甲状腺炎性病变。根据发生原因,分为感染性和非感染性两类。感染性甲状腺炎少见,而非感染性甲状腺炎较常见。实际应用中,根据临床病理特征分为急性、亚急性和慢性甲状腺炎。慢性和亚急性甲状腺炎较为常见。

(一)急性甲状腺炎(acute thyroiditis)

本病较为少见。多由细菌感染所致,病原菌多为葡萄球菌、链球菌、肺炎球菌等。一般感染途径为血源性感染。也可经淋巴管途径感染,或邻近器官的炎症直接侵袭所致。由于甲状腺血运极为丰富,淋巴回流良好,有完整的包膜,且甲状腺组织内碘浓度高,故其抗感染力强,因而受感染形成甲状腺炎的几率不高。

【病理变化】 主要表现为甲状腺肿大,偶见脓肿形成,扪及甲状腺组织时,甚至可有波动感,被覆皮肤发红。镜下见甲状腺组织的局部炎症区域内,血管扩张充血,并有炎细胞浸润。其周围可见正常甲状腺组织。

【临床表现】 患者主要表现为高烧、寒战、乏力、局部甲状腺组织可有红、肿、热、疼。外周血中性粒细胞显著增多。而甲状腺功能往往属于正常水平。本病选择有效的抗生素治疗,疗效甚佳。病程约2~4周后即可痊愈。多无合并症与后遗症。

(二)亚急性甲状腺炎

亚急性甲状腺炎(subacute thyroiditis)是一种自限性非化脓性炎症。1904年,De Quervain总结了该病的临床过程和病理学,分型本病不同于病程较短的急性甲状腺炎,也不同于病程较长的桥本甲状腺炎,故称亚急性甲状腺炎。本病名称很多,如肉芽肿性甲状腺炎、巨细胞性甲状腺炎、假结核性甲状腺炎、病毒性甲状腺炎、De Quervain 甲状腺炎等。近年来,本病有增多趋势。女性多见。起病可急可缓,病程长短不一,一般为6周到半年,多数为2~3个月。

本病病因一般认为与病毒感染有关。有证据显示,本病在发病前往往有上呼吸道感染、腮腺炎等病史,患者的甲状腺组织中可检出腮腺炎病毒等。患者的血液中可检出多种病毒的抗体,如柯萨奇病毒抗体、腮腺炎病毒抗体、流感及腺病毒抗体等。这些均支持亚急性甲状腺炎与病毒感染有关的论点。

本病属自身免疫性疾病的看法也有存在,因为有报道35.1%~42%的患者可检出抗甲状腺抗原抗体和抗微粒体抗体,但其滴度不高,很可能是亚急性甲状腺炎损伤所致。因此,尚不能完全证明,有待于进一步研究。

【病理变化】 甲状腺可呈不均匀性轻度肿大,与周围组织可有轻度粘连。切面可见透明胶质,其内散在灰白、灰黄色坏死区或纤维化病灶。

镜下,早期中性粒细胞广泛浸润,甚至可形成小脓肿。继而甲状腺滤泡破坏,淋巴细胞、中性粒细胞、浆细胞浸润,胶样物溢出引起间质内多核巨细胞反应,形成肉芽肿性炎,其特征为上皮样细胞围绕滤泡呈放射状排列,酷似结核结节,但无干酪样坏死(彩图5-2)。多核巨细胞胞质内可见被吞噬的胶样物,PAS染色证实在这些巨细胞内为PAS阳性的类胶质。病变后期,残留的滤泡萎缩、消失,滤泡的基膜发生破裂,异物巨细胞围绕滤泡破裂残留的类胶质,形成肉芽肿,病变呈灶状分布、大小不一,不同区域病变处于不同发展阶段,常见新旧病变交错存在。晚期,炎细胞减少,纤维组织增生,滤泡破裂处可见纤维性瘢痕形成,病变周边有新生的甲状腺小滤泡。

【临床表现】 本病属于炎症,故患者可有发热、血沉快。局部甲状腺肿大,可有压痛。晚期,甲状腺如果有严重的破坏乃至纤维化,则患者出现甲状腺功能低下的表现。本病预后一般良好,不留后遗症。半年左右可痊愈。少数患者可有复发。

(三)慢性甲状腺炎

慢性甲状腺炎(chronic thyroiditis)根据病因、发病机制和病变不同可分为两种类型:慢性淋巴细胞性甲状腺炎(chronic lymphocytic thyroiditis)和纤维性甲状腺炎(fibrous thyroiditis)。

慢性淋巴细胞性甲状腺炎

1912年,日本学者桥本策(Hashimoto)首先报告并描述了本病,因而本病又称桥本病或桥本甲状腺炎,又因其甲状腺组织中有大量淋巴细胞浸润,故又称淋巴细胞性甲状腺肿、淋巴增殖性炎症或慢性淋巴细胞性甲状腺炎。近年来,发病逐年增多。女性多见,女性与男性之比为20∶1,起病隐匿,病程进展缓慢,晚期一般有甲状腺机能低下的表现。

本病已被公认是一种自身免疫性疾病。主要依据有:①多数患者血清中可检出高效价的抗甲状腺自身抗体,如IgG、IgA或IgM以及甲状腺刺激抗体(TSAb),TSH的受体是TSAb的相应抗原,TSAb是TSH受体的抗体;②患者甲状腺组织中有大量淋巴细胞、浆细胞浸润和淋巴滤泡形成;③本病部分患者并存其他自身免疫性疾病,如恶性贫血、类风湿性关节炎、急性肾小球肾炎、哮喘病、重症肌无力等。

【病理变化】 典型病例双侧甲状腺呈弥漫性肿大,有些病例为一叶腺体增大明显,表面光滑或细结节状,包膜完整增厚,与周围组织少有粘连。切面略隆起,质韧如橡皮,呈明显或不明显分叶状灰白或灰黄色,由于胶质含量少而缺乏光泽,类似增生的淋巴结,无出血、钙化或坏死。后期因广泛纤维化可呈结节状,质地坚硬,部分病例与周围组织粘连。

镜下,主要的组织学特点为甲状腺滤泡破坏、萎缩,腔中胶质含量减少,滤泡上皮嗜酸性变和间质内淋巴细胞、浆细胞浸润,并有明显生发中心的淋巴滤泡形成和不同程度的纤维化(彩图5-3)。

【病理变化】 起病隐匿,早期可无任何症状。之后出现全身乏力,甲状腺肿大,偶可出现压迫症状,甲状腺中等硬度,表面不平,时有疼痛,或有甲亢表现。随着病变发展,约有半数以上患者转为甲状腺功能低下。桥本甲状腺炎治疗效果一般较满意。病程长,少数患者有复发倾向。常需要终生治疗。

纤维性甲状腺炎

纤维性甲状腺炎也称纤维性甲状腺肿。1896年,Riedel首先描述与报告了本病,故也叫Riedel甲状腺肿、Riedel甲状腺炎或慢性木样甲状腺炎,是一种非常少见的病变。该病甲状腺呈纤维性硬块,并可侵犯周围组织造成压迫症状。

本病病因未明。一般认为可能与甲状腺滤泡炎症性破坏有关。本病与桥本甲状腺炎或亚急性甲状腺炎的关系还未被证实,也不是它们的结果。患本病时,常并发有纵隔和腹膜后纤维化、泪腺纤维化、硬化性胆管炎等,提示纤维性甲状腺炎和这些不明原因的纤维化疾病可能为同一类疾病。

【病理变化】 甲状腺肿大常呈不对称性,坚硬如木,并与周围组织粘连甚紧,切面显示灰白色纤维性条索交叉排列,质脆如软骨,有时尚见少量甲状腺组织,病变甲状腺与皮肤不粘连。

镜下,早期甲状腺间质内显著淋巴细胞浸润,晚期甲状腺高度纤维化,小叶结构完全消失,较轻微的淋巴细胞、浆细胞浸润,偶见嗜酸粒细胞,尤以血管周围更明显。大部分甲状腺滤泡萎缩消失,仅少数萎缩滤泡或滤泡细胞条索散在于纤维结缔组织内。被纤维化包裹的中等静脉管壁内可见炎细胞浸润,这是一个重要的诊断特征。滤泡细胞的大小较一致,无间变。甲状腺被膜与病变的纤维组织融合,常累及周围结缔组织和骨骼肌(彩图5-4)。

【临床表现】 本病为一种少见的慢性甲状腺炎，起病隐匿，进展缓慢，常由邻近器官受到侵袭或压迫如呼吸困难、吞咽困难、声音嘶哑等症状就诊，压迫症状主要是由于纤维结缔组织将甲状腺和邻近器官牢固粘连引起。甲状腺质硬，其硬度较甲状腺癌尤甚，不活动，不痛，局部淋巴结不肿大，甲状腺功能正常，如病变广泛可出现甲状腺功能减退的临床表现。本病预后往往不佳。

三、甲状腺肿

甲状腺肿(goiter)泛指因代谢、内分泌紊乱等各种原因引起的甲状腺肿大，重量一般都超过40g，依据甲状腺功能状态分为非毒性甲状腺肿和毒性甲状腺肿两类。

(一) 非毒性甲状腺肿

非毒性甲状腺肿(nontoxic goiter)又称单纯性甲状腺肿，系指任何非肿瘤或炎症所造成的甲状腺肿大。临床上不伴有甲状腺功能亢进的症状。可分为地方性和散发性两种，地方性甲状腺肿主要见于离海较远、海拔较高的山区；散发性则可见于任何地方。一般女性多于男性。

病因及发病机制如下。

(1) 缺碘：地方性饮水、土壤和食物中缺碘及机体青春期、妊娠和哺乳期对碘需求量增加而相对缺碘，使甲状腺素合成及分泌减少，血液中甲状腺素水平降低，通过负反馈机制，垂体的促甲状腺激素(TSH)分泌增多，引起甲状腺滤泡上皮代偿性增生，因此甲状腺发生肿大。

(2) 致甲状腺肿因子的作用：致甲状腺肿物质大体可分为两类。一类为药用的化学品，如硫氰酸盐、过氯酸盐等妨碍碘向甲状腺聚集，硫脲类、磺胺类等可抑制碘离子的浓集或碘离子有机化，从而抑制甲状腺激素的合成，引起甲状腺肿大。另一类为食用的植物类物质，如卷心菜、木薯、大头菜、菜花等。动物实验表明，长期大量的用上述植物喂养动物可使动物发生甲状腺肿大。

(3) 高碘：常年饮用含高碘的水，会影响酪氨酸氧化，碘的有机化过程受阻，也会造成甲状腺呈代偿性肿大。

(4) 遗传和免疫：家族性甲状腺肿的原因是激素合成中有关酶的遗传性缺乏，如过氧化物酶、去卤化酶的缺陷及碘酪氨酸偶联缺陷等。有人认为甲状腺肿的发生有自身免疫机制参与。

【病理变化】 按非毒性甲状腺肿的发生、发展过程和病变特点，一般分为3个时期。

(1)增生期：是非毒性甲状腺肿的早期阶段，又称弥漫性增生性甲状腺肿(diffuse hyperplastic goiter)。肉眼下，甲状腺呈对称性弥漫性肿大，质软和略饱满感，淡红或灰红色，表面光滑无结节，重量一般不超过150g。镜下见，滤泡上皮增生呈立方或低柱状，伴小滤泡和小假乳头形成，胶质较少，间质充血。甲状腺功能无明显改变。

(2) 胶质储积期：是非毒性甲状腺肿的中期发展阶段，又称弥漫性胶样甲状腺肿(diffuse colloid goiter)。由于持续缺碘，甲状腺滤泡内大量胶质储积。肉眼下，甲状腺弥漫性对称性显著肿大，压之饱满有弹性，表面光滑，重量增加可达200～300g。切面呈棕褐色，有胶性光泽，半透明，形成大小不等棕黄色胶质区域，其间及周围有纤维间隔。镜下见，大部分滤泡上皮复旧变扁平，滤泡腔高度扩张，内含大量浓稠的类胶质(图5-4)。

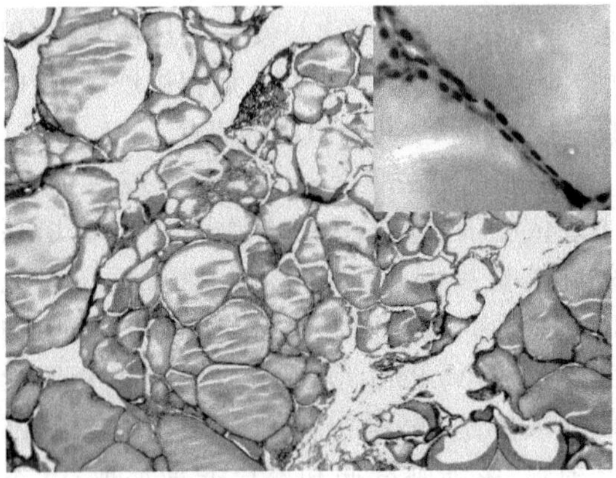

图5-4 弥漫性胶样甲状腺肿
滤泡上皮扁平，滤泡腔内含多量淡红染胶质

(3) 结节期：是非毒性甲状腺肿发展的后期阶段，又称结节性甲状腺肿(nodular goiter)。随着病变发展，本病后期甲状腺滤泡上皮局灶性增生、复旧或萎缩出现了不一致，分布不均匀，形成不规则的结节。肉眼下可见，甲状腺不对称性结节状肿大，结节大小不一,境界清楚或模糊(彩图 5-5),切面可有出血、坏死、囊性变、钙化和瘢痕形成,结节多无完整包膜。镜下见,部分滤泡上皮呈柱状或乳头状增生,小滤泡形成;部分上皮复旧或萎缩,胶质储积;间质纤维组织增生、间隔包绕形成大小不一的结节状病灶。

【临床表现】 由于患者甲状腺呈轻度至重度的肿大,所以可有压迫症状,压迫气管,患者可出现颈部增粗肿大,自感有呼吸困难、憋气等症状。一般患者甲状腺功能无异常。本病一般经过治疗症状可以控制。结节巨大者,可考虑手术治疗。

(二)毒性甲状腺肿

毒性甲状腺肿(toxic goiter)是以弥漫性的甲状腺肿大和甲状腺激素生成和分泌过多为特征,临床上统称为甲状腺功能亢进症,简称甲亢。由于约有 1/3 病例伴有眼球突出,又称突眼性甲状腺肿。1835 年,Robert Graves 首先描述了该病的三大特征(甲亢、甲状腺肿大、突眼),故称为 Graves 病。1840 年,欧洲的 von Basedow 也报告了此病,故欧洲大陆称此病为 Basedow 病。本病多见于女性,女性发病高于男性 4 倍以上,发病高峰为 30~40 岁。

目前,本病病因尚未完全清楚。近年来,多数人已经比较肯定的认为,毒性甲状腺肿属于一种自身免疫性疾病。其根据是,血中球蛋白增高,并有多种抗甲状腺的自身抗体,且常与一些自身免疫性疾病并存;血中存在与 TSH 受体结合的抗体,具有类似 TSH 的作用。另外,发现某些患者亲属中也患有此病或其他自身免疫性疾病,可能与遗传有关。

【病理变化】

1. 肉眼观察 甲状腺呈弥漫性对称性肿大,可为正常的 2~3 倍,重量达 60~100g,质较软,实性感,被膜完整无粘连。切面因充血胶质稀少呈灰红色、不透明状,似牛肉样。

2. 镜下观察 以滤泡增生为主要特征。①滤泡小叶结构尚存,滤泡大小不等,以小滤泡为主;②滤泡上皮增生呈高柱状,有的呈乳头样突入腔内;③滤泡腔内胶质稀薄,滤泡周边胶质出现许多大小不一的上皮细胞的吸收空泡,有的滤泡腔内,几乎无胶质成分;④间质血管丰富、充血,淋巴组织呈不同程度的增生。

除甲状腺病变外,全身可有淋巴组织增生、胸腺和脾脏增大,心脏肥大、扩大,心肌和肝细胞可有变性、坏死及纤维化。

【临床表现】 毒性甲状腺肿的临床表现繁多,几乎可累及全身各系统器官。典型的临床表现由以下三联征组成:①甲状腺功能亢进症状,一般以高代谢及心血管及神经系统受累表现较为突出,如神经敏感性增强、易激动、震颤、怕热、多汗、乏力、心动过速等,约 10% ~20% 的患者可发生甲亢性心脏病;②甲状腺肿大,常为正常甲状腺的 1.5~10 倍,在甲状腺的部位可闻及血管杂音,另外可有气管压迫症状,表现呼吸困难、憋气等;③突眼,眼球外肌水肿、球后纤维脂肪组织增生、淋巴细胞浸润和黏液水肿有关。

四、甲状腺肿瘤

甲状腺发生的肿瘤和瘤样病变种类很多,现就常见的甲状腺肿瘤进行简要介绍。

(一)甲状腺良性瘤(腺瘤)

甲状腺腺瘤(thyroid adenoma)是常见的甲状腺良性肿瘤。可发生在甲状腺内任何部位,下极最多,右叶稍多于左叶。

【病理变化】

1. 肉眼观察 肿瘤绝大多数为单发,圆形或扁圆形,表面光滑,有完整的包膜(彩图 5-6),大小可从数毫米至数厘米不等,平均为 3cm,质地和色泽随肿瘤细胞、胶质含量的多少及有无退行性改变而不同。一般为实性,棕褐色、半透明胶质状,有时伴有出血、钙化或囊性变。

2. 镜下观察 滤泡性腺瘤(follicular adenoma)是甲状腺腺瘤的主要组织学类型根据滤泡分化程度可分为几种亚型,可以单独出现,也可以混合存在。

(1)胚胎型腺瘤(embryonal adenoma):瘤细胞分化较幼稚,胞体较小,多为立方形,胞质较少,胞核圆位于中央。细胞紧密排列呈实性小梁、条索或微腺泡状结构,很少有滤泡腔形成,其腔内也难见胶质,间质疏松呈水肿状。

(2)胎儿型腺瘤(fetal adenoma):瘤组织与胎儿甲状腺组织相似,滤泡较小成簇,内衬立方上皮。几乎不含胶质,又称小滤泡型腺瘤

(microfollicular adenoma)，间质呈水肿及黏液变性，薄壁血管常见，故此型肿瘤易发生囊性变或出血(图5-5)。

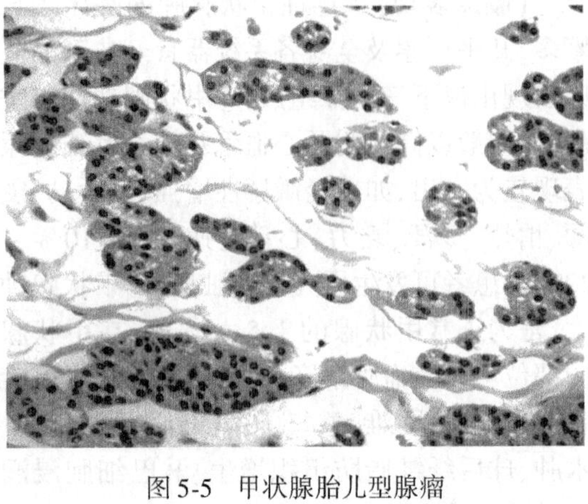

图5-5 甲状腺胎儿型腺瘤

瘤组织滤泡较小成簇，不含胶质(周庚寅《甲状腺病理与临床》)

(3)单纯型腺瘤(simple adenoma)：肿瘤组织由大小较一致、排列拥挤、内含胶质，与成人正常甲状腺相似的滤泡构成(图5-6)，但肿瘤有完整的包膜，间质较少，又称正常滤泡型腺瘤(normofollicular adenoma)。

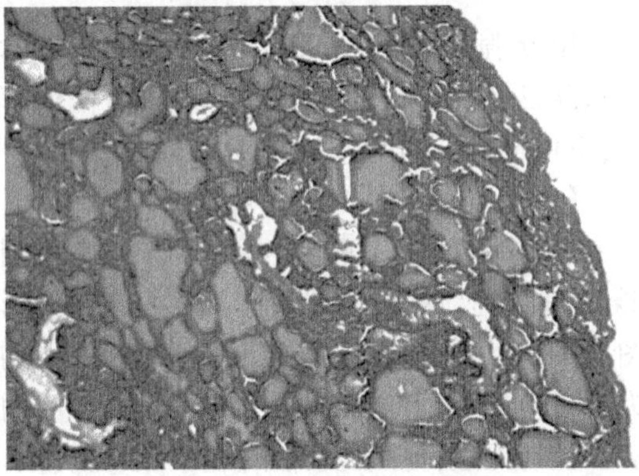

图5-6 甲状腺单纯型腺瘤

瘤组织滤泡排列拥挤，内含胶质，肿瘤有完整包膜

(4)胶样型腺瘤(colloid adenoma)：该瘤由充满胶质的显著扩大的滤泡构成，也称巨滤泡型腺瘤(macrofollicular adenoma)，滤泡细胞扁平或低立方形，同结节性甲状腺肿的单个结节不易区分。但肿瘤结节外无结节性甲状腺肿病变。滤泡大小一致或悬殊，可伴有囊性变及乳头状增生。

以往有人将这种具有乳头结构的腺瘤称为乳头状腺瘤，目前多数人认为真正的甲状腺乳头状腺瘤不存在，而称之为伴有乳头状增生的滤泡性腺瘤。此种情况主要发生于儿童。肿瘤有完整包膜，由大、小滤泡组成，伴有乳头状结构，乳头较宽，可有小分支，细胞核深染，缺少乳头状癌的特征，因常伴有出血囊性变，可见含铁血黄素沉积。

(5)嗜酸细胞腺瘤(acidophile cell adenoma)：又称许特莱细胞腺瘤(Hurthle cell adenoma)。肿瘤大部或全部由嗜酸细胞组成，结构上可显示上述任一类型。瘤细胞体积大，呈多边形，胞质含有丰富的嗜酸性颗粒，胞核相对较小，染色深，大小较一致，瘤细胞多呈小梁状、条索状、乳头状或腺泡状排列，少数呈滤泡状，其内很少或无胶质(彩图5-7)。电镜下可见嗜酸细胞特征性地含有大量线粒体。本瘤较为少见。

(6)高功能腺瘤(hyperfunctional adenoma)：也称毒性腺瘤(toxic adenoma)，占甲状腺滤泡性腺瘤的1%～2%，多见于中老年人，碘缺乏地区更为常见。高功能腺瘤可由无功能腺瘤转化而来，此时临床出现甲状腺功能亢进症状。组织学一般呈单纯型腺瘤图像，滤泡上皮细胞呈高柱状，可增生形成小乳头突入腔内，腔内胶质少。与无功能腺瘤相比，高功能腺瘤细胞更丰富，胞质量更多。除此之外，此型病理形态没有其他特别之处，所以通常单纯依靠组织学检查难以确定是否为“毒性腺瘤”，必须结合临床表现、放射性核素扫描及血清甲状腺激素测定才能确定。

实际工作中常常将结节性甲状腺肿误认为是腺瘤。甲状腺腺瘤的诊断标准是：①有完整的纤维性包膜；②包膜内外甲状腺组织结构不同；③包膜内组织结构相对一致；④包膜内瘤组织压迫包膜外甲状腺组织，形成半月形。除此之外腺瘤多为孤立性结节，而结节性甲状腺肿结节常为多发、包膜不完整或薄厚不均，结节内滤泡大小形态不一致，结节外与结节内图像相似。结节性甲状腺肿在结节内常伴有纤维组织增生，并有分隔呈小结节的现象，结节内外常有淋巴细胞浸润。

(二)甲状腺恶性肿瘤(腺癌)

甲状腺癌(carcinoma of thyroid)发病率不算高，不同地区差别较大。但是本病不同的病例其病程长短不一，病理形态与恶性行为的不一致性，给本病的诊断带来了一定的困难。值得注意的是，有些病例肿瘤原发灶很小或分化程度很好时就已经发生了转移病灶。甲状腺癌按其分化程度可分为分化型癌与未分化型癌。此外还可见到鳞状细胞癌、转移癌及其他类型的癌。

乳头状癌

乳头状癌为(papillary carcinoma)甲状腺癌中最常见的类型,约占甲状腺癌的40% ~60%。发病年龄多见于30~40岁间。女性明显多于男性。该瘤生长缓慢。

【病理变化】

1. 肉眼观察 瘤体一般不大,直径在1~2cm之间呈结节性肿块。无包膜,边界不清。切面为灰白或灰褐色。质地视间质含量不同由中等到偏硬不等。肿瘤呈囊性时切面可见乳头状结构可自囊壁突入囊腔。肿瘤呈实性时,切面可见乳头呈颗粒状凸出。因有砂粒体形成,切开时会有沙砾感。瘤组织中可见纤维化、钙化区。

2. 镜下观察 肿瘤实质部分癌细胞呈长短不等的乳头状排列,分支较多,被覆单层立方或矮柱状上皮。细胞略大于正常。胞质丰富,胞核圆形、椭圆形,核染色质少。无核仁呈透明或毛玻璃样(彩图5-8)。核分裂象少见。乳头间质为疏松结缔组织及血管。间质中常见到同心层结构的钙化小体,即砂粒体(Psammoma body)。

【临床表现】 甲状腺乳头状癌一般生长缓慢,病程常在1年以上。约有50%的病例在手术切除时,已有颈部淋巴结转移。有时转移病灶的发现可先于原发病灶。血道转移较少见。此癌恶性程度低,5年存活率达75%。一般肿瘤小而没向周围浸润者预后较好。相反侵犯周围组织或有转移病灶者预后较差。

滤泡状腺癌

滤泡状腺癌(follicular adenocarcinoma)较乳头状腺癌少见,一般比乳头状腺癌恶性程度高,占甲状腺癌的10% ~15%。好发年龄50岁以上。多见于女性。

【病理变化】

1. 肉眼观察 肿瘤体积较乳头状瘤大,呈结节状。有不完整包膜,貌似腺瘤。切面多为实性。灰白色或棕黄色、质软呈肉样。

2. 镜下观察 可见不同程度分化的滤泡。高分化者,滤泡结构较规整,细胞异型性低,可见胶质,不易与增生活跃的腺瘤区别。主要根据肿瘤包膜、血管受侵犯和发生转移才能确诊为癌。分化差者,细胞密集呈实性巢索,有少数滤泡形成,但难看到胶质成分,瘤细胞异型性明显,多见病理性核分裂象。常见包膜或血管侵犯(彩图5-9)。

【临床表现】 滤泡性腺癌生长也比较缓慢,很少转移到区域淋巴结,而主要经血道转移到肺、骨、肝等,是造成死亡的主要原因。病程晚期可发生局部浸润,可侵犯到气管壁颈部血管、肌肉及喉返神经。本病原发灶切除后,5年存活率为30% ~40%。

髓样癌

甲状腺的髓样癌(medullary carcinoma)是来源于甲状腺内分泌降钙素的滤泡旁细胞(亦称C细胞)的恶性肿瘤,属于APUD瘤,约占甲状腺恶性肿瘤的10%。多为散发,大约30%的髓样癌病例有家族史。遗传性髓样癌可产生异位性激素,与非遗传性髓样癌相比,发病年龄较小,预后较好。

【病理变化】

1. 肉眼观察 单发或多发,可有假包膜,边界较清楚,瘤体大小不一,一般直径2~3cm。切面为实性,灰白色或黄褐色。

2. 镜下观察 癌细胞形态多样,为多角形或梭形小细胞,还可见浆细胞样细胞、立方形、柱状、透明细胞等。胞质内可见嗜酸性颗粒、银染可见嗜银颗粒。胞核为圆形、椭圆形,大小一致,核膜清晰染色质少。核分裂象少见。细胞排列多样化,有的呈实性巢索状排列,有的由一层或数层瘤细胞沿血窦呈带状或束状排列,也有的成束的梭形瘤细胞呈波浪状排列,偶见围绕假管腔呈假菊形团排列,其腔内可见粉染之胶样物。间质比较丰富,其间常有大量淀粉样物质沉着及或钙盐沉着。电镜下,瘤细胞内可见多数大小较一致的神经内分泌颗粒。免疫组织化学染色,降钙素阳性,甲状腺球蛋白阴性表达。

【临床表现】 一般认为该肿瘤恶性度不高。病程较长,有的可长达十几年以上。肿瘤生长较慢,转移较晚。主要沿淋巴道、血道转移。平均存活6.6年。患者可表现为典型的内分泌腺瘤症状,如有腹泻、颜面潮红等。

未分化癌

未分化癌(undifferentiated carcinoma)较少见,约占原发性甲状腺癌的5%左右。该瘤恶性度较高,生长快。常早期即发生浸润与转移。

【病理变化】

1. 肉眼观察 肿瘤常为实性,浸润性生长,无包膜。切面灰白色,常伴有出血和坏死,常浸润到甲状腺以外,并与邻近组织紧密粘连。

2. 镜下观察 瘤细胞大小、形态、染色深浅不一,核分裂象多见。根据瘤细胞形态特点,组织学上可分为小细胞型、巨细胞型、梭形细胞型和混合细胞型多种形态。可用keratin、CEA及甲状腺球蛋白(thyroglobulin)等抗体做免疫组织化学染色证实是否来自甲状腺腺上皮。

【临床表现】 此癌一般发生在年龄较大者,女性多于男性,生长快,浸润能力强,多数患者初次就诊时即已扩展到甲状腺以外,容易发生淋巴道和血道转移,偶尔以远处转移为首发症状,常见于皮肤、结肠、骨,同时伴有甲状腺肿块。预后极差,一般在确诊后1年内死亡。

甲状腺的转移癌

甲状腺的转移癌不太少见。其原发病变一般以乳腺癌、肺癌、肾细胞癌和皮肤恶性黑色素瘤等为多见。转移到甲状腺的癌在组织上有时形似甲状腺原发癌,间变诊断有时会有困难,已有其他部位恶性肿瘤而后发生甲状腺肿块者,应考虑可能为转移性。甲状腺发生转移性肿瘤时,其功能无明显改变,仅偶尔功能低下。

第三节 肾上腺疾病

一、肾上腺的解剖学、组织胚胎学及其功能

肾上腺为成对内分泌器官,位于双肾的内上方。右侧肾上腺大致呈锥形,而左侧呈半月形。肾上腺为混合性内分泌器官,表面包以结缔组织被膜。肾上腺实质由周边的皮质和中央的髓质两部分构成。皮、髓质的发生、结构和功能均有不同。

肾上腺皮质约占肾上腺体积的80%。根据皮质细胞的形态和排列特征,可将皮质分为3个带,即球状带、束状带和网状带,3个带之间无截然界限(彩图5-10)。

球状带位于被膜下,较薄。球状带细胞产生盐皮质激素,主要是醛固酮,其促进肾远曲小管和集合管重吸Na^+和排出K^+。束状带位于球状带内测,为皮质中最厚的部分。束状带细胞产生糖皮质激素(主要是皮质醇),可促使蛋白质及脂肪分解并转化为糖。网状带位于皮质最内层,网状带细胞产生性激素,主要为雄激素,也可产生少量雌激素,此外也产生少量糖皮质激素。肾上腺皮质细胞产生的激素均属类固醇激素。

肾上腺髓质由神经嵴分化而来,主要由排列成索或团的髓质细胞组成,其间为血窦和少量结缔组织。用含铬盐的固定液固定标本,髓质细胞胞质内可见黄褐色嗜铬颗粒,因而髓质细胞称嗜铬细胞。另外,髓质内有少量交感神经节细胞散在于髓质内。嗜铬细胞分为2种,一种为肾上腺素细胞,分泌肾上腺素,另一种为去甲肾上腺素细胞,分泌去甲肾上腺素。嗜铬细胞的分泌受交感神经节前纤维调控。肾上腺素可使心率加快、心脏和骨骼肌血管扩张,去甲肾上腺素使血压增高,心脏、脑和骨骼肌内血流加速。

二、肾上腺皮质功能亢进

肾上腺皮质分泌三大类激素,即糖皮质激素、盐皮质激素及性激素。每类激素分泌过多,均可引起相应临床综合征。肾上腺皮质功能亢进引起的综合征有:①Cushing综合征(皮质醇增多症),由皮质醇分泌过多引起;②醛固酮增多症,由醛固酮分泌过多引起;③肾上腺生殖器综合征(adrenogenital syndromes),由性激素分泌过多引起。由于一些肾上腺类固醇激素的功能有重叠,因此这些综合征的临床特征可能也有重叠。

(一) Cushing综合征

因糖皮质激素长期分泌增多,诱导糖原异

生，抑制细胞的葡萄糖摄取，促进蛋白质异化，脂肪沉积，表现为满月脸、向心性肥胖、高血压、皮肤紫纹、月经失调、性欲减退、骨质疏松等。20 ~ 40 岁女性更多见。按病因将 Cushing 综合征分为以下几类。

1. 医源性 长期大量使用糖皮质激素所致，为外源性的 Cushing 综合征。临床上，此原因引起的 Cushing 综合征最为常见。长期使用糖皮质激素反馈性抑制垂体释放 ACTH，故血中 ACTH 降低，使双侧肾上腺皮质萎缩。

2. 原发性下丘脑-垂体疾病性 一半以上的内源性 Cushing 综合征由原发性下丘脑-垂体疾病引起。多数患者有可产生 ACTH 的垂体腺瘤（微小腺瘤及大的腺瘤）存在；少数患者无垂体腺瘤，但促肾上腺皮质激素细胞增生；另外，下丘脑功能紊乱导致的垂体异常分泌过多的 ACTH 也可导致 Cushing 综合征。原发性下丘脑-垂体疾病性 Cushing 综合征患者血清中 ACTH 增高，致使双侧肾上腺皮质不同程度增生，主要为网状带和束状带细胞增生。

3. 肾上腺性 内源性 Cushing 综合征有 25% ~30% 为肾上腺性。通常由原发性肾上腺皮质增生或肿瘤所致。肿瘤多为单侧，既可为良性肿瘤（腺瘤），也可为恶性肿瘤（癌）。肾上腺皮质增生或肿瘤致使大量皮质醇分泌，从而导致 Cushing 综合征。患者血中 ACTH 降低。

4. 异位 ACTH 性 非内分泌肿瘤所分泌的异位激素 ACTH 引起肾上腺皮质增生，导致糖皮质激素分泌增多。最常见分泌异位 ACTH 的肿瘤为小细胞性肺癌，其他有类癌、甲状腺髓样癌、胰岛细胞瘤等。患者血内 ACTH 增高。

（二）醛固酮增多症

醛固酮增多症由于醛固酮过高，导致 Na^+ 潴留、K^+ 排泄，因而患者出现高血压和低钾血症。醛固酮增多症分为原发性和继发性两种。

原发性醛固酮增多症多由产生醛固酮的肾上腺皮质肿瘤（通常为腺瘤）引起，少数为原发性肾上腺皮质增生所致。后者多表现为球状带细胞弥漫或不规则增生。

继发性醛固酮增多症是指各种疾病引起肾素-血管紧张素系统激活，导致醛固酮分泌过多。此时，患者血浆肾素水平增加。导致肾素增多的情况有：①肾血流灌注减少（如小动脉性肾硬化、肾动脉狭窄）；②动脉血量减少和水肿（如充血性心力衰竭、肝硬化、肾病综合征）。

三、肾上腺皮质功能低下

肾上腺皮质功能低下可分为原发肾上腺疾病引起的原发性肾上腺功能减退和因 ACTH 不足致肾上腺刺激减少而引起得继发性肾上腺机能减退。原发性肾上腺功能减退又可分为急性肾上腺皮质功能低下（acute adrenocortical insufficiency）和慢性肾上腺皮质功能低下（acute adrenocortical insufficiency）两类。

（一）急性肾上腺皮质功能低下

该病临床表现为血压下降、休克、昏迷等症状，甚至致死。主要原因是皮质大片出血破坏，而造成出血破坏的因素有血栓或栓塞的抗凝治疗、重症感染（如华-佛综合征）。此外，应急反应及长期使用皮质激素治疗后突然停药也可导致急性肾上腺皮质功能低下（危象）。

（二）慢性肾上腺皮质功能低下

该病 1855 年由 Thomas Addison 首先描述，故又称为 Addison 病，较少见。主要由肾上腺进行性破坏所致，主要临床表现为皮肤和黏膜及瘢痕处黑色素沉着增多，患者低血糖、低血压、食欲不振、肌力低下、体重减轻等。通常 90% 的肾上腺皮质受累才出现相应的临床表现。导致肾上腺进行性破坏的主要原因有自身免疫性肾上腺炎、肾上腺感染（结核、真菌及 AIDS 病时继发性的巨细胞病毒感染等）和转移性肿瘤。

四、肾上腺肿瘤

肾上腺皮质和髓质均可发生肿瘤。来自肾上腺皮质的肿瘤包括腺瘤和癌，来自肾上腺髓质的肿瘤有嗜铬细胞瘤。此外，肾上腺还可发生腺瘤样瘤、性索-间质肿瘤、软组织和生殖细胞肿瘤（如髓脂肪瘤、畸胎瘤、神经鞘瘤、节细胞神经瘤、血管肉瘤）及继发性肿瘤（表 5-1）。

表 5-1 WHO 肾上腺肿瘤组织学分类

肿瘤名称	肿瘤性疾病国际分类编码 ICD-O
肾上腺皮质肿瘤	
肾上腺皮质癌	8370/3
肾上腺皮质腺瘤	8370/0
肾上腺髓质肿瘤	
恶性嗜铬细胞瘤	8700/3
良性嗜铬细胞瘤	8700/0
混合性嗜铬细胞瘤/副神经节瘤	
肾上腺外副神经节瘤	8693/1
颈动脉体	8692/1
颈静脉鼓室的	8690/1
迷走神经的	8693/1
喉的	8693/1
主动脉-肺	8691/1
神经节细胞的	8683/0
马尾的	8693/1
眼眶的、鼻咽的	8693/1
肾上腺外交感神经副神经节瘤	8693/1
主动脉旁上下的副神经节瘤	8693/1
膀胱	8693/1
胸内和颈椎旁	8693/1
其他肾上腺肿瘤	
腺瘤样瘤	9054/0
性索-间质肿瘤	8590/1
软组织和生殖细胞肿瘤	
髓脂肪瘤	8870/0
畸胎瘤	9080/1
神经鞘瘤	9560/0
节细胞神经瘤	9490/0
血管肉瘤	9120/3
继发性肿瘤	

由于在组织发生上，肾上腺外副神经节与肾上腺髓质的嗜铬细胞同是神经嵴来源，肾上腺外副神经节瘤与肾上腺嗜铬细胞瘤都是由嗜铬细胞发生的肿瘤，故 WHO 将肾上腺外副神经节瘤也归入肾上腺肿瘤的分类。

（一）肾上腺皮质腺瘤

肾上腺皮质腺瘤（adrenal cortical adenoma）是肾上腺皮质细胞发生的一种良性上皮性肿瘤，绝大多数为单侧。可分为无功能性和功能性 2 种，但以前者为多。肿瘤可分泌不同的激素，在临床上出现相应的临床表现，如分泌皮质醇的腺瘤可出现 Cushing 综合征，分泌醛固酮的腺瘤可出现醛固酮增多症，分泌性激素的腺瘤可出现男性女性化和女性男性化的表现。无功能性肾上腺皮质腺瘤则不出现激素紊乱的临床症状。

【病理变化】

1. 肉眼观察 大多数肿瘤重量小于 100 克，多数境界清楚，其中一些有完整包膜。罕见出血和坏死。分泌醛固酮的腺瘤外观呈鲜黄色、境界清楚，但无包膜，分泌皮质醇的腺瘤外观呈棕黄色、包膜完整。少数腺瘤呈暗棕色和黑色外观，称黑色腺瘤（彩图 5-11）。

2. 镜下观察 通常由不同比例的富含脂滴的透明细胞和脂质稀少的嗜酸性胞质的致密细胞构成（彩图 5-12），介于二者之间的细胞也可见到。瘤细胞排列成索和（或）巢状，之间有较为丰富的血管或血窦样结构。

（二）肾上腺皮质癌

肾上腺皮质癌（adrenal cortical carcinoma）是肾上腺皮质细胞的恶性上皮性肿瘤。发病的第一个高峰年龄为 70 岁左右，另一个高峰年龄为 2 岁以内。

肾上腺皮质癌的最常见的临床表现与过量分泌糖皮质激素和雄激素有关，如可表现为 Cushing 综合征、女性男性化。如肿瘤产生盐皮质激素，则可引起盐皮质酮过剩伴高血压及低血钾。有些皮质癌可产生无活性的类固醇前体物质，但没有激素过多的临床症状。

当肾上腺皮质癌体积较大时，可因局部压迫或肿瘤坏死引起胁腹部疼痛和（或）发热。

【病理变化】

1. 肉眼观察 肿瘤体积一般较大，直径多在 5cm 以上。可有包膜，切面黄色，质较软，常伴出血、坏死和囊性变（彩图 5-13）。

2. 镜下观察 一般来讲，肾上腺皮质癌再现正常肾上腺皮质的组织结构和细胞形态。最常见的组织结构是纤细的窦隙样网状结构分隔成片的肿瘤细胞，此外宽大的小梁状或大的瘤细胞巢也常见。虽然肿瘤细胞可呈现梁状或索状，但并不形成真正的腺体结构（彩图 5-14）。

细胞学上，肾上腺皮质癌常由不等量的嗜酸性或泡状透明胞质的瘤细胞组成。瘤细胞分化好的皮质癌似皮质腺瘤，分化较差者异型性大，多核瘤巨细胞及核分裂象多见，可有灶性或大片凝固性坏死。常见包膜、窦隙或大静脉的侵犯，易转移至肝、肺、骨和腹膜后。

肾上腺皮质癌需要与肾细胞癌、肝细胞癌、肾上腺髓质肿瘤及转移性肿瘤相鉴别，免疫组化染色有助于鉴别。肾上腺皮质癌呈 α-inhibin 和 A103 抗-黑色素 A 免疫组化染色阳性，但该阳性不具特异性。Ad4Bp/SF-1（adrenal 4 binding protein/steroidogenic factor 1）抗体可特异性地鉴定肾上腺皮质细胞及其来源的肿瘤。与其他上皮性肿瘤不同的是，肾上腺皮质癌的细胞角蛋白（CK）染色阴性或仅弱阳性，而上皮膜抗原（EMA）、癌胚抗原（CEA）及糖蛋白 HMFG-2 染色则均为阴性。此外，肾上腺皮质癌的嗜铬素 A（CgA）染色阴性，以此可与肾上腺髓质肿瘤相鉴别。

肾上腺皮质癌除需要与其他肿瘤相鉴别外，分化好者还要与肾上腺皮质腺瘤相鉴别。两者的鉴别主要根据浸润和转移。其他形态学指标如癌常呈大片坏死、重量大于 100 克、有宽的纤维带、弥漫生长、核分裂象、血管浸润等，但这些指标均无特异性，二者的鉴别需根据以上因素进行综合考虑。

（三）肾上腺髓质肿瘤

来自肾上腺髓质的肿瘤主要有嗜铬细胞瘤，包括良性嗜铬细胞瘤、恶性嗜铬细胞瘤和混合性嗜铬细胞瘤/副神经节瘤。

嗜铬细胞瘤（pheochromocytoma）是嗜铬细胞发生的一种少见的肿瘤。90% 的嗜铬细胞瘤由肾上腺髓质发生，肾上腺嗜铬细胞瘤又称为肾上腺内副神经节瘤。其余的 10% 发生在肾上腺以外的副神经节，这些副神经节分布在全身许多器官或组织，发生在肾上腺以外的嗜铬细胞瘤称为肾上腺外副神经节瘤。嗜铬细胞瘤与副神经节瘤都是神经嵴来源的由嗜铬细胞发生的肿瘤。

良性嗜铬细胞瘤

良性嗜铬细胞瘤是肾上腺髓质嗜铬细胞的良性肿瘤，又称肾上腺副神经节瘤。患者多见于 40～50 岁。家族性肿瘤更常见于年轻人，散发性一般单发，家族性多为双侧，偶可与肾上腺外副神经节瘤同时发生。

嗜铬细胞瘤能合成和分泌去甲肾上腺素和（或）肾上腺素，在临床上可产生相应的症状，表现为间歇性或持续性高血压，头痛、出汗、心动过速和高血糖等。

【病理变化】

1. 肉眼观察 肿瘤常单发，有完整包膜，直径 3～5cm，也可大于 10cm。切面呈灰白色至棕色，暴露于空气后可变为黑色。切面常见出血、坏死、囊性变和钙化。

2. 镜下观察 瘤细胞排列成巢状、梁索状或腺泡状，其间有富含血管的纤维组织或薄壁血窦分隔。瘤细胞多为多角形，少数为梭形或柱状（彩图 5-15）。小的多角形细胞与正常髓质中嗜铬细胞大小相似，大的可比正常嗜铬细胞大 2～4 倍。瘤细胞胞质丰富，颗粒状或空泡状，嗜碱性或双嗜性。有些肿瘤中可见到像神经母细胞样的小细胞，有些则可见成熟的神经节细胞。

嗜铬细胞瘤要与肾上腺皮质肿瘤、软组织腺泡状肉瘤及肾细胞癌相鉴别。免疫组化染色和电镜有助于鉴别。嗜铬细胞瘤呈 CgA 染色强阳性，Syn、NSE、CD15 阳性，EMA 阴性，电镜下可见典型神经分泌颗粒。

恶性嗜铬细胞瘤

恶性嗜铬细胞瘤是肾上腺髓质嗜铬细胞的恶性肿瘤，又称恶性副神经节瘤。恶性嗜铬细胞瘤占所有嗜铬细胞瘤的 10%。好发部位及临床表现与良性嗜铬细胞瘤相似。

【病理变化】

1. 肉眼观察 肿瘤较良性者大，可呈结节状、分叶状或隆凸状。切面多彩状，有出血坏死区。肿瘤固定，偶可浸润到肾上腺皮质及肾上腺周围的脂肪组织。

2. 镜下观察 嗜铬细胞瘤的良恶性单从形态上不能鉴别，良性瘤中常可见显著的核异型性及瘤巨细胞。另一些肿瘤的细胞形态规则，核分裂象少甚至没有，这种形态上的“良性”的肿瘤却可发生转移。至于包膜浸润或侵入血管也不能成为诊断恶性嗜铬细胞瘤的可靠指标，只有广泛浸润临近器官与组织以及在正常没有嗜铬组织的器官或组织内发生转移才能诊断为恶性嗜铬细胞瘤。由于嗜铬细胞瘤可多发，这些多发瘤可从在体内分布很广的嗜铬组织和副神经节发生，所以要确定为转移瘤一定要先除外多发瘤。

混合性嗜铬细胞瘤/副神经节瘤

本型肿瘤的典型特征是嗜铬细胞瘤或副神经节瘤与节细胞神经瘤、节细胞神经母细胞瘤、神经母细胞瘤或周围神经鞘瘤相混合的肿瘤。

第四节　垂体疾病

垂体又称脑下垂体，不成对，是身体内最复杂、最重要的内分泌腺，位于颅底蝶鞍垂体窝内，由腺垂体和神经垂体两部分组成。腺垂体分泌多种激素，这些激素不但与身体骨骼和软组织的生长有关，且可影响其他内分泌腺（甲状腺、肾上腺、性腺）的活动。神经垂体还能够储藏下丘脑分泌的抗利尿激素。其活动受下丘脑等部位调节。下丘脑-神经垂体轴任何部位发生功能性或器质性病变时，都会引起自主神经功能紊乱及内分泌功能异常。

一、垂体的解剖学、组织胚胎学及其功能

（一）垂体解剖学

垂体略呈肾形，表面有来自软脑膜的薄层纤维膜包裹，位于颅底蝶鞍窝内，下为蝶窦，上为第三脑室底部、丘脑下部及视神经交叉，两侧有海绵窦、颅内静脉及Ⅲ、Ⅳ、Ⅴ、Ⅵ对颅神经。垂体的大小约为10mm×10mm×5mm，重约0.4～0.6g，女性垂体稍大于男性；妊娠时垂体重量明显增加，可达正常的2倍；婴儿垂体重量约为成人的1/5。垂体分为腺垂体和神经垂体两部分。腺垂体又可分为远侧部、结节部和中间部，远侧部最大，中间部位于远侧部与神经部之间，结节部围在漏斗周围。神经垂体分为神经部（或漏斗突）和漏斗部（包括正中隆起和漏斗柄），漏斗与下丘脑相连（图5-7）。腺垂体的远侧部称为垂体前叶，神经垂体和腺垂体的中间部合称为垂体后叶（图5-8）。前叶为棕红色，后叶为灰白色。

垂体腺的血液供应来自颈内动脉分支垂体上、下动脉。特异化血管组织即垂体门前毛细血管网，位于下丘脑正中隆起，经垂体柄下行汇入前叶窦状毛细血管。下丘脑激素进入门周毛细血管自下丘脑到达垂体前叶。来自垂体前叶的静脉血经垂体后毛细血管床进入海绵窦。后者通过环绕垂体的管道相互连结，汇入岩窦（图5-9）。岩窦插管取样检测激素，可用于分泌ACTH的垂体肿瘤的诊断。

（二）垂体胚胎学

垂体是由2个来源不同的原基共同发育而成。腺垂体来自拉特克囊（Rathke pouch）。神经垂体来自神经垂体芽。拉特克囊和神经垂体芽逐渐增长并相互接近。胚胎第2个月末，拉特克囊的根部退化消失，其远端长大并与神经垂体芽相贴。后者远端膨大，形成神经垂体，起始部变细，形成漏斗柄。而腺垂体的形成主要是拉特克囊的前壁迅速增厚，形成垂体的远侧部；由远侧部向上长出一结节状突起包绕漏斗柄，形成结节部；囊的后壁生长缓慢，形成垂体中间部。腺垂体发育后逐渐与口腔离断。在拉特克囊移行和与口腔脱离的过程中，上皮细胞团残留于蝶鞍下，形成咽垂体。咽垂体具有功能或无功能，有时可生成腺瘤。约25%的腺垂体内可有鳞状上皮细胞巢残留，成为日后颅咽管瘤的来源。胚胎20周末，垂体发育成熟，已能分泌和释放各种

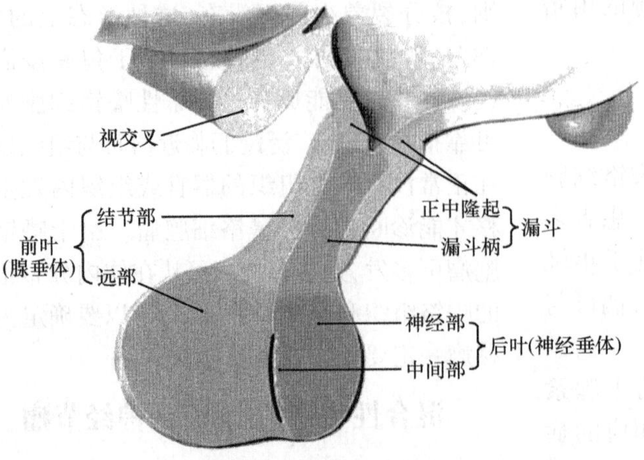

图5-7　垂体的分部

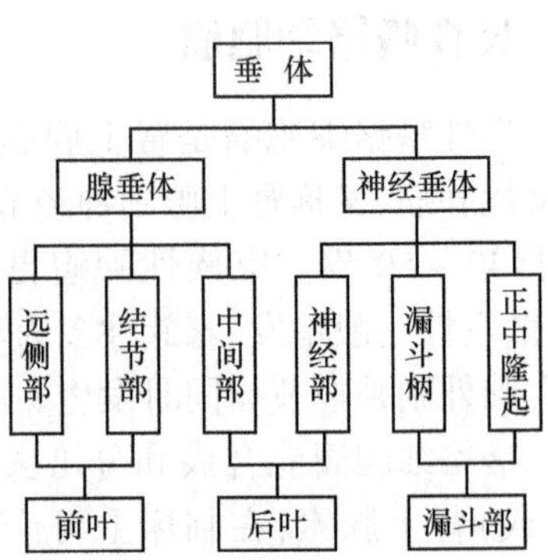

图5-8　垂体的分部

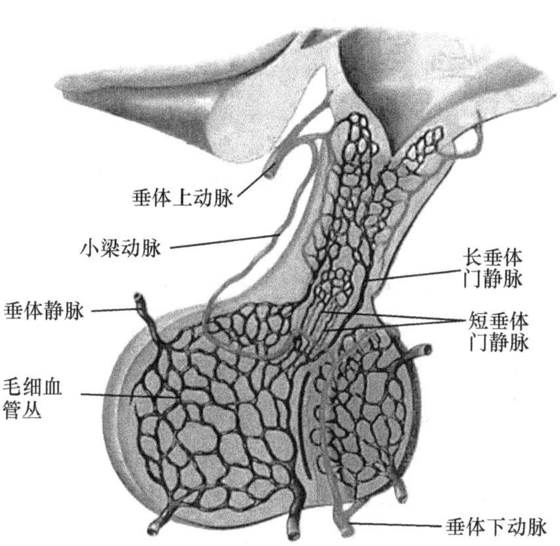

图 5-9　垂体的血管

促激素。腺垂体分化出多种腺细胞。神经垂体主要由神经纤维和神经胶质细胞构成。

（三）垂体组织学及其功能

1. 腺垂体的远侧部(垂体前叶)　由腺细胞组成，腺细胞排列成索状、巢状或腺样结构，少数围成小滤泡，细胞之间具有丰富的窦状毛细血管和少量结缔组织。网织纤维染色可清楚显示腺泡和细胞索轮廓。此外，垂体前叶散在分布一些滤泡星形细胞，其功能未明。

以往在常规 HE 染色下，根据垂体前叶腺细胞嗜酸性或碱性的结果，将其分为 3 种细胞(彩图 5-16)：①嗜酸性细胞，数量较多，约占 35% ~40%，呈多边形或卵圆形，直径 14 ~ 19μm，核圆形，胞质丰富、充满红染细颗粒；②嗜碱性细胞，数量较少，约占 10%，呈大多边形，直径 15 ~ 25μm，核圆形，胞质丰富、嗜碱性和 PAS 阳性；③嫌色细胞，数量最多，约占 50% ~55%，细胞小，圆形，核圆居中，胞质少、淡红色或空泡状。这种分类可反映腺垂体细胞的形态特点，但不能反映其激素功能特征。

近年来用免疫组织化学、电镜(包括免疫电镜)方法能辨认分泌不同激素的腺细胞。根据免疫组织化学反应和电镜观察，垂体前叶至少有 5 种不同功能的腺细胞，合成和分泌 6 种以上激素(图 5-10)：①生长激素细胞，为正常垂体主要成分，合成分泌生长激素(GH)，调节糖、蛋白质代谢，在生长介素介导下促进骨骼发育和软组织生长；②催乳素细胞，合成分泌催乳素(PRL)，促进乳腺分泌；③促肾上腺皮质激素细胞，合成分泌促肾上腺皮质激素(ACTH)，调节肾上腺皮质细胞生长，促进皮质激素的分泌；④促性腺激素细胞，合成分泌卵泡刺激素(FSH)和黄体生成素(LH)；⑤促甲状腺素细胞，合成分泌促甲状腺激素(TSH)，促进甲状腺滤泡上皮生长和激素合成；⑥滤泡细胞，又称星形细胞，是垂体内非分泌细胞，可能具有吞噬能力和营养功能。

2. 腺垂体的中间部　主要为体积较大的黏液样细胞，胞质呈 PAS 阳性，含有 ACTH、TSH、FSH、LH 细胞。

3. 神经垂体　不含腺体细胞，不能合成激素，由交织的无髓鞘神经纤维构成，其中散在特殊的神经胶质样垂体细胞。神经纤维内含有许多膜包裹的分泌颗粒。免疫组织化学检测发现，神经垂体释放抗利尿激素(ADH，又称加压素)和催产素(oxytocin)，分别由下丘脑的视上核和室旁核分泌，垂体后叶含有这些核发出的轴突终端，该两种激素经这些轴突运送到后叶，储存在分泌颗粒内。下丘脑与前叶之间无轴突相连，下丘脑分泌的释放激素和抑制激素经垂体门静脉系统运送到前叶，促进或抑制前叶各种激素的分泌。

- 垂体
  - 垂体后叶
    - 加压素(抗利尿激素)
    - 缩宫素
  - 垂体前叶
    - 嗜酸性细胞
      - 生长激素细胞→生长激素
      - 催乳素细胞→催乳素
    - 嗜碱性细胞
      - 促甲状腺素细胞→促甲状腺素
      - 促性腺素细胞→卵泡刺激素、促黄体素
      - 促肾上腺皮质激素细胞
        - 促肾上腺皮质激素
        - 促脂解激素
    - 嫌色细胞
      - 有少量分泌功能：可分泌上述某种激素
      - 无分泌功能

图 5-10　垂体的正常分泌功能

二、下丘脑-垂体后叶疾病

下丘脑-垂体后叶任何部位发生功能性或器质性病变时,都会引起内分泌功能异常,导致一种或数种激素的分泌过多或减少,临床上表现为各种综合征,如尿崩症和性早熟症等。

(一) 尿崩症

尿崩症(diabetes insipidus)是由于抗利尿激素(ADH)缺乏或减少,使肾远曲小管对水分再吸收功能显著降低,因而表现为多尿(24小时可排尿5~20L)、尿比重显著低下(多在1.001~1.005)及由于大量水分丧失而出现的烦渴和多饮的临床综合征,可导致严重的水电解质紊乱、极度虚弱、发热及精神症状,重者可致死。其病因多为下丘脑-垂体后叶轴的肿瘤、外伤、感染等引起(称为继发性尿崩症),部分因垂体后叶释放抗利尿激素(ADH)不足引起(称为垂体性尿崩症),或因肾小管对血内正常抗利尿激素(ADH)水平缺乏反应所致(称为肾性尿崩症),少数原因不明者,找不出器质性病变(称为特发性或原发性尿崩症)。

(二) 性早熟症

性早熟症(precocious puberty)表现为女孩6~8岁、男孩8~10岁前出现性发育,其病因为脑肿瘤、脑积水等中枢神经系统疾病或遗传异常而使下丘脑-垂体过早分泌释放促性腺激素所致。

三、垂体前叶功能亢进与低下

垂体功能亢进(hyperpituitarism)多数由前叶功能性肿瘤引起,少数由下丘脑作用或其靶器官的反馈抑制作用消失所致。表现为垂体前叶的某一种或多种激素分泌增加,出现该激素功能亢进症状,最常见的如垂体性巨人症及肢端肥大症、催乳素过高血症和垂体性Cushing综合征。任何原因造成垂体前叶75%以上组织的破坏就能引起垂体功能低下(hypopituitarism)。较常见的垂体功能低下是由于腺垂体直接破坏所致,偶尔也可因下丘脑遭受肿瘤、外科手术、外伤或血液循环障碍等破坏,使垂体前叶激素分泌减少所引起,常见的临床表现如Sheehan综合征、Simond综合征和垂体性侏儒症等。

(一) 垂体性巨人症及肢端肥大症

本病多为垂体生长激素细胞腺瘤分泌过多的生长激素所致。在青春期以前(即骨骺未闭合时)发病,引起垂体性巨人症(pituitary gigantism),表现为骨骼等组织的过度生长,致使身材异常高大,内脏器官也按比例增大;在青春期后(即骨骺已闭合时)发病,则引起肢端肥大症(acromegaly),表现为头颅骨增厚,下颌骨、眶上嵴及颧骨弓增大突出,鼻、唇、舌增厚肥大,皮肤粗糙增厚,呈现特有面容,手足宽而粗厚,手指及足趾粗钝,内脏器官亦肥大。约有半数患者伴有其他内分泌功能障碍,如高胰岛素血症、糖耐量减低或性功能减退等。肢端肥大症发病呈隐匿性,就诊时病程多已有数年至10年之久。

(二) 高催乳素血症

高催乳素血症(hyperprolactinemia)一部分是由于垂体催乳激素细胞瘤分泌过多的催乳素(PRL)所致,另一部分是下丘脑的病变或雌激素、多巴胺能阻断剂等药物所引起。临床表现为溢乳-闭经综合征(galactorrhea-amenorrhea syndrome),女性患者有闭经、不育及溢乳,男性患者有性功能降低,少数亦可溢乳。

(三) 垂体性 Cushing 综合征

垂体性Cushing综合征主要由ACTH细胞腺瘤所引起,少数由于下丘脑异常分泌过多的皮质激素释放因子所致。由于ACTH分泌过多,使两侧肾上腺皮质增生,分泌过多的糖皮质激素。表现为满月脸、向心性肥胖等。

(四) Sheehan 综合征

Sheehan综合征是垂体缺血性萎缩、坏死,使垂体前叶各种激素分泌减少的一种临床表现。多由于分娩时大出血或休克引起。妊娠期垂体增生肥大,压迫自身的血管,血流供应相对不足,而又因其对局部血液灌注降低十分敏感,易发生梗死。当坏死面积超过垂体前叶的60%时,可出现轻度功能障碍,超过90%时出现功能衰竭。典型病例在分娩后2~3周出现乳腺急骤萎缩，乳汁分泌停止，相继出现生殖器官萎缩、闭经，甲状腺萎缩及肾上腺皮质功能低下，皮肤色素脱失，毛发（阴毛、腋毛、眉毛）脱落，进而表现为全身萎缩与老化。

（五）Simond 综合征

Simond 综合征也是垂体前叶全部激素分泌障碍的一种综合征，呈慢性经过，病程可达 30～40 年，临床上以出现恶病质和过早衰老及各种激素分泌低下和产生相应症状为特征。Simond 综合征的病因多为无功能性垂体腺瘤或炎症、循环障碍等引起垂体大面积坏死所致。病变主要表现为腺体萎缩、间质纤维组织增生及淋巴细胞浸润。

（六）垂体性侏儒症

垂体性侏儒症（pituitary dwarfism）是在青春前期的儿童垂体前叶发育障碍或各种病因破坏垂体，引起生长激素（GH）部分或完全缺乏（常伴有促性腺激素缺乏）所致儿童期生长发育障碍性疾病，表现为骨骼发育障碍、身材矮小、身体各部分比例停滞于儿童期状态。皮肤及颜面出现老人状皱纹，常伴有一定程度的性腺、甲状腺及肾上腺发育障碍，但智力发育正常。

四、垂体肿瘤

垂体部位发生的肿瘤较多，约占颅内肿瘤的 10%～15%，如垂体腺瘤、垂体腺癌、颅咽管瘤、脑膜瘤、胶质瘤、纤维瘤和血管肿瘤、生殖细胞瘤、畸胎瘤、颗粒细胞瘤、错构瘤、转移瘤等，最常见的是垂体腺瘤和颅咽管瘤。

（一）垂体腺瘤

垂体腺瘤是垂体前叶（腺垂体）细胞发生的良性肿瘤，女性较多见，多见于 30～60 岁之间，儿童垂体腺瘤少见。临床主要表现：①功能性垂体腺瘤分泌过多的某种激素，表现为有关功能亢进，但晚期可由于肿瘤过大压迫血管，引起大面积坏死而转为功能低下；②压迫正常垂体组织使其激素分泌障碍，表现为功能低下；③瘤体过大可压迫视交叉及视神经，引起同侧偏盲、视野缺失及其他神经系统症状。

【病理变化】 垂体腺瘤通常生长缓慢，大小不一，直径可由数毫米到 10cm，直径小于 1cm 者为小腺瘤，大于 1cm 者为大腺瘤。由于 CT/MRI 等影像诊断技术的应用，一般都能早期诊断治疗，巨大腺瘤已十分罕见。肿瘤多数有包膜，境界清楚，少数无包膜，可侵入周围组织，称之为侵袭性腺瘤。肿瘤质地柔软，色灰白或微红，有时可见灶状出血、坏死、囊性变、纤维化和钙化。

镜下，肿瘤失去正常组织结构特点，瘤细胞似正常的垂体前叶细胞，呈圆形、多角形，大小不等，在同一肿瘤内大小比较均匀。细胞排列成团状、条索状、片状或乳头状，仅有少量血管丰富的间质将其分隔，少数呈弥漫散在分布。

根据肿瘤细胞 HE 染色不同，过去将其分为：①嫌色细胞腺瘤（chromophobe adenoma），约占垂体腺瘤的 2/3；瘤体常较大，直径达 2～5cm，瘤细胞大小基本一致，HE 染色胞质不嗜色或空淡，胞膜不清，核居中、圆形，深染多不见核仁；②嗜酸性细胞腺瘤（acidophile adenoma），约占 1/3，瘤体积常较小，瘤细胞饱满，胞质嗜酸性，含有许多嗜酸性颗粒；瘤组织内也可见嫌色细胞；③嗜碱性细胞腺瘤（basophile adenoma），极罕见，瘤体较小，瘤细胞多边形，胞质内含大量粗大颗粒；④混合细胞腺瘤，上述各种瘤细胞吞噬出现在一个肿瘤中，较少见。此分类法不能准确地反映其功能，如嗜酸性细胞腺瘤有的分泌 GH，有的分泌 PRL，而嫌色细胞腺瘤大部分是有功能的，所以目前已不再作为规范的病理诊断报告的主要方式。近年来根据内分泌检测的新技术、免疫组化、电镜等，将形态和功能特点结合分为以下几类。

1. 生长激素细胞腺瘤（growth hormone cell adenoma） 约占垂体腺瘤的 25%，主要由嗜酸性瘤细胞构成，偶尔为嫌色性瘤细胞组成。该腺瘤约一半胞质内可见致密的分泌颗粒，颗粒均匀一致，弥漫分布于胞质内。免疫组化染色，GH 呈强阳性，HE 染色显示为嗜酸细胞腺瘤，血中生长激素（GH）水平增高。临床主要表现为巨人症或肢端肥大症。另一半只有稀疏的分泌颗粒。免疫组化染色，GH 呈弱阳性反应，HE 染色显示为嫌色细胞腺瘤，不伴有血中 GH 水平增高。因正常垂体组织受其压迫，临床主要表现为垂体前叶功能低下。一般认为，多颗粒型者生长缓慢，分化程度高，常发生于年龄较大的患者，手术复发率低；少颗粒型者，肿瘤大，多见于年轻患者，生长较快，常局部浸润和复发。

2. 催乳素细胞腺瘤（prolactin cell adenoma） 为垂体腺瘤中最常见的一种，约占30%，几乎占功能性腺瘤的一半。瘤细胞多由嫌色性或弱嗜酸性细胞构成，电镜下胞质中多为稀疏的小分泌颗粒，免疫组化染色：瘤细胞呈PRL阳性；血中催乳素（PRL）水平增高，女性早期就可出现溢乳-闭经综合征，而男性及老年妇女，早期催乳素过高血症的症状不明显。

3. 促肾上腺皮质激素细胞腺瘤（adrenocorticotropic cell adenoma，ACTH cell adenoma） 约占垂体腺瘤的15%，瘤细胞常呈嗜碱性，PAS反应阳性，免疫组化显示ACTH及其相关肽呈阳性。临床约一半患者表现Cushing综合征。

4. 促性腺激素细胞腺瘤（gonadotrophic cell adenoma） 约占5%～15%，镜下多为嫌色细胞瘤，少数为嗜碱性细胞瘤，可分泌FSH或FSH及LH。瘤细胞形态有性别差异，男性的肿瘤细胞一般分化较差，与正常促性腺细胞不同；女性的肿瘤细胞分化较好，与正常促性腺激素细胞相似。临床性激素功能障碍的症状不明显，多半由于压迫症状才引起注意。

5. 促甲状腺素细胞腺瘤（thyrotrophic cell adenoma） 为最少见的垂体腺瘤，仅占1%，为嗜碱性和嫌色性瘤细胞构成，PAS弱阳性，免疫组化染色呈TSH阳性，大多数患者表现为甲状腺功能低下，偶有甲状腺功能亢进表现。

6. 多种激素细胞腺瘤（plurihormonal cell adenoma） 约占10%～15%，多数为GH细胞及PRL细胞混合腺瘤，少数有TSH细胞分别或共同与上述两种细胞混合在一起，镜下瘤细胞染色呈多样化。多激素腺瘤多为大腺瘤，可侵袭性生长，进展迅速。临床可出现多种激素过多症状。

7. 无功能性细胞腺瘤（null cell adenoma） 约占25%，为嫌色细胞构成，免疫组化显示仅有微弱的或没有激素分泌迹象。患者大多为老年人，常因肿物压迫症状就诊，多数患者表现垂体功能低下，血中激素水平也无明显增高。肿瘤生长缓慢，多为大腺瘤，侵袭性生长。

（二）垂体癌

垂体癌（pituitary carcinoma）极少见，目前没有统一的诊断标准，一般单从瘤细胞的形态很难区别腺瘤和腺癌。有人认为，肿瘤如有明显侵犯脑组织或通过脑脊液脑内播散转移或通过血道颅外转移者，不论其形态如何都是恶性表现；如果核异型性明显，核分裂象显著增多，且向周围组织侵犯或蝶鞍扩大，甚至骨质破损，可考虑诊断恶性。

垂体癌大多数无内分泌功能，有的垂体癌可能由侵袭性腺瘤转变而来。

（三）颅咽管瘤

颅咽管瘤（craniopharyngioma）约占颅内肿瘤的2%～6%，是胚胎期颅咽囊残留上皮发生的良性肿瘤，半数以上发生在20岁以下，是青少年最常见的肿瘤之一。肿瘤位于蝶鞍内，也可位于蝶鞍外沿颅咽管的各部位。肿瘤大小不一，呈实性或囊性（单房或多房），内有棕色油脂性液体。镜下与成釉细胞瘤相似，瘤细胞排列成巢，周边有1～2层柱状细胞，细胞巢中心部常有坏死，有胆固醇结晶及钙盐沉着。囊性肿瘤的囊壁由鳞状上皮或柱状上皮被覆。肿瘤压迫垂体或下丘脑，可引起垂体功能低下；还可压迫第三脑室和视神经分别引起脑积水及视野缺失。

第五节　弥散神经内分泌系统疾病

100多年前，有人在胃肠道黏膜上皮内发现有一种浅色细胞，以后陆续在胰腺、呼吸道、胆道、泌尿道和涎腺导管上皮内亦发现有散在的这种细胞。20世纪60年代Pearse等的研究认为，这些弥散的细胞具有相同的生化特性，即它们能吸收胺的前体并脱羧基转化为胺类物质，故称该类细胞为吸收胺前体并脱羧基（amine precursor uptake and decarboxylation，APUD）细胞。APUD细胞不仅具有共同的生化特征，而且具有共同的超微结构特征，即这些细胞均含有有膜包被的神经内分泌颗粒。

随着对 APUD 细胞的不断研究，发现许多 APUD 细胞并不产生胺，却产生肽，有的 APUD 细胞既产生胺又产生肽，故 APUD 细胞实质上是一群能合成、储存和释放特殊的生物胺或肽类激素的内分泌细胞。随后又发现，神经系统内的许多神经元也合成和分泌与 APUD 细胞分泌物相同的胺和(或)肽类物质，因此人们将具有分泌功能的神经元(如下丘脑室旁核和视上核的神经内分泌细胞)和 APUD 细胞统称为弥散神经内分泌系统(dispersed or diffuse neuroendocrine system, DNES)。

DNES 是 APUD 细胞基础上的进一步发展和扩充。DNES 把神经系统和内分泌系统两大调节系统统一起来构成一个整体，共同调节和控制机体的生理活动。

一、弥散神经内分泌系统细胞的分布和形态

DNES 细胞胚胎发生不同，目前认为 DNES 细胞有的来自神经外胚层的神经嵴，有的来自内胚层。至今，已知的 DNES 细胞有 50 多种，如垂体 ACTH 细胞、甲状腺分泌降钙素的 C 细胞、肾上腺嗜铬细胞、胰岛分泌胰岛素的 B 细胞及分泌高血糖素的 A 细胞、胃分泌胃泌素的 G 细胞、十二指肠分泌胃性抑制肽(gastric inhibitory peptide)的细胞等。其遍布全身各部位，如中枢神经系统(下丘脑室旁核和视上核、垂体)、内分泌器官(甲状腺、甲状旁腺、肾上腺髓质、胰岛等)及非内分泌器官[消化系统(胃、肠、胆道、涎腺)、呼吸系统(鼻、咽、喉、肺)、泌尿生殖系统、皮肤等]中。

DNES 细胞光镜下为胞质着色浅的透明细胞，单个或三五成群地夹杂在上皮细胞间，HE 染色难以鉴别。目前用于鉴别 DNES 细胞的方法有：①银染色；②电镜观察；③免疫组化；④原位杂交。

经银染色，DNES 细胞可呈现嗜银性和亲银性两种类型。亲银细胞主要见于小肠；嗜银细胞分布广，胃、支气管和肺等处都有。亲银反应特异性高但敏感性差，嗜银反应特异性差但敏感性高。

电镜下 DNES 细胞有丰富的内质网、核糖体、发达的高尔基体和明显的微丝-微管系统。其最具特点的形态为具有成簇的神经内分泌颗粒。

鉴定 DNES 细胞及相应肿瘤的常用免疫标记物有以下几种。

(1) 神经元特异性烯醇酶(neuron specific enolase, NSE)：NSE 为一种细胞质蛋白，是神经内分泌细胞和肿瘤的敏感但不太特异的一种标记物。在神经内分泌肿瘤诊断中，NSE 应与其他标记物联合应用。

(2) 嗜铬素/分泌素(chromogranin, Cg/secetogranin, Sg)：Cg/Sg 家族是存在于神经内分泌细胞分泌颗粒中的几种酸性蛋白组成的。3 种主要的 Cg/Sg 被命名为 CgA、CgB 和 SgⅡ，它们分布广泛且特异性高，因此被广泛应用，其中 CgA 应用最多。但须注意，Cg/Sg 是与分泌颗粒中的蛋白质反应，故分泌颗粒少的神经内分泌细胞或肿瘤(如肺小细胞癌)可能出现假阴性。

(3) 突触素(synaptophysin, Syn)：Syn 是突触前小泡膜的一种成分，广泛分布于神经元和神经内分泌细胞及其相应肿瘤中，是一种光谱标记物。但在甲醛固定的标本中，该蛋白保存不完好，可能会造成假阴性。

(4) 其他的标记物还有前转化酶(proconvertases, PCs)、蛙皮素(bombesin)/胃泌素释放肽(gastrin-releasing peptide, GRP)及 Leu-7 等。

利用原位杂交(in situ hybridization, ISH)或聚合酶链反应(polymerase chain reaction, PCR)检测特异性肽或内分泌标记物的 mRNA 已经迅速发展为鉴定神经内分泌细胞及其相应肿瘤的一种有用技术。

二、弥散神经内分泌系统的肿瘤

尽管 DNES 细胞的胚胎发生不同，但这些细胞发生的肿瘤在组织学形态上却极其相似，这足以支持这些肿瘤构成一个特殊的肿瘤类型。它们共同的形态学特点是瘤细胞形态较一致，排列成巢、索、小梁、花带、腺泡、菊形团或弥漫成片，其间有薄壁血窦或血管丰富的纤维组织分隔。间质常有玻璃样变或淀粉样物质沉着。电镜下可见神经内分泌颗粒。

DNES 的肿瘤主要可分为两组：①神经

笔记栏

型，包括神经母细胞瘤、嗜铬细胞瘤和副神经节瘤；②上皮型，包括胃肠道和其他部位的类癌、小细胞未分化癌、甲状腺髓样癌、胰岛细胞瘤等。

DNES 肿瘤的病理学诊断主要依靠：①肿瘤组织和瘤细胞的形态特点；②银染色阳性；③电镜观察可见神经内分泌颗粒及 DNES 细胞的超微结构特点；④免疫组织化学标记物 CgA、NSE、Syn 等阳性。诊断的确立通常需要综合以上依据而分析。常见的 DNES 肿瘤，如消化系统、呼吸系统 DNES 肿瘤等将在相应章节中讨论。

（宫丽平　孟桂霞）

参考文献

回允中主译. 2003. 诊断外科病理学. 第 3 版. 北京：北京大学医学出版社：483-625

李玉林. 2008. 病理学. 第 7 版. 北京：人民卫生出版社：284-296

刘彤华. 2004. 诊断病理学. 第 2 版. 北京：人民卫生出版社：337-383

王连唐，程嘉骧，黄世章. 2006. 内分泌病理学. 江西：江西科学技术出版社：7-56；59-155

周庚寅，觉道健一. 2007. 甲状腺病理与临床. 北京：人民卫生出版社：74-84；87-97；121-130

Delellis RA, Lloyd RV, Heitz PU, et al. 2004. The World Health Organisation Classification of Tumours of Endocrine Organs. Lyon：IARC Press：136-155

Goldman and Bennett. 主编，王贤才，冯世良总主译. 2003. 西氏内科学（第 7 分册，内分泌和代谢疾病）. 第 21 版. 世界图书出版公司：57-124

Kumar V, Abbas AK, Fausto N. 2004. Robbins and Cotran Pathologic Basis of disease. 7th ed. Philadelphia: Elsevier Saunders：1207-1223

第 6 章 神经系统疾病

第一节 先天性发育畸形

一、胚胎发育过程中的脑发育

胚胎发育的早期，外胚层在脊索等的诱导下分化出神经外胚层，先是衍生神经板、神经沟和神经管等几个阶段，再由神经管衍生出中枢神经系统和周围神经系统。

神经管最早的形态是脑泡，脑泡在延长的过程中出现前、中、菱 3 个脑泡。前脑泡发展为端脑和间脑，前者主要演变为两侧大脑半球，后者演变为丘脑和丘脑下部。中脑泡演变为中脑顶盖部和大脑脚。菱脑的前份演变为后脑，又进一步演变成小脑和桥脑。后份演变为末脑，与神经管尾段相连续演变成延脑。与延脑相接的神经管则发展为脊髓。

神经管的组成细胞是神经上皮细胞，不断分裂增殖，分化为成神经细胞（即神经母细胞）和成胶质细胞（相当于胶质细胞的前体），前者又衍生为各个类型的神经元，后者又衍生为星形细胞和少突胶质细胞。神经上皮细胞衍生，分化过程中迁移至外周形成新的细胞层，即套层。大脑皮质就是由端脑套层的成神经细胞迁移和分化而成。种系发生上大致可以分为3 个阶段。最早出现的是原皮质（如海马和齿状回），继之出现旧皮质（如梨状皮质），最晚出现的是新皮质。原始神经上皮的一部分保留为室管膜层。

小脑起源于后脑翼板背侧的菱唇，左右菱唇中线融合形成小脑板，以后演变为小脑半球和小脑蚓。小脑的绒球小结叶又称原小脑，与前庭系统有联系。

二、神经管闭合障碍的畸形

神经管闭合障碍是神经系统中最常见的畸形病变。胚胎发育过程中若是神经管闭合发生缺陷就会产生中枢神经系统的畸形，还常伴有其周围组织如脑脊膜、颅裂、椎弓根和皮肤等的缺陷。

这一类畸形有神经管闭合不全、颅裂畸形、无脑畸形、脑膜膨出、脊柱裂和脊髓空洞症。

脑膜膨出

真正的原因不明，少数是家族遗传。常和内外环境中有害因素影响胚胎发育有关，例如母体患有代谢性疾病、中毒、放射线辐射等。代谢障碍中尤以叶酸缺乏为重要。亦有学者提出母体在妊娠 3 ~ 14 周内发生高热是形成这一畸形的原因。

【病理变化】 脑膜膨出发生在颅裂的基础上。颅裂有隐性颅裂和囊性颅裂。囊性颅裂常伴有脑和脑膜膨出。依据膨出的内容可以分为 5 种亚型：①脑膜膨出仅含脑脊液；②脑膜脑膨出或脑脑膜膨出含有脑脊液；③脑膨出，仅含脑组织；④积水性脑膨出，膨出的脑组织内有一与脑室相通的腔；⑤积水性脑膜脑膨出，除含有“脑室”和脑组织外，还有一个扩大的脑脊液腔。

颅裂和脑膜膨出畸形通常发生在中线上，大多见于枕部，也可见于前额部和颅底部。颅裂畸形是颅骨先天性发育障碍造成的严重病变，出现大小不一的颅骨缺损，有隐性颅裂和囊性颅裂。脑膜膨出表面一般是皮肤，也可以是一层红色易破溃的薄膜，膨出的囊内容有的是脑脊液，有的是萎缩、软化和出血的脑组织（彩图 6-1）。类似的情况还有脊柱裂畸形和脊髓脊膜膨出。

【临床表现】 因脑膜膨出的不同位置和形态、大小不同而异，膨出囊可因病儿哭闹，用力而张力增高，常可触及搏动。膨出突入眼眶内可使眼球凸出或偏斜。膨出突入鼻咽腔影响呼吸或阻塞呼吸道。基本治疗是修补颅骨缺损，切除膨出囊及其内腔的包涵物。手术注意感染、脑脊液漏合并症。

三、脑发育不全畸形

脑发育不全畸形是指脑实质本身全部或部分的发育不良。临床上以头颅的形状异常、发育障碍、伴有程度不等的精神缺陷或白痴为特征。病理上有大脑皮质发育不全,局灶性皮质发育不良、无脑回畸形、多小脑回畸形、嗅脑发育不全、前脑无裂畸形、脑穿通畸形、儿童脑性瘫痪、小脑发育不全和胼胝体发育不全畸形。

四、神经元迁移障碍

神经元迁移障碍是中枢神经系统先天性畸形的最常见原因之一。神经元迁移过程受到损害时,易发生神经元的走向错误或被阻滞形成皮质下白质或皮质内丛状神经元异位以及脑室旁、半卵圆中心区的团块状灰质异位。有些学者认为无脑回畸形、多小脑回畸形、脑皮质发育不全等也都是神经元迁移障碍造成。

五、Arnold-Chiari 畸形

Arnold-Chiari 畸形又称小脑扁桃体下疝畸形,其特点是小脑扁桃体和下蚓部疝入枕大孔和椎管内,延髓被拉长,也可部分向椎管内移位,结果后组颅神经和上颈部神经根常被牵拉。

病理上除了上述畸形病变外,还可见有微小脑回、扁平颅底和脊柱裂畸形,说明它是一原发的畸形病变。依照畸形的形式和轻重程度分为4型:Ⅰ型病变,发病较晚,小脑扁桃体移位到颈椎管,延髓轻度下移,一般不并发脊髓脊膜膨出;Ⅱ型病变最常见小脑扁桃体和延髓移位到颈椎管,延髓伸长,颈髓细小变性与下移的延髓重叠,上段颈神经根向外上方走行出椎间孔,第四脑室的正中孔粘连造成脑积水,几乎全都合并脊髓脊膜膨出;Ⅲ型病变最重,常伴有枕部脑-脑膜膨出并合并有脑积水;Ⅳ型病变伴有小脑发育不全。

这4型 Arnold-Chiari 畸形在临床上都可以有延髓,上颈髓受压的症状,后组颅神经受累,小脑的症状和颅内压增高。

此外,先天性发育畸形病变中还有颅缝早闭的畸形病变、颅-椎畸形病变以及染色体异常造成的神经系统发育畸形病变,后者有 Down 综合征(Trisomy 21)、Patau 综合征(Trisomy 13)、Edward 综合征(Trisomy 18)和 Fragile X 综合征。

第二节 脑血管病

脑血管病是指一组各种原因导致颅内动静脉血管壁或给脑组织供血的血管发生病变,产生局灶性或弥漫性脑组织损害和功能障碍的疾病,包括缺血性和出血性疾病。常见原因为动脉粥样硬化和高血压动脉硬化,其他原因还有心脏病、先天性脑血管病变、脑血管炎、肿瘤、外伤和血液病等引起的原发性和继发性脑血管损伤进而导致脑组织损害。

一、缺血性脑血管病

缺血性脑血管病是指局部脑组织由于供血动脉,引流静脉的管腔狭窄或闭塞和(或)由严重低血压发作或短暂性心脏停搏造成局部脑组织缺血、缺氧。最终导致供血区域内神经组织坏死而引起的临床病理过程。由于缺血造成的脑坏死称为脑梗死或脑软化。颅内动脉狭窄或闭塞造成脑缺血的病理生理学过程是复杂多样的,有的供血区的动脉闭塞后在数分钟内就导致脑组织严重缺血梗死,而有的供血区的动脉闭塞后血液供应可通过侧支循环保持正常或仅轻度减低,脑组织坏死程度轻且范围小。

由于病因和发病机制的不同,脑梗死在病理上又分为贫血性梗死(白色梗死)和出血性梗死(红色梗死)。

(一)脑梗死的病理变化

1. 贫血性梗死 在梗死演变过程的早期病变界限不清,在梗死的6小时内尽管脑组织已有不可逆损伤,但肉眼检查可能没有明显的改变。在梗死后8~48小时,病变区域色泽苍白,灰白质界限不清。病变区明显水肿,部分皮层可显示不同程度淤血。这一阶段病变脑组织质地变软是主要的特点。病变后2~10天,随着时间的延长,水肿逐渐减轻。病变脑

组织质地变得脆而易碎，梗死区域的界限逐渐清晰。

镜下，梗死后6～12小时内，病变区域神经元呈急性缺血改变。表现为嗜酸性的胞质，胞质内尼氏小体减少，核仁消失，核呈固缩状且强嗜碱性，亦称“红色神经元”（彩图6-2）。病变皮层和白质内毛细血管内皮细胞肿胀，可见血管源性和细胞毒性水肿，可有少许红细胞溢出。稍后期，胶质细胞也有缺血损害，有髓纤维可略有减少。24～48小时，病变内可见中性粒细胞渗出，有时渗出明显可类似于感染。48小时以后，白细胞逐渐被吞噬细胞代替。这些吞噬细胞的胞质内吞噬大量的髓鞘崩解产物，因含有大量脂质而具有嗜苏丹性（sudanophilic）。多量的吞噬细胞主要围绕肿胀的毛细血管周围分布。吞噬细胞增生到梗死后第5天最为显著。10天后，病变区域开始液化，3周左右开始形成囊腔。此时，吞噬细胞增生减少，病变区域内星形细胞反应性增生（肥胖型星形细胞）。数月后，病变形成边界不规则的囊腔，腔内有血管和胶质瘢痕形成的分隔。

2. 出血性梗死 病变的本质仍然是梗死，只是在梗死区域内有灶状和相互融合的片状出血，使得病灶呈花斑状。出血主要位于皮层，多为缺血后再灌注的结果。出血性梗死多见于栓塞病变，一般认为栓子在血流冲击下破碎，分解的小栓子随血流栓到血管末梢，导致梗死区域再灌注，从而形成出血性梗死（彩图6-3）。

（二）不同病因和发病机制造成脑梗死的类型

1. 动脉粥样硬化继发血栓形成导致供血区域脑梗死 脑梗死的主要原因与动脉粥样硬化有关，动脉粥样硬化斑块随病情进展可造成斑块纤维帽变薄，继而破裂后形成溃疡，很容易继发血栓形成导致动脉闭塞供血区域急性缺血坏死。另外，斑块表面内皮细胞脱落、糜烂（erosion），也很容易导致急性血栓形成造成脑梗死。有时，动脉粥样硬化斑块内出血使得斑块迅速增大，也可引起供血区急性脑梗死。

2. 主要供血动脉严重狭窄导致脑供血不足，引起低灌注性脑梗死 病变初期可表现为局部脑组织缺血，临床表现为一过性脑缺血发作（TIA），如持续低灌注可发展为脑梗死。这类梗死主要发生在动脉供血的交界区域，也称“分水岭梗死（watershed infarct）”，如大脑中动脉与前动脉供血交界区或大脑中动脉与后动脉供血交界区。小脑和脊髓也可以发生分水岭梗死。

3. 动脉栓塞导致的脑梗死 这是脑梗死最常见的原因，主要分为下列几种。

（1）动脉到动脉的栓塞：此型最为常见。指较大的动脉发生动脉粥样硬化或血管炎等病变继发血栓脱落，或粥样硬化斑块破裂形成的有形物质随动脉血流栓塞到远端小动脉，导致局部供血区域脑梗死。脑组织梗死范围取决于被栓塞血管的大小，微小血管的栓塞临床也可表现为一过性脑缺血发作（TIA）。

（2）心源性栓塞：主要指左心房或左心室内因各种原因形成的栓子脱落，随血流进入体循环栓塞到远端小动脉导致局部供血区域脑梗死。这种梗死常见于房颤和感染性心内膜炎的患者，经常伴有全身其他器官的栓塞。

（3）其他栓塞：指由外伤等各种原因导致的脂肪、空气等物质造成的脑栓塞，也包括心房卵圆孔未闭（PFO）右心系统来源的栓塞。所有栓塞过程常造成脑组织出血性梗死。

4. 跨分支动脉粥样硬化斑块导致分支动脉区域梗死 大动脉粥样硬化斑块有时可影响分支动脉的开口，导致分支动脉狭窄和（或）闭塞，引起分支动脉供血区域脑组织梗死。

5. 高血压动脉硬化导致腔隙性脑梗死 长期高血压可导致脑内深穿支小动脉的玻璃样变，受累小动脉管壁增厚管腔狭窄。血压长期不稳定还可造成小动脉痉挛，管壁纤维素样坏死，进而引起脑组织多发小梗死，梗死灶一般小于15mm。病灶多位于丘脑，基底节的上2/3区域和脑干腹侧。

6. 颅内静脉系统血栓导致静脉性梗死 各种原因造成的颅内浅静脉、深静脉及静脉窦血栓形成的病变可导致引流区域脑组织缺氧，进一步导致脑组织梗死（彩图6-4）。脑组织静脉性梗死多为出血性梗死。

二、出血性脑血管病

各种原因导致蛛网膜下腔和（或）脑实质

内的血管破裂,血液进入蛛网膜下腔或脑组织内形成血肿等一系列的临床病理改变,这一过程称为出血性脑血管病。脑出血性病变最重要的病理改变是血肿本身对脑组织的破坏和压迫以及血肿引发的继发性脑缺血、脑水肿以及细胞毒性损伤。

(一) 高血压性脑出血

动脉性高血压是导致脑实质出血的最主要的原因。近年来,随着对高血压认识的不断增强和有效治疗的开展,高血压脑出血的发病率正在逐步下降。高血压性脑出血常见的发病部位是壳核和丘脑(大脑深部,约占60%)、大脑半球(脑叶,20%)、小脑(13%)以及桥脑(7%)。

【病理变化】

1. 肉眼观察 高血压性脑出血多见于皮层下灰质的壳核和丘脑,其次为脑干和小脑。脑出血可使病灶侧大脑半球的体积增加,血肿对周围脑组织的压迫可导致该侧大脑半球水肿肿胀,表现为局部脑回变宽变平,脑沟变窄变浅(彩图6-5)。重者使海马的钩回疝入小脑的天幕切迹,形成天幕疝(海马沟回疝)。天幕疝使脑干移位变形,脑干内小动脉受压或静脉回流障碍,易产生继发性脑干出血危及生命。天幕疝也可压迫大脑后动脉,重者可引起枕叶的出血性梗死。脑干出血多见于桥脑基底部,小脑出血多见于小脑半球,若出血量大破入第四脑室或继发蛛网膜下腔出血。严重出血的病理可出现小脑扁桃体下疝,后者为急性期脑出血患者死亡的主要原因。

2. 镜下观察 脑出血的最初2~3天,出血灶与周围的脑组织境界清楚,周边脑组织的毛细管扩张充血,水肿不明显,但可见细胞性水肿,即星形胶质细胞及少突胶质细胞的水肿。此时血肿的红细胞多完整,无明显破坏。血管周围可见白细胞浸润。2~3天后,血肿的红细胞从周边开始破坏,出血灶周边脑组织出现软化坏死。随后出血灶周围可见毛细血管增生,也可见胶质增生及少数吞噬含铁血黄素的格子细胞。出血后大约经过2周左右进入吸收期,此时格子细胞明显增多,出血灶内的红细胞继续向外向内破坏,使出血灶和周围脑组织的境界不清楚,增生的毛细血管扩张、充血。发病后1个月,红细胞基本破坏,血肿消失,周边血管明显增生,可见较多含有含铁血黄素的吞噬细胞。经过数个月至数年,形成瘢痕或中风囊,囊腔内开始为棕黄色透明样液体,囊壁由增生的胶质和结缔组织纤维组成。囊腔周围胶质细胞增生,并可见肥胖星形细胞。

(二) 脑淀粉样血管病导致的脑出血

脑淀粉样血管病(cerebral amyloid angiopathy, CAA)多发生在无高血压的老年患者,是非外伤、非高血压性脑出血的常见原因。其出血机制是脑内小血管壁内多少不等的淀粉样物质沉积,替代血管壁固有的平滑肌,使病变管壁变得薄弱,应激状态下易导致病变血管破裂出血。病变主要累及蛛网膜下腔和大脑皮质内的小动脉和毛细血管,因此病变以脑叶出血和蛛网膜下腔出血多见。部分病例同时伴有 Alzheimer 病痴呆和老化的病理学改变。病变主要累及中枢神经系统,一般不伴有全身淀粉样物质沉积。

【病理变化】

1. 肉眼观察 由于受累血管主要分布在大脑半球的蛛网膜下腔和大脑皮质内的小动脉,因此出血病变主要发生在各个脑叶的皮层,经常累及蛛网膜下腔。最常受累得是枕叶,小脑和脑干很少受累。多发性和(或)反复发生脑叶出血是淀粉样血管病脑出血的另一主要特点。病变部位血肿及周围脑组织肉眼改变同高血压性脑出血。伴有 Alzheimer 病痴呆和老化的病例可出现皮层和海马结构的萎缩。

2. 镜下观察 脑淀粉样血管病导致的脑出血突出的组织学改变是在出血灶内及周围组织的小动脉壁内看到均匀红染的物质沉积,平滑肌细胞减少。刚果红染色沉积物质呈阳性反应。在偏振光显微镜观察,这些刚果红染色阳性物质发出苹果绿色和淡黄色偏振光是其特异性的改变。另外,在蛛网膜下腔一些直径稍大的动脉血管,由于中膜淀粉样物质沉积可见管壁内出现组织解离,表现为一个稍大的管腔套一个较小的管腔的"双桶样"(double-barrel)改变,也是常见的病理改变。伴有 Alzheimer 病痴呆和老化的病例,脑内可见老年斑,神经原纤维缠结等相关病理改变。免疫组织化学标记,病变血管可表达两种不同的β

淀粉样蛋白（Aβ）的免疫表型。一种表达 $Aβ_{40}$，另一种则表达 $Aβ_{42}$。表达 $Aβ_{42}$ 的患者往往伴有 Alzheimer 病的临床和病理改变。

（三）原发性蛛网膜下腔出血

蛛网膜下腔出血（subarachnoid hemorrhage，SAH）是指各种原因出血，血液流入蛛网膜下腔的统称。临床上可分为自发性和外伤性2类，自发性又分为原发性与继发性2种。由各种原因引起软脑膜血管破裂，血液流入蛛网膜下腔者，称原发性蛛网膜下腔出血。因脑实质出血，血液穿破脑组织流入蛛网膜下腔者，称继发性蛛网膜下腔出血。本章讨论的内容限于原发性蛛网膜下腔出血的病理学特点。

由于各种原因引起软脑膜血管破裂血液流入蛛网膜下腔者均称为原发性蛛网膜下腔出血，所谓原发性蛛网膜下腔出血就会有不同的原因。一般可分为以下几类。

（1）先天性颅内动脉瘤：此为原发性蛛网膜下腔出血最常见的原因，约占50%～80%。

（2）脑血管畸形：占2%～10%，多见于青少年，以动静脉畸形最多见，少见的有海绵状血管瘤，至于静脉型血管畸形则更为罕见。

（3）moyamoya 病：又名脑底异常血网症或烟雾病，多见于青少年。

（4）其他：如淀粉样血管病、各种感染引起的动脉炎及真菌性动脉瘤、血液病、肿瘤破坏血管、抗凝治疗的合并症等均可引起 SAH，但均少见。

另外，临床上有少数 SAH 患者，用目前检查方法不能发现蛛网膜下腔出血原因，这类患者往往预后较好。

【病理变化】

1. 肉眼观察 血液进入蛛网膜下腔后，在破裂血管附近沉积并向周围蔓延。由于脑动脉瘤是 SAH 最常见的原因，故血液主要沉积在脑底部各池中，也可见于外侧裂处，有时部分脑表面亦可见薄层血凝块，沉积的血液呈紫红色。由于脑底部有多个脑池，其空间要比一般蛛网膜下腔大。出血时脑池内积血也多，但并非积血多的地方就是血管破裂处。如约75%的先天性动脉瘤位于 Willis 环的前部动脉分叉处，病理检查出血部位时要沿 Willis 环主干逐支向远端探查，不要直接贸然检查积血最厚的地方。血管畸形多在大脑中动脉分布区内，淀粉样血管病多在外侧裂附近等。大量血液在脑底沉积凝结后，可掩盖脑底的血管和神经。仔细剥离积血较多的凝血部分，常常可以找到破裂的动脉瘤或病变血管。

2. 镜下观察 蛛网膜下腔可见大量红细胞及吞噬细胞，2周内可见巨噬细胞中吞噬大量红细胞，2周后吞噬有含铁血黄素和（或）胆红素结晶。脑膜轻度炎症反应，轻度脑水肿。晚期红细胞被吸收，蛛网膜可增厚，有时蛛网膜与软膜间可出现粘连。如粘连较重影响脑脊液循环可出现梗阻性脑积水。

第三节 颅脑外伤

脑损伤分为原发性脑损伤和继发性脑损伤。原发性脑损伤有脑震荡、脑挫裂伤和脑干损伤。继发性脑损伤有脑损伤性出血、颅内血肿、脑水肿、缺血性脑损伤和继发性脑干损伤。

一、脑震荡

脑震荡是由于钝性暴力引起的脑功能障碍。临床上表现为短暂的意识丧失，呼吸浅慢，脉搏徐缓，反射消失，并伴有逆行性遗忘。过去的文献中强调脑震荡并没有明显的器质性损害，有的也只是轻微的形态学改变。现在大多数学者认为是由于头部外伤引起的中间神经元受损和脑干网状结构受损，上行激活系统向脑皮质发放兴奋冲动暂时中断，以致出现短暂的意识障碍和生命中枢功能的抑制。

二、脑挫裂伤、冲击伤和对冲伤

在头部的钝器伤中脑挫裂伤十分常见而且具有特征性。脑挫裂伤是由于钝性暴力冲击不固定的头颅引起，在冲击部位和（或）对冲部位的局灶性脑损伤。所谓的冲击伤是由于头颅部着力后，瞬时发生内弯变形或是骨折，冲击其下方的脑组织所造成的损伤也就是冲击部位的局部脑挫裂伤。所谓的对冲伤是指暴力作用的对冲部位形成的局灶性脑组织损伤。有时还可见到中间对冲伤，即是在着力部位和对冲部位的中间区域出现脑组织的损伤和出血。

【病理变化】 钝性脑挫裂伤在伤后数天内损伤灶以出血水肿和坏死为主要变化，肉眼可见部分凸起的脑回表面有出血、水肿，软脑膜破坏、坏死呈楔形，底部在脑表，尖部指向白质（彩图6-6）。1周后的脑挫裂伤，坏死脑组织液化，最后形成囊腔。镜下见，蛛网膜下腔内新鲜出血，皮质和浅层白质内点灶状出血，部分灰质分层结构不清或消失，神经细胞缺血缺氧变性，胶质细胞也有变性和坏死，小血管充血，小血管周围间隙扩大，伴有中性粒细胞浸润。到了后期病灶内出现大量格子细胞（即是由小胶质细胞和单核细胞转化而来的吞噬细胞），伴有胶质和结缔组织增生。

三、脑干损伤

脑干损伤有原发性和继发性。原发性脑干损伤是指头部受钝器伤时，脑组织受力的作用在颅腔内移动，脑干受到牵拉扭转，或是撞击在斜坡或小脑幕切迹上所造成。颅底骨折特别是蝶鞍、斜坡以及枕大孔区骨折很易造成脑干损伤。临床病理上表现为脑干出血、脑干挫伤、脑干内坏死灶和脑干内局灶性水肿。由于脑干内有重要的网状结构上行和下行的传导束、神经核团以及呼吸循环中枢，因此脑干部位的轻微损伤或是关键部位的损伤，在临床上可以出现呼吸功能紊乱、呼吸衰竭、持续昏迷、去脑强直等临床症状，造成严重的后果。脑干损伤多合并丘脑下部损伤，临床上可表现为体温调节障碍、尿崩症和内分泌功能紊乱等。

四、弥漫性轴索损伤

弥漫性轴索损伤以往的文献中又名脑白质弥漫性剪力损伤、即刻损伤型白质弥漫性损伤或脑深部损伤。其基本病变包括神经轴索的弥漫性损伤、胼胝体以及脑干前端背侧的局灶性损伤，称之为弥漫性轴索损伤三联征。前者需做组织学检查才可见到，后两者肉眼检查就可见到局灶性出血。亦有的病理改变轻微。研究资料表明，某个病变是否出现取决于外伤后存活时间的长短，如外伤后早期（几个小时到几天）胼胝体内的局灶性病变是出血，通常出现于胼胝体的下方，亦可侵及中线、室间隔或穹隆。几天以后病灶变成细颗粒状，到后来局部皱缩或是囊性变。光镜下见，小血管周围出血或出血侵入邻近的脑组织。伤后15～18小时的病灶经银染证明大量神经轴索肿胀，之后出现反应性小胶质细胞、星形细胞和毛细血管内皮细胞的改变，再出现巨噬细胞，进一步清除损伤组织。脑干前端背侧的病变基本上也是这样的演变过程。伤后短期存活的患者（几天）神经轴索损伤出现神经纤维的嗜酸性变和嗜银性，又称之为Cajal收缩球，分布在大脑半球、小脑和脑干内。脑干内病变不对称地侵犯皮质脊髓束。伤后存活几周以后的病例则见有大量成堆的小胶质细胞，分布在大脑半球、小脑和脑干内，此时神经轴索成了碎屑，髓鞘破坏。伤后存活2～3个月以后的病例则见有Wallerian变性，分布于包括皮层下白质和内囊区，这时候大脑半球的白质体积缩小，硬度增加，胼胝体变薄和脑室系统代偿性扩张。

五、颅骨骨折

颅骨骨折依据其形态分为线状骨折、颅骨骨缝哆开、凹陷骨折和粉碎性骨折。颅骨骨折依据其部位分为颅盖骨折和颅底骨折。颅底骨折多为线性骨折，由于颅底临近气窦、脑底部大血管和颅神经，因此容易产生脑脊液漏、颅神经损伤和颈内动脉-海绵窦瘘等合并症。

六、颅内出血和血肿

颅内出血和血肿形成是颅脑损伤常见的合并症。颅内血肿可以分为硬脑膜外血肿、硬脑膜下血肿、脑内血肿和脑室内积血，依据其解剖部位又可以分为颅后窝血肿、额颞顶部血肿、基底节区血肿以及多发性血肿，依据其发生时间又可以分为急性（指伤后1～3天）、亚急性（指伤后3天～3周）、慢性（伤后3周以上）和迟发性血肿。

硬脑膜外血肿是指血肿位于颅内硬脑膜外间隙，大多数病例都见有颅骨骨折，尤其是颞鳞部骨折，脑膜中动脉撕裂出现颞部硬膜外血肿。幕上的硬脑膜外血肿可以由脑膜中静脉、板障静脉或是硬脑膜静脉窦损伤所致。临床上可以出现所谓的中间清醒期，即伤后即刻昏迷，稍后伤者清醒，由于颅内血肿形成或脑水肿占位引起脑疝，伤者再度陷入昏迷。

硬脑膜下血肿有单纯的硬脑膜下血肿，单纯的脑内血肿或两者复合存在。单纯的硬膜下血肿常是由桥静脉撕裂出血形成，而单纯的脑内血肿是指脑内的脑血管外伤破裂所致。依据其发生时间又分为急性硬脑膜下血肿、慢性硬脑膜下血肿和硬膜下水囊瘤。急性硬脑膜下血肿大多是桥静脉撕裂出血形成，另有一些是颈内动脉破损出血形成。手术中观察，急性者内容血凝块，亚急性者内容血凝块和液状血液，慢性内容是液体，一般是3周后不再见有血凝块。慢性硬脑膜下血肿多见于老年人(75%见于50岁以上老人)，血肿被一层膜包裹，形成一占位性病变，之后出现脑组织受压和颅内压增高(彩图6-7)。硬脑膜下水囊瘤乃是硬脑膜下腔内有一水囊，囊内透明、黄染或是含血的液体，一般认为是蛛网膜活瓣状撕裂造成脑脊液注入硬脑膜下腔形成。

脑内血肿常多发，80%～90%位于额、颞叶，亦有的出现于大脑半球深部和小脑内。外伤性脑内出血有时是迟发的，多数出现在挫伤部位。法医学上要慎重鉴别高血压性脑出血和外伤性脑内血肿。

脑室内积血大多是中线结构上脑实质的出血破入脑室，也有一部分病例是室管膜下静脉或是脉络丛血管损伤所致。

七、颅脑损伤的迟发性病变和合并症

颅脑损伤的迟发性病变和合并症主要有外伤性脑脊液漏，外伤后颅内低压综合征，外伤后癫痫，严重的生活不能和外伤后植物生存，外伤后颅内感染，外伤性颅内动脉瘤和颅内动脉-海绵窦瘘以及外伤后进行性脑病综合征，后者如拳击家痴呆和外伤后进行性痴呆。

第四节 脱髓鞘病

髓鞘是神经系统的重要组成部分，中枢神经系统的髓鞘由少突胶质细胞形成，而在末梢神经则由神经膜细胞形成。脱髓鞘疾病是指原发性的髓鞘脱失，而轴索相对保存的一组病变。这有别于继发于轴索损伤(如梗死、外伤、出血等)引发的髓鞘脱失性病变。

脱髓鞘病分类包括疫苗接种后引发的急性播散性脑脊髓炎，属于免疫介导的炎性脱髓鞘的多发性硬化、视神经脊髓炎及Balo同心圆硬化，急性出血性白质脑炎，麻疹慢病毒感染导致的进行性多灶性白质脑病，以及Guillain-Barre综合征为代表的末梢神经脱髓鞘。另外，还有一组髓鞘先天形成障碍的髓鞘疾病也是本节的范畴，包括肾上腺白质营养不良、异染性白质脑病、亚历山大病及Canavan病等。

一、急性播散性脑脊髓炎

急性播散性脑脊髓炎多发生于病毒感染和疫苗接种后，又称急性播散性白质脑炎、急性感染后或疫苗接种后脑脊髓炎或急性血管周围脱髓鞘病。现在认为此病是免疫介导的非中枢神经系统感染的合并症。本病为单时相病程，一般预后较好。

【病理变化】 表现为小静脉和毛细静脉充血，周围淋巴细胞、浆细胞和中性粒细胞浸润。同时伴有小静脉周围髓鞘脱失，但并不融合成大的脱髓鞘斑。少数病例出现血管周围的点灶状出血。

二、多发性硬化

多发性硬化是最常见的脱髓鞘疾病。本病是在髓鞘本身正常形成的前提下，中枢神经系统出现多发的、散在的斑块状的髓鞘崩解(脱髓鞘斑)。其病因不清，但现在认为是由免疫病理机制(包括T细胞和抗体)介导的损伤。有相当多的证据支持自我免疫的病理机制，但是感染或副感染学说也有可能性。因此，多发性硬化在不同的患者身上可能存在不同的原因和病理机制。

【病理变化】 脱髓鞘斑的好发位置是脑室周围、视神经、脑干及脊髓。病灶并不侵犯特定的神经传导束、功能核团或血管供应区

域，而是孤立和散发的。

肉眼下病灶主要集中在白质，但也可以波及灰质。病灶呈界限清晰的圆形或地图状(彩图6-8)。相对新鲜的病灶倾向于粉色或黄色，陈旧性病变则呈灰色或透明且质硬。

脱髓鞘斑在HE染色上不容易辨认，偶可见病灶染色稍浅。而在髓鞘染色上则很容易确认病灶，脱髓鞘斑与周边正常组织界限非常清楚，如刀割样(彩图6-9)。相反，脱髓鞘斑内的轴索则相对保存完好，是本病的特征性所见。同时，小静脉和毛细血管周围的淋巴细胞浸润非常显著，形成套袖。被破坏的髓鞘组织由吞噬细胞摄取消化。作为胶质细胞的反应，除了血管周围和脑实质内出现的活化的小胶质细胞，星形胶质细胞呈现显著增生肥大。

早期的脱髓鞘斑以显著的炎细胞浸润、小胶质细胞和吞噬细胞的反应为特征。随着时间的推移，病灶陈旧，炎细胞及吞噬细胞逐渐消退，取而代之的是纤维性胶质增生。

【临床特征】 多发性硬化常发生于30～40岁左右的青壮年，病程较长，临床上以缓解复发为特征。脱髓鞘斑的位置和数目每个病例均不同。较之CT检查，MRI检查更容易发现脱髓鞘病灶，结合视觉诱发电位和脑干诱发电位以及脑脊液的检查，有助于诊断。

同心圆性硬化

同心圆性硬化(Balo病)是一种罕见的特殊类型脱髓鞘疾病，病例报道主要来自中国和菲律宾，欧美极少见。本病病程急，短期内死亡。大脑白质出现特征性的圆形或卵圆形的同心圆状或年轮状脱髓鞘斑，单发或多发，大小不等。髓鞘染色可见髓鞘脱失带与髓鞘保留带相间呈同心圆样排列。近年来，随着MRI影像学检查及脑活检病理检查的应用，可作出早期诊断及免疫抑制剂等干预治疗。

三、视神经脊髓炎

视神经脊髓炎又称Devic病，多见于亚洲如中国和日本，急性或亚急性起病，先后或同时出现视神经和脊髓损害，临床表现视神经炎、视神经乳头炎及球后视神经炎，双眼可先后或同时发病。脊髓损害多发生在颈段或胸段。近年来的研究认为本病是多发性硬化的变异型。

主要的脱髓鞘病灶位于视神经和脊髓这两个不同的解剖学位置。急性期视神经和脊髓肿胀，脊髓可有局部坏死及囊腔形成。较之多发性硬化，此病的脱髓鞘斑的炎症反应和组织崩解更严重。急性期镜下可见大量的淋巴细胞及吞噬细胞浸润。慢性期则以胶质纤维增生为主。也可以伴有广泛的大脑半球的白质脱髓鞘病灶。

四、髓鞘形成障碍的髓鞘病

髓鞘形成障碍的髓鞘病多为遗传性疾病，从一开始髓鞘就不能正常形成。

(一) 异染性白质脑病

异染性白质脑病属于全身性脂质沉积症，是由于芳基硫酸酯酶A活性缺失，导致硫酸脑苷脂异常蓄积。此蓄积物尤其易见于白质的胶质细胞、末梢神经的神经膜细胞及吞噬细胞中。异常蓄积物表现为异染性，即在甲苯胺蓝染色中一般神经组织呈现蓝色，而蓄积物则呈现红色。除了神经细胞，硫酸脑苷脂亦蓄积于肾脏的肾小管上皮中，异染性的蓄积物可随尿排出。诊断可以靠尿中白细胞内酶的缺损。

(二) 亚历山大病

亚历山大病是由胶质纤维酸性蛋白(GFAP)基因变异导致的常染色体隐性遗传性疾病。病理学表现为广泛的大脑、小脑白质的脱髓鞘，并伴有大量的Rosenthal纤维的出现。Rosenthal纤维是充满了胶质纤维的星形细胞的突起，在血管周围、软脑膜下尤为多见，而神经细胞周围很少出现。

(三) 肾上腺白质营养不良

肾上腺白质营养不良多见于小儿，病灶广泛波及大脑半球。除此以外，还可以见到肾上腺和睾丸大型嗜伊红细胞的出现，因此得名。现在知道本病的基因定位于Xq28，因过氧物酶体的缺失导致了脂肪酸分解能力下降而出现极长链脂肪酸特别是二十六(烷)酸的增加。

其他的髓鞘形成障碍性疾病还有，发生于犹太人婴幼儿的常染色体隐性遗传的Canavan病、Cockayne综合征等。

第五节 变性和代谢障碍的神经系统疾病

神经系统变性疾病是以特定的神经细胞变性、脱失及死亡为主要病变的一组疾病，原因不明、发病机制也不完全清楚。近年来，随着免疫组化和分子遗传学的进展，对这组疾病病因的认识有了很大的进步，即许多神经变性疾病是由于特定的蛋白质的空间变构，随之在细胞内外蓄积，形成特异的包涵体，从而诱导了细胞的死亡。

一、阿尔茨海默病和脑叶萎缩

阿尔茨海默病（Alzheimer disease，AD），曾称早老性痴呆，是最常见的引起痴呆的神经变性疾病，病因仍不清楚。患病率随年龄增加而增加，80 岁以上的患病率多在 20% 以上，大约 10% 有家族遗传倾向。分子遗传学研究发现，淀粉样蛋白前体（APP）、早老素 1（PS1）及早老素 2（PS2）基因突变与家族性病例相关。另外发现，APOE-4 等位基因是散发性阿尔茨海默病的重要危险基因。

【病理变化】 阿尔茨海默病患者脑的大体可以见到额、颞和顶叶的萎缩，而以颞叶内侧海马旁回的萎缩最为显著（彩图 6-10）。在切面上还常见到外侧裂的扩大和脑室系统的扩张，它们能反映脑回萎缩的程度。

阿尔茨海默病的组织学改变是神经元的缺失，同时伴有神经元纤维缠结（neurofibrillary tangle，NFT）和多数老年斑（senile plaques，SPs）的出现。虽然另外还可有淀粉样血管病（amyloid angiopathy）、Hirano 小体和颗粒空泡变性等所见，但 NFT 和 SP 是最具诊断意义的结构。

1. 神经元纤维缠结（NFT） NFT 是一种占据神经元的细胞质和近端树突的火焰状或松针状包涵体。它们的密度与 AD 的病程及痴呆的严重程度成正比。在 HE 染色切片中呈弱嗜碱性，各种银染和 tau 蛋白的免疫组织化学染色显示阳性。电镜下，NFT 表现为核周双螺旋的细丝（PHF）聚集。现在知道，NFT 是由 tau 蛋白的异常纤维性凝集构成的。

2. 老年斑（SP） SP 是一个复合的结构，它由细胞外的 β 淀粉样蛋白（Aβ）的沉积、变性增粗的神经突起以及反应性的胶质细胞构成，直径大约在 4～200μm 之间，呈球状。免疫组化标记呈现 Aβ 阳性。根据斑块内有无异常的神经突起出现，将其分为轴突型斑块（neuritic plaque）和弥漫型斑块（diffuse plaque）。轴突型斑块表现为淀粉样物质形成的芯以及放射状排列的神经元的异常膨胀突起。弥漫型斑块经常出现在没有痴呆或仅有轻微痴呆的老年人新皮层。

【临床特征】 近记忆障碍、认知障碍、判断力减退和情感障碍以致痴呆、行为失常及大小便失禁是本病的主要症状，晚期逐渐丧失运动能力。其病理解剖学基础在于神经元的缺失及神经元纤维缠结首先出现在颞叶内侧和海马部位，而随着病程进展最终累及了新皮层乃至中央前回。

相关病变有额、颞叶变性（FTLD），皮质基底节变性（CBD）和伴有路易包涵体的痴呆（DLB）。

二、帕金森病和其他锥体外系疾病

锥体外系疾病又称运动障碍性疾病，主要由锥体外系结构及功能障碍所致。根据临床表现可分为运动减少–肌强直综合征和运动过多综合征，前者包括帕金森病（PD）、进行性核上性麻痹（PSP）、纹状体黑质变性（SND）及皮质基底节变性（CBD），而后者包括亨廷顿舞蹈病（HD）和齿状核红核苍白球路易体萎缩症（DRPLA）等。

帕金森病（Parkinson disease，PD），又称震颤麻痹，是仅次于阿尔茨海默病的常见的神经系统变性疾病，主要临床表现为动作减少、运动迟缓、肌强直及震颤。最新调查资料显示 60 岁以上人口的患病率可达 1%。大部分帕金森病患者为散发性病例。帕金森病的发病原因为黑质神经细胞变性引发的黑质-纹状体环路的多巴胺递质的含量下降，以致多巴胺-乙酰胆碱平衡失调。1996 年，α 共核蛋白基因的变异分别在两个家族性帕金森病家系中被发现。随后，又证实 α 共核蛋白是家族性和散发性帕金森病特征性包涵体路易小体

(Lewy body)的主要构成蛋白。

【病理变化】 帕金森病的大体所见为脑干横断面上黑质和蓝斑核的色素脱失(彩图6-11)。组织学诊断依据是黑质等含色素的脑干核神经元脱失,同时伴有路易小体的出现。另外,可见吞噬细胞吞噬神经色素现象和胶质增生。经典的路易小体(即脑干型,brainstem Lewy body)是位于细胞质内,圆形嗜伊红的包涵体,有着毛玻璃样的芯和周围淡染的晕,它们直径大约在8~30μm之间,见于黑质、蓝斑核、迷走神经背侧核、丘脑、下丘脑和Meynert基底核残存的神经元内(彩图6-11)。路易小体的电镜观察可见周边的晕部分由放射状排列的细丝构成,并伴有颗粒空泡状结构;芯部分含有紧密排列的细丝颗粒状物质。免疫组化染色路易小体呈α共核蛋白、NF、αB晶状体蛋白及泛素等阳性。其中,α共核蛋白的免疫组织化学染色是确认路易小体的最佳方法。

除了中枢神经系统以外,路易小体还可见于心脏和小肠的交感神经和副交感神经元。这与很多患者表现的吞咽困难和肠道功能失调相关联。

三、肌萎缩侧索硬化和其他运动神经元疾病

运动神经元病(MND)是一组病因不清、以上下位运动神经元变性为主要特征的进行性加重的神经变性疾病。根据病变累及的部位和临床表现不同,有以下分类。

(1)肌萎缩侧索硬化(ALS):是最多见的类型,大约有5%~10%的患者是家族性的,临床表现为上位运动神经元和下位运动神经元同时受累的征候。

(2)进行性延髓性麻痹(PBP):大约20%的病例以延髓性麻痹症状起病。

(3)进行性脊肌萎缩(PMA):大约10%的病例表现为下位运动神经元征候伴有脊髓前角细胞的脱失,但上位运动神经元和皮质脊髓束保存。

(4)原发性侧索硬化症(PLS):临床上表现为上位运动神经元征候而缺乏下位运动神经元征候,伴有局限性的运动皮层的萎缩和神经元的脱失。

现在认为,上述4种病变是同一个病种的不同亚型。本节以肌萎缩侧索硬化为代表重点讲述。

【病理变化】

1. 肉眼观察 脊髓是萎缩的,前根变细且与后根相比颜色呈灰暗。在髓鞘染色,脊髓的前索和侧索呈现苍白淡染,与保存正常的后索形成鲜明的对比,后者呈现出鲜明的蓝色(彩图6-12)。部分病例可以见到中央前回的萎缩,在合并痴呆的患者中,可能见到额叶和颞叶的萎缩。

2. 镜下观察 脊髓前角、脑干及运动皮层的运动神经元的脱失和星形胶质细胞的反应性增生。同时,可以看到残存的运动神经元内的几种特异性包涵体。首先,Bunina小体是直径大约2~5μm的小型嗜伊红的包涵体,经常排列成串珠状。另一种则是泛素阳性的包涵体,在上位和下位运动神经元内均可见到。其最常见的形式是线团状结构的聚集,被称为skeins。最新研究发现泛素免疫反应阳性的包涵体的主要构成蛋白为TDP-43。此外,ALS的前角经常看到轴索的球状肿胀(spheroid)。从内囊、脑干到脊髓的锥体束各节段均可能出现不同程度的变性,即轴索的变性脱失、髓鞘的继发性崩解、吞噬细胞的浸润及胶质增生。在运动皮层,可见贝茨细胞(Betz cell)的丢失和胶质增生。

大部分患者的第3、4和6对颅神经核及Onufrowicz核表现正常,与眼球运动和括约肌张力保留的临床特征相一致。有少部分病例在颞叶特定部位出现神经元脱失和胶质增生,多见于临床上伴有痴呆的患者。

四、多系统萎缩和脊髓小脑变性

多系统萎缩(MSA)多发生于40~60岁之间,包括一系列广泛重叠交错的临床表现。MSA作为一个病种包括3种散发性的疾病,它们有各自的临床特点,神经元脱失和胶质增生常局限于特定部位:①橄榄脑桥小脑萎缩症(OPCA),临床特点为显著的小脑性共济失调;②纹状体黑质变性(SND),临床特点为显著的帕金森综合征;③SD综合征(Shy-Dräger syndrome，SDS)，临床特点为显著的自主神经失调。多系统萎缩的病理机制与一种特征性的胶质细胞包涵体(GCI)相关，它的出现确定了多系统萎缩作为一个独立的病种的位置。α共核蛋白是胶质细胞包涵体的主要构成蛋白。

【病理变化】 多系统萎缩病变分布和严重程度与疾病的亚型和病程的长短相关，而且不同患者之间有着很大的差异，病变可从比较局限到广泛分布均可见到。病变部位的细胞脱失、星形胶质细胞反应增生以及胶质细胞和神经元胞质内包涵体的出现。GCI是MSA最重要的细胞病理特征，它出现于少突胶质细胞内呈火焰状、镰刀状，各种银染色很容易显现。免疫组织化学染色，GCI呈α共核蛋白强阳性，并显示强弱不等的tau、泛素、tubulin和αB晶状体蛋白阳性。

脊髓小脑变性，现多指遗传性共济失调，是一类以共济运动失调、辨距障碍为突出表现的神经系统进行性变性疾病，多数为遗传性。病变对称性的累及某一特定的核团或传导径路，主要累及小脑、脑干和脊髓，但病理表现多种多样，各亚型间有重叠。

五、肝豆状核变性

肝豆状核变性，又称Wilson病，常有家族史，为常染色体隐性遗传。其致病基因位于13q14.3，编码P型铜转运ATP酶。由于铜的代谢障碍和异常沉积于肝、肾、角膜及脑组织，出现肝硬化和脑特定部位的变性。临床表现为进行性痴呆和舞蹈-手足徐动症等不自主运动。角膜边缘出现的褐绿色K-F环是一个具有特殊意义的临床诊断体征。

【病理变化】 脑的基底节、丘脑和大脑皮质均受累，但尤以尾状核和壳核病变最重。肉眼下，呈现出灰褐色的萎缩，可伴有空洞(彩图6-13)。光镜下，表现为脑组织的疏松状态，神经细胞呈现变性、萎缩及消失。星形胶质细胞的反应即增生和肥大是比较显著和重要的所见。星形胶质细胞的胞核变大染色质疏松呈泡状，伴有清晰的核仁，称为阿尔茨海默Ⅱ型细胞。另有胞核肥大形成不规则皱褶或分叶状的阿尔茨海默Ⅰ型细胞，但较为少见。

六、线粒体脑肌病

线粒体结构、功能异常可以导致多系统损害，其中以脑和肌肉受累最为多见。如果以骨骼肌受累为主，称为线粒体肌病，如果同时累及中枢神经系统则称为线粒体脑肌病。随着肌肉活检的开展以及组织化学、生物化学、电镜技术的广泛应用，国内外报道的病例日益增多。20世纪80年代，研究者们在线粒体脑肌病中证实了线粒体DNA的点突变及减失，从而使人们对线粒体病有了崭新的认识。

线粒体脑肌病的临床表现复杂多样，可以出现多种临床综合征，其中常见的有3类：线粒体脑肌病伴乳酸中毒和卒中样发作综合征(MELAS)、Kearns-Sayre综合征(KSS)以及肌阵挛癫痫伴不整边红纤维综合征(MERRF)。

【病理变化】 脑组织的海绵状改变、神经元的退行性变、脑组织的灶状坏死、星形胶质细胞增生以及继发性髓鞘脱失和铁质沉积等，这些组织病理学的改变是非特异性的。

(1) MELAS：中枢神经系统改变以出现灶状或层状坏死性病变为特征。病变主要累及双侧大脑半球皮层，以额叶、顶叶、颞叶、枕叶为主，并多位于脑回的顶部，而脑沟的深部很少见到软化灶。病灶内常见小血管异常增多。

(2) KSS：海绵状脑病是KSS最典型的病变，KSS中枢神经系统的白质和灰质均有不同程度的海绵状改变。KSS很少发生灶状坏死。KSS的另一病理学改变为神经元的退行性变。病变部位以脑干(黑质、红核、前庭神经核及动眼神经核)和小脑(浦肯野细胞的脱失)为主。

(3) MERRF：是一种系统性变性疾病。中枢神经系统的病理改变主要表现为神经元进行性退变，星形胶质细胞增生及有髓神经纤维束的变性。神经元退行性变主要发生于小脑(齿状核)、脑干和脊髓。脑干的橄榄核下方是发生神经元退行性变最重的部位。脊髓神经元的退行性变，比较有意义的是Clarke核的神经细胞减少。

上述3种疾病的肌肉活检冰冻切片HE

染色可见散在周边深染颗粒样变性肌纤维。MGT组化染色可见特征性的破碎红色肌纤维(RRF)。

七、神经节苷脂代谢病和黏多糖储积病

(一)神经节苷脂代谢病

由于神经节苷脂水解代谢中不同酶的缺乏导致特殊脂质在神经系统蓄积的一组疾病。属于常染色体隐性遗传。根据脂质分解过程受阻的部位及易受累的器官不同,临床表现多种多样。一般来讲,发病年龄越早症状越重。

1. GM1沉积病 由于β半乳糖苷酶缺乏引起,病理改变主要是神经细胞和胶质细胞内异常脂质的蓄积和肿胀,PAS染色呈阳性。

2. GM2沉积病 由于氨基己糖苷酶缺乏引起,可发生于婴儿期及儿童期。经典的婴儿型又称黑朦性痴呆,犹太人的发病率显著高。病理改变主要侵及中枢神经系统,大脑皮质神经细胞内大量PAS阳性的类脂沉积,神经细胞肿胀变性及脱失,同时伴有胶质增生。脑白质有广泛的髓鞘和轴索脱失。电镜下,沉积物呈卵圆形层状排列形成"膜状胞质小体"。另外,小脑、脑干、脊髓及内脏自主神经丛的神经细胞内也可见类脂的沉积肿胀。

(二)黏多糖储积病

黏多糖储积病是一组由于已糖苷酶或硫酸酯酶的活力缺乏,导致复合的大分子黏多糖在组织中沉积的疾病,分为黏多糖储积症(Hurler病)和Ⅱ型糖原储积病,大部分为常染色体隐性遗传。包括肝、脾和心在内的各主要器官及结缔组织均受累。脑组织的病变轻重不一,显著的镜下改变为大脑皮质内神经细胞肿胀、核偏位、虎斑减少及胞质内大量空泡。临床上有智力发育不全。另外,常见骨骼病变出现面容怪异。

八、营养缺乏引起的神经系统病变

(一)营养性多神经病

营养性多神经病,又称脚气病,由于维生素B_1(硫胺素)缺乏或不足引起,多见于慢性饮酒者。主要病理改变为周围神经轴索变性,可发生不同程度的节段性脱髓鞘。严重病例可波及脊髓的前后根、迷走神经、膈神经及椎旁交感神经干。以神经症状为主的脚气病称干性脚气病。成人病例中主要的临床症状是多发性感觉运动型周围神经病,肢体远端感觉异常、麻木、蚁走感以及疼痛。同时出现上下肢远端肌群无力和肌肉萎缩,由远端向近端发展出现足和腕下垂。婴儿病例中,很快引起心肌损害,甚至危及生命。伴有水肿的脚气病称湿性脚气病,特点是多发性神经病伴有充血性心力衰竭和全身水肿。

(二)Wernicke脑病

Wernicke脑病,又称Wernicke-Korsakoff综合征,由于维生素B_1(硫胺素)缺乏或不足引起,临床上以眼肌麻痹、共济失调及精神症状为三大特点。大体观察病变常为对称性,于第三脑室周围的丘脑、下丘脑,乳头体、中脑导水管周围和第四脑室周围灰质等部位呈现点状出血,尤以乳头体为著。组织学表现早期为毛细血管的增生扩张,小血管周围点片状出血。神经细胞常为缺血性改变及减少,星形胶质细胞增生。晚期改变为灶状坏死,神经元消失,含有含铁血黄素的吞噬细胞浸润及胶质增生。

(三)脊髓后侧索联合变性

脊髓后侧索联合变性,又称亚急性联合变性。由于维生素B_{12}缺乏或不足引起,经常伴发恶性贫血。临床上以下肢共济失调和痉挛性截瘫为主要症状。大体观察脊髓在病变早期可能肿胀,晚期常萎缩,背侧更为显著。组织学改变为灶性脱髓鞘斑块,病变常从颈下段或胸上段的后索开始,逐渐向上下蔓延及向前波及侧索。镜下早期表现为髓鞘的肿胀崩解、吞噬细胞的浸润,晚期出现明显的胶质增生。

第六节 神经系统感染性疾病

导致神经系统感染的致病微生物种类很多,包括细菌、真菌、寄生虫、病毒或朊蛋白(prion)等。致病微生物可以进一步分为致病性(pathogenic)和条件致病(opportunistic),属于前者的致病微生物可以感染任何个体,而条

笔记栏

件致病微生物多侵犯抵抗力低下的个体。病原微生物进入中枢神经系统的主要途径有血源性、沿周围神经逆行播散、直接侵入。其中血源性播散最为常见。

一、细菌性感染

(一)化脓性脑膜炎

化脓性脑膜炎是指细菌引起的软脑膜化脓性炎症,化脓性脑膜炎的病原菌因患者的年龄期不同而有所不同。新生儿期最常见的是革兰阴性细菌,如大肠埃希菌、B族链球菌。儿童期的化脓性脑膜炎主要由如嗜血性流感杆菌、肺炎双球菌和脑膜炎双球菌引起,青年人和成年人中的感染比较常见的是肺炎双球菌、脑膜炎双球菌和单核细胞增生性李斯特菌,其他还有链球菌和葡萄球菌。化脓性细菌侵及脑膜的途径主要是经血液循环播散;中耳炎、鼻窦炎可引起局部颅骨骨髓炎可直接蔓延到软脑膜,也可累及颅骨板障静脉(diploic veins)波及脑膜。另外,头部外伤后细菌经伤口或异物带进颅内,往往先引起脑脓肿,然后再蔓延到脑膜引起化脓性脑膜炎。

【病理变化】 肉眼可见脑膜血管充血,脑水肿肿胀,脑沟浅,脑回宽,脑重增加,可有海马沟回疝和小脑扁桃体疝。在蛛网膜下腔内可见黄色或黄绿色脓性渗出物,多沿脑表血管周围分布(彩图6-14)。显微镜下见软脑膜充血,蛛网膜下腔内可见有多形核白细胞为主的炎性渗出,渗出成分中除了多形核白细胞以外,还有淋巴细胞、巨噬细胞和纤维素渗出。炎细胞沿着皮质小血管周围的Virchow-Robin间隙侵入皮质,皮质的表层可以有小胶质反应性增生。

【临床表现】 化脓性脑膜炎除有一般的感染症状如发热、全身不适和血液内白细胞增多以外,由于蛛网膜下腔内炎性渗出,脑组织充血和水肿,出现颅内压增高的症状如剧烈头痛和呕吐。典型的脑膜炎症状为颈强直和Kernig征,脑皮质受损可以有癫痫发作。颅内压过高可出现精神错乱或昏迷。展神经受压出现眼球外直肌的麻痹等症状和体征。

(二)脑脓肿

脑脓肿是化脓菌侵入脑组织引起局部脑组织的化脓改变,纤维组织和周围脑组织包绕化脓病灶而形成的颅内占位性病变。细菌侵入脑主要有2个途径:一个途径是血源性的,称血源性脑脓肿,脓肿多分布在大脑半球灰白质交界处,可为多发;另一个途径是细菌直接蔓延到颅内,如中耳炎伴发的耳源性脑脓肿,脓肿多发生在邻近岩骨的颞叶或小脑半球。

【病理变化】 肉眼脑脓肿早期呈化脓性脑炎病变,先是局部脑组织软化、充血和多数出血点,之后中心部液化成脓腔,早期脓肿壁界限不清,形状不规则,后期脑组织对脓腔形成包裹则成为比较完整的脓肿,脓腔内多见黄灰色脓液(彩图6-15)。镜下,早期主要见到脑组织坏死、充血和大量多形核白细胞浸润,后期脓肿形成。脓肿壁可以分为3层,内层为脓细胞和坏死物,中层为肉芽组织,新生的毛血管和成纤维细胞,间有多形核白细胞、淋巴细胞和浆细胞浸润。外层星形细胞增生,肥胖变性和胶质纤维增多。

【临床表现】 脑脓肿如果能早期诊断,外科手术摘除或脓腔穿刺引流,加上抗生素治疗,多数患者可以康复。如果治疗不及时,常因脓肿增大引起颅内压增高或脑膜炎病情恶化而致死亡。

(三)结核性脑膜炎

结核性脑膜炎系结核分枝杆菌在脑脊髓膜播散所引起,大多数病例由人型结核分枝杆菌致病,部分病例由牛型结核分枝杆菌致病。

【病理变化】 结核性脑膜炎的主要病理变化在软脑膜上,脑底部蛛网膜下腔内多量白色或淡黄色的胶样渗出物渗出,沿外侧裂扩散至大脑半球凸面。软脑膜上可见多数灰白色或半透明的小结节。脑的切面上见蛛网膜下腔内渗出物可侵入脑的皮质内,局部组织坏死或呈干酪化。有少数病例脑实质内出现不规则的软化区,多见于脑底部。脑室可有轻到中度扩大。镜下见,蛛网膜下腔内有炎性渗出物,渗出物中主要是单核细胞、淋巴细胞和纤维素。急性病变中见有多形核白细胞,病情进展的结核性脑膜炎中常见有结核性肉芽肿,病灶中心是干酪样坏死,周围是上皮样细胞和朗汉斯多核巨细胞,再外围是淋巴细胞,少数浆细胞(彩图6-16)。抗酸染色病灶内可见阳性杆菌。部分病例炎细胞侵犯血管壁形成血管炎,血管闭塞可导致局部脑组织坏死。

【临床表现】 结核性脑膜炎最初表现一般感染的症状,有发热、全身乏力等。疾病进展时出现脑膜的刺激症状,并有意识障碍,结核性脑膜炎的炎性渗出物以脑底部最重,因此多出现颅神经麻痹,如动眼神经受损出现斜视,听神经受损出现听力减退。后期因伴发脑积水造成智力减退和肢体瘫痪症状,有血管炎性脑组织软化的病例可以出现偏瘫等症状。

(四) 神经系统结核瘤

神经系统结核病变可以融合成较大的瘤样占位病变称为结核瘤。结核瘤和结核性脑膜炎不一定同时存在,结核瘤病例中仅有不足10%的病例有结核性脑膜炎的病史。病理上脑内结核瘤呈单发或多发病灶,占约70%。病灶分布在大脑半球、基底节和脑干,儿童中幕下发生的结核瘤比成年人要多见。组织学检查表现为有干酪样坏死的结核肉芽肿,病灶中心部的干酪样坏死,坏死灶周围有淋巴细胞、上皮样细胞、朗汉斯多核巨细胞。结核瘤病灶内液化如脓样,又称结核脓肿。

中枢神经系统螺旋体感染比较常见的有梅毒螺旋体感染、钩端螺旋体感染和莱姆病。梅毒螺旋体感染的典型神经病理改变有脑膜血管型梅毒和脑实质型梅毒(麻痹性痴呆、脊髓痨、梅毒树胶肿以及先天性神经梅毒)。

二、真菌性感染

神经系统真菌感染多为人体抵抗力低下时的机会性感染,常见的真菌感染有新型隐球菌和曲霉菌。

(一) 新型隐球菌性脑膜炎

新型隐球菌广泛存在于自然界,也存在于某些正常人咽部和消化道中。一旦人体抵抗力降低和有免疫缺陷时,即可致病。隐球菌菌体呈圆形或卵圆形,直径2~15μm,有一层厚的多糖类荚膜,以芽生方式进行繁殖。病菌主要是通过呼吸道进入人体,血行播散至脑和脊髓。

病变脑膜血管充血、脑组织肿胀,蛛网膜下腔内有胶样渗出物,尤以脑底部和外侧裂附近为重。脑的切面上在外侧裂和纹状体可见直径0.2~0.3cm的囊状间隙,内为胶样物。脑室常有中度扩大。镜下见软脑膜弥漫性或局灶状增厚,散在淋巴浆细胞浸润。可见巨噬细胞和多核巨细胞。病变内和多核巨细胞内可见多量隐球菌(彩图6-17)。PAS和六胺银染色菌体呈阳性。脑脊液检查墨汁染色可清晰地看到菌体和周围的荚膜。

隐球菌性脑膜炎病变以脑底为著,表现为肉芽肿性炎。患者常出现颅神经损害和脑膜粘连引起的脑积水。

(二) 中枢神经系统曲菌病

自然界中曲霉菌分布很广泛,种类也在350种以上,但仅有几种可以对人类致病,多数感染是烟熏曲菌(*aspergillosis fumigatus*)所致。曲霉菌的菌丝有锐角分支,且有分隔。空气中传播的孢子来源于泥土、水源或腐朽的植物。通常经过肺脏进入人的体内。另外一种进入体内的方式是通过鼻、鼻旁窦、外耳、眼睛和皮肤或附属器。经鼻或鼻窦直接侵入颅内的曲菌感染病变集中在鞍区周围,血源播散的颅内病变多表现为脑实质内多发性病灶。脑内的曲菌病灶常呈脓肿样外观,坏死明显且常伴出血。镜下见组织凝固性坏死,病灶内可见多少不等的曲菌菌丝。菌丝粗细较均匀,直径4~7μm,呈锐角分支,且有分隔,六胺银染色可以清楚地看到菌丝。病灶内血管壁内常有曲菌菌丝的浸润,血管内可继发血栓形成,导致脑组织出血和梗死,同时伴有慢性炎细胞的浸润。有时可表现为淋巴细胞、浆细胞、巨噬细胞、朗汉斯多核巨细胞及不同数量的胶原和坏死组织聚集而成的肉芽肿性病变。患者预后较差。

其他真菌感染还有念珠菌、毛霉菌、球孢子菌、荚膜组织胞质菌、芽生菌等感染。

三、寄生虫感染

神经系统寄生虫感染种类很多,常见原虫感染、吸虫类感染、绦虫类感染等,人体有时作为寄生虫的中间宿主而致病。

(一) 脑猪囊尾蚴病

人是猪带绦虫(有钩绦虫)的终末宿主,猪是它的中间宿主,有时人也可因吞食被猪带绦虫虫卵污染的食物成为其中间宿主，在人体各部分组织内形成猪囊尾蚴（囊虫）病变，皮下组织内、肌肉内、眼球内和脑内等。脑内的猪囊尾蚴病俗称脑囊虫病，文献报道，脑囊虫病的发病率约占囊虫病的80%。

脑囊虫病的感染方式一是外来感染，误食没有煮熟的被猪带绦虫虫卵污染的食物而致病。另一是自身感染，患猪绦虫的患者因呕吐或是肠道逆蠕动，绦虫的节片反流入胃内，节片的外壳被消化、虫卵进入十二指肠内经孵化逸出六钩蚴，蚴虫钻入肠壁的肠系膜小静脉和淋巴循环，再经血循环分布到全身各部分发育成囊尾蚴，不少的囊尾蚴侵入脑内。一般地说，外来感染的发病率比自身感染率要高。

【病理变化】

1. 肉眼观察 蚴虫经血行分布在大脑的灰质内，尤其是在皮质的深层和基底节，少的只有1～2个，多的可有几百个。大脑皮质内的囊虫常稍隆起于脑的表面，圆丘状，脑组织水肿肿胀。切面上囊虫直径0.5～1.0cm，少数大者可到6cm。未死蚴虫的囊内液体半透明，内有一白色头节。

2. 镜下观察 囊内白色头节压片或切片可见吸盘和钩（彩图6-18），存活的囊虫约见于13.2%的病例。如果囊虫内蚴虫未死，病灶周围组织反应不明显，仅少数淋巴细胞浸润，如果囊内蚴虫已死，病灶周围组织的反应明显。脑实质内囊虫的囊壁大致可分为4层，最内层是坏死物，有巨噬细胞、成纤维细胞和异物巨细胞，常和囊虫体的均质层紧密附着，这一层外围是胶原纤维层，再外面是炎细胞层，浸润的炎细胞中主要是淋巴细胞和嗜酸粒细胞，最外层是反应性胶质细胞增生区。陈旧的囊虫病变变成胶原瘢痕结节。57.6%的病例发生钙化。

（二）脑阿米巴病

人类脑部阿米巴感染见于溶组织内阿米巴和自由生活阿米巴。溶组织内阿米巴性脑脓肿十分罕见，是肠阿米巴血行播散的结果，通常伴有阿米巴肝脓肿和肺脓肿。自由生活阿米巴是颅内原发性阿米巴感染，可以导致原发性阿米巴脑膜脑炎和肉芽肿性阿米巴脑炎。

原发性阿米巴脑膜脑炎由*Naegleria Fowleri*阿米巴感染所致，患者多是健康年轻患者，有在淡水中游泳的病史。生活在水中的阿米巴原虫经鼻腔嗅黏膜进入颅内引起感染。病理改变主要是急性出血坏死性脑膜脑炎，病灶内可见中性粒细胞和阿米巴滋养体。被感染者均在短期内死亡。

肉芽肿性阿米巴脑炎是棘阿米巴感染所致，亚急性病程。病理学表现为脑肿胀，轻度脑膜炎和脑组织出血坏死。病灶内可见体积较大的阿米巴滋养体和包囊，偶有肉芽肿样改变。

（三）弓形体病

神经系统的弓形体病有先天性和获得性两类。先天性弓形体病是母体弓形体病的寄生虫血症在胎盘内感染，经脐静脉引起胎儿寄生虫血症，而后在胎儿体内引起肺炎、心肌炎、肌炎、肝炎和脑炎。获得性弓形体病一般是在机体免疫力低下的情况下弓形体原虫侵入肠黏膜，激活巨噬细胞，出现寄生虫血症，而后侵犯多个脏器，其中包括弓形体脑炎。后者是AIDS患者神经系统主要的合并症之一。典型病例可见大脑半球多发性脓肿，特别好发于灰白质交界部位和基底节病灶内可见坏死，周围少量中性粒细胞、嗜酸粒细胞浸润。可见体积很小杆状或弓形、嗜碱性的滋养体和体积较大，含有数十个缓殖子的包囊。

（四）脑血吸虫病

脑血吸虫病是在虫卵栓塞的基础上产生的一种免疫病理过程，基本病理变化是以虫卵为中心的肉芽肿性病变。脑血吸虫病多分布在大脑半球的顶叶和枕叶，病变部位呈结节状。结节状病灶内见有成熟、未成熟或已退变的虫卵，伴有明显的组织反应。未退变的成熟虫卵表面见有嗜酸性放射物质，周围的脑组织凝固性坏死，嗜酸粒细胞、淋巴细胞和浆细胞浸润以及小血管的炎性病变。

寄生虫感染中还可见有脑的肺吸虫病、锥虫病、脑裂头蚴病、棘球蚴病、旋毛虫病和脑管圆线虫病等。

四、病毒感染

病毒性脑炎可分为急性和慢性病毒感染。不同的病毒在脑脊髓的病变分布部位有特殊的选择，如脊髓前角灰质炎主要侵犯脊髓前角细胞，乙型脑炎主要侵犯大脑皮质及皮质下灰质核团，狂犬病毒主要侵犯颞叶、海马的锥体细胞和小脑浦肯野细胞，单纯疱疹性脑炎主要侵犯颞叶皮层、扣带回及脑岛。但其病理改变基本相同。脊髓前角灰质炎、乙型脑炎和狂犬病在传染病章节讨论。这里主要介绍几种散发性病毒性脑炎。

（一）单纯疱疹病毒性脑炎

一般由Ⅰ型疱疹病毒引起，此病毒常存在人体的三叉神经半月节内，一旦因某些因素致免疫机制失调，可在其附近的结构如颞叶等处引起病变。

【病理变化】

1. 肉眼观察 脑重可增加，冠状切面呈现双侧颞叶坏死，一般一侧较重，多有出血。扣带回、海马回、梭状回、颞下、中回及额叶眶面后部都受累，有时岛叶亦不能幸免（彩图6-19）。

2. 镜下观察 基本病理改变是急性出血性坏死性脑炎，大脑皮质的坏死通常是不完全的，以皮质浅层和第3、5层的血管周围最重，神经细胞、胶质细胞及血管变性坏死，伴出血及淋巴细胞、浆细胞浸润，小胶质细胞增生，病程稍长的病例中，坏死区内大量吞噬细胞，吸收后形成小囊肿，部分病例病灶边缘的神经细胞核内可见Cowdry A型包涵体，包涵体红染，占据细胞核的大部分，与核膜之间有一窄的空晕，核仁被挤在一边。该包涵体亦可见于皮质和白质的星形细胞和少突胶质细胞核内，软脑膜充血，淋巴细胞和浆细胞浸润。

（二）亚急性硬化性全脑炎

亚急性硬化性全脑炎（subacute sclerosing panencephalitis，SSPE）是一种罕见类型的由麻疹病毒所引起的亚急性脑炎，病变不仅影响了灰质也同时影响了白质，以此称全脑炎。其临床特点为进行性痴呆、共济失调、肌阵挛及癫痫大发作，主要在儿童中发病，病程短，常在6周至6个月内死亡。

大体病理检查阳性发现不多，有些脑回可能缩小和变色，触之略硬，冠状切面可见脑白质为颗粒状、半透明、较硬、有脑萎缩。镜下见，蛛网膜下腔，灰白质都有淋巴细胞和浆细胞浸润，皮层有不同程度的神经细胞消失和星形细胞及小胶质细胞增生，嗜神经细胞现象亦常见到。不少神经细胞呈原纤维变性，A型核内包涵体常在神经细胞内见到。脑白质的改变较显著，有不同程度的星形胶质细胞增生和肥大。胶质纤维的增生远较脱髓鞘改变严重，髓鞘染色有时可有脱髓鞘改变。

（三）进行性多灶性白质脑病

目前研究表明进行性多灶性白质脑病（progressive multi-focal leukoencephalophathy，PML）是由乳多空病毒（Papovavirus）引起的中枢神经系统亚急性脱髓鞘病。本病常发生在细胞免疫缺陷或大量应用免疫抑制剂的患者。多数学者认为，此病毒通常情况下只是一种潜伏感染，当宿主的免疫机制由于恶性肿瘤或药物而受到破坏时，即可发病。病理检查，脑外观可能无特殊或轻度皮层萎缩。冠状切面常可见到弥散灰色小病灶，常形成片状，有时亦可为囊状，可见于大脑、小脑白质及脑干。镜下可见多数小的脱髓鞘区，有些融合成片。最突出的特点是异常的少突胶质细胞核较大，内有包涵体。另一改变为病灶内见肥大的星形胶质细胞和巨噬细胞，多核星形胶质细胞亦不少见。神经细胞变化不大，炎细胞浸润如血管周围袖套形成极少见或缺如。

此外，近年来研究较多的还有慢病毒感染。如AIDS相关的脑脊髓病、朊蛋白病（CJD）、致死性家族性失眠症、Gesstmann-Straussler综合征和Kuru病等。

第七节　神经系统肿瘤

神经系统肿瘤中包括脑肿瘤、脊髓肿瘤和外周神经的肿瘤。脑肿瘤占全身恶性肿瘤中将近2%。儿童中的中枢神经系统肿瘤（包括视网膜母细胞瘤和外周的神经母细胞瘤）发病率仅次于白血病，居于第2位。脑肿瘤的年发病率大约是1%～2%。

WHO神经系统肿瘤病理组织学分类（2000年）包括：①神经上皮组织肿瘤；②外周神经肿瘤；③脑膜肿瘤，包括间叶性非脑膜上皮细胞肿瘤；④淋巴和造血系统肿瘤；⑤生殖细胞源性肿瘤；⑥鞍区肿瘤；⑦转移性肿瘤。

一、神经上皮组织肿瘤

神经上皮组织源自发育中的神经管的原始神经上皮细胞。起先是髓管上皮细胞增殖,其中一部分获得向神经细胞分化的潜能,经过神经干细胞和前体细胞阶段逐渐形成成熟的神经细胞,在分化成熟过程中相当数量的细胞凋亡,与此同时,发育中的神经细胞展现其迁移的特性。不同发育阶段的神经细胞可以出现基因突变和异常克隆增殖,于是出现相应的神经细胞源性肿瘤。幼稚阶段的细胞类型有小脑髓母细胞瘤和幕上的原始神经外胚叶肿瘤。趋于成熟阶段的细胞类型常和增生的胶质细胞混杂形成混合性神经元-胶质肿瘤,有一部分则显示具有错构特征的神经节细胞肿瘤或是神经细胞的异位病变。病理研究中可以采用 Nissl 染色或银染来识别神经细胞,还可以利用免疫组织化学的方法,如利用 Nestin 和 CD99 来标记幼稚的神经细胞,利用 NSE、NF、NeuN、ubiquitin 和 tau 蛋白来标记成熟的神经细胞。

神经胶质也是源于发育中的神经管的原始神经上皮细胞。起先是髓管上皮细胞增殖,其中一部分获得向胶质细胞分化的潜能,经过原始成胶质细胞和前体细胞阶段形成星形细胞和少突胶质细胞。已经有大量资料证明它们成自胶质前体细胞,大多数的胶质肿瘤由它们衍化而来。依照传统的概念,分布在脑白质内的星形细胞是纤维型星形细胞,分布在脑灰质内的星形细胞是原浆型星形细胞。于是星形细胞瘤的组织学类型有纤维型和原浆型之分。分布在视神经、视交叉、脑干和小脑内的主要星形细胞类型是毛细胞型星形细胞,相应的肿瘤类型是毛细胞型星形细胞瘤,它们具有特殊的分子遗传学特征。多形性黄色瘤型星形细胞瘤大多起源于脑表软膜下的星形细胞,具有独特的临床生物学行为。脑室壁上室管膜下层的巨细胞型星形细胞是结节性硬化病例中室管膜下巨细胞型星形细胞瘤的原基。电镜下可见星形细胞的胞质内分布大量的胶质微丝。免疫组织化学星形细胞的中间丝蛋白(即胶质原纤维酸性蛋白 GFAP)能用于病理工作中标记星形细胞和星形细胞的肿瘤。

少突胶质细胞在脑内皮质区分布呈神经细胞周围的卫星胶质,白质内分布在传导间呈束间胶质和小血管周围呈血管周围胶质。它们的异常增殖衍化为少突胶质细胞肿瘤。免疫组织化学少突胶质细胞不标记 GFAP,近年来提出 Leu-7、Olig2 有帮助。室管膜位于脑室和中央管的内壁,室管膜结构由 3 层组成,即靠腔面的室管膜上皮细胞层和深层的室管膜下胶质细胞层,中间就是胶质纤维层。大多数的室管膜瘤是由室管膜上皮细胞增殖瘤变而来,组织内常见有拟似原始神经管的菊形团结构。少数的室管膜肿瘤是由室管膜下胶质细胞衍化而来,如室管膜下瘤。室管膜瘤的免疫组化可表达星形胶质细胞特征的 GFAP,又可表达上皮细胞标识的 EMA 或 CK。

此外,神经上皮组织中还有脉络丛和松果体都有可能成为发生肿瘤的原基。

WHO 中枢神经系统肿瘤分类(2007 年)中神经上皮组织的肿瘤有以下几种。

(1) 星形细胞肿瘤。

(2) 少突胶质细胞肿瘤。

(3) 室管膜肿瘤。

(4) 脉络丛肿瘤。

(5) 神经上皮肿瘤的其他类型,包括星形母细胞瘤、第三脑室的脊索样胶质瘤和血管中心型胶质瘤。

(6) 神经元和混合性神经元-胶质肿瘤。

(7) 松果体区肿瘤。

(8) 胚胎性肿瘤。

全部颅内肿瘤中大约 60% 是神经上皮组织肿瘤,传统的名称又叫胶质瘤。

二、星形细胞肿瘤

星形细胞肿瘤(astrocytic tumor)占神经上皮组织肿瘤的 61.4%. 各个年龄期都可发生。小脑星形细胞瘤多数在 8 ~ 18 岁间,大脑星形细胞瘤多数在 35 ~ 45 岁间,男女发病的比例是 1.8 : 1。病理组织学检查星形细胞瘤是由分化程度不一的星形细胞构成,瘤组织内有丰富的胶质纤维,可以分为 9 个亚型:①纤维型;②原浆型;③肥胖细胞型;④毛细胞型;⑤室管膜下巨细胞型;⑥多形性黄色瘤型;⑦星形母细胞瘤;⑧分化不良(间变型);⑨大脑胶质瘤病。

星形细胞肿瘤的病理 4 级分类,依照有或无下列特征进行分级，包括：①核的非典型性；②核分裂象；③血管内皮增生；④坏死灶。若是上述四个特征都没有的是Ⅰ级星形细胞瘤，有1个特征的是Ⅱ级星形细胞瘤，有2个特征的是Ⅲ级星形细胞瘤，有3个或是4个特征的是Ⅳ级星形细胞瘤。上面列举的毛细胞型属于Ⅰ级。纤维型、原浆型、肥胖细胞型、室管膜下巨细胞型、多形性黄色瘤型都是属于Ⅱ级。分化不良（间变型），星形母细胞瘤和大脑胶质瘤病属于Ⅲ级。分化差的胶质母细胞瘤属于Ⅳ级。Ⅰ和Ⅱ级是低恶性星形细胞瘤、Ⅲ和Ⅳ级是高恶性星形细胞瘤。

星形细胞肿瘤的病理形态学、免疫组化、细胞的增殖动力学和分子遗传学已有不少研究进展。

脑内星形细胞肿瘤在临床上多采取手术治疗、联合放射治疗（包括γ刀和X刀）或化学治疗。由于它们大多是脑内浸润生长，难以做到在真正意义上的肿瘤切除，因之术后复发和瘤组织的进一步恶化直接威胁患者的生命。

星形细胞肿瘤患者的存活情况，除了肿瘤组织的恶性度分级以外，还取决于多项临床指标，如患者的年龄和基本状况、肿瘤部位以及治疗的情况、外科切除的范围、放疗和化疗等。尽管有一些差异，随访结果表明分化好的弥漫浸润的星形细胞瘤（Ⅱ级）平均生存年限在5年以上，分化不良的星形细胞瘤（Ⅲ级）平均生存年限2～5年，分化差的胶质母细胞瘤（Ⅳ级）平均生存年限不足1年。

（一）弥漫浸润的星形细胞瘤（WHO Ⅱ级）

弥漫浸润的星形细胞瘤（diffusely infiltrating astrocytoma）约占大脑半球内的胶质瘤25%，发病年龄在30～40岁间。常见临床症状是癫痫发作，有时出现语言困难、视觉障碍和感觉运动异常。此外就是颅内压增高的症状。CT和MRI检查显示有占位病变。

【病理变化】 肿瘤大多位于大脑半球的额、顶、颞部的白质内（彩图6-20）。瘤组织在脑内弥漫浸润，甚至经胼胝体侵犯对侧大脑半球，灰红色，边界不清，可以见有囊状变性。光镜下瘤细胞不密集，分布不均，轻度异型性，多数胶质细胞突起，GFAP阳性。电镜下核周和突起内见有胶质微丝（彩图6-21）。

另外的组织学表现还有纤维型、原浆型和肥胖细胞型。

（二）毛细胞型星形细胞瘤（WHO Ⅰ级）

毛细胞型星形细胞瘤（pilocytic astrocytoma）是儿童中常见的胶质瘤，占10%的大脑和85%的小脑星形细胞瘤，常见类型有：①视神经胶质瘤；②视交叉/丘脑下部胶质瘤；③小脑星形细胞瘤；④脑干背侧外向性胶质瘤。还有少数肿瘤部位是在大脑半球和基底节部位。常见的临床症状是局灶性神经功能障碍，如视觉障碍等，还可见有颅内压增高的症状和体征。神经影像学显示该部位的局限性肿块。

【病理变化】 瘤组织相对局限生长，肿瘤质软、灰红色，可见有囊性变。光镜下，瘤细胞细长梭形，毛状突起，或致密排列或因黏液变性结构疏松，胶质纤维丰富，GFAP阳性，可见有Rosenthal纤维。间质血管球样增生，很少见有核分裂象和坏死灶，有的瘤组织内散在少突胶质细胞样细胞，Ki-67标记增殖指数很低，相当于Ⅰ级。

大约15%的Ⅰ型神经纤维瘤病（NF1）病例出现有毛细胞型星形细胞瘤，特别是视神经的毛细胞型星形细胞瘤。将近1/3的毛细胞型星形细胞瘤病例合并NF1病变。

（三）胶质母细胞瘤（WHO Ⅳ级）

胶质母细胞瘤（glioblastoma）颅内常见的恶性肿瘤。又名多形性胶质母细胞瘤，占颅内肿瘤的8.78%，是神经上皮组织肿瘤的23.7%。患者的发病年龄在45～70岁之间。临床病史较短，有50%的胶质母细胞瘤病例的病程不足3个月。主要症状是急剧进展的颅内压增高和一些非特异的神经科症状，神经影像学提示脑内肿块影和明显的占位性效应。

胶质母细胞瘤有两种情况，一种是临床病程短，一开始就表现为胶质母细胞瘤的原发性胶质母细胞瘤，另一种是先表现为分化好或是分化不良的星形细胞瘤恶性变而来的继发性胶质母细胞瘤。

【病理变化】 肿瘤最常见于大脑半球内，尤多见于额、顶、颞叶，常侵及深部结构或经胼胝体侵犯对侧大脑半球，呈S形生长或蝶形生长。瘤组织在脑内浸润性生长,瘤组织因出血和坏死呈多彩状(彩图6-22)。

部分病例肿瘤侵及皮层,脑表失去沟回轮廓,甚至侵及软脑膜和硬膜。光镜下可见瘤组织内细胞密集,核异型性和多形性,多数病理性核分裂象和单核、多核瘤巨细胞,肿瘤间质内微血管增生,血管内皮细胞和外膜细胞增生,血管壁坏死和血栓形成,甚至形成肾小球样结构,瘤组织内还可见有大小不一的片、灶状坏死,瘤细胞在坏死灶周围呈栅状排列(彩图6-23)瘤周脑组织水肿。

有时在瘤周的脑组织内见有软膜下肿瘤细胞浸润,神经元周围和小血管周围肿瘤细胞增生。免疫组化分化好的星形细胞瘤结构GFAP阳性,Ki-67标记的增殖指数高,部分病例可见胶质肉瘤的特点,相当于Ⅳ级。

三、髓母细胞瘤和幕上原始神经外胚叶肿瘤

(一)髓母细胞瘤(WHO Ⅳ级)

髓母细胞瘤(medulloblastoma)是儿童中多见于小脑的原始神经外胚叶肿瘤,占颅内肿瘤的4.29%,在儿童颅内肿瘤中占22.2%,髓母细胞瘤中78.1%见于儿童,少数见于青年人。主要的临床症状是小脑共济失调,步态不稳和颅内压增高。CT/MRI检查在颅后窝内有占位病变影和双侧脑室,第三脑室扩张。

【病理表现】 多数髓母细胞瘤位于小脑蚓部,突入第四脑室内生长,少数病例肿瘤位于小脑半球。瘤组织灰红色、质软。光镜下可见密集的小细胞型肿瘤,胞质少,核深染,核分裂象多,可见Homer-Wright菊形团(彩图6-24,彩图6-25)。部分病例瘤组织内促纤维增生,网状纤维丰富,或见有滤泡样结构,相当于WHO Ⅳ级。

(二)幕上原始神经外胚叶肿瘤(PNETs)(WHO Ⅳ级)

幕上原始神经外胚叶肿瘤(supratentorial PNETs)位于幕上,其中包括大脑、鞍区和松果体区,幕上PNETs也多见于儿童,临床症状因肿瘤部位不同而异。大脑的PNETs常有癫痫、意识障碍和颅内压增高。鞍区的PNETs常有视觉障碍和内分泌异常。松果体区的PNETs常会造成脑脊液循环梗阻和神经-眼的症状。病理上组织结构和髓母细胞瘤相似,常伴有出血和坏死灶,并具有神经元和胶质细胞分化的潜能,相当于Ⅳ级。

四、脑膜肿瘤(脑膜瘤)

脑膜瘤(meningioma)占颅内原发肿瘤的13%~20%。文献报道,脑膜瘤的人群发生率大约是2/10万。高发年龄在40~50岁,女性为多。

肿瘤起源于脑膜内皮细胞(蛛网膜颗粒),又名蛛网膜内皮瘤。颅内的脑膜瘤和椎管内的脊膜瘤其实是一类肿瘤。

肿瘤发生学的研究表明,不少脑膜瘤患者与遗传因素有着密切的关系,譬如神经纤维瘤病Ⅱ型(NF2)患者中就有不少出现脑膜瘤的称为NF2相关脑膜瘤。

【病理变化】 脑膜瘤坐于硬膜上,“脐部”与硬膜紧密粘连。肿瘤呈球块状、盘形或哑铃状,椎管内的肿瘤多呈橄榄形,瘤体外有包膜,边界清楚(彩图6-26)。

依据肿瘤所在的解剖部位可以分成矢状窦旁、大脑凸面、镰旁、蝶骨嵴、鞍结节、桥小脑角、嗅沟、颅眶沟通、小脑幕、枕大孔、斜坡、侧脑室、椎管内和眼眶内脑膜瘤,很少数脑膜瘤可以异位于颅腔和椎管以外,即所谓的异位脑膜瘤。亦有报道,异位于肺内的脑膜瘤是间叶组织出现脑膜内皮分化的结果。

脑膜瘤的传统组织学分型有内皮型、纤维型、过渡型等(彩图6-27)。沙砾体型、血管瘤型、微囊型、分泌型、透明细胞型、脊索样、富于淋巴浆细胞型、化生性、非典型性、乳头型和恶性脑膜瘤。事实上,不少组织学分型和治疗以及预后没有直接的关系。近年来又主张将脑膜瘤的病理进行分级,Ⅰ级是典型的良性脑膜瘤,Ⅱ级是非典型脑膜瘤,Ⅲ级是分化不良(间变型)或称恶性脑膜瘤。

WHO中枢神经系统肿瘤病理学分类(2007)在结合组织学分型和分级的基础上将脑膜瘤分为低复发低进展危险性的脑膜瘤和高复发高进展危险性的脑膜瘤两大类。80%~90%的脑膜瘤属良性,Ⅰ级,术后复发的危险性相对较低

(7% ~20%);5% ~15% 的脑膜瘤属非典型性,Ⅱ级,术后复发的危险性较高(30% ~40%);1% ~3% 的脑膜瘤属分化不良型,Ⅲ级,这一型恶性脑膜瘤的复发率为 50% ~80%,通常于诊断后 2 年内死亡。

脑膜瘤最常见的基因改变是染色体 22q12.2 上 NF2 抑癌基因突变。所以大多数神经纤维瘤病Ⅱ型(NF2)可见脑膜瘤,即 NF2 相关脑膜瘤。其他的分子遗传学改变还有 1p 的缺失,14 号染色体和 10 号染色体的缺失等。

血管内皮生长因子 A(VEGF-A) 又称血管渗透因子,被认为是微血管生成和水肿形成的关键调控因素。研究表明脑膜瘤 VEGF-A 水平与瘤周水肿范围相关。研究还提示 VEGF-A 可能引起脑膜瘤中血管重塑和血管生成,并未构成血管数量和病理组织学级别增加之间的平行关系。还有其他一些生长因子,包括 VEGF-B、胎盘生长因子、弥散因子/肝细胞生长因子、成纤维生长因子-2、表皮生长因子(EGF)、血小板衍生生长因子(PDGF)和胰岛素样生长因子,在脑膜瘤中也有研究。

统计资料表明,女性脑膜瘤的发生率高,在妊娠期和月经周期的黄体期加速生长,而且脑膜瘤在乳腺癌患者中发生率有增加的趋势。这些事实证明脑膜瘤的发生发展过程中有性激素的影响。研究结果大约 2/3 的脑膜瘤出现孕酮和雌激素受体。在体外实验中,孕酮受体拮抗剂 Mifepristone(RU486)能够抑制脑膜瘤细胞增殖。此外,生长激素受体拮抗剂、生长抑素激动剂以及多巴胺 D_2 受体激动剂对脑膜瘤都具有一定的抗肿瘤增殖作用。

【临床表现】 临床症状因肿瘤部位的不同而异,压迫相邻结构出现头痛、癫痫和神经功能障碍,继而出现颅内压增高。神经影像学检查显示有占位病变等一系列改变。脑膜瘤的病例一旦临床确诊,首选手术全切,多数治疗效果满意。

五、转移性肿瘤

颅内转移瘤(metastatic tumors)包括:①远隔部位的肿瘤经血行转移而来;②邻近部位的肿瘤直接侵入,破坏颅骨侵入颅腔内或是经颅底的孔道侵入颅内。颅内转移瘤占颅内肿瘤的 6.54%,有的文献报道高达 13%。发病率随着年龄增加而增高。

【病理变化】 脑转移瘤可单发、多发或脑膜弥漫播散。脑实质的转移瘤呈孤立球形或者是融合的瘤结节,灰白色,瘤块内常有坏死,周围脑组织水肿。白血病的播散、转移黑瘤、绒癌和肺癌的转移很容易出血。硬膜和软脑膜的转移瘤常是斑块状或者是结节状。转移瘤的组织学、免疫组织化学和其原发瘤十分相似。瘤内和瘤周微血管增殖,常可见有肿瘤性坏死,瘤组织和脑组织边界清楚,常伴有淋巴细胞、单核细胞浸润。

【临床表现】 颅内转移癌的常见原发灶是呼吸道癌(50%)、乳癌(15%)和恶性黑瘤(10.5%),大约 11% 的病例原发灶不明。40% ~50% 脊髓髓内转移是来自肺的恶性肿瘤。脑膜上的肿瘤细胞弥漫浸润,即所谓的脑膜癌病和白血病、淋巴瘤、乳癌、黑瘤、肺癌和胃肠道癌有关。脊髓硬膜外转移的常见原发瘤是乳癌、肺癌、前列腺癌和淋巴组织的肿瘤。有一些肿瘤如绒癌、肾的透明细胞癌倾向于中枢神经系统转移。值得注意的是肺癌的脑转移病例中大约 1/3 先在临床上发现原发灶,而后出现脑转移。大约 1/3 是原发灶和脑转移同步出现,另有 1/3 先在临床上出现脑转移之后才出现原发灶的症状和体征。颅内转移瘤最常见于脑和硬膜,大约 80% 的转移瘤分布在大脑半球的供血动脉的边缘区,3% 的转移瘤位于基底节,15% 的转移瘤出现于小脑。大脑内转移瘤常见于皮层和白质交界区,小脑内的转移瘤常见于小脑上动脉和小脑下动脉的供血边缘区。鼻咽癌直接侵入颅内,肿瘤多位于颅中窝部位,脊髓转移最常见的是硬膜外转移。

颅内转移瘤可发生于任何年龄,40 ~60 岁约占 2/3,性别差异因不同肿瘤而异,总体上男性较多。其临床症状与恶性脑肿瘤相似,大约半数患者出现剧烈头痛,1/4 病例出现视乳头水肿,约 10% 发生局灶性或全身性癫痫,20% ~30% 出现精神症状,5% ~10% 出现神经功能缺失如偏瘫,失语等。

第八节 常见难治性癫痫

癫痫是由脑神经元异常过度放电引起的、

以反复发作神经系统功能异常为特征的慢性脑部疾患。癫痫可发生于各年龄组,但儿童和青壮年期患病率明显增高。国内最新的癫痫流行病学调查显示,我国癫痫的患病率约为7‰,患者总数在900万人以上。其中有约25%患者使用多种抗癫痫药物仍难以控制发作,属于难治性癫痫(intractable epilepsy)。癫痫不是一个独立的疾病单元,只是个症状。越来越多的癫痫外科手术切除标本为癫痫的神经病理学研究提供了新的平台。

一、局灶性皮质发育不良

局灶性皮质发育不良(focal cortical dysplasias, FCD)是由Taylor等于1971年首先命名和报道的。FCD可见于任何脑叶,但额叶、颞叶多见,通常为单侧病变。其临床表现多种多样,以癫痫最为常见。大体检查许多病例常无明显的异常,有些病例可见脑表面较光滑,缺乏脑沟,或皮层增厚,灰白质分界模糊,质地较硬韧。

【病理变化】 FCD的组织病理学包括2个方面的异常。

1. 皮层结构异常 指水平方向的皮层分层结构紊乱和(或)垂直方向的柱状结构异常,以及分子层和(或)白质内异位神经元数目增多。

2. 细胞异常 FCD中经常有形态异常的细胞出现。其中包括:①不成熟神经元(immature neurons),细胞呈圆形或椭圆形,胞质薄而少,大泡状核,常与畸变神经元或巨大神经元伴随出现;②巨大神经元(giant neurons),为锥体形神经元,但与第Ⅴ层锥体细胞相比细胞体积增大,核居中,免疫组化示胞质没有神经丝蛋白(neurofilament, NF)的过度表达;③形态异常神经元(dysmorphic neurons),此种细胞常成堆出现,细胞形态怪异,细胞的极向、大小、细胞骨架结构、树突均可见异常,胞质内Nissl物质成簇、成群出现,免疫组化示胞质内有丰富的NF表达;④球细胞(balloon cells)或称球样细胞(globular cells),多单个或成堆分布于灰白质交界处,也可见于临近的白质以及分子层内,球细胞胞体巨大,直径常超过500μm,单核或双核,有时核偏位,胞质苍白或淡嗜伊红色(彩图6-28)。

在皮质发育不良病变中,结构异常和不同类型细胞异常之间可以相互组合,从而构成特殊的组织病理学特征。2004年,Palmini等提出了一个实用而系统的FCD分类(表6-1)。按照Palmini分类,根据有无形态异常神经元和/或球细胞将FCD分为Ⅰ型和Ⅱ型。

表6-1 皮质发育不良分类(Palmini 2004)

Ⅰ型:无畸变神经元或球细胞
Ⅰa型:孤立的结构异常(分层异常,伴或不伴其他轻度MCD的异常)
Ⅰb型:结构异常并出现巨大或发育不成熟神经元,但无畸变神经元
Ⅱ型:Taylor型FCD(畸变神经元,不伴或伴有球细胞)
Ⅱa型:结构异常伴畸变神经元,但无球细胞
Ⅱb型:结构异常伴畸变神经元和球细胞

二、海马硬化

许多癫痫患者表现有海马硬化。海马硬化病理上指肉眼见海马萎缩、质地硬韧,镜下见神经元缺失及胶质细胞增生。

海马硬化的病理形态学诊断标准包括广泛的神经元缺失以及致密的胶质细胞增生。应用免疫组化的方法,神经元表达NeuN,增生的星形胶质细胞表达GFAP,可以很好地显示海马硬化的病理改变。根据海马锥体细胞丢失的部位和程度可将海马硬化分为4型:①经典型,也称Ⅰa型,神经元缺失主要在CA1区和CA4区以及齿状回,伴有胶质细胞的增生;②Ⅰb型,海马的病变很严重,海马CA4区,CA3区和CA1区的神经元几乎完全缺失,并且有明显的胶质细胞的增生和淀粉样物质的沉积,但CA2区的神经元相对保留;③Ⅱ型,此型神经元的缺失和胶质细胞的增生仅仅局限于CA1区;④Ⅲ型,此型神经元的缺失和胶质细胞的增生仅仅局限于CA4区。海马硬化病变的范围与病程长短有关。

在海马硬化的标本中,常见的另一组病理学改变是齿状回颗粒细胞离散。正常情况下,齿状回颗粒细胞排列呈整齐的带状。而离散的颗粒细胞像是从正常完整的颗粒细胞层中分离出去,浸润到分子层内,从而形成更宽的颗粒细胞带,或使颗粒细胞带边界不规则,呈波浪状。离散出去的颗粒细胞胞体常拉长或呈纺锤状，类似于正在迁移的神经元。有时可以见到齿状回颗粒细胞排列呈双层或巢状。

三、Rasmussen 综合征

Rasmussen 综合征较为少见，主要发生于儿童，临床表现为难治性癫痫发作以及进行性的神经系统缺陷，包括进展性的轻偏瘫和认知功能障碍。

Rasmussen 综合征病变主要累及一侧半球，绝大多数患者影像学表现为进行性的大脑半球萎缩。病理依病变的严重程度不同而有不同表现。肉眼可见脑回萎缩，发病后 1～2 年行外科手术的病例，脑组织可有局灶性的皮层变薄。病程更长的病例可以出现广泛的脑萎缩，直至半球萎缩。镜下见病变较为弥漫，表现为非特异性的慢性脑炎，特点是脑皮层血管周围和神经毡内见有淋巴细胞浸润，血管周围出现由淋巴细胞和吞噬细胞组成的袖套样浸润，皮层内可见小胶质细胞结节。慢性病例中，萎缩的皮层呈海绵状，伴有严重的神经元缺失、胶质细胞和血管增生，间质内散在的炎细胞浸润。Rasmussen 综合征的病因尚不清楚，有人认为与病毒感染、自身免疫障碍有关。

第九节　脑水肿、脑积水、颅内压增高和脑疝

一、脑　水　肿

脑水肿（brain edema）是指脑的整体或部分体积增大，通常是颅脑损伤、缺血、出血、肿瘤、感染和代谢障碍的合并症。

脑组织的肿大可以是由于脑血管内血液容积增加所致，又称充血性脑肿胀，也可以是脑组织内含水量的增加所致，这是真正意义上的脑水肿。

脑水肿的研究结果显示脑组织内含水量在灰质内 81%～82%（正常值 80%），白质内 76%～79%（正常值 68%），说明脑水肿时水分的增加更多是在白质内。脑水肿的病理观察可以将脑水肿分为局灶性脑水肿和弥漫性脑水肿。依照脑水肿的发生机制又可以分为血管源性脑水肿、细胞毒性脑水肿和间质性脑水肿。

血管源性脑水肿是由于血-脑屏障功能紊乱，血管通透性增加，水分从血管内渗透到脑组织内的细胞外间隙中。病理观察，脑肿胀，脑沟浅，脑回宽，切面上脑组织湿润，灰白质界限不清和两侧侧脑室受压变窄（彩图 6-29）。镜下见脑组织内细胞和血管周围间隙明显扩大，甚至在血管周围间隙内或是在组织间隙内见有粉染水肿液，白质结构疏松呈海绵状改变。髓鞘染色脑组织色淡，髓鞘肿胀，空泡形成和出现髓球变性，还可以伴发星形细胞增生和肥大变性，有时还可见有血管周围的巨噬细胞。

细胞毒性脑水肿是由于脑缺氧，使得钠泵失调，细胞内钠含量急剧增加，水分很快进入细胞内，细胞肿大。先是细胞内水肿，之后出现细胞外水肿。缺血性脑水肿中，血管源性脑水肿和细胞毒性脑水肿两种机制常同时存在。

间质性脑水肿常出现在阻塞性脑积水中，是由于脑脊液压力增高，而使脑脊液渗入脑室旁白质的间隙内。在 CT 图像上可见脑室周围透明区。

二、脑　积　水

脑积水（hydrocephalus）是过多的脑脊液在一个或多个脑室和蛛网膜下腔-脑池内积聚。大量液体积聚在大脑半球之上，称为硬膜下积液或硬膜下水囊瘤，脑室系统内过多的液体积聚称为脑室内脑积水。脑积水是一个临床病理诊断，需要具备 3 个要素：①脑室内压力增高；②脑脊液量增多；③脑室系统扩张。造成脑积水是由下述 3 个因素引起：①脑脊液过多产生；②脑脊液的通路被阻；③脑脊液的吸收障碍。

依据临床发病原因脑积水分为先天性脑积水和继发性脑积水。依据其发病机制脑积水又可分为梗阻性脑积水和交通性脑积水，前者大多是脑室内梗阻，又称非交通性脑积水，后者是脑室外梗阻所致。先天性脑积水中有单纯性脑积水（不存在其他发育畸形）和复杂性脑积水，后者是伴有其他畸形的脑积水。先天性脑积水病因中大多是中脑导水管狭窄或

闭锁，引起两侧脑室的对称性积水和第三脑室扩张。

脑积水的神经病理改变是脑室内压力增高，脑室系统扩大和脑室内过量的脑脊液。大脑皮质伸展脑回扁平变薄，透明隔变薄、洞穿、基底核、胼胝体、半卵圆中心受压，脑实质内髓鞘结构脱失，脑室壁室管膜上皮变性和坏死。

蛛网膜粘连引起的脑积水称为正压性脑积水，临床表现主要是智力减退，行走时碎步和小便失禁。一般没有神经系统的局部症状，没有视神经乳头水肿，腰穿压力不高，尸检时发现脑室系统高度扩张。

三、颅内压增高

颅内压增高（raised intracranial pressure）主要的症状有头痛、呕吐和视觉障碍，即所谓的颅内压增高“三联征”。除此以外，还可以有头晕、复视、精神症状、癫痫发作、颈项强直以及呼吸、血压等生命体征的改变。颅内肿瘤引起颅内压增高的机制：①肿瘤在颅腔内体积增加，占位造成颅内容积的代偿失调；②瘤周脑组织的水肿；③肿瘤造成脑室受压、移位以及脑脊液在蛛网膜下腔内回流障碍引起的脑积水。颅内压增高的结果是脑组织移位和脑疝形成。

四、脑　　疝

脑疝（brain herniation）是指颅内压增高以及颅腔各个部分之间和颅腔-椎管之间的压差造成脑组织的移位和脑组织在骨孔以及硬膜间隙部位的嵌顿，所引起的特定的临床病理综合征。依据脑疝发生的部位和疝出组织的不同可以分为若干类型，其中主要的有海马沟回疝、小脑扁桃体疝、扣带回疝和和脑干轴向下移。

海马沟回疝又名小脑幕切迹疝，常见于幕上的占位病变（彩图 6-30）。由于幕上和幕下之间的压差，病侧颞叶的海马沟回疝部分经小脑幕切缘疝出到脚间池和中脑周围的环池内，有前疝、后疝和联合疝。此时，疝出的脑组织压迫病侧的大脑后动脉，再牵扯动眼神经或者是疝出的脑组织直接压迫动眼神经造成病侧的瞳孔散大、光反应消失。疝出的脑组织压迫病侧的大脑脚，出现对侧肢体的运动障碍、无力、偏瘫以及锥体束征。此外，由于脑疝压迫脑干使脑干功能受损，上升性网状结构激活系统受累，很快出现意识障碍和深昏迷。如果整个中脑受挤压，很快发展为去大脑强直，最后呼吸功能紊乱，继而呼吸停止。严重的海马沟回疝还可以引起一侧或是两侧大脑后动脉受压，远侧供血障碍，导致枕叶皮层的缺血和出血性梗死，患者则出现一时性视觉障碍，表现为同向偏盲或是全盲。

小脑扁桃体疝又称枕大孔疝，常见于幕下的占位病变。不过，幕上占位病变既可以造成海马沟回疝又可以引起小脑扁桃体疝。小脑扁桃体疝是脑干轴向下移，小脑扁桃体突入枕大孔内，阻塞小脑延髓池并压迫脑干轴下移的延髓部分。因此，有的描述为小脑扁桃体延脑疝。急性病例会突然引起中枢性呼吸衰竭，呼吸先行停止。慢性病例出现上颈段的颈神经受压，导致颈部活动受限，强迫头位。病理观察，小脑扁桃体的压迹上出现软脑膜的局灶性出血和小脑皮层的局灶性坏死。要注意死后较长时间才作的解剖，取出脑标本观察也可以见到轻度的小脑扁桃体压迹。

扣带回疝又名大脑镰下疝，是一侧大脑半球尤其是额、顶、颞叶的占位病变造成扣带回从大脑镰下间隙疝入对侧，胼胝体受压向下移位。严重的病例可因一侧或两侧大脑前动脉的胼胝体周围支受压，供血障碍，出现缺血和局部脑组织的坏死，导致一侧或两侧的下肢轻瘫。

脑干轴向下移是由于幕上的广泛性脑水肿或是脑积水伴有颅内压普遍增高，使脑干轴沿纵轴向下移位。由于基底动脉是相对固定的，在脑干轴向下移的过程中基底动脉的旁中央穿通支受到牵拉，结果造成脑干内缺血和出血。脑干出血通常见于中脑和桥脑的上部小灶状或者是大块出血。出血灶大多分布在脑干中央以及前后径区域内。这种继发性脑干损伤也常造成网状结构被破坏，随即患者出现意识障碍，甚至是深度昏迷。有关脑疝的描述还有胼胝体疝、蝶骨嵴疝、小脑上蚓疝、直回疝和所谓的手术创口处的疝（事实上是手术切口部位的脑膨出）。

颅内压增高还可继发肺水肿。病情严重或是长期昏迷的病例可以伴发胃和十二指肠的黏膜糜烂和溃疡。这与颅内压增高时引起的丘脑下部自主神经功能紊乱有关。

第十节 周围神经疾病

周围神经系统的解剖学上包括脑神经(12对)及其外周神经节(ganglion),脊神经(31对)及其前根、后根、后根神经节,自主神经(交感、副交感)及其神经节以及它们的神经末梢。周围神经通常是指脊神经和脑神经本身,嗅神经和视神经在发生学上是衍生于脑发育的特殊结构,严格地说它们不属于周围神经。周围神经组织学上是由神经纤维、血管、淋巴组织和结缔组织构成。除了部分脑神经之外,一般的周围神经是含有感觉性神经纤维、运动性神经纤维和自主神经纤维的混合神经。感觉神经又称传入神经,运动神经又称为传出神经。神经纤维是由神经细胞的长突起和包在它外面的神经膜细胞(Schwann cell)的一部分构成,神经膜细胞的突起包绕神经细胞的轴索形成髓鞘。根据是否有髓鞘可将神经纤维分成有髓纤维和无髓纤维。一般躯体运动纤维是粗的有髓纤维。躯体感觉纤维和内脏感觉纤维是有髓、薄髓或无髓纤维,自主神经纤维多为小的有髓纤维或无髓纤维。神经纤维外有神经鞘、神经膜细胞、神经外膜、束膜和内膜以及周围神经的血管系统结构。

一、感染性多发性神经根炎

感染性多发性神经根炎(inflammatory polyradiculoneuropathy)又称吉兰-巴雷综合征(Guillain-Barré Syndrome),是迅速发展的下运动性瘫痪综合征。

Guillain-Barré 综合征是一组病因不明,有多种前驱感染疾病等诱发致病因素,由细胞免疫和体液免疫介导的一组免疫性疾病综合征。大多数病例在病前1个月内有非特异病毒或细菌感染史。此外,疫苗接种、外科手术、妊娠均可以诱发本病。

【病理变化】 肉眼观察常看不出明显的病变,偶见脊神经根轻度充血、肿胀。镜下见受侵犯的周围神经其神经束膜、内膜、小血管周围散在有淋巴细胞、单核细胞浸润,病程1~2周的可有吞噬细胞浸润。继而出现广泛的多灶状节段性脱髓鞘。在神经纤维髓鞘染色和银染色中可显示髓鞘脱失和轴索相对保留。在长病程病例中少数有髓纤维可见轴索变性,半薄切片TB染色可见薄髓纤维和再生神经丛。电镜下可见脱髓纤维和薄髓纤维,神经膜细胞和髓鞘有空泡样变性,其基膜被巨噬细胞破坏。在巨噬细胞内可见被吞噬的成段的坏变有髓纤维和髓鞘残片。长病程、迁延病程或后遗症时期脱髓纤维再生,呈同心圆性葱头样薄髓鞘肥大纤维。

本病多见于青少年,临床上可表现为肢体力弱、手套袜套样感觉减退或感觉消失、腱反射减低等,严重者呼吸和吞咽肌可出现麻痹。

二、麻风性神经病

麻风病是麻风菌感染引起的慢性肉芽肿性疾病,主要侵犯皮肤、神经和淋巴结。麻风菌侵入神经造成间质性神经炎称为麻风性神经病。根据患者个体的免疫反应能力,主要分为结核样型麻风和瘤型麻风,中间型为两型的变异和过渡型。病理组织学上结核样型麻风炎性反应明显,病变局限于神经束膜和内膜表现为类似结核性肉芽肿性的炎性反应。由上皮样细胞、淋巴细胞、多核巨细胞融合构成的肉芽肿性炎破坏神经束结构,严重的病例可见干酪样坏死。瘤型麻风局灶炎性反应相对不明显,弥漫性广泛侵犯肢体远端血流少、皮温低的所谓"冷区"皮神经及其小分支。麻风菌侵入皮神经、神经膜细胞、神经内膜和神经束膜内,可见局灶性炎细胞浸润,有些神经中可见大量的泡沫样组织细胞和多少不等的浆细胞浸润,神经纤维可有轴索变性、节段性脱髓鞘和再生,内膜纤维组织增生。

三、糖尿病性周围神经病

糖尿病周围神经病是糖尿病常见的合并症,其发病机制尚不十分清楚。可表现为对称性多发性周围神经病、自主神经障碍综合征、局灶性或多灶性单神经病或不对称性神经病。

病理上单神经病主要以小动脉梗死引起的缺血性改变为主。在神经外膜内、束间和束膜内的中、小动脉以及毛细血管前动脉可见管壁增厚，内膜玻璃样变性，管腔狭窄，血栓形成和血管闭塞。此外，神经内膜、束膜、神经膜细胞和毛细血管等的基膜明显增厚。有髓纤维的密度呈中、重度减少和脱失，远端轴索变性，髓球形成，节段性脱髓鞘和髓鞘再生，神经内膜胶原纤维增生、单核细胞浸润。对称性多发性周围神经病的基本病变是轴索变性和节段性脱髓鞘。

四、遗传性运动感觉神经病

遗传性运动感觉神经病可分为常染色体显性或隐性遗传性疾病，分别累及运动神经、感觉神经、自主神经系统。病变有多种亚型，组织学改变包括脊髓前角细胞丧失，外周神经广泛脱髓鞘以及增生性洋葱皮样小球形成。部分亚型有感觉神经纤维丧失、感觉神经轴索变性、神经纤维减少，感觉神经病变可累及后根神经节。

（1）遗传性运动感觉神经病Ⅰ型：大多数是 Chacot-Marie-Tooth 病的变异型，多为常染色体显性腓肠肌萎缩病。病理上除了许多纤维显示完全髓鞘脱失外，一些病例可见不同程度的慢性炎症。

（2）遗传性运动感觉神经病Ⅱ型：为常染色体显性遗传，神经活检见有髓纤维明显减少脱失，轴索萎缩变性。

（3）遗传性运动感觉神经病Ⅲ型：见于儿童，为常染色体隐性遗传。病变呈进行性，神经活检显示由于基膜增生形成大量洋葱球样结构、神经内膜纤维化、轴索丢失及髓鞘形成不良。

五、周围神经肿瘤

（一）神经鞘瘤

神经鞘瘤是最常见的外周神经肿瘤，可发生在任何部位，但头颈部及四肢多见。肉眼下，肿瘤为孤立的、界限清楚、具有包膜的肿块。镜下以神经鞘细胞为主要成分，可有两种不同的形态结构。一种是富于细胞的 Antoni A 型，表现为由梭形细胞排列呈栅栏状、丛状、编织状、漩涡状，或呈触觉小体样，有的可见 Verocay 小体。另一种是细胞稀疏，排列无序的 Antoni B 型，表现为梭形细胞疏松地排列在水肿和黏液样基质中，伴有细胞原纤维带。肿瘤可伴有囊性变，可见厚壁血管的增生。

（二）神经纤维瘤

神经纤维瘤可在皮肤或皮下组织的任何部位发生，多见于躯干、头颈、四肢等处。肉眼下，肿瘤无包膜，可以表现为孤立的局限性结节；或在皮肤及皮下组织内弥漫性增生，境界不清；或呈丛状结节，称为丛状神经纤维瘤；有的还可以多发，称为神经纤维瘤病，或称为 von Recklinghausen 病，为一种常染色体显性遗传性疾病。临床病理上神经纤维瘤病（NF）可以分为Ⅰ型（NF_1）和Ⅱ型（NF_2）。镜下肿瘤细胞为细长的梭形，胞质少，细胞核呈波浪状、逗点样或卵圆形，可排列呈编织状、漩涡状或车辐状，瘤内常有黏液样变性，还可见黑色素细胞、横纹肌细胞及颗粒性肌母细胞分化。

恶性型称恶性外周神经鞘瘤（MPNST）又称神经纤维肉瘤。

（三）神经鞘黏液瘤

神经鞘黏液瘤也称之为黏液性神经束衣瘤，好发于头颈及肩部。肿瘤位于皮肤和皮下，有包膜。镜下见肿瘤组织由纤维组织分隔呈结节状或地图状的小叶结构，小叶基质有明显的黏液变性，散在于黏液样基质中的肿瘤细胞呈胖梭形，部分呈上皮样细胞排列呈束状或丛状。偶见巨细胞散在于小叶内。

（四）创伤性神经瘤

创伤性神经瘤实际上不是真性肿瘤，是损伤后的一种修复性过度增生，常与外科断肢切断神经有关。镜下见周围神经成分混合性增生，形成神经样结构，增生的成分包括轴索纤维、神经鞘细胞及成纤维细胞等，常有胶原纤维增生，形成瘢痕样结构。

（徐庆中　卢德宏　朴月善　陈　莉）

参考文献

郭玉璞,徐庆中.卢德宏.2008.神经病学(第五卷临床神经病理学).北京:人民军医出版社:57-567

Graham DI, Lantos PL. 2002. Greenfield's Neuropathology. 7th Ed. London: Arnold: 1-1190

Gray F, Girolami H, Poirier J. 2004. Manual of basic Neuropathology. 4th Ed. Philadelphia: Butterworth-Heinemann: 1-376

Kalimo H. 2005. Pathology & Genetics: Cerebrovascular Diseases. Published by the International Society of Neuropathology. Basel: 1-314

Louis DN, Ohgaki H, Wiestler OD, et al. 2007. WHO Classification of Tumours of the Central Nervous System. 4th Ed. Lyon: 10-251

第 7 章　消化系统疾病

第一节　概　　述

消化系统疾病包括胃肠道和肝脏疾病，是临床门诊就医和住院患者常见的疾病。食管癌、胃癌、肝癌、结直肠癌是我国最常见的肿瘤，如果所有胃肠道肿瘤都算上，将超过任何脏器系统而居首位。人们为胃肠疾病诊断、治疗费用大约占医疗费用的1/4。因此学习、认识消化系统疾病的病理变化在为患者提供正确、实惠、经济的医疗服务中具有重要意义。

一、消化系统解剖、组织功能特点

消化系统由消化管（口腔、食管、胃、小肠、大肠和肛门）和消化腺（涎腺、肝、胰、消化管内黏膜腺体）组成，具有消化、吸收、排泄和解毒（如肝脏）、内分泌等功能。胃肠道上皮长期与外界环境中的食物、废物和外来生物体以及肠道微生物群等相互作用，其寿命只有3～7天，健康时吸收液体、电解质和营养素，病变时分泌大量液体和电解质，环境中的某些因素能与上皮细胞相互作用，导致肿瘤发生。肌层常见的病变是内分泌和肠神经系统调控的整合功能的紊乱，临床上这种神经内分泌调控失常引起的综合征（如肠过敏综合征和非溃疡性消化不良）远多于有明确解剖学意义的疾病（如增生和肿瘤）。

只把胃肠道看作是有上皮衬里的肌性管道的观点是错误的，肠神经系统拥有的神经元数在1000万～1亿之间，可独立执行功能。现已由越来越多的证据提示，肠神经与脊髓及脑相互作用可引起胃肠道功能性病变，但其机制尚缺乏深入的认识。

胃肠道的免疫细胞构成胃肠相关淋巴系统（gastrointestinal associated lymphoid system，GALT），是人体最大的免疫器官，构成黏膜相关性淋巴组织（mucosal-associated lymphoid tissue，MALT）的一部分（肺、乳腺和生殖泌尿道中亦有MALT）。GALT的主要功能是识别到达胃肠道的各种抗原，并作出不予理会或引起重大免疫反应的鉴别。其次是参与系统性自体免疫病和免疫耐受反应。

如果把所有胃肠道内分泌细胞都放进一个脏器里，也许是人体最大的内分泌腺。胃肠道的内分泌系统（enteroendocrine system）很有特点，既能对腔内刺激作出反应，也能对神经或血液系统刺激作出反应；不仅影响管壁的上皮平滑肌和血管功能，而且对远端器官如肝、胰、脑产生影响。

通过胃肠神经系统、内分泌系统和相关淋巴系统3种系统，可以对这个复杂系统的功能实施平稳的整合，但也能发生功能失常，引起局部或系统性病变。

二、胃肠道疾病的主要临床表现

（一）恶心、呕吐

由脑干多处部位协调发起的恶心和呕吐症状，可由胃肠病的刺激引起，也可由中枢神经系统疾病引起（如颅内高压），临床应予以鉴别。

（二）腹痛

腹痛是胃肠病常见症状，其疼痛部位、性质等常作为疾病鉴别诊断的重要依据之一。由于伤害性痛觉感受器位于空腔脏器壁内（固有层、肌层、浆膜、肠系膜），对膨胀、牵引、收缩、服用化学物质（如盐酸、氯化钾、高渗盐水等）有反应，但对经典刺激捏夹、烧灼、刺伤、切割、电热刺激等反应不敏感。胚胎时期肠管和脏器均位于中线，受脊髓两侧的神经支配，因此来自胃肠道的刺激如炎症、缺血常被感受为中线部位的疼痛，直至病变如阑尾炎、胆囊炎发展到邻近的壁腹膜，疼痛才被投射到脑，形成胃肠病的中线痛、转移痛的特征。而牵涉痛是腹腔脏器神经进入脊髓的神经根处，使位于同一皮节的皮肤或肌肉感到疼痛，这一特征有助于临床急性腹痛病因的诊断。如胆囊痛引起的右肩或肩胛处的疼痛；胰腺炎则可放射至背部。而疼痛的性质（烧灼性、持续性、节律性或绞痛性等）也可提示不同的病理改变特点。

（三）腹泻、便秘

腹泻、便秘的性质也可分别由不同的病理改变引起，如细菌性痢疾引起的脓血便、肠炎时的水样泻等。

三、影像及胃肠道内镜在胃肠病学的应用

1. 腹部放射平片 可提供腹腔积气、积液情况及异常钙化等。

2. 钡剂检查 可对炎症、肿瘤、动力性病变、憩室病、不完全梗阻等进行鉴别。

3. 胃肠超声检查 可用于胆囊结石、肝外梗阻、胰病变、肝病变。

4. 计算机体层摄影（CT） 具有快速、三维显影的优点，可用于血管造影、腹部肿块、腹部诊疗操作引导。

5. 磁共振成像（MRI） 具有含水量愈多，质子愈多，信号强度愈大的特点，多用于胆管、肝血管、肝肿瘤造影等。

6. 腹腔和肠系膜选择性血管造影 可用于胃肠道出血、化学栓塞等。

7. 内镜检查 由于具有可以直接目击分析病变、浅表取材以供活检、明显的可进入性可进行治疗性干预等优点，在胃肠病诊断中具有十分重要的作用。但由于存在一定的合并症如出血、穿孔、感染等，选择适应证十分必要。临床上内镜检查常用于胃食管反流（监测合并症如狭窄、Barrett 食管、腺癌等）、咽下困难、消化不良、消化道出血、肿瘤、异物取出等诊断与治疗。

8. 经腔显影（内镜超声显像） 是胃肠病学上一项重大成果。利用超声换能器组合到可屈性内镜顶端，或应用品质极佳的超声探针，可发现表层投照时未能发现的胃肠损害如胰腺肿瘤、胃肠黏膜下和其他管壁损害。

了解影像及胃肠道内镜在消化道疾病中的应用等临床诊疗信息，对消化系统疾病的认识会更加全面和深入，这将有助于临床消化病理学的诊断与研究。

笔记栏

第二节 食管和胃疾病

一、反流性食管炎

反流性食管炎（reflux esophagitis）是指胃和（或）十二指肠内容物反流入食管，引起食管黏膜的炎症、糜烂、溃疡和纤维化等病变，主要症状为反酸、呕吐、胸前后疼痛、下咽不畅，严重者食管出现狭窄、甚至下咽梗阻。食管镜检查可见黏膜充血、水肿、糜烂或溃疡形成。严重者可见食管下段狭窄。

Barrett 食管（Barrett esophagus）：慢性反流性食管炎时，食管远端部分鳞状上皮被柱状上皮所取代而出现的一种病理现象，最常见的病因为食管裂孔疝、幽门梗阻。发生病变的部位可发生癌变。

【病理变化】 病变食管黏膜鳞状上皮被柱状上皮所取代。Barrett 食管黏膜可由一种或几种化生性上皮构成。如含大量壁细胞和主细胞的胃体黏膜型上皮、只有柱状黏液细胞而无壁细胞和主细胞的胃窦型上皮以及由杯状细胞和柱状黏液细胞构成的小肠型上皮。这 3 种类型的黏膜上皮均可发生不典型增生。

内镜检查可见病变处失去黏膜皱褶，肌张力低下，黏膜下可见明显的静脉丛。

二、胃　　炎

胃炎（gastritis）是指各种病因引起的胃黏膜非特异性炎症。可分为急性胃炎（acute gastritis）和慢性胃炎（chronic gastritis）。

慢性胃炎可由急性胃炎反复发作迁延而来，但多数因其他全身性因素及胆汁反流至胃内引起。近年来越来越多的证据表明，胃内幽门螺杆菌感染与慢性胃炎的发生关系密切。

（一）急性胃炎

急性胃炎临床上急性发病，常表现为上腹部症状。内镜检查可见胃黏膜充血、水肿、出血、糜烂（可伴有浅表溃疡）等一过性病变。病理组织学特征为胃黏膜固有层见到以中性粒细胞为主的炎症细胞浸润。

1. 急性单纯性胃炎（acute simple gastritis） 多因饮食不当所致。病变可累及胃窦、胃体，黏膜充血、水肿，有时可见黏膜糜烂，在病因去除后可迅速痊愈。

2. 急性糜烂性胃炎（acute erosive gastritis） 以胃黏膜多发性糜烂为特征的急性胃黏膜病变，常伴有胃黏膜出血，可伴有一过性浅溃疡形成。发病因素多与摄入酒精及药物（阿司匹林）不当有关，败血症、大手术、严重创伤、烧伤等机体应激状况亦可导致本病。

3. 急性腐蚀性胃炎（acute corrosive gastritis） 由吞服强酸、强碱或其他腐蚀剂引起，病变多较严重。胃黏膜常出现坏死、脱落，严重者可出现穿孔。

4. 急性化脓性胃炎（acute phlegmonous gastritis） 由细菌感染引起的化脓性病变，又称为急性蜂窝织性胃炎，常见致病菌为α溶血性链球菌，也可由金黄色葡萄球菌、肺炎双球菌、大肠埃希菌等引起。

（二）慢性胃炎

慢性胃炎（chronic gastritis）是胃黏膜的慢性炎症，常由急性胃炎转变而来，根据病变组织学变化可分为浅表性、萎缩性和肥厚性胃炎3种。

1. 慢性浅表性胃炎（chronic superficial gastritis） 是胃黏膜最常见的病变，主要发生在胃窦部。

【病理变化】 病变为灶性或弥漫性。病变胃黏膜充血、水肿，有时伴有点状出血或糜烂。镜下见，炎性病变主要局限于胃小凹范围，整个腺体不受损。浸润的炎性细胞主要是淋巴细胞和浆细胞，有时可见少量嗜酸粒细胞。腺体无萎缩性变化。黏膜浅层可出现水肿、小出血点或浅表上皮坏死脱落。

2. 慢性萎缩性胃炎（chronic atrophic gastritis） 特征是局限性或广泛性的胃黏膜固有腺萎缩（数量减少，功能减低），常伴有肠上皮化生及炎性反应，其诊断主要依靠胃镜发现和胃黏膜活组织检查的病理检查。临床可有胃酸减少或缺乏、消化不良、上腹不适或触痛、贫血等症状。根据其发生是否与免疫有关及有无伴发恶性贫血，可分为A、B两型。A型胃炎的发生与自身免疫有关，多伴恶性贫血。患者血中可找到抗胃壁细胞微粒体的自身抗体；病变主要发生在胃体和胃底部。B型胃炎又称单纯性萎缩性，发病与自身免疫无关，不伴有恶性贫血。病变主要在胃窦部。两型胃炎病变基本相同。

【病理变化】 胃黏膜变薄，皱襞消失，色苍白而平滑。病变一般在幽门部较明显，长期严重的病例还可因胃小凹上皮增生，形成息肉。镜下病变黏膜固有层内慢性炎细胞浸润，且浸润可深达黏膜肌层，甚至有淋巴细胞聚集及淋巴滤泡形成。黏膜腺体受累，腺上皮呈不同程度的变性、萎缩，固有层内腺体数目减少（彩图7-1）、进行性消失，有时腺体呈囊性扩张。在胃体和胃底部腺体的壁细胞和主细胞消失，为类似幽门腺的黏液分泌细胞取代，称为假幽门腺化生。在幽门窦病变区，胃黏膜表层上皮细胞中出现分泌黏液的杯状细胞、有刷状缘的吸收上皮细胞和潘氏（Paneth）细胞等，与小肠黏膜相似，称肠上皮化生（intestinal metaplasia）。肠上皮化生的细胞可出现异型性，因此多数研究者认为肠上皮化生与肠型胃癌的发生关系密切。

3. 慢性肥厚性胃炎（chronic hypertrophic gastritis） 病变主要发生在胃底及胃体部。肉眼及胃镜表现为黏膜增厚，形似脑回。镜下见，黏膜增厚，腺体增生，腺管延长，黏液分泌细胞数量增加，分泌增多，壁细胞和主细胞数量减少，黏膜固有层内炎细胞浸润不明显。临床上多数患者因胃酸分泌减少及因大量含蛋白质的胃液丢失而出现消化不良和低蛋白血症。

三、胃息肉和胃上皮非典型增生

（一）胃息肉

胃息肉（gastric polyp）为胃黏膜良性局部隆起性病变。本病早期或无合并症时多无症状。出现症状时常表现为上腹隐痛、腹胀、不适，少数可出现恶心、呕吐、胃酸、厌食、消化不良、体重下降、腹泻等。

胃息肉主要指由胃黏膜上皮和（或）间质成分增生所引起的息肉状病变。根据病变特点可分为增生性息肉和腺瘤性息肉两大类。

1. 增生性息肉（hyperplastic polyp） 又称炎性息肉或再生性息肉。多由慢性炎症引起腺体增生而成。约占胃息肉的80%左右,息肉可发生于胃的任何部位,以窦部多见。外观呈球形或椭圆形,直径一般在1 cm左右,可广基,亦可有蒂。镜下可见息肉由增生的腺体构成。腺体隐窝变长、扭曲或囊性扩张,增生的腺体上皮细胞核呈单层,整齐排列于细胞的基底部,无异型性。息肉间质丰富,间质内可见慢性炎细胞浸润。增生性息肉一般无癌变倾向。

2. 腺瘤性息肉(adenomatous polyp) 又称胃腺瘤(gastric adenoma),多发于胃窦部,通常单发,体积较大,可广基,亦可有蒂。镜下可见腺瘤由增生的腺体构成,间质少,部分腺上皮细胞呈不典型增生。

腺瘤以腺管状结构组成为主者称管状腺瘤(tubular adenoma),以绒毛状结构组成为主者称绒毛状腺瘤(villous adenoma),由管状或绒毛状结构混合组成者称管状绒毛状腺瘤(tubulovillous adenoma)或混合性腺瘤(mixed adenoma)。腺瘤可发生癌变。

(二)胃上皮非典型增生

胃上皮非典型增生(gastric epithelial dysplasia,GED)是癌前病变。GED与环境、免疫、遗传、年龄、慢性肝病、慢性酒精中毒、胆汁反流以及幽门螺杆菌的感染等因素有关。原癌基因的激活和抑癌基因的失活是GED以及GED向胃癌过渡的分子基础。

非典型性增生是指细胞学上的异常,表现为细胞(尤其细胞核)的不规则性、炎性或修复性增生以及肿瘤性病变,这些病变在形态学方面都可以出现不同程度的非典型性,目前有多个器官上皮的肿瘤性非典型性增生被称之为上皮内瘤变(intraepithelial neoplasia,IN)。WHO分类(2000年)中列出食管、胃、小肠、结肠和肛管上皮内肿瘤的诊断标准,用低级别IN和高级别IN取代消化器官鳞状上皮和腺上皮的非典型增生、异型增生和原位癌。

1. 胃低级别上皮内瘤变 黏膜结构轻度改变,包括芽状或分枝状的管状结构,管腔内可见乳头、隐窝延长呈锯齿状,囊性变。腺体由增大的柱状细胞排列而成,无或少有黏液。腺上皮胞质蓝染,核圆形或卵圆,排列成假复层,位于异型增生导管浅表部的增生区。

2. 胃高级别上皮内瘤变 腺体密集,结构扭曲,导管形态不规则,可见分枝和折叠,无间质浸润。黏液分泌缺乏或仅有少量,细胞不典型性明显。细胞深染,形态多样,排列成假复层。胞核有时呈长杆状,可见双嗜性核仁。增生活性增强可达整个上皮层。

四、胃 癌

胃癌(gastric carcinoma)是消化道最常见的恶性肿瘤。在我国,胃癌死亡率占所有恶性肿瘤死亡率的23%,位居各类癌症死亡率之首。男性发病多于女性,肿瘤发生部位以胃窦部小弯侧多见。

(一)病因与发病机制

胃癌的病因尚未完全阐明,胃癌在世界各地的发病率有很大差异,日本、中国、智利等最为多见,美国、印度、西欧等国相对少见。我国不同地区发病率有很大不同,东部沿海地区及西北河西走廊一带是胃癌高发区。这可能与全国各地区的土壤、水源、食物添加剂、饮食习惯、食物保存和烹调方法不同,以致与饮食中所含致癌物质的量有关,其中最重要的因素可能与饮食中亚硝酸胺类物质的含量及食用霉变食物中的霉菌毒素有关。遗传因素如血型等可能也起一定的作用。

最近的研究表明,胃癌的发生与幽门螺杆菌感染有关。据报道,肠型胃癌患者幽门螺杆菌阳性率可达66.7%,显著高于胃炎患者。幽门螺杆菌感染可增加细胞的增殖活性,有利于癌基因的激活及抑癌基因的失活,从而诱发胃黏膜上皮细胞的癌变。

(二)病理变化

根据胃癌病理变化及进展程度分为早期胃癌及进展期胃癌两类。

1. 早期胃癌(early gastric carcinoma) 是指癌组织浸润仅限于黏膜层及黏膜下层。早期胃癌可伴有淋巴结转移,经手术治疗,预后良好。

(1)隆起型(protruded type,Ⅰ型):肿瘤呈息肉状,隆起于胃黏膜表面。

(2)表浅型(superfical type,Ⅱ型):肿瘤比较平坦,不形成明显的隆起。此型可分为3个亚型:①表浅隆起型(superficial elevated type,Ⅱa型),肿瘤较周围黏膜稍隆起,但不超过黏膜厚度的 2 倍;②表浅平坦型(superficial flat type, Ⅱb 型),肿瘤黏膜稍粗糙,无明显隆起或凹陷,肿瘤与周围黏膜几乎同样高度;③浅表凹陷型(superficial excavated type, Ⅱc 型),肿瘤表面发生糜烂,并向下凹陷,其深度不超越黏膜厚度。

(3) 凹陷型(excavated type, Ⅲ型) 肿瘤形成较深的溃疡,但溃疡深度不超过黏膜下层,此型最多见。

早期胃癌的组织学类型以管状腺癌最多见,其次为乳头状腺癌,未分化型癌最少。

2. 进展期胃癌 是指癌组织浸润至黏膜下层以下深度,常有扩散或转移。浸润越深,预后越差。进展期胃癌有以下几种大体类型。

(1) 息肉型:癌组织向胃腔内突起,呈息肉状、蕈伞状或菜花状,表面有深浅不一的溃疡。

(2) 溃疡型:形成边缘隆起的火山口样的较深溃疡,直径多超过 4 cm 以上,底部凹凸不平。周围胃黏膜皱襞中断、结节状隆起,与消化性溃疡不同。

(3) 浸润型:癌组织在胃壁内呈局限性或弥散性浸润,无明显边界。当弥漫性浸润伴纤维组织大量增生时,胃壁增厚变硬、胃腔缩小,皱襞消失而呈革袋状,称为"革囊胃"(linitis plastica)。

(4) 胶样癌:以上任何一种类型如因癌组织产生大量黏液而呈胶胨状外观时,称为胶样癌(colloid carcinoma)。

进展期胃癌的组织学类型有:①乳头状腺癌(papillary adenocarcinoma),癌细胞高柱状,形成乳头状突起,恶性度较低;②管状腺癌(tubular adenocarcinoma),癌细胞呈腺管状排列,分化较高,恶性度较低(彩图 7-2);③低分化腺癌(poorly differentiated adenocarcinoma),包括所谓髓样癌、单纯癌、硬癌和索状癌等。癌细胞以立方形为主,呈单层或多层排列,有形成不规则腺管的倾向;④黏液细胞癌(mucinous cell carcinoma),癌细胞胞质内含大量黏液,将核挤向一侧,状似印戒,故又称印戒细胞癌(signet-ring cell carcinoma),此型胃癌恶性度高;⑤黏液腺癌(mucinous adenocarcinoma),黏液分泌在细胞外或充溢在间质中,形成"黏液湖",癌细胞漂浮在黏液中,此型胃癌恶性程度较高;⑥未分化癌(undifferentiated carcinoma),癌细胞小,胞质少,大小较为一致,弥漫成片,恶性程度最高。

(三) 扩散途径

1. 直接蔓延 癌组织浸润性生长至黏膜下、肌层、浆膜层,并可向大网膜、肠、肝、胰等周围脏器扩散。

2. 淋巴道转移 为最主要的转移途径。癌组织首先从局部淋巴管转移到胃小弯淋巴结及幽门下淋巴结,然后可转移到腹主动脉旁、肝门、肠系膜根部淋巴结。晚期可沿胸导管转移至左锁骨上淋巴结。

3. 血道转移 晚期胃癌常经门静脉转移到肝,其次为肺、胃、脑等器官。

4. 种植性转移 晚期胃癌特别是黏液癌,浸润至浆膜层时,可脱落到腹腔,种植于腹壁及腹腔器官浆膜上。有时在卵巢形成转移性黏液癌,称 Krukenberg 瘤(Krukenberg tumor)。

(四) 临床表现

胃癌早期症状不明显,病变发展可出现上腹部疼痛,饱胀不适,消瘦、贫血,晚期可出现幽门梗阻、上消化道大出血及恶病质。使用纤维胃镜检查,钳取组织活检对胃癌早期诊断具有重要价值。

五、胃淋巴瘤

胃淋巴瘤可为原发性和继发性。胃的继发性淋巴瘤可由韦氏环非霍奇金淋巴瘤转移而来。胃原发性淋巴瘤则属结外淋巴瘤。胃非霍奇金淋巴瘤约占全部非霍奇金淋巴瘤发病率的 4% ~20%,而胃是结外淋巴瘤的好发部位,大约占全部消化道淋巴瘤的 55% ~65%。胃淋巴瘤组织学类型以黏膜相关淋巴组织(mucosal-associated lymphoid tissue, MALT)淋巴瘤为主,其次是弥漫性大 B 细胞淋巴瘤,另外也可有滤泡性淋巴瘤、套细胞等少见类型。

胃 MALT 淋巴瘤

胃 MALT 淋巴瘤是胃黏膜淋巴滤泡边缘带 B 淋巴细胞发生的肿瘤,与幽门螺杆菌

(Hp)感染密切相关。肿瘤常发生在 Hp 持续感染所引起的炎症性淋巴组织增生的背景下。根除 Hp 之后，80% 的早期胃 MALT 淋巴瘤消退。

胃 MALT 淋巴瘤好发于幽门前区、胃体小弯及后壁，并可多部位发生。其大体形态表现为黏膜糜烂、皱襞粗大、溃疡及瘢痕形成，但这些特点并不是胃 MALT 淋巴瘤特有。

根据博尔曼(Borrmann)分类法，胃 MALT 淋巴瘤大致可分为 4 型。

(1) 溃疡型：多发浅表性溃疡，多呈不连续性，溃疡边缘明显增厚，也可为单个巨大溃疡，表面常覆盖较多坏死组织。

(2) 肿块型：黏膜下肿块，呈结节状或扁平状，向胃腔突出，表面可形成糜烂或浅表溃疡。

(3) 结节型：多发或弥漫性结节样隆起，结节间黏膜形成粗大皱襞，表面可有糜烂或溃疡形成。

(4) 浸润型：胃壁呈局限性或弥漫性增厚，弥漫浸润呈“皮革胃”样改变。

MALT 淋巴瘤组织结构复杂多变，瘤细胞形态多样。主要特点：①瘤细胞类似淋巴滤泡中心细胞，称为中心细胞样细胞，主要分布于黏膜层，在淋巴滤泡的边缘区弥漫增殖；②瘤细胞可侵入腺体上皮之间，破坏腺体，形成淋巴上皮病变；③背景淋巴细胞有浆细胞分化；④有反应性滤泡残存；⑤瘤细胞向生发中心浸润，破坏滤泡中心的滤泡树突网状结构，而保留完整的套细胞层，这种表现被称为“滤泡殖入(follicular colonization)”现象(彩图 7-3)。

MALT 淋巴瘤的诊断主要依靠内镜检查和活检病理。当组织学检查难以确定时，还可借助淋巴及上皮组织的标志物进行鉴别。在诊断原发性胃淋巴瘤时，一定要排除继发性淋巴瘤，通常采用以下 5 个标准：①无浅表淋巴结肿大；②胸片中无纵隔淋巴结肿大；③肝脾正常；④白细胞总数及分类正常；⑤手术时，除胃肠道受累部位和区域淋巴结外，无其他肉眼所见侵犯。

胃 MALT 淋巴瘤起病隐匿，早期症状常不典型，主要表现为非特异性消化不良的症状，如胃部不适、恶心等。进展期可出现厌食、上腹痛、消瘦、消化道出血及贫血，可触及上腹部包块。与胃癌相比，胃 MALT 淋巴瘤出现梗阻或贫血的情况相对少见。

胃 MALT 淋巴瘤早期多局限于黏膜层内，随着病程的进展，瘤细胞向浅肌层、深肌层甚至浆膜层侵犯。晚期，瘤细胞可侵犯出胃壁，扩散到局部淋巴结及远隔部位。病变广泛浸润时可形成“皮革胃”样改变，内镜下难以和胃癌相鉴别。

胃大部切除术后，虽经组织学检查确认无瘤组织残留，但残胃仍可再发 MALT 淋巴瘤。

六、胃肠间质瘤

胃肠间质瘤(gastrointestinal stromal tumors，GIST)是一种发生于消化系统或胃肠道系统的肿瘤。肿瘤细胞起源于胃肠壁内的间质软组织。胃肠间质瘤可产生于胃肠道内的任何一段中，但多发于胃(60% ~70%)，其次是小肠(20% ~30%)，结肠和直肠仅占 5%，食管则小于 5%，偶有发生在网膜和肠系膜。

GIST 在胃肠道恶性肿瘤中的比例不到 3%，却是最常见的胃肠道间质起源的肿瘤。全球年发病率约为 6.8 ~ 14.5/100 万。GIST 患者年龄位于十几岁到九十多岁之间，高发于 60 岁左右患者。成人诊断 GIST 时的中位年龄为 55 ~ 65 岁。GIST 患者的总体 5 年生存率为 45% ~64%，如果肿瘤不能被彻底清除，5 年生存率仅为 10%。

早期 GIST 没有明显临床症状，因此不易发现。一般发现多属晚期，症状包括腹部不适或腹痛、呕吐、无痛性腹部肿块、便血、呕血、高烧和贫血等。临床症状与病灶大小、部位相关。内镜检查和 X 线检查是最基本的术前检查，但往往只能发现病变部位。因肿瘤位于黏膜下，内镜活检仅能够取到病变部位的黏膜，而难以触及肿瘤实质。

目前，胃肠道间质瘤被认为是潜在的恶性肿瘤。因此在诊断报告中，可不写明良性和恶性，而只区分低度恶性和高度恶性。2001 年，Fletcher 等在 NIH 会议上形成共识，根据肿瘤大小和核分裂象数目，将 GIST 分为极低危、低危、中危和高危(表 7-1)。该分类使用危险程度分级，避免了良恶性这一敏感用语，且分类指标少，易于掌握，与肿瘤预后紧密联系。

表 7-1　GIST NIH 分级

危险程度	大小(cm)	核分裂象数(个/50HP)
极低危	<2	<5
低危	2～5	<5
中危	<5	5～10
	或 5～10	<5
高危	>5	>5
	或>10	任何
	或任何	>10

细胞密集程度、有无坏死、周围组织侵袭状况，也可作为参考指征。核蛋白 Ki67，是细胞迅速分裂和增生的标志物，其免疫组织化学检测，有助于预后的判断。

【病理变化】

1. 肉眼观察　极低危和低危的 GIST 一般肿瘤呈膨胀性生长，包膜完整，切面灰白色，质地中等或较硬，编织状，无出血、坏死等继发改变。中危的肿瘤呈膨胀性生长，包膜多完整，切面灰白灰红色，质地似鱼肉状或较硬，编织状，有出血、坏死或囊性变等继发改变。高危肿瘤切面灰白或灰红色，质地细嫩，鱼肉样，常见出血、坏死或囊性变等继发改变。

2. 镜下观察　瘤细胞为梭形或上皮样。梭形细胞胞质丰富，弱嗜酸性可见核端空泡；胞核呈杆状，两端钝圆，或呈长梭形，瘤细胞呈束状、编织状或旋涡状排列；上皮样细胞呈圆形或多角形，胞质丰富，弥漫片状排列，低分化细胞异型性明显，可见病理性核分裂象及瘤巨细胞，并可见黏液变性、出血、水肿、坏死。

CD117(C-KIT)蛋白是胃肠道间质瘤特异性标志物(彩图 7-4)。SMA 和 desmin 阴性，有助于除外平滑肌类肿瘤；S-100 阴性有助于除外神经膜细胞肿瘤。

七、神经内分泌性肿瘤

胃肠神经内分泌肿瘤(neuroendocrine tumors)是一组起源于胃肠神经内分泌细胞的肿瘤。肿瘤细胞能够能分泌多种激素。由于各种激素的过量分泌可引发相应的临床症状。神经内分泌肿瘤占恶性肿瘤的 2%，而发生在胃肠道的神经内分泌肿瘤约占所有神经内分泌肿瘤的 70%。

2000 年，WHO 按照组织形态将胃神经内分泌肿瘤进行分类(表 7-2)。

表 7-2　WHO 胃神经内分泌肿瘤分类

类癌，高分化内分泌肿瘤
EC 细胞类癌
EC 细胞，5-羟色胺生成性类癌
G 细胞，胃泌素生成性类癌
其他
小细胞癌，低分化内分泌肿瘤
瘤样病变
增生
异型增生

胃神经内分泌肿瘤一般分化较高。非功能性肠嗜铬样细胞(ECL 细胞)类癌来自于胃底或胃体的嗜酸性黏膜。ECL 细胞类癌有 3 型。

Ⅰ型：伴有自身色变性慢性萎缩性胃炎(A-GAG)。约一多半的病例表现为多发。病变局限于黏膜层或黏膜下层，肉眼观为黄褐色的结节或息肉。大部分肿瘤直径<1.5cm。极少数病变浸润肌层。

Ⅱ型：伴有多发性内分泌肿瘤Ⅰ型和 Zollinge-Ellison 综合征。患者有肥大性高分泌性胃病。胃壁增厚(0.6～4.5cm)，肿瘤位于黏膜或黏膜下，多发。结节较Ⅰ型大，但在 75% 病例中一般直径<1.5cm。

Ⅲ型：散在分布，不伴有高胃泌素血症或 A-CAG。通常呈单一性病变，33% 的病例直径>2cm，76% 的病例浸润肌层，53% 的病例浸润浆膜层。

【病理变化】

(1) 大部分Ⅰ型和Ⅱ型 ECL 细胞类癌：由规则排列的细胞(镶嵌样)聚集成小的微叶状，梁状结构。肿瘤细胞核形态单一，常无明显核仁，胞质较丰富且显著嗜伊红，极少有核分裂象，少有血管浸润。Grimelius 或 Seier Munger 染色呈强嗜银性，免疫组织化学嗜铬素 A(CgA)呈阳性，亲银染色及重盐检测 5-羟色胺反应阴性。

(2) EC 细胞，分泌 5-羟色胺类癌：临床少见。它由小肿瘤细胞紧密排列成圆形癌巢，周围栅栏状排列。肿瘤细胞强嗜银,CgA 及抗 5-羟色胺反应阳性;电镜可见特征性的多形性强嗜锇颗粒。

(3) 胃泌素细胞类癌:大部分分化好的胃泌素细胞瘤表现为黏膜及黏膜下的小结节;细胞呈窄的小梁状或实性巢状排列。细胞大小均一,胞质空;免疫组化胃泌素呈强阳性。

(4) 小细胞癌(低分化内分泌肿瘤):形态上类似于肺小细胞癌,恶性程度高。免疫组织化学嗜铬素 A(CgA)强阳性反应。

(5) 大细胞内分泌癌:由大细胞组成。肿瘤细胞排列成可提示内分泌分化的类器官样、巢状、小梁状、玫瑰花环样及栅栏状。肿瘤可通过免疫组织化学及电镜检查得以证实。与小细胞癌相比,肿瘤细胞的胞质丰富,核空泡化明显,核仁突出。

(6) 混合性外分泌-内分泌肿瘤:肿瘤性内分泌细胞数量超过整个肿瘤细胞群中的 30%。胃中相对少见。尽管在普通的腺癌中常可发现微小的内分泌成分,一般被归类于胃腺癌。

八、其他恶性肿瘤

(一) 恶性神经鞘瘤

恶性神经鞘瘤老年人多见。肿瘤位于黏膜下,呈单个不规则结节,或呈分叶状,浸润生长,与周围界限不清。瘤细胞呈梭形,平行束状、编织样、车辐状或栅栏状排列。细胞核异形明显,核分裂象多见。免疫组化染色 NSE 和 S-100 阳性。

(二) Kaposi 肉瘤

病变一般发生在 HIV 阳性患者身上。肿瘤组织位于黏膜下,浸润生长;肿瘤由梭形细胞组成,细胞有异形,可见核分裂象,细胞间易见裂隙和血管腔,血管腔内外充斥有红细胞,可见红染玻璃样小球。部分血管扩张,炎细胞浸润,含铁血黄素沉着。

(三) 胃平滑肌肉瘤

胃平滑肌肉瘤多数原发于胃壁平滑肌组织,少数由良性平滑肌瘤恶变而来。老年人多发,恶性程度高。需与胃的间质瘤鉴别。胃平滑肌肉瘤好发于胃窦部,呈小的胃壁内肿物。免疫组化表达结蛋白和平滑肌肌动蛋白,而 CD34 和 CD117 阴性。

胃内也可发脂肪肉瘤、纤维脂肪肉瘤、横纹肌肉瘤、血管肉瘤。这些肿瘤与其各自对应的胃肠外发生的肿瘤在组织学形态上基本一致,免疫组化表型也基本相同。

第三节　小肠和大肠疾病

肠道包括小肠和大肠。小肠是消化道中最长的部分,是消化管进行消化吸收的主要部位,分为十二指肠、空肠、回肠。大肠是消化管的末端,其主要功能是进一步吸收水分和电解质,形成、储存和排泄粪便。包括盲肠、阑尾、结肠和直肠。肠道在组织学上管壁结构基本相似,均由黏膜、黏膜下层、肌层和浆膜 4 层组成。肠道内有大量的淋巴组织,可以对抗原产生免疫应答,这些淋巴组织包括黏膜内的弥散淋巴组织(淋巴细胞、浆细胞、巨噬细胞等)、淋巴小结和集合淋巴小结,它们统称为肠相关淋巴组织。

一、炎症性肠病

炎症性肠病(inflammatory bowel disease, IBD)广义上包括各种的肠道炎性疾病,但是狭义上就是指溃疡性结肠炎和 Crohn 病。这两种是临床常见的消化道疾病,发生的原因不明。两者有许多共同的临床特征,如均成慢性经过、反复发作等。可见于任何年龄,其发生可能与遗传、肠道菌群和(或)宿主免疫反应异常有关。

(一) 溃疡性结肠炎

溃疡性结肠炎(ulcerative colitis, UC)是一种原因不明的慢性结肠炎,中青年多见,病变主要局限于结肠的黏膜,多累及直肠和乙状结肠,但可向近端结肠扩展,严重者遍及整个结肠及回肠末端。表现为炎症或溃疡,有持续性或反复性黏液血便、痉挛性腹痛、腹泻,并伴有不同程度的全身症状,体检时要注意关节、眼、口腔、肝、脾等肠道外表现。

引起溃疡性结肠炎的原因至今尚未完全清楚,欧美国家本病的发病率较高,并有较明显的家族性，所以有人认为可能与遗传有关。本病常伴有类风湿性关节炎、桥本病、红斑狼疮等自身免疫性疾病，临床上应用肾上腺皮质激素或其他免疫抑制剂治疗有一定疗效，提示本病很可能是自身免疫性疾病。目前多认为本病的发病是外源物质引起宿主反应、基因和免疫影响三者相互作用的结果。

【病理变化】

1. 肉眼观察 大多病变都累及直肠，约有1/3患者整个结肠受累。病变根据其发展的不同阶段有不同的表现。急性期结肠黏膜充血，伴有点状出血灶，黏膜隐窝有小脓肿形成，随着病变进展，隐窝脓肿扩大融合，被覆上皮脱落，形成大小不等的浅溃疡，呈地图状。较晚期病变形成大的溃疡，邻近残存的黏膜充血、水肿并增生成为息肉样外观，称假息肉。假息肉无蒂或短蒂，呈红色结节状，一般较小，多发。炎症非活动期黏膜正常或成扁平颗粒状，少见溃疡，可有少量假息肉存在。

2. 镜下观察 病变局限在结肠黏膜和黏膜下层，早期黏膜及黏膜下层血管扩张、充血，黏膜固有层有大量的中性粒细胞、淋巴细胞、浆细胞及嗜酸粒细胞浸润。黏膜隐窝处有小脓肿形成，随后脓肿相互融合形成广泛溃疡。溃疡底部有时可见急性血管炎，溃疡边缘假性息肉处肠黏膜上皮可有不典型增生，有癌变的可能。后期溃疡开始愈合，可出现炎症性息肉，主要为肉芽组织构成。晚期病变处肠壁大量纤维组织增生。

溃疡性结肠炎合并症包括以下几种。

（1）肠狭窄：多发生在病变严重且广泛分布的病例，部位多发生在左半结肠、乙状结肠或直肠。主要由于肠壁纤维化、黏膜肌层的增厚或假息肉呈团阻塞肠腔所致。临床上一般无症状，严重时可引起部分肠阻塞。

（2）中毒性肠扩张：属于急性期严重合并症，大量液体进入肠腔，肠管高度扩张、肠壁变薄并伴有中毒症状，又称急性中毒性巨结肠。

（3）肠穿孔：多为中毒性肠扩张的合并症，可导致弥漫性腹膜炎和脓肿形成。皮质激素的应用被认为是对肠穿孔的一个危险因素。

（4）结肠癌：溃疡性结肠炎癌变的机会较正常人群明显增高，其癌变趋势与病变范围和病程长短关系密切，病变局限在左半结肠者癌变率低。国外统计广泛性结肠炎患者病程10年后，癌变的危险性大约每年增加1%。但国内一组统计其癌变率远低于国外报道。对于溃疡性结肠炎病程在10年以上患者要注意癌变的可能性。

（二）Crohn病

Crohn病又称局限性肠炎（regional enteritis），是一种原因不明的慢性炎症性疾病。Crohn病可以累及消化道的任何部位，但最常见好发于回肠末端，其次为结肠、回肠近端和空肠。临床上以腹痛、腹泻、肠溃疡穿孔和肠梗阻为主要表现，可伴有发热、营养障碍等肠外表现及肠外免疫性疾病。本病病程多迁延，治疗后可缓解，但常复发，不易根治。

原因至今不明，可能涉及感染、免疫反应、遗传等多种因素综合作用，确切机制尚未明确。

【病理变化】

1. 肉眼观察 病变呈不连续性，跳跃式分布。主要累及回肠末段及邻近右侧结肠，约有1/4患者累及直肠。病变据其发展的阶段有不同的表现。早期受累肠段可见黏膜充血、水肿及小而浅的溃疡灶，随着病变的发展，溃疡形成较长的纵行或较短的横行裂隙状，可深达肌层，重者可引起肠穿孔和瘘管形成。溃疡间黏膜下层水肿，使黏膜面隆起呈铺路卵石状改变。受累肠段浆膜有纤维素性渗出，常和临近组织粘连。肠壁由于水肿及纤维组织增生导致管壁增厚、变硬，管腔狭窄。

2. 镜下观察 病变复杂多样。溃疡表面为坏死组织，其下肠壁各层淋巴细胞、浆细胞、巨噬细胞浸润，淋巴组织增生，形成淋巴小结，黏膜下层尤为明显。淋巴管扩张、水肿，后期纤维组织增生，管壁增厚，以黏膜下层最为明显。约半数病例在肠壁各层可见非干酪性肉芽肿形成。肉芽肿由类上皮细胞、多核巨细胞构成，伴有淋巴细胞及嗜酸粒细胞浸润，无干酪样坏死，与典型的结核结节不同。

合并症主要有溃疡穿孔、肠瘘、肠梗阻以及暴发性结肠炎和中毒性巨结肠，但与溃疡性结肠炎相比这些合并症发生率很低。本病长期存在也可导致癌变，但发生率明显低于溃疡性结肠炎者。

笔记栏

（三）假膜性肠炎

假膜性肠炎又名抗生素肠炎、菌群失调性肠炎。多因长期使用抗生素（大多数病例有大量使用林可霉素、克林霉素的病史），造成肠道菌群失调，一般认为是由梭状芽孢杆菌增生，从而引起肠黏膜坏死、纤维素渗出、假膜形成的一种肠道炎症性疾病。

【病理变化】

1. 肉眼观察 各肠段尤其是右半结肠，黏膜表面可见不连续的，多发的黄白色斑块，斑块大小不一，有些斑块脱落形成表浅溃疡。病变肠腔扩张，腔内液体增多。

2. 镜下检查 病变黏膜表面坏死，形成溃疡，溃疡表面附着大量纤维蛋白、黏液及中性粒细胞，形成特征性的假膜（彩图 7-5）。黏膜固有层血管扩张充血，有中性粒细胞、浆细胞及淋巴细胞浸润。黏膜下层明显水肿伴淋巴细胞及浆细胞浸润。邻近黏膜明显正常。

【临床表现】 本病发病急，一般发生在腹部大手术后并应用抗生素的患者。突发恶心、腹胀、腹痛、腹泻，有时腹痛很剧烈，似急腹症的表现。严重腹泻可导致体液大量丢失，引起脱水和电解质紊乱，患者往往出现休克。

二、缺血性肠病

缺血性肠病（ischemic bowel disease）是因肠壁缺血、乏氧，最终发生梗死的疾病。多见于患有动脉硬化，心功能不全的 50 岁以上的患者。病变多以结肠脾曲为中心呈节段性发生。本病的发生多因为动脉粥样硬化或血栓形成而引起的肠系膜动、静脉，特别是肠系膜上血管闭塞及狭窄，导致结肠缺血，此外心梗、心力衰竭、休克引起血压降低也可以导致非闭塞性的肠系膜缺血，从而导致该病发生。

【病理变化】 病变呈节段性，早期肠黏膜及黏膜下层出现水肿及出血，黏膜呈暗红色。随着病程的发展，黏膜坏死、脱落，形成溃疡。病变严重者，肠壁全层坏死（透壁性梗死）、坏疽，甚至引起肠壁破裂、腹膜炎、休克。小面积梗死者可不穿透肠壁，局部发生纤维化。病变自愈后可因瘢痕形成引起肠狭窄。

【临床表现】 常见的临床表现是由于肠梗死造成的突发性左下腹剧痛、压痛，伴有明显便意，鲜红色或暗红色血便，由于肠道缺血导致肠功能紊乱，可出现恶心、呕吐、嗳气、腹胀、腹泻等症状。

三、肠息肉和腺瘤

肠息肉（polyp）泛指肠黏膜表面境界清楚的隆起性病变，其发病原因目前尚不清楚，可能与家族遗传因素、炎症及其他慢性刺激、种族、饮食成分及结构等因素有关。根据病理的性质及组织学表现可分为 3 类。

（1）非肿瘤性息肉：包括增生性息肉和幼年性息肉。

（2）散发性腺瘤性息肉：包括管状腺瘤、绒毛状腺瘤及管状绒毛状腺瘤。

（3）遗传性家族性息肉病：包括 FAP（家族性腺瘤性息肉病）、Peutz-Jephers（PJ）综合征、幼年性息肉病及增生性息肉病。

（一）非肿瘤性息肉

1. 增生性息肉 增生性息肉是最常见的一种息肉，又名化生性息肉。好发于直肠和乙状结肠。息肉体积一般较小，直径很少超过 1cm，其外形呈半球形隆起于黏膜表面，表面光滑，颜色与周围黏膜相同或略浅，无蒂。个别息肉可有蒂形成。可多发。镜下可见，息肉是由增大而规则的腺体形成，息肉腺管增生延长，管腔扩张，腺体上皮细胞增多呈乳头状内褶，故腺管纵切面呈锯齿状外观。腺细胞细胞核排列规则，均位于基底部，无异型性（彩图 7-6）。增生性息肉不发生恶变。

2. 幼年性息肉 又称潴留性息肉。是儿童最常见的大肠息肉。约 90% 发生于 10 岁以下儿童，男孩多见。好发于直肠，其次为乙状结肠。息肉通常呈圆形或卵圆形，直径多小于 1cm，绝大多数有蒂，约 25% 呈多发性，表面光滑，或略呈粗糙颗粒状，颜色暗红。镜下见，息肉由分化好而大小不规则的腺体构成，腺腔不同程度的扩张，形成囊腔，囊腔壁衬以黏液柱状上皮，无异型性。有些腔内充满黏液及中性粒细胞。囊腔间间质增生，并有较多炎性细胞浸润，息肉表面常有溃疡形成。此类息肉一般不发生恶变。

（二）散发性腺瘤性息肉

散发性腺瘤性息肉是大肠的良性上皮肿瘤。根据生长方式和组织学结构分成管状腺瘤、绒毛状腺瘤、管状绒毛状腺瘤。其中管状腺瘤最常见，约占90%，绒毛状腺瘤最少见，约占2%。其临床重要性在于它们是癌前病变。

1. 管状腺瘤 圆形或椭圆形的息肉，大小不一，大多在1cm以内，表面光滑或有分叶，颜色暗红，切面灰白色，中央有索状间质。较大的息肉多有蒂。镜下见腺瘤主要由增生的分泌黏液的上皮构成，排列成管状腺腔样结构，腺腔一般较规则，上皮细胞排列紧密，核大深染，位于上皮基底部，胞质黏液随着异型性增加而减少。

2. 绒毛状腺瘤 较管状腺瘤少见，直肠多见，其次为乙状结肠。通常体积都较大，直径在2~4cm之间，大多数为单发。大部分为广基无蒂，约10%~20%可以有蒂。表面粗糙、呈绒毛状或菜花状突起，呈暗红色，质软易碎，触之能活动，如触及硬结或固定，则表示有癌变可能。镜下见腺瘤呈绒毛状垂直于黏膜表面生长，中央由血管纤维结缔组织间质构成，被覆上皮异型性较明显。其癌变率较管状腺瘤大10倍以上。

3. 管状绒毛状腺瘤 同时具有上述两种结构的腺瘤。肉眼观似管状腺瘤，镜下瘤组织有腺管状、绒毛状结构混合组成。绒毛结构占25%~50%。上皮细胞有异型增生。其癌变率介于管状腺瘤与绒毛状腺瘤之间。

（三）息肉病

息肉病是较广泛的累及胃肠道的多发性息肉，有不同程度的遗传倾向性，常伴有肠外的病变。息肉本身易恶变。

1. 家族性腺瘤性息肉病（familial adenomatous polyposis，FAP） 又称家族性腺瘤病，常有家族史，属于常染色体显性遗传，5号染色体长臂（5q21-22）的APC基因突变。表现为弥漫性多发性大肠腺瘤性改变。全结肠与直肠均可发生，腺瘤数目从一百左右到数千个不等，黄豆至直径数厘米大小不等。大部分腺瘤有蒂，乳头状结构较少见，常密集排列，其组织结构与一般腺瘤无异。患者常在20岁左右发病，30岁出现症状，一般40岁以前癌变。临床表现主要为黏液血便，排便次数增多，乏力、消瘦、贫血，腹部不适等症状。此外经常伴随有肠外病变表皮囊肿、硬纤维瘤、胃底腺息肉等。如病变广泛者应及时手术，不能手术者也应定期随访预防合并症的发生。

2. Gardner综合征 常染色体显性遗传性疾病，系家族性腺瘤性息肉病的变异型。发病年龄平均为20岁左右。表现为三联征：①腺瘤性息肉病；②骨肿瘤（特别是颅骨和下颌骨）；③软组织肿瘤。腺瘤主要发生在结肠和直肠，特征及癌变率同FAP。软组织肿瘤主要有表皮样囊肿、纤维瘤、脂肪瘤等。此外还可以出现一些牙齿的病变。

3. Peutz-Jeghers（PJ）综合征 一种少见的遗传性良性疾病，系常染色体显性遗传，19号染色体LKB1/STK-1基因突变。胃肠道多发息肉、皮肤黏膜色素沉着、家族史构成此病的三大临床特征。本病发病年龄一般为20岁左右。息肉分布广泛，位于胃、小肠、大肠，以空肠及回肠最为多见，通常为数十个，数量上少于FAP。息肉的性质一般为错构瘤性，没有恶变倾向。但有少数癌变病例报道。息肉一般无症状，随着息肉的增长，发生炎症、扭转等会出现系列的合并症，如腹痛、腹胀、肠梗阻、肠套叠、消化道出血；色素沉着常分布于口唇、颊黏膜、眼睑、四肢末端等部位，幼年即可出现，随着年龄增长而逐渐加深，青壮年时最明显，岁后逐渐消退。

4. 幼年性息肉病（juvenile polyposis，JP） 一种遗传性疾病，主要表现为常染色体显性遗传，但遗传基因的定位尚不肯定，发病的平均年龄为6岁。息肉数量较FAP少，通常在数十到数百个不等，可遍布整个胃肠道，最常见部位为乙状结肠、直肠。息肉多在1~3cm大小，呈圆形或椭圆形，并且多有长蒂或短蒂，少数呈宽基底，红色或棕色。镜下可见息肉的组织学特性属错构瘤，形态与幼年性息肉相同，部分由腺瘤样改变。患儿临床有黏液血便、贫血、腹痛、腹泻的症状，容易发生息肉蒂扭转、出血、坏死，肠套叠等症状，还可伴有先天性心脏病，脑积水等先天性畸形。该类息肉一般不会恶变。

5. Cowden综合征 又称多发性错构瘤

综合征(multiply hamartoma syndrome),是一种少见的10号染色体(10q23.3)PTEN/MMAGI/TEP1基因突变的显性遗传性疾病。表现为胃肠道多发性息肉伴有面部小丘疹、皮肤角化病和口腔黏膜乳头状瘤病等病变。全消化道可见多发性息肉,其组织学上属于错构瘤,腺体正常,一般不恶变。本病常合并一些恶性肿瘤,最常见的是乳腺癌、甲状腺癌。

四、上皮性肿瘤

肠癌中小肠的腺癌并不常见,最多见的是结肠直肠腺癌(又称大肠癌,carcinoma of large intestine)。结肠直肠癌的发生率在胃肠道常见的恶性肿瘤中仅次于胃癌、食管癌。在不同地区,其发病率有明显区别,经济发达的国家发病率较高,我国属于低发区,但近年来有上升趋势。好发年龄在我国以40~50岁居多。

(一)病因

大肠癌和其他恶性肿瘤一样,迄今为止,病因尚未完全明确,可能和下列因素有关。

1. 环境因素 大肠癌的发病率与高脂、高蛋白、高热量,低纤维饮食呈正相关系。另外,也可能与维生素、钙和微量元素摄入不足、生活习惯改变有关。

2. 遗传因素 有许多息肉病,是常染色体显性遗传性疾病,有不同程度的癌变倾向。许多研究表明大肠癌的易感性和发病机制均和遗传因素有关。

3. 其他相关疾病 腺瘤、慢性溃疡性结肠炎、血吸虫病等都与大肠癌有相关性。

(二)病理变化

1. 肉眼观察 好发部位以直肠多见、其次为乙状结肠。由于从大肠黏膜肌层开始可见淋巴管,但这些淋巴管不进入黏膜层,故发生在黏膜层的肿瘤,如果没有突破黏膜肌层,就不称为癌,而称为上皮内瘤变,因此均只需行局部切除治疗,5年存活率为100%。黏膜下层由疏松结缔组织构成,内含丰富的淋巴组织,当肿瘤细胞穿透黏膜肌层进入黏膜下层时称为“浸润性癌变”,有发生转移的可能,5年存活率明显下降。大肠癌大体形态分为4型:隆起型、溃疡型、浸润型、胶样型。隆起型以肿瘤主体呈盘状或息肉状向肠腔内突出为特点,这一型多位于右结肠,镜下组织学多为高分化腺癌。溃疡型即在肿瘤表面有较深的溃疡,一般深达肌层,此型最为常见。浸润型,肿瘤组织在肠壁内弥漫性浸润,并伴有纤维组织明显增生,导致局部管壁增厚、变硬,管腔周径明显缩小,形成缩窄环,临床上早期可出现肠梗阻症状,本型在组织学上多为低分化腺癌。胶样型,肿瘤组织呈半透明胶冻样,预后差。

2. 镜下观察 组织学类型主要为腺癌,根据形态可分为乳头状和管状,管状腺癌根据分化程度可分为高、中、低3级;此外还有黏液腺癌或印戒细胞癌、未分化癌、鳞状细胞癌、腺鳞癌(彩图7-7)。

(三)临床病理联系

早期大肠癌多无明显症状。随着病情的进展和肿瘤的增大,可以出现大便性状的改变、排便习惯的改变、痔疮反复不愈、不明原因贫血、体重减轻、不明原因腹胀腹痛等表现。晚期大肠癌可出现比较明显的症状,右侧结肠癌常表现为消化不良、食欲不振、腹泻、便秘、或便秘、腹泻交替出现,腹部压痛,腹部包块,进行性贫血;左侧结肠癌易发生进行性肠梗阻,可出现明显的腹胀、腹痛、肠鸣及肠型,常伴有顽固性便秘;直肠癌主要表现为大便次数增多,粪便变细,带有血液或黏液,伴有里急后重。

第四节 肝脏疾病

一、肝脏正常解剖学、组织学及功能

肝脏是人体最大的消化腺,具有分泌胆汁,储存肝糖原,合成多种蛋白质,参与糖、蛋白质、脂类、药物等代谢的重要功能。

(一)正常解剖学

肝脏大体呈红褐色,我国成人肝重量相当于体重的2%,约1000~1500g左右,肝的长、宽、厚约为25.8cm×15.2cm×5.8cm。由于临床上外科学的需要,Couinaud及Strasberg等提出根据血管或胆管的分布进行分段命名,将肝脏分为8个段(彩图7-8)。由中间界面(沿

Cantlie 线从下腔静脉至胆囊，其中走行肝中静脉）将肝脏分为左右 2 个半肝，每一个半肝由右或左区间界面再划分为 2 区（右或左区间界面分别有肝右静脉及肝左静脉）。根据动脉及胆管分支，3 个区由段间界面再划分成 2 个段（左外区Ⅱ、Ⅲ段；右内区为Ⅴ、Ⅷ；右外区为Ⅵ、Ⅶ），左内区因无正规的动脉及胆管，因而只称一段（Ⅳ），尾状叶血供特殊，由 3 条独立的动脉供给，呈单独的段（Ⅰ）。

（二）正常组织学及功能

肝脏的镜下组织学结构一般有 3 种学说，即经典小叶、门管小叶及肝腺泡学说，均与肝内血液循环和胆汁排出的途径有关。其中与组织病理学医师诊断有关的是经典肝小叶及肝腺泡结构。

1. 经典小叶（classic lobule） 最早由 kiernan（1883）观察猪肝提出，至今仍为组织学、生理学、病理学及临床医学常用。成人肝约有 100 万个肝小叶。肝小叶呈六角形棱柱体，长约 2mm、宽约 1mm，其中央有 1 条沿其长轴走行的中央静脉（central vein），其周围是大致呈放射状排列的肝细胞板和血窦。在大龄儿童及成人肝细胞板为 1 个肝细胞厚度，小于 5 ~ 6 岁的幼儿为 2 个肝细胞厚度。小叶周边的一层环形肝板比较平整，称为界板（limiting plate）。炎症时界板肝细胞坏死，界板断裂，称为界面性炎症（interface inflammation），旧称碎屑样坏死（piecemeal necrosis），是慢性肝炎的特征性表现。

2. 门管小叶（portal lobule） 1906 年，Mall 根据胆管和血管都是从门管区发出分支进入肝脏实质的解剖学特点，提出肝小叶应以排泄导管为中轴，即以门管区为中轴的小叶结构即门管小叶。这一概念强调肝的外分泌功能，即肝细胞分泌胆汁，从门管小叶的周边向中央汇集，导入胆管。门管小叶为三角形柱状体，其长轴与肝小叶一致，中心为胆管及伴行的血管，周围以 3 个中央静脉的连线为界。

3. Rappaport 腺泡（肝腺泡，liver acinus） 肝腺泡的概念是 1954 年 Rappaport 及其同事提出。肝腺泡呈卵圆形，以小叶间动脉、小叶间静脉、小叶间胆管各发出的一支终末管道为中轴，两端以中央静脉为界。从肝血液动力学角度，按血流方向和获得营养的先后状态而分为 3 带（彩图 7-9），同时肝细胞也具有不同的特征功能。近中轴血管的部分为Ⅰ（1）带，此带最先获得营养和含氧的新鲜血液，细胞代谢及再生能力强，氧化活性高，具有较多、大的线粒体；腺泡远端近中央静脉的部分为Ⅲ（3）带，肝细胞营养条件较差，对有害因素的抵抗力及再生能力均较Ⅰ带的肝细胞弱，为糖分解、脂质生成、药物（毒物）转化部位，具有更多的粗面内质网，细胞核更大；位于Ⅰ带和Ⅲ带之间的部分为Ⅱ（2）带，肝细胞的营养、代谢、再生能力等功能均介于Ⅰ带和Ⅲ带之间。1 个经典肝小叶可含有 6 个肝腺泡。

由于肝腺泡结构可以更好地解释连续输出和输入血管的“桥接”性病变，如汇管区-中央的桥接性坏死及纤维化；化学、药物损伤时，肝细胞坏死和脂肪变性的分布特征，如四氯化碳、酒精中毒所致肝细胞损害大多见于Ⅲ带等，为观察肝脏区域性损伤的重要方面；肝细胞结构、功能异质性和代谢区域化的解剖学依据等，一直为病理学及肝病教科书所偏爱。

4. 肝细胞 呈多面体形，直径 15 ~ 30μm，肝板中的每个肝细胞与其相邻的两个肝细胞通过紧密连接、桥粒、缝隙连接等结构彼此连接，细胞间留有 1μm 的间隙即毛细胆管，为肝细胞质膜局部凹陷形成，正常肝活检的见不到，只有在早期淤胆、胆栓形成使之扩张时才能见到。肝细胞多数为一个核、少数为双核，核大而圆、居中，常染色质丰富，有一至数个核仁。多倍体肝细胞数量很大，应用流式细胞仪测定，成人肝的四倍体肝细胞占 60% 以上。这可能与肝细胞长期保持活跃的多种功能和潜在的强大再生能力有关。电镜下，肝细胞质内各种细胞器均丰富，还可见丰富的线粒体、溶酶体、过氧化物酶体及大量糖原。

5. 肝血窦 位于肝板之间，窦腔大而不规则，窦壁由内皮细胞围成，窦内有定居的肝巨噬细胞（Kupffer 细胞），为全身单核-吞噬细胞系统的一部分，可因多种刺激而引起反应性增生。正常肝活检时呈三角形或星形，胞质呈颗粒状，但不明显。电镜下，其表面有大量皱褶和微绒毛，并以板状或丝状伪足附着在内皮细胞上或伸入窦周隙。

6. 陷窝细胞 附着在内皮细胞或肝巨噬

细胞上的“陷窝细胞”为肝内淋巴细胞(NK细胞),核呈肾形,常偏于一侧,胞质含有多种溶酶体,在抗病毒及肿瘤方面有重要作用。肝血窦内皮细胞有大量窗孔,其外无基膜,仅有少量网状纤维附着,通透性较高,除血细胞及乳糜微粒外血浆成分均可进入窦周隙。窦周隙(Disse隙)为血窦内皮与肝板狭小间隙,肝细胞血窦面的大量微绒毛浸泡在血浆内,与血浆进行充分而高效的物质交换。窦周隙内分布有形态不规则的肝星状细胞,先前也称作储脂细胞、Ito细胞或脂细胞,胞质内含有许多大脂滴,可储存维生素A,并在一定刺激下转变成肌纤维母细胞样细胞。HE染色不易见到。正常肝组织的间质成分以及病理性小叶内纤维化均由此产生。免疫组织化学染色时,突触素可标记静止和活化的星状细胞,平滑肌肌动蛋白可标记活化的星状细胞。

7. 门管区 相邻小叶之间的门管区(又称汇管区),可见3种伴行管道,合称三联管,包括小叶间胆管、小叶间动脉和小叶间静脉,偶见两个胆管。应用高分子量角蛋白抗体(CK19)免疫组化方式可以显示胆管。如每个门管区胆管的平均数为0.9时,为胆管轻、中度缺乏;若平均数为0.6时则为重度缺乏。正常肝脏尤其在老年人门管区可有少数淋巴细胞聚集,如淋巴细胞多或成片,一般为病理性。

二、活检和肝病病理学检查的意义

(一)肝活检标本的取材

利用针吸和手术切除标本进行肝脏活体组织病理检查(肝活检术)是多数肝脏疾病诊断、估计预后或评价疗效及进行随访的最终及特异性手段。

肝活检自1883年德国Paul Ehrlich首次报道后,直到1958年Menghini报道了改进的细针肝活检术后才被广泛应用至今。现在临床上常用的肝活检技术有4种:①经皮肋间途径(经皮盲目或B超、CT引导下细针穿刺);②腹腔镜下途径(慢性肝病、肝硬化、肝癌患者);③楔形切除开腹手术时(直视下取材);④经颈静脉、少数经股动脉(严重凝血功能障碍等高危患者)活检。其方法及用针,依据可疑病变(局灶或弥漫)以及是否存在常规经皮活检所禁忌的情况进行选择,几种技术相比较,各有其优缺点。

肝活检标本一般要求长1~3cm,直径1.2~2mm,约占整体肝体积的1/5万。现使用的Menghini针和Tru-cut针内径可达2mm。一般认为,一份能作出满意诊断的肝活检标本至少应包含6~8个汇管区,长约2.0cm的肝活检标本,约包括11个完整的汇管区,这对判断慢性肝病的汇管区病变特点、慢性肝病的分级、分期诊断的可靠及准确性来说是十分重要的。

肝活检为一种创伤性手术,熟练操作、熟悉适应证和禁忌证十分重要。

(二)肝脏标本的固定与染色

1. 标本固定染色 由于肝活检标本一般较小,因此选用相关固定液及时固定和适当的染色对肝活检标本的诊断十分重要。最常用的理想的固定液为磷酸缓冲液代替水配制成的10%中性甲醛;或以纯乙醇、冰醋酸及三氯甲烷以6:1:3配制而成的Carnoy固定液,此液可保存糖原,溶解红细胞,便于对肝窦内皮细胞及Kupffer细胞的观察,但其穿透力强,固定时间一般为30~60分钟,以防止组织过硬。电子显微镜检查目的是观察组织的微细结构改变,所以取材要掌握早、小、轻、准的基本原则,一般将肝穿标本切成1~3mm长,立即置于4℃的2.5%~3%戊二醛磷酸缓冲液中固定;免疫电镜可用戊二醛-多聚甲醛固定。样本再经漂洗、脱水、浸透、包埋、定位、超薄切片及铅-铀复染等步骤方可在电镜下观察。欲证实小泡性脂变,需用新鲜组织或固定组织直接做冷冻切片,油红染色,不能用石蜡包埋切片;先天性代谢疾病需做酶分析测定时,应用新鲜的活体组织即时(或暂用液氮冷冻低温保存待用)分析或冷冻切片免疫组化染色;肝组织中铜、铁含量的测定需取新鲜或固定组织做定量分析(μg/g干重组织)等。

2. 常规的肝活检组织病理学检查 采用石蜡包埋组织3~4μm厚切片,苏木素-伊红(hematoxylineosin,HE)染色,细胞核被染成蓝色,细胞质及间质呈粉红色,肝脏组织结构与病变一般可清晰显示。但在非肿瘤肝脏疾病的诊断中,评价有无纤维化以及纤维化的程度范围、胶原纤维的种类等常需做一些特殊染色。网状纤维是正常肝细胞与肝窦的主要支架，可根据分布特点和破坏情况判断肝细胞增生病变、肿瘤及纤维化等病变的性质、程度和转归。网状纤维的主要成分是Ⅲ型胶原蛋白，HE 染色着色很浅但具有嗜银性，临床常用 Gordon-Sweet 法或渡边改良法银染呈黑色可清晰显示。Masson 三色染色中胶原纤维为苯胺蓝（或用光绿）染呈蓝（或绿）色，肌纤维红色，上皮成分淡红色，对比度清晰，如增加马休黄（红细胞染成黄色）可清晰显示染成绿色的Ⅰ型胶原纤维沉积的部位，还有助于在瘢痕组织内发现闭塞静脉。加以网状纤维染色呈黑色做对比，窦周纤维化被清楚显示。有助于判定肝脏早期纤维化。维多利亚蓝（Victorian blue，VB）或地衣红（orcein）染色，弹力纤维被染成亮蓝（或红褐）色，胶原纤维一般不着色，常用于辨认含有 HBsAg 的毛玻璃细胞，对于显示厚的肝细胞板和再生结节、灶性或区域坏死的轮廓非常有用。维多利亚蓝染色后再染天狼星红，可以同时观察到胶原纤维与弹力纤维的破坏、断裂、增生与改建，而且不影响偏振光镜下Ⅰ、Ⅲ型胶原的显色（可用于鉴别陈旧性纤维化和新近坏死后萎陷）。利用胶原蛋白聚合及其缠绕螺旋排列不同的特点，应用苦味酸天狼星红染色将胶原纤维染成深红色，胶原越粗色越红，而且在偏振光镜下，Ⅰ型胶原呈红或黄色，Ⅲ型胶原呈绿色。过碘酸-希夫法（periodic acid schiff，PAS）可清晰显示复合糖类糖原，用以证明糖原或糖原储积症。此法经淀粉酶预处理（PAS after pretreatment with diastase，D-PAS），去除糖原后，可以更清楚显露含糖蛋白的结构成分，包括肝脏及机体代谢和合成的产物，均呈鲜亮紫红色，可用于观察小胆管基膜的破坏、坏死灶内吞噬脂褐素及其他残骸的肥大 Kupffer 细胞、巨噬细胞、α_1-抗胰蛋白酶缺乏症肝细胞质内的球形小体、淀粉样蛋白、阿米巴和致病真菌等。

除以上常用的特殊染色外，铁的普鲁士蓝染色显示含铁血黄素（蓝色颗粒），同时也使胆汁显绿色、脂褐素呈棕黄色；罗丹宁染色显示肝细胞中呈红色的铜颗粒；胆汁的 Hall 染色；脂褐素和 Dubin-Johnson 色素的 Schmorl 反应；纤维蛋白和线粒体的磷钨酸苏木素染色；淀粉样变的刚果红或结晶紫染色；分枝杆菌、血吸虫卵和特殊幼包囊头节上小钩的抗酸染色；油红冰冻切片的脂肪微泡染色等也用于临床肝病诊断。

肝脏的免疫病理学技术常用于辨别组织内的感染因子（如各型肝炎病毒、单纯疱疹病毒、巨细胞病毒、腺病毒等）；结构成分，如胆管上皮对单克隆抗体 CK_7、CK_{19} 的阳性反应，肝细胞对 CK_8、CK_{18} 反应，毛细胆管对癌胚抗原（carcinoembryonic antigen，CEA）多克隆抗体呈阳性反应以及肝窦毛细血管化时内皮细胞呈 CD34 阳性，Kupffer 细胞呈 CD68 阳性等；代谢产物及肿瘤来源的诊断，如 α_1-抗胰蛋白酶（α_1-AT）缺乏症细胞内的球形小体呈 α_1-AT 阳性，Mullory 呈泛素强阳性等。

电子显微镜技术对肝病诊断的最大价值在于对已知或怀疑代谢紊乱患者的活检标本做进一步分析，如药物性、感染性、遗传性疾病时，细胞线粒体、内质网、溶酶体等特定超微结构上的改变以及病毒颗粒的确认等。

原位杂交、原位聚合酶链反应测定等分子生物学技术的应用目前仍以研究为主。

肝脏的基本组织病理学病变主要概括为：①感染和炎症反应；②变性；③坏死和凋亡；④淤胆、色素沉积；⑤肉芽肿形成；⑥坏死后再生、异常增生；⑦纤维化和硬化；⑧钙化、骨化；⑨良、恶性肿瘤等。

通过活检组织的常规病理（HE 染色、特殊染色）、免疫病理、超微病理、分子病理等技术可在细胞水平、亚细胞水平以及蛋白和分子水平实现对临床肝脏疾病的特异性的形态学诊断及功能和疗效评价。但临床肝病病理诊断的准确性受很多因素影响，包括经验、所掌握的临床资料、临床肝病学方面的知识以及取材的局限性等，因此肝脏病理学诊断是一个综合判断过程。

三、病毒性肝炎

病毒性肝炎（virus hepatitis）一般是指嗜肝病毒感染引起的肝脏疾病，病理上以肝细胞变性坏死和炎症反应为特点。

早在公元前400年，希波克拉底就曾描述过流行性黄疸，直到8世纪Pope Zacharias才观察到该症具有传染特性。1965年，Blumberg及其同事发现“澳大利亚抗原”，即HBSAg，首次为肝炎病毒提供了特征性的血清学标志物，这是乙型肝炎诊断史的一次革命。目前已确定的甲、乙、丙、丁、戊型5种肝炎病毒，除了将肝作为感染的靶器官以及在流行病学方面有些类似以外，其他方面差异较大。5型肝炎中除乙型为DNA病毒外，其余4型均为RNA病毒，且各自为独立疾病。病毒性肝炎临床表现变异很大，包括无症状的亚临床型（病毒携带者），自限性的急性无黄疸型和黄疸型肝炎，少数发展为慢性病毒性肝炎及重症肝炎。从流行病及预后等方面基本分为2类：一类为甲型和戊型，主要经粪-口传播，有季节性，可引起暴发性流行，一般不演变为慢性；另一类包括乙型、丙型和丁型，主要经血液传播，无季节性，多为散发、常慢性化。

（一）病毒性肝炎的基本病变

嗜肝病毒主要引起肝脏的3种基本病变。

1. 变质性改变 肝细胞呈不同程度的变性、坏死，包括水样变性和气球样变性、嗜酸性变和坏死、肝细胞的凋亡（apoptosis）。根据坏死的范围和形式，肝坏死有：①点状坏死，几个肝细胞的坏死；②融合性坏死，一片肝细胞坏死；③桥接坏死（bridging necrosis），汇管区、中央静脉之间的贯通状肝细胞坏死；④碎屑状坏死（piecemeal necrosis），肝小叶界板肝细胞坏死、炎细胞浸润周围肝实质；⑤大块坏死和亚大块坏死等。

2. 炎性改变 包括炎性渗出和增生。肝实质内、坏死灶内、汇管区内可见淋巴细胞、单核细胞、中性粒细胞、浆细胞、巨噬细胞等细胞浸润，以及界面肝炎（interface hepatitis），即汇管区炎细胞浸润超出汇管区界线，伴有交界带肝板肝细胞坏死，存活肝细胞陷入炎症浸润之中（彩图7-10）。

3. 再生与增生性改变 包括肝细胞再生、小胆管增生、纤维组织等的增生。

（二）急性病毒性肝炎基本病变及各型病变特征

1. 急性病毒性肝炎基本病变

（1）肝细胞肿胀、气球样变性：病变消退后可恢复正常，严重时可发展为溶解性坏死。

（2）肝细胞皱缩、嗜酸性变性：嗜酸性小体形成（凋亡小体），最后进入肝窦，被吞噬细胞溶解。

（3）肝细胞脂肪变性：以急性丙型肝炎多见。

（4）汇管区淋巴细胞浸润：早期可伴有中性粒细胞浸润，不累及胆小管或小血管。重者可出现界面性肝炎。可见胆小管增生。

（5）肝小叶炎症：以淋巴细胞浸润为主，可见浆细胞。小叶炎症和肝细胞坏死早期主要在中央静脉周围，重型可见肝腺泡3带肝细胞网状支架塌陷。

（6）淤胆以肝腺泡3带为重。

（7）灶性坏死区可见吞噬脂褐素或胆色素的Kupffer细胞内，因溶酶体酶活性增加，D-PAS染色阳性。

2. 各型急性病毒性肝炎病理学改变特征比较 除有急性病毒性肝炎基本组织病理学改变外，还有以下特征（表7-3，表7-4）。

表7-3 各型急性病毒性肝炎的病理学特征

分型	病理学特征
急性甲型病毒性肝炎	轻度小叶炎症和点、灶状坏死
	中央静脉周围肝细胞淤胆或毛细胆管胆栓明显
	汇管区浆细胞浸润较为明显
	汇管区周围炎症和坏死比中央静脉周围更明显
急性乙型病毒性肝炎	肝细胞损伤及炎症表现以小叶中心为主
	肝细胞肿胀、变性、凋亡小体形成
	坏死以点、灶状为主
	重型可见桥接坏死及实质萎陷
	淋巴细胞与肝细胞紧密接触（集合现象），甚至可位于肝细胞内（伸入运动），表现CTL细胞对肝细胞的免疫攻击

续表

分型	病理学特征
急性乙型病毒性肝炎合并丁型病毒性肝炎	小叶炎症和坏死程度比单独 HBV 感染更显著
	可伴有肝腺泡 3 带肝实质萎陷
	可有小泡性脂肪变性
	可见类似 HBV 感染的毛玻璃样肝细胞
急性丙型病毒性肝炎	常见肝细胞脂肪变性，肝小叶和界板一般不破坏
	肝窦内 Kupffer 细胞增生，淋巴细胞浸润明显
	小叶间胆管损伤、淋巴细胞浸润和包围
急性戊型病毒性肝炎	肝细胞气球样变，杂有羽毛状变性，空泡变性时可呈巨大的多核细胞
	汇管区淋巴细胞浸润，周围毛细胆管增生，胆栓形成和肝细胞内淤胆
	肝小叶内坏死炎症轻微
	肝窦旁细胞增生活跃，以 Kupffer 细胞增生为主
急性庚型病毒性肝炎	与其他嗜肝病毒感染相比较，汇管区和小叶内炎症轻微
	汇管区和肝小叶炎症活动为主时，注意排除其他嗜肝病毒的协同感染
	肝细胞呈新旧不等的亚大块坏死（尤以肝腺泡Ⅲ带广泛性坏死为著），坏死面积<肝实质 1/2～2/3

表 7-4 各种重型病毒性肝炎的病理学特征

分型	病理学特征
亚急性重型肝炎	坏死区网状支架塌陷，并见胶原纤维沉积
	坏死周边出现增生成团的肝细胞
	细、小胆管增生明显，重度淤胆
急性重型肝炎	肝细胞弥漫性大片坏死，坏死面积>肝实质 2/3，仅在小叶周边残留少量肝细胞（镜下一片荒凉），坏死区散布多量炎细胞及含有脂褐素的巨噬细胞
	肝窦扩张充血、Kupffer 细胞增生并吞噬坏死组织
	新鲜坏死网状纤维支架塌陷不明显
	可见胆管增生、胆栓形成

（三）慢性病毒性肝炎基本病变及各型肝炎病变特征

1. 慢性肝炎的组织病理学基本病变 包括点状坏死、融合性溶解性坏死、汇管区炎症、界面性肝炎（界面肝炎）、纤维化及肝硬化。由于引起肝脏慢性炎症改变的原因很多，除嗜肝病毒外，自身免疫、药物诱发、脂肪性肝病、代谢性及隐源性肝病等均可造成肝脏类似病理变化，因此患者的病因学等的血清检查及临床资料，对组织病理诊断非常重要。

目前，肝活检时有几种分级系统用以对汇管区炎症、界面肝炎、小叶内损伤、无炎症以及融合性坏死、纤维化等病理组织学改变进行评价打分，有特殊目的时如治疗前后的病变评估，采用半定量计分系统。各种分析系统均有优劣性，目前多用于肝病研究。一般根据病变程度描述为微小、轻度、中度或重度慢性肝炎。

2. 各型慢性病毒性肝炎病理变化特征 除有慢性病毒性肝炎的基本组织病理学改变外，还可有以下特征性改变（表 7-5）。

表 7-5 慢性病毒性肝炎分型

分型	病理学特征
慢性乙型病毒性肝炎	毛玻璃样肝细胞（ground-glass cell），散在分布于肝小叶中（地衣红染色阳性或免疫组化检测 HBSAg 阳性），为乙肝病毒引起滑面内质网增生所致（彩图 7-11）
	汇管区炎症明显，以淋巴细胞浸润为主，少数为浆细胞和巨噬细胞。严重时引起界面肝炎

续表

分型	病理学特征
	可见纤维化或肝硬化,癌变率较高
	HBsAg 的免疫表型为胞质弥漫型和胞膜型;HBcAg 为核型和浆膜型。表达强度与病毒复制有关
慢性乙型合并丁型病毒性肝炎	碎屑样坏死和小叶内炎症程度比单独 HBV 感染重,有类似 HBV 感染的毛玻璃肝细胞
	可见肝细胞小泡性脂肪变性和嗜酸性变
	发展为肝硬化相对较快,但肝癌发生率比单独 HBV 感染低
	免疫组化检测,delta 抗原在肝细胞核表达,胞质弱或无表达
慢性丙型肝炎	汇管区淋巴细胞聚集浸润、并形成淋巴滤泡,伴有或不伴有生发中心
	多数病例见肝细胞微泡性或大泡性脂肪变性并可见 Mallory 小体
	小胆管上皮损伤,小叶间胆管数量减少或缺失
	肝窦内单个核细胞浸润呈串珠状,窦周胶原沉积
	汇管区周围肝细胞糖原或含铁血黄素增加
	肝硬化发生率高,也易并发肝癌

四、肝纤维化和肝硬化

各种病因引起的慢性肝损害均可造成肝细胞坏死,窦周间质细胞特别是星状细胞活化,分泌胶原并沉积,大量纤维结缔组织增生发生肝纤维化(hepatic fibrosis)。弥漫性肝纤维化,正常肝小叶结构被间隔以纤维组织的肝实质结节(假小叶)所替代,致使肝脏收缩、变形、变硬即肝硬化(hepatic cirrhosis)。

(一)肝纤维化的原因及发病机制

引起肝纤维化的原因很多,有先天性、代谢性、炎性和中毒性肝脏疾病。如血吸虫病、特发性门脉性纤维化引起的窦前纤维化;酒精、甲氨蝶呤、异烟肼等药物和毒素;慢性乙型、丙型肝炎、布鲁杆菌病、梅毒等感染;自身免疫性肝炎;肝脏慢性被动充血、遗传性出血性毛细血管扩张症等血管畸形;肝豆状核变性、遗传性血色素沉着病、α_1-抗胰蛋白酶缺乏、脂质代谢紊乱、胆汁酸异常等代谢/遗传性疾病;原发性或继发性胆道梗阻、胆道闭锁/新生儿肝炎等引起的胆道梗阻;非酒精性脂肪肝炎、肉芽肿性肝脏疾病等特发性/混合性肝病等所引起肝实质纤维化;肝静脉闭塞病引起的窦后纤维化。纤维化反应是所有肝脏疾病末期合并症的基础。

目前认为肝纤维化是一个可逆的创伤修复反应,其特征是细胞外正常基质被降解,由瘢痕基质所取代,即"瘢痕组织形成"。肝纤维化发生于慢性非自限性肝脏疾病之后,不管病因是什么,纤维化肝组织内增生的细胞外基质成分都是相似的,引起肝纤维化的细胞是同一类型,被激活的肝脏星状细胞(hepatic stellate cell,HSC)是肝脏纤维化最关键的来源。

星状细胞是基质蛋白酶(如基质金属蛋白酶 2、9 等)、溶基质素(35、36、37)等基质降解因子的重要来源细胞。星状细胞的活化是肝纤维化的中心环节。肝星状细胞的活化有两个时相:启动阶段(也称炎症前阶段),邻近细胞包括窦内皮细胞、Kupffer 细胞、肝细胞和血小板等的旁分泌刺激启动星状细胞活化,包括基因表达、细胞表型及对其他因子的反应改变等;持续阶段则是通过自分泌或其他分泌物刺激所产生的维持活化表型、促进纤维化的效应。在持续阶段,星状细胞生物学行为至少有 7 种不同的变化。①增殖性:细胞增殖旺盛,数量明显增加,PDGF(血小板源性生长因子)、凝血酶及其受体等是星状细胞的有丝分裂原。②化学趋化性:可引起星状细胞在炎症间隔内呈线状排列。③成纤维性:由于转化生长因子 β_1(TGF-β_1)等的刺激,星状细胞产生Ⅰ型胶原等引起细胞外基质的病理性增多。④收缩性:可获得大量肌性骨架蛋白,如 α-平滑肌肌动蛋白(α-SMA),获得明显的收缩能力。有研究表明,内皮素及受体、整合素受体等在星状细胞获得收缩性表型中起到重要作用,星状细胞的收缩使肝窦狭窄,阻碍了门脉血流的通畅,可能是早期和晚期门脉阻力增加的最主要决定因素。⑤基质降解：星状细胞表达病理性基质降解所需的所有关键成分，不仅在基质产生同时，也在基质降解方面发生关键作用。⑥储存纤维素 A 的功能降低：星状细胞被激活的同时丢失了具有特征性的核周维生素 A 小滴，使其变得更具有成纤维细胞的外观特征。⑦白细胞化学趋化和细胞因子的释放：单核细胞、中性粒细胞等的化学趋化物的产生，可引起病变中单个核细胞、多形核白细胞浸润，如酒精性肝病中性粒细胞聚集等。活化的星状细胞在其功能表型改变的同时，形态学也发生了改变，细胞伪足伸展，胞体变长，胞质内脂滴减少，变为“肌成纤维细胞”。有关活化的星状细胞的转归研究显示，活化的星状细胞可通过细胞表型逆转，恢复到静止状态，而启动以 Fas/Fasl 通路为主的凋亡途径，是星状细胞活化终止的中心环节。

如上所述，肝星状细胞在慢性肝损伤中一系列细胞学和分子基础的改变，包括正常肝细胞外基质的降解、瘢痕分子的积聚、血管和器官的收缩以及细胞因子的释放等是肝纤维化和硬化发生的重要生物学基础。关于星状细胞活化及其活化终止的机制研究为临床肝纤维化治疗提供了新的靶点。

（二）肝纤维化和肝硬化的病理学变化

临床、实验室以及影像学检查可高度怀疑肝硬化，但最终确诊仍需进行肝活检病理学表现来证实。其结构改变在组织学上最好通过网织染色及 Masson 三色染色来评估。

肝纤维化可分为小叶中央区纤维化和汇管区纤维化 2 型。

1. 小叶中央区纤维化 即中央静脉周围、肝窦和肝细胞周围纤维化。如慢性酒精中毒时终末肝静脉（小叶中央静脉）及其周围肝窦状隙常有多量胶原蛋白沉积，形成细胞周围或肝窦周围的“纤维包裹”即“鸡爪样纤维化”。又如慢性肝淤血，小叶中央区肝细胞由于缺氧和受扩张血窦压迫发生变性、萎缩、甚至坏死，导致纤维化。

2. 汇管区纤维化 即汇管区及周围纤维化，沿肝腺泡伸展形成芒状纤维间隔，如病毒性肝炎常首先在汇管区及其周围发生纤维化。长期肝内胆管阻塞、胆汁淤积可引起胆管周围炎，导致胆管周围纤维化，甚至汇管区发生纤维化。血吸虫感染时虫卵随门脉血流入肝脏，沉积于汇管区小血管内，由于虫卵的机械性刺激和虫卵内发育的毛蚴头腺分泌物的刺激，引起血吸虫性肉芽肿，继而纤维组织增生（纤维化），使汇管区增大，纤维化病灶相互连接可形成树枝状瘢痕，分隔肝组织为大小不等的结节，切面见增生的纤维组织沿门静脉走行分布，形成所谓“干线型或管道型纤维化”（pipestem cirrhosis）特征。先天性肝纤维化时，汇管区纤维化扩大，汇管区与汇管区之间桥接状纤维化形成粗大的纤维索。

纤维化依其对肝结构破坏范围、程度和对肝微循环影响的大小划分为 1～4 期（$S_{1\sim4}$）。①S_1：汇管区纤维化扩大，局限性窦周及小叶内纤维化，二者均不影响小叶结构的完整性。②S_2：汇管区周围纤维化，纤维间隔形成即桥接纤维化（bridging fibrosis），小叶结构保留。③S_3：大量纤维间隔，分隔并破坏肝小叶，致小叶结构紊乱，但尚无肝硬化，此期一部分患者可出现门静脉高压和食管静脉曲张。④S_4：早期肝硬化，肝实质广泛破坏，弥漫性纤维增生，被分隔的肝细胞团呈不同程度的再生及假小叶形成。此期炎症多尚在进行，纤维间隔宽大疏松，改建尚不充分。

肝纤维化进一步发展可形成肝硬化，两者虽都有大量的结缔组织弥漫性增生，但肝纤维化表现为肝小叶结构基本完好，而肝硬化则肝小叶结构破坏、被改建成的假小叶（肝细胞再生性结节）以及增生的宽窄不一的纤维组织间隙所取代，使肝脏萎缩变硬。肝硬化为许多慢性肝疾病的末期阶段。可依据结节大小，分为微小结节性肝硬化（结节直径不足 3mm）、大结节性肝硬化（结节直径大于 3mm）和大小结节混合性肝硬化（大小结节数量相当）。硬化性肝组织伴有其他活动性病变时称活动性肝硬化，包括各种形式的肝细胞损伤和炎症，如肝炎后肝硬化的界面性炎症、酒精性肝硬化的脂性肝炎等。非活动性肝硬化特征为（几乎）没有界面性炎症、缺少细胞成分的纤维间隔与实质结节之间分界清楚。

五、脂肪变性及脂性肝炎

（一）脂肪变性

脂肪变性（steatosis）又称为脂肪肝、脂肪变，是指肝细胞质内脂肪的异常聚集，为一种非特异性可逆性肝细胞损伤。临床上比较常见，可由各种原因所致，如酒精性肝病、药物性肝病、肥胖、高三酰甘油血症、糖尿病、营养不良、妊娠期脂肪肝和胃肠道外营养等情况。少量的肝脂肪变性无明确意义，多见于老年人。较为广泛的脂肪变性，见于各种原发性肝疾病以及严重系统性疾病。临床表现为肝大以及血清转氨酶、碱性磷酸酶和（或）γ-谷氨酰胺转移酶水平升高。

脂肪变性有2种形态学类型，大泡和微泡型，两种形态可混合存在，提示大脂滴由小脂泡融合形成。

大泡性脂肪变性是最常见的类型，肝细胞被一大滴脂质空泡充满，将细胞核挤至一侧。小叶中心分布时多为酒精性肝疾病、肥胖以及糖尿病，严重时变为全小叶性。如急性酒精性脂肪肝，可见大泡性脂肪变性以中央静脉所在区域为甚，并可累及全部肝细胞，并见巨大线粒体及淤胆。汇管区周围的脂肪变性较多见于恶病质、蛋白-能量营养不良或获得性免疫缺陷综合征（AIDS）、磷中毒以及类固醇治疗等，但确定病因时需要结合临床与病理。评价肝实质受累的量可提示病变的严重程度（轻度，不足1/3；中度，1/3至2/3；重度，超过2/3）。无合并症的大泡性脂肪变性一般认为是良性、可逆性的。

微泡性脂肪变性（小泡性脂肪变性）表现为肝细胞肿胀，胞质含有微小脂肪泡，细胞核仍位于中央。一般为与脂质β氧化受损有关的严重性病变。酒精性肝病时，大泡和微泡混合型脂肪变，具有重要的预后意义。主要发生于幼儿的Reye综合征现认为是一种原发性线粒体性肝疾病。临床上首先出现急性轻度病毒性疾病表现，随后出现呕吐、嗜睡及昏迷，约1/3患者导致死亡。其肝脂肪变性一般为全小叶性，中央区为微泡性，汇管区周围为大泡性，并见肝细胞坏死。遗传性尿素循环障碍为先天性线粒体、脂肪酸β-氧化作用异常，可导致微泡性脂肪变性。微泡性脂肪变性的相关性病变可潜在性的危及生命、伴肝功能受损，并可累及其他组织。黄曲霉毒素、胺碘酮、阿司匹林等药物也可引起微泡性脂肪变性。

脂性肉芽肿（或脂肪肉芽肿）为含有脂质肝细胞破裂导致的一种局灶性反应。病变含有吞噬细胞、个别淋巴细胞及嗜酸粒细胞，有时可见巨细胞并可导致局灶性纤维化。中心脂肪小体的发现可与其他肉芽肿性疾病相鉴别。含有脂质的吞噬细胞（呈泡沫状）也可位于汇管区内。

（二）脂性肝炎（脂肪性肝病）

近年来对于脂肪变性的认识有了较大进展，“碰撞”假说的产生对于脂性肝炎的发生进行了解释。除了第一次胰岛素抵抗增加氧应激引起肝细胞发生脂肪变性（第一次“碰撞”，第一次打击）以外，脂性肝炎（steatohepatitis）的发生需要其他因子的出现（第二次“碰撞”，第二次打击）。导致脂肪变性出现坏死性炎症及纤维化的机制为脂质过氧化物作用引起细胞氧化窘迫。个体之间在有关第二次“碰撞”（氧化窘迫）作用上存在着差异，从而可以解释不同个体对脂性肝炎的易感性不同。长期酗酒（酒精性脂性肝炎）以及不酗酒的患者（非酒精性脂性肝炎）均可发生脂性肝炎。

1. 酒精性脂性肝炎（alcoholic steatohepatitis）

病变最基本的特征为：①肝细胞损伤表现为气球样变肝细胞及肝细胞坏死或凋亡；②伴有或不伴有Mallory小体形成（凝缩的细胞蛋白骨架细丝）；③炎症浸润，以中性粒细胞为主（围绕含Mallory小体的肝细胞聚集时称卫星现象）也可见单个核细胞；④细胞周围或肝窦周围纤维化（所谓“鸡爪样纤维化”），或伴有静脉周围纤维化以及静脉硬化。另外还可见肝细胞内线粒体增大（巨型线粒体）；静脉阻塞性病变以及小胆管化生；程度不等的大泡性和小泡性脂肪变性及脂性肉芽肿。

病变早期主要影响小叶中央区域，晚期累及全小叶。静脉周围纤维化常发展为全小叶硬化（酒精性肝硬化）。电镜下可见肝窦窗孔消失，肝窦血液与肝细胞不能通过内皮下腔营养交换，从而导致肝功能衰退。

2. 非酒精性脂性肝炎（non-alcoholic steatohepatitis，NASH） 非酒精性肝炎（NASH）的病因发生学是多因素的（如肥胖、2型糖尿病以及高三酰甘油血症），本病也可视为代谢性综合征或血管异常代谢综合征等以及药物（如胺碘酮、哌克昔林、雌激素、氨甲蝶呤)等所致的肝改变。该病变也可见于儿童。

酒精性和非酒精性脂性肝炎之间组织学表现上并不存在质的差异,比较起来,酒精性病变一般更趋于严重。而NASH一般较多见大泡性脂肪变性可累及75%的肝细胞,呈现典型的小叶性分布,有时也仅局限在肝腺泡3带,并且细胞核糖原较多(空泡状称糖原核)。而肝细胞损伤、炎症以及纤维化、Mallory小体较少,但也可以进展为肝硬化。

3. 局灶性脂肪肝(局灶性脂肪变性) 此病呈单一或多发的瘤样结节病变,由肝细胞伴大泡性脂肪变性细胞组成,无肝组织结构的破坏。患者一般无症状,体检无异常,病灶常经超声或CT检查时发现。病理诊断应与肝内富含脂质性病变鉴别,如脂肪瘤、血管瘤和体腔脂肪异位症等。

六、药物性及毒性肝损伤

药物性肝损伤(药物性肝病)是指由临床治疗药物或个人以治疗、营养或娱乐(包括药物的滥用)为目的用药而引起的肝细胞毒性反应。日常生活、工作环境、如杀虫剂、除草剂、植物、真菌及细菌产物等都有可能具有毒性或致癌性。肝脏是内源和外源性生物转换的主要部位,富含代谢所需的各种酶系统,在代谢过程中可形成不同种类和程度的有毒的中间产物,因此肝脏是药物反应的主要场所。药物可通过多种机制损害肝脏,并形成不同类型的肝脏病变。

药物性肝病的组织病理学表现缺乏特异性,根据应用药物的种类、剂量、持续时间以及个体反应不同,组织病理学类型和病变程度有很大差异,且与临床和实验室检查结果可能不一致。药物或毒物对肝脏的作用在临床上分为急性和慢性肝损害,其组织病理学改变除了急性肝炎、胆汁淤积和脂肪变性最常见外,还有慢性肝炎、肉芽肿性肝炎、肝纤维化和肝硬化、血管病变和肝肿瘤。

(一)药物性及毒物性肝损伤的基本病变

药物或毒物对肝细胞损伤呈区域性分布或中心区域为主性分布,这是因为肝小叶中心部微粒体、生物转移酶成分显著。

1. 小叶中心区肝细胞的毛玻璃样变和脂褐素聚集 毛玻璃样表现,是细胞的适应性反应,即滑面内质网肥大并伴有相关酶诱导作用所致,常见于苯巴比妥、利福平以及二噁英等。汇管区周围肝细胞内的毛玻璃样包涵体与病毒性乙型肝炎、Ⅲ型糖原储积病等病变中所见类似,可因抗酒精类药物(氰酰胺)、铅制剂等引起;小叶中央肝细胞脂褐素病或脂褐素聚集增加,可因长期摄取某些药物引起,例如非那西汀、氨基比林、氯丙嗪、波希鼠李皮、抗惊厥药以及铁制剂等。诊断时应当与Dubin-Johnson综合征的色素聚集分开。

2. 脂肪变性 多由于外源性物质作用引起。大泡性脂肪变性见于服用四氯化碳、氨甲蝶呤以及乙醇时。微泡型脂肪变性是肝毒性的严重表现,常因静脉内应用四环素、胺碘酮、丙戊酸盐以及儿童因感冒发热使用阿司匹林(Reye综合征)等引起。目前最重要的是高活性抗反转录病毒治疗药物的应用。微泡型脂肪变性在临床上可伴有重度肝损伤表现但没有明显肝细胞坏死,其发病是线粒体损伤的结果,由于线粒体脂肪酸β-氧化作用被抑制以及线粒体功能下降等原因所致,并可见细胞内线粒体数目减少。

磷脂病的特征为由于磷脂聚集、肝细胞及Kupffer细胞增大,胞质内可见泡沫样小体,电镜下可见增大的溶酶体内可见层状的髓样小体(指印状),常见于哌克昔林、胺碘酮等药物的使用。

3. 胆汁淤积及胆管损伤 胆汁淤积导致胆色素沉积于小胆管(胆栓形成)或肝细胞内(细胞内淤胆),是最常见的药物性肝损伤的副作用。目前已知有几种不同的药物性胆汁淤积综合征。单纯性淤胆(口服避孕药),常发生于有孕期胆汁淤积家族史或个人史的女性,有前驱症状,随后出现瘙痒,常难以忍受,而黄疸较少见。本病可自愈。伴肝炎的胆汁淤积,除小叶和门脉区胆汁淤积外,还可见炎细胞浸润,临床上出现肝炎症状或误诊为急性胆囊炎或胆管炎,如氯丙嗪、其他噻嗪类、大环内酯类、三环类抗抑郁药、依托普利、硫唑嘌呤等。伴胆管损伤的胆汁淤积,右丙氧芬、亚甲基二苯胺、氟氯西林等可诱发明显的胆管炎症损伤，病变严重时导致胆管稀少或胆管消失综合征（vanishing bile duct syndrome，VBDS）。其机制可能为直接毒性作用于胆管细胞或者为免疫-过敏性损伤。临床上可出现胆汁性肝硬化的特点，如黄疸提示胆汁淤积的肝功能试验异常、高胆固醇血症、黄色瘤和其他慢性胆汁淤积表现。患者自身抗体检测（抗线粒体抗体阴性）是区别于原发性胆汁性肝硬化（阳性）的特征指标。大胆管病变（硬化性胆管炎）是一种少见类型，如氟尿苷、病灶内杀头节制剂（2% 甲醛、高渗盐水、乙醇、硝酸银、碘剂）用于治疗肝包囊虫病引起的硬化性胆管炎。现在进行的肝恶性肿瘤靶向治疗和超声引导下经皮杀头节疗法，明显降低了引起药物性胆道损伤的危险性。药物性损伤引起的胆汁淤积通常纤维化不明显，但有时可发展为胆汁性肝硬化。

4. 肝细胞死亡 有两种模式即凋亡和坏死，可由于毒性药物代谢物以及免疫-变态反应性的过敏反应所致。坏死可呈不同程度的凝固性或溶解性坏死。表现为局灶性、区域性、桥状、小叶性、多小叶性、大块坏死等。剂量较大时，多数肝毒性药物，例如三氯甲烷、水杨酸对乙酰氨苯酯以及肝毒素（例如毒伞蘑菇、四氯化碳）可导致小叶中心性坏死，没有或少伴有炎症反应。而硫酸亚铁、无机黄磷等化学物质可引起汇管区周围坏死。剂量小时，引起肝细胞凋亡；长期作用，导致肝纤维化及肝硬化。

5. 肝细胞肿瘤 药物和毒素是肝细胞肿瘤比较少见的原因，但存在着某些联系。某些药物可引起的肝细胞异常增生，形成良性或恶性肝细胞肿瘤，如良性的肝腺瘤、灶性结节增生，恶性肿瘤为肝细胞癌、血管肉瘤、胆管细胞癌等。口服避孕药、合成性-雄激素类固醇以及二氧化钍（胶体钍，一种放射造影剂）等是最为熟知的肝肿瘤致病因子。80% 的肝腺瘤患者有使用口服避孕药的历史，停用药后，大部分患者的腺瘤明显消退。局灶性结节性增生以及海绵状血管瘤与雌激素之间的关系还不清楚。恶性肿瘤如肝细胞癌在超过 80% 的患者中是由慢性病毒性肝炎引起，但在非洲和亚洲的部分地区被黄曲霉毒素或者真菌毒素污染的食物摄入，在致癌中产生相同作用。口服避孕药、无机砷剂、胶体钍、乙烯基氯化物以及镭治疗可能与肝细胞癌、血管肉瘤、胆管癌等发生有关。

6. 肝脏纤维化 一些药物和化学品如甲氨蝶呤、维生素 A 和砷，可在肝脏没有明显的炎性反应状态下激活肝星状细胞，使其数量增加，引起细胞周围及间隔纤维化，肝小叶或汇管区内出现小灶性非干酪样上皮样细胞和淋巴细胞浸润，并可见小胆管炎和门静脉炎。

7. 肝脏肉芽肿 为肝小叶或汇管区内出现小灶性非干酪样上皮样细胞和淋巴细胞浸润，并可见小胆管炎和门静脉炎。肝脏肉芽肿与许多感染、炎症、血管炎和肿瘤有关。有研究表明药物诱导病变是肉芽肿性肝炎的一种重要病因。抗生素类（如阿莫西林、克拉维酸盐、奎宁、磺胺等）、镇痛药（阿司匹林、保泰松等）、心血管药（胺碘酮、甲基多巴、奎尼丁等）、抗惊厥药（卡马西平、苯妥英等）、内分泌药（氯磺西脲、甲巯咪唑等）、其他（别嘌呤醇、α-干扰素、甲氨蝶呤等）均与肝脏肉芽肿形成有关。肉芽肿病变可孤立存在（如纤维蛋白环状肉芽肿，见于别嘌呤过敏反应引起），但它更常与其他组织学改变同时存在，如急性肝炎（呋喃妥因、甲基多巴、氟烷）、胆汁淤积症（氯丙嗪、保泰松、卡马西平）、脂肪肝炎（胺碘酮、钙通道拮抗剂）等。临床表现与其他原因引起的肉芽肿性肝炎不易区分。

8. 血管病变 药物和化学品是造成肝血管损害最重要的原因，可累及所有肝内血管。其表现呈多样性，可从独特的组织改变如窦状隙扩张到临床上重要的疾病如肝紫癜、静脉闭塞性疾病、Budd-Chiart 综合征、结节性再生性增生和非肝硬化性动脉高压。

（1）肝窦扩张常常为区域性分布。小叶中心性、汇管区周围或不规则性，硫唑嘌呤及维生素 A 等药物诱发小叶中心性肝窦扩张症，并向周围扩展导致静脉流出梗阻。汇管区周围性肝窦扩张，最终向心性扩展，见于长期应用避孕药。

（2）紫癜肝是由于各种原因导致的局部肝窦极度扩张、充血，肝细胞索萎缩或破坏、内皮细胞损伤，血液溢出形成局部血囊（即紫癜湖）。

（3）肝小静脉闭塞征时，小叶中央区小静脉内皮下显著增厚狭窄，早期结缔组织疏松水肿,后期进展为管腔完全纤维化阻塞。血液从肝窦输出受阻致肝小叶中央区肝窦扩张、肝细胞坏死,最后出现小叶中心性纤维化。此类非血栓性静脉闭塞性疾病,可因吡咯里西啶类生物碱、放射线、抗肿瘤药物及骨髓移植所致的血管内皮细胞损伤引起。

(4) 汇管区肝静脉和门静脉血栓形成可致门脉高压,并常出现潜在的或明显的骨髓增生或遗传性高凝状态。

(5) Budd-Chiart 综合征,一种发生于各种高凝状态、肿瘤压迫或侵犯的肝静脉或下腔静脉、肝段血栓形成或纤维膜性狭窄闭塞引起的肝静脉流出道阻塞综合征,可见于柔红霉素、长春新碱、阿糖胞苷等使用情况下。

(6) 汇管区静脉分支硬化与长期应用无机砷、胶体钍、氯乙烯、维生素 A、硫唑嘌呤以及氨甲蝶呤有关。

(7) 汇管区静脉分支血栓形成以及静脉硬化可导致形成结节状再生性增生。

(8) 由于药物过敏导致的动脉炎可累及肝动脉分支,内膜增厚、狭窄导致肝内多灶性出血性坏死、个别病例出现自发性肝破裂。

(二) 药物性及毒性肝损伤的组织学类型及病变特征

药物诱发性肝脏疾病常常出现几种基本病变以及不同程度混合的组织病理学类型,最为重要的类型如下所述。

1. 药物诱发性急性肝炎 为免疫-过敏性特异体质型表现,各类药物均可引起,如异烟肼(抗结核药)、三氟溴氯乙烷以及吲哚美辛(非类固醇性抗炎药),组织病理学不易与病毒性肝炎区分。

(1) 轻型:散在嗜酸性小体、点状坏死和轻度汇管区炎细胞浸润。

(2) 较重型:类似急性病毒性肝炎。有如下特征,小叶内肝细胞坏死显著,以小叶中央区为主,汇管区较多嗜酸粒细胞浸润(彩图 7-12)或肉芽肿、胆管损害而缺乏炎症表现。

(3) 重型:肝小叶内肝细胞呈融合性坏死或带状分布或桥接坏死,也可波及全小叶;坏死区可见吞噬色素的 Kupffer 细胞和其他单个核细胞聚集;坏死区残留的肝细胞可见脂肪变性和再生性变化,部分存活肝细胞可基本不受累、与坏死区有明显分界。胆小管增生、常伴中性粒细胞浸润。

2. 药物诱发性慢性肝炎 见于少数长期或重复接触某些药物的患者。组织病理学改变包括慢性肝炎各个时期的基本病变及肝硬化。

(1) 汇管区周围肝细胞即界板肝细胞碎屑样坏死为其特点。

(2) 可见慢性炎细胞浸润和纤维化,纤维间隔形成。小叶中央纤维化时可造成慢性静脉流出道闭塞(似肝小静脉闭塞性疾病时的改变)。

(3) 常见药物如呋喃妥因、苯妥因、对乙酰氨基酚、乙醇、砷制剂等。晚期大多类型药物均可因肝细胞坏死,肝纤维、肝小叶结构破坏,肝细胞再生引起肝硬化。

(4) 临床诊断时血清学出现自身抗体可与自身免疫性肝炎相混淆。确诊依据于在无病毒感染情况下伴有高度可疑的药物学病因及临床资料,撤药后患者可痊愈。

3. 药物诱发性脂性肝炎 类似于急性酒精性肝炎。

(1) 大泡性和小泡性脂肪变性可在同一患者同时发生,可相互过渡。

(2) 通常可见 Mallory 小体和中性粒细胞、嗜酸粒细胞等炎细胞浸润,但 Mallary 小体在汇管区周围多见,以此区别于酒精性脂肪性肝炎(中央静脉周围多见)。

(3) 中央静脉、肝细胞和汇管区周围有不同程度的纤维化。

4. 药物诱发性肉芽肿性肝炎

(1) 轻度肝炎表现并伴有非干酪样坏死性肉芽肿。

(2) 伴有不同程度的胆红素淤积及嗜酸粒细胞浸润。

5. 药物诱发性淤胆性肝炎 呈急性肝炎表现并混有中度或显著的胆红素沉积。

(1) 单纯毛细胆管胆汁淤积,多见于肝腺泡Ⅲ带到中间带,嗜酸粒细胞等不明显。

(2) 重度胆汁淤积为明显的肝细胞坏死和门脉及小叶炎症。可见肝细胞羽毛状变性(单个或实质细胞团水肿)、嗜酸性小体及嗜酸粒细胞;肝细胞灶性坏死和汇管区单个核及嗜酸粒细胞浸润。

（3）慢性阶段，肝细胞呈腺样或管状排列。管腔内可含有浓缩的胆汁着色物质，肝细胞呈羽毛状变性，即形成特征性的胆汁淤积性肝细胞花环。胆管上皮呈非炎症性胆管变性即上皮细胞变小、胞质嗜酸性，腔内充满浓缩的胆栓，而无炎症或仅有轻度炎细胞浸润。叶间小胆管进行性炎症性破坏，肝动脉支旁或汇管区内失去伴行胆管，有时可见 Mallory 小体，汇管区纤维化、可发展为肝硬化。

药物所致血管病变及肝脏肿瘤如前所述。

七、肝遗传性代谢性疾病

很多遗传性和代谢性疾病都能侵害肝脏，并累及多处脏器。有些病例临床表现以肝脏最为突出，有些病例的肝脏症状，只有从属甚至微不足道的作用。现简述临床上常见的几种疾病的特征。

（一）α_1-抗胰蛋白酶缺乏

本病为一种常染色体显性遗传病，发病率 1/（1600 ~ 2000）。α_1-抗胰蛋白酶（α_1-antitrypsin，α_1-AT）共显等位基因产生 75 种以上不同的 α_1-AT 基因表型。正常的等位基因是 M（P1MM），而最常见的异常等位基因是 S 和 Z，产生异常的 α_1-AT，而正常的 α_1-AT 缺乏，引起肝病变和肺气肿。α_1-AT 是循环中的一种糖蛋白，其主要作用为抑制中性粒细胞弹性蛋白酶。异常的 α_1-AT 在 PIZZ 纯合子患者的肝细胞内质网内聚集，肝细胞受损确切机制不明，可能是其毒性作用使蛋白质分解破坏增强，导致肝细胞变性坏死。肺气肿的临床症状 30 岁以前少见，最初为气短、哮喘、咳嗽及肺泡感染。肺损害的机制可能为 α_1-AT 对中性粒细胞弹性蛋白酶的抑制减弱，使肺结缔组织骨架受到无法抑制的水解破坏，弹性纤维断裂、肺泡扩大。

【病理变化】 PIZZ 纯合子婴儿期肝病主要为胆汁淤积、肝细胞增大形成巨大肝细胞、小胆管反应至缺失以及纤维化，约 10% 成年后发展为肝硬化。成人多为原因不明的肝硬化，血清酶测定和蛋白酶抑制类型分析有助于确诊。病理组织可见汇管区周围的肝细胞含有嗜酸性 PAS-淀粉酶染色阳性的球形包涵体，直径 1 ~ 40μm 不等，也可见于 Kupffer 细胞和胆管上皮中；不同程度的肝细胞坏死；炎细胞浸润；汇管区周纤维化或肝硬化以及胆管上皮细胞毁损。

（二）Wilson 病（威尔逊病，肝豆状核变性）

Wilson 病为常染色体隐性遗传病，以肝和其他脏器中铜的聚集为特征。发病率 1/30000。第 13 对染色体上 ATPTB 两个等位基因突变，导致肝脏合成铜蓝蛋白缺陷，铜结合不足或铜盐排入毛细胆管障碍，使过量的铜离子沉积于肝，后期释入循环，得以沉积于脑、角膜和肾，达一定程度后损伤实质细胞溶酶体膜，导致溶酶体水解酶进入胞质，引起细胞变性、坏死。

患者从婴儿期起，铜就在肝内积累，但在青春期前很少发生症状。临床上呈现慢性肝炎，伴肝脾肿大，血清胆红素、转氨酶等增高；肝硬化、门脉高压、腹水、肝功衰竭；偶可发展为急性重型肝炎，呈深度黄疸、溶血性贫血、肝肾衰竭、肝性脑病，不实行肝移植者大多死亡；约 45% 患者首先出现以神经（或）精神运动异常如帕金森症的肌张力异常、手足徐动、步态失调和构音障碍为特征的表现。

【病理变化】 早期可见肝细胞脂肪变性，有时可见脂性肉芽肿，汇管区周围肝细胞内可见大量脂褐素、肝细胞核内可见糖原空泡。合并急性溶血危象时，Kupffer 细胞可富含铁。电镜下可见特征性线粒体改变，包括内嵴空间增宽、内外膜分离、基质密度和颗粒增加或大的空泡变性。过氧化物体和内质网呈多形性，细胞核内出现糖原包涵体。病程进展后铜-蛋白隔离于溶酶体内，镜下可见微管周围高电子密度的特殊结构，铜免疫组化染色显示呈颗粒状。未经治疗的病变进入中期，特征性的改变为脂肪变性（大泡性）、气球样变的肝细胞、糖原化的细胞核。中度显著的铜沉积、汇管区周围肝细胞出现 Mallory 小体、汇管区淋巴细胞浸润和界板性炎症、桥接坏死以及可能的静脉阻塞改变。暴发性肝衰竭伴有广泛实质坏死、网织纤维支架塌陷。后期实质结节状再生形成肝硬化（大结节性、小结节性或混合性）。

铜盐（硫氰酸罗丹宁等染色）和铜结合蛋白（地衣红染色）增加，可见于整个肝小叶内。

其他脏器病变包括：①神经系统特征改变，如豆状核萎缩、囊性变、并可见 Opalski 细胞（变性的星形胶质细胞）；②肾小球细胞增生、基膜增厚、透明样变及纤维化，肾小管（近曲、远曲）功能障碍导致蛋白尿、糖尿、尿酸尿、高钙尿等；③骨关节骨质疏松；④眼角膜铜元素呈颗粒状储积在角膜后弹性层，形成裂隙灯下的金棕色或绿色的 K-F 环和放散状的向日葵样白内障。

（三）血色病

血色病（遗传性血色病，hereditary hemochromatosis，HH）为一种与人染色体 HLA 部位连锁的常染色体隐性遗传病。第 6 对染色体短臂上的 HFE 基因 C282y 突变（HFE 蛋白的第 282 位半胱氨酸变为酪氨酸），发病频率为 1/(300～400)。铁盐从小肠吸收增加，沉积在肝、胰、心脏和内分泌腺、皮肤、关节，使细胞受损。只有纯合子出现有临床意义的肝铁负荷过重，杂合子虽有铁积累，但不致发生肝损伤。

铁积累呈进行性，40 岁以前很少出现症状，女性由于能从经血中丧失铁，起病更晚。临床症状与受累器官有关，包括肝功能不全（因肝硬化）、糖尿病（胰岛萎缩）、关节炎、心功能不全（心律不齐和心衰）以及促性腺激素分泌不足引起的性腺功能低下。肝受侵最早。定期放血对去除体内铁质有一定效果（放血 500ml，每周 1～2 次）使转铁蛋白饱和度低于 50% 和血清铁蛋白低于 50ng/ml，可降低肝硬化发生和提高生存率。

【病理变化】 含铁血黄素颗粒（呈金黄色或黄褐色）沉积于肝小叶的汇管区周边肝细胞（腺泡Ⅰ带），朝向腺泡Ⅱ、Ⅲ带（中央静脉周围）呈梯度减少。出现临床症状后，在肝小叶弥漫分布，围绕毛细胆管和胆小管聚集。铁沉积水平增高时，Kupffer 细胞聚集形成铁结节。铁沉积也见于胆管上皮细胞。汇管区纤维化伸入小叶内，继续延伸形成桥接纤维化和小结节性肝硬化。一般无明显炎症表现。肝细胞癌发生率为 15%，主要为男性，去除铁质并不能阻止癌的发生。癌细胞少见或无含铁血黄素沉积。继发性铁质沉着，含铁血黄素颗粒均位于 Kupffer 细胞内，肝细胞不受累。

铁质沉着可通过 Perls 染色（亚铁氰酸）或普鲁蓝（Prussian）反应呈蓝色颗粒。

其他原因导致的肝铁质沉着有以下几种。

（1）新生儿（围生期）铁过量：为少见疾病，特征为显著的肝细胞坏死、实质巨细胞变、铁质沉着、纤维化及肝实质结节。病因不清，可能为环境因素与肝内形成的内源性因子相互作用所致。

（2）地中海贫血以及其他慢性贫血（常称为继发性血色素沉着症）：也见肝内铁过量伴纤维化及肝硬化。Kupffer 细胞及巨噬细胞铁质沉着在病变早期即可出现。输血相关性丙型病毒性肝炎除铁质沉着外，汇管区及小叶内常见大量淋巴细胞浸润。含铁药物的治疗及南非黑人应用铁容器酿造传统啤酒，可导致混合性的网状内皮细胞及肝细胞铁质沉积。常染色体显性遗传缺陷病、原卟啉症（红细胞生成性原卟啉症）为外显亚铁螯合酶变异，引起血红素合成异常，原卟啉（卟啉及卟啉前体物质）过度蓄积与分泌。除有光敏性皮肤损害、神经系统功能障碍外，少数出现肝脏损害，并可见汇管区周围肝细胞内铁质沉着，但一般较轻。

（四）肝淀粉样变性

淀粉样变性是一种由于原发性家族性遗传性或继发性（慢性炎症、恶性肿瘤生长或者其他情况）等原因引起的以淀粉样物质系统性（全身多脏器）沉着或局灶性（心、内分泌肿瘤等）所致的疾病。系统性淀粉样变，98% 淀粉样蛋白沉积于肝，单独肝受累少见。

淀粉样物在光镜下呈均匀和无定形物，刚果红是最特异的染色；偏振光镜下呈苹果绿双折光；电镜下由线状无分支的纤维聚集而成，纤维直径 7.5～10nm，长度不确定。各类型淀粉样物质在刚果红染色和电镜检查时呈相同外观，然而其组成不同。原发性淀粉样变性（primary amyloidosis），淀粉样原纤维由一种单克隆免疫球蛋白轻链（κ 或 λ）的可变部分组成（amyloid L，AL 型）；继发性淀粉样变（secondary amyloidosis）中的原纤维由蛋白 A 组成（amyloid A，AA 型，它不是一种免疫球蛋白）；家族性淀粉样变（familial amyloidosis）中的纤维是由一种突变的甲状腺素视黄醇转运蛋白组成（amyloid F，AF 型）；老年系统性淀粉样变性中纤维则是由正常的甲状腺素视黄醇转运蛋白组成（amyloid SC1，ASC1 型）；长期透析所产生的淀粉样物是由 β_2 微球蛋白组成。利用各型纤丝对高锰酸钾的抵抗力的差异(在刚果红染色前进行高锰酸钾预处理,AL 呈刚果红阳性,而 AA 为阴性),放射性核素标记对血清淀粉样成分的特异性,免疫组化染色对淀粉样物质纤丝的鉴别,可进行分类诊断。

【临床表现】 多样,原发性淀粉样变多见于多发性骨髓瘤,主要表现为肾病综合征或肾功能不全、充血性衰竭、腕管综合征或感觉运动性周围神经病。继发性淀粉样变最常见的病因是类风湿性关节炎、克罗恩病。家族性淀粉样变性的特征是感觉运动性周围神经病、心肌病,肾病不常见。尽管系统性淀粉样变常常累及肝,但很少出现肝病表现。肝脏受累可引起肝脾肿大(与肝酶异常不成比例),肝外胆管淀粉样物沉积引起的胆汁淤积性黄疸与患者存活时间短有关。实验室检查血清碱性磷酸酶有轻中度增加、转氨酶正常或轻度上升、胆红素多正常。蛋白尿和血清中发现 M 蛋白。淀粉样变性的确诊依据皮下脂肪、骨髓、直肠黏膜(包括黏膜和黏膜下层)和肝活检组织病理学检查发现淀粉样物质。

【病理变化】 肝大,色苍白,质硬如橡皮,有时呈蜡样。光镜下见淀粉样物呈均一嗜酸性细胞外物质,主要沉积于肝窦周间隙、汇管区和小动脉管壁内(继发性淀粉样变性)。Disse 腔内的淀粉物沿血窦分布,可导致肝细胞板萎缩及肝窦狭窄。偶尔可导致肝内淤胆和门脉高压。也可见到淀粉样蛋白沉积形成球形小体,直径 5～50μm,同心分层状。汇管区可见轻度淋巴细胞浸润,少数有淤胆和微小钙化灶。

(五) 肝糖原储积症

肝糖原储积症(糖原储积病,glycogen storage disease)是由于糖原合成或分解过程中某些酶的遗传性缺陷或结构异常,导致机体各组织细胞内糖原异常增多的一组疾病。多数是糖原分解酶缺乏,少数则因糖原合成酶缺陷所致。可累及各种组织器官,主要见于肝脏、心肌、肾及肌肉等部位。根据所缺乏的酶的种类和糖原沉积部位不同,目前已知本病至少可有 10 余种类型。肝脏病变最明显的是Ⅰ型和Ⅱ型。

【临床表现】 Ⅰ型糖原储积症临床较多见,为常染色体隐性遗传病。由葡萄糖-6-磷酸酶缺乏引起。主要累及肝和肾,不侵及心肌和肌肉。常在婴儿起病,临床主要表现为患者生长延缓、体型矮小(但无智力障碍,肝、肾肿大),低血糖,高脂血症,乳酸增高,复发性感染,黄疸和肾病。肝弥漫性肿大和可能致命的低血糖是其特征。Ⅱ型为全身性糖原储积病,由溶酶体酸性 α-糖苷酶缺乏引起,常染色体隐性遗传,可见于婴儿和成人。婴儿型除肌无力、肝、舌肿大外,心力衰竭为其临床特点,多在 1 年内死亡。幼儿型主要为肌无力、肝、心不同程度受累,多在 20 岁死亡。成人以慢性肌病为主。Ⅲ型为淀粉酶-1,6-葡萄糖苷酶缺乏所致,糖原由磷酸化酶分解后不能彻底分解为葡萄糖,沉积于肝脏和肾脏。少数病例发展为肝纤维化,但肝硬化少见。肾脏大小基本正常。临床多见于婴儿,类似Ⅰ型,但可发生脾肿大。Ⅳ型为淀粉葡萄糖苷酶缺乏,糖原合成障碍,糖原分子结构异常。临床罕见,主要表现为胃肠炎、骨质疏松、心力衰竭、进行性肝硬化。Ⅵ型为肝磷酸化酶缺乏表现为肝大、低血糖、进行性神经系统退化、智力障碍。Ⅷ型为肝磷酸化酶激酶缺乏,主要为肝脾肿大、神经退化相对较轻。Ⅸ型为肝磷酸化酶-6-激酶缺乏,表现为肝脾大、酸中毒、无低血糖。Ⅹ型为环磷酸腺苷酶缺乏,肝显著肿大,但无酸中毒和低血糖。各型中以Ⅰ型最常见。临床治疗维持血糖十分重要,部分患者肝移植可能有一定效果。

【病理变化】 肝脏显著肿大、色苍白。根据不同亚型,肝表面呈光滑或结节状。镜下细胞质和细胞核内大量糖原沉积,肝细胞肿胀、胞质空淡、核小居中或呈空泡状(糖原核)。不同亚型的组织病理学特点如下。

(1) Ⅰ型:以肝细胞质中心发生脂变为主,肾小管上皮细胞内糖原堆积。

(2) Ⅱ型:轻度肝大,肝细胞质内溶酶体糖原堆积,使之呈气球样改变,无纤维化及脂肪变。心脏肿大、心肌细胞质糖原沉积。骨骼肌糖原沉积。舌肿大。

(3) Ⅲ、Ⅳ、Ⅵ型:以纤维化和肝硬化为特征。

(4) Ⅹ型:肝内可见薄的弥漫性纤维间隔,无肝硬化。

（5）Ⅰ、Ⅲ、Ⅵ型：见糖原核。

（6）Ⅳ型：肝细胞内见大量支链淀粉物质，边界清楚大而透明的包涵体，不受淀粉酶分解，PAS染色阳性。

（7）Ⅴ、Ⅶ型：不累及肝脏，主要影响骨骼肌（Ⅴ型）或红细胞（Ⅶ型）。

（六）Gilbert综合征

Gilbert综合征（体质性肝功能不良）是一种常染色体显性遗传性疾病，因肝胆红素的尿苷二磷酸葡萄糖醛酸转移酶（UDP-GT）活性减低（仅为正常人的30%左右），导致肝细胞摄取非结合胆红素功能障碍，出现轻度或间歇性非结合性胆红素血症。

【临床表现】 以慢性、良性、间歇性黄疸（应激或饥饿时），轻微的高胆红素血症为特征。多见于健康青少年，预后良好，不需治疗。

【病理变化】 一般无明显改变，少部分患者见脂褐素在中央静脉周围肝细胞内增加，无汇管区和小叶炎症。电镜下见肝细胞滑面内质网增生。

（七）Dubin-Johnson综合征

Dubin-Johnson综合征（慢性特发性黄疸）是因为染色体10q23-q24上的MRP2（cMOAT）基因遗传性缺陷，其编码的结合型胆红素毛细胆管多种特异性器官阴离子运载体（multispecific organic anion transporter，MRP2）缺乏，导致肝细胞排泄结合胆红素先天性功能障碍。

【临床表现】 以慢性和间歇性轻度黄疸为特点，伴结合型高胆红素血症，无淤胆表现。无需治疗。

【病理变化】 肝呈黑色、黑绿色或灰褐色。光镜下，肝小叶结构正常，中央静脉和毛细胆管周肝细胞内见多量粗颗粒状、棕黑色的色素。无汇管区和小叶炎症。电镜下色素呈高密度有界膜的包涵物，多数集于毛细胆管周围。色素组织化学染色类似于脂褐素（PAS呈不同程度阳性且抗酸）。

（八）Niemann-Pick病

Niemann-Pick病（鞘磷脂沉积症）是一种常染色体隐性遗传病，1914年Niemann首先报告。因神经鞘磷脂和溶酶体葡萄糖苷酶缺乏，水解神经鞘磷脂障碍，导致鞘磷脂和游离胆固醇在脑、脾、肺、淋巴结尤其在单核-吞噬细胞内沉积。

【临床表现】 多样85%为婴儿型，进行性智力障碍，肝脾淋巴结肿大，伴肺、骨髓病变，多死于5岁前。慢性病例，症状出现晚，病情轻，预后相对较好。

【病理变化】 肝脾肿大，黄色而有光泽、脂腻感。镜下见大量巨大的泡沫状含脂细胞，称Niemann-Pick细胞（泡沫细胞），直径20～100μm，圆形或多角形，核圆、偏位、多核或单核，苏丹Ⅲ和PAS染色阳性。这种细胞聚集于受累组织，如肝窦、脾窦、淋巴窦、骨髓、肺泡腔等处。病变肝细胞、Kupffer细胞、汇管区巨噬细胞呈不同程度磷脂沉积。肝小叶结构完整，汇管区缺少炎细胞浸润和纤维化。电镜下Niemann-Pick细胞胞质内含脂质包涵体，常由同心圆的髓样板层组成，周径50μm，其表面偶见高电子密度的黑色颗粒。肺泡上皮、中枢神经系统的神经元、胶质细胞、神经节等细胞质可呈泡沫状。

婴儿型见新生儿肝炎改变。

（九）纤维囊性肝病

肝胆纤维多囊性疾病包含了一系列累及肝内胆管的先天性异常，属肝脏囊性疾病3组中最大的1组。第2组为胚胎前肠先天性缺如所致囊腺瘤和囊腺癌。第3组来源于细粒棘球蚴感染引起囊性肝病。由于胆管上皮过度增生，由此形成充填着液体的扩张空间，并有门脉纤维化形成和胚胎胆管板重塑异常。病变起源于处于发育中胆树的不同部位的畸形，包括以下几种类型。

（1）多囊肝：肝实质内有4个以上薄壁囊肿，内衬胆管上皮呈扁平或立方形，囊肿分散于整个肝脏或累及一叶靠近汇管区或位于汇管区内。属常染色体显性遗传病，可单独或与遗传型多囊肾相伴发生。

（2）单纯肝囊肿：一般不超过4个囊腔，内衬胆管上皮，与胆树不相连。

（3）von Meyenburg复合征：也称胆管微小错构瘤，无症状常于活检时偶然发现。组织学见汇管区周围结构紊乱，纤维基质中有数目不等的扩张胆管，成簇的见于门管附近，小胆管腔内含有浓缩的胆汁和（或）红染蛋白分泌物,管内壁衬扁平单层上皮,无异型。胆管间纤维间质呈玻璃样变性。胆囊型很少有发展为胆管癌的报道。

(4) 先天性肝纤维化:是一种肝小叶间胆管纤维性毁损的少见病变。认为是患者在出生时存在肝小叶间胆管板畸形,这些未成熟的胆管遭毁损性胆管炎后,胆管丧失和肝纤维化。门脉分支发育不良或受压,可引起门脉高压。临床有4种表现形式,包括门脉高压、胆管炎、门脉高压胆管炎(混合型)和隐匿型。以门脉高压型最常见,肝功能基本正常。胆管炎以发热、黄疸、胆汁淤积性肝酶升高为特点。半数以上伴有肾疾病,且与常染色体隐性遗传的多囊肾疾病相伴随。肝脏病理学特征为汇管区的纤维化扩大。汇管区之间形成桥接状粗大纤维索,纤维瘢痕内含不正常的胆管,内衬立方上皮。肝组织被含有许多胆管的纤维间隔所分隔,门静脉分支发育不良、缺失或受压。

八、妊娠与肝病

正常妊娠时肝脏无特异表现。妊娠肝病的发生率很低。一般可将妊娠期的肝病分为下列3种情况:①妊娠特异性发生,即仅在妊娠期发生的肝病;②先前存在的肝病在妊娠期变化,需慎重处理妊娠的负担;③与妊娠状态同时发生的肝病。这些肝病大多数对妊娠产生不利影响,但自然病程一般不受妊娠的影响。下面仅就妊娠特异性肝病做一简述。

(一) 妊娠剧吐

妊娠剧吐指妊娠期间的剧烈恶心与呕吐,可因脱水导致酮症而需住院,约发生在1% ~ 1.5%的孕妇。极少需肝活检,组织学发现不多,无脂肪浸润和炎症。有时可见小叶中央肝细胞脂肪变性,甚少胆栓形成。

(二) 妊娠急性脂肪肝

妊娠急性脂肪肝临床很少见,为妊娠最后几周发生的严重合并症。初产妇与经产妇均可受累。近年来研究认为该病伴有遗传性脂肪酸β-氧化酶缺陷。有资料提示,当胎儿的β-氧化酶缺乏,在妊娠后期可以引起母体肝脏脂肪变性,特别是母体属于杂合子性的。

【临床表现】 初起为恶心、呕吐、腹痛,继之黄疸、厌食、可伴有胃肠道出血、先兆子痫、急性胰腺炎。血清转氨酶升高,高胆红素血症,重者出现低血糖、肝肾功能衰竭、弥散性血管内凝血。当发生爆发性肝功能衰竭时,可引起婴儿早产且多为死产。终止妊娠能使病情恢复或改善。

【病理变化】 肝细胞微泡性脂肪变性,以腺泡2、3带最明显,重度脂肪变性可呈弥漫性分布。少数病例大泡性与微泡性脂肪变共存。毛细胆管及肝细胞淤胆。肝小叶结构多属正常,汇管区和小叶内见轻度淋巴细胞浸润及少数嗜酸粒细胞和浆细胞浸润。Kupffer 细胞增生,并发 DIC 时可见急性出血。

(三) 妊娠肝内胆汁淤积症

妊娠肝内胆汁淤积症为可逆性淤胆,常发生于妊娠中、晚期,分娩后自然消失,以妊娠期皮肤瘙痒为特征,伴有或不伴有黄疸和脂泻。肝胆转运蛋白杂合性突变时易发生本病。

【临床表现】 多数患者只有瘙痒,少数人由于剧烈瘙痒、黄疸及脂肪吸收异常而影响生活质量。多见于经产妇,再次妊娠可复发,母亲的预后较好,但对未出生婴儿为致死性病变,主要合并症为早产。

【病理变化】 胆小管及肝细胞胆红素淤积,尤其是小叶中央区。汇管区大小正常,有时可见轻度淋巴细胞浸润或轻度胆小管增生,肝小叶内炎症和坏死少见。

(四) 妊娠毒血症(先兆子痫/子痫)

先兆子痫是原因不明的多系统疾病。以妊娠晚期出现高血压、水肿、蛋白尿和抽搐等症状为特征。多见于年青初产妇。

【临床变化】 进展性和重症可快速出现高血压、头痛、呕吐及抽搐(子痫)、胰腺炎或肺水肿。10%患者累及肝脏,肝大,肝包膜下血肿形成。重者出现肝功能损害并可见血清转氨酶或碱性磷酸酶中度升高、高胆红素血症、高尿酸血症、低蛋白血症及凝血酶原时间延长。终止妊娠病情会迅速缓解。

【病理变化】 肝被膜以及切面出现弥漫分布的细小斑状出血。内皮损伤和破坏可导致血管内凝血,纤维素血栓可见于门脉血管和周围肝窦,伴有不同程度的出血和肝细胞坏死。重症肝小叶周边或多小叶发生融合性、亚大块坏死，网状支架塌陷，但炎症反应较轻。少见的合并症为被膜下血管瘤破裂以及肝组织梗死，常常为致死性。

九、胆汁淤积及胆道病变

淤胆是指胆汁分泌及流出显著减少或停止，可因肝实质细胞分泌功能障碍和从胆小管至 Vater 壶腹的胆汁外分泌通路阻塞所致。肝内淤胆是指病变原发于肝内实质细胞以及肝内胆管。例如进展性家族性肝内淤胆Ⅲ型，包括小胆管磷脂转运缺陷及小叶间胆管损伤。肝外淤胆发生于大胆管部位的胆汁外分泌被阻断，包括肝组织以外的胆管沿线（胆石、胆管肿瘤以及胆管狭窄）以及大的肝门部肝内胆管。有时病变累及肝内及肝外胆管称混合性淤胆。见于新生儿的“肝外胆管闭锁”以及成人和儿童的原发性硬化性胆管炎。胆汁分泌阻塞可分为完全性淤胆（胆汁分泌完全停滞，并伴有胆盐和胆红素潴留，可呈功能性和阻塞性）；不完全性淤胆（一般指肝内或肝外胆管不完全性部分性阻塞、伴有胆盐而不是胆红素潴留）。不完全性肝内淤胆多数是由于肝内胆管阻塞性疾病（胆管消失性疾病）所致。例如原发性胆汁性硬化（PBC）以及原发性硬化性胆管炎（PSC）。不完全性肝外淤胆为大胆管不完全性阻塞（狭窄）所致。

（一）急性完全性胆汁淤积

急性完全性胆汁淤积表现为：①首发于小叶中心区肝细胞内的色素颗粒和细胞间可见扩张程度不一的小胆管内胆红素着色的浓缩的胆栓（胆小管胆红素沉积）；②胆酸潴留引起的肝细胞损伤甚至死亡（坏死或凋亡）；③被活化的 Kupffer 细胞吞噬坏死细胞碎片及小胆栓，形成 Kupffer 细胞内的胆红素淤积；④汇管区结缔组织水肿（呈圆形）是肝外阻塞引起的完全性淤胆更具特征的标志；⑤早期“小胆管反应”。很多药物可造成急性胆汁淤积。

（二）慢性完全性胆汁淤积

慢性完全性胆汁淤积表现为：①肝细胞内和小胆管内的胆汁淤积并向小叶边缘扩展；②胆汁淤积区继发少量淋巴细胞浸润；③肝实质细胞可出现慢性不完全性淤胆表现。

（三）慢性不完全性胆汁淤积

肝实质由于受淤积胆汁作用，可出现膜损伤效应及以下几种基本形态学改变。

1. 胆酸盐淤积　汇管区肝细胞肿胀、淡染、粗颗粒状。细胞内含有溶酶体、铜颗粒、混合铜结合蛋白，呈罗丹宁铜及地衣红（小分子金属结合蛋白）染色阳性。以后可见 Mallory 小体、胆红素包涵体、胆管型中间丝的细胞骨架结构（细胞角蛋白 CK7 阳性），并从界板向小叶中心呈递减性扩展。

2. 胆汁淤积性肝细胞花环　具有慢性淤胆的诊断性特征。表现为肝细胞向胆管细胞型转变，由一个细胞厚度的板状结构形成腺样或管状结构，呈 4 个或以上的肝细胞围绕中央的管腔，腔内可空虚或含有嗜酸性物或浓缩的胆汁着色物质（彩图 7-13）。管状排列的肝细胞部分或全部出现羽毛状变性，并可表达胆管型细胞角蛋白（CK）以及组织多肽抗原。

3. 羽毛样变性　为慢性完全或不完全性淤胆性病变的进一步发展，由于胆盐毒性作用使单个或成团的肝细胞肿胀，细胞核固缩，细胞质稀疏淡染呈细网状，伴有胆色素沉积。

4. 黄色瘤样细胞　为长期完全或不完全性淤胆的特征表现。慢性淤胆伴有高血脂时，含有脂质的组织细胞胞质呈泡沫状，单个或成团的积聚在肝实质内或汇管区。

5. 胆管梗死　见于长期严重淤胆时，汇管区较大胆管阻塞及坏死，伴肝细胞坏死，坏死区中央可见胆红素着色。以后梗死的胆管逐渐被机化的结缔组织取代，最后形成纤维瘢痕。

6. 实质内多核细胞　由数个单核肝细胞融合而成，见于新生儿淤胆性肝病时对损伤产生的非特异性反应。多核细胞内常含有胆红素、脂褐素、含铁血黄素或混合性色素颗粒。巨细胞坏死后，周围有中性粒细胞浸润。

7. 髓外造血灶　也见于新生儿淤胆性标本中，由小团红细胞的前体细胞（有核红细胞）、髓样前体细胞以及巨核细胞混合而成。

慢性不完全性和完全性淤胆的汇管区周围结构性改变：包括小胆管反应（小胆管呈条索状、切面数量增加）；小胆管重吸收（胆管上皮细胞内可见空泡及胆红素、脂褐素聚积）；

胆汁状碎屑状坏死(小胆管反应向周围扩展、伴有汇管区周围实质内炎症以及胆酸盐淤积,导致实质与汇管区交界处不规则);小胆管周围纤维化,形成相邻汇管区纤维性连接;胆汁性纤维化(汇管区与汇管区间隔纤维化),但不伴有小叶结构的破坏;病变晚期小叶结构破坏改建,纤维分割,肝细胞结节状再生形成假小叶即胆汁性肝硬化。

(四) 原发性胆汁性肝硬化

原发性胆汁性肝硬化(primary biliary cirrhosis,PBC)是一种以肝内胆管破坏为特征的慢性淤胆性肝病。一般认为是自身免疫疾病,常伴其他自身免疫性疾病,抗线粒体抗体(AMA)阳性,特别是抗丙酮酸盐脱氢酶的M亚型 M_2 及 M_3 抗体阳性多见,也比较特异,可作为与自身免疫性肝炎和原发性硬化性胆管炎的鉴别诊断指标。

【临床表现】 临床多见于女性,隐性发病并伴皮肤瘙痒,后期可见疲劳和肝脾大、黄疸。肝外表现有骨痛伴骨质疏松,CREST综合征(钙质沉着、雷诺现象、食管运动不良、硬皮病、毛细血管扩张)、干燥综合征、乳糜泻、甲状腺炎、类风湿关节炎及眼睑皮肤黄色瘤。病变进展出现门脉高压、腹水、肝性脑病以及并发肝细胞癌。高胆红素血症出现较迟且进行性加重。预后不良。

【病理变化】 基本病变为慢性非化脓性破坏性胆管炎,最终导致肝硬化。病变大致分为4期。

(1) Ⅰ期:小叶间胆管损伤(上皮细胞变性及炎性浸润)。表现为:①小叶间胆管上皮空泡化、核固缩及假复层排列、胆管扩张以至胆管消失;②炎细胞聚集在损伤胆管周围,主要为淋巴细胞,有时形成淋巴滤泡。并见明显的嗜酸粒细胞、浆细胞和中性粒细胞浸润;③淋巴细胞破坏胆管上皮,可形成上皮样肉芽肿;④较小胆管周围的水肿或纤维化可能为远端阻塞较重的结果。由于取材的局限性,因而没有确切的组织学诊断。

(2) Ⅱ期:小叶间胆管减少。表现为:①约60%汇管区小动脉旁不见胆管;②增生的小胆管呈单层扁平或柱状上皮,缺乏内腔,胞核深染,胞质中含脂质,形成黄色瘤样病变;③增生胆管周可见炎细胞浸润。

(3) Ⅲ期:汇管区界板肝细胞出现胆汁性碎屑样坏死和桥接纤维化。

(4) Ⅳ期:汇管区胆管消失、纤维化并分隔,肝细胞结节状再生,最后导致胆汁性肝硬化。间隔周围和汇管区肝细胞内可见大量铜和铜结合蛋白沉积。

(五) 原发性硬化性胆管炎

原发性硬化性胆管炎(primary sclerosing cholangitis,PSC)为成人常见的慢性进展性淤胆性疾病,发病机制不清,现认为与HLA相关的遗传因素、自身免疫异常、胆管感染以及肠毒素吸收等因素共同作用有关。

【临床表现】 主要见于中青年男性,一些文献认为50%~75%发生于有溃疡性结肠炎病变的患者。主要症状为复发性黄疸、瘙痒、过多的色素沉着和表皮脱落;发热、腹痛、肝脾大;并发胆汁性肝硬化时,可出现门静脉高压、食管静脉曲张和腹水。其他伴随疾病有胰腺炎、类风湿性关节炎、干燥综合征、系统性红斑狼疮和支气管扩张等。也可见于仅肝功能异常的无症状者。胆管上皮有非典型性增生时与胆管癌关系密切。血碱性磷酸酶可持续明显升高,转氨酶升高,血清胆红素高水平与病变进展有关。

【病理变化】 各级胆管炎症、狭窄、纤维化性和囊性扩张,其特征性改变为:①胆管周围呈向心性层状纤维化即洋葱皮样管周纤维化,可累及小、中、大胆管,受累胆管上皮变性、萎缩、消失,最后被纤维瘢痕组织所取代,PAS-淀粉酶染色显示受损胆管基膜增厚或者皱缩消失,有助于诊断,病变后期小叶间胆管消失,局部毛细胆管增生,桥接纤维化,导致胆汁性肝硬化;②淋巴细胞浸润见于汇管区,偶见浆细胞和嗜酸粒细胞,界板可见碎屑样坏死;③肝小叶可见单个核炎细胞浸润,病变后期胆汁淤积显著,特别是汇管区周边和间隔周边的肝细胞。细胞内并可见Mallory小体及铜盐和铜结合蛋白。

十、自身免疫性肝炎

自身免疫性肝炎(autoimmune hepatitis,AIH)是一种遗传易感性肝病,其病因不明,一般认为是遗传易感性的人失去对自身抗原的耐受，75% 为 HLA-B_8、DR_3 或 DR_4 阳性的个体，包括循环中出现自身抗体和血清免疫球蛋白水平增高。

【临床表现】 90% 见于女性，各年龄组均可见到。为持续进展和慢性波动病程，临床表现变化多样，从无症状期波动性到首次发病时已呈现肝硬化。偶尔出现暴发性肝衰竭，激素治疗反应差，晚期需紧急肝移植治疗。肝外损害包括类风湿关节炎、甲状腺炎、肾小球肾炎、溶血性贫血、甲状腺功能亢进和糖尿病等。根据血清自身免疫性标志物可进一步分型。

（1）Ⅰ型（基本型）：抗核抗体（ANA）、抗平滑肌抗体（SMA）、抗肌动蛋白抗体（AAA）、抗中性粒细胞胞质抗体（非典型核周 ANCA）阳性。

（2）Ⅱ型：一般发生于儿童及青年，其特征是出现抗肝-肾微粒体抗体（抗 LKM-1）、抗肝细胞溶浆抗原（抗 LC-1）阳性。

（3）Ⅲ型：抗可溶性肝抗原抗体（抗 SLA）阳性。肝功能检测，血清转氨酶上升比胆红素和碱性磷酸酶升高明显，白蛋白下降和高球蛋白血症，尤其 γ 球蛋白和 IgG 升高、凝血酶原时间延长。

临床还可见重叠综合征的 AIH 特征与原发胆汁性肝硬化或原发性硬化性胆管炎的特征共存，不同疾病状态的同时存在，一种自身免疫性肝病转变成另一种类型，自身抗体阴性的 AIH（隐源性肝炎或肝硬化）。

【病理变化】 呈慢性肝炎表现。汇管区中度淋巴细胞和大量浆细胞浸润，侵犯汇管区周边的肝细胞边界（界板），并浸润至周围的实质（门脉周围浸润、碎屑坏死、界面肝炎及其小叶肝炎）。急性活动期小叶内肝细胞肿胀、气球变性、肝细胞形成花环样或腺体样结构。重型并发桥接坏死和融合性坏死。少数患者表现为中央静脉周围肝细胞坏死、脂肪变性、嗜酸性小体形成、伴淋巴细胞和浆细胞浸润。除了轻型外，后期均出现纤维化，形成桥接纤维化（P-P 或 T-V 相连），使小叶变形，出现再生肝细胞结节，导致肝硬化。

皮质激素治疗后，汇管区及小叶内病变可减轻。

应注意与慢性肝炎、PBC 等胆汁淤积性疾病鉴别。伴有胆管炎症损伤及胆管周纤维化时应考虑 PBC。

十一、肝细胞瘤样病变及肿瘤

（一）结节性再生性增生

结节性再生性增生（nodular regenerative hyperplasia，NRH）为分布于全肝的肝细胞结节，结节间无纤维分隔，常与全身性疾病有关以及伴有门脉高压症。本病多见于中年女性，其发病可能与长期口服避孕药、风湿病、炎症性肠病、淋巴瘤、肾移植、糖尿病、动脉血栓形成以及硫唑嘌呤等药物使用有关。其家族性发生也已被证实。可能为肝细胞对肝内血流异常分布的一种适应性代偿性增生。

【临床表现】 多无症状，部分可见门脉高压、血清碱性磷酸酶（ALP）、谷氨酰转肽酶（GGT）轻度升高，AFP 阴性。个别病例进展为肝硬化，甚至肝功能衰竭。

【病理变化】 大体标本见肝内弥漫性分布的 1～5mm 大小结节，结节间无明显纤维间隔。镜下见正常结构被单一腺泡的再生肝细胞结节取代，肝细胞呈单层或双层排列，可见双核细胞，无明显异型；结节周围被挤压萎缩的肝细胞索包绕而无纤维增生；结节旁肝组织可见肝血窦扩张。汇管区周围肝细胞 α_1-抗胰蛋白酶染色可阳性。

（二）局灶性结节性增生

局灶性结节性增生（focal nodular hyperplasia，FNH）是由 Rogers 等于 1981 年报道的一种良性瘤样病变，属于增生而不是肿瘤。病变有异常血供，但一般无临床意义。目前认为是肝脏对血管畸形的反应性增生，可能因病变区无门静脉分支或门静脉血流受抑制，动脉血流代偿性增加而管径增大，使肝窦供血动脉化或血流量增加，从而导致肝细胞结节性增生。

【临床表现】 以女性多见，通常无症状，较大者可有肝区疼痛。多在手术或影像学检查时见到发现。无特征性血标志物。肝功正常，AFP 阴性。合并症少见。其重要性在于与肝细胞腺瘤及肝细胞癌鉴别。

【病理变化】 大体多为单发结节，黄褐色或浅棕色，与周围境界清楚，但无包膜，有时分叶或带蒂，直径约 5cm。镜下特征病变是星芒状的纤维瘢痕灶位于结节中央向周围放射，将瘤体分割为多个小结节。纤维间隔瘢痕包含有大小不等畸形血管如较大的静脉血窦、管腔狭窄（偏心的）或闭锁的小动脉，但没有中央静脉。结节内为增生的肝正常细胞，排列小于2个肝细胞。化生的肝细胞排列成管状结构、腔不明显，常位于纤维间隔和肝实质边缘区。少数发生破裂出血或钙化，无恶变倾向。

（三）肝细胞腺瘤

肝细胞腺瘤是源于肝细胞的良性肿瘤，通常发生于生育期女性，其发病与长期口服避孕药有关，停止用药病变偶尔可完全消退。少数见于无口服避孕药的妇女和儿童以及服用性激素的成年男性。可伴有糖尿病、糖原储积病以及其他遗传性疾病。其发病机制不明，可能为雌激素直接诱导正常肝细胞向肿瘤转化；或胰高血糖素和胰岛素失衡，引起肝细胞内糖原超载和原癌基因的激活。

【临床表现】 极其少见。与局灶性结节性增生相比，腺瘤常伴发症状，如腹痛、腹胀、腹部肿块，并可导致严重甚至是致死性的腹腔出血（6%左右）。多数患者20～50岁，也可见于儿童。肝功能正常，少数血清转氨酶及碱性磷酸酶增加，AFP阴性。

【病理变化】 大体多为单发球型结节，黄褐色，可有蒂，直径5～30cm。个别情况下呈多发，可超过10个以上，称为肝细胞腺瘤病。肿瘤包膜完整或部分包膜，表面血管丰富，切面灰黄或浅褐色，质地柔软易碎，中央区可见灶性出血坏死。镜下见，肿瘤细胞分化良好，近似于正常细胞，排列成小于2个细胞厚度的条索状结构，并被肝窦分隔，Kupffer细胞常见。可见伴有胆栓的小胆管，但没有汇管区及中央静脉胆管。所以只接受单一外围动脉供养，没有静脉血供。肿瘤细胞比正常肝细胞大，细胞质空淡，内含丰富的糖原或脂肪；或伴有嗜酸性颗粒样胞质。并可见脂色素、含铁血黄素、胆汁、上皮样肉芽肿和Mallory小体。免疫组化染色，75%雌激素、孕激素受体阳性，20%雄激素受体阳性。从遗传水平上有大约1/3肿瘤可出现β-连接素突变。肿瘤细胞可呈非典型增生或恶变。可见腺瘤和癌共存。血管浸润和上皮膜抗原免疫染色有助于与高分化肝细胞癌鉴别。

（四）肝细胞癌

原发性肝细胞癌是世界范围内成年男性最多见的恶性肿瘤。在我国消化道肿瘤中仅次于胃癌，几乎占肝实体肿瘤的3/4。其发病与环境、饮食、生活习惯等有关。如乙型及丙型肝炎病毒通过引起免疫性损害、导致病毒性感染、抑制凋亡、刺激增生等机制诱发肝细胞癌变；酒精在肝癌发生上具有协同作用；肝硬化时肝细胞持续性过度增生、非典型性增生；黄曲霉素和相关真菌所产生的次级代谢产物在病毒感染基础上所致的细胞突变；遗传性血色病等遗传性疾病；原发性胆汁性肝硬化等自身免疫性疾病；放射性二氧化钍胶体液等均已证明与肝细胞癌发生有关。在我国多数为乙型肝炎病毒感染相关的肝癌。

【临床表现】 男性比女性更多见，尤其是伴有肝硬化的情况下。常常出现腹痛、腹水以及肝大，侵犯胆管时可出现梗阻性黄疸。可伴发系统性表现，如低血糖、高胆固醇血症、红细胞增多症、高钙血症、类癌综合征、异位生成绒毛膜促性腺激素和前列腺素等。

肝功能失代偿表现为低蛋白血症、高胆红素血症、凝血酶时间延长、碱性磷酸酶、谷氨酰转氨酶和血清转氨酶轻度升高等。肿瘤标志物检测，AFP超过正常100倍即可确诊肝细胞癌。CT扫描或MRI通常可以明确肿瘤的部位、侵袭范围以及是否为多中心性。

【病理变化】 大体上肝细胞癌可表现为单发或多发性结节，或者弥漫累及全肝。早期肝癌（小肝癌），指单个癌结节最大直径小于3cm或两个癌结节合计最大直径小于3cm的原发性肝癌，多呈球形、边界清楚、切面均匀一致无出血及坏死。晚期肝癌，重量可达2000～3000g以上。大体分为孤立型、多结节型、弥漫型以及巨块型。色灰黄或灰白、切面有出血时呈暗红色，胆汁淤积呈黄绿色。罕见蒂（源自副叶）。约34%直接侵及门静脉和（或）22%侵及肝静脉。

光镜下见，依据组织学特点WHO将肝细胞瘤分为小梁状癌、腺样癌、实性癌和硬癌。在小梁状癌，肿瘤细胞呈厚度不等的条索状排列，细胞条索之间为肝窦样血管网，肿瘤细胞之间出现胆小管结构，可经CEA免疫组化染色等方法显示，为重要的诊断特征。依据小梁的厚度又分为细梁型(癌小梁大于或等于3层细胞厚度,规则排列,其间血窦内皮细胞明显)和粗梁型(小梁细胞厚度约≥10层)。腺样癌为癌细胞排列成各种腺样(中心有扩大的内腔的小梁状癌)、腺泡样或乳头状结构,其中充斥着细胞碎片、分泌液、胆汁及巨噬细胞等。实性癌来源于形成不良的小梁,表现为肿瘤呈实心团块状排列,血窦因此难以辨认。硬癌中的肿瘤细胞条索被增生明显的纤维组织分割。肿瘤细胞的分化程度:高分化肝细胞瘤为2~3层细胞厚度的细梁状规则排列,或乳头状排列,此型往往需与增生结节进行鉴别,预后较佳;中分化肝细胞瘤具有典型的小梁样结构;而低分化肝细胞瘤则表现为梁样、实性或肉瘤样结构特点,瘤细胞出现明显异型性(彩图7-14)。由大核、多核、异型核的巨细胞构成者,称巨细胞型肝细胞癌,预后差。

特殊类型肝癌具有特定的组织学结构。透明细胞癌细胞质内含有大量糖原和(或)脂肪,致胞质呈透明状,分化中等,预后相对较佳。需与转移性肾透明细胞癌和肾上腺癌相鉴别。纤维板层状癌,瘤细胞呈多角形及重度嗜酸(电镜下出现多量线粒体)呈条索状或结节状排列,周边被较宽的平行板层状排列的胶原分开。大体上,肿瘤较大、呈黄色,多为单发、境界清楚,肿瘤中央多有瘢痕分隔或钙化。主要见于不伴有肝硬化的年轻患者,女性多见,常无肝病史,AFP阴性或轻度升高,预后一般较好。部分肝细胞瘤可呈梭形(肉瘤型)、鳞状细胞形态。

癌细胞质中有包涵体形成,表现为球形透明体(可能为AFP、α_1-抗胰蛋白酶、纤维蛋白原、球蛋白、白蛋白、铁蛋白等)、Mallory小体和其他沉积物(如巨型溶酶体、肥大滑面内质网、肌丝等)。免疫组化Hep-per-1及GPC3为敏感而特异的单克隆抗体;CK_{19}、EMA、CEA及CK_{20}等一般表达于胆管癌和转移癌,肝细胞癌不表达,可进行鉴别。

(五)肝内胆管细胞癌

肝内胆管细胞癌是起源于肝内胆管上皮最常见的肿瘤,故又称周围型胆管腺癌。其发病常与原发性硬化性胆管炎伴有或不伴有炎症性肠病、胆管囊性病变(如胆总管囊肿)、肝内胆管结石、复发性化脓性胆管性肝炎、胆管寄生虫感染(如华支睾吸虫)以及致癌物中毒(如接触二氧化钍等)有关。

【临床表现】 以中老年男性多见,腹痛和体重减轻为最常见表现,肿瘤侵犯肝门胆管发生梗阻时常见黄疸、皮肤瘙痒、发热。肝功能血清转氨酶、碱性磷酸酶、γ-谷氨酰转肽酶显著增高、凝血酶原时间延长等。

【病理变化】 大体上,肿瘤无包膜,因含有纤维间质,比肝细胞癌质硬且发白。组织学常见类型为分化好的管状腺癌(普通型),胆管样结构、内衬立方或柱状细胞、可出现筛状结构。癌细胞不含胆色素,但可有黏液,这是与肝细胞癌的区别。伴有大量纤维间质是其重要特征。分化差的稀有型癌细胞呈多形性,包括印戒细胞型、腺泡乳头状型、腺鳞状和鳞状细胞型、黏液表皮型、肉瘤样型等。肿瘤具有在肝细胞板之间沿胆管壁及神经纤维播散的趋势。免疫组化标记物,胆管细胞癌表达组织多肽抗原(TPA)、癌胚抗原(CEA)、上皮膜抗原(EMA)、CK_{19}阳性。肝细胞癌阴性,有利于两者鉴别。

十二、肝移植病理

随着1967年由美国科曼拉多州的Thmas Starzl博士实施的人类第一例成功的肝移植术,在过去数十年,肝移植病理学在肝病理学中已经完全进入了一个崭新的阶段。病理医师作为临床治疗的重要成员,在移植前参与对患者原发性疾病的评估。在获取同种移植器官的同时,通过冰冻切片明确潜在的供肝疾病(例如大泡性的脂肪变性的供肝,发生原发性移植物功能异常的危险性较高),通过半定量分析,把脂肪变的程度分为无、轻度(小于30%)、中度(30%~60%)或者重度(大于60%),最后一组被认为不适于移植。相反,微泡性脂变并非禁忌。患有原发或继发肿瘤的肝脏禁忌移植。帮助临床识别移植后的各种合并症,例如手术意外,肝动脉及门静脉血栓形成,胆管出现开裂、漏、坏死、狭窄、结石形成及感染等问题,药物反应、机会性感染、再生性疾病、移植后淋巴组织增生性疾病等。

累及非移植肝组织的所有疾病均可累及移植肝组织,另外还包括与移植相关的其他异常，如保存性肝损伤、同种异种移植物排异等。

（一）保存性损伤

保存性损伤（preservation injury）是指由于供体肝的获取、缺血性保存、移植以及再灌注所致的非免疫性移植物损伤。其发病可能与肝采集保存过程中冷缺血致肝细胞受损，当血液再灌注后肝细胞发生变性、肝内胆汁排泄障碍有关。

临床损伤发生早（移植后头两周），数周后自行性消退，表现为一过性黄疸，病变可以恢复。

【病理变化】 评估可能的保存性（缺血/再灌注）损伤，应在肝移植重新恢复血液循环后即刻进行标本取材（零时间活检）。常见的病理类型有以下几种。

（1）手术性坏死：手术标本很常见，表现为局灶性肝细胞坏死，伴成团的中性粒细胞聚集，以及散在的嗜酸性小体形成。

（2）功能性淤胆：肝小叶毛细胆管和肝细胞内胆汁淤积，伴肝细胞气球样变性，以肝腺泡2、3带明显，而汇管区大多正常。

（3）小叶中央肝细胞坏死：为重症表现，见中央静脉周围肝细胞消退，伴充血、出血，红细胞进入肝板内取代损伤肝细胞。并可见脂肪变性的肝细胞破裂，融合成大空泡（脂肪性紫癜）。严重淤胆时伴毛细胆管增生和扩张。

（二）肝同种移植排异反应

肝同种移植排斥反应（allograft rejection）是指因宿主免疫反应所致的移植肝损伤，分为体液性、急性（细胞性）以及慢性（胆管缺失性），组织学改变较为特殊。

1. 体液性排异（超急性或抗体介导的排异反应） 属极为少见的合并症，发生于肝移植后即刻或第1周内。其发病机制为抗体-补体介导的免疫反应。患者体内原有的或肝移植后出现对供肝者ABO血型不容抗体，抗体与移植物脉管发生反应，在移植后头几个小时内引发内皮损伤及血栓形成，最终导致几天之内出现凝血和出血性坏死。

【临床表现】 迅速出现手术部位出血、急性肝功能衰竭、深度黄疸、肝性脑病、腹水；血清转氨酶显著上升、凝血酶原时间延长等，若不重新肝移植则迅速死亡。

【病理变化】 肝大、青紫色，胆汁排量减少或停止，肝腺泡3带为主的凝固性和出血性坏死，可累及整个肝小叶；肝动脉、门静脉和肝静脉见纤维素性血栓、内皮肿胀、动脉壁纤维素性坏死甚至血管闭塞；中性粒细胞浸润动脉壁；肝窦内见中性粒细胞、血小板、纤维素及红细胞聚集。免疫荧光或过氧化物酶显示动脉壁及血窦有IgM、IgG及C1q、C3、C4和纤维蛋白沿血管壁呈线性沉积。

2. 急性（细胞性）**排异** 最为常见的排异反应，一般发生于移植后头3周内，有过敏史者症状出现早，晚期表现一般与免疫抑制减低有关。由于肝移植不要求供受体间人白细胞抗原（HLA）相匹配，因而有可能导致靶抗原——主要组织相容复合体（MHC）过度调节及各种黏附分子过度表达，引起异常的细胞介导的免疫反应，主要靶细胞为胆管上皮及汇管区和小叶中央静脉的内皮细胞。

【临床表现】 早期和轻度排异症状及体征均不明显。中度排异可有发热、肝大疼痛、胆汁稀薄流量少、可伴腹水。肝功能异常。血清转氨酶、碱性磷酸酶活性上升，高胆红素血症。免疫学细胞因子增加，确诊仍依赖肝穿病理诊断。

【病理变化】 细胞型排异反应有以下3方面组织学改变，确诊至少具备2个方面：①汇管区混合性炎性细胞浸润，以小淋巴细胞为主，混有较大的淋巴母细胞、免疫母细胞、巨噬细胞、浆细胞、中性粒细胞，大量的嗜酸粒细胞浸润与排异反应的严重程度和预后有关，炎细胞一般限于汇管区，而重度排异可侵入临近肝实质、甚至导致汇管区与汇管区的桥接坏死；②血管内皮炎，可见于汇管区动、静脉或中央静脉，内皮上下可见淋巴细胞浸润，内皮细胞肿胀、底层分离甚至坏死，重症炎细胞浸润中央静脉周围肝窦，同时伴周围肝细胞缺血性坏死；③非化脓性胆管病变，淋巴细胞、免疫细胞、中性粒细胞浸润小叶间胆管上皮（彩图7-15）；上皮细胞呈程度不一的胞质空泡变性或嗜酸性增强、核固缩、细胞分层、个别细胞消失；管壁结构破坏、管腔不规则或塌陷、基膜断裂不完整。其他不常见的表现包括淤胆、一些小叶单个核炎细胞浸润。重症排异中央静脉周围肝细胞缺血性融合性坏死，网状支架萎陷和红细胞浸润肝索。

为了评估排异反应的病变范围和程度，建立了数种细胞（急性）排异的分级系统，用以预测不良的临床后果。

（1）轻度（Ⅰ级）：排异反应累及少数汇管区，一般较轻且病变局限于汇管区内。

（2）中度（Ⅱ级）：排异反应累及多数或者所有的汇管区。

（3）重度（Ⅲ级）：排异反应扩展至汇管区周围区域，中度至重度小静脉周围炎扩展至肝实质，伴有小叶中心肝细胞坏死。临床肝活检病理学常用急性排异活动指数（RAI）进行半定量分级，轻度排异（RAI≤4）不需要增加免疫抑制剂药用量，中度到重度急性排异（RAI≥6）需要增加免疫抑制药用量。

3. 慢性排异 是一种以胆管减少和闭塞性血管病变同时或先后出现为特征的肝移植后合并症。一般是由重度或持续性急性细胞性排异进展而来，可导致胆管、动脉以及终末肝静脉及周围肝实质潜在的不可逆性损伤。一般发生在肝移植后60天～1年，最早见于移植后2～5周。发生率为2%～20%。

【临床表现】 以进行性胆汁淤积，肝功能异常为特点，有时症状不明显。可见持续性黄疸、血清碱性磷酸酶活性和γ-谷氨酰转肽酶增高以及高胆红素血症等。

【病理变化】 慢性排异病变主要累及汇管区和小叶中央区域，组织病理学上，最基本的诊断标准为：①出现胆管萎缩或核固缩，累及多数胆管、伴有或不伴有胆管缺失；②明确的泡沫细胞阻塞性动脉病；③胆管缺失累及50%以上的胆管。

早期可见胆管上皮细胞变性、坏死、核大深染、胞质嗜酸性变、细胞排列不规则、离断或缺失。早期动脉改变包括内膜下、中膜和外膜聚集吞噬脂质的泡沫状巨噬细胞，致内膜增厚，晚期变窄、闭塞。汇管区轻度淋巴细胞浸润，随着胆管消失，炎细胞减少，呈“烧光（brunt-out）”特征。小叶中央肝细胞气球样变性，伴重度嗜酸性坏死，肝细胞和毛细胆管淤胆。中央静脉周围纤维化，邻近肝窦胶原沉积。晚期出现桥接纤维化和终末血管闭塞，可能导致胆汁性肝硬化。

4. 急性移植肝功能衰竭（原发性无功能，primary nonfunction，PNF） 是一严重的合并症，病因病机不清，可能与采集、保存时缺血、再灌注损伤；供肝严重脂肪变性；受体相关因素如免疫介导引起的损伤；内毒素以及受体潜在原发病等有关。

【临床表现】 肝移植后第一周内发生率为2%～10%。发生于手术期时，有大量纤维蛋白溶解伴严重凝血障碍、乳酸性酸中毒和无胆汁产生、肝性脑病、肾衰竭、呼吸功能衰竭等。

【病理变化】 中央静脉周围及中带广泛缺血性坏死，红细胞进入肝板代替坏死的肝细胞。严重时可累及整个肝小叶；坏死区可见中性粒细胞浸润；一般无血管炎或血管闭塞改变。

肝移植其他合并症，有胆管狭窄、肝动脉血栓形成、门静脉血栓形成、感染、药物诱发性损伤、复发性乙型肝炎、丙型肝炎、原发性胆汁性肝硬化（PBC）、原发性硬化性胆管炎、自身免疫性肝炎、肿瘤性疾病等。有些病理变化在同种肝移植物中可同时存在，如药物毒性、病毒性肝炎、排异等，并不能相互排除。

（戴　洁　冯骥良　任乐荣）

参考文献

何德华，詹镕洲．1997．肝胆病理学．上海：第二军医大学出版社：459～501

梁扩寰，李绍白．2003．肝脏病学．第2版．北京：人民卫生出版社：429～456

武忠弼，杨光华．2002．中华外科病理学．北京：人民卫生出版社：724～758

姚希贤，徐克成．2003．肝纤维化的基础与临床．上海：上海科技教育出版社：1～46

尤金汉．希夫，迈克尔F．索雷尔，威利斯C．马德里主编．2006．希夫肝病学．北京：化学工业出版社：17～18，61～68，368～383

袁农．2008．肝活检病理与临床．北京：人民军医出版社：1～244，270～290

Goldman and Bennett［美］总主编．王贤才总主译．2003．西氏内科学．第4分册．消化系统疾病．第21版．西安：世界图书出版公司：4～299

Juan Rosai 主编．回允中主译．2006．Rosal-Ackerman 外科病理学．北京：北京大学医学出版社：917～970

Stanley R. Hamilton，Laurie A. Aaltonen 主编．虞积耀，崔全才主译．2006．消化系统肿瘤病理学和遗传学（WHO肿瘤分类及诊断标准）．北京：人民卫生出版社：194～221

Stephen S. Sternberg 主编．回允中主译．2003．诊断外科病理学．北京：北京大学医学出版社：1349～1413

第8章 呼吸系统疾病

呼吸系统疾病不仅是患者个人的问题，也是重要的社会公共卫生问题。在过去的30年中，我国恶性肿瘤发病率变化明显，肺癌死亡率由20世纪70年代位癌症死因第4位，跃居2000年的第1位，上升最为显著。肺癌的发病率在我国男性恶性肿瘤发病率中居首位，与20世纪70年代相比，女性肺癌的发病率增长了近15%，在部分发达地区，甚至在女性恶性肿瘤发病率中高居第2位。全球统计显示，肺癌在恶性肿瘤发病率中占第3位，死亡率同样排名第一。在过去的20年里，发达国家的冠心病、脑中风和其他心血管疾病的死亡率下降了20%～60%，慢性阻塞性肺疾病（chronic obstructive pulmonary disease，COPD）同期却增长了70%，美国COPD的医疗费支出是复员军人经费中最大的支出项目，仅次于心脏疾病，是第2位造成劳动力丧失的原因，是第4位最常见的死亡原因。我国最新的流行病学调查显示我国40岁以上中老年群体COPD的发病率达8.2%，同时也是我国农村地区首位、城市第4位死因。可自愈的呼吸系统感染性疾病是造成日常工作中短期病假的最常见原因之一。

第一节　支气管和肺的发育异常

支气管和肺发育异常临床上以先天性囊性腺瘤样畸形、支气管源性囊肿和肺隔离症较常见。

（一）先天性囊性腺瘤样畸形

先天性囊性腺瘤样畸形（congenital cystic adenomatoid malformation）是一种较常见的发育异常性疾病，肺实质变成多个腺样囊腔，内衬细支气管黏膜上皮，其间由疏松纤维组织分隔。病变常累及一叶肺，多为下叶受累。有时可以合并其他发育异常。如果病变较大，患者可有临床症状，表现为呼吸窘迫和发绀，需手术切除。

（二）支气管源性囊肿

支气管源性囊肿（bronchogenic cyst）可发生在肺实质和纵隔，表现为一个或多个含有液体的囊性致密肿块，具有光滑的边界，与正常肺实质不相通。囊内衬覆呼吸上皮，囊壁有平滑肌和软骨。在新生儿，支气管源性囊肿可能压迫主气道引起呼吸窘迫。在儿童，囊肿继发感染可导致出血和穿孔。多数的情况下，支气管源性囊肿没有症状，常规胸部影像学检查时被发现。囊肿通常位于皮下，偶可通过窦道向皮肤外引流。手术切除是治疗的唯一方法。

（三）肺隔离症

肺隔离症（pulmonary sequestration）是少见的先天性发育异常的肺部疾病，指肺大叶的一部分完全或部分与其他部分隔离，与支气管树无联系。可分为叶内型和叶外型。

1. 叶外型　隔离肺组织发生于脏层胸膜之外，血液供应来自主动脉。为锥形或圆形的肺组织，表面被覆胸膜，直径1～15cm。镜下可见扩张的细支气管，肺泡管和肺泡。手术切除可治愈。

2. 叶内型　是一种获得性疾病，隔离肺组织发生在脏层胸膜下肺实质内，多位于肺下叶，血液供应来自体循环动脉。其内可见充满液体的囊腔，直径可达5cm。镜下可见囊壁内衬立方或柱状上皮，腔内充满泡沫状吞噬细胞和嗜酸性物质。患者主要临床表现是咳嗽、咳痰和反复的肺部感染，常需手术切除治疗。

第二节　支气管和肺炎症性疾病

一、支气管和细支气管炎症

（一）急性气管支气管炎

急性气管支气管炎（acute track bronchitis）

笔记栏

是由生物、物理、化学刺激或过敏等因素引起的气管支气管黏膜的急性炎症。临床表现为咳嗽和咳痰。常见于寒冷季节或气候突变时继发上呼吸道感染后发病，主要为病毒（如鼻病毒、副流感病毒、腺病毒等）感染以及在病毒感染的基础上继发的细菌（如流感杆菌、肺炎链球菌等）感染。此外，吸入有害粉尘或致敏原（如二氧化硫、氯花粉、有机粉尘、真菌孢子等）也可引起急性气管支气管炎。

肉眼下可见气管支气管黏膜红肿，表面黏附白色或黄色的黏性分泌物，重症病例可见黏膜坏死和溃疡形成。组织学上，按其病变可分为3种。

1. 急性卡他性气管支气管炎（acute catarrhal tracheobronchitis） 黏膜呈斑状发红，表面覆有较稀薄的黏液性分泌物。若分泌物过多，造成支气管阻塞，则可引起通气障碍。

2. 急性化脓性气管支气管炎（acute suppurative tracheobronchitis） 常由急性卡他性炎发展而来，渗出物由黏液性转变为化脓性，炎症也可经细支气管管壁累及附近肺泡。患者常咳出黄色黏性脓痰。

3. 溃疡性气管支气管炎（acute ulcerative tracheobronchitis） 多为病毒感染合并化脓性炎引起，病情较重，早期支气管黏膜发生表浅糜烂，继而溃疡形成，并可有小出血灶。损伤程度轻者，支气管黏膜上皮由黏膜基底层细胞增生进行修复，气管支气管的结构和功能可恢复正常。损伤程度严重者，管壁由纤维结缔组织修复，瘢痕形成，甚至可引起支气管的疤痕性狭窄。

特殊类型的急性气管支气管炎包括白喉时的假膜性气管支气管炎和麻疹时的巨细胞性支气管炎等。

（二）急性细支气管炎

急性细支气管炎（acute bronchiolitis）是指管径小于2mm的细支气管的急性炎症。常见于4岁以下的婴幼儿，约90%的患儿在1岁以下。多在冬季发病，由病毒（如呼吸道合胞病毒、腺病毒、副流感病毒）感染引起，由于细支气管内腔狭窄，尤其是婴儿的气道更为狭窄，气流阻力增大，气流速度慢，病原微生物易于停留和聚集，并且婴幼儿的免疫功能发育不完善，支气管黏膜表面的IgA水平较低，因而在感染呼吸道病毒后较成人更易患细支气管炎。此外，细支气管管壁无软骨支撑，故炎症时易发生管腔阻塞，导致通气障碍、呼吸困难，严重者可出现呼吸衰竭和窒息。

【病理变化】 细支气管黏膜充血肿胀，单层纤毛柱状上皮坏死、脱落，出现增生的无纤毛柱状上皮或扁平上皮，杯状细胞增多，黏液分泌增加，管壁内淋巴细胞和单核细胞浸润。管腔内充满渗出的纤维素、炎细胞和脱落的上皮细胞，这样使管腔部分或完全阻塞导致小灶性肺塌陷或急性阻塞性肺气肿。由于细支管管壁薄，炎症容易向周围扩散累及周围的肺间质和肺泡，形成细支气管周围炎（peribronchiolitis）。

二、肺　　炎

肺炎（pneumonia）通常指肺的急性渗出性炎症，是呼吸系统的常见病、多发病。根据病因不同，由各种生物因子引起的肺炎分别称为细菌性肺炎、病毒性肺炎、支原体肺炎、真菌性肺炎和寄生虫性肺炎；根据病变累及的范围，又可称为大叶性肺炎、小叶性肺炎和节段性肺炎；按病变的性质又可分为浆液性、纤维素性、化脓性、出血性、干酪性及肉芽肿性肺炎等。临床上通常选用最能反映肺炎特征和本质的名称予以冠名。结核病主要经呼吸道传染，以肺结核病最为常见（约占结核病的90%），因此肺结核也在本节中重点阐述。

（一）细菌性肺炎

细菌性肺炎（bacterial pneumonia）是指由细菌引起的肺实质的渗出性炎症，多引起肺实变，肺实变可呈散在的斑块状或累及整个肺叶。临床上以细菌性肺炎最为常见。大叶性肺炎90%以上是由肺炎链球菌引起，肺炎杆菌、金黄色葡萄球菌、流感嗜血杆菌、溶血性链球菌也可引起，但均较少见。小叶性肺炎（lobular pneumonia）常见的致病菌有葡萄球菌、肺炎球菌、流感嗜血杆菌、肺炎克雷伯杆菌、链球菌、假铜绿单胞菌及大肠埃希菌等。军团菌肺炎（legionella pneumonia）是由嗜肺军团杆菌引起、以肺组织急性纤维素性化脓性炎为病变特点的急性传染病。

1. 大叶性肺炎（Lobar pneumonia） 典型

的自然发展过程大致可分为四期。

(1) 充血水肿期：发病的第 1～2 天，病变肺叶肿胀，重量增加，呈暗红色；切面能挤压出多量带泡沫的血性液体。镜下见肺泡间隔内毛细血管弥漫性扩张充血，肺泡腔内有多量的浆液性渗出液，其内混有少量的红细胞、中性粒细胞和巨噬细胞。渗出液中常可检出肺炎链球菌。此期患者因毒血症而寒战、高热及外周血白细胞计数升高。听诊可闻湿啰音，胸部 X 线检查示片状分布的模糊阴影。

(2) 红色肝样变期：发病后的第 3～4 天，肺叶充血、肿胀，重量增加，呈暗红色，质地变实，切面灰红，似肝脏外观，故称红色肝样变期。镜下见肺泡间隔内毛细血管仍处于扩张充血状态，肺泡腔内渗出大量纤维素，内含大量红细胞，其间夹杂少量中性粒细胞和巨噬细胞。此期渗出物中仍能检测出多量的肺炎链球菌。临床上，实变的肺叶叩诊呈浊音，听诊可闻支气管呼吸音。X 线检查可见大片致密阴影，波及一个肺段或大叶。若病变范围广泛，患者可出现发绀等缺氧症状。肺泡腔内的红细胞被巨噬细胞吞噬、崩解后，形成含铁血黄素随痰液咳出，致使痰液呈铁锈色。若病变波及胸膜，则引起纤维素性胸膜炎，发生胸痛，并可随呼吸和咳嗽而加重。

(3) 灰色肝样变期：发病后的第 5～6 天，病变肺叶仍肿大，但充血消退，呈贫血状，由红色逐渐转变为灰白色、质实如肝，故称灰色肝样变期。镜下见肺泡腔内渗出的纤维素增多，相邻肺泡纤维素丝经肺泡间孔互相连接的现象更为多见。纤维素网中有大量中性粒细胞，因肺泡壁毛细血管受压迫，肺泡腔内几乎很少见到红细胞。因在此期渗出物中，抗体的产生和吞噬作用的增强，故渗出物中不易检出细菌。因肺泡间隔毛细血管受压，血流量显著减少，使静脉血氧含量不足反而减轻，故患者缺氧状况得以改善。其他临床症状也开始减轻，咳出的铁锈色痰逐渐转为黏液脓痰。

(4) 溶解消散期：发病后一周左右进入该期。肉眼观病变肺组织部分逐渐变为黄色，质地变软，可挤压出脓样混浊液体。此时机体的防御功能显著增强，病菌消灭殆尽。肺泡腔内中性粒细胞变性坏死，并释出大量蛋白水解酶将渗出物中的纤维素溶解，由淋巴管吸收或经气道咳出。肺内炎症病灶完全溶解消散后，肺组织结构和功能恢复正常，胸膜渗出物亦被吸收或机化。临床上，在渗出物溶解过程中，听诊可闻湿啰音，患者临床症状和体征逐渐减轻、消失，胸部 X 线检查恢复正常。此期约 1～3 周。

现今常在疾病的早期即开始对患者使用抗生素类药物，干预了疾病的自然经过，故已很少见到典型的四期病变过程。病变常表现为节段性肺炎，病程也明显缩短，合并症现已少见。主要合并症有：①肺肉质变。由于灰色肝变期渗出大量纤维素，而中性粒细胞渗出过少，释放的蛋白酶量不足以溶解渗出物的纤维素，以致不能溶解清除，大量未能被溶解吸收的纤维素即被肉芽组织取代而机化。病变部分的肺组织变成为坚韧的褐色肉样外观，故称肺肉质变（pulmonary carnification）。②胸膜肥厚和粘连。大叶性肺炎时病变常累及局部胸膜伴发纤维素性胸膜炎，若胸膜及胸膜腔内的纤维素不能被完全溶解吸收发生机化，则致胸膜增厚或粘连。③肺脓肿及脓胸，自从广泛使用抗生素以来，并发肺脓肿、脓胸合并症很少见。当病原菌毒力强大或机体抵抗力低下时，由金黄色葡萄球菌和肺炎链球菌混合感染者，易并发肺脓肿，并常伴有脓胸。④败血症或脓毒败血症。严重感染时，细菌侵入血液大量繁殖并产生毒素所致。⑤感染性休克，由于严重的毒血症所致，是大叶性肺炎严重的合并症。见于重症病例，主要表现为严重的全身中毒症状和微循环衰竭，故又称中毒性或休克性肺炎，临床较易见到，如不及时抢救，可引起患者死亡。

2. 小叶性肺炎（lobular pneumonia） 以细支气管为中心的肺组织化脓性炎症，为本病病变特征。

【病理变化】

(1) 肉眼观察：肺内出现许多散在的实变病灶，病灶分布于两肺各叶，通常以下叶及背侧为重。肺表面和切面散在分布灰黄、质实病灶，病灶大小不一，由粟粒大到核桃大，多数直径 1cm 左右（相当于肺小叶范围），形状不规则，病灶中央常可见病变细支气管的横断面。严重病例，特别是幼儿，病灶可互相融合成片，甚至累及整个大叶，发展为融合性支气管肺炎。

（2）镜下观察：不同的发展阶段，病变的表现和严重程度不一致。早期病变的细支气管黏膜充血、水肿，表面附着黏液性渗出物，周围肺组织无明显改变或肺泡间隔仅有轻度充血。随病情进展病灶中支气管、细支气管管腔及周围的肺泡腔内出现较多中性粒细胞、少量红细胞及脱落的肺泡上皮细胞。病灶周围肺组织充血，浆液渗出，部分肺泡过度扩张（代偿性肺气肿）。严重时，病灶中中性粒细胞渗出增多，支气管和肺组织遭破坏，呈完全化脓性炎症改变。

因小叶性肺炎多为其他疾病的合并症，如常发生在患传染病或营养不良、恶病质、昏迷、麻醉和手术后等状况下，其临床症状常被原发疾病所掩盖。一般常见症状为发热、咳嗽和咳痰。支气管黏液受炎症及渗出物的刺激引起咳嗽、咳痰，痰液往往为黏液脓性或脓性。因病变常呈小灶性分布，故肺实变体征不明显，X线检查则可见肺内散在不规则小片状或斑点状模糊阴影。由于病变部位细支气管和肺泡腔内含有渗出物，听诊可闻及湿啰音。

小叶性肺炎如能及时有效治疗，大多可以痊愈。但小叶性肺炎比大叶性肺炎合并症较多见，且危险性也大，特别是婴幼儿、年老体弱者，并发其他严重疾病者，预后大多不良。较常见的有呼吸功能不全、心力衰竭、脓毒血症、肺脓肿和脓胸等。

3. 军团菌肺炎 1976年，一种神秘的、有着很高死亡率的呼吸道疾病在费城美国军团大会上暴发。致病菌——嗜肺军团杆菌（*legionella pneumophila*）很快被认定，它是一种需要复杂营养的细菌，有着特殊的培养特征。军团菌生活在有水的环境中，经过追踪，肺炎的爆发源于空调冷凝塔、蒸发冷凝器和建筑工地中被污染的水。人和人之间的传播并不存在，动物或人也并不能成为携带者。

【病理变化】 以肺组织急性纤维素性化脓性炎为病变特点的急性传染病。病变肺体积增大，质较硬，表面粗糙，可有纤维素附着。切面病灶呈片状或团块状，边缘模糊，呈暗灰色、实性。早期病变常限于单个肺叶，晚期可波及多个肺叶，患者可出现双肺多叶病变。严重病例可见肺脓肿形成。镜下见，大多数病例表现为肺组织的急性纤维素性化脓性炎。早期病变以大量纤维素和中性粒细胞渗出为主，常伴有肺组织和细支气管的坏死，崩解的组织及细胞碎片中常可见较多的单核细胞和巨噬细胞。病变晚期主要表现为渗出物及坏死组织的机化和间质纤维化。

【临床表现】 军团菌肺炎起病急骤，伴有倦怠、发热、肌肉疼痛，甚至会很奇怪地出现腹痛。咳嗽咳痰常见，胸膜炎引发的胸痛也偶可见到。死亡率很高（10% ~20%），特别是免疫力低下的患者。治疗可选用红霉素。

（二）支原体肺炎

支原体肺炎（mycoplasmal pneumonia）是由肺炎支原体感染引起的一种急性间质性肺炎，以淋巴细胞、单核细胞为主的炎细胞浸润肺间质为特征。肺炎支原体存在于患者呼吸道分泌物中，发病前两周可在呼吸道分泌物中查到，主要经飞沫传播，感染者多为青少年，病原体主要侵犯呼吸道，在支气管黏膜表面繁殖。

【病理变化】 肺炎支原体感染可累及整个呼吸道黏膜，引起气管炎、支气管炎和肺炎。肺部病变常累及一叶肺组织，以下叶多见。肉眼下，病变呈灶状或节段性分布、暗红色，切面可见少量泡沫样液体溢出，支气管、细支气管壁充血、水肿、管壁增厚，管腔内可见黏液性渗出物，因病变发生于肺间质，故肺无明显实变。镜下见，病变区肺泡间隔明显增宽，肺泡壁毛细血管扩张、充血，单核细胞、淋巴细胞浸润。肺泡腔常无渗出液或仅有少量浆液性液体和单核细胞浸润。支气管、细支气管及其周围组织也有单核细胞、淋巴细胞浸润，严重病例呼吸道黏膜上皮细胞坏死脱落，伴有细菌感染者，可见中性粒细胞浸润。

【临床表现】 发病初多有乏力、发热、咽痛、头痛、肌肉酸痛和食欲减退等症状，之后出现明显的呼吸道症状，阵发性刺激性咳嗽为最突出症状。由于肺泡腔内渗出物较少，故为干咳或伴有少量黏痰。肺部一般无异常体征或仅闻及细小湿啰音。X线检查，早期显示肺纹理增加，以后肺部出现斑点状或模糊的阴影，以肺下叶多见。因肺炎支原体存在于患者呼吸道分泌物中，故痰、喉拭子培养可检测到肺炎支原体。支原体肺炎经过一般良好，常在1~2周内恢复，死亡病例少见。

（三）真菌性肺炎

由于长期应用广谱抗生素、糖皮质激素、免疫抑制剂、化疗或放疗后，深部真菌感染近年来逐渐增多。肺部真菌感染占内脏真菌感染的首位。国内一份尸检报告证实在32年中肺部真菌感染的发病率增加了41倍，其临床表现无特异性，病情易被原发病掩盖，易被误诊、漏诊。

1. 组织胞质菌病（histoplasmosis） 由吸入含有荚膜组织胞质菌（*Histoplasma capsulatum*）的粉尘引起，临床和病理表现与结核相似。大多数感染没有症状，其病变类似肺原发综合征，包括肺实质肉芽肿和引流淋巴结的病变。肉芽肿倾向于钙化，常呈同心圆结构。在少数病例，肺部病变为进行性或复发性，导致进行性纤维化或坏死性病变，与继发性结核的改变非常相似。

2. 球孢子菌病（coccidioidomycosis） 由吸入的球孢子菌（*Coccidioides immitis*）的孢子引起，临床和病理特点与组织胞质菌病和结核有许多相似之处。在大多数病例，病变为局限于外周肺实质的肉芽肿，伴或不伴有淋巴结肉芽肿。少数病例为进展性，但进展的速度较为缓慢。免疫力低下的患者可能发生该病的快速进展。

3. 隐球菌病（cryptococcosis） 由吸入隐球菌（*Cryptococcosis neoformans*）的孢子引起，肺部病变表现为从小的肺实质肉芽肿到几个大的肉芽肿结节，菌体荚膜被PAS染色染成红色（彩图8-1），肺实变，甚至空洞形成。大多数严重的肺隐球菌病都发生在免疫低下的患者。

4. 曲霉菌病（aspergillosis） 肺部感染曲霉菌可以发生在下列几种情况。

（1）侵袭性肺曲霉菌病（invasive pulmonary aspergillosis）：这是曲霉菌感染最严重的表现，是几乎只发生在免疫力低下人群的机会性感染，常常是细胞毒性治疗或AIDS患者，支气管壁可见曲霉菌，菌丝呈锐角分支并有分节（彩图8-2）。肺组织内表现为斑片状多灶的实变区域，偶尔可见空洞。

（2）广泛血管侵袭（常为动脉）（extensive blood vessel invasion）：导致血管闭塞，血栓形成和肺组织梗死。侵袭性曲霉菌病是一种爆发性肺感染，对治疗的反应很差。

（3）曲霉球（aspergilloma）：曲霉菌可以生长在预先存在的空洞里，例如由于结核或支气管扩张形成的空洞。它们在空洞内逐渐繁殖形成一个曲霉球（真菌球）。

（4）过敏性支气管肺曲霉菌病（allergic bronchopulmonary aspergillosis）：某些哮喘患者对曲霉菌有特殊的免疫反应，表现为：①胸部平片上一过性肺阴影；②血液和痰液中嗜酸粒细胞增多；③皮肤过敏；④血清中IgE水平升高。系统性皮质类固醇给药通常能控制急性期发作。

5. 卡氏肺孢子虫肺炎（pneumocystis carinii pneumonia） 又称间质性浆细胞肺炎。发生在免疫低下的患者，目前是AIDS患者的最常见的死因之一。病原是卡氏肺囊虫，主要存于肺内。过去认为属于原虫，最近有学者根据其超微结构和对肺囊虫核糖体RNA种系发育分析认为，肺囊虫属真菌类。由于最近数十年来广泛应用免疫抑制剂以及对恶性肿瘤患者进行化疗，尤其是获得性免疫缺陷病（AIDS）出现后，本病较过去多见。

【病理变化】 肉眼可见肺广泛受侵较重，质地及颜色如肝脏。镜下，典型病变是间质浆细胞和淋巴细胞浸润，弥漫性肺泡损伤和肺泡Ⅱ型上皮增生。肺泡内及细支气管内充满泡沫样物质是坏死虫体和免疫球蛋白的混合物。肺泡腔内有云絮状渗出液，在蛋白渗出的背景中卡氏肺囊虫看上去像是小的泡泡（彩图8-3）；云絮状物中可见网格状结构，卡氏肺囊虫PAS染色染成红色；用六胺银染色，囊虫表现为直径约5μm的圆的或锯齿状（新月）小体。肺泡间隔有浆细胞及淋巴细胞浸润，以致肺泡间隔增厚，达正常的5～20倍，占据整个肺容积的3/4。包囊开始位于肺泡间隔的巨噬细胞胞质内，其后含有包囊的肺泡细胞脱落，进入肺泡腔；或包囊内的子孢子增殖与成熟，包囊壁破裂后子孢子排出成为游离的滋养体进入肺泡腔。肺泡渗出物中有浆细胞、淋巴细胞及组织细胞。

（四）病毒性肺炎

病毒性肺炎（viral pneumonia）常由上呼吸道病毒感染向下蔓延所致，引起该类肺炎。常见的病毒有流感病毒，其次为呼吸道合胞病毒、腺病毒、副流感病毒、麻疹病毒及巨细胞病毒等。此类肺炎发病可由一种病毒感染，也可由多种病毒混合感染或继发于细菌感染。临床症状差别较大，除有发热和全身中毒症状外，还表现为频繁咳嗽、气急和发绀等。

【病理变化】 主要表现为肺间质的炎症。肉眼观，病变不明显，病变肺组织因充血水肿而轻度肿大。镜下见，肺泡间隔明显增宽，其内血管扩张、充血，间质水肿及淋巴细胞、单核细胞浸润，肺泡腔内一般无渗出物或仅有少量浆液。病变较严重时，肺泡腔内出现由浆液、少量纤维素、红细胞及巨噬细胞混合成的渗出物，甚至可见肺组织的坏死。

由流感病毒、麻疹病毒和腺病毒引起的肺炎，其肺泡腔内渗出的浆液性渗出物常浓缩成薄层红染的膜状物贴附于肺泡内表面，即透明膜形成。细支气管上皮和肺泡上皮也可增生、肥大，并形成多核巨细胞。

麻疹性肺炎主要累及气道和肺实质，其特点为出现非常大（直径 100μm）的多核巨细胞，又称巨细胞肺炎。在增生的上皮细胞和多核巨细胞内可见病毒包涵体。病毒包涵体呈圆形或椭圆形，约红细胞大小，周围常有一清晰的透明晕，核也可有包涵体出现。尽管人们已经认识到间质性肺炎是麻疹的合并症，但实际上除了在免疫低下的患者和从前未暴露于麻疹病毒的患者外，很少致命。

巨细胞病毒（cytomegalovirus）引起特征性的间质性肺炎。最初在婴儿中发现，目前认为本病易发生在免疫力低下的患者。这种病毒性肺炎的特点是间质大量淋巴细胞浸润。肺泡内衬覆Ⅱ型上皮，由再生Ⅱ型上皮来填补Ⅰ型上皮细胞坏死留下的上皮缺损。受感染的肺泡细胞非常大并有典型的深蓝色核内包涵体。

水痘感染（varicella）（水痘和带状疱疹）引起肺部播散性，局灶坏死性病变和间质性肺炎。肺脏受累常没有症状，但在免疫低下患者可能导致死亡。

病毒包涵体在细胞内出现的位置常因感染病毒的种类不同而异，腺病毒、单纯疱疹病毒和巨细胞病毒感染时，病毒包涵体出现于上皮细胞的核内并呈嗜碱性；呼吸道合胞病毒感染时，出现于胞质（嗜酸性）；麻疹肺炎时则胞核和胞质内均可见到。检见病毒包涵体是病理组织学诊断病毒性肺炎的重要依据。

病毒性肺炎若为混合性感染引起，如麻疹病毒合并腺病毒感染，或继发细菌性感染，则其病变更为严重和复杂，病灶可呈小叶性、节段性和大叶性分布且支气管和肺组织可出现明显的坏死、出血或混杂有化脓性病变，从而掩盖了病毒性肺炎的病变特征。

（五）肺脓肿

肺脓肿（lung abscess）是化脓性细菌感染引起肺组织炎性坏死、脓腔形成的一种肺部疾病。早期为化脓性炎症，继而坏死形成脓肿。病原菌以金葡菌、链球菌、肺炎链球菌、厌氧菌为多见。临床特征为高热、咳嗽和咳大量脓臭痰。多发生于壮年，男多于女。自抗生素广泛应用以来，肺脓肿的发生率已大为减少。肺脓肿的发病与病因有密切关系，可分以下几种。

1. 吸入性肺脓肿 病原体经口、鼻咽腔吸入，为肺脓肿发病的最主要原因。扁桃体炎、鼻窦炎、齿槽溢脓等脓性分泌物，口腔、鼻、咽部手术后的血块，齿垢或呕吐物等，在神志昏迷，全身麻醉等情况下，经气管被吸入肺内，造成细支气管阻塞，病原菌繁殖致病。此外，有一些患者无明显诱因，可能由于受寒、极度疲劳等影响，全身免疫状态与呼吸道防御功能减低，在深睡时吸入口腔的污染分泌物而发病。多为单发性脓肿，发生部位与解剖结构及体位有关。由于右总支气管较陡直，且管径较粗，吸入性分泌物易吸入右肺，故右肺发病多于左肺。仰卧位时，好发于上叶后段或下叶背段。坐位时，好发于下叶后基底段。右侧位时，好发于右上叶前段和后段。

2. 血源性肺脓肿 皮肤创伤、感染、疖痈、骨髓炎、产后盆腔感染、亚急性细菌性心内膜炎等所致的败血症和脓毒血症，病原菌（多数为金葡菌）、脓毒栓子，经肺循环至肺，引起小血管栓塞、肺组织发炎和坏死，形成脓肿。病变常为多发性，常位于两肺的边缘部。

3. 继发性肺脓肿 多继发于其他疾病，如金黄色葡萄球菌和肺炎杆菌性肺炎、空洞性肺结核、支气管扩张、支气管囊肿和支气管癌等继发感染。肺部邻近器官化脓性病变或外伤感染、膈下脓肿、肾周围脓肿、脊柱旁脓肿、食管穿孔等，穿破至肺亦可形成脓肿。

4. 阿米巴肺脓肿 多继发于阿米巴肝脓肿。由于肝脓肿好发于肝右叶的顶部，易穿破膈肌至右肺下叶，形成阿米巴肺脓肿。

【病理变化】 早期细支气管阻塞，肺组织发炎，小血管栓塞，肺组织化脓、坏死，形成脓肿。病变可向周围扩展，甚至超越叶间裂侵犯邻接的肺段。菌栓使局部组织缺血，助长厌氧菌感染，加重组织坏死。脓液积聚在脓腔内，最后破溃到支气管内，咳出大量脓痰。炎症向周围肺组织扩展，可形成一至数个脓腔。脓肿靠近胸膜，可发生局限性纤维蛋白性胸膜炎，引起胸膜粘连。肺脏边缘部的脓肿破溃到胸膜腔，则可形成脓气胸。若支气管引流不畅，坏死组织残留在脓腔内，炎症持续存在，则转为慢性肺脓肿。脓腔周围纤维组织增生，脓腔壁增厚，导致周围的细支气管受累变形或扩张。

（六）肺结核

结核是由结核分枝杆菌（*Mycobacterium tuberculosis*）引起的感染性疾病，分为原发性和继发性结核。结核病中最常见的是肺结核（tuberculosis）。肺结核病可因初次感染和再次感染结核菌时机体反应性的不同，而致肺部病变的发生发展各有不同的特点，从而可分为原发性和继发性肺结核病两大类。原发性肺结核病是指第一次感染结核杆菌所引起的肺结核病。多发生于儿童，但也偶见于未感染过结核杆菌的青少年或成人。免疫功能严重受抑制的成年人由于丧失对结核杆菌的敏感性，因此可多次发生原发性结核病。继发性肺结核病是指再次感染结核杆菌所引起的肺结核病，多见于成人。可在原发肺结核病后很短时间内发生但大多在初次感染后十年或几十年后由于机体抵抗力下降使静止的原发病灶再度活化而形成 。

原发性肺结核病

原发型肺结核病是指人体初次感染结核杆菌而发生的肺结核，多发生于儿童，故又称儿童型肺结核，也可以发生于成人。

1. 病理变化及病理临床联系 结核杆菌经支气管到达肺组织最先引起的病灶称原发病灶。原发病灶多位于上叶的下部或下叶的上部，靠近胸膜；由于第一次感染，人体缺乏免疫力，结核杆菌沿着淋巴管播散到肺门淋巴结，引起结核性淋巴管炎和淋巴结炎，此时淋巴结迅速明显肿大，发生干酪样坏死。原发病灶、结核性淋巴管炎和肺门结核性淋巴结炎三者合称原发综合征。X线检查呈哑铃状阴影。大多数原发感染临床症状不明显，只呈阳性结核菌素反应，少数病例有低热、轻咳、食欲减退、消瘦、盗汗、乏力等。少见的严重原发结核可有高热，持续时间较长。

2. 发展和结局

（1）痊愈：大多数（98%）原发综合征随着被感染的机体的免疫力不断增强，病变可吸收、纤维化和钙化，患者痊愈。有时肺内原发病灶已愈合，而肺门淋巴结病变仍继续存在与发展，临床称为支气管淋巴结结核或肺门淋巴结结核。

（2）恶化进展：少数病例由于机体抵抗力低下和对结核杆菌的敏感性增高，病变可进展恶化，原有病灶扩大并通过以下途径播散。①支气管播散，原发灶的干酪样坏死范围扩大，侵及相连的支气管，液化性坏死物通过支气管排出后，局部形成空洞；液化性坏死物通过支气管播散，引起干酪性肺炎；原发性肺结核病支气管播散较少见。②淋巴道播散，肺门部的淋巴结结核恶化进展时，结核杆菌可经淋巴管蔓延至气管分叉处、气管旁、纵隔及锁骨上下淋巴结或逆流到腹膜后、肠系膜淋巴结及颈部淋巴结；受累的淋巴结明显肿大，出现干酪样坏死，并相互粘连形成肿块。③血行播散，引起血源性结核病。

继发性肺结核病

继发性肺结核指机体再感染结核杆菌引起的肺结核病。多见于成年人，又称为成人型肺结核病。

1. 细菌来源有以下两种学说

（1）外源性感染，与原发性肺结核无关，结核杆菌通过呼吸道直接再次感染肺部引起继发性肺结核病。

（2）内源性感染，原发性肺结核肺内潜伏病灶复发、肺外器官结核病灶经血道播散，引起继发性肺结核病。

2. 特点

（1）早期病变多在肺尖部。该部肺组织

血循环差，通气不畅，抵抗力差。

（2）由于机体有一定的免疫力，病灶多局限在肺内通过支气管播散，很少通过淋巴、血道播散。

（3）免疫反应、变态反应同时存在，病变复杂，新旧共存，病程长，时轻时重。

3. 分型 根据病变及临床经过特点，将继发性肺结核分为以下6个类型。

（1）局灶性肺结核：继发性肺结核病早期病变。病变多位于肺尖下2～4cm处，右肺较多见。病灶可为一个或数个，一般约0.5～1cm大小。X线示肺尖部出现小结节状病灶。镜下见，多数以增生性病变为主，也可为渗出性病变，中央发生干酪样坏死，如患者免疫力较强，病灶常发生纤维化、钙化而痊愈。临床上患者常无明显自觉症状，多在体检时发现，属无活动性肺结核。如患者免疫力降低时，可发展成为浸润型肺结核。

（2）浸润性肺结核：是临床上最常见的继发性肺结核病一种类型，属于活动性肺结核。大多是局灶型肺结核发展的结果，少数也可一开始即为浸润型肺结核。病变中央常有较小的干酪样坏死区，周围有广阔的病灶周围炎包绕。镜下见以渗出为主的病变，肺泡内充满浆液、单核细胞、淋巴细胞和少数中性粒细胞，病灶中央常发生干酪样坏死。X线示锁骨下可见边缘模糊的云絮状阴影。患者常有低热、盗汗、食欲不振、全身无力等中毒症状，还可出现咳嗽、咯血等临床表现。痰中常可检出结核杆菌。如能早期适当治疗，一般多在半年左右可完全吸收或部分吸收，部分变为增生性病变。最后，可通过纤维化、包裹和钙化而痊愈。恶化进展可发展为慢性纤维空洞型肺结核或干酪样肺炎。

（3）慢性纤维空洞型肺结核：为成人慢性肺结核的常见类型，多在浸润型肺结核形成急性空洞的基础上发展而来。病变特点是在肺内有一个或多个厚壁空洞形成。同时在同侧肺组织，有时也可在对侧肺组织，特别是肺下叶可见由支气管播散引起的新旧不一、大小不等、病变类型不同的病灶。空洞多位于肺上叶，大小不一、呈不规则形，洞壁厚，有时可达1cm以上。洞内常见残存的梁柱状组织，梁柱状组织为有血栓形成并已机化闭塞的血管。空洞附近肺组织有显著纤维组织增生和肺膜增厚。镜下见，洞壁分3层：内层为干酪样坏死物质，其中含有大量结核杆菌；中层为结核性肉芽组织（含有结核结节肉芽组织）；外层为增生的纤维组织。由于病情迁延，病变广泛，新旧不等，肺组织遭到严重破坏，可导致肺组织的广泛纤维化，最终演变为硬化型肺结核，使肺体积缩小、变硬、肺膜广泛增厚并与胸壁粘连，可严重影响肺功能。

含有大量结核杆菌的空洞与支气管相通成为结核病的传染源，故此型又有开放性肺结核之称。如空洞壁的干酪样坏死侵蚀较大血管，可引起大咯血，患者可因吸入大量血液而窒息死亡。空洞突破胸膜可引起气胸或脓气胸。经常排出含菌痰液可引起喉结核。咽下含菌痰液可引起肠结核，后期由于肺组织的广泛纤维化，肺动脉高压而致肺源性心脏病。

（4）干酪性肺炎：继发性肺结核最严重的类型，此种肺炎发生在机体免疫力极低，对结核菌的变态反应过高的患者，可由浸润型肺结核恶化进展而来，或由急、慢性空洞内的细菌经支气管播散所致。按病变范围大小而分为小叶性和大叶性干酪样肺炎。后者可累及一个肺叶或几个肺叶。肉眼下，肺叶肿大变实，切面呈黄色干酪样，黄色物质液化排出后可见有急性空洞形成。镜下，肺泡腔内有大量浆液纤维素性渗出物，且见广泛的干酪样坏死。抗酸染色可查见大量结核菌。此型病情严重，如不及时有效的治疗，患者可迅速死亡，故又有"奔马痨"之称。目前已很少见。

（5）结核球：又称结核瘤，是孤立的有纤维包裹、境界分明的球形干酪样样坏死灶，直径约2～5cm。多为一个，有时多个，常位于肺上叶；X线片上有时很难与周围型肺癌相鉴别。由于抗结核药物的广泛应用，结核球有明显增多的趋势。结核球可来自：①浸润型肺结核的干酪样坏死灶纤维包裹；②结核空洞引流支气管阻塞，空洞由干酪样坏死物填充；③多个结核病灶融合。结核球由于其纤维包膜的存在，抗结核药不易发挥作用，且有恶化进展的可能。X线片上有时需与肺癌鉴别，因此临床上多采取手术切除。

（6）结核性胸膜炎：在原发性和继发性肺结核病的各个时期均可发生，按病变性质可分为渗出性和增生性两种类型:①渗出性结核性胸膜炎,较常见,大多发生于原发性肺结核病的过程中,且大多发生于原发综合征同侧胸膜。由肺原发灶或肺门淋巴结病灶中的结核菌播散至胸膜所引起。患者多为较大的儿童或青年。病变主要表现为浆液纤维素性炎。浆液渗出量多时则引起胸腔积液,也可为血性胸水。②增生性结核性胸膜炎,是由肺膜下结核病灶直接蔓延至胸膜所致。常发生于肺尖,多为局限性。病变以增生性变化为主,很少有胸腔积液。一般可通过纤维化而痊愈,并常使局部胸膜增厚、粘连。

三、严重急性呼吸综合征

2002 年 11 月至 2003 年 6 月,我国和全球数十个国家和地区相继报告了一种特殊类型的肺炎病例,此肺炎的特点与经典的大叶性、小叶性肺炎明显不同,与传统的支原体、衣原体和腺病毒等引起的非典型肺炎也不相同,具有传染性极强,肺部病变进展迅速。最初被我国专家命名为“传染性非典型肺炎”。2003 年,世界卫生组织命名为“严重急性呼吸综合征(severe acute respiratory syndrome, SARS)”。严重急性呼吸综合征(SARS)是一种传染性较强的新型呼吸道传染病,临床上表现为病程短,进展迅速,多以发热为前驱症状,体温一般高于 38 ℃,可出现畏寒可伴头痛、肌肉和关节酸痛,有些患者发病时会产生轻微的呼吸道症状,出现干咳,少痰,严重者出现呼吸窘迫。病程早期外周血白细胞计数通常正常或下降,淋巴细胞减少,X 线检查,肺部常有不同程度的块状、斑片状浸润性阴影。说明本肺炎的临床表现以呼吸系统和免疫系统变化为主,SARS 死亡病例病理尸检报告显示该病以肺和免疫系统的病变最为突出,心、肝、肾、肾上腺等实质性器官也不同程度受累。因此,SARS 是侵犯全身多组织、器官的急性呼吸道传染病。

(一)病因发病

现已确定本病的病原体为一种新型冠状病毒,并命名为 SARS 冠状病毒(SARS-CoV)。从现有资料来看 SARS 患者是最主要的传染源,通常认为症状越重的患者传染性越强。极少数患者传染性极强,排毒时间长,排毒量大,一个患者可传染 10 人以上,被称为超级传播者。一般认为在发病的 2 周最具有传染性,退热后传染性迅速下降。

SARS 病毒的最重要的传染途径是以近距离呼吸道飞沫传播为主,直接接触患者分泌物、排泄物或被患者污染的物品,经体表黏膜侵入机体也是一种重要的传播方式。医务人员为高发人群,主要因为医务人员直接诊疗和护理患者而被感染,其中以气管插管等操作更易感染。发病有家庭和医院聚集现象。研究发现,广东市场上销售的饲养或野生果子狸携带的 SARS 样冠状病毒属于人类 SARS 冠状病毒的前体,实验室研究表明 SARS 病毒感染果子狸后,在果子狸体内持续存在并大量繁殖,之后再感染人类,在 SARS 病毒传播链中起着中介的作用。从 2004 年 1 月广东省一直采取禁止果子狸饲养、贩卖、宰杀、食用的措施,对控制 SARS 病毒传播取得明显的效果。

发病机制尚未阐明,现有研究提示,SARS 病毒的结构蛋白(S 蛋白、E 蛋白、N 蛋白和 M 蛋白)和 5 个未知的蛋白刺激机体发生免疫超敏反应,引起强烈的肺组织免疫损伤。目前发现 SARS 患者早期外周血 CD4 和 CD8 阳性淋巴细胞数量显著减少,后者尤为明显,表明患者 T 细胞免疫功能遭受到严重破坏 。

(二)病理变化

SARS 死亡病例尸检报告显示,致死性 SARS 是一种侵犯全身多器官中多种组织的急性呼吸道传染病,其中以呼吸系统和免疫系统损害最严重。

1. 肺部病变 研究表明肺脏是 SARS-CoV 病毒严重攻击的靶器官。因此肺脏的病理变化最明显。

(1)肉眼观察:肺充血,暗红色,重量增加至正常的 2 ~3 倍,双肺轻度或明显膨胀(彩图 8-4);切面实性变,质韧,可见粉红色泡沫状液体逸出。胸膜光滑,胸腔内无明显积液。

(2)镜下观察:在肺炎的初期表现为急性肺损伤的组织学病理特点,以弥漫性肺泡损伤为基本病变,表现为渗出性、增生性及纤维化 3 种病理变化混杂。渗出性病变表现为肺组织重度充血,毛细血管通透性显著增加,导致大量浆液渗出、纤维素渗出(彩图 8-5)及大量红细胞漏出，肺组织出现明显出血和肺水肿，渗出物常浓缩成薄层红染的膜状物贴附于肺泡内表面，即透明膜形成（彩图 8-6）。增生性病变主要表现为脱屑性肺泡炎，肺泡腔内Ⅱ型上皮增生脱落，并与渗出的单核细胞等炎细胞混合，充满肺泡腔出现脱屑性肺泡炎（彩图 8-7）。部分肺泡上皮细胞胞质内可见典型的病毒包涵体，电镜证实为病毒颗粒。

随着病变的进一步发展，损伤的肺组织出现纤维化，纤维化出现的原因是由于大量纤维素渗出，而中性粒细胞渗出不足，不能溶解渗出的纤维素，而引起透明膜和渗出物的机化。部分病例肺泡腔内渗出物出现机化呈肾小球样改变（彩图 8-8）。间质明显增宽，其内纤维组织和毛细血管增生，部分病例肺泡纤维化与肺间质纤维化融合，形成肺实变（彩图 8-9）。纤维化肺组织完全失去了换气功能。肺小血管呈血管炎改变，部分管壁可见纤维素样坏死伴血栓形成，间质小血管内可见纤维素性血栓（彩图 8-10）。

SARS 肺组织的病理改变与常见的病毒性肺炎有相似之处，但也有其自身的特点，主要表现为各种肺的损伤出现时间较早，损伤的程度更为严重，病变范围广泛。病变包括肺泡内大量渗出物、透明膜形成，肺泡及间质水肿及广泛纤维化，早期出现肺实变。肺泡上皮脱落形成脱屑性肺炎，以上病理变化使患者早期可出现呼吸窘迫综合征。本病若能及时发现并有效治疗大多可治愈，如治疗不及时，不足 5% 的严重病例可因呼吸衰竭而死亡。

2. 脾和淋巴结病变 脾体积略缩小，质软。镜下见脾小体高度萎缩，脾动脉周围淋巴鞘内淋巴细胞减少，红髓内淋巴细胞稀疏。白髓和被膜下淋巴组织大片灶状出血坏死。淋巴结固有结构消失，皮髓质分界不清，皮质区淋巴细胞数量明显减少（彩图 8-11），常见淋巴组织呈灶状坏死。重症的 SARS 患者免疫器官的损伤较为严重，使患者出现免疫缺陷的临床表现，易发生机会感染，患者可出现小叶性肺炎的病理改变，有的患者肺内可见大量曲菌感染灶（彩图 8-12）。

3. 心、肝、肾、肾上腺等 除小血管炎症性病变外，均有不同程度变性、坏死和出血等改变。

（三）临床表现

SARS 的潜伏期通常限于 2 周之内，一般约 2～10 天，临床表现为起病急，自发病之日起的 2～3 周内，病情一直处于进展状态。一般实验室检查，外周血象白细胞计数一般正常或降低，常有淋巴细胞计数减少。主要有以下 3 类症状。

1. 发热及相关症状 常以发热为首发和主要症状，体温一般高于 38℃，常呈持续性高热，可伴有畏寒、肌肉酸痛、关节酸痛、头痛、乏力。

2. 呼吸系统症状 出现咳嗽，多为干咳、少痰，也可出现咽痛，无明显上呼吸道卡他症状。部分患者出现胸闷，严重者渐出现呼吸加速，呼吸困难和低氧血症，多见于发病 6～12 天以后。SARS 患者的肺部体征常不明显，部分患者可闻少许湿啰音，或有肺实变体征。偶有局部叩浊、呼吸音减低等少量胸腔积液。病变初期肺部 X 线出现不同程度的片状、斑片状毛玻璃密度影，少数为肺实变阴影。阴影出现在单侧或双侧肺脏，常为多发；部分病例病变进展迅速，短期内融合成大片状阴影。因为肺部病变处于早期阶段，阴影小或淡薄，或其位置与心影和（或）大血管影重合时，X 线胸片可能难以发现。早期阶段若有条件，可做胸部 CT 检查，有助于发现早期轻微病变。病情发展的过程中必须定期进行胸部 X 线影像学复查，以观察肺部病变的动态变化情况。

3. 其他症状 患者可出现腹泻、恶心及呕吐等消化系统症状。

第三节　弥漫性肺泡损伤

弥漫性肺泡损伤（diffuse alveolar damage，DAD）是一个病理描述性名称。1976 年，Katzenstien 等首先提出，临床上主要表现有急性呼吸困难，X 线示弥漫性肺浸润病变。DAD 是一种由多种不同病因引起导致的终末期共同改变（表 8-1）。这些病因包括呼吸道病毒感染、败血症、休克、胃内容物吸入、有毒气体吸入、溺水后、放射性肺炎及多种类药物和其他化学物质。尽管这些病因多种多样，它们的共同点是都具有损伤肺泡上皮和内皮细胞的能力，从而产生 DAD。包括成人型呼吸窘迫综合征(adult respiratory distress syndrome, ARDS)和新生儿呼吸窘迫综合征(neonatal respiratory distress syndrome, NRDS)。

(一)成人型呼吸窘迫综合征

成人型呼吸窘迫综合征(adult respiratory distress syndrome, ARDS)是指患者原心肺功能正常,由于全身遭受严重创伤、感染及肺内严重疾患时出现的一种以进行性呼吸窘迫和低氧血症为特征的急性呼吸衰竭综合征。本病起病急,呼吸窘迫症状严重且难以控制,预后极差,病死率高达 50% ~60% 。

ARDS 的确切发病机制尚未阐明,现认为肺毛细血管内皮和肺泡上皮的损伤是由白细胞及一些炎性介质(如白细胞介素、细胞因子、氧自由基、补体及花生四烯酸的代谢产物等)所引起。如由严重感染引发的 ARDS 病例,血中细菌毒素除造成直接损伤外,还可激活巨噬细胞和中性粒细胞并增强肺毛细血管内皮细胞黏附分子的表达。大量黏附于肺毛细血管内皮细胞上的活化巨噬细胞和中性粒细胞释放氧自由基、蛋白水解酶 、血管活性物质和血小板激活因子等均可导致肺毛细血管广泛而严重的损伤。此外,部分介质具有血管收缩和血小板凝集作用,则进一步减少肺泡血流灌注,加剧气血交换障碍。

【病理变化】 双肺肿胀,重量增加,暗红色,湿润,可有散在出血点或出血斑。切面膨隆,含血量多,可有实变区或塌陷灶。根据疾病的发展过程,可将弥漫性肺泡损伤病理改变分为急性期(或称渗出期)和增生期(或称机化期)。

(1) 急性期:在肺损伤 12 ~24 小时,主要表现为肺间质和肺泡内水肿伴有不等量的红细胞渗出和纤维素沉积。透明膜发生在疾病开始的 1 天至数天,一般在第 3 ~7 天以后透明膜数量增多。在肺间质有炎性细胞浸润,主要为淋巴细胞、浆细胞和巨噬细胞,有时在肺毛细血管或肺小动脉内可见纤维素血栓。

(2) 增生期:始于发病后的一周或更长时间,其特点是肺泡间隔内成纤维细胞浸润,Ⅱ型肺泡细胞增生明显,透明膜数量减少,肺泡腔内吞噬细胞包浆内有透明膜碎片和其他碎片。病变最终可导致肺间质纤维化和支气管周围纤维化。严重患者由于肺间质纤维化进展,广泛破坏肺实质而形成蜂窝肺。

(二)新生儿呼吸窘迫综合征

新生儿呼吸窘迫综合征(neonatal respiratory distress syndrome, NRDS)是指新生儿出生后仅出现数分钟至数小时的短暂自然呼吸便发生进行性呼吸困难、发绀等急性呼吸窘迫症状和呼吸衰竭综合征,多见于早产儿,过低体重儿或过期产儿。NRDS 以患儿肺内形成透明膜为主要病变特点,故又称新生儿肺透明膜病。该病有家族遗传倾向,预后差,病死率高。

新生儿呼吸窘迫综合征的发生主要与肺发育不全缺乏肺表面活性物质有关。胎龄 22 周至出生时,Ⅱ型肺泡上皮合成肺表面活性物质的能力逐渐完善,分泌量也达最高水平,以保证在胎儿期肺发育的主要阶段肺泡能充分发育和肺容积增大。若在此期间胎儿缺氧或血液中有毒物质损伤Ⅱ型肺泡上皮,使其胞质内板层小体减少或缺如,则严重影响肺表面活性物质的合成和分泌(包括数量减少、活性降低和成分异常),引起肺泡表面张力增加使肺泡处于膨胀不全或不扩张状态。由此引起的肺通气和换气功能障碍导致缺氧、CO_2 潴留和呼吸性酸中毒,使肺小血管痉挛、血流灌注不足。严重的缺氧使肺毛细血管内皮损伤,通透性增高,导致血浆纤维蛋白渗出至肺泡腔。渗出到肺泡腔内的血浆纤维蛋白凝聚为透明膜并贴附于呼吸性细支气管、肺泡管和肺泡壁,加重了呼吸功能不全和肺损伤,使肺表面活性物质的形成障碍进一步加剧,如此恶性循环,导致病情加重。

【病理变化】 双肺质地较坚实,色暗红含气量少。镜下见呼吸性细支气管、肺泡管和肺泡壁内表面贴附一层均质红染的透明膜。各肺叶均有不同程度的肺不张和肺水肿。严重病例肺间质及肺泡腔内可见较明显的出血。部分新生儿可见吸入的羊水成分(鳞状上皮细胞和角化物质等)。

表 8-1 引起 ADRS 的主要病因

非胸部创伤(nonthoracic trauma)
任何原因引起的休克(shock due to any cause)
脂肪栓塞(fat embolism)
感染(infection)
革兰阴性菌性败血症(gram-negative septicemia)
其他细菌感染(other bacterial infections)

续表

病毒感染(viral infections)
吸入(aspiration)
溺水后(near-drowning)
胃内容物吸入(aspiration of gastric contents)
药物和医源性因素(drugs and therapeutic agents)
吗啡(heroin)
氧气(oxygen)
放射(radiation)
除草剂(paraquat)
细胞毒性因子(cytotoxic agents)

第四节　Goodpasture 综合征

Goodpasture 综合征是指弥漫性肺泡出血、肾小球肾炎和循环系统内出现细胞毒性抗基膜的自身抗体。肺泡基膜和肾小球基膜之间存在交叉反应是肺和肾同时受到抗体攻击的原因。

【病理变化】 Goodpasture 综合征患者有广泛的肺泡内出血。组织学上,红细胞和吞噬含铁血黄素的巨噬细胞填充在肺泡腔内。用免疫荧光观察,可见肺泡基膜上有 IgG 和补体的线样沉积物。

【临床表现】 Goodpasture 综合征患者通常是青年男性,但也可发生在各种年龄的成年男女患者。大多数(95%)患者最初症状为咯血,常伴有呼吸困难、乏力和轻微的贫血。在肺部症状出现大约 3 个月(1 周 ~1 年)内开始出现肾小球肾炎的表现,但一些患者并不出现肾脏病变。低氧血症和呼吸性碱中毒很常见,但当出血消退后,呼吸功能常恢复正常。

Goodpasture 综合征常用糖皮质激素和细胞毒性药物以及血浆替代疗法治疗。在这些积极的治疗方案制定以前,Goodpasture 综合征的死亡率为 80%。即使在目前治疗水平之下,2 年生存率也仅为 50%,一旦出现肾衰竭,预后将会相当差。

第五节　慢性阻塞性肺疾病

慢性阻塞性肺疾病(chronic obstructive pulmonary disease, COPD)是一组由肺内小气道病变所致,以慢性不可逆性气道阻塞、呼气性呼吸困难和肺功能不全为共同体征的肺疾病的统称,包括慢性支气管炎、肺气肿、支气管哮喘和支气管扩张等。

一、支气管扩张症

支气管扩张症(bronchiectasis)是以肺内小支气管管腔持久性扩张伴管壁纤维性增厚为特征的慢性呼吸道疾病。临床表现为慢性咳嗽、大量脓痰及反复咯血等症状。

支气管扩张有时可能由异物吸入、肿瘤、哮喘患者的黏液栓和淋巴结肿大造成中心支气管机械性梗阻而引起。更多情况下并非梗阻造成,而是呼吸道感染或保护呼吸道免于感染的防御机制缺陷引起的合并症。阻塞性支气管扩张倾向于累及阻塞部远端的肺段,而非阻塞性支气管扩张累及的范围则更广,有时累及多个肺叶。局限性非阻塞性支气管扩张(localized nonobstructive bronchiectasis)是儿童时期支气管肺感染例如麻疹,百日咳或其他细菌性感染的后遗症。尽管疫苗和抗体已经降低了支气管扩张的发病率,仍有 1/2 到 2/3 的病例继发于支气管肺感染。目前腺病毒和呼吸性合胞病毒感染是儿童最常见的支气管扩张病因。弥漫性支气管扩张(非阻塞性,generalized bronchiectasis nonobstructive)大部分继发于遗传性防御机制缺陷或后天获得性疾病,使得感染微生物易于侵入呼吸道。主要与弥漫性支气管扩张有关的遗传性疾病包括囊性纤维化(常染色体隐性遗传性疾病),纤毛运动异常综合征,低丙种球蛋白血症和特异性 IgG 亚类缺乏。主要与弥漫性支气管扩张有关的获得性疾病包括:①损伤意识、吞咽、呼吸幅度和咳嗽反射的神经系统疾病;②下段食管括约肌无力;③鼻饲插管;④慢性支气管炎。

【病理变化】 肉眼观,病变肺切面可见支气管呈圆柱状、梭形或囊状扩张,常累及段支气管以下及直径大于 2mm 的中、小支气管,有时累及肺内各段支气管,使肺呈蜂窝状。受累的支气管也仅限于少数或个别的支气管分支,或局限于一个肺段、一个肺叶、一侧肺甚或双侧肺均被累及。一般下叶多见,特别是下叶背部,左肺多于右肺。扩张的支气管腔内常含有黄绿色黏液脓性,有时带有血性渗出物,合并腐败菌感染时有臭味。病变支气管黏膜因管壁平滑肌萎缩或增生肥大,而形成纵形皱襞。扩张支气管周围肺组织出现不同程度的萎陷、纤维化或肺气肿。镜下,支气管病变因其所处发展阶段和轻重程度不同而异。一般表现为黏膜水肿,上皮脱落,可有糜烂及深浅不等溃疡形成。支气管壁明显增厚,黏膜杯状上皮增生伴鳞状上皮化生,黏膜下血管扩张充血,浆细胞及淋巴细胞浸润伴淋巴滤泡形成(彩图 8-13)。有时可见中性粒细胞浸润,管壁腺体、平滑肌、弹力纤维和软骨不同程度遭受破坏,萎缩或消失,代之以肉芽组织或纤维组织。末梢支气管和细支气管瘢痕形成并常伴扩张邻近肺组织常发生纤维化、瘢痕化及淋巴组织增生。

常见的合并症有肺脓肿、脓胸、脓气胸、脑膜炎及脑脓肿等。当肺组织广泛纤维化严重累及肺的血管床时,可导致肺动脉高压,从而引起肺源性心脏病。此外由于扩张支气管黏膜上皮出现鳞状化生偶有并发鳞状细胞癌的报告。

【临床表现】 支气管扩张症典型临床表现为咳嗽及大量脓痰,主要因支气管受慢性炎症及化脓性炎性渗出物的刺激引起。痰中带血或有时反复大量咯血,由于支气管壁血管遭破坏造成,大量的咯血可致失血过多或血凝块阻塞气道,严重者可危及生命。患者常因支气管引流不畅或痰不易咳出而感胸闷、闭气,炎症累及胸膜者可出现胸痛。反复继发感染可引起发热、盗汗、食欲不振及消瘦等中毒症状。合并肺心病患者出现气急、发绀及下肢水肿等表现。

二、慢性支气管炎

慢性支气管炎(chronic bronchitis)是指发生于支气管黏膜及其周围组织的慢性非特异性炎性疾病。以长期咳嗽、咳痰或伴喘息为主要症状。临床以每年持续 3 个月,连续 2 年以上者诊断为慢性支气管炎。

慢性支气管炎由多种因素长期综合作用引起发病,已确定的致病因素包括以下几种。

1. 外因

(1)吸烟:慢支与吸烟有密切关系,吸烟为慢支的最主要病因。吸烟者患病率较不吸烟者高 2~10 倍,且患病率与吸烟量呈正比。

(2)感染因素:感染是慢支发生发展的重要因素,主要为病毒和细菌感染。其中细菌感染以肺炎链球菌、流感嗜血杆菌、草绿色链球菌(又称甲型溶血性链球菌)和奈瑟球菌多见。

(3)空气污染与过敏因素:工业烟雾、粉尘等造成的大气污染与慢性支气管炎有明显的因果关系,过敏性因素与慢性支气管炎也有一定关系,喘息型慢性支气管炎患者往往有过敏史。

2. 内因

(1)呼吸道局部防御及免疫功能减低。

(2)自主神经功能失调。

综合上述因素,当机体抵抗力减弱时,在气道存在不同程度敏感性(易感性)的基础上,有一种或多种外因的存在,长期反复作用,可发展成为慢支。

【病理变化】 早期病变常限于较大的支气管,随病情进展逐渐累及较小的支气管和细支气管。主要病变为:①黏膜上皮损伤,上皮细胞纤毛变短、倒伏、稀疏、粘连、甚至脱失形成糜烂,上皮再生时,杯状细胞增多,可出现鳞状上皮化生;②黏液腺肥大、增生、分泌功能亢进,使浆液腺变为黏液腺;③支气管壁内大量慢性炎症细胞浸润;④管壁平滑肌断裂、萎缩(喘息型者,平滑肌束增生、肥大),软骨可变性、萎缩或骨化。

慢性支气管炎的病变轻重不一,多数病变较轻,患者如能预防感冒、戒烟或不接触有害气体,同时控制感染,注重身体锻炼,不仅能阻止病情的发展,还能促进病变组织的恢复。如疾病反复发作,支气管黏膜炎性水肿,管壁增厚,管腔内黏液潴留或黏液栓形成阻塞支气管腔,末梢肺组织过度充气并发肺气肿,进而发展成为慢性肺源性心脏病。支气管壁的长期炎性破坏,导致管壁组织的弹性支撑作用减弱,久之则形成支气管扩张。年老体弱患者机体抵抗力差,易合并肺部感染,严重威胁患者的生命。

【临床表现】 慢性支气管炎的主要临床表现为咳嗽、咳痰、气喘。由于支气管黏膜充血、水肿及分泌物增多引起咳嗽;炎症刺激支气管黏膜使其分泌功能增强,导致咳痰;黏痰呈白色黏液泡沫状,较黏稠,不易咳出。当并发感染时,咳嗽加重并出现脓性黏液或脓性痰。因支气管黏膜水肿及黏稠渗出物附着,可致气道狭窄,当气流通过时可产生干啰音。如小气道有稀薄渗出液,则气流通过时可产生湿啰音。喘息性支气管炎患者由于支气管平滑肌痉挛或黏液分泌物阻塞而伴有喘息,患者气急而不能平卧,两肺充满哮鸣音。有的患者因黏膜和腺体萎缩分泌物减少,痰量减少甚至无痰。

三、肺 气 肿

肺气肿(pulmonary emphysema)是末梢肺组织(呼吸性细支气管、肺泡管、肺泡囊和肺泡)因含气量过多伴肺泡间隔破坏,肺组织弹性减弱,导致肺体积膨大、功能降低的一种疾病状态,是支气管和肺部疾病最常见的合并症。

(一)病因和发病机制

肺气肿常继发于其他肺阻塞性疾病,其中最常见的是慢性支气管炎,此外吸烟、空气污染和尘肺等也是常见的发病原因。其发病机制主要与以下3个方面有关。

1. 阻塞性通气障碍 阻塞性肺气肿发生的关键是小气道的炎症,尤其是细支气管炎及其周围炎影响较大。特别是慢性支气管炎时,因慢性炎症使小支气管和细支气管管壁结构遭受破坏及以纤维化为主的增生性改变导致管壁增厚、管腔狭窄;同时黏液性渗出物的增多和黏液栓的形成进一步加剧小气道的通气障碍,使肺排气不畅,残气量过多。

2. 呼吸性细支气管和肺泡壁弹性降低 正常细支气管和肺泡壁上的弹力纤维具有支撑作用,并通过回缩力排出末梢肺组织内的残余气体。长期的慢性炎症破坏了大量的弹力纤维,使细支气管和肺泡的回缩力减弱;而阻塞性肺通气障碍使细支气管和肺泡长期处于高张力状态,弹性降低,使残气量进一步增多。由于上述诸因素的综合作用,使细支气管和肺泡腔残气量不断增多,压力升高,导致细支气管扩张,肺泡最终破裂融合成含气的大囊泡,形成肺气肿。

3. 弹性蛋白酶及其抑制因子失衡 α_1-抗胰蛋白酶缺陷是一种遗传性疾病,大约占所有临床诊断COPD患者的1%。α_1-抗胰蛋白酶广泛存在于组织和体液中,对包括弹性蛋白酶在内的多种蛋白水解酶有抑制作用。吸烟可减低肺内α_1-抗胰蛋白酶的活性,弹性蛋白酶活性增高导致远端气道壁的弹力组织结构破坏,肺组织弹性回缩力降低。炎症时,白细胞的氧代谢产物氧自由基等可氧化α_1-抗胰蛋白酶,使之失活,导致中性粒细胞和巨噬细胞分泌的弹性蛋白酶数量增多、活性增强,加剧细支气管和肺泡壁弹力蛋白、W型胶原和糖蛋白的降解,破坏了肺组织的结构,肺泡回缩力减弱。

(二)肺气肿分类

根据病变部位、范围和性质的不同可将肺气肿分为下列类型。

1. 肺泡性肺气肿(alveolar emphysema) 病变发生在肺腺泡(acinus)内,因其常合并有小气道的阻塞性通气障碍,故也称阻塞性肺气肿(obstructive emphysema),在形态学上,根据肺气肿病变在肺泡内发生的部位进行分类。

(1)小叶中心型肺气肿(centrilobular emphysema):是最常见的肺气肿类型,常与吸烟有关。病理特点是支气管树近末端,处于肺叶中央部位的终末细支气管结构破坏。扩大的呼吸性细支气管形成扩大的,相互独立的气腔,这些气腔与肺叶间隔之间还存在正常的肺泡管和肺泡。随着小叶中心型肺气肿的进展,可累及远端的肺组织。小叶中心型肺气肿在肺叶的上野、上叶和下叶的上段最重。

(2)局限性肺气肿(localized emphysema):也称隔旁肺气肿,呼吸性细支气管基本正常,而远侧端位于其周围的肺泡管和肺泡囊扩张。局限性肺气肿破裂可导致自发性气胸。局限性肺气肿进展可导致大片区域结构破坏,称为肺大泡。

(3)全小叶型肺气肿(panacinar emphysema):呼吸性细支气管、肺泡管、肺泡囊和肺泡都扩张,含气小囊腔布满肺腺泡内。肺泡间隔破坏严重时,气肿囊腔融合形成直径超过1cm的较大囊泡,则称囊泡性肺气肿。终末阶段,肺间隔形成花边样的支撑网络组织("棉花糖"肺)。弥漫性全小叶型肺气肿与α_1-抗胰蛋白酶缺陷有关。

2. 间质性肺气肿(interstitial emphysema)

肋骨骨折、胸壁穿透伤或剧烈咳嗽引起肺内压急剧增高等均可导致细支气管或肺泡间隔破裂,使空气进入肺间质形成间质性肺气肿。气体出现在肺膜下、肺小叶间隔,也可沿细支气管壁和血管周的组织间隙扩散至肺门、纵隔形成串珠状气泡甚至可在上胸部和颈 部皮下形成皮下气肿。

3. 其他类型肺气肿

(1) 瘢痕旁肺气肿 (paracicatrical emphysema):是指出现在肺组织瘢痕灶周围,由肺泡破裂融合形成的局限性肺气肿,因其出现的具体位置不恒定且大小形态不一,故也称为不规则型肺气肿。

(2) 代偿性肺气肿 (compensatory emphysema):是指肺萎缩及肺叶切除后残余肺组织或肺炎性实变病灶周围肺组织的肺泡代偿性过度充气,通常不伴有气道和肺泡壁的破坏而仅有少量肺泡壁破裂 。

(3) 老年性肺气肿 (senile emphysema):是因老年人的肺组织弹性回缩力减弱使肺残气量增多而引起的肺膨胀。

(三) 肺气肿病理变化与临床表现

肺气肿时,肺的体积显著膨大,边缘钝圆,肺组织柔软而缺乏弹性,指压后遗留压痕。由于相对缺血,呈色灰白,切面因肺气肿类型不同,所见囊腔的大小分布的部位及范围均有所不同。镜下见肺泡扩张,肺泡间隔变窄、断裂,间孔扩大。相邻肺泡融合成较大的囊腔。肺泡间隔内毛细血管床数量明显减少,肺小动脉内膜纤维性增厚。小支气管和细支气管出现慢性炎症改变。

肺气肿临床症状轻重不一,早期肺气肿常无临床症状或体征,肺功能检查多数正常或轻微改变。患者除咳嗽、咳痰等慢性支气管炎症状外,常因阻塞性通气障碍而出现呼气性呼吸困难,气促、胸闷、发绀等缺氧症状。严重者因长期处于肺过度充气,肺体积增大,肋间隙增宽,横膈受压,以及肺前后径增加("桶状胸")。肺因过度充气而膨胀,残气量增加,叩诊呈过清音。胸透检查显示两肺野透光度增强,横膈下降。后期由于肺泡间隔毛细血管床受压迫及数量减少,使肺循环阻力增加,肺动脉压升高最终导致慢性肺源性心脏病。

四、支气管哮喘

支气管哮喘 (bronchial asthma) 简称哮喘,是一种由呼吸道过敏引起的以支气管可逆性发作性痉挛为特征的慢性阻塞性炎性疾病。患者大多具有特异性变态反应体质。临床表现为反复发作的、伴有哮鸣音的呼气性呼吸困难、咳嗽或胸闷等症状。发作间歇期可完全无症状。严重病例常合并慢性支气管炎,并导致肺气肿和慢性肺源性心脏病。

(一) 病因和发病机制

本病的病因复杂,遗传因素和环境共同作用决定了个体易患性。目前认为哮喘是一种多基因遗传病,位于不同染色体上多对致病基因,遗传因素决定了个体易感性。过敏性哮喘(allergic asthma) 是最常见的哮喘,儿童多见,常见的过敏原包括花粉、动物毛发或皮毛和被螨虫污染的尘土。职业性哮喘(occupational asthma) 超过 80% 的职业暴露与发展成哮喘有关。在有些病例,这些物质通过 IgE 相关的过敏反应机制激发过敏性哮喘。职业性哮喘的患者包括动物训练者,面包师,暴露于树木和植物粉尘、金属盐、药剂和工业化学试剂的工人。感染、运动、心理压力加重或药物的使用均可诱发支气管痉挛。

研究最多的是由吸入过敏原引起的哮喘。支气管黏膜上皮之间散在分布有肥大细胞,致敏患者吸入的过敏原与这些肥大细胞表面的 IgE 抗体结合,然后肥大细胞脱颗粒并释放出Ⅰ型过敏反应的介质,包括组胺、缓激肽、白三烯、前列腺素、凝血恶烷 A_2 和血小板激活因子(platelet activating factor, PAF)。这些介质引起平滑肌收缩、黏液分泌和血管通透性增加、水肿,这些都是潜在的、可逆的气道破坏的原因。趋化因子包括白三烯 B_4 以及中性粒细胞和嗜酸粒细胞趋化因子吸引中性粒细胞、嗜酸粒细胞和血小板聚集到支气管壁。反过来,嗜酸粒细胞释放白三烯 B_4 和 PAF,加剧了支气管收缩和水肿。嗜酸粒细胞颗粒包括嗜酸粒细胞阳离子蛋白和主要基础蛋白,它们被释放入支气管管腔,进一步损害黏膜纤毛功能和破坏上皮细胞。而且白三烯 B_4 和 PAF 使得更多嗜酸粒细胞和其他效应细胞聚集,形成恶性循环,延长和放大了哮喘反应。最近,有证据表面活化的T淋巴细胞通过多种细胞因子网络也参加到炎症反应中来。其发作机制复杂,尚未完全明了。

(二)病理变化与临床表现

绝大多数信息来自于死于哮喘状态患者的尸检,因此描述的多是最严重的病变。大体上,肺脏因充满气体而显著扩大,气道内充满厚重、黏性强的黏液栓。镜下可见嗜酸粒细胞的崩解产物形成的尖棱状的 Charcot-Leyden 结晶、Curschmann 螺旋及崩解的上皮细胞和黏液成分形成的螺旋状细丝。支气管黏膜上皮剥脱,仅残存基底层细胞。基底细胞增生,可见鳞状上皮化生,杯状细胞明显增多。上皮基膜增厚并发生玻璃样变。支气管平滑肌显著增生。

哮喘发作时,典型的表现是发作性伴有哮鸣音的呼气性呼吸困难,因细支气管痉挛和黏液栓阻塞引起,症状可自行缓解或经治疗后缓解。长期反复的哮喘发作可致胸廓变形及肺气肿,有时可合并自发性气胸。

第六节 尘 肺

肺尘埃沉着症(pneumoconiosis)简称尘肺,是一类由吸入无机粉尘引起的肺疾病,长期吸入有害粉尘在肺内沉着,引起以粉尘结节和肺纤维化为主要病变的常见职业病。临床常伴有慢性支气管炎、肺气肿和肺功能障碍。

一、矽 肺

矽肺(silicosis)又称硅肺,是长期吸入含游离二氧化硅(SiO_2)粉尘所引起的一种常见职业病。长期从事开矿、采石、坑道作业及在石英粉厂、玻璃厂、耐火材料厂、陶瓷厂生产作业的工人易患本病。患者多在接触硅尘10~15年后发病,病程进展缓慢,即使脱离硅尘接触后,肺部病变仍继续发展。

吸入空气中游离二氧化硅粉尘是矽肺发病的主要原因。硅尘颗粒引起矽肺的发病机制目前认为主要与SiO_2的性质和巨噬细胞有关。当硅尘被巨噬细胞吞入后,SiO_2与水聚合形成硅酸,使溶酶体膜通透性升高或破裂;被激活的巨噬细胞形成的氧自由基也可以直接损伤细胞质膜。溶酶体破裂后释放的多种溶酶体酶导致巨噬细胞崩解自溶,同时释放出硅尘,游离的硅尘又可被其他巨噬细胞再吞噬。另外崩解的和已被激活的巨噬细胞均可释放多种细胞因子和炎症介质,如巨噬细胞生长因子、白细胞介素、纤维连接蛋白和肿瘤坏死因子等,均可引起肺组织的炎症反应,成纤维细胞增生和胶原沉积,导致肺纤维化。反复吸入并沉积在肺内的硅尘,特别是巨噬细胞破裂后再释放出的硅尘使肺部病变不断发展加重,即便患者在脱离硅尘作业环境后,肺部疾病仍会继续发展。免疫因素在矽肺的发病中也可能发挥作用,现有证据表明玻璃样变的硅结节内含较多的免疫球蛋白,患者血清中也出现 IgG、IgM 及抗核抗体等的异常,但确切机制尚未明了。

【病理变化】 矽肺的基本病变是硅结节(silicotic nodule)的形成和肺组织的弥漫性纤维化。硅结节为境界清楚的圆形或椭圆形结节,直径3~5mm,色灰白,触之有沙砾感。硅结节形成的早期阶段是由吞噬硅尘的巨细胞聚集形成的细胞性结节。随病程进展,结节内成纤维细胞增生,结节发生纤维化遂形成纤维性结节。其内胶原纤维呈同心圆或旋涡状排列,部分结节中胶原纤维发生玻璃样变。结节中央常常可见到管壁增厚,管腔狭窄的小血管。相邻的硅结节可以融合形成大的结节状病灶其中央常因缺血、缺氧发生坏死和液化,形成矽肺性空洞(silicotic cavity)。偏光显微镜可观察到硅结节和病变肺组织内的硅尘颗粒。肺门淋巴结内也可有硅结节形成,致淋巴结肿大变硬。肺组织弥漫性纤维化病变肺组织内除见硅结节外,尚可见范围不等的弥漫性纤维化病灶,镜下可见致密的玻璃样变的胶原纤维。晚期病例纤维化肺组织可达全肺2/3以上。

合并症包括以下几种。

(1)肺结核病:矽肺病变愈严重,肺结核并发率愈高。矽肺病灶与结核病灶可以单独分开存在,也可以混合存在。此类患者结核病变的发展速度和累及范围均比单纯肺结核病者更快、更广,也更易形成空洞,导致大出血而死亡。

(2) 慢性肺源性心脏病：约有 60% ~ 75% 的晚期矽肺患者并发慢性肺心病。肺组织弥漫性纤维化使肺毛细血管床减少，肺小动脉闭塞性脉管炎及缺氧引起的肺小动脉痉挛等均导致肺体积缩小，导致肺循环阻力增大，肺动脉压升高终发展为慢性肺心病。患者可因右心衰竭而死亡。

(3) 肺部感染和阻塞性肺气肿：患者抵抗力低下，呼吸道防御功能减弱，易继发严重的细菌和病毒感染，导致死亡。晚期矽肺患者常合并不同程度的阻塞性肺气肿，也可出现肺大泡，若破裂则形成自发性气胸。

二、煤工尘肺

煤尘由无定形碳和其他地球表面的组成成分构成，包括数量不等的硅。无定形碳本身无致纤维化作用，但是吸入煤颗粒可能导致煤工尘肺。

【病理变化】 煤矿工人肺损伤的特点是碳尘斑点，为直径 1 ~ 4mm 的黑色区域，遍布整个肺组织。因有色素沉着故得名“黑肺病”(black lung disease)，也称为单纯性煤炭工人尘肺病。镜下可见煤炭粉尘颗粒斑为许多围绕在远端呼吸性细支气管的吞噬炭颗粒的巨噬细胞，并且延伸到肺泡腔内及支气管周围间质内。

黑肺病仅可引起轻度的肺功能损伤。煤炭工人中出现的严重气流阻塞多是由吸烟引起。煤炭工人肺内出现更大的结节则可能是由吸入粉尘中的硅颗粒引起，此时称为煤矽肺(anthracosilicosis)。可伴有轻度的呼吸性细支气管扩张，称局限型粉尘肺气肿(focal dust emphysema)。

三、石棉相关疾病

石棉肺(asbestosis)是指由吸入石棉纤维引起的尘肺病。该疾病主要发生于加工和处理石棉的工人，而非石棉采矿工人。暴露开始于包装石棉的装袋工，继续发生在加工和使用石棉的工人，如制作石棉产品(石棉瓦、水泥、绝缘材料)的工人和建筑、造船业工人。

石棉纤维由硅酸盐构成，被吸入后沉积在远端气道和肺泡，特别是在肺泡管的分支处。最小的颗粒被巨噬细胞吞噬，但是许多较大的纤维穿透肺泡间隔。由激活的巨噬细胞释放出的炎症介质和肺泡间隔内游离石棉纤维的致纤维化特性促进了肺的纤维化进程。

【病理变化】 石棉肺的病变是肺的间质纤维化。在早期阶段，纤维化发生在肺泡管和呼吸性细支气管及其周围，以及肺泡囊周围。随着疾病的进展，肺的大体检查显示灰色的纤维化条纹带和弥漫性脏层胸膜增厚。少数情况下，间质纤维化进展成“蜂窝肺”。石棉小体由石棉纤维(长度约 10 ~ 50μm)构成，其周围有串珠样铁沿其长轴沉积。镜下，呈金棕色(彩图 8-14)，铁染色阳性。铁染色源于微出血释放出的含铁血黄素。石棉小体出现在支气管壁或肺泡腔内，常被肺泡巨噬细胞吞噬。暴露于石棉也会引起一些其他合并症。

合并症包括：①胸膜斑(pleural plaque)。吸入石棉纤维多年会导致壁层胸膜上出现斑块，最常见的部位是胸腔下部后外侧和横膈穹隆。②间皮瘤(mesothelioma)。石棉暴露和恶性间皮瘤之间的明确的相关性已被广泛认识。③肺癌。据报道，非吸烟石棉工人支气管源性肺癌的发生率比非吸烟无石棉暴露的工人高 3 到 5 倍，但该数据有待于进一步确认，然而在吸烟的石棉工人中肺癌的发生率大大增加，比一般不吸烟的人群高出 60 倍。

四、铍　　肺

铍肺是指吸入铍后的肺部疾病。铍主要用做航空业的建筑材料、工业陶瓷制造业和原子反应堆。铍暴露可能发生在采矿业和铍矿石的提炼。

铍肺可表现为急性、化学性尘肺症或慢性尘肺症。急性铍肺病理改变是弥漫性肺泡损伤。10% 的急性患者进展为慢性，慢性铍肺由于患者接触量小，接触时间短，病变被认为是一种过敏性反应。肉眼下，肺缩小，纤维化并有多个囊腔(蜂窝肺)。镜下可见显著的肉芽肿性炎和间质纤维化。应与结节病相鉴别。

慢性铍肺的患者在暴露 15 年或更长时间可出现隐匿性的呼吸困难。此外，患者可增加肺癌的发生率。

第七节 间质性肺疾病

许多种肺疾病被归类于间质性、浸润性或限制性疾病，因为它们的特点是肺间质的炎症浸润，临床表现和影像学特点都很类似。

一、过敏性肺炎

过敏性肺炎（hypersensitive pneumonitis）是指由暴露于有机粉尘引起的免疫反应介导的一类疾病，主要累及肺泡和远端气道。

已知有超过30种环境因子能引起过敏性肺炎。吸入这些因子引起急性或慢性肺间质炎症。大多数致病因子在职业环境中被吸入，这类疾病常与某些特殊的职业有关。例如，暴露于发霉干草的农夫发生农夫肺（farmer lung），暴露于霉变、积压的甘蔗（甘蔗渣，bagasse）的甘蔗工人患甘蔗渣尘肺（bagassosis），接触羽毛、分泌物和鸽子排泄物的鸟类饲养员患饲鸽者肺（pigeon breeder disease）。目前认为过敏性肺炎是免疫复合物介导（Ⅲ型）和细胞介导（Ⅳ型）超敏反应的结果。目前尚不明确哪型超敏反应起主要作用。

【病理变化】 过敏性肺炎的急性期可见支气管坏死，嗜酸粒细胞浸润，血管炎和间质性肺炎。慢性病变的特点是广泛的间质性肺炎，肺泡壁有大量淋巴细胞和少量浆细胞浸润，常出现轻微的弥漫性肺泡损伤，伴有肺泡Ⅱ型上皮增生。支气管周围也有炎细胞浸润，有时出现阻塞性支气管炎。最具特征性的表现是出现分散的、界限不清的、含有异物巨细胞的肉芽肿（彩图8-15）。在慢性病变终末阶段，间质炎症减退。但纤维化更加明显，肺结构破坏，蜂窝肺形成。

过敏性肺炎可表现为急性、亚急性或慢性肺疾病，这取决于接触过敏原的频率和强度。过敏性肺炎的原型是农夫肺，由吸入生长在霉变的干草中的嗜热性放线菌引起。典型病例中，农夫进入储存冬季饲料的谷仓几小时后，开始迅速出现呼吸困难、咳嗽和低烧。症状在24～48小时内缓解，但是在再次暴露时出现，随着时间的迁移转变成慢性。

二、结节病

结节病（sarcoidosis）是一种病因不明的慢性疾病，在全身几乎任何器官出现非干酪性肉芽肿。肺脏是最常被累及的器官，淋巴结、皮肤和眼睛也常被累及。流行病学调查显示，结节病可累及所有种族，男女均可发病。最常见于斯堪的纳维亚半岛各国，发病率约为64/10万，在法国为10/10万，在波兰为3/10万。在北美洲，黑人结节病的发病率比白人高，比率约为15∶1。但结节病在中国并不常见。

普遍认为结节病是由于辅助性/抑制性T淋巴细胞对不明外源性因子或自身抗体所产生的放大的细胞免疫反应。这些细胞在受累及的器官聚集并分泌淋巴因子趋化巨噬细胞，巨噬细胞参与到非干酪性肉芽肿的形成过程。由T辅助细胞诱导的非特异性多克隆B细胞的活化导致多球蛋白血症，是活动性结节病的特点。

【病理变化】 肺结节病最常累及肺和肺门淋巴结。组织学上，多发结节病肉芽肿分布在肺的间质或肺门淋巴结内（彩图8-16）。肉芽肿的中心可有纤维化，周围有栅栏状排列的组织细胞包绕。外周的多核巨细胞与结核中的多核巨细胞相似，但始终缺少干酪样坏死。肺泡壁细胞增多，主要是单个核细胞浸润。在2/3的病例，肺活检标本中可见肉芽肿性血管炎。

结节病的预后良好，大多数患者不出现临床明显的后遗症。该疾病仅有10%的死亡率。活动性结节病对激素治疗反应良好。

三、普通型间质性肺炎

普通型间质性肺炎（usual interstitial pneumonia，UIP）是最常见的特发性间质性肺炎，特点为临床上出现进行性呼吸功能障碍，病理改变为间质炎症和纤维化。该疾病累及各年龄段患者，平均发病年龄为50～60岁。

目前普遍认为UIP的发生与机体免疫功能的紊乱相关。该疾病通常发生在其他自身免疫性疾病基础上，例如有风湿性关节炎、系统性红斑狼疮和进行性系统性硬化等胶原血管病、桥本甲状腺炎、原发性胆管硬化、特发性血小板减少性紫癜和重症肌无力等。UIP 患者常出现循环性抗自身抗体(例如抗核抗体和风湿因子)。循环中、炎症累及的肺泡壁和支气管肺泡灌洗液中可检测到免疫复合物,但未检测到抗原。

【病理变化】 肺间质出现慢性炎症,伴有肺泡间隔的广泛纤维化。严重的疾病表现为弥漫性肺损伤,伴有显著的淋巴细胞和浆细胞在肺泡壁聚集和肺泡Ⅱ型上皮增生,有时可见成纤维细胞灶形成(彩图 8-17)。在疾病的终末期出现蜂窝肺,以下肺胸膜下区域为著。广泛的血管改变,特别是内膜纤维化和中膜增厚,由炎症、纤维化和肺动脉高压引起。

UIP 起病隐匿,逐渐发生运动后呼吸困难和干咳,持续 5 ~ 10 年。静息时呼吸急促,随后出现发绀和肺源性心脏病。预后很差,平均存活时间为 5 年。肺移植是唯一能够有希望治愈的方法。

四、阻塞性细支气管-机化性肺炎

阻塞性细支气管-机化性肺炎(bronchiolitis obliterans with organizing pneumonia,BOOP)是一种多种病因引起的支气管周围肺实质的损伤,特点是累及远端气道和肺泡的特征性的纤维化。BOOP 与许多呼吸道感染有关,特别是病毒性细支气管炎、毒性气体吸入、服用某些药物以及包括胶原血管疾病在内的几种炎症反应。许多病例的病因尚不清楚。

【病理变化】 BOOP 典型的组织学改变是出现疏松纤维化的斑片区域和末梢气道慢性炎细胞浸润。这就像栓子阻塞了细支气管(阻塞性细支气管炎)、肺泡管和周围肺泡(机化性肺炎,彩图 8-18)。一些纤维栓子表面衬覆支气管上皮或Ⅱ型肺泡上皮,类似肺间质纤维化。由于细支气管阻塞,气道远端可能发生阻塞性肺炎,其特点是除了肺泡腔内纤维化之外,还有泡沫样、富含脂质的吞噬细胞聚集,肺泡间隔增宽,有慢性炎细胞浸润和Ⅱ型肺泡上皮增生。

BOOP 起病较急,有发热、咳嗽和呼吸困难,即使没有治疗,大多数患者也可在几周或几个月内康复。激素治疗可加速痊愈。

第八节 肺动脉高压

肺动脉高压(pulmonary hypertension)是指静息时肺动脉平均压大于 3.33kPa(25mmHg)或运动时大于 4kPa(30mmHg)。2003 年,在威尼斯举行的第 3 届世界肺动脉高压会不再采用原发性肺动脉高压(primary pulmonary hypertension)这一名称,以免引起概念混乱而误用“继发性肺动脉高压”的名称,而使用特发性肺动脉高压(idiopathic pulmonary arterial hypertension,IPAH)。尽管对肺动脉高压的发病机制已有更深入的了解,但其确切机制仍不清楚。目前认为,肺动脉高压的发生是一个多因素作用的过程,涉及多种细胞和生物化学途径,尤其是 BMPR2(bone morphogenetic protein receptor type 2)基因的变异导致信号传导通路的异常。

【病理变化】 主要累及肺动脉和右心,表现为右心室肥厚,右心房扩张。肺动脉主干扩张,周围肺小动脉稀疏。肺小动脉内皮细胞、平滑肌细胞增生肥大,血管内膜纤维化增厚、中膜肥厚,管腔狭窄、闭塞、扭曲变形,呈丛状改变。肺小静脉也可以出现内膜纤维增生和管腔阻塞。

IPAH 特征性的病理改变为肺小动脉管壁增厚,可涉及中层、内膜和外膜。有肺小动脉闭塞、向心性内膜增厚的改变。较大的血管可有丛状损伤和偏心性内膜增厚。肺动脉高压与肺动脉管壁增厚、管腔狭窄和原位血栓形成的联合效应有关。IPAH 常见的肺小动脉的病理改变如下。

(1)小动脉中膜肥厚和细动脉肌化:是 IPAH 早期的血管改变。以显著的小动脉中膜增厚和无肌层的泡内动脉肌化为特征。

(2)内膜增生:内膜增生主要有 2 种类型。①内膜细胞性增生,此时疾病处于较早的阶段,病变具有可逆性。②向心性板层性(洋葱皮样)内膜纤维化,由肌成纤维细胞和弹力纤维组成,被丰富的无细胞结缔组织基质分隔,多属于不可逆性改变,反映病情进展到了较严重的阶段。内膜增生导致肺血管床减少。

(3)原位血栓形成:偏心性内膜板层样纤维化于肺血管随机分布,是局部血栓形成和再通的结果。尽管有人认为这可能是肺内微血栓栓塞,然而至今尚未发现IPAH患者有微栓子来源。

(4)丛样病变:丛样病变是由成肌纤维细胞、平滑肌细胞和结缔组织基质作为衬里的内皮管道局灶性增生,局限于小肺动脉和泡内肺动脉,并有动脉壁扩张和部分破坏,病变内有纤维蛋白血栓和血小板,病变可进入血管周围结缔组织。多发生在动脉分叉或新生动脉发源处。特发性肺动脉高压易发生在血管外径小于100μm的动脉。丛样病变并非是特发性肺动脉高压所特有的病理改变,其实也见于其他疾病,如先心病左向右分流性肺动脉高压。

第九节 肺 癌

肺癌(carcinoma of the lung)是最常见的恶性肿瘤之一,半个世纪以来肺癌的发病率和死亡率一直呈明显上升趋势。据统计在多数发达国家居恶性肿瘤首位,在我国多数大城市肺癌的发病率和死亡率也居恶性肿瘤的第1位或第2位。90%以上患者发病年龄超过40岁。近年来女性吸烟者不断增多,患者男女之比已由4:1上升到15:10。

肺癌的病因复杂,目前认为主要与以下因素有关:①吸烟。现世界公认吸烟是肺癌致病的最危险因素之一。大量研究已证明吸烟者肺癌的发病率比普通人高20~25倍,且与吸烟的量和吸烟时间的长短正相关。香烟燃烧的烟雾中含有的化学物质超过上千种,其中已确定的致癌物质有苯并芘、尼古丁、焦油等。此外,放射性元素、碳及砷、镍等也都有致癌作用。通过降低焦油含量或加用过滤嘴使烟草中致癌成分发生改变,则肺癌的组织学类型也能发生变化,更证明吸烟与肺癌发生密切相关。②空气污染。大城市和工业区肺癌的发病率和死亡率都较高,主要与交通工具或工业排放的废气或粉尘污染空气密切相关,污染的空气中苯并芘、二乙基亚硝酸胺及砷等致癌物的含量均较高。有资料表明肺癌的发病率与空气中苯并芘的浓度呈正相关。此外,吸入家居装饰材料散发的氡等物质也是肺癌发病的危险因素 。③职业因素。从事某些职业的人群,如长期接触放射性物质(铀)或吸入含石棉、镍、砷等化学致癌粉尘的工人肺癌发生率明显增高。目前,已知各种致癌因素主要是作用于基因,引起基因改变而导致正常细胞癌变。已查明肺癌中约有20种癌基因发生突变或抑癌基因失活,如在小细胞肺癌和肺腺癌中发生突变的主要癌基因分别是c-myc和k-ras,两种类型肺癌中都存在抑癌基因p53的失活 。

组织学类型肺癌组织学表现复杂多样,分类方法长期以来未能取得一致,目前较为完善的1999/2004年版WHO分类将肺癌分为鳞状细胞癌、腺癌、腺鳞癌、小细胞癌、大细胞癌和类癌等9个基本类型,能较好地反映不同组织学类型肺癌的临床特点及预后,并能指导治疗方法的选择,因是有较高的临床应用价值。实际上,部分肺癌并非仅表现为单一的组织学形态,而是多种组织学表现混合存在,此类病例常以其主要组织学表现归类 。

一、鳞状细胞癌

鳞状细胞癌(squamous cell carcinoma)在许多国家都是最常见的肺癌类型之一,大多数肺癌(90%)与吸烟有关。大约2/3鳞状细胞癌为中心型,累及主支气管、叶支气管或段支气管。鳞状细胞癌更多为支气管内生长方式,所以常常与支气管阻塞和阻塞性肺炎相关。肿瘤坚硬、灰白、溃疡性的病变从支气管壁向周围肺实质蔓延。镜下表现多种多样,从伴有角化珠的成熟鳞状细胞到仅仅在电镜下观察和免疫组化染色才能识别是鳞状细胞来源的间变细胞。在分化好的肿瘤,角化珠常像珍珠样,即看上去是中心部明亮的嗜酸性角蛋白聚集,周围有洋葱皮样鳞状细胞包绕。细胞间桥见于石蜡切片,是由于固定造成的细胞收缩,显现出了原本在电镜中才清楚显现的细胞间桥粒连接。结缔组织增生(即纤维化)通常与肿瘤细胞巢的浸润相关(彩图8-19)。鳞状细胞癌常表现为明显的组织学异质性。鳞状细胞癌有4个变异型:乳头状、透明细胞、小细胞和基底细胞样。但是迄今为止,没有证据表明这些变异型有任何临床意义。现在,仍没有其他方法可以鉴别原发或是转移的鳞状细胞癌,不过从头颈部转移至肺的鳞状细胞癌比原发于肺的鳞状细胞癌分化的更好(即表现为明显的角化)。各种组织学类型的肺癌均最常转移到局部淋巴结,特别是肺门和纵隔淋巴结。最常见的结外转移部位是肾上腺,但肾上腺功能不足却不常见。有时肺癌的转移病灶首先被发现,脑、骨、肝是较多见的转移部位。未经治疗的肺鳞状细胞癌的中位生存时间小于1年。大约60%的鳞状细胞癌可以切除,手术后的5年生存率约为37%。

二、腺　　癌

腺癌(adenocarcinoma)的发病率仅次于鳞癌,近年来统计资料表明其发病率有明显升高趋势,特别女性的发病率在逐年增加,在一些地区甚至比鳞状细胞癌更为常见。美国的流行病学研究显示腺癌是最常被诊断的肺癌组织学类型。大多数腺癌起源于肺外周,并且可以引起特征性的胸膜皱缩或肺实质瘢痕。肺腺癌临床治疗效果及预后不如鳞癌,手术切除后5年存活率不到10%。肿瘤最初发现大约为直径2~5cm的不规则肿块,切面浅灰白色。组织学上,肺腺癌的组织学形态多种多样。分化较好的腺癌细胞形成规则的腺体,内衬柱状细胞,细胞核位于基底部(彩图8-20)。分化中等的肺腺癌常有腺管或乳头形成及黏液分泌。根据它们在癌组织中所占比例又可分为腺泡型、乳头状和实体黏液细胞型等亚型。各种类型的腺癌黏液量从极少到大量不等。低分化肺腺癌常无腺样结构,呈实心条索状,分泌现象少见,细胞异型明显。肺腺癌电镜下主要特征为癌细胞内有微腔形成,表面有微绒毛;胞质内见分泌颗粒或和液颗粒,细胞间见连接复合体。免疫组化染色低分子角蛋白、EMA、CEA呈阳性。

腺癌转移部位多与鳞状细胞癌相同,但它们生长得更快,更容易侵犯胸膜,不到40%的腺癌可以手术切除,这些患者的5年生存率仅为25%。

三、细支气管肺泡癌

细支气管肺泡癌发生于细支气管或肺泡上皮,是腺癌的特殊亚型。该肿瘤多数源自Clara细胞,有少数主要由Ⅱ型肺泡上皮构成。

支气管肺泡癌表现为单发外周结节、多发结节或类似肺炎的弥漫浸润灶。切面上肿瘤常呈黏液样,在大体检查上可能难以确认。1999年版WHO分类中采用的细支气管肺泡癌严格定义在2004年版WHO分类中得以保留。该定义要求纯粹的鳞屑样生长方式,并且缺少基质、血管和胸膜浸润的证据。“鳞屑样”这一术语的意思是增生的肿瘤细胞沿着肺泡壁均一排列,使得肺泡壁成为支持间质。严格的定义是因为研究表明伴有纯粹鳞屑样生长模式的小的(小于2cm)单发肿瘤具有100%的5年生存率。组织学上,分化好的含黏液的柱状细胞衬覆在肺泡腔内,没有间质浸润(彩图8-21)。由肺泡Ⅱ型上皮细胞构成的肿瘤则不含黏液。

如果病灶为单发,细支气管肺泡癌的预后很好。无淋巴结转移时,治愈率大于50%。另一个问题是当通过支气管肺泡灌洗、肺活检等方式仅仅取到肿瘤小的活检标本时怎样进行分类。细支气管肺泡癌的最终诊断只能在对切除标本进行全面组织学检查之后作出。对于较小的样本,推荐诊断为“腺癌,可能为细支气管肺泡癌”。目前在高分辨率CT上看到的纯粹的毛玻璃影而缺乏实性成分者,经手术切除证明为肿瘤的,很可能与非黏液亚型有关。大多数实性细支气管肺泡癌也是非黏液亚型。弥漫性肺浸润生长方式与单一或多灶的生长方式相比,具有非常低的生存率。黏液亚型更多情况下与这种弥漫性肺浸润生长方式相关。

四、小细胞癌

小细胞癌(small cell carcinoma)是高度恶性的肺癌,由向神经内分泌细胞方向分化的小肿瘤细胞构成。占全部肺癌的10%~20%。患者多为中、老年人,80%以上为男性,且与吸烟密切相关。这是肺癌中恶性程度最高的一型,生长迅速,转移早,存活期大多不超过1年手术切除效果差,但对放疗及化疗敏感。小细胞癌多发生在近肺门处。肿瘤质软,反光,浅灰白色,常伴有坏死区。镜下可见肿瘤细胞小,圆形或卵圆形(彩图8-22),有染色质浓集的细胞核,缺乏胞质。肿瘤细胞类似淋巴细胞

(燕麦细胞,oat cell)。1/4 的肿瘤由纺锤样或拉长的细胞构成,另外 1/4 的肿瘤细胞由中等大小、具有丰富胞质的多角形细胞构成(中间细胞变异型)。镜下见癌细胞间隔未被破坏,肺泡轮廓保留,肿瘤细胞常呈圆形或卵圆形,似淋巴细胞,但体积较大;也可呈梭形或燕麦形,胞质少,似裸核,癌细胞呈弥漫分布或呈片状、条索状排列,称燕麦细胞癌;有时也可围绕小血管形成假菊形团结构。电镜下 66% ~ 90% 病例的癌细胞胞质可见神经分泌颗粒,故认为其起源于支气管黏膜上皮的 kulchitsky 细胞,是一种异源性神经内分泌肿瘤。免疫组化染色显示癌细胞对神经内分泌标记如 NSE、CgA、Syn 及 Leu7 等呈阳性反应,角蛋白亦可显示阳性。

大多数小细胞癌患者在诊断时已有症状,2/3 的肿瘤已经转移至骨、肝、脑和其他器官。化疗是播散性小细胞癌最常用的治疗方法,最近其预后已取得重大改善。局限于肺的肿瘤可用放射治疗。

五、类　　癌

类癌(carcinoid tumor)是一组神经内分泌肺肿瘤,起源于呼吸上皮的多潜能基底层细胞。它们在原发性肺癌中所占的比例小于 5%,没有性别差异,与吸烟无关。尽管有些肿瘤细胞分泌神经肽,大多数肿瘤无神经内分泌功能。肿瘤低度至中度恶性,5% ~10% 转移至局域淋巴结。1999/2004 年版 WHO 分类中提出了 2 种不同的亚型,典型类癌(typical carcinoid)和非典型类癌(atypical carcinoid)。

(一)典型类癌(typical carcinoid)

典型类癌可分为中央型和外周型两种。两种亚型都可无症状,但以支气管内团块状生长为特征的中央型类癌可在临床上表现为反复发作的肺炎或咯血。男性和女性发病率几乎相同,发病年龄范围很广。临床表现为黄色或肉样息肉状肿块,在软骨环之间浸润至广泛累及支气管黏膜下层。1999/2004 WHO 修订版对于类癌的诊断标准需要肿瘤每 10 个高倍视野少于 2 个核分裂象且无坏死。肿瘤细胞组成各种结构,如器官样巢状、小梁状、胰岛样、带状,或玫瑰花样排列(彩图 8-23)。类癌还可表现为乳头、硬化、滤泡和腺样结构。肿瘤细胞通常形态一致,核质比低,核圆形至椭圆形,胞质嗜酸性,有神经内分泌肿瘤特征性的细颗粒状染色质。细胞学非典型性、细胞增多和淋巴血管侵犯并不是预后指标。类癌预后非常好,目前尚无组织学特征能可靠地预示哪种典型类癌更具侵袭性并会继续进展为全身性疾病,而是核分裂象的多少和坏死。外周型类癌往往位于胸膜下且伴有瘢痕。与中央型肿瘤的圆形或多边形细胞不同,外周型类癌的肿瘤细胞倾向于具有显著的梭形特点。

(二)非典型类癌(atypical carcinoid)

在 1999/2004 年版 WHO 分类中,非典型类癌定义为每 10 个高倍视野具有 2 ~10 个核分裂象和(或)有局灶坏死。这些肿瘤中的坏死通常为点状,且需仔细除外针吸活检引起的大面积坏死的可能性。同时可观察到细胞的非典型性、淋巴血管侵犯、核仁、细胞数量增多以及结构紊乱。非典型类癌起病时发生淋巴结转移的几率较高,并且与典型类癌不同,肿瘤大小为 3.5cm 或更大,以及高的核分裂率也是预后不良的指标。因此将非典型类癌看作侵袭性增强的中级别恶性肿瘤较为恰当。据报道,非典型类癌总体 5 年和 10 年生存率分别为 61% ~73% 和 35% ~59% 。化疗和放疗的有效性尚未得到证实。

六、转移性肿瘤

肺最常见的恶性肿瘤是转移性恶性肿瘤。肺的转移癌通常多发,界限清楚(图 12-39)在影像学上被称为“炮弹样”转移。最常见的原发肿瘤位于乳腺、胃、胰腺和结肠。

淋巴管炎性癌(癌性淋巴管炎)(lymphangitic carcinoma)是转移性肿瘤沿着肺淋巴管广泛播散,沿着支气管血管树和静脉形成肿瘤鞘。

第十节　胸膜疾病

一、气　　胸

胸膜腔由胸膜壁层和脏层构成,是不含空气的密闭的潜在性腔隙。任何原因使胸膜破损，空气进入胸膜腔，称为气胸(pneumothorax)。此时胸膜腔内压力升高，甚至负压变成正压，使肺脏压缩，静脉回心血流受阻，产生不同程度的肺、心功能障碍。用人工方法将滤过的空气注入胸膜腔，以便在X线下识别胸内疾病，称为人工气胸。由胸部外伤、针刺治疗等所引起的气胸，称为外伤性气胸。最常见的气胸是因肺部疾病使肺组织和脏层胸膜破裂，或者靠近肺表面的肺大疱、细小气肿泡自行破裂，肺和支气管内空气逸入胸膜腔，称为自发性气胸。自发性气胸常继发于基础肺部病变，如肺结核(病灶组织坏死；或者在愈合过程中，瘢痕使细支气管半阻塞形成的肺大疱破裂)、慢性阻塞性肺疾患(肺气肿泡内高压、破裂)、肺癌(细支气管阻塞，或是癌肿侵犯胸膜、阻塞性肺炎，继而脏层胸膜破裂)、肺脓肿、尘肺等。有时胸膜上具有异位子宫内膜，在月经期可以破裂而发生气胸(月经性气胸)。

二、胸　水

胸水是指胸膜腔内过多的液体聚集。胸水从性质上可分为渗出性及漏出性。渗出性的病因很多，归纳起来为两大类。一类是炎症性病变所致，如由细菌、病毒或真菌等感染胸膜引起感染性炎症，导致胸腔积液，或由于肺栓塞、胰腺炎、结缔组织疾病等非感染性炎症引起胸腔积液。第二类是肿瘤性，如癌肿长在胸膜上或转移侵犯胸膜引起积液，可见于胸膜间皮瘤、肺癌、乳房癌、胃癌等。漏出性胸腔积液的病因，可以是全身性疾病，如低蛋白血症、过敏性疾病，也可以是某器官的病变，如充血性心力衰竭、肝硬化、肝阿米巴病、胸导管破裂等。

三、间 皮 瘤

胸膜肿瘤以胸膜间皮瘤最为常见。是来源于胸膜间皮的原发性肿瘤，其中以恶性间皮瘤最为常见。恶性间皮瘤多为弥漫性生长，常伴有石棉肺或石棉接触史。临床有胸痛及胸腔积液。肿瘤长入肺内常继发感染，挤压肺脏发生肺萎缩。组织学上可见上皮型和肉瘤型两种形态，上皮型间皮瘤是最常见的恶性间皮瘤类型，表现为管状、乳头状、实性巢状等(彩图8-24)。有时类似腺癌的管状结构与类似纤维肉瘤的片状梭形细胞混合存在。有时瘤组织中仅存在上2种不同成分中的1种。

第十一节　肺　移　植

肺移植是治疗终末期肺部疾病的一种治疗方法。临床上，主要用于治疗各种原因造成的晚期肺纤维化，慢性感染性肺部疾病，晚期慢性阻塞性肺疾病以及原发性或继发性肺动脉高压及右心衰竭等。肺移植术后移植肺可出现多种病理组织学变化，主要包括移植肺缺血/再灌注损伤等所致的移植肺原发性无功能、急性与慢性排斥反应、移植后应用大量免疫抑制剂导致机体免疫力下降所致的机会性感染以及淋巴组织异常增生等。

一、移植肺病理组织学变化

移植肺原发性无功能是术后导致移植失败及受者死亡的重要原因之一。导致移植肺原发性无功能主要有两方面的因素。一方面是由于供肺的预存性/携带性病变。虽然供肺肉眼表现正常，但组织学观察可发现在某些供肺内存在不同类型的异常变化，包括栓塞、肺间质水肿、呼吸性细支气管炎、支气管肺炎、出血、呼吸性细支气管上皮中杯状细胞增生以及弥漫性肺泡损伤，其中最多见的为支气管炎或细支气管炎。另一方面归因于保存缺血/再灌注损伤或称为供肺损伤。其病理损伤从肺移植局部的小灶状病灶至弥漫性肺泡损伤，前者组织学上可见局部肺泡上皮细胞水肿，肺泡间隔增宽，肺泡间隔毛细血管内可见微血栓，局部肺泡上皮可坏死脱落，后者在临床上可造成成人呼吸窘迫综合征，其本质为肺毛细血管的毒性损伤，较长时间缺氧、肺血液灌注不足以及肺泡上皮细胞损伤所致的移植肺水肿，类似于肺透明膜病(hyaline membrane disease)。组织学上可见移植肺肺泡内表面覆盖有一层均匀带状物质形成的透明膜，PAS染色及蛋白反应阳性。

二、移植肺排斥反应诊断与分级标准中的注意事项

在移植肺排斥反应中，关键为急性细胞性

排斥反应和以闭塞性细支气管炎为特征的慢性排斥反应。

（一）移植肺急性细胞性排斥反应

急性细胞性排斥反应时肺移植术后3～6个月内常见的合并症。其病理组织学变化包括血管病变和支气管病变两个方面。

1. 血管病变 血管变化主要累及动脉、静脉分支以及毛细血管。最早期的变化为小血管周围少数炎细胞管状浸润，主要是成熟的小淋巴细胞，呈2～3层围绕在血管周围。同时，血管内膜也可有同样类型的炎细胞浸润，内皮细胞水肿，形成血管内皮炎（endotheliitis），进一步发展，血管外周浸润的炎细胞向周围肺组织内扩展，肺泡间隔增宽。

2. 支气管变化 最早的病变可见细支气管周围炎细胞浸润，随着急性排斥反应程度的增加，浸润的炎症细胞不仅围绕在细支气管周围，而且浸润细支气管黏膜上皮，形成支气管上皮淋巴细胞浸润。

（二）移植肺慢性排斥反应

1. 血管病变 移植肺慢性排斥反应中血管病变与其他移植器官慢性排斥反应时的血管病变类似，即形成移植肺动脉血管病或移植肺动脉硬化（GAS），少数情况下导致静脉血管病变即静脉硬化。

病理学特征为血管各级分支的内膜明显增生，致动脉管腔狭窄以至闭锁。移植肺内动脉与静脉均可出现相同的病变，但以动脉病变更为显著。

2. 支气管病变 移植肺慢性排斥反应病理学变化中的支气管病变，形成特有的闭塞性细支气管炎（OB），闭塞性细支气管炎是慢性排斥反应损伤过程在移植肺中的具体表现形式，是肺移植以及心肺联合移植中的主要合并症，也是移植肺及肺移植受者长期存活的主要障碍。

病理学表现，早期可见细支气管周围有明显的淋巴细胞、中性粒细胞，由于细支气管上皮的损失，上皮坏死甚至脱落形成局部溃疡，随后肉芽组织增生修复局部缺损。随着多次反复的损伤与修复增生，细支气管周围黏膜下组织可完全被增生的肉芽组织取代，增生肉芽组织可因水肿以及进一步持续增生进入细支气管腔内，形成局部阻塞以及狭窄，最终可完全阻塞细支气管。

（三）移植肺排斥反应诊断的注意事项

1. 适合的活检标本 由于移植肺活检是观察移植肺以及诊断其合并症的主要方法，活检标本的可靠性、充足性成为诊断与否的关键。因此LRSG（lung rejection study group）明确推荐每次活检应至少取得5块移植肺组织，其中每块活检组织内应含有细支气管以及100个肺泡结构，在此基础上才能建立排斥反应的诊断并予以分级。如果临床怀疑闭塞性细支气管炎，则至少应取得5块以上的活检组织。对取得的活检组织应立即予以固定液固定，并在组织学处理以及制片过程中避免人为损伤造成的认为假象。如果由于取材不足，必须在病理学报告中注明由于标本偏少，而不能全面反映移植肺的组织学变化。

2. 标本的组织学处理 对移植肺活检组织，至少应进行3种染色，包括：①石蜡包埋常规HE染色；②纤维组织染色，以显示细支气管周围是否有纤维组织增生以及血管内膜有无增厚，以诊断闭塞性细支气管炎和（或）移植肺闭塞性血管病；③嗜银染色，以诊断真菌以及其他机会性感染的病原体。在满足这一基本要求的前提下，可根据实际需要进行针对性的免疫组织化学染色以及原位杂交以进一步明确诊断或进行相关的基础研究。

三、移植肺感染的病理学变化

由于长期应用免疫抑制剂，并且移植肺是开放性器官，因此肺移植术后肺感染是威胁移植受者长期存活和导致术后死亡的主要原因，尤其是大剂量冲击治疗以及移植肺出现闭塞性细支气管炎后，移植肺感染的发生率更高。

对于移植肺感染的诊断，目前主要有移植肺经纤支镜肺活检（TBLB）组织学诊断，支气管肺泡灌洗液（BAL）细胞学诊断、病原体培养以及分子生物学诊断。几种方法在不同感染情况下的适用性是有差别的。TBLB对急性排斥反应的诊断有较好的特异性与敏感性，但对感染尤其是细菌和真菌感染则并不适用，在临床上，确定致病菌是诊断感染及针对性治疗的关键。细菌性支气管炎、细支气管炎以及肺炎最确定的诊断方法是气管分泌物及BAL中细菌学涂片及细菌培养,通常不需要进行经支气管镜肺活检病理学诊断。对于病毒感染尤其是移植肺的 CMV 感染,可通过病毒培养予以确定,主要的感染原为:①移植肺巨细胞病毒感染、单纯疱疹病毒感染;②真菌感染;③卡氏肺孢菌感染;④弓形虫感染;⑤EB 病毒感染。在移植肺活检组织内找到病毒包涵体可以直接明确诊断,但常常非常困难。

四、移植肺淋巴组织异常增生

肺移植术后由于强效免疫抑制剂的应用以及合并 EB 病毒感染,导致以 B 细胞为主的淋巴组织异常增生(PTLD),在肺移植受者中如果移植肺的影像学检查可见明显的结节状病变灶,应高度怀疑 PTLD 可能。解剖学标本中肿块常位于肺实质内,与周围肺组织缺乏明显的界限。肿瘤组织可沿血管分支以及淋巴管分支浸润入肺小叶间隔组织内,组织学类型包括多形性以及单形性 PTLD 两种,肿瘤组织内缺血性坏死常见。

五、移植肺原发病复发

多数肺移植是为了治疗肺气肿、各种原因所致肺纤维化以及肺动脉高压等疾病,但也有部分肺移植是为了治疗全身系统性疾病所致的肺功能衰竭,如肺囊性纤维化、肺结节病、淋巴血管平滑肌肉瘤,其中结节病以及淋巴管肌瘤病的复发已经有一些文献报道。

六、移植肺活检细胞学和病理组织学诊断

(一)移植肺肺泡灌洗细胞学检查

支气管肺泡灌洗是一项非常有效的临床诊断手段,其技术优势为可以反复多次进行,适用于早期发现移植肺炎症反应、机会性感染以及进行相关的免疫学研究,缺点是无法对急性排斥反应与感染进行鉴别,目前研究发现急性排斥反应时可见 BAL 液内细胞的 HLA-DR 及 IL-2R 表达明显增加,多种细胞因子的 PCR 检测显示 IL-4 在一定程度上是急性排斥反应较为特异的标志物。

(二)移植肺活检组织学检查

移植肺的经支气管肺活检仍然是目前移植肺诊断的“金标准”,可疑应用于包括急性和慢性排斥反应在内的几乎所有合并症的诊断与鉴别诊断。

(金木兰　李　雪　王　苗　张立洁)

参考文献

宫恩聪,高子芬,郑杰等. 2003. 致死的严重急性呼吸综合征的病理变化及发病机制探讨. 中华传染病杂志,21(6):390~395

朗振为,张立洁,孟忻等. 2003. 严重急性呼吸综合征 3 例尸解病理分析. 中华病理学杂志,32(3):201~204

朗振为,张立洁,孙琳等. 2003. 严重急性呼吸综合征的肺组织损伤的病理变化. 中华传染病杂志,21(3):167~171

刘彤华. 2006. 诊断病理学. 第 2 版. 北京:人民卫生出版社:103~230

赵景民,周光德,孙艳玲等. 2003. 严重急性呼吸综合征肺外器官的病理学观察研究. 解放军医学杂志,28(6):480~481

Emanuel R, John LF. 2001. Essential Pathology. 3rd. Philadephia:Lippincott Williams &Wilkins Inc.:313~346

Leslie KO, Wick MR. 2005. Practical pulmonary pathology-a diagnositc approach. New York:Churchill Livingstone

Travis WD, Colby TV, Koss MN, et al. 2002. Non-neopolastic disorders of the lower respiratory tract. Washington DC:American Registry of Pathology and the Forces Institute of Pathology

Vinay Kumar, Abul K. Abbas, Nelson Fausto, et al. 2003. Basic Pathology. 8th. 北京:北京大学医学出版社:453~509

第9章 口腔颌面部疾病

第一节 龋

龋(dental caries)是指在细菌等多种因素作用下,使牙体硬组织中无机物脱矿,有机物分解,进而导致牙体硬组织破坏缺损的慢性感染性疾病。

龋是一种常见病,在世界上任何地区,不同种族、年龄和性别的人皆可罹患,它在口腔疾病中的发病率占首位。由于龋发病率高,对牙破坏的结果使人的咀嚼能力逐渐下降进而危害人类健康,世界卫生组织已将其列为危害人类健康的三大疾病之一。

龋的发生可以追溯到古代,但并不严重,随着工业化的发展,食品加工不断精细化,粗糙的食物逐渐远离餐桌,加上食糖的摄入量不断增加,龋患病率呈上升趋势。在17~18世纪,欧洲人的龋患病率达到70%~80%。1981年WHO的调查结果显示,龋均(每位患者所患龋的均数)在美国及西方为8~12,而亚洲和非洲为0.5~1.7。随着人们对龋病认识的提升和干预措施的跟进,龋患病率开始呈下降趋势。在发达国家,由于口腔保健水平的提高、含氟制剂的应用,龋病得到控制,龋患病率下降;而发展中国家由于精细食物增加,预防保健工作又相对滞后,龋患病率则呈上升趋势。我国1983年的流行病学调查资料显示,12岁年龄组龋均为0.67。1995年的资料显示,12岁年龄组龋均为1.03,在经济较发达地区,农村人口患龋率高于城市,而在经济相对落后的地区,则城市人口患龋率高于农村。与1983年的全国第1次流行病学调查相比,经济发达地区的龋患病率有下降趋势,而经济不发达地区的龋患病率则呈上升趋势。由此可见,随着生活水平的提高,精制食物和糖的摄入增加可能是龋患病率增高的主要原因,而口腔预防保健水平的提高、措施的到位则有助于控制龋的发生。

一、龋的临床与病理

龋是在牙萌出之后才发生的。它好发于后牙的咬合面窝沟、前、后牙的邻接面、前牙唇面和后牙颊面的颈部。老年人由于牙龈萎缩,在暴露的牙根颈部也易发生龋。上述部位易于食物残渣滞留、菌斑附着,又不易清除,细菌代谢产生的酸,使牙脱矿成龋。

龋一般进展缓慢,早期仅见釉质表面呈白垩色,随后可有色素沉着,呈黄色或棕黄色,表面粗糙,但无明显症状,因此容易被忽视。病变进一步发展,牙体硬组织脱矿,有机物分解,牙齿结构被破坏后出现龋洞,影响咀嚼功能,伴有疼痛,随后还可引发牙髓炎、根尖周炎及颌骨炎症等。因此,龋病的早期预防非常重要。

根据龋进展的速度临床上将其分为急性龋、慢性龋和静止龋。

(1)急性龋(acute caries):又称猖獗龋(rampant caries),病变进展快,在短期内引起全口牙或多数牙发生龋。龋坏组织软而湿润,呈浅黄或灰白色。该病多见于青少年、某些系统性疾病,如舍格伦综合征等,以及头颈部放疗后的患者,因唾液分泌减少而导致局部抵抗力的下降而致。后者也称为放射性龋。

(2)慢性龋(chronic caries):病变进展缓慢,多见于成年或老年人。龋坏组织相对较硬,呈棕褐色或棕黑色。由于进展缓慢,病损相对应的髓腔侧可形成一定量的修复性牙本质。

(3)静止龋(arrested caries):是指龋在进展过程中,速度逐渐变慢,最终呈静止状态者。多见于乳磨牙或第1、2恒磨牙。发生在窝沟处者,常由于咀嚼食物将龋损表面的腐败软化组织磨去;发生在邻面者可由于邻牙拔除,龋损区暴露,经刷牙、冲洗或咀嚼食物时的自洁作用,使表面腐败软化的牙本质和(或)牙骨质被除去,随致龋因素的消除使龋损停止发

笔记栏

展。静止龋外形呈浅碟状，外口大而浅。由于唾液中矿物盐及色素沉积于表面而呈棕褐色、质硬。

根据龋所累及的组织结构可分为釉质龋、牙本质龋及牙骨质龋。釉质龋又可区分为窝沟龋和平滑面龋。本书按此分类介绍龋的病理变化。

（一）釉质龋

釉质龋（enamel caries）是指发生在釉质中的龋，属于早期龋。釉质龋的研究对防龋十分重要。

釉质是一种高矿化的硬组织，用一般的脱矿石蜡切片不能观察到釉质脱矿过程中的表现，因而对釉质龋的组织病理学观察需要用磨片。研究方法包括光学显微镜、偏振光显微镜、显微放射摄影、扫描电镜、氩离子减薄技术和生化分析等。

釉质龋都是从菌斑下开始的，但釉质龋的进展及形态在釉质平滑面上与窝沟处各有不同。

1. 平滑面龋（smooth surface caries） 常发生于牙邻接面的接触点下方和唇颊舌面龈缘上方。早期为白垩色不透明区，表面无缺损。时间稍长，由于色素沉着，此白色病损区可变为黄色或棕色，并可向周围扩展。当病变进一步发展，周围釉质也变为灰白色，表面粗糙，最终可形成釉质龋洞。

显微镜下观察釉质龋磨片，最早显示为病损区的釉柱横纹和生长线变得明显。当釉质龋继续发展，釉质深层受累，病损区呈三角形，三角形的基底部向着釉质表面，顶部向着釉牙本质界。在三角形龋损处，可见淡棕黄色色素沉着，边缘处颜色较深。

正常釉质由紧密排列的羟基磷灰石晶体构成，晶体直径约为35～40nm，釉质中含一定数量的微孔，孔隙直径大约同水分子，孔隙的总容积占釉质总体积的0.1%，用偏振光显微镜观察呈负双折射。龋发生时，由于脱矿使釉质中微孔大小和容积都发生了变化，在偏振光下呈正双折射。将龋患的釉质磨片浸渍在不同的介质中，在偏振光显微镜下观察，根据双折射的变化，可以计算出微孔容积用以推算釉质脱矿的程度。

根据普通光学显微镜观察早期釉质平滑面龋的结果，可将釉质平滑面龋由内向外分为4层结构，即透明层、暗层、病损体部和表层。

（1）透明层（translucent zone）：位于病变的前沿，是龋损时最早发生的组织学改变，与正常釉质相连，在磨片上呈透明状。用偏振光显微镜观察，该处孔隙容积约为1%，说明该处釉质的晶体已经脱矿，导致晶体间孔隙增大。

1982年，Silverstone用高分辨率扫描电镜观察到透明层的磷灰石晶体直径在25～30nm之间，比正常釉质中磷灰石晶体的直径小。用显微放射摄影观察时，透明层也显示轻度脱矿。化学分析结果表明，该层内镁和碳酸盐的含量较正常降低，提示镁和碳酸盐在龋损脱矿中可能首先被溶解。

（2）暗层（dark zone）：位于透明层的表面，光镜下结构混浊、模糊不清。偏振光显微镜观察，该层呈正双折射，其孔隙增加，约占釉质容积的2%～4%。这些孔隙大小不等，由于小的孔隙不能使分子较大的介质进入，而为空气所占据，又因空气的折光指数为1.0，它与磷灰石的折光指数（1.62）相差较大，故使暗层显出混浊而模糊。

以往认为暗层是进一步脱矿所产生的破坏区。但釉质龋再矿化的实验发现，将病损区暴露在唾液或合成矿化溶液中维持一定时间后，暗层增宽，表明暗层不仅由于脱矿产生了一些新的小孔，而且由于透明层中较大的孔隙经再矿化又形成了一些微孔。同时，暗层内的一些晶体直径达45～100nm，也提示有再矿化现象的发生。再矿化的部分矿物盐可来自深部透明层脱矿游离出的矿物离子。这说明暗层的变化包含着脱矿与再矿化交替的过程。

（3）病损体部（body of the lesion）：是病变的主要部分，从表层下一直延伸到靠近暗层。偏振光显微镜观察也呈正双折射。该层孔隙容积在边缘区约占釉质容积的5%，而在中心区则增加到25%，甚至更多。由于病损体部孔隙均较大，大分子介质可以进入，故该层呈现透明状。同时釉质生长线和横纹也更为清晰，但其机制并不十分清楚。显微放射摄影显示此区为明显的放射线透射区。高分辨率扫描电镜也发现该层晶体直径可减小至10～30nm。这些观察结果均提示病损体部脱矿最为严重。

(4) 表层(surface zone):在龋表面有相对完整的表面层,一般厚约 20～100 nm,平均40nm。与病变体部相比,显微放射摄影显示此层呈现放射线阻射。相对于病损体部,该层矿化程度较高,但仍有1%～10%的脱矿。偏振光显微镜下表层呈现负双折射,其孔隙容积为5%。表层在龋损发生时往往首先受到酸的侵蚀,然而它却较病损体部脱矿程度轻,这一现象被认为是因釉质表面与其深层的结构成分不同。有人认为正常釉质表面矿化程度高,含氟量高,镁的含量较低,具备较强的抗酸能力,故形成相对完整的表层。但是,在实验中却发现将正常釉质表面一层去除后,再形成人工龋,其病变区仍可出现一层相对完整的表层,说明病损区完整的表层并不完全依赖于釉质表面层的特殊结构,还可能与来自唾液和菌斑中的矿物离子以及深部病损区无机晶体溶解后释放出来的矿物离子在表层的重新沉积有关。扫描电镜观察到表层晶体直径可大于正常釉质,达40～75nm,这更进一步证实了表层有再矿化现象的存在。

釉质龋发生的早期,在酸的作用下首先出现表层下晶体结构改变,随后釉质脱矿和再矿化交替进行,釉质晶体在弱酸环境中呈现不稳定状态,于是出现光镜下观察到的釉质内明暗程度的改变和偏振光显微镜观察到的孔隙容积的变化。当脱矿远远大于再矿化的速度时,釉质中孔隙进一步加大,便为细菌的进入开辟了通路,随后釉质缺损,龋洞形成。

2. 窝沟龋(pit and fissure caries) 是发生在牙咬合面窝沟点隙的龋。窝沟龋的组织学特征与平滑面龋相同,但由于窝沟的解剖形态和周围釉柱的排列方向与平滑面不同,发生龋时病损从窝沟的侧壁开始,然后沿釉柱长轴方向向深部扩展。当病变超过窝沟底部时,则侧壁的病损相互融合,其结果也形成三角形的龋损区,但基底部向着釉质牙本质界,窝沟附近的釉柱向着窝沟底部集中(彩图9-1)。由于窝沟底部的釉质较薄,龋损可很快发展至牙本质,并沿着釉质牙本质界向两侧扩展,结果形成口小底大的潜行性龋(under-mining caries),可能在临床上还不能马上发现。与平滑面龋相比,窝沟龋进展快,程度重。

釉质的磷灰石晶体并非纯羟磷灰石,它含有一定量的碳酸根离子和镁、钠等杂质元素,从而使其晶体结构出现了畸变而相对不稳定。含有杂质元素的部位易受酸的侵蚀而首先发生溶解。釉质磷灰石中的杂质元素以分布在晶体中央和周缘为主,当釉质受到酸的作用时,晶体的中央和周缘往往首先发生溶解,晶体间微隙也因晶体周缘溶解而增大,最终整个晶体破坏崩解。

晶体溶解和再矿化是一个动态平衡的过程。当钙、磷离子达到一定的浓度,或 pH 上升,就趋向于晶体的形成和生长;相反,pH 下降则可导致晶体的溶解。菌斑内的细菌代谢产生的酸沿晶体间微隙等通道扩散,并作用于晶体的薄弱位点,导致晶体的溶解。由于溶解了的钙、磷离子在移出的过程中,受到某些因素的影响,如釉质表面唾液薄膜的阻遏、唾液中的同种离子浓度和电化学梯度的影响,或者菌斑下局部 pH 回升等,均可造成局部微环境中的钙、磷浓度达到过饱和状态,从而在部分溶解的晶体上出现新的晶格生长或重新形成新的晶体。在龋损表层和暗层观察到的晶体比正常釉质晶体大,则是再矿化的重要证据。当在再矿化部位存在氟离子时,则还可形成氟磷灰石或氟羟磷灰石。由于氟离子的原子半径小于羟基,氟替代羟基后可以进入磷灰石晶体结构中的钙三角平面,形成晶格结构更为稳定的含氟磷灰石。这也就是临床上氟防龋的机制。

(二)牙本质龋

牙本质龋(dentine caries)多是釉质龋和牙根部牙骨质龋的继续。牙本质的结构、组成不同于釉质,病变的过程也有所不同。

牙本质内有机物约占重量的20%,主要为胶原,病变除了无机晶体的溶解外,有机物的酶解破坏是一个重要的因素。其次,在牙本质全层均有牙本质小管,内含成牙本质细胞的突起,牙本质龋沿着牙本质小管进展,发展较快。最后,牙髓和牙本质为一生理性复合体,在牙本质龋损的同时,还会伴有牙髓组织包括成牙本质细胞产生的一系列防御性反应的出现。

牙本质龋在形态上是一个范围较广的三角形病变,尖指向髓腔侧,而底向着釉质牙本质界。当牙本质内的龋洞形成后，其表面常混有大量细菌、坏死崩解的组织碎屑和食物残渣等，其底部组织较硬。按组织的矿化程度、形态改变和细菌侵入的情况不同，一般可将牙本质龋的病理改变由病损深部向表面分为4层结构。

1. 透明层 又称硬化层，为牙本质龋病变最深层的改变。光镜下，此层呈均质透明状，小管结构不明显。电镜观察可见小管内有较多的针状和(或)多边形矿物盐沉积，电子衍射表明其为晶相结构较差的白磷钙石或磷酸八钙。矿化晶体可先沉积在成牙本质细胞突起内，也可先出现在细胞突起周围。随着时间的推移，晶体数量逐渐增多，最终可将小管堵塞。这些矿物离子来源于管周牙本质的脱矿和成牙本质细胞的分泌。显微硬度分析也发现透明层硬度较正常牙本质为低，表明有一定量的脱矿发生。在该层内还可见一些牙本质小管，在透射光下呈云雾状。有人认为这种改变与小管内成牙本质细胞突起的变性有关，故曾称为脂肪变性。当变性的牙本质小管内发生矿物盐沉积，管腔被封闭，其折光率与细胞间质相似，故在透射光显微镜下观察呈透明状。

2. 脱矿层 位于透明层的表面，是细菌侵入前酸已扩散至该区域所引起的脱矿改变。该层小管结构仍较完整，小管内亦无细菌存在，仅见管周和管间牙本质的磷灰石晶体数量减少，但胶原纤维结构基本完好。此外，部分管周有时还可出现少量体积比正常大的晶体，表明也有再矿化的发生。在脱矿层的中央有些牙本质小管因下方透明层的形成而堵塞了小管营养来源，使远端的成牙本质细胞突起变性坏死，导致小管空虚，透射光观察牙本质龋磨片时，可见此区域呈现黑色，称为死区。脱矿后的牙本质由于色素易于沉着而呈淡黄色。此层因无细菌侵入，治疗时在窝洞预备中可加以保留。临床上可用碱性品红染色来区别此层和浅表的感染组织，因前者往往不易被着色。

3. 细菌侵入层 位于脱矿层的表面。细菌侵入小管并在小管内繁殖，有些小管完全被细菌充满，牙本质小管扩张，排列呈串珠状。最先侵入的可能是产酸细菌，随后产酸和使蛋白溶解的混合菌进入小管。随小管壁和管间牙本质脱矿的进一步加剧，胶原纤维可发生变性。接着有机物基质被蛋白分解酶分解，管周牙本质变薄或破坏，小管相互融合形成大小不等的坏死灶。有的坏死灶呈卵圆形与牙本质小管平行，坏死灶内充满坏死的基质残屑和细菌；有的坏死灶与牙本质小管垂直，形成横向裂隙，可能是细菌沿牙本质小管侧支扩展，以及脱矿后基质内的纤维收缩所致。由于细菌侵入层内已有细菌存在，在临床窝洞预备时应彻底清除该层组织，以免今后发生继发龋。

4. 坏死崩解层 这是牙本质龋损的最表层，也是龋洞底部的表层，此层内牙本质完全破坏崩解，只残留一些坏死崩解组织和细菌等。

牙本质龋的发展过程往往较釉质龋迅速。随着釉质龋和(或)牙骨质龋累及牙本质时，则可沿釉质-牙骨质牙本质界向两侧扩展，同时沿牙本质小管深入；早期即使紧接釉质和(或)牙骨质病损前沿的牙本质发生脱矿。由于脱矿后溶解的钙、磷离子向周围扩散，加之成牙本质细胞突起输送一定量的钙、磷离子，而在脱矿深部区域相对pH又较高，这一微环境有利于矿物盐的重新沉积，从而使小管发生矿化而闭塞。矿化后的牙本质小管与牙本质基质的折光指数相近，呈透明状。龋进展越慢，此层结构形成越厚。这种病理性改变有助于暂时阻止外来刺激的传入，在一定程度上使龋的进展变缓。当釉质龋进一步发展至釉质崩解而形成龋洞，洞内即充满细菌，这些细菌很快侵入邻近已脱矿的牙本质小管内，每一小管常为一种细菌。细菌侵入进一步使牙本质脱矿，甚至最终可使透明层也发生脱矿。同时细菌产生的蛋白溶解酶使基质中的有机物溶解，相邻小管扩张破坏，融合成坏死灶和裂隙。若坏死灶继续扩大，以致最后组织崩解，使龋洞在牙本质内扩大。

由于牙髓和牙本质是一个生理性的复合体，因此当龋发生时，只要病理性的刺激通过小管、成牙本质细胞突起或神经等可将这一刺激传导至牙髓组织，则可在牙髓组织内引起一系列的改变。如刺激强烈，则成牙本质细胞可发生变性坏死，甚至出现局限性的牙髓炎症表现，在牙本质深龋这种可能性更大。如刺激温和，则可促使成牙本质细胞合成和分泌功能增强，或促使牙髓内未分化的间充质细胞分化为成牙本质细胞，其结果除了有利于牙本质龋透明层的形成外，并在病损相应的牙髓侧沉积一层不规则的牙本质基质，进一步发生矿化形成修复性牙本质，以增加牙本质的厚度，封闭部分牙本质小管，防御有害物质侵入牙髓（彩图9-2）。

（三）牙骨质龋

牙骨质覆盖在根部牙本质的表面。当牙根面暴露以后，由于釉质-牙骨质交界处相对薄弱，该部位发生龋的可能性增高，临床上称这一部位发生的龋为根面龋。严格地说，根面龋应包括起始于颈部牙釉质、牙骨质及直接或间接累及牙本质的龋。而本节仅限于讨论发生于牙骨质的龋。随着年龄的增长，牙龈萎缩，牙根暴露的牙增多，因此老年人容易患牙骨质龋（cementum caries）。由于社会人口呈老龄化趋势，牙骨质龋的患病率呈上升趋势，因而，目前对牙骨质龋临床与病理的研究越来越被人们所重视。

在病理形态上，扫描电镜即可见早期牙骨质龋表面凹陷内有大量的细菌及菌斑。显微放射摄影显示表层下脱矿，而表层矿化相对增高。由于牙骨质较薄，脱矿的牙骨质很容易沿生长线崩裂、缺失，而使病变较快地累及牙本质，形成类似于冠部牙本质龋的组织学改变，或形成牙骨质下的潜行性龋。同样，牙骨质龋进展缓慢时，在相应的髓腔侧也可出现类似于冠部牙本质龋发生时的修复反应，即形成修复性牙本质。

牙骨质龋的发生同样始于菌斑下。当颈部牙骨质表面积聚的菌斑下局部 pH 持续降低时，酸首先使该部牙骨质发生脱矿，酸和细菌代谢产物进一步可通过穿通纤维侵入深层牙骨质，并可沿牙骨质的生长线或层板状结构向上、下扩展，使牙骨质脱矿，有机物分解，形成牙骨质的潜行性龋。由于颈部牙本质小管数量相对比冠部少，而且随着年龄的增加，牙本质矿化程度也可提高，甚至在根部暴露的小管可出现矿物盐沉积而封闭小管，因此龋损累及根部牙本质后，其进展较冠部的牙本质龋缓慢。

当牙骨质龋进展缓慢时，龋损表面同样可形成一层相对完整的表层结构，其形成的机制与釉质龋表层的形成相类似，其中矿物盐可能由来自唾液或表层下脱矿游离出的矿物离子在此重新沉积而成。

二、龋病的病因和发病机制

关于龋的发生，长期以来许多学者进行了大量的研究，提出了各种不同的学说，这些学说虽然都带有不同的片面性，但这些学说的创立为龋病病因学和发病机制的探讨奠定了的基础。

（一）化学细菌学说

化学细菌学说（chemico-bacteria theory）又称酸原学说（acidogenic theory）、化学寄生学说（chemico-parasitic theory）。由 Miller 于1889年系统地提出。这一学说的主要论点是：①口腔微生物通过分泌酶或自身代谢产物产生一系列的有机酸（如乳酸、丁酸、乙酸等）；②存在于牙表面的碳水化合物是细菌代谢的主要底物，淀粉性食物比可溶性糖更易被利用；③牙釉质被细菌代谢所产生的酸溶解，而牙本质的无机矿物盐溶解后，细菌分泌的蛋白溶解酶进一步破坏牙本质有机基质，最终形成龋洞。Miller 的学说首次提到了引起龋的三个基本要素，即能产酸和分解蛋白质的口腔微生物、细菌代谢所必需的碳水化合物底物以及龋发生的对象——牙硬组织。该理论推动了龋病病因学的研究。然而，该学说的局限性在于它未能指出特异的致龋菌群，而认为在口腔内所有的产酸菌和溶解蛋白质的细菌均能引起龋。此外，也未能阐明微生物在牙面上存在的形式，从而不能解释釉质平滑面龋损形成的原因。

（二）蛋白溶解学说

蛋白溶解学说（proteolytic theory）是 Gottlieb 和 Frishbie（1947）、Pincus（1950）等提出的一种学说。该学说认为龋易发生在牙体内有机物含量丰富的部位（釉板、釉丛、牙本质小管等），口腔内细菌产生的蛋白溶解酶首先使牙体内的有机物分解，继而产酸菌产酸使无机晶体溶解形成龋。蛋白溶解学说不反对细菌产酸使无机物脱矿，但却强调有机物的分解在先。此学说可以解释早期平滑面龋的形成，然而一些学者的研究并不支持这一学说。有人证明只有经酸脱矿的牙本质才可使有机物分解破坏；在无菌动物口腔内只接种具有蛋白分解能力的细菌并不导致龋发生，而接种产酸菌后则引起龋。

（三）蛋白溶解-整合学说

蛋白溶解-整合学说（proteolysis-chelation theory）是 Schatz 等于 1955 年提出。所谓整合是指金属离子与螯合剂以配位键形式形成一种高度稳定的化合物的过程。该理论认为龋的发生是由细菌产生的蛋白溶解酶将牙内的有机成分分解，形成酸离子、胺、氨基酸、肽聚磷酸盐、碳酸盐等衍生物，这些衍生物具有螯合特性，可与牙中的钙离子结合形成可溶性的螯合物，使无机物脱矿形成龋。此学说将前面两种学说结合在一起，但是目前还无法证实在釉质中不到 1% 的有机物分解产生的螯合剂如何使占 96% 无机物分解。

（四）三联因素学说

随着微生物学、免疫学、生物化学以及研究手段的进步，在 20 世纪 60 年代初，Keyes 等提出了“三联因素”学说（three primary factors theory），其基本论点是：龋是由细菌、食物和宿主三个主要因素相互作用产生的，即在致龋菌群的作用下，以含糖量高的食物为底物，使易感牙患龋。

1. 细菌和菌斑 研究表明细菌的存在是龋病发生必要条件。1954 年，Orland 等在无菌环境下给予大鼠高蔗糖无菌饲料，无龋发生，而在普通有菌环境中也给予同样饲料，却有龋发生。体外实验证实，离体牙在细菌作用下也可以发生龋样病变。但是，目前研究认为，并非口腔内的细菌都是致龋菌。变形链球菌（*S. mutans group*）是 20 世纪 60 年代 Keyes 等最先发现的致龋菌。目前尚被公认的致龋菌见于链球菌属、乳杆菌属和放线菌属等。致龋菌一般都具有产酸、耐酸能力，能合成多糖，具有表面黏附性，能引起动物的实验性龋的特性。

菌斑（bacterial plaque）是细菌在牙面上存在的形式，由细菌和唾液蛋白、细胞外多糖等菌斑基质所组成，是细菌生长的微生态环境。菌斑中细菌等微生物占菌斑容积的 60% ~ 70%，在重量比中，固体物质占 20%，其余 80% 为水。蛋白质占菌斑干重的 50%，此外还有碳水化合物和脂类等有机基质。菌斑的无机基质占菌斑干重的 5% ~10%。其中，钙和磷的浓度远高于唾液中的浓度，另外还含有钾、钠、镁、锶和氟等离子。从组织学上来看，菌斑由基底层、中间层和表层构成。基底层为均质性物质，紧贴牙面，为唾液蛋白组成；中间层为菌斑的主要部分，由许多互相平行排列并和牙面垂直的丝状菌构成，在丝状菌之间有革兰阴性和阳性球菌聚集；表层细菌排列不规则，主要由革兰阳性和阴性球菌、短杆菌和一些食物残渣、上皮细胞所组成。

菌斑的形成是一个相对复杂的过程，包括唾液薄膜的形成、细菌的黏附和集聚、菌群的调整以及菌斑的成熟。

菌斑之所以对龋的发生很重要，是因为菌斑内可积聚酸，其中酸的量足以使釉质发生脱矿。当糖被摄入后，很快扩散至菌斑中，细菌在利用糖代谢的过程中产生酸，局部 pH 降低，引起釉质表面脱矿，无机离子游离出来。以后随着糖的消耗，加之唾液的缓冲作用，使菌斑内 pH 逐渐回升，超过临界值后游离的无机离子又可重新沉积到釉质表面，使釉质发生再矿化。因此，随着菌斑内 pH 的反复改变，在菌斑—釉质间的局部微环境内，可不断地发生脱矿和再矿化。当脱矿作用大于再矿化作用，打破了生理平衡时，龋病便开始发生。所以菌斑中酸相的频率和持续时间将直接影响龋发生和发展的速度。

2. 食物因素 食物对龋病发生的影响有两方面。一是食物的物理性状，如粗糙或纤维性食物在咀嚼时有摩擦作用，可以减少龋的发生，而加工精细的食物则易黏附于牙面上，停留时间长，容易成为产酸底物。二是食物的化学组成，如食物中的碳水化合物与龋有直接的关系，蔗糖比其他糖类对龋的发生更重要，因为菌斑中的细菌能很快利用其发酵而产酸，同时也容易被细菌的葡糖基转移酶转变为细胞外葡聚糖，一部分还容易转变为胞内聚合物。也有证明，磷酸盐类食物可降低龋的发生。食物中增加脂肪的比例可减少糖的致龋作用，这可能与物理作用有关。还有人提出食物中钼、氟和钒等微量元素可减少龋的发生。

3. 宿主因素 现有资料表明,牙的结构、形态、位置以及唾液、免疫、遗传都可以影响龋的易感性。如牙面存在深而狭窄的点隙窝沟有利于食物和菌斑的滞留而发生龋。牙发育不全和矿化不全等缺陷也有利于龋的发生。刚萌出的牙其表面矿化较差,存在较多的微孔,易受酸的侵蚀。萌出后的牙,则由于唾液中的氟,可替代羟磷灰石中的羟基而形成结构更为稳定的氟磷灰石,使釉质抗龋能力增强。排列不齐的牙也容易使菌斑和食物滞留而发生龋。

唾液是牙的外环境,唾液的量、流速、黏稠度、缓冲能力以及唾液内的钙、磷、氟离子和溶菌酶等的含量以及唾液和血清中的抗体种类和含量都可以影响龋的发生。此外,生活方式、生活习惯、全身状况以及遗传等因素均可直接或间接地影响龋的发生和发展。

菌斑、食物和宿主三大因素构成了龋病病因学的基础。龋病是一种缓慢进行的疾病,致龋微生物以菌斑形式存在于易感的牙表面,利用食物中的碳水化合物等代谢产酸,同时必须使局部微环境中的低 pH 维持一定的时间方可导致龋的发生。由此可见,时间是龋发生的又一重要因素。因此,又有人提出四联因素学说理论,目前已被接受,并在进一步探讨和完善之中。

第二节 牙 髓 病

牙髓组织是疏松结缔组织,位于由坚硬的牙本质构成的髓腔内,仅靠狭窄的根尖孔与外界相通。在牙齿硬组织完好的情况下,外界刺激不容易进入牙髓。当牙齿硬组织遭受破坏时,外界刺激可以直接或间接(通过牙本质小管内的成牙本质细胞突起)进入牙髓。若刺激较弱,牙髓可以形成修复性牙本质以防御外界刺激;若刺激强烈,牙髓则发生炎症反应,随着炎性渗出物的增加,牙髓腔内压力增大,而髓腔却无法扩张减压,进而压迫牙髓神经引起剧烈疼痛。

牙髓受解剖条件的限制,血液循环不丰富,修复再生能力不强。当牙髓受到感染而发生炎症时,绝大多数情况下不能修复再生。

随着年龄的增长,继发性牙本质和修复性牙本质不断形成,髓腔逐渐缩小,根尖孔越来越窄,牙髓内的细胞成分逐渐减少,纤维成分逐渐增加,牙髓活力降低并发生退行性变。

牙髓病的分类以炎症、为主,没有肿瘤,其组织病理学分类如表 9-1。

表 9-1 牙髓病的组织病理学分类

分类	分类
牙髓炎	**牙髓变性和坏死**
牙髓充血	牙髓变性
急性牙髓炎	成牙本质细胞空泡变性
急性浆液性牙髓炎	牙髓网状萎缩
急性化脓性牙髓炎	牙髓纤维性变
慢性牙髓炎	牙髓钙化
慢性闭锁性牙髓炎	牙髓坏死
慢性溃疡性牙髓炎	**牙体吸收**
慢性增生性牙髓炎	

一、牙 髓 炎

牙髓炎(pulpitis)是发生率最高的牙髓病变,病因有以下几方面因素。

1. 细菌因素 是引起牙髓炎最常见的因素,并且经常是混合细菌感染,细菌感染牙髓主要有以下途径。

(1) 经牙冠感染:由于深龋、畸形牙、外伤及隐裂等原因,细菌到达牙髓引起牙髓炎症。

(2) 经牙周感染:比较严重的牙周炎可形成深牙周袋,细菌可以通过根尖孔或侧支根管进入牙髓引起炎症。

(3) 经血循环感染:由于抗生素的应用,此种途径感染目前比较少见。

2. 物理因素 临床上不适当地使用高速电钻或砂石轮磨牙,产生过高的热力,可刺激牙髓。此外,大的金属充填物,如果未加隔热衬里,由于热力传导,可导致牙髓损害。

3. 化学因素 主要来源于临床上不适当地使用的化学消毒药物、垫底材料和充填物。如治疗龋病时使用刺激性较强的药物消毒窝洞;用磷酸锌水门汀直接垫底时释放出的游离酸;使用复合树脂充填时酸蚀不当等,均可刺激牙髓发生炎症。

关于牙髓炎的分类,因依据和应用范围不

同，临床和病理各有不同的分类，本节将按照组织病理学分类介绍相关疾病。

（一）牙髓充血

牙髓充血（pulp hyperemia）是指牙髓内的毛细血管扩张，充满红细胞。由于引发的原因不同，分为生理性和病理性牙髓充血，生理性充血见于牙齿发育期间、月经期、妊娠期，在低气压情况下，也可引起牙髓暂时性充血状态。病理性牙髓充血实际上是牙髓炎的早期阶段，细菌感染、楔状缺损、物理化学刺激等可以引起牙髓炎的因素均可引起牙髓充血。

【临床表现】 病理性牙髓充血表现为牙齿对冷热刺激敏感，尤其冷刺激会引起疼痛，刺激去除后疼痛立即消失。一般无自发痛。

【病理变化】 肉眼可见充血的牙髓呈红色。光镜下表现为血管扩张充血，呈树枝状。若受刺激时间延长，则扩张的血管通透性增加，血浆渗出，组织水肿，血管周围少量红细胞外溢。

病理性牙髓充血常常是牙髓炎的早期改变，若及时去除刺激因素，如龋病得到治疗，充血的牙髓可恢复正常，故牙髓病理性充血又有可复性牙髓炎之称。如果刺激持续存在，如龋病未得到及时治疗，可发展为急性或慢性牙髓炎。

（二）急性牙髓炎

急性牙髓炎（acute pulpitis）可由牙髓充血发展而来或者在慢性牙髓炎的基础上发展为急性牙髓炎。

1. 急性浆液性牙髓炎（acute serous pulpitis） 是急性牙髓炎的早期阶段，病变局限，病程短暂。

【临床表现】 急性浆液性牙髓炎患者对冷热刺激均敏感，冷热刺激可以引起患牙疼痛，同时患牙会出现自发痛，即无任何刺激出现的疼痛。但此时出现的疼痛时间短、间隔长，并难以确定患牙的位置。实际上，急性浆液性牙髓炎在临床上很难诊断，可能与其病程短暂有关。

【病理变化】 病变局限在受刺激部位相对应的牙髓，如在龋洞下方，牙髓血管扩张充血，通透性增加，血浆渗出，组织水肿，并有中性粒细胞渗出，牙髓局部浸润，成牙本质细胞变性、坏死。

急性浆液性牙髓炎可以很快进展为急性化脓性牙髓炎。

2. 急性化脓性牙髓炎（acute suppurative pulpitis） 以严重的自发痛、阵发痛和放射痛为其特征。

【临床表现】 随着炎症加重，疼痛持续发作，呈尖锐的跳痛，间歇期缩短或无间歇期。患者难以确定患牙部位，疼痛常放射至患侧的上下颌、面部、耳颞部。患牙对冷热刺激非常敏感，热刺激使疼痛加剧，去除刺激后疼痛仍然持续，而冷刺激反而会使疼痛缓解。卧位可使疼痛加剧。究其疼痛的原因，与牙髓的血管扩张，渗出物的大量增加，而由牙本质构成的坚硬的髓腔壁缺乏弹性，使牙髓腔内压力不断增加有关，此外炎性介质的释放也可使疼痛加剧。急性牙髓炎若经穿髓孔引流，髓腔内压力减低，疼痛缓解，炎症不易扩散。因此，当患者出现明显的急性牙髓炎症状时，应及时打开髓腔引流。若未髓腔引流，炎症继续发展，当炎性渗出物和坏死物经根尖孔扩展到根尖周组织时，则疼痛明显缓解，患牙出现咀嚼痛和叩痛。

【病理变化】 随着炎性渗出的增加，髓腔内压力增大，出现局部微循环障碍，组织缺氧坏死，由坏死组织和炎细胞释放的化学介质如组胺、白细胞介素、5-羟色胺、前列腺素等，进一步加重炎症反应，使血管通透性加大，大量中性粒细胞游出血管并向炎症中心趋化，中性粒细胞在吞噬细菌的同时也受各种损伤因子的作用而发生坏死崩解，释放出溶酶体酶，使自身和坏死组织溶解液化，形成脓肿。早期病变局限，形成小脓肿，脓肿周围有密集的中性粒细胞浸润，其余牙髓组织基本正常。若得不到及时治疗，炎症迅速向周围扩散，中性粒细胞广泛浸润整个牙髓，形成许多小脓肿，此时若髓室仍未与外界相通，压力极度增加，最终使整个牙髓组织迅速坏死液化。

（三）慢性牙髓炎

慢性牙髓炎（chronic pulpitis）一般在机体抵抗力强，细菌的毒力低的情况下发生，多由龋病发展而来，随着龋病的缓慢进展，牙髓也会受到缓慢刺激而发生慢性炎症。急性牙髓炎自然穿通髓腔或开髓后未彻底治疗也可转变为慢性牙髓炎。

慢性牙髓炎没有强烈的自发性痛，有时仅有轻微的钝痛，由于牙髓长期处于慢性炎症状态，牙髓神经退变，对温度及一般刺激反应性降低。根据牙髓腔有无暴露，将慢性牙髓炎分为慢性闭锁性和慢性开放性牙髓炎，慢性开放性牙髓炎又分为慢性溃疡性和慢性增生型牙髓炎。

1. 慢性闭锁性牙髓炎（chronic closed pulpitis） 发生在有龋损或磨耗但未穿髓的情况下，炎症常局限在龋损相对应的牙髓。由于是在缓慢、低毒刺激下，表现为慢性炎症过程。

【临床表现】 患者多有龋坏牙，但牙髓未暴露，有冷热刺激痛病史，患牙可有钝痛，无自发痛。

【病理变化】 牙髓血管扩张充血，淋巴细胞、浆细胞、巨噬细胞、中性粒细胞浸润，毛细血管和成纤维细胞增生，肉芽组织形成。浆液渗出不明显。可见成束的胶原纤维将炎症区和尚好的牙髓隔开。有的病例可见小范围的牙髓坏死，周围有肉芽组织包绕的小脓肿形成，而其余牙髓正常。病程长者，可见到修复性牙本质形成。

2. 慢性溃疡性牙髓炎（chronic ulcerative pulpitis） 常发生在有较大穿髓孔的患牙或急性牙髓炎应急处理后未继续治疗者。

【临床表现】 由于牙髓暴露在口腔，其典型临床特征是冷热刺激引发痛或食物碎片嵌入龋洞时引起剧烈疼痛，酸甜食物也可导致疼痛。

【病理变化】 患牙有较大的龋病穿髓孔，龋洞内暴露的牙髓表面为炎性渗出物、食物残渣及坏死组织覆盖，有时可见不规则的钙化物沉积或有修复性牙本质形成，其深层为炎性肉芽组织和新生的胶原纤维。深部存活的牙髓组织中散在淋巴细胞、浆细胞、巨噬细胞浸润。溃疡表面有钙化物沉积或反应性牙本质形成，可保护其余未发生炎症改变的牙髓。

慢性溃疡性牙髓炎病变发展过程缓慢，若得到及时治疗可保存部分牙髓，否则炎症将累及整个牙髓最终致牙髓坏死。

3. 慢性增生性牙髓炎（chronic hyperplastic pulpitis） 不常见，主要表现为牙髓内肉芽组织增生，并经穿髓孔向外突出。

【临床表现】 患者多为儿童及青少年，病变发生在有大的穿髓孔的乳磨牙或第1恒磨牙，因为这些牙的根尖孔大，血运丰富，具备发生慢性增生性炎症的条件。慢性增生性牙髓炎多无明显疼痛症状。增生的牙髓呈红色或粉红色，穿过穿髓孔充满龋洞或突向口腔，呈蘑菇状或息肉状，故慢性增生性牙髓炎又称牙髓息肉（pulp polyp）。牙髓息肉含神经纤维很少，对刺激不敏感。

【病理变化】 镜下观察早期为炎性肉芽组织，即由新生毛细血管、成纤维细胞和散在淋巴细胞、浆细胞、巨噬细胞、中性粒细胞构成。病程长者，则以纤维成分为主。牙髓息肉分为两种。一种为溃疡性息肉，表面为炎性渗出物和坏死组织覆盖，深层为肉芽组织，肉芽表面血管内皮细胞增生活跃。肉眼观察，呈红色或暗红色，探之易出血。另一种为上皮性息肉，表面有复层鳞状上皮覆盖（彩图9-3），较坚实，粉红色，不易出血。其鳞状上皮据推测可能为口腔黏膜上皮深层脱落细胞移植而来，或由龋洞邻近的牙龈上皮增殖而来。

二、牙髓变性和坏死

（一）牙髓变性

牙髓组织受到长期慢性缓和的刺激，或因根尖孔缩窄、牙髓供血不足，使牙髓细胞代谢障碍，表现出不同类型和程度的退行性变，称牙髓变性（pulp degeneration）。由于过程缓慢，一般不引起临床症状。常见的牙髓变性有以下几种。

1. 成牙本质细胞空泡性变（vacuolar degeneration of the odontoblastic layer） 通常是牙髓对细菌及其毒素、洞型制备的创伤、充填材料的刺激所产生的早期改变。表现为成牙本质细胞内和细胞间液体集聚形成水泡，并挤压邻近的成牙本质细胞，使其体积缩小变形，一些细胞挤压在一起，状似稻草束。严重时，成牙本质细胞减少，甚至消失，仅留下一些水泡。

2. 牙髓网状萎缩（reticular atrophy of the pulp） 多由于牙髓血液供应不足，牙髓组织出现大小不等的空泡状间隙，其中充满液体，牙髓细胞减少,成牙本质细胞、血管和神经消失,呈现充满液体的纤维网状结构。多见于老年人牙髓。

3. 牙髓纤维性变(fibrous degeneration of the pulp) 通常是牙髓的增龄性变化,牙髓内细胞成分减少,纤维成分增多,粗大的胶原纤维与牙髓长轴平行,或呈现均质红染的玻璃样变,血管、神经减少。肉眼所见牙髓苍白、坚韧,多见于老年人的牙髓。

4. 牙髓钙化(pulp calcification) 牙髓内有钙盐沉积称为牙髓钙化。牙髓钙化有两种形式,一是髓石形成,多见髓室(冠髓)内,另一种是弥散性钙化,多见于根管内。

髓石是由于某些刺激,致牙髓细胞变性、坏死,成为钙化中心,周围层层沉积钙盐而形成。部分髓石内可见不规则牙本质小管。髓石单个或多个,大小不等,可游离在髓腔内,也可附着在髓腔壁上。大者可充满整个髓室,X线可显示出来。髓石一般没有临床症状,有时影响根管治疗,个别情况可引起疼痛。

弥散性钙化是钙盐颗粒似砂砾状沿根髓长轴沉积于玻璃样变的胶原纤维中。

(二)牙髓坏死

牙髓坏死(necrosis of pulp)多数是未经治疗的急、慢性牙髓炎的自然结局。此外,牙受创伤根尖血管断裂或栓塞致血供受阻、使用某些有刺激和腐蚀性化学药物如亚砷酸、三聚甲醛等均可能导致牙髓坏死。若牙髓坏死伴有腐败细菌感染而呈现黑绿色外观,称牙髓坏疽(gangrene of pulp)。这是因为坏死组织经腐败菌分解,产生的硫化氢与血红蛋白中分解出来的铁相结合形成黑色的硫化铁,使坏死组织呈现黑色,而腐败菌分解蛋白质可产生吲哚粪臭素等,造成恶臭。

【临床表现】 牙髓坏死一般无自觉症状,多数有急性或慢性牙髓炎病史或外伤史。临床检查时可以见到患牙牙冠变为灰黑色,无光泽,牙髓活力测试无反应,伴发根尖周炎时可有叩痛。当伴有腐败菌感染时,牙髓呈黑绿色,发出恶臭。

【病理变化】 镜下可见牙髓细胞核固缩、核碎裂、核溶解,整个牙髓呈现为红染的颗粒状。当伴有腐败菌感染时,牙髓呈黑绿色。

牙髓坏死若未经及时治疗,病变可向根尖周扩散,导致根尖周炎。

三、牙体吸收

牙体吸收(tooth resorption)有生理性吸收和病理性吸收之分。生理性吸收发生在乳恒牙交替乳牙脱落时,由于恒牙萌出时所产生的压力使乳牙牙根吸收。病理性吸收可分为内吸收和外吸收两种。

(一)牙内吸收

牙内吸收(internal tooth resorption)是指从牙髓腔内壁发生向牙表面发展的牙体组织吸收,可能因牙髓炎症或创伤致牙髓出血、机化时被肉芽组织取代,成牙本质细胞和前期牙本质被破坏,失去屏障功能,炎性肉芽组织内的各类炎细胞释放细胞因子如前列腺素、白细胞介素等激活破骨细胞,导致从牙髓内壁开始由内向外吸收。慢性增生性牙髓炎、活髓切断术后或盖髓术后、长期慢性的创伤均可引起牙内吸收。原因不明的牙内吸收被称为特发性吸收(idiopathic resorption)。

【临床表现】 牙内吸收多数发生在单个牙,一般无自觉症状,若吸收发生在冠部,且吸收达牙表面时,肉芽组织可透过变薄的釉质,使牙冠显示出粉红色斑点。严重的牙内吸收可致患牙穿孔、破损或折断。X线可见患牙显示圆形或卵圆形透射区,或髓室呈边缘不规则增大的透射区。

【病理变化】 镜下观察可见牙髓部分或全部被肉芽组织取代,成牙本质细胞和前期牙本质消失,牙髓腔面牙本质有不同程度的吸收,呈现不规则的凹陷,凹陷内可见胞质红染的多核破骨细胞样细胞。通常可见吸收和修复两种情况同时存在。吸收陷窝部分或全部被修复性牙本质或骨样牙本质所替代,部分病例修复性牙本质或骨样牙本质又可出现再吸收。

牙内吸收必须去除牙髓内肉芽组织,做根管治疗才能使吸收停止,严重牙内吸收甚至穿透牙本质和牙釉质或牙本质和牙骨质,此时患牙则须拔除。

(二)外吸收

外吸收(external tooth resorption)是指从

牙表面向牙内部发生的吸收，主要发生在恒牙根部。发病原因较多。如慢性根尖脓肿、根尖肉芽肿；生长在根尖周附近的肿瘤或囊肿可使根尖受压移位，牙根被吸收；牙周炎的深牙周袋内的牙根可被吸收；阻生或埋伏牙可使邻牙牙根被吸收；再植牙的牙根通常会发生严重的牙根吸收；过大的咬合力和做正畸治疗时超过生理限度的机械力，皆可使牙根被吸收。

显微镜下可见被吸收牙的牙根表面出现蚕食状小凹陷，如处于吸收活动期，则可见凹陷内有破牙骨质细胞，若吸收相对静止时，则无破牙骨质细胞，可见新形成的牙骨质沉积在凹陷内。

第三节　根尖周炎

根尖周炎(periapical periodontitis)是指发生在根尖周围的牙周膜、牙槽骨和牙骨质的炎症性疾病，多数继发于牙髓病，特别是牙髓炎症。感染通过根尖孔刺激根尖周组织引起炎症反应。根尖周炎与牙髓炎相比有以下特点：①根尖周有丰富的血管网和侧支循环，炎性产物易于清除，在得到合理治疗后，根尖周炎容易恢复和痊愈；②牙周膜内有本体感受神经末梢，对炎症所引起的疼痛能准确定位；③根尖周组织的淋巴循环较丰富，炎症时可出现引流区淋巴结肿大；④根尖周炎常发生牙槽骨和牙骨质的破坏吸收，临床可以通过影像学确定病变范围；⑤牙周膜内存在牙周上皮剩余，它们在刺激因素的作用下可以增生或成为囊肿的上皮衬里。根尖周炎根据病程分类如下(表9-2)。

表 9-2　根尖周炎分类

分类
急性根尖周炎
急性浆液性根尖周炎
急性化脓性根尖周炎
慢性根尖周炎
根尖肉芽肿
慢性化脓性根尖周炎
根尖周囊肿(见第三节口腔颌面部囊肿)
根尖周致密性骨炎

根尖周炎的病因有以下几方面。

1. 细菌感染　根尖周炎通常是牙髓炎和牙髓坏死的延续病变，因牙髓炎和牙髓坏死而存留在根管内的细菌及其毒素可经根尖孔扩散到根尖周组织引起炎症。牙周炎时细菌及其毒素也可经深的牙周袋到达根尖周组织。该病常常为混合细菌感染，如拟杆菌、梭杆菌、放线菌等。

2. 创伤刺激　猛烈的外力作用可造成根尖周组织的损伤，如跌倒、碰撞、无准备情况下咬到硬物等。此外，还有医源性原因，如在根管治疗过程中，治疗器械穿出根尖孔造成根尖周组织损伤，充填物过高导致的咬合创伤等。

3. 化学刺激　主要是医源性原因，如根管治疗时所用的药物刺激性过强，或在根管内放置的药物浸出根尖孔外引起化学性根尖周炎，特别是根尖孔较粗大的患者容易发生。

4. 免疫学因素　某些药物本身可能刺激性并不强，但可作为半抗原和体内蛋白结合形成抗原，根管内的细菌和毒素、坏死组织作为抗原，均可引起根尖周组织的免疫反应。

一、急性根尖周炎

急性根尖周炎(acute periapical periodontitis)可直接由急性牙髓炎向根尖周扩散而来，也可由创伤引起，但更常见的是慢性根尖周炎的急性发作。

【临床表现】　病变早期，由于炎性渗出，局部压力增高，患牙有浮出感和早接触，咀嚼疼痛。随着炎症发展，脓肿形成，疼痛加剧，为自发性持续性、搏动性痛，但不受温度变化的影响，并能准确定位，这与急性牙髓炎不同。当脓液穿破牙槽骨聚集在骨膜下时，由于骨膜致密坚韧，疼痛达最高峰，此时常伴有全身不适、发热、白细胞计数增高、区域淋巴结肿大疼痛等症状。脓液一旦穿破骨膜，疼痛立即缓解，但软组织肿胀，尤其是溶血性链球菌感染时，分泌透明质酸酶和链激酶，能降解结缔组织基质的透明质酸和纤维素，炎症易于蔓延扩散。此时，患者面部红肿、疼痛。上颌牙根尖脓肿常波及上颌窦、眼眶、筛窦，下颌牙根尖脓肿波及面下份、颌下、颈部。若累及深部间隙可出现疼痛加重、张口受限等。检查可发现患牙深龋、变色和失去光泽，对叩诊极度敏感。

根尖区相应牙槽黏膜红肿，黏膜或皮下脓肿形成时扪之有波动感。脓液一旦穿破黏膜或皮肤排脓后，疼痛明显缓解。

X线检查显示急性根尖周炎的根尖部改变不明显或仅有牙周间隙增宽，围绕根尖周的骨硬板不如正常者清楚。若为慢性根尖周炎的急性发作，则可见根尖部牙槽骨破坏的透射影像。

【病理变化】 早期根尖周的牙周膜血管扩张充血，浆液渗出，组织水肿，随炎症进一步发展，大量中性粒细胞游出，局部组织坏死，中性粒细胞释放出各种酶将坏死组织液化，形成脓肿，炎症向邻近骨髓腔扩散，形成局限性牙槽突骨髓炎，在临床上称急性牙槽脓肿（acute alveolar abscess）。脓肿中心为坏死液化的组织，周围有大量中性粒细胞围绕，边缘区可见淋巴细胞、浆细胞、巨噬细胞等。此时如果细菌毒力低，机体抵抗力强，脓肿可被包裹吸收；如果情况相反，脓肿内压力不断增加，脓液则会向着组织结构薄弱处引流。其引流途径常见于：①穿过骨髓腔、密质骨到达骨膜下，穿破骨膜经牙槽部黏膜或皮肤排脓；②根管粗大、根尖孔宽大的牙可通过龋洞排脓；③有深牙周袋的患牙可经过牙周袋排脓；④上颌牙可通过鼻腔和上颌窦排脓。第一种途径最常见，后三种途径比较少见。

二、慢性根尖周炎

慢性根尖周炎（chronic periapical periodontitis）是发生在根尖周组织的慢性炎症，是以增生为主的病变，有肉芽组织增生和不同程度的修复。当机体抵抗力下降或细菌毒力增强时，可转化为急性化脓性炎症。慢性根尖周炎包括慢性化脓性根尖周炎、根尖肉芽肿、根尖囊肿和根尖周致密性骨炎，其中根尖囊肿在口腔颌面部囊肿一节中介绍。

（一）慢性化脓性根尖周炎

慢性化脓性根尖周炎（chronic suppurative periapical periodontitis）又称慢性牙槽脓肿（chronic alveolar abscess），可由急性牙槽脓肿经处理或自行穿破引流后未彻底治疗所致，或由根尖肉芽肿发展而来。

【临床表现】 患者多无明显的自觉症状，部分患者有咀嚼不适或咀嚼痛。伴瘘管形成者可见患牙相对应的黏膜或皮肤上有瘘口，时有脓液排出。叩诊患牙时有轻度疼痛。X线示患牙根尖周有边界模糊的透射影，透射区周围的骨质较疏松。

【病理变化】 根尖区牙周膜内脓肿形成，脓肿中央为坏死组织，脓肿外周为炎性肉芽组织，其中散在中性粒细胞、淋巴细胞、浆细胞和巨噬细胞，肉芽组织外有纤维组织包绕。根尖牙骨质和牙槽骨有吸收破坏，邻近的牙周膜和骨髓腔内可见血管扩张充血，散在慢性炎细胞浸润。伴有瘘管形成者，瘘管内可有复层鳞状上皮衬里，上皮可来自 Malassez 上皮剩余，也可由口腔黏膜或皮肤经瘘口长入。

（二）根尖肉芽肿

根尖肉芽肿（periapical granuloma）是典型的以增生为主的炎症，可由急、慢性牙槽脓肿转变而来，临床比较常见。

【临床表现】 患牙多有深龋或牙髓坏死引起的牙齿变色，咀嚼乏力或不适，偶有疼痛。多数无明显症状。叩诊时有痛感。X线示早期根尖区牙周间隙增宽，病程长者则呈现根尖区界限清楚的圆形透射影像，周围有薄层阻射线，表示根尖周病变进行缓慢或处于稳定状态。也有部分病变透射影边界不清，与根尖周其他疾病不易区别。

【病理变化】 根尖肉芽肿为附着在牙根尖部约绿豆大小的表面光滑的圆形小体，因与牙根尖区牙周膜相连，可随拔牙时一同拔出。镜下观察根尖区可见增生的肉芽组织，由新生的毛细血管、成纤维细胞和浸润的炎症细胞构成，包括淋巴细胞、浆细胞、巨噬细胞和中性粒细胞。毛细血管内皮细胞增生肿胀，巨噬细胞吞噬脂质后形成泡沫细胞，并可见胆固醇晶体在制片过程中被有机溶剂溶解后而形成的针状透明裂隙。肉芽组织外周常有纤维结缔组织包绕。根尖牙骨质和牙槽骨被破坏吸收（彩图9-4）。

根尖肉芽肿内还可见增生上皮团或上皮条索，相互交织呈网状，这些上皮来源于：①Malassez 上皮剩余；②经瘘管口长入的口腔黏膜上皮；③牙周袋袋壁上皮；④呼吸道上皮，见于病变与上颌窦相通的病例。

根尖肉芽肿的发展变化：根尖肉芽肿病变

可保持相对稳定状态,维持较长时间,但常常可随机体抵抗力和刺激因素的强弱而变化。

(1) 当机体抵抗力增强而病原刺激较弱时,肉芽组织纤维成分增多,牙槽骨和根尖牙骨质吸收暂停或出现修复,使病变缩小。当机体抵抗力下降而病原刺激增强时,则炎症加重,浸润炎症细胞增多,破骨细胞被激活,牙槽骨及根尖牙骨质出现吸收,病变范围增大。

(2) 根尖肉芽肿也可随条件变化而急性发作,严重者肉芽肿中心发生液化坏死,发展成急性牙槽脓肿,此时可出现急性牙槽脓肿的症状,并有相应的牙槽黏膜上形成瘘管,引流后也可形成慢性牙槽脓肿。

(3) 上皮性根尖肉芽肿,可通过以下方式转化成根尖囊肿:①增生的上皮团中心部分由于营养障碍发生液化变性使渗透压增高,使周围组织液渗入,发展成囊肿;②增生的上皮被覆脓腔,当炎症减轻后转变成囊肿;③被增生的上皮包裹的炎性肉芽组织也可发生退变坏死形成囊肿。

(4) 另有部分年轻患者,抵抗力强,在轻微低毒刺激下,炎症减轻,肉芽肿中纤维增加,病变范围缩小,牙槽骨重新沉积,骨小梁增粗,骨髓腔缩小,骨密度增大,骨髓腔中纤维组织增生,散在慢性炎细胞浸润。同时,吸收后的根尖牙骨质也出现修复,过度沉积,出现牙骨质增生过长。X 线示根尖周出现局灶性阻射影,与正常骨分界不清,此称致密性骨炎(condensing osteitis)。

第四节　口腔黏膜病

口腔黏膜病是发生在口腔黏膜的病变,不包括黏膜发生的肿瘤,其中大部分是局部病变,还有一些是全身系统性疾病在口腔黏膜的表现。引起口腔黏膜病变的因素很多,比如局部机械刺激、感染、内分泌改变、机体免疫异常、吸烟、不良生活习惯等。病变的类型比较多,比如增生、萎缩、炎症、免疫功能异常等。从病程上看,急、慢性都有,以慢性多见。口腔黏膜病的诊断需要病理与临床结合,治疗的过程对疾病也会产生影响以至影响诊断。

一、白　　斑

白斑(leukoplakia)是指发生在黏膜表面的白色斑块,既不能被擦掉,也不能诊断为任何其他疾病者。白斑是临床疾病名称,不包括组织学含义。白斑属于癌前病变,其癌变率约为 3% ~5%,特别是临床诊断为非均质型白斑者,癌变的几率要大于均质型。

白斑的发病与局部长期刺激有关。吸烟是白斑最常见的原因,据调查统计,白斑伴有吸烟习惯者约占 80% ~90%,且发病部位与烟的刺激部位相一致。此外,咀嚼槟榔、局部的机械性刺激,如残破的牙冠或不良修复体对黏膜的刺激等,都可能引起白斑。

【临床表现】 口腔各部位的黏膜均可以发生白斑,以颊、舌黏膜最多见。男性发病率相对较高。白斑表现为黏膜表面的灰白色或乳白色斑块,边界清楚,与黏膜平齐或略为高起,有粗涩感。根据临床表现可分为均质型和非均质型。均质型为白色,表面平坦、呈细纹状或浮石状。非均质型表现为白色斑块中夹杂有向表面的疣状、颗粒状突起,或伴溃疡形成,或夹杂红色斑块。一般情况下,非均质型白斑较均质型癌变的危险性高。白斑发生的部位也与癌变几率相关,口底、舌腹部以及舌侧缘被认为是高危险区,其癌变率比其他部位高。

【病理变化】 白斑的主要病理改变为上皮增生。上皮表面有过度正角化或过度不全角化,或两者同时出现。上皮粒层细胞 2 ~3 层,其中嗜碱性颗粒增多,棘细胞数量增多使棘层增厚,上皮钉突可伸长变粗,基膜清晰。固有层和黏膜下层有淋巴细胞、浆细胞浸润(彩图 9-5)。上述表现不包括细胞出现异型性和排列紊乱,属于上皮单纯性增生。

在单纯增生的基础上,上皮表面高低不平呈刺状或乳头状增生,在低陷处有角化栓形成,此种表现见于疣状白斑;上皮折叠呈城墙状,见于颗粒型白斑。

如果在单纯增生的基础上,出现上皮细胞排列紊乱,细胞发生非典型性改变,可以称为上皮异常增生,或非典型性上皮增生。上皮异常增生的表现包括:①基底细胞极性消失;②出现一层以上基底细胞;③细胞核质比增加;④上皮钉突呈水滴状;⑤细胞层次紊乱;⑥基底细胞核分裂象增加;⑦上皮浅表 1/2 出现核分裂象;⑧细胞多形性;⑨细胞核浓染；⑩核仁增大；⑪细胞间黏着力下降；⑫出现错角化，即棘层或基底层出现个别细胞或成团细胞角化。

临床上习惯于将上皮异常增生分为轻、中、重度三级。根据WHO口腔和口咽部肿瘤分类（2005年）中关于上皮性癌前病变的描述，轻、中、重度上皮异常增生的可参考如下区分标准：①轻度，组织结构紊乱一般局限在上皮的下1/3，细胞的非典型性轻微；②中度，基本标准是组织结构紊乱延伸至上皮中1/3，而当细胞的非典型性程度高时可考虑单独升高异常增生的级别；③重度，结构紊乱超过上皮的2/3，或结构紊乱到上皮的中1/3，合并有足够的细胞非典型性时，可将中度异常增生提高到重度异常增生。当上皮全层或几乎全层细胞结构紊乱，合并细胞非典型性，但没有浸润时，应诊断为原位癌。

一般认为，上皮异常增生源于遗传学改变，但是这种改变可能与癌并不完全一样，但传统上认为较严重的异常增生更可能癌变。假如关键性的突变没有出现在异常增生的上皮，那么癌变也可以来自非异常增生的上皮。目前，还没有独立的一个标志物可以可靠地预测癌变。

二、扁平苔藓

扁平苔藓（oral lichen planus）是一种黏膜和皮肤的慢性免疫炎症性疾病。据统计，大约有44%的皮肤扁平苔藓伴发口腔黏膜病损。

病因目前不清，可能与多种因素有关，如局部慢性机械损伤、药物刺激、牙科修复材料、口腔内的流电刺激以及精神紧张、全身性疾患和遗传因素等。还可能与某些细菌、病毒感染有关。近年的研究表明，免疫调节异常与本病的发生密切相关，特别是T细胞介导的免疫反应。

【临床表现】 本病好发于40～49岁的女性，患病率为0.5%左右，多见于颊、舌、唇及牙龈等处黏膜。病变常为对称性分布，尤以颊黏膜最多见。典型病损是在黏膜上出现白色或灰白色的条纹，条纹之间的黏膜发红，这些条纹可呈网状、线状、环状或树枝状。发生在舌黏膜的扁平苔藓一般为灰白色斑块状，似黏膜表面被滴上一滴牛奶，比白斑色浅，且不似白斑高起、粗糙。本病在临床常分为6型：网状型、丘疹型、斑状型、萎缩型、溃疡型及疱型，以网状型最为多见。皮肤病变为圆形或多角形的扁平丘疹，中心有凹陷，开始为鲜红色或紫红色，以后逐渐变浅成为褐色斑。

【病理变化】 在黏膜的白色条纹处，上皮为不全角化层，在黏膜发红部位，则上皮表层无角化，且结缔组织内血管扩张充血。一般棘层增生较多见，也有少数棘层萎缩。上皮钉突显示不规则延长，少数上皮钉突下端变尖呈锯齿状。基底细胞层液化、变性，因此基底细胞排列紊乱，基膜界限不清，基底细胞液化明显者可形成上皮下疱。黏膜固有层有密集的淋巴细胞浸润带，其浸润范围一般不达到黏膜下层。研究证实这些浸润的淋巴细胞主要是T细胞。在上皮的棘层、基底层或固有层可见圆形或卵圆形的胶样小体（colloid body）或称Civatte小体，其直径平均为10μm左右，为均质、嗜酸性，PAS染色呈阳性。这种小体可能是细胞凋亡的一种产物。

口腔扁平苔藓长期以来被认为是一种良性病变。近年来有关其癌变的报告渐多，对于它的恶变至今仍有争议。争议的关键是由于缺乏临床上和组织学上诊断扁平苔藓和苔藓样变的统一标准。后者被定义为交界性黏膜炎或苔藓样黏膜炎。有人认为，苔藓样变如果合并上皮异常增生，则为危险病损。有研究发现，所有恶变的病例都与苔藓样变有关，而不是扁平苔藓。如果没有统一标准可以将扁平苔藓和苔藓样变区分开，则两种病变都将被认为是有癌变的危险。

三、慢性盘状红斑狼疮

慢性盘状红斑狼疮（chronic discoid lupus erythematosus）为结缔组织病的一种，在临床上可分为6个亚型：盘状红斑狼疮（DLE）、深在性红斑狼疮（LEP）、亚急性皮肤型红斑狼疮（SCLE）、系统性红斑狼疮（SLE）、红斑狼疮综合征（LES）和新生儿红斑狼疮（NLE）。其中发生在口腔颌面部的是慢性盘状红斑狼疮，为狼疮病中最轻的一个亚型，为皮肤黏膜病，很少累及内脏器官，预后良好。其中约5%的患者可能发展为SLE或SCLE。本病为自身免疫性疾患。

【临床表现】 慢性盘状红斑狼疮主要发生于唇颊部的皮肤和黏膜,多无全身性损害。病变先发生在外露的面部皮肤,鼻梁两侧的皮肤出现对称性鲜红色斑,称之为蝴蝶斑,其上覆盖白色鳞屑。还可发生于面部其他部位或手背等处,为圆形红斑,当揭去其上面的鳞屑,可见扩大的毛囊,在鳞屑的内面,可见呈棘状突起的角质栓塞。口腔部位多发生于唇颊黏膜,其特征为红斑样病损,可有糜烂、出血,在唇红部可出现结痂。陈旧性病变可有萎缩、角化,病损周围可见白色放射状条纹。

【病理变化】 上皮表面有过度角化或不全角化,粒层明显,角化层可有剥脱,有时可见角质栓塞;上皮棘层变薄,有时可见上皮钉突增生、伸长;基底细胞发生液化、变性,上皮与固有层之间可形成裂隙和小水疱,基膜不清晰;上皮下结缔组织内有淋巴细胞浸润,主要为T细胞;毛细血管扩张、管腔不整,血管内可见玻璃样血栓,血管周围有类纤维蛋白沉积,PAS染色阳性,管周有淋巴细胞浸润;胶原纤维发生类纤维蛋白变性,纤维水肿、断裂;基膜增厚,PAS反应阳性。上述各种病理变化不一定同时存在,但对诊断本病都有意义。

直接免疫荧光技术可检测病损部位上皮基膜区域有免疫球蛋白、补体沉积,形成一条翠绿色的荧光带,又称之为狼疮带(lupus band)。此外,采用间接免疫荧光技术,可以检测到患者自身循环抗体的存在的及其滴度的改变。目前多数病变活动期的患者都可检测出抗核抗体(antinuclear antibody,ANA),在病情缓解期,患者的自身循环抗体一般为阴性。

四、天 疱 疮

天疱疮(pemphigus)是一种少见而严重的皮肤黏膜疱性疾病。一般分为4型,即寻常性、增殖性、落叶性及红斑性天疱疮。发生在口腔中的主要为寻常性天疱疮。在疾病的发展过程中约有90%的患者累及口腔黏膜。多数患者在口黏膜首先发病,然后波及全身,皮肤发生松解性大疱,此起彼伏,病情严重,预后很差。

本病为自身免疫性疾患,机体对自身上皮棘细胞间的桥粒蛋白产生抗体。大约40%以上的患者在病变活动期都可检测出自身循环抗体,主要为抗桥粒蛋白抗体,其抗体滴度多随病情的进展和恶化而增高。

【临床表现】 天疱疮可广泛发生于多个口腔部位,以软腭、颊及牙龈黏膜最多见。患者以中年人居多,其中女性稍多见。发生在口腔黏膜的疱壁很薄,易破裂形成糜烂面。采用探针沿疱底向周围外观上似健康的黏膜上皮轻微挑拨,如出现剥离,说明有周缘扩展现象,是临床检查天疱疮的经典试验。此外,从表面看似乎正常的皮肤或黏膜,如加压刺激或摩擦后易形成疱或脱皮,这是临床检查天疱疮的又一经典试验,此结果称为Nikolsky征阳性。口腔黏膜由于糜烂或继发感染,通常疼痛明显。由于疱破裂后大量体液蛋白丢失,致使全身衰竭,死亡率较高。

【病理变化】 由于棘细胞之间张力原纤维及黏合物质变性、破坏,致使细胞间桥溶解,棘细胞松解,在棘层内形成裂隙,即疱,此种疱被称为棘层内疱或上皮内疱,是天疱疮的典型病理表现(彩图9-6)。由于疱壁薄易破,临床上很难切取到完整的疱。假如取到的病变组织疱皮脱落,镜下可见到上皮的基底细胞附着于结缔组织乳头的上方,乳头向上突起呈绒毛状,在乳头上方可见到松解、游离出来的棘细胞,细胞肿胀呈圆形,核染色深,常有胞质晕环绕着核周围,这种游离为单个或数个成团的细胞,称之为天疱疮细胞(Tzanck cell)。如将早期新鲜的大疱剪去疱顶,刮取疱底组织进行涂片,用姬姆萨或苏木素伊红染色,也可观察到上述的天疱疮细胞。在上皮下黏膜固有层可见中等程度的炎性细胞浸润,主要为淋巴细胞及少量嗜酸粒细胞。

采用直接免疫荧光染色,可见病变部位及其相邻部位的上皮棘细胞层内,IgG或IgA以及IgM阳性表达,呈翠绿色的网状图形。

五、良性黏膜类天疱

良性黏膜类天疱(benign mucous membrane pemphigoid)又称为瘢痕性类疱疮。本病除了发生于口腔黏膜以外,还可发生在眼、尿道、外阴及肛门等处。眼部病变可形成瘢痕,引起眼球结膜粘连、角膜溃疡,以至失明。

本病为慢性自身免疫性疾患。机体产生抗上皮基膜抗体,致使上皮的基底层下疱形成。近年研究表明,上皮的基膜复合体半桥粒蛋白为本病的抗原。病变活动期常可检测出自身循环抗体,主要为抗基膜抗体以及抗核抗体等,其抗体滴度与疾病的活动情况相关。

【临床表现】 本病主要好发于50岁以上的老人,口腔黏膜中最易发生于牙龈,此外腭、颊、舌等部位黏膜也可受累。发生于牙龈时其表现为发红、水肿,类似于剥脱性龈炎,也可形成疱性病损,一般疱壁较厚,色灰白,无周缘扩展现象。类天疱疮一般不侵犯口唇。口腔黏膜病损治愈后很少形成瘢痕。虽然病程较长,但不危及生命,可反复发作达数年或数十年。

【病理变化】 由于基底细胞变性,上皮全层沿基膜剥脱,形成基层下疱,结缔组织表面光滑,胶原纤维水肿,其中有大量淋巴细胞浸润。晚期黏膜固有层纤维结缔组织增生。鉴于上皮剥脱后结缔组织表面无残留的基底细胞层,且上皮层内无棘层松解,可与寻常性天疱疮进行鉴别。

直接免疫荧光检测,可见上皮基膜区有免疫球蛋白及补体沉积,呈翠绿色的荧光带,为抗基膜抗体阳性。

六、复发性阿弗他溃疡

复发性阿弗他溃疡(recurrent aphthous ulcer)也称复发性阿弗他口炎、复发性口腔溃疡,病变表现为黏膜溃疡,发病率高。

病因目前不明,可能与遗传、免疫失调、感染、自身免疫、胃肠疾病、贫血、内分泌失调、营养不良以及精神紧张有关。

【临床表现】 多发于女性,发病年龄在10~30岁,好发于唇、舌、颊、牙龈、口底以及软腭等。病变开始时黏膜出现充血性红斑,中央形成溃疡,为圆形或椭圆形的表浅溃疡,直径约为0.5cm,大多单发,也可以多发,疼痛明显,一般在7~14日内愈合,不留瘢痕。有一部分患者会周期性复发。

【病理变化】 早期黏膜上皮水肿,上皮细胞间出现白细胞,以后上皮溶解、破溃,形成非特异性黏膜溃疡,也有先形成上皮下疱,随后形成溃疡。黏膜表面有纤维素性渗出形成的伪膜。黏膜固有层中胶原纤维水肿、玻璃样变性,大量淋巴细胞、浆细胞、中性粒细胞及嗜酸粒细胞浸润,并多集中在血管周围。毛细血管扩张、充血,内皮细胞肿胀,有些血管腔闭塞。

病变组织周围上皮基膜区可有免疫球蛋白和补体沉积。唾液中的SIgA含量在发病期升高,缓解期降低。

第五节 口腔颌面部囊肿

囊肿是一种病理性囊状结构,由囊壁和囊腔构成。囊腔内含稀薄或黏稠液体,囊壁一般分为两层,外层为环形排列的纤维结缔组织,内层为上皮衬里,少数囊肿无上皮衬里,还有少数囊肿因感染致上皮衬里消失。口腔颌面部是囊肿的好发部位,可能与口腔颌面部复杂的发育过程有关。

根据囊肿发生的部位不同,口腔颌面部囊肿一般分为颌骨囊肿和软组织囊肿两大类,其中颌骨囊肿根据组织来源不同可分为牙源性囊肿和非牙源性囊肿,还可以根据病因不同分为发育性、炎症性和滞留性囊肿。目前临床诊断常用的WHO口腔颌面部囊肿分类(1992年)见表9-3。

表9-3 口腔颌面部囊肿的分类

分类
颌骨上皮性囊肿
发育性
牙源性
婴儿"龈囊肿"
牙源性角化囊肿(始基囊肿)*
含牙(滤泡)囊肿
萌出囊肿
发育性根侧囊肿
成人龈囊肿
腺牙源性囊肿
非牙源性
鼻腭管(切牙管)囊肿
鼻唇(鼻牙槽)囊肿
炎症性
根尖周囊肿
根尖侧囊肿
残余囊肿
牙旁(炎症性根侧,下颌感染性颊)囊肿
口腔、面颈部软组织囊肿
皮样或表皮样囊肿

续表

分类
鳃裂囊肿
甲状舌管囊肿
畸胎样囊肿
黏液囊肿
舌下囊肿

＊2005 年 WHO 牙源性肿瘤的组织学分类已将牙源性角化囊肿归入牙源性良性肿瘤中,并更名为牙源性角化囊性瘤,在牙源性肿瘤一节中介绍。

根据囊肿组织来源的不同,分为牙源性囊肿、非牙源性囊肿和口腔颌面部软组织囊肿三类。

一、牙源性囊肿

牙源性囊肿(odontogenic cyst)是指与牙齿发育有关的上皮所形成的一组囊肿。牙齿发育是一个比较复杂的过程,在此过程中会有一些上皮残余遗留在颌骨、牙龈或牙槽黏膜内,比如牙板上皮剩余、Malassez 上皮剩余、缩余釉上皮等。大多数情况下,这些上皮处于静止状态,少数情况下,这些残余上皮会参与形成囊肿,比如含牙囊肿是由缩余釉上皮形成的。在感染因素作用下,残余的上皮剩余还可形成炎症性囊肿,比如根尖囊肿。

(一) 含牙囊肿

含牙囊种(dentigerous cyst)又称滤泡囊肿(follicular cyst),是指包绕在未萌出牙的颈部的囊肿。

【临床表现】 常发生在青壮年,临床上比较多见,好发部位在下颌第 3 磨牙,其次是上颌单尖牙、上颌第 3 磨牙和下颌前磨牙区。囊肿中所含的大多为恒牙,含乳牙极少,有时可以包含额外牙。当含牙囊肿体积较小时,一般无症状,常常是由于牙未萌出、缺失牙或因其他需要进行 X 线检查时被发现。当含牙囊肿较大时可以引起颌骨膨隆,内部骨质吸收,表面皮质骨变薄。X 线表现为边界清楚的圆形单囊透射区,囊内含一个未萌出牙的牙冠,少数也可呈多囊型改变。

【病理变化】 肉眼下,囊肿圆形,囊肿壁附着在一个未萌出牙的颈部,包绕着牙冠,被包绕牙的牙根可以发育完全,也可以未发育完全。囊腔内含有清凉的琥珀色液体,遇到感染时囊液混浊。

镜下,囊壁由纤维结缔组织构成,内衬复层鳞状上皮,通常由 3 ~ 5 层细胞构成,无角化,无上皮钉突,基膜清晰。囊壁内有时可见上皮岛,内衬上皮中有时可见黏液细胞或掺杂少部分纤毛柱状上皮。如果继发感染,囊肿上皮可增生并出现上皮钉突,囊壁内有炎症细胞浸润。

含牙囊肿发生在牙齿发育过程中牙冠形成以后,新形成的牙冠表面与缩余釉上皮之间蓄积了液体便形成了含牙囊肿。含牙囊肿经手术完整摘除后,一般不复发。

(二) 婴儿龈囊肿

婴儿龈囊肿(gingival cyst of infants)又称新生儿牙板囊肿(dental lamina cyst of the newborn),由残留在牙槽黏膜内的牙板上皮剩余所形成。牙板上皮剩余是牙发育期间脱落在牙槽黏膜内或颌骨内的复层鳞状上皮岛。婴儿龈囊肿发生在新生儿或 1 ~ 2 个月的婴儿,在没有牙萌出的牙槽黏膜上可见多个白色或淡黄色粟米大小的结节,称 Bohn 结节,结节可自行脱落,不需要治疗。镜下可见牙槽黏膜固有层内有多个小囊肿,囊肿内衬复层鳞状上皮,细胞扁平状,囊腔内充满角化物,有些囊肿与上皮相连。

(三) 成人龈囊肿

成人龈囊肿(gingival cyst of adults)是一种不常见的发生在牙龈内的囊肿,不破坏牙槽骨,当囊肿长大时可造成牙槽骨表面呈浅碟状吸收。成人龈囊肿以 40 岁以上较多见,多发生在唇颊侧牙龈,以尖牙、前磨牙区常见,生长缓慢,一般在 1cm 以下,X 线往往无异常改变。囊肿衬里上皮为复层鳞状上皮,无钉突,无角化,上皮可薄厚不等并形成上皮斑,细胞透明,与发育性根侧囊肿病理所见相似。

成人龈囊肿可能来源于缩余釉上皮、残余牙板上皮剩余或牙周上皮剩余。完整摘除后一般无复发。

(四) 发育性根侧囊肿

发育性根侧囊肿(lateral periodontal cyst)

是发生在活髓牙牙根一侧或牙根之间的发育性囊肿,与感染因素无关。

【临床表现】 没有固定的年龄倾向,多发生在下颌,以尖牙和前磨牙区最多见,一般无症状。X线显示,牙根侧方形成圆形或卵圆形的、边界清楚的透射区,直径小于1cm。

【病理变化】 囊壁内衬复层鳞状上皮,无角化,无钉突,上皮薄厚不等,上皮增厚处形成上皮斑,由梭形细胞和卵圆形细胞构成。囊壁中可以有上皮岛,炎症不明显。

本病应与成人龈囊肿和发生在根侧的根尖周囊肿相鉴别。成人龈囊肿发生在牙龈,不侵犯骨,而发育性根侧囊肿发生在颌骨内,会造成骨质吸收。根尖周囊肿与炎症有关,在囊肿附近可以找到失活牙,囊壁中可以见到大量的炎症细胞浸润。

(五)萌出囊肿

萌出囊肿(eruption cyst)是发生在骨外的含牙囊肿,即一个正在萌出的乳牙或恒牙的冠部,缩余釉上皮与釉质之间液体潴留而成的囊肿。

临床上表现为正在萌出的牙齿上方形成光滑的肿物,呈淡蓝色或粉红色,质地软且有波动感。患者主要为儿童和青少年。肉眼可见囊腔内含清亮液体或血性液体,含血性液体者,系外伤所致。镜下可见囊肿外表面为牙龈的角化鳞状上皮所覆盖,上皮与囊肿之间有致密结缔组织相隔并有慢性炎性细胞浸润,囊肿的衬里上皮为无角化的复层鳞状上皮,与缩余釉上皮相似。

(六)根尖周囊肿

根尖周囊肿(radicular cyst)是颌骨内最常见的牙源性囊肿。通常继发于根尖周脓肿或根尖肉芽肿,属于炎症性囊肿。

【临床表现】 根尖周囊肿常和一死髓牙相连,多无自觉症状。由于牙髓已坏死,牙体失去光泽,呈黄色或灰黄色。囊肿大小不等,直径平均1～2cm。较大的囊肿常致颌骨膨隆,骨密质被压迫变薄,压迫邻牙时使其牙根吸收或引起邻牙松动移位。X线显示根尖区透射影,边界清楚,部分病例透射区周围有阻射线。这是由于囊肿发展缓慢,压迫周围骨组织改建后所形成的一层致密骨壁所致。

【病理变化】 根尖囊肿由纤维囊壁和囊内容物构成(彩图9-7)。囊壁内衬无角化的复层鳞状上皮,个别与上颌窦相通的囊肿可见假复层纤毛柱状上皮。囊壁内可见炎症细胞浸润,主要为淋巴细胞、浆细胞和少量中性粒细胞。炎性细胞浸润密集区,衬里上皮可被破坏消失,受炎症刺激衬里上皮也可呈网状增生。囊壁内可有含铁血黄素和胆固醇晶体沉积。囊液呈棕黄色透明状,也可呈较黏稠或半流体状,主要成分为水分、电解质、蛋白质和少许角质。由于囊液中含蛋白质,使囊腔内渗透压增高,周围组织液渗入其中,使囊液增加,囊肿逐渐增大。

二、非牙源性囊肿

(一)鼻腭管(切牙管)囊肿

鼻腭管(切牙管)囊肿[nasopalatine duct (incisive canal) cyst]来源于残留的鼻腭管上皮剩余,是较为常见的颌骨内的非牙源性囊肿。

【临床表现】 多发生于中年,男性较多见。临床症状一般不明显,多在X线检查或在做义齿修复时被发现。最常见的表现是在腭中线前部出现骨膨隆,有时发生疼痛或形成瘘管。X线常常难以区分鼻腭管囊肿和较大的切牙窝(incisive fossa)。囊肿较大时,可见囊肿位于上颌骨中线,呈卵圆形或心形的透射区。虽然囊肿可位于切牙管的任何处,但多数位于切牙管的下段甚至完全位于切牙乳头的软组织内,此种病变称为腭乳头囊肿。

【病理变化】 鼻腭管囊肿的衬里可以是复层鳞状上皮、含黏液细胞的假复层纤毛柱状上皮、立方上皮或柱状上皮,单独或联合存在。近口腔部者常为鳞状上皮,近鼻腔部者常为呼吸性上皮。囊壁内往往含有较大的血管和神经,是通过切牙管的鼻腭神经和血管。囊壁内有时可见小灶性黏液腺和散在的慢性炎细胞浸润。

(二)鼻唇(鼻牙槽)囊肿

鼻唇(鼻牙槽)囊肿[nasolabial (nasoalvolar) cyst]是少见的囊肿,位于牙槽突表面近鼻孔基部软组织内,多见于中年人,女性多于男性。囊肿增大可致鼻唇沟消失,鼻翼抬高,鼻孔变形,可双侧发生。X线不易发现,有时可见上颌骨表面的浅表性骨吸收。

镜下见,摘除的囊肿壁为皱折状,衬里上皮一般为无纤毛的假复层柱状上皮,含黏液细胞和杯状细胞,也可见复层鳞状上皮或立方上皮。此囊肿可能是胚胎性鼻泪管剩余或成熟管的下前部结构。

(三)球状上颌囊肿

球状上颌囊肿(spherical maxillary cyst)特指位于上颌恒侧切牙和单尖牙牙根之间的囊肿,比较少见。X线上囊肿表现为边界清楚的倒置的梨形射透区,侧切牙与单尖牙牙根分离移位。

以往认为球状上颌囊肿是由面部发育中的球状突和上颌突在融合线内的上皮剩余发生,属于面裂囊肿,然而现代胚胎学概念不支持这种论点。近来有人认为所谓的球状上颌囊肿并不是独立的囊肿,而可能是"球状上颌"部位的牙源性囊肿。但也有人认为球状上颌囊肿作为临床名称还应保留。诊断球状上颌囊肿的条件是:囊肿位于上颌恒侧切牙和单尖牙之间,并且两牙为活髓牙;X线表现为倒梨形放射透光区;组织学上不能诊断为其他囊肿。囊肿的衬里上皮是复层鳞状上皮和(或)纤毛柱状上皮。

三、口腔、面颈部软组织囊肿

(一)鳃裂囊肿

鳃裂囊肿(branchial cleft cyst)也称颈淋巴上皮囊肿(cervical lymphoepithelialcyst),常位于颈上部邻近下颌角处,胸锁乳突肌上1/3前缘。发生于下颌角以上和腮腺者常为第1鳃裂来源;发生于约相当肩胛舌骨肌水平以上和下颌角以下者多为第2鳃裂来源;发生于颈根区者为第3、第4鳃裂来源,来源于第2鳃裂的囊肿大约占95%。

鳃裂囊肿好发在年轻人,多发生在一侧颈部,界限清楚,可活动,无明显症状。囊肿内含物为黄绿或棕色清亮液体,或浓稠胶样,或黏液样物。囊壁内衬复层鳞状上皮,也可含一些假复层柱状上皮。纤维囊壁内含有大量淋巴样组织并形成淋巴滤泡。第1鳃裂囊肿的囊肿壁内缺乏淋巴样组织,与表皮样囊肿相似。

鳃裂囊肿为发育性,但其组织发生学仍有不同意见。一般认为鳃裂囊肿来自鳃裂或咽囊的上皮剩余,但也有人认为不是鳃源性,多是胚胎时期陷入颈淋巴结内的涎腺上皮囊变而成,并称为淋巴上皮囊肿。口腔内,如口底、舌、软腭等处发生者,被称为淋巴上皮囊肿。

(二)甲状舌管囊肿

甲状舌管囊肿(thyroglossal tract cyst)是由甲状舌管残余上皮发生的囊肿,是较常见的颈部发育性囊肿。胚胎第4周时,原始咽底部,第1和第2鳃弓之间,内胚层上皮增殖内陷形成一条下行的袋状物即甲状腺始基。甲状腺始基下行过程带有中空的管即甲状舌管(thyroglossal duct),甲状舌管的起始部即舌盲孔。胚胎第6周甲状舌管开始退化,第10周时消失,如甲状舌管不消失或发育异常,可产生各种病损,如甲状舌管囊肿、甲状舌管瘘或甲状腺迷走组织等。

甲状舌管囊肿可发生在舌盲孔与甲状腺之间即导管经过的任何部位,以甲状舌骨区发生者最多见。囊内容物为清亮黏液样物质,如继发感染则为脓性或黏液脓性内容物。衬里上皮为假复层柱状上皮,可有纤毛,有时衬以复层鳞状上皮或呈现两者的过渡形态,与胚胎性咽底上皮相似。纤维性囊壁内偶见甲状腺或黏液腺组织。

(三)黏液囊肿

黏液囊肿(mucocele)常发生于下唇黏膜,其次为颊、口底、舌部和腭部。黏液囊肿大小不等,直径可由几mm至1cm;位于组织内的深度不同,浅在者为淡蓝色,透明易破裂,深在者与周围口腔黏膜颜色一致。黏液囊肿可自行消退或破溃,其黏液性内容物可以排出或不排出,但不久再次肿胀,可反复发作,浅在型黏液囊肿更易复发。根据形成原因不同,黏液囊肿分为外渗性和潴留性囊肿两种类型。

外渗性黏液囊肿(mucous extravasation cyst)通常是机械性外伤致涎腺导管破裂,黏液外溢进入结缔组织中,炎性肉芽组织和结缔组织包绕黏液形成囊壁,囊壁内没有衬里上皮(彩图9-8)。邻近的涎腺组织呈非特异性慢性炎症。

潴留性黏液囊肿(mucous retention cyst)是涎腺导管受阻,涎液潴留致导管扩张形成的黏液囊肿,相对少见。常见部位是腭、颊和上颌窦。囊腔内含有浓稠黏液，衬里上皮是假复层或双层柱状或立方状细胞上皮。部分潴留性黏液囊肿上皮衬里中有嗜酸性上皮细胞。

舌下囊肿(ranula)或称蛤蟆肿，是指发生在口底的黏液囊肿，与舌下腺和颌下腺有关。囊肿较大时表面呈淡蓝色，与青蛙腹部相似，故称“蛤蟆肿”。舌下囊肿是临床称谓，病理学上，它可以表现为外渗性黏液囊肿，也可以表现为潴留性黏液囊肿，而外渗性者更多见。

第六节　牙源性肿瘤

牙源性肿瘤(odontogenic tumor)是由成牙组织，即牙源性上皮、牙源性间充质或牙源性上皮和间充质共同发生的一组肿瘤。它们发生在颌骨或牙龈内，发病年龄偏轻，多数表现为无痛性膨胀性生长，颌骨被吸收、变形，牙齿移位。在病理表现上有成牙组织的结构特点，可有牙样组织形成。国内的资料显示，实性/多囊型成釉细胞瘤是最常见的牙源性肿瘤，美国和加拿大的研究表明牙瘤是最常见的。这种不同可能与资料来源不同有关。牙源性良性肿瘤的发病率远远高于相对应的恶性肿瘤。关于牙源性肿瘤的组织学分类，目前使用的是2005年WHO牙源性肿瘤的组织学分类(表9-4)。

表9-4　WHO牙源性肿瘤的组织学分类(2005年)

分类	分类
恶性肿瘤	含牙源性上皮和牙源性外间充质成分的肿瘤，伴或不伴硬组织形成
牙源性癌	成釉细胞纤维瘤
转移性(恶性)成釉细胞瘤	成釉细胞纤维牙本质瘤
成釉细胞癌-原发性	成釉细胞纤维-牙瘤
成釉细胞癌-继发性(去分化)，骨内型	牙瘤
成釉细胞癌-继发性(去分化)，骨外型	牙瘤，混合型
原发性骨内鳞状细胞癌-实性型	牙瘤，组合型
发生于牙源性角化囊性瘤的原发性骨内鳞状细胞癌	牙成釉细胞瘤
发生于牙源性囊肿的原发性骨内鳞状细胞癌	牙源性钙化囊性瘤
牙源性透明细胞癌	牙本质生成性影细胞瘤
牙源性影细胞癌	间叶性和(或)牙源性外间充质来源的肿瘤，含或不含牙源性上皮
牙源性肉瘤	牙源性纤维瘤
成釉细胞纤维肉瘤	牙源性黏液瘤/黏液纤维瘤
成釉细胞纤维-牙本质肉瘤和成釉细胞纤维-牙肉瘤	成牙骨质细胞瘤
良性肿瘤	与骨相关的病变
牙源性上皮性肿瘤，具有成熟的纤维性间质，不含牙源性外胚间充质成分	骨化纤维瘤
成釉细胞瘤，实性/多囊型	纤维结构不良
成釉细胞瘤，骨外/外周型	骨结构不良
成釉细胞瘤，促结缔组织增生型	中心性巨细胞病变(肉芽肿)
成釉细胞瘤，单囊型	巨颌症
牙源性鳞状细胞瘤	动脉瘤样骨囊肿
牙源性钙化上皮瘤	单纯性骨囊肿
牙源性腺样瘤	**其他肿瘤**
牙源性角化囊性瘤	婴儿黑色素神经外胚瘤

一、良性牙源性肿瘤

（一）成釉细胞瘤

成釉细胞瘤（ameloblastoma）是常见的牙源性上皮性肿瘤，肿瘤中包含有成釉器样结构，但组织形态表现为多样性，有经典型和变异型，根据成釉细胞瘤的临床特点和病理表现，WHO分类（2005年）将其分为4型，即实性/多囊型、骨外/外周型、促结缔组织增生型和单囊型。

1. 实性/多囊型成釉细胞瘤（solid or multicystic ameloblastoma） 是临床常见的类型，属于经典型成釉细胞瘤，发生在颌骨内，多由囊性和实性两部分构成，形态表现多样，容易沿松质骨的骨小梁间隙浸润，其范围往往超出X线显示的透射区，单纯摘除容易复发。

【临床特点】 好发年龄为30～49岁，平均40岁，男女性别无明显差异。从发生的部位看，下颌比上颌多见，下颌磨牙区和下颌升支部为最常见的发病部位，上颌以磨牙区多见。肿瘤生长缓慢，平均病程为6年左右。临床上表现为无痛性、渐进性颌骨膨胀变形，膨胀多向唇颊侧发展。肿瘤由颌骨中心向表面生长，骨质受压变薄，触诊有乒乓球样感。肿物的覆盖黏膜一般光滑而无特殊改变，偶见对颌牙的咬痕。肿瘤区牙根受压吸收，可使牙松动、移位或脱落。肿瘤较大时可致面部变形。疼痛少见。X线表现为单囊或多囊性溶骨性破坏。肿瘤区牙根可被吸收，可见埋伏牙。下颌升支和上颌磨牙区肿瘤可直接扩展至颅底。

【病理变化】 肿瘤大小不一，可由小指头至小儿头般大。剖面常见有囊性和实性两部分，囊性区有大小不等的囊腔和呈蜂窝状的微囊，囊内含黄色或褐色液体，有时可见胆固醇结晶。实性区呈白色或灰白色。肿物可有包膜，但不完整。

镜下可见肿瘤由牙源性上皮和间质构成。牙源性上皮细胞呈团块和条索状似牙胚的成釉器，即团块和条索周边的细胞为柱状或立方形，细胞核远离基膜，似成釉细胞；中间的细胞为星形或梭形，排列疏松，似成釉器的星网状层。由于此型细胞形态具有多样化，此型又进一步分为滤泡型、丛状型、棘皮瘤型、颗粒细胞型、基底细胞型和角化成釉细胞瘤型。

（1）滤泡型（follicular pattern）：此型是最具典型性的成釉细胞瘤。肿瘤上皮细胞形成大小不等的孤立性上皮岛。上皮岛中心部由多边形或多角形细胞组成，这些细胞之间彼此疏松连接，类似于成釉器的星网状层。上皮岛的周边部围绕一层立方状或柱状细胞，类似于内釉上皮或前成釉细胞（preameloblast），细胞核呈栅栏状排列并远离基膜，即极性倒置（reversed polarity）。星网状区常发生囊性变，形成小囊腔，囊腔增大时周边部细胞可被压成扁平状。滤泡之间的间质为疏松结缔组织（彩图9-9）。

（2）丛状型（plexiform pattern）：肿瘤上皮细胞排列呈条索状，并联结呈网状，其周边部是一层立方或柱状细胞，条网的中心部细胞类似于星网状层细胞，但其含量较滤泡型者少。间质区液化变性可形成大小不等的囊腔。

（3）棘皮瘤型（acanthomatous type）：肿瘤细胞形成的上皮岛内呈现广泛的鳞状化生，有角化珠形成，此种现象常出现在滤泡型内。

（4）颗粒细胞型（granular cell type）：肿瘤细胞发生广泛的颗粒变性，颗粒细胞可部分或全部取代星网状细胞。颗粒细胞呈立方状、柱状或圆形，体积较周边的柱状细胞大，其胞质丰富，充满嗜酸粒颗粒，在电镜下观察该颗粒类似于溶酶体。

（5）基底细胞型（basal cell type）：肿瘤细胞密集排列，呈树枝状或条索状，细胞呈柱状或立方状，分化不明显，几乎为均一的基底样细胞，核浓染，核质比大，似胚胎时期的牙板。此型术后复发率较高。诊断此型时还应与颌骨内腺样囊性癌相鉴别。

（6）角化成釉细胞瘤型（keratoameloblastoma）：一种比较罕见的亚型，指肿瘤内出现广泛角化。肿瘤由许多充满角化物的微小囊肿构成，囊肿内面衬有复层鳞状上皮，以不全角化为主，可伴有上皮乳头状增生，主要为一级乳头，故又称其为乳头状角化成釉细胞瘤（papilliferous keratoameloblastoma）。

以上组织学亚型中，滤泡型和丛状型最常见，其他亚型可以混合出现。

2. 骨外/外周型成釉细胞瘤（extraosseous or peripheral ameloblastoma） 是指局限于牙

龈或牙槽黏膜内，不侵袭深部骨组织的一型成釉细胞瘤，但肿瘤下方的骨组织可呈现浅碟状压迫性吸收。患者年龄偏大，多见于中年以上，临床表现与牙龈瘤相似。组织学表现与骨内发生的成釉细胞瘤类型相同，位于牙龈或牙槽黏膜内，多与口腔黏膜不相连。此型切除后很少复发，可能与肿瘤发生部位有关。首先是肿瘤生长部位表浅，易于早期发现。其次，肿瘤下方的密质骨对肿瘤生长有较大抵抗性。

3. 促结缔组织增生型成釉细胞瘤(desmoplastic ameloblastoma)　是一种变异型成釉细胞瘤，具有特殊的临床、影像学和病理表现。常发生于颌骨的前部，上下颌均可发生。X线显示肿瘤边界不清，可有透射和阻射混合的影像，类似于骨纤维性病损。肉眼下，肿瘤为实性，质地硬韧，有沙砾感。镜下见，肿瘤间质明显增生，胶原丰富，可见玻璃样变，排列成扭曲的束状，肿瘤性上皮岛或条索位于胶原纤维束之间，上皮岛或条索周边的细胞呈扁平状，中心的细胞呈漩涡状，星网状细胞分化不明显。此型比较少见，有关预后资料报告不足。

4. 单囊型成釉细胞瘤(unicystic ameloblastoma)　是在临床和影像学上都类似于颌骨囊肿，而在组织学上有明确的成釉细胞瘤表现的一型成釉细胞瘤。本病多见于青年人，大约发生在10～29岁，好发于下颌磨牙区。此型经单纯摘除术治疗者复发率低，约为10%，而实性/多囊型成釉细胞瘤摘除术治疗后复发率高达50%～90%。

组织病理学上，单囊型成釉细胞瘤有3个亚型。

(1) 第Ⅰ型被称为单纯囊肿型。囊壁内有衬里上皮，其中一部分衬里上皮表现如同含牙囊肿，但另一部分上皮则表现出早期成釉细胞瘤的组织学特点，达到所谓的Vickers-Gorlin标准，简称V-G标准。此标准被描述为：上皮基底层细胞呈栅栏状排列，核远离基膜，呈极性倒置，基底细胞核浓染，胞质内出现空泡；基底上细胞排列疏松。

(2) 第Ⅱ型被称为囊内瘤结节型。此型中可以有第Ⅰ型的结构，但同时一部分上皮增生呈结节状突入囊腔内，增生的结节类似于丛状型成釉细胞瘤的结构。

(3) 第Ⅲ型可叫做囊壁内浸润型，以往习惯上称其为壁性成釉细胞瘤。此型可以单独或合并有第Ⅰ、Ⅱ型的结构，同时在纤维性囊壁中有丛状型和滤泡型成釉细胞瘤的浸润灶。

第Ⅰ、Ⅱ型单囊型成釉细胞瘤的生物学行为与发育性牙源性囊肿相似，单纯摘除后不容易复发，第Ⅲ型因囊壁内有浸润灶，生物学行为接近实性/多囊型成釉细胞瘤，单纯摘除后有可能复发。

成釉细胞瘤发生的原因不明。成釉细胞瘤来源于牙源性上皮或牙源性上皮剩余，包括成釉器、Malassez上皮剩余、Serres上皮剩余、缩余釉上皮和牙源性囊肿的衬里上皮。口腔黏膜上皮也可能发生。

（二）牙源性钙化上皮瘤

牙源性钙化上皮瘤(calcifying epithelial odontogenic tumor)又称Pindborg瘤，是一种少见的牙源性上皮性肿瘤。1956年，Pindborg首先对此瘤进行了较为详细的描述。

【临床表现】　患者的年龄分布较广，20～60岁均有发病，平均年龄为40岁左右。性别方面无差异。下颌比上颌多见，最常见的部位是磨牙区。患者无特殊症状，颌骨逐渐膨胀变形。X线表现为不规则形透射区内含大小不等的阻射团块，这些阻射团块常在未萌牙的牙冠部邻近处。透射区的边缘与正常骨的分界较清，但骨硬化带不明显。

【病理变化】　大体可见病变区颌骨膨大，切面呈灰白或灰黄色，实性，可见埋伏牙。镜下可见肿瘤由多边形上皮细胞组成，排列呈片状或岛状，偶呈筛孔状。肿瘤之间可见清晰的细胞间桥，胞质微嗜酸性。胞核圆形或卵圆形，核仁清楚，有的胞核较大，有时见双核或多核，核多形性明显，但核分裂象罕见。肿瘤细胞之间常见一种特征性的圆形嗜酸性均质性物质，经特殊染色，如硫代黄色T、刚果红等，证实这种物质为淀粉样物质(amyloid)。淀粉样物质内常发生钙化，钙化物呈同心圆沉积。

牙源性钙化上皮瘤为良性，但有局部浸润性。手术治疗后有复发的病例报告。关于牙源性钙化上皮瘤的组织发生，Pindborg认为可能来自埋伏牙的缩余釉上皮，但也有人认为来自成釉器的中间层细胞。

（三）牙源性腺样瘤

牙源性腺样瘤（adenomatoid odontogenic tumor）是一种牙源性上皮性肿瘤，由于该肿瘤内有导管样或腺样结构，曾被称为腺样成釉细胞瘤。

【临床表现】 牙源性腺样瘤生长缓慢，一般无明显症状。牙源性腺样瘤的发病年龄较轻，多为10～19岁。女性比男性多见，男女之比为1：1.9。病损部位上颌比下颌多见，上颌单尖牙区为好发部位。肿瘤一般较小，直径1～3cm。大多数发生于骨内，外周型较少见。X线表现为边界清楚的单房性透射区，常见透射区围绕一个阻生牙的牙冠，相似于含牙囊肿，但透射区内常见不透光的钙化颗粒。

【病理变化】 大体可见肿瘤较小，包膜完整。切面呈囊、实性。

实性部分呈灰白色；囊大小不等，腔内含淡黄色胶胨状物质或血性液体，腔内可含牙。镜下可见肿瘤上皮排列成多样结构。①结节状实性细胞巢，由梭形或立方状上皮细胞组成，形成玫瑰花样结构（rosette-like structure）。上皮细胞之间以及玫瑰花样结构的中心部可见嗜酸性物质沉积。②腺管状结构，由立方或柱状细胞排列成腺管状，胞核远离腔面。腺管内可含有嗜酸性物质和细胞碎屑（彩图9-10）。③由多边形嗜酸性鳞状细胞组成小结节。小结节内鳞状细胞胞核呈轻度多形性，细胞间见有细胞间桥和钙化团块以及淀粉样物质沉着。这些结构与牙源性钙化上皮瘤相似，因此称为“牙源性钙化上皮瘤样区”。④梁状或筛状结构，见于肿瘤的周边部或实性细胞巢之间。细胞呈圆形或梭形，核着色深。常常是1～2层的细胞条索形成筛状。此外，肿瘤内还可见发育不良的牙本质、釉基质和牙骨质样物质。肿瘤间质少。

牙源性腺样瘤为良性病损，包膜完整，容易摘除而不复发，也有人认为它是错构瘤，可能来源于成釉器、缩余釉上皮或含牙囊肿的上皮。

（四）成釉细胞纤维瘤

成釉细胞纤维瘤（ameloblastic fibroma）是一种少见的真性的混合性牙源性肿瘤，由类似于牙乳头的牙源性外胚间充质和类似于牙板和成釉器样的牙源性上皮条索和团块共同构成的，如果肿瘤还伴有牙本质形成，则被称为成釉细胞纤维牙本质瘤（ameloblastic fibro-dentinoma）。

【临床表现】 多见于儿童和青年人，平均发病年龄为15岁，男女性别无明显差异，好发于下颌磨牙区。肿瘤生长缓慢，表现为无痛性颌骨膨大变形或牙齿萌出障碍。X线表现为界限清楚的透射区，与成釉细胞瘤不易区别。

【病理变化】 大体可见肿瘤在颌骨内膨胀性生长，有包膜。切面呈灰白色，与纤维瘤相似。镜下可见肿瘤由上皮和间充质两种成分构成。上皮细胞排列成条索状或团块状，周边为立方或柱状细胞，中心为疏松的星网状细胞，与成釉细胞瘤相似，但星网状细胞的量比成釉细胞瘤少，上皮团中央的囊性变也较少见，有些上皮团块条索甚至类似于牙板和牙蕾。间充质成分为牙胚中牙乳头样的幼稚的结缔组织，细胞丰富，呈梭形或多角形，位于黏液样基质中（彩图9-11）。上皮和间充质成分中均可见核分裂象。

该肿瘤为良性肿瘤，摘除或刮治后有可能复发。

（五）牙瘤

牙瘤（odontoma）是成牙组织的发育畸形（malformation）或错构瘤（hamartoma）。肿物内含有高分化的牙釉质、牙本质、牙骨质和牙髓。由于这些组织排列不同，可区分为混合性牙瘤和组合性牙瘤两种。

1. 混合性牙瘤（complex odontoma） 多发生于儿童和青年，上下颌骨均可发生，以前磨牙区和磨牙区多见。肿瘤活动性生长期常可引起颌骨膨大。X线表现为境界清楚的透射区，其中可见阻射性结节状钙化物。镜下可见，肿物内牙体组织的各种成分紊乱排列，互相混杂，无典型的牙齿结构。发育期的混合性牙瘤，与成釉细胞纤维瘤或成釉细胞纤维牙瘤不易区别。肿物生长有自限性。预后良好。

2. 组合性牙瘤（compound odontoma） 患者年龄小，好发于上颌切牙-尖牙区。肿物由许多大小不等的牙样结构所组成，外面有包膜。虽然这些牙样结构形态各异，但牙釉质、牙本质、牙骨质和牙髓的排列方式如同正常牙。

（六）牙源性钙化囊性瘤

牙源性钙化囊性瘤(calcifying cystic odontogenic tumor)是囊性混合性牙源性肿瘤，含有成釉细胞瘤样成分和特征性影细胞，影细胞多发生钙化。牙源性钙化囊性瘤以前被称为牙源性钙化囊肿-囊肿型，在2005年WHO牙源性肿瘤新分类中被更名。

【临床表现】 患者的年龄分布较广，高峰年龄为10～19岁。患者多在40岁以前发病，性别上无明显差异。上颌较下颌多见，也可发生在颌骨外的软组织内。X线表现为界限清楚的透射区，单囊或多囊状，囊内含大小不等的钙化物质。

【病理变化】 病变呈囊性，囊内面有衬里上皮，似复层鳞状上皮，基底细胞呈栅栏状排列，极性倒置(细胞核远离基膜)。基底层上方细胞呈星网状，其中可见影细胞(ghost cell)，并有不同程度钙化。影细胞也见于纤维性囊壁中。影细胞圆形或卵圆形，胞质嗜酸性，胞核消失，代之以一个不着色的圆形区，似胞核的影子(彩图9-12)。衬里上皮基层下方可见带状发育不良的牙本质。有些病例中可见广泛牙齿硬组织形成，类似于组合性或混合性牙瘤。

牙源性钙化囊性瘤摘除后很少复发。

（七）牙本质生成性影细胞瘤

牙本质生成性影细胞瘤(dentinogenic ghost cell tumor)是指具有成釉细胞瘤样结构、影细胞和牙本质样结构的实性肿瘤。以前被称为牙源性钙化囊肿-牙源性影细胞瘤，2005年WHO牙源性肿瘤新分类中被更名。

【临床表现】 肿瘤发生在颌骨承牙区，上下颌发病率无明显差异，发病年龄不等，男性稍多于女性。X线可表现为透射或透射/阻射混合影，边缘较清楚。

【病理变化】 病变呈实性，牙源性上皮岛、成釉细胞瘤样结构、成片的影细胞和钙化灶构成肿瘤，在间质内可见发育不良的牙本质。

肿瘤呈浸润性生长，术后易复发。据文献报告，牙本质生成性影细胞瘤可恶变为牙源性影细胞癌。

（八）成牙骨质细胞瘤

成牙骨质细胞瘤(cementoblastoma)又称真性牙骨质瘤(true cementoma)，形成牙骨质样组织，并与一颗牙的牙根相连，比较少见。

【临床表现】 好发于下颌骨，多发生在前磨牙或磨牙区，乳牙一般不发生该肿瘤，男性较常见，大部分病例的年龄在10～29岁。受累牙可有牙髓活力。X线显示肿物为界限清楚的致密或密度不均匀的钙化团块，在钙化团块的周围有一带状透射区环绕，常见相关牙的牙根吸收而变短，并与肿瘤性硬组织融合。

【病理变化】 肉眼下，肿瘤为圆形或结节状硬组织团块，并附着在一个或多个牙的根部，有软组织包膜。镜下，肿瘤由致密的无细胞牙骨质样结构和间质构成。牙骨质较成熟部分内含有少量埋入细胞以及许多强嗜碱性反折线，类似于Paget病的表现。牙骨质常为圆形或卵圆形矿化团块，其周边区为嗜酸性的牙骨质样组织和成牙骨质细胞。新形成的未矿化组织在钙化团块的周边部常呈放射状骨小梁样排列。间质有时血管丰富，内含较大的深染细胞伴单核或多核。

本病为良性肿瘤，容易摘除，术后很少复发。

（九）牙源性角化囊性瘤

牙源性角化囊性瘤(keratocystic odontogenic tumor)是一种发生在颌骨内的、表现为单囊或多囊的、良性牙源性上皮性肿瘤，其特征是囊腔内的不全角化的复层鳞状上皮衬里作为肿瘤细胞，具有潜在侵袭性和浸润性生长的生物学特性。

该瘤过去被称为牙源性角化囊肿，由于其生物学特性和临床上较高的术后复发倾向，在2005年WHO牙源性肿瘤的分类中已将其归属到良性牙源性上皮性肿瘤中，并更名为牙源性角化囊性瘤。

牙源性角化囊性瘤可以单发，也可以多发，多发者通常为遗传性痣样基底细胞癌综合征(naevoid basal cell carcinoma syndrome)。

【临床表现】 发病率较高，患者年龄分布较广，好发年龄在1～29岁，第二高峰为40～49岁。男性较女性多见。下颌较上颌多见，下颌第3磨牙区和下颌升支为常见的发病部位，发生在上颌者以第1磨牙后区多见。

牙源性角化囊性瘤具有特殊的生长方式，主要沿着颌骨前后方向生长，病变较小时不容易引起注意。因此一些患者是在影像学检查时被偶然发现。临床上大多数患者无明显症状，囊肿继发感染后可出现疼痛、肿胀、有脓或液体流出，偶有下唇或牙感觉异常。病变常为单发，也可是多发，多发性者中，多数是痣样基底细胞癌综合征的表现。X线表现为单囊或多囊型放射透光区，囊腔边缘平滑或呈扇形，易误诊为成釉细胞瘤。也有病变在X线上似含牙囊肿或根侧囊肿。

【病理变化】 肉眼下，肿物为单囊或多囊，多数囊腔内含有黄白色发亮的角化物或干酪样物质，有时囊液较稀，含淡黄色或血性液体。

镜下，主要病理改变是：衬里上皮为较薄的复层鳞状上皮，厚度比较一致，约5~8层细胞，一般没有上皮钉突；上皮表面常呈波状或皱折状，表层主要是不全角化；棘层较薄，常见副基底层细胞直接移行为角化层，棘细胞常见细胞内水肿；基底细胞层由柱状或立方状细胞组成，胞核着色深，呈栅栏状排列；纤维性囊壁较薄，一般无炎症，有些囊壁内可见微小的子囊和(或)牙源性上皮岛(彩图9-13)。如果并发炎症，其纤维包膜变厚，出现上皮钉突，角化消失。

牙源性角化囊性瘤具有较高的术后复发倾向，可能与以下因素有关：①肿瘤包膜薄、易破碎，残留的肿瘤上皮具有较高的增殖能力；②肿瘤包膜内可含有微小的子囊或卫星囊，若手术时残留这些微小囊肿，可继续长大形成囊肿；③肿瘤生长具有局部浸润性，可沿着骨小梁之间呈指突状生长，病变范围实际超出了X线所显示的肿瘤边缘，因此手术难以将肿瘤摘除完全；④少部分肿瘤可能来源于口腔黏膜基底细胞，手术时未将肿瘤来源的黏膜上皮一同切除。

痣样基底细胞癌综合征(nevoid basal cell carcinoma syndrome)又称颌骨囊肿-基底细胞痣-肋骨分叉综合征或Gorlin综合征。此综合征比较复杂，可累及多种组织和器官，其症状群主要包括：①颌骨多发性牙源性角化囊性瘤；②多发性皮肤痣样基底细胞癌；③骨骼异常，特别是肋骨(常为分叉)和脊椎骨异常；④额部和颞顶部隆起，眶距过宽和轻度下颌前凸，形成特征性面部表现；⑤钙、磷代谢异常，表现为脑膜钙化和服用甲状旁腺素之后缺乏磷酸盐尿的排出。患者较年轻，常有家族史，具有常染色体显性遗传特征。

二、恶性牙源性肿瘤

颌骨内的癌瘤大部分由口腔黏膜癌扩展而来，少数由身体他处恶性肿瘤转移至颌骨内。原发性颌骨内癌来自颌骨内牙源性上皮剩余。因此颌骨内原发癌称为牙源性癌(odontogenic carcinoma)。

牙源性癌可以直接来自牙源性上皮剩余或成釉细胞瘤以及牙源性囊肿的上皮衬里上皮恶变。

牙源性肉瘤是含有良性牙源性上皮成分和恶性外胚间充质成分的牙源性肿瘤。牙源性的癌肉瘤未见病例报告，可能根本不存在。

(一)转移性(恶性)成釉细胞瘤

转移性(恶性)成釉细胞瘤[metastasizing (malignant) ameloblastoma]是指具有良性组织学结构但发生了转移的成釉细胞瘤。在组织学上，转移瘤与通常的成釉细胞瘤没有明显区别。转移灶主要见于肺。

(二)成釉细胞癌-原发型

成釉细胞癌-原发型(ameloblastic carcinoma-primary type)是一种少见的原发性牙源性恶性肿瘤，具有成釉细胞瘤的组织学特征，同时肿瘤细胞具有明显的异型性。近2/3的成釉细胞癌发生于下颌骨，男女发病率没有差异。X线表现为界限不清或边缘不整齐的透射影，有时可侵犯骨皮质。镜下可见在成釉细胞瘤的基础上，有胞核浓染、核分裂象、局部坏死、神经周浸润等。有1/3上颌骨成釉细胞癌出现肺转移或死亡，下颌骨病变常在转移前肿瘤复发。

(三)成釉细胞癌-继发型

成釉细胞癌-继发型(ameloblastic carcinoma-secondary type)是由前期已经存在

的成釉细胞瘤发展而成的成釉细胞癌，很少见。肿瘤大多发生在老年人，通常在癌变之前有过多次局部复发及放射治疗经历。肿瘤突然生长加快，穿透骨皮质，侵犯软组织。镜下表现与原发型相似。

（四）骨内鳞状细胞癌

骨内鳞状细胞癌（intraosseous squamous cell carcinoma）是指发生在颌骨内的鳞状细胞癌，与口腔黏膜不相连，可能来源于牙源性上皮剩余。骨内鳞状细胞癌包括：原发的骨内鳞状细胞癌；由牙源性囊肿恶变的和由牙源性肿瘤恶变的鳞状细胞癌。骨内鳞状细胞癌与口腔黏膜鳞状细胞癌之间在组织学上难以区分，应结合临床和影像学综合考虑。

（五）牙源性透明细胞癌

牙源性透明细胞癌（clear cell odentogenic carcinoma）是一种由透明细胞团块构成的牙源性上皮性恶性肿瘤。过去被叫做牙源性透明细胞瘤，在1992年WHO的分类中被归在牙源性良性上皮性肿瘤中，在2005年WHO牙源性肿瘤分类中被更名。

【临床表现】 发病率低，好发于女性，常见于老年人，常见部位是下颌骨，浸润性生长。X线表现为边界不清的透射区，可伴有牙根吸收。

【病理变化】 肿瘤由两种细胞构成，大部分细胞胞质透明或淡嗜酸性，细胞膜界限清楚，细胞核深染，还可见一些细胞似基底细胞，胞质嗜酸，核深染。此外，肿瘤中还可见到成釉细胞瘤样上皮岛。

在颌骨内除了牙源性透明细胞癌以外，还可发生其他一些透明细胞肿瘤，比如涎腺恶性肿瘤、恶性黑色素瘤、转移性肾透明细胞癌等，因此鉴别诊断非常重要。

牙源性透明细胞癌侵袭性生长，容易复发，可转移到区域淋巴结和肺。

（六）牙源性影细胞癌

牙源性影细胞癌（ghost cell odontogenic carcinoma）是具有牙源性钙化囊性瘤或牙本质生成性影细胞瘤特点的牙源性恶性肿瘤。肿瘤常发生在上颌，男性比女性多见，发病率很低。颌骨膨隆，在X线上表现为边界不清、溶骨性的透射区，常有牙齿移位。发生在上颌骨的病变经常破坏上颌窦壁，并长入鼻腔和眼眶。

病变多由囊性和实性两部分构成，存在牙源性钙化囊性瘤或牙本质生成性影细胞瘤的典型结构，又有恶性肿瘤表现，比如在小圆细胞或含泡状核的大细胞的上皮岛中，可见较多核分裂象。

该肿瘤生物学行为表现不一，可以缓慢生长或局部浸润，也可以快速生长，具有高度侵袭性，伴复发和转移。

（七）成釉细胞纤维肉瘤

成釉细胞纤维肉瘤（ameloblastic fibrosarcoma）是一种含有良性上皮成分和恶性外胚间充质成分的牙源性肿瘤，在组织学上类似于成釉细胞纤维瘤，但其外胚间充质成分呈现肉瘤特征。

该肿瘤比较少见，发生在下颌骨者多于上颌骨，但都好发于后部。病变部位肿胀、疼痛。X线表现为骨内的边界不清的透射影。肿瘤呈实性，组织学表现相似于成釉细胞纤维瘤，上皮岛周边围绕高柱状细胞，上皮岛中央的星网状成分比较少，围绕上皮岛的间质细胞排列密集，细胞异型性明显，核分裂象活跃。肿瘤具有高度侵袭性，但远处转移的潜能很低。

如果成釉细胞纤维肉瘤中有发育不良的牙本质存在，则被称为成釉细胞纤维牙本质肉瘤。

第七节　涎腺上皮性肿瘤

涎腺肿瘤的发病在我国约占人体全部肿瘤的2.3%。80%的涎腺来源的上皮性肿瘤发生在腮腺，其次是小涎腺、颌下腺和舌下腺。涎腺肿瘤中，多形性腺瘤发病率最高。发生在小涎腺、颌下腺和舌下腺的肿瘤中，恶性肿瘤所占的比例相对较高。

由于涎腺发生过程及形态结构比较复杂，涎腺肿瘤的形态结构也相对复杂，并具有多样性。下面是2005年WHO涎腺肿瘤组织学分类（表9-5）。

表 9-5　WHO 涎腺肿瘤组织学分类(2005 年)

分类	分类
恶性上皮性肿瘤	成涎细胞瘤
腺泡细胞癌	**良性上皮性肿瘤**
黏液表皮样癌	多形性腺瘤
腺样囊性癌	肌上皮瘤
多形性低度恶性腺癌	基底细胞腺瘤
上皮-肌上皮癌	Warthin 瘤
非特异性透明细胞癌	嗜酸性腺瘤
基底细胞腺癌	管状腺瘤
皮脂腺癌	皮脂腺腺瘤
皮脂淋巴腺癌	淋巴腺瘤
囊腺癌	淋巴腺瘤,皮脂腺型
低度恶性筛状囊腺癌	淋巴腺瘤,非皮脂腺型
黏液腺癌	导管乳头状瘤
嗜酸性腺癌	内翻性导管乳头状瘤
涎腺导管癌	导管内乳头状瘤
非特异性腺癌	乳头状涎腺瘤
肌上皮癌	囊腺瘤
多形性腺瘤恶变	**软组织肿瘤**
癌肉瘤	**血管瘤**
转移性多形性腺瘤	**淋巴造血系统肿瘤**
鳞状细胞癌	霍奇金淋巴瘤
小细胞癌	弥漫性大 B 细胞淋巴瘤
大细胞癌	结外边缘区 B 细胞淋巴瘤
淋巴上皮癌	**继发性肿瘤**

一、涎腺良性上皮性肿瘤

(一)多形性腺瘤

多形性腺瘤(pleomorphic adenoma)以镜下肿瘤组织结构多形性而并非细胞表现多形性为特征的肿瘤,肿瘤中可见腺上皮、变异的肌上皮、黏液样和软骨样组织相混合,故又称为混合瘤(mixed tumor),是最常见的涎腺肿瘤。

此瘤生长缓慢,无明显症状。虽然有包膜,但厚薄不一,包膜内可有瘤细胞侵入或形成卫星瘤结。因此,发生在大涎腺者,应连同涎腺组织一并摘除,发生在小涎腺者,亦应沿包膜外完整剥出肿瘤,切忌剥破以免肿瘤组织遗留或种植而复发,多次复发可导致癌变。从组织类型上看,细胞丰富型容易癌变,基质丰富型容易复发。

【临床表现】　该肿瘤可发生于任何年龄,就诊平均年龄 46 岁,女略多于男。大涎腺中以腮腺最多见,颌下腺次之,舌下腺极少见;小涎腺以腭部最多,其次为唇、颊、舌等部位。肿物生长缓慢,偶有轻微不适感觉。大小不定,多数肿瘤 2～5cm。圆形或不规则形,表面光滑常呈结节状,触之软硬程度不一,与黏膜、皮肤及深层组织无粘连,活动度良好。腭部较大的肿瘤可发生表面创伤性溃疡。

【病理变化】　肉眼下,肿物大小不一,圆形或卵圆形,表面光滑,大多结节或分叶状,包膜较完整。切面呈实性,灰白色或黄色。此外,有时可见浅蓝色的软骨样组织,半透明胶胨状的黏液样组织以及灰白色圆形的小块角化物。发生囊性变时,囊腔大小不一,内含无色透明或褐色液体,偶见出血和坏死灶。以黏液样组织为主的多形性腺瘤常为多灶性,包膜不完整。

镜下,腺上皮、变异肌上皮细胞与黏液样、软骨样组织混杂在一起。

腺上皮常形成腺管样结构,和正常涎腺导管一样,内层为腺管上皮细胞,外层为肌上皮细胞。内层细胞呈扁平、立方或矮柱状;外层为梭形的肌上皮细胞和柱状的基底细胞,核深染,有时单层,有时多层;管腔内常见嗜酸性均质样物,呈 PAS 反应阳性,黏液卡红弱阳性。有时可见鳞状化生。

肌上皮细胞主要为梭形细胞、浆细胞样细胞、透明肌上皮细胞和上皮样细胞四种形态,浆细胞样细胞比较常见。肌上皮中可见鳞状上皮化生。肌上皮细胞常排列呈片状、束状,或围在腺管周围。

在上皮条索和腺管样结构周围,常见黏液样组织与软骨样组织。黏液样细胞呈星状,有细长突起互相连接。经电镜观察与免疫组化染色证实,此部细胞大部分为肌上皮细胞和少量腺上皮细胞。软骨样组织酷似透明软骨,软骨细胞位于软骨"陷窝"内(彩图 9-14)。

间质结缔组织不多,有时可见玻璃样变、钙化或骨化。

肿瘤的包膜大多数完整,少数包膜内有瘤细胞侵入或形成卫星瘤结。

免疫组化染色,腺管样结构内层细胞主要表达上皮标记物,如 CK 阳性。肌上皮细胞对上皮和间叶标记物双重表达,如 CK、肌动蛋白、波形蛋白、S-100 等。黏液、软骨样组织主要表达间叶标记物,如肌动蛋白、波形蛋白、S-100 等。

本病应与以下疾病相鉴别。

(1) 腺样囊性癌:多形性腺瘤中肌上皮细胞排列成团片状,其间有少数腺管样结构,不呈浸润性生长。

(2) 肌上皮瘤:一般无导管样结构或其含量很少,亦很少形成软骨样基质。

(3) 黏液表皮样癌:多形性腺瘤可出现鳞状化生,在化生之鳞状细胞团片中有时可见黏液细胞,易误诊为黏液表皮样癌。但后者不含肌上皮细胞而含中间细胞,且黏液细胞数量较多。

(4) 神经鞘瘤:肌上皮细胞呈梭形,核细长,排列成栅栏状,可误诊为神经鞘瘤,但后者不含黏液软骨样区域和导管样结构。

(二) 肌上皮瘤

肌上皮瘤(myoepithelioma)几乎全部由具有肌上皮分化特点的细胞构成。此瘤生长缓慢,有包膜,局部完整切除预后良好。肌上皮瘤可发生恶变,特别是病程长的或多次复发的肿瘤。

【临床表现】 较为少见,发病率不到全部涎腺肿瘤的 1%。此瘤好发于腮腺,腭部次之,上唇、颊、颌下腺和磨牙后腺等也有报道。年龄分布在 9 ~ 85 岁,平均 40 ~ 50 岁,无性别差异。肿瘤生长缓慢,无痛,活动度好,临床表现与多形性腺瘤相类似。

【病理变化】 肉眼下,肿瘤为圆形或结节状,直径约 1.5 ~ 5cm,一般小于 3cm,周界清楚,有包膜,但有时不完整。质地中等。切面灰白或灰黄色,有时含半透明胶胨状物。

镜下,肌上皮细胞呈多样性,有梭形细胞、浆细胞样细胞、上皮样细胞和透明细胞。肿瘤可由同一种形态的肌上皮细胞构成,也可由多种形态的细胞构成。梭形细胞呈梭形,核居中,核膜薄,染色质细而分散,胞质内含嗜酸性的微小颗粒或原纤维样物。浆细胞样细胞为椭圆或多边形,胞质丰富,充满嗜酸性均质物,有偏位的大而圆的核,相似于肿瘤性浆细胞或横纹肌样细胞,排列呈片状。上皮样细胞圆形或立方形,核位于中央,胞质嗜酸性,排列呈团或条索状。透明细胞呈多边形,胞质丰富而透明,含大量糖原。

在不同形态的肌上皮细胞之间可见均质粉染的玻璃样物以及微囊,囊中可有黏液样物,肌上皮细胞之间还可见黏液样组织,与多形性腺瘤中的相似。

肌上皮瘤中是否存在腺管样结构尚有争论。有学者认为肌上皮瘤中无腺管样结构,也有学者认为(Dardick 等)肌上皮瘤与多形性腺瘤同源,存在腺管样结构,但少于 5% ~ 10%,超过者为多形性腺瘤。

免疫组化染色可以辅助诊断。肌上皮瘤 CK、S-100 蛋白、GFAP、调宁蛋白、波形蛋白、SMA 呈阳性表达。

肌上皮瘤除与多形性腺瘤需要鉴别外,浆

细胞样为主者尚需与浆细胞瘤进行鉴别，以梭形细胞为主者则需与平滑肌瘤、神经源性肿瘤以及纤维瘤等鉴别。

（三）Warthin 瘤

Warthin 瘤（Warthin tumour）又称腺淋巴瘤（adenolymphoma）、淋巴乳头状囊腺瘤（lymphoid papillary cystadenoma），是一种囊性腺样结构的肿瘤，有时囊内含乳头状结构，囊腔内衬双层腺上皮，间质为淋巴样组织。

此瘤生长缓慢，无明显症状，周界清楚，又多位于腮腺表浅部分，故手术易于剥离，很少复发。无论上皮成分或淋巴成分恶变者极少。

【临床表现】 发病率仅次于多形性腺瘤。此瘤男性多见，患病年龄宽泛，以 50～70 岁为高发期，平均年龄62 岁。肿瘤生长缓慢、无痛，位于腮腺或腮腺的淋巴结，多位于腮腺下极，偶见于颌下腺和小涎腺，可单发也可多发，可发生在单侧也可在双侧。发病与吸烟、辐射和自身免疫有关。触诊质硬或有波动感。有消长史是该肿瘤突出的临床特点之一。如继发感染可引起疼痛。

【病理变化】 肉眼下，肿物圆形或卵圆形，直径 2～4cm，表面光滑，包膜较薄，偶尔不完整。切面呈蜂窝状或大小不等的囊腔，腔内可有乳头状突起，腔内含乳白色、灰黄色或褐色黏稠液体，少数为实性，灰粉色，质地松软。

镜下，肿瘤由上皮和淋巴样组织组成。上皮成分形成不规则的大腺管或囊腔并有乳头突入囊腔内，囊腔衬里上皮细胞排列成双层，腔面为柱状细胞，胞质内含嗜酸性颗粒，腔面常见顶浆分泌，偶见纤毛；基底细胞较小，扁平或立方状，胞质较少。腺管或囊腔内含嗜酸性分泌物，偶见胆固醇结晶、变性的上皮和淋巴细胞。间质为反应性淋巴样组织，常见淋巴滤泡形成。

（四）基底细胞腺瘤

基底细胞腺瘤（basal cell adenoma）是少见的涎腺良性肿瘤，以基底样形态的肿瘤细胞为特征。约占涎腺肿瘤的 1%～2%，多见于男性老年人。

【临床表现】 发病一般见于 60～70 岁，男女之比为 1∶2，腮腺为好发部位，其次为颌下腺，小涎腺也可发生，如上唇和腭。肿瘤生长缓慢，无痛。小涎腺肿瘤多表现为坚实的黏膜下结节，界限清楚，可活动。偶有出现表面黏膜溃疡者。腮腺肿瘤大多位于浅叶，表面光滑，可活动。一般体积不大，直径为 2～3cm。无面神经麻痹症状。

【病理变化】 肉眼下，肿瘤表面光滑，界限清楚。切面实性，灰白或灰黄色。发生于腮腺者多有完整包膜；发生于小涎腺，特别是腭部者，常无包膜。肿瘤常有囊性变，囊腔大小不等，内含褐色的黏液样物。

镜下，上皮细胞形态较一致，呈柱状或立方状。胞核圆形或卵圆形，位于细胞中央，体积较小，染色质丰富，核仁不明显，胞质少，细胞界限不清，颇似上皮的基底细胞。上皮细胞的排列方式多样，其共同特点是：上皮团块或条索周边层细胞呈栅栏状排列，有明显的基膜样结构包绕，该结构在 HE 切片上嗜酸性，PAS 染色阳性，从而使肿瘤的主质与间质界限分明。间质为纤维结缔组织，黏液样组织含量极少。根据肿瘤的组织学结构及上皮排列方式，将肿瘤分为以下 4 种类型。

（1）小梁型：瘤细胞形成实性的小梁或条索状，或彼此连接成网状或假性腺腔。个别小梁内含小管状结构，管壁由 1～2 层立方或扁平细胞组成，腔内含嗜酸性物质，PAS 染色阳性。

（2）管状型：肿瘤内含有较多的管状结构。管腔由 2～3 层柱状或立方状细胞围绕而成，内层大多排列整齐呈栅栏状，腔内可见嗜酸性物质，PAS 染色阳性。有的为蓝染分泌物，奥辛蓝染色阳性。

（3）实性型：瘤细胞形成实性团片，团片中可见不规则的囊腔样或裂隙。若腔内含有变性的肿瘤细胞，则该囊腔为上皮细胞变性所致，囊腔周边部不会有基膜样物质包绕；若腔内含有小血管及胶原纤维，则该囊腔系肿瘤上皮细胞围绕结缔组织而成，腔周有基膜样物质包绕，而非真正的囊腔。

（4）膜性型：瘤细胞形成团片。团片外周为小细胞，呈栅栏状排列，胞质少，核深染；团片中心细胞大，呈多边形，胞质丰富，核浅。此细胞有时可形成车轮状排列。团片外周有明显的 PAS 阳性的基膜包绕。

免疫组化染色：肿瘤细胞对角蛋白、肌源

性标志、波形蛋白和 p63 呈阳性反应，说明有导管和肌上皮分化。

此瘤生长缓慢，有包膜，局部完整切除后通常不复发。膜性型复发率较高。

二、涎腺恶性上皮性肿瘤

（一）腺泡细胞癌

腺泡细胞癌（acinic cell carcinoma）又被称为浆液细胞腺癌（serous cell adenocarcinoma）或腺泡细胞腺癌（acinic cell adenocarcinoma），由含有酶原颗粒的呈浆液性腺泡细胞分化的细胞和（或）闰管样导管细胞构成。腺泡细胞癌为低度恶性肿瘤，生长缓慢，病史较长，但呈浸润性生长，不仅包膜内有瘤细胞侵入，包膜外亦可见小的瘤结，故手术不彻底容易复发。一般情况下应连同周边正常涎腺组织一同摘除。因其为低度恶性，发生在腮腺者，可考虑保存面神经。该肿瘤对放疗不敏感。远处转移少见，有转移时亦多见于局部淋巴结。据统计，此瘤 5 年存活率可达 80%。

【临床表现】 腺泡细胞癌占涎腺恶性肿瘤的 5%（国内 6 所口腔医学院统计），可发生于任何年龄，但以中年以上人多见，女性稍多。肿瘤绝大部分发生在腮腺，其次为小涎腺、颌下腺和舌下腺，小涎腺则多见于唇、颊部。多数肿瘤生长缓慢，活动，少数肿瘤生长较快，与周围组织粘连，疼痛，出现面神经麻痹。多数患者病程在 1 年以上，有些病例病程可达数十年。可发生区域淋巴结转移或远处转移。

【病理变化】 肉眼观察，肿物呈圆形，有包膜，但不完整。切面黄白色，有少量纤维间隔，质地较软，类似于正常涎腺组织。有时见出血、坏死和囊性变。

镜下观察，典型的肿瘤细胞呈圆形或多边形，大小一致，具有特征性的嗜碱性颗粒状胞质，呈浆液性腺泡细胞样分化。除此之外，还有其他一些细胞类型，包括闰管样、空泡样、透明样和非特异腺样细胞、实性/小叶状、微囊性和滤泡样结构。闰管样细胞呈立方形或矮柱状，微嗜酸性或嗜双色；空泡样细胞呈圆形或卵圆形，大小不一，内含数量不等的空泡，核固缩，常被挤压至细胞的一侧。根据肿瘤细胞类型和排列方式，一般分为 4 型。

（1）实体型：约占 50%，以腺泡样细胞为主，细胞排列呈腺泡状或片状，可见微囊、坏死、出血和钙化小体。

（2）微囊型：约占 30%，细胞之间存在大量的微小囊状腔隙，该型中常见典型的腺泡样细胞，也可见闰管样和空泡细胞，微囊是由细胞内空泡融合、细胞破裂，使液体潴留形成。

（3）滤泡型：约占 15%，肿瘤细胞形成类似于甲状腺滤泡样结构，由立方或矮柱状细胞组成，滤泡内含均质性嗜酸性物质，似甲状腺胶状物。滤泡间可见腺泡样细胞、空泡样细胞和非特异性腺样细胞。

（4）乳头囊状型：约占 5%，以闰管样细胞为主，形成单个或多个囊腔，增生的上皮形成乳头突入囊腔。

肿瘤包膜较薄，常不完整或无包膜。

免疫组化染色无明显特异性，腺泡细胞对淀粉酶抗体、α-抗糜淀粉酶、细胞角蛋白、Leu-M1 抗体等呈阳性反应。

腺泡细胞癌典型者诊断并不困难，PAS 或抗淀粉酶抗体免疫组化呈阳性反应均有助于诊断。若以透明细胞为主时，需与其他含透明细胞的肿瘤相鉴别，如肌动蛋白或 S-100 蛋白阳性可能为肌上皮癌或上皮-肌上皮癌。滤泡型腺泡细胞癌需与转移性甲状腺癌相鉴别，甲状腺球蛋白免疫组化反应阳性见于甲状腺癌，腺泡细胞癌反应阴性。乳头囊状型需与乳头状囊腺癌鉴别，后者 PAS 及抗淀粉酶抗体免疫组化反应均呈阴性。间质内淋巴细胞丰富，且形成淋巴滤泡者，需鉴别该肿瘤是否转移至淋巴结。

（二）腺样囊性癌

腺样囊性癌（adenoid cystic carcinoma）是由上皮细胞和肌上皮细胞构成的基底样细胞肿瘤，排列呈筛状、管状和实性结构，又被称为圆柱瘤。该瘤生长速度较缓慢，肿瘤细胞的异型性也不明显，但侵袭性较强，浸润的范围往往超过手术时肉眼看到的肿瘤范围，并可在 X 线显示骨破坏前已发生广泛的骨侵犯。肿瘤有沿着或围绕纤维（如胶原纤维、神经纤维）生长的倾向，肿瘤细胞沿神经束衣、血管周围侵犯的现象很常见。沿着神经生长可引起神经症状，沿着或围绕血管生长，使血管收缩功能障碍，引起手术时的出血。肿瘤还可沿着神经及纤维远距离扩散。因此，不难理解在临床上腺样囊性癌术后容易复发，可以发生肺、骨、脑等远处扩散、转移，但淋巴结转移较少。

【临床表现】 腺样囊性癌多见于中老年患者，高发年龄为40～60岁，性别无明显差异，以腮腺和硬腭部多见，颌下腺、舌、口底等处亦可发生。发生在舌下腺的肿瘤，应首先考虑为腺样囊性癌。腺样囊性癌约占涎腺恶性肿瘤的1/4。此瘤生长缓慢，呈圆形或结节状，质地中等硬。肿瘤浸润性生长，易于早期侵犯神经，引起感觉异常、麻木和疼痛，发生在腮腺者，可导致面神经麻痹。在腭部覆盖肿物的黏膜可发生溃疡。

【病理变化】 肉眼观察，此瘤呈圆形或结节状，大小不等，直径2～4cm，无包膜并向周围组织浸润，质稍硬，切面灰白色，实性，质地均匀，稍硬。

镜下观察，肿瘤主要由两种细胞构成，即导管细胞和变异肌上皮细胞。导管细胞立方形或卵圆形，大小一致，胞质少，通常透明；变异肌上皮细胞扁平状、梭形或不规则形。这两种细胞排列呈筛状（腺样）型、管状型和实性（基底细胞样）型。同一种肿瘤内常见到两种以上排列方式（彩图9-15）。

（1）筛状型：肿瘤细胞排列呈圆形、卵圆形或不规则形的上皮团块，其间含有大小不等的囊性腔隙，呈"筛孔"状，与藕的横断面相似。筛孔内充满透明或嗜碱性黏液样物质，不均匀，PAS染色弱阳性，奥辛蓝染色强阳性；有的囊腔内有似玻璃样变的间质，囊腔内靠近细胞一侧为基膜样结构。电镜观察，囊腔中由外向内依次为肿瘤细胞分泌的基底板、星状颗粒黏液样物和胶原纤维。此胶原纤维可呈玻璃样，甚至占据整个囊性腔隙，形成透明蛋白圆柱体，故此瘤曾被称之为圆柱瘤。据推测，若囊腔中的黏液样物质大量蓄积，可致肿瘤细胞形成互不连接的小条索与团片，故筛状型和导管型往往同时存在于同一肿瘤中。筛状型是腺样囊性癌的最典型和最常见的结构。

（2）管状型：肿瘤细胞形成小导管和小条索样结构。导管由2～3层细胞所组成，内层为立方状的上皮细胞，外层为泡状或透明的肌上皮细胞，构成真性导管，腔内含强嗜酸性、PAS阳性黏液。

（3）实性型：由一致的基底细胞样的小细胞构成大小不等的上皮团，核分裂象多见，大团块中央往往出现坏死。肿瘤中同时存在的筛孔和导管状结构较少。此型比较少见，属于高度恶性，容易复发和早期转移。

肿瘤间质常发生玻璃样变，有些肿瘤玻璃样变区域广泛，以至上皮成分稀少。

本病的筛状型和管状型主要应与基底细胞腺瘤、多形性腺瘤、上皮-肌上皮癌、多形性低度恶性腺癌鉴别，实性型应与涎腺导管癌和小细胞癌鉴别。

（三）黏液表皮样癌

黏液表皮样癌（mucoepidermoid carcinoma）是由表皮样细胞、黏液细胞和中间细胞构成的涎腺恶性上皮性肿瘤，可伴有柱状细胞、透明细胞和嗜酸粒细胞形态特点，有高、中、低分化之分。

【临床表现】 此瘤可发生于任何年龄，但以30～50岁居多；亦为儿童涎腺恶性肿瘤中较常见者，女性比男性多见，男女比例大约为3∶2。大约半数发生在大涎腺，其中90%发生在腮腺，小涎腺主要发生在腭腺，其次为磨牙后腺、舌腺、唇腺和颊腺。临床表现与肿瘤分化程度有关。

高分化黏液表皮样癌在临床上与多形性腺瘤相似，逐渐增大、无痛、有较长的病史；若形成大囊腔，则触诊有波动感；发生在口内小涎腺者，常表现为黏液潴留或黏液囊肿症状，特别是肿瘤发生在磨牙后腺。低分化黏液表皮样癌生长较快，肿瘤体积大，且常有疼痛及溃疡发生；生长在腮腺者可导致面神经麻痹，可发生局部淋巴结转移。

【病理变化】 肉眼下，高分化者与多形性腺瘤相似，但直径一般不超过5cm，且无完整包膜。切面实性，略呈分叶状，灰白或浅粉红色，小囊多少不等，内含黏液。低分化者肿物无包膜，侵入邻近组织，境界不清。切面部分为实性，质地均匀，呈灰白色，或形成大小不等囊腔，内含透明黏液状液体或褐色液体。

镜下，黏液表皮癌由黏液细胞、表皮样细胞和中间细胞所组成。黏液细胞体积大，呈立方、柱状或杯状，细胞核位于细胞基部，因含唾液黏蛋白，奥辛蓝和黏液卡红染色均呈阳性反应。表皮样细胞类似鳞状上皮细胞，可见细胞间桥,角化比较少。中间细胞似基底细胞,体积小,胞质少而核深染,常见于以上两种细胞过渡。以上三种细胞核分裂象均少见,由于它们的比例、排列不同,构成此肿瘤的形态多样。高分化黏液表皮样癌中,黏液细胞占50%以上,表皮样细胞分化良好,中间细胞不多,核分裂象极少,肿瘤细胞常形成大小不等的囊腔,囊腔常衬有黏液细胞,较大囊腔内可有乳头突入(彩图9-16)。腔内有红染黏液,若黏液积聚过多,囊壁破裂,黏液溢入间质中形成黏液湖,并引起炎症反应,肿瘤细胞亦随此外溢之黏液而向四周扩展。

低分化黏液表皮样癌中,主要由中间细胞和表皮样细胞构成,黏液细胞所占比例少于10%,肿瘤细胞排列呈实性片状,缺少囊腔和腺管,黏液湖也少见,有时易误诊为鳞状细胞癌。肿瘤细胞的异型性明显,核分裂象多见,侵袭性强。

中分化黏液表皮样癌中细胞比例介于上述两型之间,黏液细胞所占比例少于50%,多于10%,肿瘤细胞常形成实性团块,囊腔较少,核分裂象较少。

免疫组化染色,肿瘤细胞表达细胞角蛋白,黏液细胞表达CEA。组织化学染色,黏液细胞和黏液PAS、黏液卡红和奥辛蓝阳性。

高分化黏液表皮样癌属于低度恶性肿瘤,手术切除后预后良好;低分化黏液表皮样癌属于高度恶性,手术切除后常复发和转移,预后较差;中分化黏液表皮样癌属于中度恶性。

(四) 多形性低度恶性腺癌

多形性低度恶性腺癌(polymorphous low-grade adenocarcinoma)是以细胞形态一致,组织结构多样,浸润性生长,具有低转移潜能为特征的涎腺上皮性恶性肿瘤,又被称为小叶状癌(lobular carcinoma)或终末导管癌(terminal duct carcinoma)。

【临床表现】 此瘤主要发生于小涎腺,好发部位为腭部,也可见于颊、磨牙后区、唇和舌根。发病年龄在中年以上,女性稍多见。肿物为缓慢生长的无痛性包块,一般不形成溃疡。

【病理变化】 肿瘤无包膜,呈浸润性生长。病理学特征主要表现为细胞的一致性和组织结构的多样性及生长方式的浸润性。肿瘤细胞小至中等大小,形态一致,圆形或梭形,胞质微嗜酸,核圆或卵圆形、淡染、无明显异形性,核分裂象少见。细胞排列成多种形态,包括小叶状结构、筛孔状结构、乳头囊状、小梁状、管状、条索状等。肿瘤细胞围绕血管或神经,常呈单列排列,形成靶环状或旋涡状。这些结构常常以不同比例合并存在。

多形性低度恶性腺癌与腺样囊性癌在组织学及临床上有相似之处,但腺样囊性癌的细胞更像基底细胞,而乳头状或溪水状排列的结构在腺样囊性癌中极为罕见。

免疫组化染色,多数肿瘤细胞肌动蛋白、S-100蛋白、波形蛋白、EMA、CK表达阳性。

该瘤为低度恶性,预后较好,总生存率很高。

(五) 上皮-肌上皮癌

上皮-肌上皮癌(epithelial-myoepithelial carcinoma)有典型的导管样结构的涎腺恶性肿瘤,导管由导管内衬细胞和外层透明的肌上皮细胞构成。

【临床表现】 发病率低,多见于女性,好发于50~70岁,最常见于大涎腺,主要是腮腺,但也可发生在小涎腺。病变表现为无痛性缓慢生长的结节状肿块。发生在小涎腺者可在黏膜表面形成溃疡。低分化者可出现生长速度快,伴疼痛和神经麻痹。

【病理变化】 肉眼观察,肿物呈分叶状或结节状,包膜不完整或无包膜。切面实性,灰白色或灰黄色,可见囊性腔隙。

镜下观察,典型结构是双层管状结构,内层为单层立方形导管细胞,细胞核圆形,位于细胞中心或基底,外层细胞为单层或多层的肌上皮细胞,多边形,胞质透明,胞核空泡状。管状结构大小不等,形态不规则,有些导管中有乳头突入。有的区域导管结构不明显,似乎是透明的肌上皮细胞构成的团块。在导管结构透明细胞巢周围可见有PAS阳性的基膜样物呈带状围绕。肿瘤细胞中核分裂象少见。

免疫组化染色,导管内衬细胞角蛋白阳性,透明肌上皮细胞肌动蛋白、S-100蛋白、p63和调宁蛋白阳性。

该瘤为低度恶性肿瘤,浸润性生长,约40%复发、14%转移。

(六) 涎腺导管癌

涎腺导管癌(salivary duct carcinoma)是一

种低分化、侵袭性强,类似于乳腺导管癌的涎腺上皮性恶性肿瘤,又被称为排泄管筛状导管癌或高度恶性涎腺导管癌。

【临床表现】 发病率不高,男性发病明显高于女性,发病年龄超过50岁。发病部位多见于腮腺、颌下腺和舌下腺,小涎腺也有发生。有长期阻塞性涎腺炎基础上发生涎腺导管癌的报道。肿瘤生长迅速,侵袭性强,常发生疼痛和面神经麻痹,早期区域淋巴结转移。

【病理变化】 肉眼下,肿瘤结节状,无包膜,质地较硬。切面实性,灰白色或褐色,可见囊性变或呈粉刺样,松软污浊。

镜下,肿瘤结构相似于乳腺导管内癌和侵袭性导管癌。典型结构表现为实性细胞团块中央坏死,类似乳腺的粉刺癌。肿瘤细胞较大,立方形或多边形,胞质丰富,含嗜酸性颗粒,胞核大,核仁明显,染色质粗,常见核分裂象。除典型结构外,还有导管状、筛状和乳头状结构。肿瘤向周围组织浸润十分常见。由于涎腺导管癌的细胞体积大,胞质明显嗜酸性,以及其典型结构,易于与其他肿瘤鉴别。

免疫组化染色,肿瘤细胞全角蛋白、癌胚抗原、上皮膜抗原阳性,雄性激素受体强阳性表达,肌上皮标志、雌激素和孕激素受体阴性表达。

涎腺导管癌属于高度恶性肿瘤,术后复发率高,46%的患者发生远处转移,大多数患者3年内死亡。

(刘晓勇　孙　静)

参考文献

于世风,高岩.2005. 口腔组织学与病理学. 北京:北京大学医学出版社:157~378

于世风.2007. 口腔组织病理学. 北京:人民卫生出版社:143~338

郑麟蕃,吴奇光.1992. 口腔病理学. 上海:上海科学技术出版社:3~332

Leon B, John E, Peter K. 2005. Pathology and Genetics of Head and Neck Tumours. Lyon:IARCPress:209~327

Peter R, Hans P. 2000. Oral Pathology. New York:Thieme:205~243

第10章 耳鼻咽喉疾病

在国外通常将耳鼻咽喉病理学与口腔病理学、甲状腺甲状旁腺病理学的内容等合归为头颈部病理学。国内口腔科学学科较早独立，口腔病理学在早期也随着学科的发展独立建科，而且逐渐形成了比较完整的理论体系，因此口腔病理学的内容在国内有专门的专著。耳鼻咽喉科还没有以培养专科医师为目的的耳鼻咽喉科学院或学系建制，故还没有形成独立的耳鼻咽喉病理学体系。耳鼻咽喉疾病的病理学内容多置于一般系统性病理学专著中。近些年来国内耳鼻咽喉学科有了长足的发展，逐步与国际接轨，更名为耳鼻咽喉头颈科学，从解剖部位上涵盖了自颅底至锁骨上的区域，这样与口腔科学、颅底外科学及眼科学等学科在内容上有了更多的交叉和融合。因此将这些学科的病理内容进行重新整合将代表头颈部学科发展的需要。本章介绍头颈部病理学中耳鼻咽喉疾病的病理部分，头颈部病理学的其他内容将在其他章节分别介绍。

耳鼻咽喉是一个相对狭小的解剖区域，但它容纳了包括上呼吸道、消化道、小涎腺、内分泌腺、骨及软骨组织、淋巴组织、神经内分泌组织及相关的颅底、眼眶组织、皮肤组织等多种不同来源的组织、细胞，是全身组织结构最为复杂的部位之一。发生于此处的病变在日常的病理诊断中也很常见，有些还是其好发部位，如软组织肿瘤等。这些部位的病变不但具有身体其他部位相应疾病所表现出来的临床病理共性，又具有其发生于本部位的特殊性，如NK/T细胞淋巴瘤（鼻型）等。因此，有人认为耳鼻咽喉-头颈部疾病是集全身各种组织疾病的一个缩影，并正被作为许多全身性疾病的源头疾病引起重视。

耳鼻咽喉在人体内所占空间较小，而大体解剖和组织学结构非常复杂，疾病和病变十分繁多，同时存在一些特有的病变和疾病，特殊感染相对多见。而检查材料常常小而少，常导致诊断困难，甚至误诊。如从病变部位划分，耳鼻咽喉病变可区分为鼻腔鼻窦病变、咽喉病变及耳部病变。其中以鼻腔鼻窦病变更为多见和复杂。

第一节 耳鼻咽喉的解剖学和组织学概要

一、鼻腔鼻窦及咽喉部

（一）鼻腔、鼻窦

鼻腔分为鼻前庭和固有鼻腔两部分。以鼻中隔和鼻小柱为界，将鼻腔分为左右两侧。鼻中隔为两侧鼻腔之内侧面，由骨部及软骨部组成。鼻腔外侧壁有上、中、下3个鼻甲及相应上、中、下3个鼻道。

鼻窦为鼻腔附近颅骨中的空腔，共有八个，分左右四对排列。前组有上颌窦、额窦及前筛窦，以上各窦均开口于中鼻道。后组有后筛窦及蝶窦，前者开口位于上鼻道，后者开口则位于蝶筛隐窝。

鼻腔鼻窦各处均有黏膜被覆（图10-1a，b，d），根据结构和功能不同，其黏膜分为3部分，即前庭部、呼吸部和嗅部。鼻窦黏膜与鼻呼吸部黏膜连续，结构相似。

1. 前庭部（vestibular region） 是临近外鼻孔的部分，黏膜表面被覆未角化的复层扁平上皮，固有膜为致密结缔组织，内有毛囊、皮脂腺和汗腺。

2. 呼吸部（respiratory region） 占鼻黏膜的大部分，指覆盖下、中鼻甲及对侧的鼻中隔及鼻腔底部的部分，其表面被覆两层纤毛柱状上皮（呼吸上皮），含有较多的杯状细胞。固有膜为疏松的弹性纤维结缔组织，其内有较多的浆液腺及黏液腺腺体、血管及淋巴管。

3. 嗅部（olfactory region） 仅占鼻腔的一小部分。位于鼻腔顶部并延伸到鼻中隔上部和上鼻甲表面，每侧面积约为1cm^2，有个体差异。嗅黏膜上皮为假复层柱状，无杯状细胞，由3种细胞组成，即嗅细胞、支持细胞和基细胞。固有膜为薄层结缔组织，与深部骨膜相连。其内血管较丰富，有许多浆液性的嗅腺。

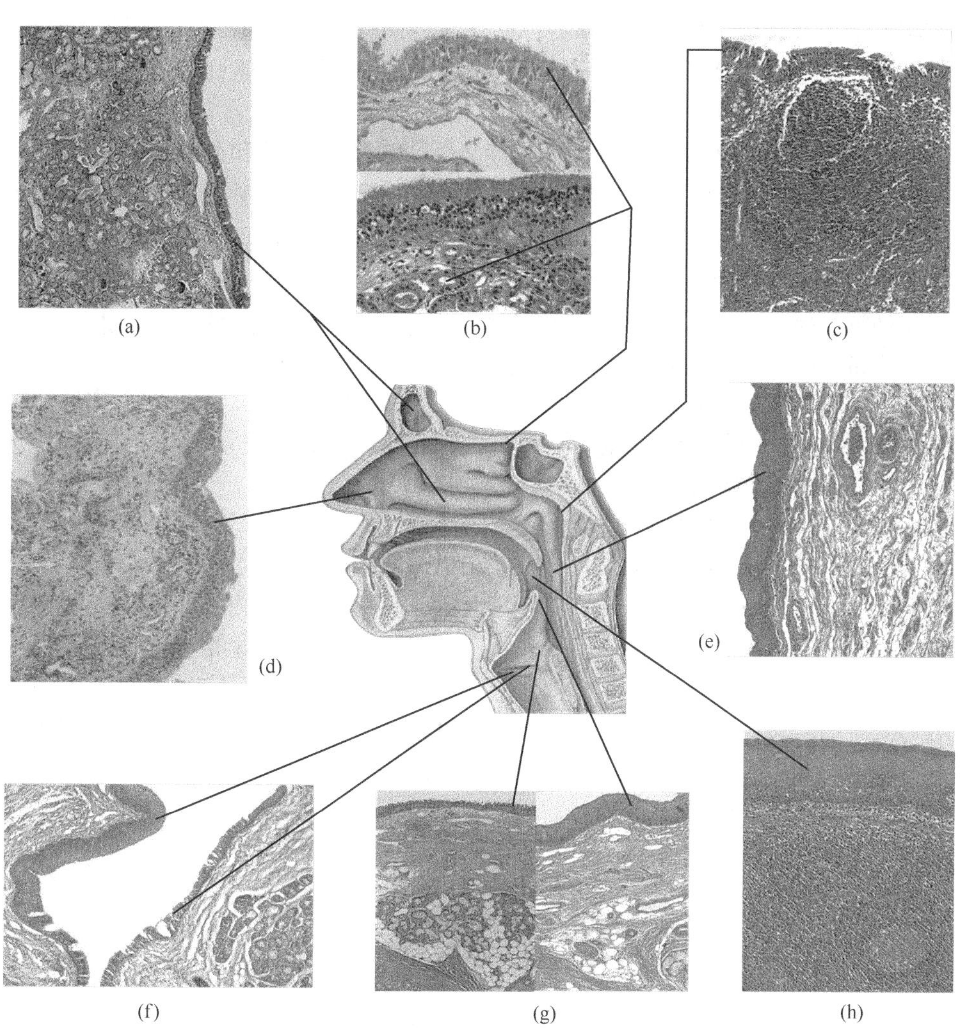

图 10-1　上呼吸道主要部位被覆上皮

(a) 鼻腔及鼻窦呼吸上皮;(b) 嗅区复层柱状上皮及浆液性嗅腺;(c) 鼻咽部黏膜柱状上皮及淋巴组织;(d) 鼻前庭后部鳞状上皮;(e) 咽后壁复层鳞状上皮;(f) 喉:左侧真声带鳞状上皮,右侧为室带及喉室黏膜柱状上皮;　(g) 会厌:左侧为会厌基部柱状上皮,右侧为会厌游离部鳞状上皮;(h) 扁桃体鳞状上皮及淋巴组织

(二) 咽

咽部为鼻腔及口腔后的孔道,上起于颅底部,下止于第 6 颈椎平面及环状软骨下缘。咽后壁全长约为 14cm。分为 3 部,即鼻咽部(为位于鼻腔后,软腭上之咽腔,后壁相当于第 1、2 颈椎前面)、口咽部(自软腭至舌骨平面处的咽腔,由咽扁桃体、咽鼓管扁桃体、腭扁桃体和舌扁桃体形成的环状淋巴组织结构组成的 Waldeyer 咽环位于其中)和喉咽部(位于喉部之后,是口咽部向下的延展,其上端起于舌骨平面处,下端止于环状软骨下缘)。组织学结构如下。

1. 黏膜层　由上皮及固有层组成,无黏膜肌层(图 10-1c, e, h)。口咽及喉咽表面被覆未角化的复层扁平上皮。鼻咽主要是假复层纤毛柱状上皮,内有杯状细胞;小部分(鼻咽腔下部,靠近口咽部)为非角化的复层扁平上皮。上皮最底层的基底细胞具有双相分化的潜能,在鼻咽癌的发生中有重要作用。固有层结缔组织内有淋巴组织及浆液腺和(或)黏液腺,固有层深部为弹性纤维层。

2. 黏膜下层　为薄层疏松结缔组织,与固有层无明显界限,内含黏液腺。

3. 肌层　由内纵行及外斜行的骨骼肌组成,其中可见黏液腺。

4. 外膜　为富有血管及神经的结缔组织。

(三) 喉

喉位于颈前正中部,在舌骨之下,相当于第 4 至第 6 颈椎的高度,如倒置的锥体形管状结构,上通喉咽部,下接气管。喉以软骨为支架,喉部软骨共 9 块,其中甲状软骨最大,由左右 2

块软骨板构成,软骨板在前中央结合,形成一个结节状突起,称喉结。会厌软骨是弹力软骨,软骨上有裂隙。喉借助韧带而悬附于舌骨,并以各喉外肌的辅助使其位置不变。喉前面为皮肤、筋膜、肌肉和甲状腺覆盖;后面与食管前壁相邻;两侧有梨状窝与喉咽侧壁相连续。

喉腔分为3部分:①喉前庭(声门上),位于喉室以上,上通喉咽部,呈三角形,称喉门。②声门部,位于喉室带与声带之间,左右各有一个,为椭圆形腔隙。前达甲状软骨,后止于杓状软骨,称喉室。喉室前端向上延展为喉室小囊,内含黏液腺,分泌黏液润滑声带。声门(声门裂)为两侧声带之间的空隙。③声门下部,位于声带下缘与环状软骨下缘之间。组织学结构如下。

1. 黏膜层 由上皮及固有膜组成。会厌、喉前庭和声带处为复层扁平上皮,其余大部分均为假复层纤毛柱状上皮,含有杯状细胞(图10-1f,g)。

2. 固有层 结缔组织中弹力纤维较丰富,有混合腺。声皱襞(真声带)固有层结缔组织较致密,无腺体,血管少,含有大量弹力纤维束,构成声韧带,深部为平行的肌纤维束。

3. 黏膜下层和外膜 均为疏松结缔组织。黏膜下层(除声皱襞外)有混合腺,外膜有软骨及骨骼肌。

二、耳　　部

耳分为外耳、中耳和内耳3部分(图10-2)。

(一)外耳

外耳分耳郭、外耳道和鼓膜。

1. 耳郭 是外耳的凸出部分。从外侧面观,耳郭有下列一些解剖部位,即耳轮、耳轮脚、耳垂、对耳轮、耳屏、耳甲腔、耳甲庭、耳舟、耳三角和耳门等。耳郭的支架是弹性软骨,被覆皮肤和附属器。耳垂内纤维脂肪组织较丰富。

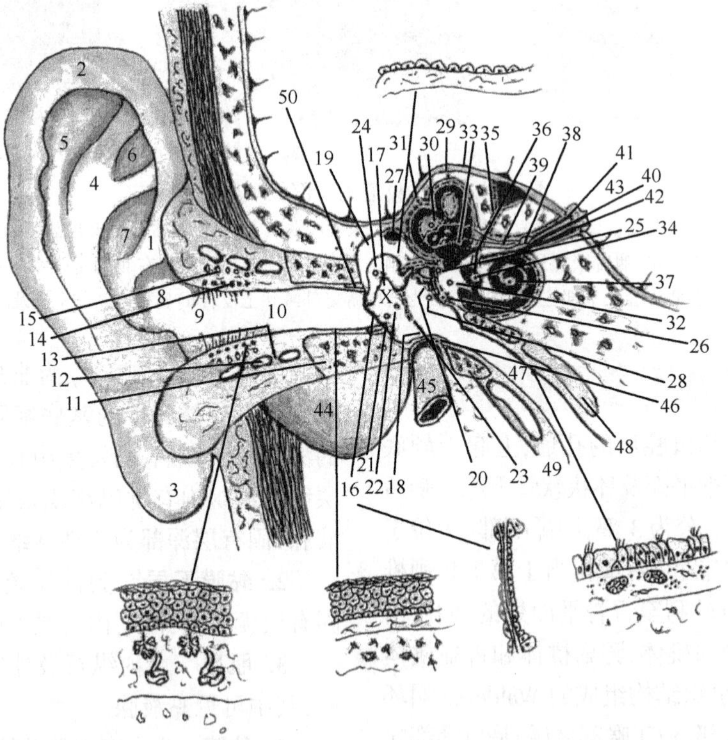

图10-2 右侧耳模式图(前面观)

1. 耳轮脚;2. 耳轮;3. 耳垂;4. 对腔轮;5. 耳舟;6. 耳三角;7. 耳甲庭;8. 耳甲腔;9. 外耳门;10. 外耳道;11. 外耳道骨性部;12. 外耳道软骨部;13. Santorini缝隙;14. 皮脂腺;15. 耵聍腺;16. 鼓膜;17. 鼓室;18. 鼓室底;19. 鼓室上壁;20. 鼓室内壁;21. 鼓室外壁;22. 鼓室后壁;23. 面神经管;24. 听骨链;25. 前庭窗;26. 圆窗;27. 鼓窦;28. 鼓岬;29. 上半规管;30. 下半规管;31. 后半规管;32. 前庭;33. 椭圆囊;34. 球囊;35. 内淋巴管;36. 内淋巴囊;37. 耳蜗;38. 前庭神经节;39. 前庭神经;40. 耳蜗神经;41. 听神经;42. 面神经;43. 内听道;44. 乳突;45. 颈静脉;46. 颈静脉窝;47. 咽鼓管;48. 咽鼓管软骨部;49. 咽鼓管骨性部;50. 鼓环

2. 外耳道 外耳道是一管状结构，全长约2～3.5cm，外侧为软骨部，内侧为骨性部。鼓膜处的骨性部有环状骨性鼓环。外耳道软骨有Santorini缝隙。软骨部的皮肤及皮下组织较厚，血管丰富，有皮脂腺和耵聍腺。骨性部缺乏皮下组织，紧贴骨膜，感觉神经丰富。

外耳道分泌系统包括皮脂腺和耵聍腺。耵聍腺分布在外耳道外约1/3的软骨部，小叶状分布在皮脂腺深部，管泡状腺，其导管与皮脂腺一起开口于皮肤毛囊。腺泡内层细胞胞质丰富，嗜酸性颗粒性，有顶浆分泌，胞质内有棕黄色色素颗粒，中位核，染色质较致密。外层为肌上皮。耵聍腺的腺腔大小和上皮的形态与腺体的功能状态有关，处于活动状态的腺体，腺上皮高柱状，有顶浆分泌，腺腔小。静止状态的腺体，腺上皮呈扁平或立方形，细胞表面平滑，腔扩张。耵聍腺是变形汗腺，叫顶浆分泌腺。也有人认为是顶浆外分泌腺(apocrine gland)，因此耵聍腺可发生具有外分泌汗腺肿瘤的形态。导管无肌上皮。

3. 鼓膜 鼓膜直径约有1cm，厚约0.1mm，分隔外耳道和中耳。上部为松弛部，下部为紧张部。鼓膜的外侧为外胚叶发生的单层鳞状上皮，内侧为内胚叶发生的扁平上皮，与鼓室黏膜移行处则成立方或矮柱状上皮。中间层为胶原纤维和弹力纤维组织。

(二)中耳

中耳分鼓室壁、鼓室腔和咽鼓管。

1. 鼓室壁

(1) 上壁：即鼓室盖，是分隔中耳腔与中颅窝的骨板，约厚0.5～3.5mm，一般在1.4mm以下。也可缺如。

(2) 下壁：即鼓室底，是与颈静脉相隔的颈静脉壁，其下为颈静脉球所在的颈静脉窝，该骨壁多较薄，有的还有筛孔，甚至缺如。

(3) 前壁：是与颈动脉相隔的骨壁，壁厚约1～2mm。

(4) 后壁：与乳突相隔，其上部有鼓窦与乳突腔相通。

(5) 外壁：为鼓室壁，以鼓膜与外耳道相隔。

(6) 内壁：是与内耳相隔的骨壁，很薄，壁上有稍隆起的鼓岬，其上方有卵圆窗(前庭窗)，卵圆窗的上方有面神经管。鼓岬下方有圆窗。

2. 鼓室腔 鼓室腔即鼓室，内有砧骨、镫骨和槌骨3个听小骨链，传导震动。

3. 咽鼓管 咽鼓管内通鼻咽部，外通鼓室。咽鼓管黏膜上皮为假复层纤毛柱状上皮，固有膜内有腺体和淋巴组织。中耳腔内的所有结构和乳突腔的表面均有黏膜覆盖。黏膜上皮主要是立方和矮柱状上皮，与咽鼓管移行处，渐变为复层纤毛柱状上皮，并有杯状细胞，固有膜内有腺体。乳突腔黏膜的上皮是扁平和立方上皮。

(三)内耳

内耳分骨迷路和膜迷路两部分组成，以鼓室内壁(迷路壁)与鼓室相隔。

1. 骨迷路 有前庭、半规管和耳蜗3部分。前庭部有前庭窗(卵圆窗)和圆窗。面神经经过前庭窗后上方的面神经管，并延伸到鼓室后壁。

2. 膜迷路 位于骨迷路内的相应结构内。前庭部有椭圆囊和球囊，两者之间有椭圆球囊管连接，并延续为内淋巴管，内淋巴管的末端膨大成为内淋巴囊。内淋巴囊位于颞骨岩部后面的中部，内听道和乙状窦之间，表面部分有骨覆盖，部分靠近硬脑膜；膜性半规管有上、后和外3个半规管，半规管的末端膨大成为壶腹，壶腹与椭圆囊相接；蜗管位于耳蜗内，蜗管的基膜上有Cortis器。

骨迷路和膜迷路之间有外淋巴液，经蜗小管与脑脊液有联系。膜迷路内有内淋巴液。

三、颞　骨

颞骨分为鳞部、乳突部、鼓部和岩部。耳的大部分是属于颞骨的构成部分，如外耳道骨性部、中耳、乳突和岩部。内听道位于岩部，全长约2cm，内端与小脑桥脑池相接，有听神经和面神经通过。听神经在内听道内分成前庭神经(上、下和后3支)和耳蜗神经。在内听道的底部有前庭神经节(Scarpa神经节)。

第二节　鼻腔及鼻窦疾病

鼻腔鼻窦病变较为多见及复杂，目前还未见到较为统一的分类，为较好的理解及掌握本部分内容，此处将其主要病变及疾病试分类如下（表 10-1）。

鼻腔鼻窦的炎症可分为非特异性炎症和特异性炎症（见第七节）。

一、非特异性炎症性疾病

非特异性炎症性疾病包括急性炎症及慢性炎症。

（一）急性鼻炎

急性鼻炎（acute rhinitis）的致病微生物为病毒，其中以鼻病毒、腺病毒、流感和副流感病毒最常见。常继发细菌感染。急性鼻炎不仅是耳鼻咽喉科常见病及多发病，也是慢性鼻炎、鼻窦炎、鼻息肉最主要或直接的病因。镜下可见鼻黏膜充血、水肿、中性粒细胞浸润。

表 10-1　鼻腔及鼻窦疾病病理分类

炎症
非特异性炎症性疾病：急性鼻炎、慢性鼻窦炎鼻息肉
特异性炎症性疾病：真菌性鼻窦炎（4 型）、鼻硬结病、结核病、梅毒、诺卡菌病
被覆上皮的肿瘤及瘤样病变
恶性肿瘤：癌（鳞状细胞癌、淋巴上皮癌、未分化癌）
神经外胚层来源的肿瘤：嗅神经母细胞瘤、恶性黑色素瘤、Ewing 肉瘤/PNET
起源未定肿瘤：畸胎样癌肉瘤
良性肿瘤及瘤样病变：假上皮瘤样增生、鳞状细胞乳头状瘤、呼吸上皮（Schneiderian 细胞）乳头状瘤（3 型）
腺源性肿瘤及瘤样病变
化生及增生：鳞状上皮化生、嗜酸性化生
涎腺型肿瘤
良性：多形性腺瘤、肌上皮瘤、嗜酸细胞瘤
恶性：腺样囊性癌、腺泡细胞癌、黏液表皮样癌、上皮-肌上皮癌、透明细胞癌
非涎腺型腺癌：肠型/乳头型、结肠型、实体型、黏液型、混合型、肠型、非肠型（高级别、低级别）
呼吸上皮腺瘤样错构瘤
异位颅内肿瘤及瘤样病变　异位垂体腺瘤、颅咽管瘤、原发性脑膜瘤、脑膜脑膨出、异位中枢神经系统组织/鼻胶质瘤
软组织肿瘤及瘤样病变
良性：血管源性肿瘤、黏液瘤、平滑肌瘤、Schwann 细胞瘤、神经纤维瘤等
交界性和潜在低度恶性：纤维瘤病、炎性肌纤维母细胞瘤、血管外皮细胞瘤、孤立性纤维瘤等
恶性：横纹肌肉瘤、纤维肉瘤、恶性纤维组织细胞瘤、平滑肌肉瘤、血管肉瘤、恶性外周神经鞘瘤、血管外皮细胞瘤肉瘤等
生殖细胞肿瘤　成熟性畸胎瘤、皮样囊肿、未成熟性畸胎瘤、畸胎瘤恶变、卵黄囊瘤
其他部位浸润及转移性肿瘤（颅内、眶内、口腔）
骨及软骨组织肿瘤及瘤样病变
骨组织良性肿瘤及瘤样病变：骨瘤、骨赘、纤维结构不良、骨化性纤维瘤、骨母细胞瘤、巨细胞瘤
骨组织恶性肿瘤：骨肉瘤
软骨组织肿瘤及瘤样病变：软骨瘤、骨软骨瘤、软骨母细胞瘤、软骨黏液纤维瘤、鼻软骨间叶性错构瘤
软骨组织恶性肿瘤：软骨肉瘤
脊索瘤
淋巴组织增生性疾病
淋巴瘤：NK/T 细胞淋巴瘤、弥漫性大 B 细胞淋巴瘤、髓外浆细胞瘤等
其他淋巴组织增生性疾病：Langerhans 细胞组织细胞增生症、嗜伊红淋巴肉芽肿、Rosai-Dorfman 病、传染性单核细胞增多症
神经内分泌肿瘤　典型类癌、不典型类癌、神经内分泌型小细胞癌、混合性神经内分泌型小细胞癌
系统性疾病在鼻腔鼻窦部的表现
Wegener 肉芽肿
结节病
白塞病
嗜酸性血管中心性纤维化

（二）慢性鼻窦炎及鼻息肉

慢性鼻窦炎及鼻息肉(chronic sinusitis and nasal polyps)是最常见的慢性炎症，其以青壮年多发，男女性别无明显差异。鼻息肉通常是鼻窦炎反复发作的结果。

【病理变化】 肉眼通常光滑、有光泽、半透明、灰粉色。镜下鼻息肉的改变可分为5型，即水肿型、纤维增生型、淋巴血管瘤型、腺体增生型及间质异型核细胞型。鼻息肉常见黏液囊肿形成。鼻息肉可继发出血、感染，伴发胆固醇性肉芽肿、糜烂、溃疡及炎性肉芽组织形成。

慢性鼻窦炎透射电镜下黏膜上皮细胞的纤毛变短、脱落、排列紊乱。扫描电镜显示黏膜上皮细胞纤毛排列紊乱、倒伏、脱落，纤毛上可见黏液附着。

上颌窦息肉脱垂至鼻腔内或鼻咽部时称为后鼻孔息肉，后鼻孔息肉质硬不透明，镜下为纤维性，黏膜腺体减少或消失。

鼻窦其他病变，如内翻性乳头状瘤、横纹肌肉瘤及嗅神经母细胞瘤时，可伴有鼻窦黏膜的息肉样改变。

（三）过敏性鼻炎和鼻窦炎

过敏性鼻炎(allergic rhinitis)是临床常见疾病，并且治疗效果不很理想。主要临床表现为打喷嚏、流涕、鼻痒及黏膜充血。大约40%~50%患者对特定的过敏原皮肤试验阳性或血清IgE升高。过敏性鼻窦炎(sinusitis)常常和过敏性鼻炎同时存在。镜下见黏膜水肿，黏膜及黏膜表面大量嗜酸粒细胞浸润和渗出是本病的特点，此外还有一定数量的淋巴细胞、浆细胞和肥大细胞的浸润。

（四）慢性萎缩性鼻炎

慢性萎缩性鼻炎(chronic atrophic rhinitis)病因和发病机制不清，认为与臭鼻杆菌感染、营养、遗传及手术创伤等因素有关。镜下见固有膜内腺体萎缩、甚至消失，大量慢性炎症细胞浸润，间质纤维化。

（五）干酪性鼻炎

干酪性鼻炎(rhinitis caseosa)原因不清，多数人认为是鼻腔或鼻窦阻塞，引起的化脓及一系列变质过程而形成干酪样物质。镜下见干酪样物质主要为脓细胞，脱落的上皮细胞，无定型物质、坏死物、磷酸钙结晶及少量胆固醇结晶。此病少见。

二、被覆上皮的肿瘤及瘤样病变

（一）良性肿瘤及瘤样病变

1. 假上皮瘤样增生 在炎症及肿瘤存在时，被覆的鳞状上皮增生，上皮脚下延并相互连接，形成假上皮瘤样增生，应注意与鳞状细胞癌的鉴别。

2. 鳞状细胞乳头状瘤 见于鼻孔及鼻前庭处，形态上类似于皮肤的寻常疣。

3. Schneiderian乳头状瘤 发生于鼻腔鼻窦的Schneiderian膜，是鼻腔鼻窦最常见的良性肿瘤，与HPV6/11感染有关。可原发于鼻咽和中耳。该病包括3种类型。

(1) 内翻性乳头状瘤：多见于成年人，平均年龄50岁，男多于女。以单侧鼻腔侧壁发生者最多见。复发率较高。

镜下特点为鳞状上皮、呼吸上皮及黏液细胞混合性增生，向上皮下间质内嵌入。10%的病例可发生恶变，大多恶变为鳞状细胞癌，间质可恶变为恶性血管外皮细胞瘤(彩图10-1)。

(2) 外生性乳头状瘤：发病年龄较高，平均56岁，男多于女。几乎均见于鼻中隔。呈外生性(蕈状)生长，镜下以鳞状上皮增生为主，部分区以呼吸上皮增生为主，混有黏液细胞。可复发，恶变罕见。

(3) 柱状细胞性或嗜酸细胞性乳头状瘤：多见于50~60岁人群，男女发病率大致相同，多发生于鼻腔侧壁。

镜下为呼吸上皮，胞质具有嗜酸性，细胞多层，呈乳头状及叶状增生，夹杂有黏液细胞，并形成小的黏液囊肿，又称为微囊性乳头状腺瘤(microcystic papillary adenoma)，可复发，一般不恶变。免疫组化染色肿瘤细胞表达细胞色素*c*氧化酶。

（二）恶性肿瘤

1. 癌 可见鳞状细胞癌、淋巴上皮癌及未分化癌。

(1) 鳞状细胞癌：多见于55~65

岁,男女比例约为1.5∶1,最常见于上颌窦,其次是鼻腔和筛窦,蝶窦与额窦少见。镜下可分为角化性与非角化性两大类。变型有疣状癌、乳头状鳞状细胞癌、基底样鳞状细胞癌、梭形细胞癌、腺鳞癌和棘层松解性鳞状细胞癌,均较少见到。

(2)淋巴上皮癌:常见于50~70岁,男女比例约为3∶1,鼻腔多于鼻窦。镜下改变类似于鼻咽癌,但炎症浸润可能较轻。免疫染色瘤细胞AE1/AE3、EMA阳性,大部分瘤细胞EBER强表达。诊断本病需除外鼻咽癌,同时应与鼻腔鼻窦未分化癌鉴别,后者核的异型性、核分裂象及坏死易见。另外需与恶性黑色素瘤及恶性淋巴瘤鉴别。

(3)未分化癌:罕见,多为中老年人。镜下可见巢状、叶状及片状分布,无鳞癌或腺癌分化,核质比例高,坏死及核分裂象常见。免疫组化染色瘤细胞多表达CK(CK7,CK8,CK19),EMA、NSE、P53阳性,Chg及Syn罕见阳性。

2. 神经外胚层来源的肿瘤 包括嗅神经母细胞瘤、恶性黑色素瘤及Ewing肉瘤/PNET。

(1)嗅神经母细胞瘤:是一种少见的鼻腔鼻窦部恶性肿瘤,约占全部鼻腔鼻窦部恶性肿瘤的3%~5%,男女发病相当,所有年龄均可发病,发病高峰年龄为50~60岁。发病部位一般位于鼻腔上部的筛板,也可发生于鼻腔下侧、上颌窦和筛窦。

【病理变化】 肉眼见肿瘤呈粉红色息肉状,触之易出血。镜下瘤细胞以小圆、小梭形为特点,呈小叶状,周围间质内血管基质丰富,呈网状包绕分隔小叶结构(彩图10-2),绝大多数病例可见Homer-Wright菊形团或Flexner-Wintersteiner菊形团,分化好者细胞间可见网格状神经原纤维(彩图10-3)。部分ONB呈现明显的非典型增生→原位肿瘤→早期浸润,这一类似上皮性肿瘤恶变的演变过程。此外,可见黏液细胞分化及黏液囊肿形成,还可见鳞状上皮分化和横纹肌母细胞分化及间质钙化形成,ONB在发生转移后病理形态结构也会发生一定的改变。免疫组化染色NSE、Chg-A、Syn及AE1/AE3呈不同程度阳性,S-100蛋白在神经原纤维和支持细胞显示阳性,透射电镜下可见神经微丝及神经内分泌颗粒。

本病应与鼻腔鼻窦的小细胞肿瘤相鉴别,包括未分化癌、恶性黑色素瘤、NK/T细胞淋巴瘤、胚胎性横纹肌肉瘤、小细胞神经内分泌癌、Ewing肉瘤/PNET等(表10-2)。

嗅神经母细胞肿瘤分期(表10-3)并非官方的TNM分期,如未被UICC和AJCC批准或出版,但Kadish临床分期系统是公认的嗅神经母细胞分期系统。

(2)恶性黑色素瘤:发病年龄多在40~70岁,男性略多见。以鼻腔侧壁、鼻中隔前下部最多见,鼻窦中以上颌窦最多见。镜下形态与皮肤发生者形态一致,在瘤旁与黏膜交界处找到黑痣等移行病变是诊断原发瘤的最可靠证据。免疫组化染色瘤细胞S-100、HMB45、MelanA、酪氨酸酶和vimentin阳性。

鉴别诊断包括未分化癌、间变性淋巴瘤、多种肉瘤及嗅神经母细胞瘤。免疫组化染色可资鉴别。

(3)Ewing肉瘤/PNET:少见,最常见于儿童和年轻成人,可发生于上颌窦和鼻前庭。镜下为高级别圆形细胞肿瘤,可见小核仁,核分裂象及凝固性坏死常见。有时可见真菊形团。组织化学染色PAS染色阳性,免疫组化特点,CD99、Vim阳性,NSE、Syn、S-100、GFAP及角蛋白很少表达。PCR或FISH可检测到t(11;22)(q24;q12)或t(21;22)(q22;q12)。

鉴别诊断包括所有恶性小圆形细胞肿瘤。临床表现及免疫组化染色可资鉴别。

3. 起源未定肿瘤(畸胎样癌肉瘤) 是罕见的高度恶性肿瘤。男性比女性更常见,平均年龄为60岁,好发于鼻腔上部、顶部、嗅裂部、筛窦和上颌窦。镜下肿瘤由多种组织成分构成,这些成分源自3个胚层,是畸胎瘤样成分和癌肉瘤的混合,畸胎瘤样成分包括外胚层幼稚的非角化鳞状细胞巢,内胚层的腺体和管状结构、纤毛柱状上皮,中胚层的纤维细胞、软骨、骨样基质及成熟的平滑肌组织。癌主要包括腺癌、鳞状细胞癌,肉瘤主要为横纹肌肉瘤、平滑肌肉瘤和纤维肉瘤,另外可见ONB成分、

表 10-2　鼻腔鼻窦恶性肿瘤的鉴别诊断

特征	鳞状细胞癌	鼻道未分化癌	恶性黑色素瘤	嗅神经母细胞瘤	结外 NK/T 细胞淋巴瘤，鼻型	横纹肌肉瘤	Ewing 肉瘤/PNET
平均年龄	55～65 岁	55～60 岁	40～70 岁	40～45 岁	50～60 岁	<20 岁	<30 岁
部位	鼻腔和(或)鼻窦	通常多个部位	前鼻中隔>上颌窦	鼻腔顶	鼻腔>鼻窦>鼻咽	鼻咽>鼻窦	上颌窦>鼻腔
放射学检查	很少破坏/扩散	显著的破坏/扩散	中央破坏性肿块	“哑铃形”筛板肿块	非特异的早期变化;后有中线破坏	肿瘤大小，范围	肿块，伴骨质浸润
预后(5 年生存率)	60%(取决于分期和肿瘤类型)	<20%	17%～47%	60%～80%	30%～50%(取决于分期)	44%～69%(取决于年龄、分期及亚型)	为60%～70%(分期，大小及 FLI1)
侵及颅神经	不常见	常见	不常见	有时	有时	不常见	有时
排列方式	合胞体的	片状和巢状	变化不定	小叶状	弥散	片状，腺泡状	片状，巢状
细胞学	鳞状细胞分化，角化，不透明细胞质	中等大细胞，核仁不明显	大的多边形，上皮样，杆状，浆细胞样，梭形;色素	盐和胡椒样染色质，小核仁(取决于分级)	多形，小到大，折叠的，有核沟的细胞核	圆形，舌形，梭形，横纹肌母细胞，原始	中等大，圆形细胞，空泡样细胞质，染色质细腻
间变	存在	常见	常见	偶尔和局灶	常见	常见	最少
核分裂象	存在	高	高	可变的	高	可变的	常见
坏死	局限	显著	局限	偶尔	显著(60%)	局限	常见
脉管浸润	罕见	显著	罕见	偶尔	显著(60%)	罕见	罕见
神经纤维间质	无	无	无	常见	无	无	无
假菊形团	无	无	罕见	常见	无	无	可见
角蛋白	阳性	>90%	阴性	局部，弱	阴性	阴性	罕见
CK 5/6	可见	阴性	阴性	阴性	阴性	阴性	—
EMA	可见	50%	罕见	阴性	阴性	阴性	—
NSE	阴性	50%	阴性	>90%	阴性	阴性	阳性
S-100 蛋白	阴性	<15%	阳性	阳性(支持细胞)	阴性	阴性	罕见
嗜铬素/突触素	阴性	<15%	阴性	>90%(可弱阳性)	阴性	阴性	阳性
HMB45	阴性	阴性	阳性	阴性	阴性	阴性	阴性
CD45RO	阴性	阴性	阴性	阴性	阳性	阴性	阴性
CD56	阴性	阴性	阴性	阳性	阳性	阴性	罕见
CD99	阴性	<10%	阴性	阴性	阴性	罕见	>99%
Vimentin	阴性	阴性	阳性	阴性	阳性	阳性	阳性
Desmin	阴性	阴性	阴性	阴性	阴性	阳性	阴性
EBER 原位杂交	无	无	无	无	几乎 100%	阴性	阴性
电镜	上皮性连接	连接，罕见神经内分泌颗粒	前黑色素小体，黑素小体	类神经突起，神经丝，神经内分泌颗粒	—	粗、细肌丝，肌节，Z-带，糖原	糖原;原始细胞

1. 淋巴瘤对 CD3e、CD2、CD56、穿孔素、TIA1、粒酶 B 呈阳性反应。
2. 横纹肌肉瘤对结蛋白、肌动蛋白、肌红蛋白、快肌红蛋白，MyoD1 和肌浆蛋白呈阳性。

笔记栏

类癌及原始间叶组织（表现为原始原基样细胞）（彩图10-4）。典型的SNTCS组织学形态包括幼稚的非角化透明鳞状细胞巢，癌肉瘤和ONB成分。免疫组织化学染色：上皮成分及向上皮分化的细胞cytokeratin（Pan）及EMA阳性；ONB成分不同程度地表达Syn、NSE、CD99及CgA，S-100蛋白神经丝束阳性。真菊形团表达cytokeratin（Pan）及EMA；梭形细胞成分表达vimentin、SMA、desmin、myosin、myoglobin。原始间叶组织表达vimentin。黏液样物质和糖原颗粒PAS阳性。

表10-3 嗅神经母细胞瘤分期

分期	肿瘤的范围	5年生存率
A	肿瘤局限在鼻腔内	75%～91%
B	肿瘤累及鼻腔及一个或多个鼻窦	68%～71%
C	肿瘤范围超过鼻腔鼻窦	41%～47%

鉴别诊断取决于活检标本中存在的细胞成分，需要考虑的鉴别诊断包括嗅神经母细胞瘤、癌、恶性涎腺型肿瘤、肉瘤、癌肉瘤、腺鳞癌、未成熟型恶性畸胎瘤、畸胎瘤以及畸胎瘤恶变。

预后不良，复发常见，多数患者3年内死亡。

三、腺源性肿瘤及瘤样病变

（一）化生及增生

慢性炎症时黏膜内腺体可发生化生及增生，包括浆液腺的黏液腺化生、嗜酸细胞化生及鳞状细胞化生。应注意与嗜酸细胞腺瘤及高分化鳞癌鉴别。

（二）涎腺型肿瘤

鼻腔鼻窦的涎腺型肿瘤中，恶性者多于良性。良性肿瘤以多形性腺瘤最多见，男女比例约为1.2∶1，发病年龄范围20～60岁，平均47岁，累及部位以鼻中隔最多，其次为鼻腔。偶见肌上皮瘤、嗜酸细胞瘤，其他良性肿瘤均少见。恶性肿瘤中以腺样囊性癌最多见，女性较多，发病年龄范围17～78岁，好发年龄30～69岁，平均48.9岁，上颌窦为最常见的发生部位，其次为筛窦、鼻道和鼻中隔，可同时累及鼻中隔、鼻腔和其他鼻旁窦。其他恶性肿瘤可见肌上皮癌、黏液表皮样癌、透明细胞癌、腺泡细胞癌、多形性腺瘤恶变、多形性低度恶性腺癌、上皮-肌上皮癌、皮脂腺癌、嗜酸性腺癌、基底细胞腺癌。镜下病理形态同涎腺同类型肿瘤。

（三）非涎腺型腺癌

病例少见。

1. 肠型腺癌（intestinal type adenocarcinoma） 好发于筛窦、鼻腔及上颌窦。可分为乳头型、结肠型、实体型、黏液型及混合型，总体形态与结肠腺癌近似。免疫组化染色：瘤细胞上皮标记物、CDX-2及ITACs阳性，CEA表达情况不一，另外可见不同程度的表达Chg-A、激素肽（5-羟色胺、缩胆囊素、胃泌素、生长激素抑制素及脑啡肽）。

2. 非肠型腺癌（non-intestinal type adenocarcinoma） 既非小涎腺来源也无肠型腺癌特征的腺癌。老年男性多见。镜下分为低级别及高级别两型。

（四）呼吸上皮腺瘤样错构瘤

呼吸上皮腺瘤样错构瘤（respiratory epithelial adenomatoid hamartoma，REAH）多见于中、老年人，也可见于鼻窦及鼻咽部，男女比例约为7∶1，肉眼呈息肉样，镜下较多腺体增生，内衬呼吸性纤毛上皮，周围可见粉红色增厚的基膜样物质，偶见软骨及骨的成分。鉴别诊断包括内翻性乳头状瘤及腺癌。

四、异位肿瘤及瘤样病变

（一）异位垂体腺瘤

异位垂体腺瘤（ectopic pituitary adenoma）最常发生于蝶骨、蝶窦及鼻咽部，也可见于鼻腔、筛窦及颞骨，发病年龄以中、老年人居多，女性多于男性。鼻腔、筛窦的垂体腺瘤被认为来自于蝶鞍内垂体腺瘤或异位垂体组织。CT显示继发性垂体腺瘤其蝶鞍骨质可见破坏，局部显示软组织影。镜下改变及免疫组化学染色结果同颅内垂体腺瘤。鉴别诊断包括鼻窦黏膜慢性炎症及浆细胞瘤。

(二)异位中枢神经系统组织

异位中枢神经系统组织(ectopic central nervous system tissue)病变位于鼻梁附近或鼻腔内,也可见于鼻窦、鼻咽、咽、舌、腭、扁桃体、眼眶。大部分出生时即存在。影像学检查可见软组织肿块,不伴有颅内肿块或颅前窝颅底骨组织的缺损,约15% ~20%的病变通过纤维茎干与中枢神经系统连接,这种连接有时可致严重的合并症如脑脊液漏或脑膜炎。男女比例为3∶1,无家族或遗传倾向,不恶变。60%为鼻外型,可致畸形;30%为鼻内型,堵塞鼻腔;10%为混合型。镜下为脑神经胶质组织与血管纤维结缔组织,病程长或复发的病例,神经元罕见或缺失。免疫组化染色可见GFAP和S-100蛋白阳性的胶质组织。

(三)脑膜及脑膜脑膨出

脑膜及脑膜脑膨出(meningocele and meningoencephalocele)常发生在中线部位,后枕部最多见,也可见于前额部、鼻梁、眼眶、鼻腔、鼻咽部,表现为鼻腔鼻窦内息肉状肿块。儿童多见。影像学检查可发现头颅部闭合不全。镜下膨出的内容物为脑膜者称为"脑膜膨出",如伴有脑组织称为"脑膜脑膨出"。免疫组化染色脑膜上皮vimentin、EMA阳性,神经胶质组织GFAP、S-100蛋白、NF。

(四)原发性脑膜瘤

原发性脑膜瘤(primary meningioma)可见于鼻腔鼻窦,发病年龄在19~50岁,无明显性别差异。影像学检查可见软组织影。镜下组织学改变同颅内脑膜瘤。

(五)颅咽管瘤

颅咽管瘤(craniopharyngioma)多见于蝶窦,年轻人多见。镜下改变同颅内颅咽管瘤,可发生恶变。

五、软组织肿瘤及瘤样病变

(一)良性肿瘤及瘤样病变

1. 毛细血管瘤(capillary hemangioma)为鼻腔鼻窦中最常见的软组织良性肿瘤,中年人多见,无明显性别差异,好发于鼻中隔,其次为中、下鼻道,亦可见于鼻骨。

【病理变化】 肉眼呈分叶状或息肉状,暗红色。镜下增生的毛细血管呈小叶状结构,在不成熟的病变区,密集排列的内皮细胞形成无血管腔的实性区。毛细血管间常见炎细胞浸润,有时与化脓性肉芽肿难以区别。

2. 化脓性肉芽肿(pyogenic granuloma or lobular capillary hemangioma) 又称分叶状毛细血管瘤。可见于任何年龄,但儿童相对少见。病因不明,多于创伤、炎症或其他感染因素相关。无恶变倾向,内镜手术切除效果好,但术后也可有15%的复发率。

【病理变化】 肉眼下,病变直径一般小于2cm,呈息肉样,常伴溃疡出血。镜下,毛细血管增生呈小叶状,间质水肿伴淋巴细胞、浆细胞浸润,被覆上皮与肿瘤组织间由无炎症的间质带隔开。表面黏膜易发生溃疡,形成炎性肉芽组织。

很少有人从分子生物学水平研究该疾病,但也有报道称在该疾病中发现基因缺失,证明其确实为肿瘤性而非反应性。

3. 海绵状血管瘤(cavernous hemangioma) 常见于上颌窦、鼻骨和上颌窦的骨壁。

【病理变化】 肉眼下,肿瘤质硬有包膜,可见出血及钙化区域。镜下见血管管壁,管腔高度扩张,其内充满血液,常见血栓形成、机化及钙化。

4. 血管平滑肌瘤(angioleiomyoma vascular leiomyoma or angiomyoma) 较少见,发病年龄38~58岁。

【病理变化】 肉眼下,可见结节状,直径1~3cm,界清,无包膜,表面被覆黏膜光滑。镜下见肿瘤由平滑肌束围绕扭曲的厚壁血管呈同心层状排列,血管壁内无弹力板及外膜。

5. 其他 鼻腔鼻窦也可发生黏液瘤、平滑肌瘤、血管纤维瘤、血管球瘤、雪旺细胞瘤、神经纤维瘤、神经束衣瘤、纤维组织细胞瘤、巨细胞瘤、副神经节瘤、淋巴管瘤、Masson血管瘤及原发性造釉细胞瘤等。

(二)交界性及潜在低度恶性肿瘤

1. 硬纤维瘤病(desmoid fibromatosis or aggressive fibromatosis) 为局部侵袭性的成纤

维细胞性肿瘤，又称侵袭性纤维瘤病，局部切除后易复发。

【病理变化】 肉眼下，见无包膜，灰白色，质韧，境界不清。镜下见成纤维细胞增生，胶原纤维多少不一，肿瘤边缘浸润至正常组织。

2. 炎性肌纤维母细胞瘤（inflammatory myofibroblastic tumour） 少见，成年人略多见。

【病理变化】 镜下，无包膜，可见梭形细胞及星形细胞增生，以黏液样或纤维血管为背景，伴有各种炎细胞浸润，包括淋巴细胞、浆细胞、组织细胞、中性粒细胞及嗜酸粒细胞。浆细胞数量多少不等，可见 Russell 小体。肌纤维母细胞可呈"蝌蚪形"，核圆，不典型性不明显；辅助检查：免疫组化瘤细胞表达 Vimentin、MSA、SMA、ALK、P80，不表达 CK、S-100。

鉴别诊断：黏膜非特异性慢性炎症、浆细胞瘤、其他梭形细胞肿瘤如神经鞘瘤（S-100 阳性）、血管外皮细胞瘤及梭形细胞癌（CK 阳性）。

3. 鼻腔鼻窦型血管外皮细胞瘤（sinonasal hemangiopericytomas） 为血管周肌样表型，呈球形动静脉吻合（肌样）和血管外皮瘤（外皮细胞样）之间的复杂分化，认为来源于转化了的血管外皮球样肌细胞，故应称为血管球外皮细胞瘤（glomangiopericytoma，GPC）。平均发病年龄 55 岁，男女比例相当。

【病理变化】 肉眼观呈息肉状。镜下观瘤细胞紧密排列呈短束状、席纹状，其间可见散在裂隙状血管腔，可呈鹿角样结构，管腔周围可见厚的玻璃样变性（彩图 10-5）。肿瘤内常见嗜酸粒细胞及肥大细胞，有时可见瘤巨细胞、纤维化及黏液变性。当核分裂象≥4/10HP，出现出血坏死时应诊断为恶性血管外皮细胞瘤。

辅助检查：免疫组化瘤细胞表达 SMA、MSA、Ⅷ因子、Vimentin，弱表达 CD34、Bcl-2、F8-RA，不表达 CD99 及 CD117。电镜下胞质内可见肌丝及致密斑。

鉴别诊断：多种梭形细胞肿瘤如纤维组织细胞瘤、孤立性纤维瘤、滑膜肉瘤、血管球瘤、平滑肌肿瘤。

4. 孤立性纤维瘤（solitary fibrous tumor） 是指 CD34 阳性的成纤维细胞性肿瘤。鼻腔鼻窦较少见，可发生于任何年龄，无性别差异。

【病理变化】 肉眼下呈息肉样。镜下，成纤维细胞增生，增生程度不一；有丰富的胶原纤维，纤维束可粗可细，可伴黏液变性。

辅助检查：免疫组化瘤细胞表达 CD34、Bcl-2、actin。

鉴别诊断：血管外皮细胞瘤、纤维组织细胞瘤、平滑肌瘤、神经鞘瘤、滑膜肉瘤及纤维肉瘤。

（三）恶性肿瘤

1. 横纹肌肉瘤（rhabdomyosarcoma） 常见于儿童或年轻人，是儿童最常见的肉瘤。发病年龄从 2 个月到 69 岁，无明显性别差异。鼻咽部多于鼻腔鼻道。

【病理变化】 肉眼可见葡萄状或息肉状，切面呈黏液水肿样，常伴感染、出血、坏死。镜下可见分 4 种亚型，胚胎型、腺泡状、多形型及梭形细胞型，也可见两种亚型混合存在。胚胎型常见黏液样基质，葡萄状肉瘤呈息肉样，为胚胎型的变异型。上皮下可见一个黏膜内细胞密集带，其下为一个黏液样基质的细胞疏松带及一个深染的细胞区。腺泡状横纹肌肉瘤常见多核巨细胞。肿瘤细胞形态多种多样，基本上重演了横纹肌胚胎发育过程不同阶段的形态特点，并有异型性，如星形细胞、圆形细胞、梭形细胞、管状细胞、带状细胞、网球拍状细胞、蜘蛛网状细胞，胞质内可见横纹及纵纹，但找不到横纹也不能否定诊断。放疗后病例肿瘤细胞胞质更丰富，嗜酸性增强，巨核细胞易见。

辅助检查：免疫组化瘤细胞表达 Desmin、MSA、myoglobin、myosin、MyoD1、myogenin，部分病例表达 CD99。电镜下可见横纹肌分化，如 Z 带、不完全的肌节、粗细肌丝、核糖体-肌球蛋白复合体及糖原。

鉴别诊断：多种小蓝圆细胞肿瘤，包括淋巴瘤、未分化癌、小细胞神经内分泌癌、Ewing/PNET 肉瘤、嗅神经母细胞瘤及黏膜恶性黑色素瘤。

2. 纤维肉瘤（fibrosarcoma） 不常见。

【病理变化】 镜下，瘤细胞梭形，呈交织状束状排列，形成所谓的"人"形或"鱼骨"状结构。

辅助检查：免疫组化瘤细胞表达 Vimentin，有时灶状表达 actin。

鉴别诊断：恶性纤维组织细胞瘤、梭形细胞癌、梭形细胞恶性黑色素瘤、恶性外周神经鞘瘤、多形性滑膜肉瘤、平滑肌肉瘤、硬纤维瘤及结节性滑膜炎。

3. 恶性纤维组织细胞瘤（malignant fibrohistiocytoma） 成年男性多见。多见于上颌窦，其次为筛窦及鼻腔等。

【病理变化】 镜下，以多形性恶纤组最常见。瘤细胞梭形或多形性，呈席纹状排列，核分裂象及坏死易见，可见多核巨细胞。辅助检查：免疫组化瘤细胞表达 Vimentin，部分表达 actin，不表达 Desmin、骨骼肌标记物、S-100、HMB45、上皮标记物。

鉴别诊断：纤维肉瘤、横纹肌肉瘤、平滑肌肉瘤、滑膜肉瘤、恶性外周神经鞘瘤、梭形细胞癌、梭形细胞恶性黑色素瘤及弥漫性大细胞性淋巴瘤。

4. 平滑肌肉瘤（leiomyosarcoma） 少见，多大于 60 岁。

【病理变化】 镜下同其他部位平滑肌肉瘤。由交错排列的嗜酸细胞构成，核长圆形，两端钝，核分裂象常见（>2/10HP），可见出血、坏死、破骨样巨细胞，间质玻璃样变、黏液样变及泡沫细胞浸润等。辅助检查：PAS 染色可显示细胞内糖原，Masson 染色瘤细胞内微丝呈红色。免疫组化瘤细胞表达 Vimentin、MSA、SMA、Desmin、h-caldesmon，不表达 Keratin、CD34、CD117、S-100、HMB45。电镜下可见平滑肌分化的各种特征，包括纵行肌丝、致密体、连续的外板及吞饮小泡。

鉴别诊断：各种梭形细胞恶性肿瘤，如血管外皮细胞瘤、恶性外周神经鞘瘤、纤维肉瘤、梭形细胞癌及恶性黑色素瘤。

5. 血管肉瘤（angiosarcoma） 上颌窦最多见，50 岁为发病高峰，男性略多。

【病理变化】 肉眼下方息肉状暗红色肿物。镜下，可见丰富的不规则的相互吻合的血管网，内衬不同程度异型增生的内皮细胞，血管腔内常见红细胞。辅助检查：免疫组化瘤细胞表达 CD34、CD31、F8-RA、Vimentin，部分表达 keratin 及 actin。

鉴别诊断：血管瘤、血管内乳头状内皮增生、球血管外皮细胞瘤、Kaposi 肉瘤、恶性黑色素瘤、癌及大细胞淋巴瘤。

6. 恶性外周神经鞘瘤（malignant schwannoma） 少见。

【病理变化】 镜下分为梭形细胞性及上皮细胞性两型。常见黏液样基质，伴有横纹肌肉瘤成分时称为恶性蝾螈瘤。辅助诊断：免疫组化瘤细胞通常表达 S-100，但有约 30% 不表达 S-100，偶尔表达 GFAP。

鉴别诊断：滑膜肉瘤、纤维肉瘤、梭形细胞癌、平滑肌肉瘤、黏膜恶性黑色素瘤等。

7. 其他 其他类型的软组织恶性肿瘤如脂肪肉瘤，滑膜肉瘤等偶尔也可见到。

六、生殖细胞肿瘤

生殖细胞肿瘤与发生于其他部位的同类肿瘤形态一致，包括成熟性畸胎瘤、皮样囊肿、未成熟畸胎瘤、畸胎瘤恶变、卵黄囊瘤等。有人将畸胎癌肉瘤也列为生殖细胞肿瘤。均为少见或罕见肿瘤。

七、其他部位浸润及转移性肿瘤

口腔、眶内及颅内等相邻解剖部位的肿瘤均可突破正常解剖间隔侵犯到鼻腔鼻窦，形成穿通性病变。口腔者以牙源性肿瘤相对常见，颅内者可见垂体腺瘤、颅咽管瘤、脊索瘤等。远处恶性肿瘤转移至此者少见，以上颌窦最多见，其次为蝶窦、筛窦、额窦，也可多个窦房同时受累，原发肿瘤包括肾癌、肺癌、乳腺癌、甲状腺癌及前列腺癌等。

第三节 咽

一、非特异性炎症性疾病

（一）急性咽炎

急性咽炎（acute pharyngitis）常由溶血性和非溶血性链球菌、流感杆菌和病毒感染引起。临床检查咽黏膜充血、水肿，有浆液性或脓性渗出物。镜下黏膜组织充血水肿，以中性粒细胞浸润为主。

（二）慢性咽炎

慢性咽炎（chronic pharyngitis）多见于中年以上。临床可见黏膜充血，黏液性分泌物增多，咽扁桃体增大。镜下在黏膜固有层可见淋巴浆细胞浸润，淋巴组织增生。

当合并黏膜下结缔组织增生，使黏膜明显增厚时，称为慢性增生性咽炎（chronic hypertrophic pharyngitis）。当黏膜固有层有腺体萎缩致黏膜变薄时称为慢性萎缩性咽炎（chronic atrophic pharyngitis）。

（三）慢性扁桃体炎

慢性扁桃体炎（chronic tonsillitis）常见，发病以青少年为主。

肉眼扁桃体肿大，表面光滑，隐窝明显。镜下黏膜鳞状上皮增生，角化。黏膜上皮可见乳头状增生，与扁桃体乳头状瘤不同，乳头间质内有淋巴组织。淋巴滤泡增大、增多，滤泡间淋巴组织增生，浆细胞浸润，免疫母细胞增生，可有纤维化。此表现儿童多见。隐窝裂隙病变包括上皮增生，隐窝内有淋巴细胞，中性粒细胞，脱落的鳞状上皮和放线菌等菌落。裂隙腔排出口堵塞，可形成潴留性囊肿。

还有一种慢性纤维化性扁桃体炎，表现为淋巴组织萎缩，纤维组织增生，多见于成人。

二、被覆上皮的肿瘤及瘤样病变

（一）良性肿瘤

1. 鳞状上皮乳头状瘤（squamous papilloma） 比较常见，男性多见，各年龄均可发生，口咽部多见。临床上有顽固复发的特点。临床咽上皮乳头状瘤的发生与 HPV 有密切关系，主要是 6 和 11 型，16、18、33 型等也能检出。

肉眼表面颗粒状、乳头状、息肉样。镜下被覆鳞状上皮，有基膜，有不同程度的角化，上皮层内有散在不全角化细胞，常可见挖空细胞。

2. Schneiderian 型乳头状瘤（Schneiderian papillary epithelioma） 起源于鼻咽部表面上皮的良性肿瘤，与鼻窦的 Scheiderian 乳头状瘤相似。可以用正常 Schneiderian 膜的迷行异位来解释。鼻咽部极罕见。老年男性多见。肿瘤直径不超过 2cm，临床多引起鼻通气不畅。较常见的鼻腔鼻窦 Schneiderian 型乳头状瘤还可以累及鼻咽。

Schneiderian 型乳头状瘤与发生在鼻腔鼻窦的肿瘤形态相似。

3. 毛状息肉（hairy polyp） 一种发育异常，临床表现为息肉，表面由毛发和皮脂腺覆盖。多见于女婴，常见部位是鼻咽侧壁，软腭靠近鼻咽处。镜下息肉表面被覆皮肤过度角化层，含毛囊皮脂腺，中心为纤维脂肪组织，可包括软骨、肌和骨组织。

毛状息肉与畸胎瘤鉴别点为前者无内胚层组织。

4. 异位垂体腺瘤（ectopic pituitary adenoma） 上呼吸消化道中异位垂体腺瘤最常发生于蝶窦及鼻咽。女性多见，平均发病年龄 49 岁。临床表现与它的占位有关，包括鼻塞、鼻窦炎、鼻衄、头痛或视野缺失等。约 50% 患者有激素分泌过多的临床表现，如 Cushing 病、指端肥大症、甲亢、闭经、多毛症等。影像学 CT 和 MRI 检查能确定肿瘤的范围及部位。

大体肿瘤呈息肉样或带蒂肿块，常孤立性生长。镜下组织学结构与颅内垂体腺瘤相同。异位垂体腺瘤组织学虽属良性，但由于部位特殊及激素的表现，有致死可能。应注意与黏膜的慢性炎症和浆细胞瘤鉴别。应用免疫组化染色可资鉴别。

5. 颅咽管瘤（craniopharyngioma） 罕见，可起源于鼻咽部或起源于鞍上区而向下侵犯鼻咽部。与 Rathke 囊的残迹有关。颅咽管残迹存在于蝶鞍、蝶骨体，沿鼻中隔到软腭。颅咽管瘤可发生于上述径路的任何部位。20 岁年轻人多见。相对常见于鼻咽部。临床症状取决于肿瘤的部位和大小。鼻咽部等鞍下肿瘤，局部有肿物，靠近蝶鞍者往往有颅神经症状。也可有鼻塞等呼吸症状，肿瘤易与周围组织粘连，手术不易切净而致复发。其形态特征与鞍上对应的肿瘤相似。放疗敏感。

（二）恶性肿瘤

1. 鼻咽癌（nasopharyngeal carcinoma, NPC） 鼻咽癌包括非角化性鳞状细胞癌、角化性鳞状细胞癌和基底样鳞状细胞癌。NPC

具有种族和地理差异及多种病因学。流行于中国南方地区和东南亚地区，占所有癌的0.5%左右。NPC与EB病毒、挥发性亚硝酸盐(咸鱼、发酵食品)以及其他吸烟及甲醛等环境因素有密切相关性。男性多见(男女比例为3:1),40~60岁为发病高峰。最常见的早期症状是淋巴结转移(达70%),半数以上患者有鼻衄、鼻塞。中耳的常见症状为耳鸣、耳痛、耳溢，继发咽鼓管阻塞而失聪。影像学检查MRI可以很好的评价肿瘤浸润范围。PET可以评估淋巴结状态。

【病理变化】 大体所见鼻咽癌好发于鼻咽部的上壁和顶部，其次是侧壁的咽隐窝。肿瘤平滑地膨出于黏膜表面，外生分叶状，结节状，表面有或无溃疡。

镜下可分为如下3型。

(1)非角化性鳞状细胞癌(non-keratinizing squamous cell carcinoma):肿瘤细胞排列为不规则岛状、无黏着性的片状或梁状(彩图10-6、彩图10-7)。癌巢和不同数量的淋巴细胞和浆细胞混在一起。进一步可将其分为分化型和未分化型。未分化型更常见，肿瘤细胞呈大的合体样，细胞界限不清，核圆形或椭圆形泡状，大核仁位于中央。分化型瘤细胞呈复层和铺路石状，呈丛状生长，与膀胱的移行上皮癌相似。瘤细胞界限较清楚，偶见角化细胞。坏死和核分裂象常见，纤维组织增生性间质不明显。在转移性病灶中，淋巴样混合结构与原发病灶相似。

免疫表型：一般对AE1/AE3、CK5/6、CK34βE12表达强阳性，不表达CK7、CK20。EB病毒检测结果，不管是种族背景如何非角化性鼻咽癌病例100%与EBV有关。检测EBV最简单和可靠的途径是利用原位杂交检测EBV编码的早期RNA(EBER)。EBER的原位杂交有助于鼻咽癌的诊断，同时提示一个原发灶不明的转移性非角化性癌来自鼻咽部。此癌对放疗敏感，出现转移者预后不良。

(2)角化性鳞状细胞癌(keratinizing squamous cell carcinoma):浸润性癌，镜下有明显的鳞状细胞分化，大部分肿瘤有细胞间桥和(或)角化物，形态上与头颈部黏膜角化性鳞癌相似，分化程度分高中低。此亚型对治疗的敏感性差，预后比非角化性癌差。

(3)基底样鳞状细胞癌(basaloid squamous cell carcinoma):形态上与其他部位发生的此类肿瘤完全相似。

2. 鼻咽乳头状腺癌(nasopharyngeal papillary adenocarcinoma) 极少见。鼻咽乳头状腺癌是一种呈叶状乳头状和腺样结构以外生性生长为特征的低级别腺癌。常发生于鼻咽顶部、侧壁和后壁。

【病理变化】 肉眼下质地柔软或沙粒感，外生型生长，外观呈乳头状，息肉状或菜花状。镜下肿瘤起源于表面上皮，由微小的树状分支的乳头状小叶和密集的腺体构成。瘤细胞柱状或假复层上皮核呈圆形、卵圆形，温和，有小核仁，核分裂象难见。有时可见钙化和砂砾体样结构，故需要和甲状腺乳头状癌鉴别。瘤组织无包膜。免疫组化对CK、EMA等上皮标记物强阳性，TG和S-100阴性，与EBV无关。是一种无潜在转移性的低度恶性肿瘤，可手术切除，预后良好。

3. 涎腺型癌(salivary gland-type carcinomas) 咽部涎腺型癌较少见。只占全部涎腺肿瘤的1.1%~3.3%。鼻咽部发病率很低，最常见腺样囊腺癌和黏液表皮样癌。腺样囊腺癌隐性发病，临床有中耳渗液、鼻出血、复视以及颅神经麻痹引起的症状。下咽常见黏液表皮样癌和腺样囊腺癌、口咽部涎腺肿瘤罕见，一半是恶性，可见腺样囊性癌、上皮-肌上皮癌等。

组织学形态与其他部位者相同。

三、软组织肿瘤

(一)良性肿瘤

1. 鼻咽部血管纤维瘤(nasopharyngeal angiofibroma) 是青少年男性鼻咽部发生的良性肿瘤，是富含细胞和血管的间叶性肿瘤。又叫青少年鼻咽血管纤维瘤。10~25岁青年男性多见，女性极少见。鼻咽部最常见，也发生在口咽部、扁桃体和下咽部。临床上患者通常表现为鼻塞、鼻出血、流涕，面部肿胀和疼痛，眼球突出。影像学CT和MRI检查有利于确定肿瘤的范围。骨的边缘可被明显地侵蚀。

肿瘤一般数厘米大小，表面有黏膜，息肉

状或分叶状,切面呈红色,质韧,无坏死。镜下在纤维间质中有血管增生,纤维呈波纹状,纤维细胞呈梭形、圆形、多角形。纤维间质中有薄壁血管散在,呈裂隙状,肌层可以缺如,缺乏弹力纤维(彩图 10-8)。除了肥大细胞外,其他炎症细胞常缺乏。免疫组化血管内皮表达第Ⅷ因子、CD34、CD31,间质细胞表达 Vimentin 阳性,S-100 阴性。间质和内皮细胞对 AR、ER/PR 表达不稳定。EM 下间质细胞大部分为肌成纤维细胞。

鉴别诊断包括纤维瘤、化脓性肉芽肿和鼻的炎性息肉。

2. 血管瘤(angioma) 咽部血管瘤不多见,主要发生于鼻咽部和咽侧壁。多见于年轻人,无性别差异。临床上有咯血、咽部异物感、耳闭、耳疼、吞咽及呼吸困难。

大体平或稍隆起或结节状,紫红色或青蓝色。组织学上包括毛细血管瘤,分叶状毛细血管瘤和海绵状血管瘤。

3. 血管平滑肌脂肪瘤(angiomyolipoma) 极少见,大体上呈结节状隆起,表面黏膜光滑,肿瘤界清,无包膜。镜下与发生于其他部位者相似,由厚壁血管,脂肪组织及平滑肌成分构成。

4. 纤维瘤病(fibromatosis) 又称侵袭性纤维瘤病(aggressive fibromatosis)。临床症状有咽部不适、局部肿物、吞咽困难等症状。镜下见成纤维细胞和胶原纤维增生,肿瘤边缘浸润至正常组织,将部分正常组织包埋在内。局部切除后易复发。

5. 神经节细胞瘤(ganglion cell tumor, gangliocytoma) 少见,是咽部副交感神经节发生的肿瘤。常见于咽壁和咽旁间隙。病理形态与其他部位者相同。

6. 其他(others) 咽部也可发生纤维组织细胞瘤、平滑肌瘤、横纹肌瘤、血管外皮细胞瘤、神经鞘瘤、神经纤维瘤、脂肪瘤和错构瘤及骨纤维结构不良、骨瘤、软骨瘤和脊索瘤。

(二)恶性肿瘤

1. 横纹肌肉瘤(rhabdomyosarcoma) 鼻咽部横纹肌肉瘤占头颈部肿瘤的 3%,是儿童鼻咽部最常见的恶性肿瘤之一,主要发生于鼻咽部、咽后壁、软腭和舌根。

大体上常呈息肉状,组织学上有胚胎性、多形性和腺泡状,是高度恶性肿瘤,可以沿颅底扩散并侵入颅内,可见颈部淋巴结、肺和骨等的远处转移。

2. 其他 咽部亦可发生恶性神经鞘瘤、血管肉瘤、平滑肌肉瘤、滑膜肉瘤、纤维肉瘤、恶性血管外皮细胞瘤、恶性畸胎瘤等,其组织学改变同鼻腔鼻窦者。

第四节 喉

一、非特异性炎症性疾病

(一)急性喉炎

急性喉炎(acute laryngitis)本病的病因主要是病毒感染,常与急性鼻炎、咽炎同时发生。肉眼见喉黏膜充血、肿胀,表面粗糙、颗粒状。镜下见黏膜充血、水肿,中性粒细胞、淋巴细胞浸润。被覆上皮脱落后可以发生溃疡。

(二)急性会厌炎

急性会厌炎(acute epiglottitis)与嗜血性流感病毒感染有关。儿童易患,肉眼表现为杓状会厌皱襞及会厌周围疏松结缔组织的急性水肿,可以引起窒息死亡。镜下见黏膜固有层高度充血、水肿,中性粒细胞浸润。

(三)慢性喉炎

慢性喉炎(chronic laryngitis)本病与吸烟、过度用声、化学因子刺激及细菌感染有关。临床有异物感。镜下见黏膜内淋巴细胞、浆细胞等慢性炎症细胞浸润。慢性萎缩性喉炎(chronic atrophic laryngitis)多见于老年人,是长期炎症刺激的结果。临床表现为喉部干燥、不适。镜下见黏膜下纤维组织增生,血管及腺体减少、萎缩,纤毛柱状上皮鳞化。

(四)声带息肉

声带息肉(vocal cord polyp)较常见,用声过度引起声带黏膜下血液循环障碍-出血是主要原因,感染、吸烟、内分泌紊乱、变态反应等也可引起息肉。病变早期则表现为声带小结。

肉眼下,约 0.2～0.8cm 大小,灰白色半透明或粉红色息肉状。镜下见黏膜固有层水肿、出血、血浆渗出、血管扩张、毛细血管增生、间质黏液样变性、玻璃样变性、纤维化等。可有少量炎症细胞浸润。偶见钙化。可分为4型:纤维型、血管型、水肿型和黏液型。

二、被覆上皮的肿瘤及瘤样病变

(一) 良性肿瘤及瘤样病变

1. 上皮增生及化生 在慢性致炎因子作用下,喉部被覆的鳞状上皮可以出现单纯性增生、假上皮瘤样增生及喉癌的前驱病变(见后)。黏膜的柱状上皮也可出现鳞状上皮化生。

2. 喉角化症(keratosis) 在镜下有不同程度的角化层增厚,表现为过度角化或不全角化,可伴有上皮的单纯性增生、各级异型增生甚至原位癌。作为病理诊断应作具体描述和报告。

3. 鳞状细胞乳头状瘤及乳头状瘤病(squamous papilloma, and papillomatosis) 一般将其分为幼年型和成人型。临床有声嘶、咳嗽及呼吸困难,轻度外伤可致出血。幼年型见于小儿和入学前儿童,发生于声带和室带,可播散到喉的其他部位并可侵犯气管。原因被认为是人类乳头状瘤病毒(HPV)感染。20%~60%患儿的皮肤及外生殖器也可见乳头状瘤,感染途径可能为小儿出生时通过患尖锐湿疣的产妇产道所致。该瘤在临床上有顽固复发的特点,部分病例可以自愈,少数可发生恶变。成人型一般多为单发,术后不复发,但癌变者较幼年型为多。

镜下两者形态一致,均为分化良好的鳞状上皮的乳头状增生,细胞无明显的异型性和浸润性生长。其中儿童型多无角化,而有角化者多见于成人。恶变后则异型性明显。

(二) 恶性肿瘤

1. 鳞状细胞癌(squamous cell carcinoma)

(1) 前驱病变(precursor lesion)是指增加了进展成鳞癌可能性的上皮病变。上皮异型增生是对这些镜下改变的传统称谓。临床常要求病理评估上皮异型增生,因为上皮异型增生被认为是恶变潜能的重要指标。恶变的可能性与异型增生的严重程度正相关。但是,已经明确喉癌可以从异型增生的任何一个阶段发生,甚至是从形态上正常的上皮发生。

【病理变化】 肉眼可见病变呈局限性或弥散性,表面可光滑或不规则,平坦或外生性。常见于真声带前端。双侧病变常见。

组织学表现为不同程度的异型增生(dysplasia)。异型增生是指鳞状上皮出现不同程度的异型性,其成熟过程及极性紊乱未达到原位癌的标准,一般分为轻度、中度和重度。轻度指异型细胞增生位于上皮层下1/3。中度指异型细胞达上皮层下1/3以上至中1/3以下,细胞异型性中等,核分裂象增加,但上皮上1/3细胞分化良好,呈层状排列。重度指有高度异型核的细胞出现在上皮层2/3以上,无成熟形态,只上皮最上层显示不同程度的层状排列。

(2) 原位癌(carcinoma in situ)是指黏膜上皮细胞的异型性增生累及全层,但尚未突破基膜向间质浸润的上皮内癌。

【病理变化】 肉眼观缺乏特征性表现,常为局部黏膜增厚、发白。组织学表现为核大浓染、大小不等的异型细胞波及上皮全层,可见病理性核分裂象,异常角化。细胞极性消失。病变可累及黏膜腺体,但基膜完整。有作者认为原位癌与重度异型增生常无法明确区分开来,而表示为原位癌/重度异型增生。

(3) 浸润癌(invasive carcinoma)是指突破上皮基底膜向深部组织浸润的癌。

根据解剖学结构,喉分为声门上区、声门区、声门下区。声门上区包括会厌喉面、室带、杓会厌皱襞、杓状软骨;声门区包括声带、前联合和后联合;声门下区为声门区的下缘到环状软骨的下缘。按肿瘤的发生部位,喉鳞癌分为声门上型、声门型、声门下型及跨声门型。跨声门癌(transglottic cancer)是指原发于喉室或以喉室为中心上下发展或向周围扩展的癌,很容易侵犯会厌前间隙和声门旁间隙。其中声门型最多见,占60%~65%;声门上区占30%~35%;声门下区不到5%;跨声门区占5%以下。鳞状细胞癌是喉最常见的恶性肿瘤。

【病理变化】 肉眼下肿瘤呈灰白色,质硬、脆,表面呈乳头状,或有溃疡形成。可分为蕈状型、浸润型和中间型(既向间质又向表面生长)。组织学形态与其他部位的鳞癌一致。

分为高分化、中分化、低分化鳞癌。高分化鳞癌,胞质丰富,嗜酸性,癌巢大,癌珠明显,常形成角囊肿。低分化癌瘤细胞胞质相对较少,核质比例增大,核分裂象多。癌巢小而分散,角化少或细胞内角化。中分化鳞癌介于两者之间。

鳞状细胞癌可见如下组织学变型(variants of squamous cell carcinoma)。

1)疣状癌(verrucous carcinoma)是一种分化好的鳞状细胞癌,恶性程度低。较少见,一般生长很慢而不发生转移。偶有直接播散至引流区淋巴结。活检标本少,取材浅,诊断不易。

肉眼下,肿瘤发生于声带,向喉腔表面呈许多白色刺状、针状或乳头状突起,刺长者可超过1cm,刺的基部较粗,末端尖锐,整个肿块形成疣状,切面肿瘤与间质界清,刺状突起间有裂隙。组织学表现为鳞状上皮呈疣状或乳头状增生,细胞分化较好,棘细胞增厚,表面致密角化,乳头间裂隙充满角化物;深部边界非常清楚,肿瘤向间质呈推挤性而非浸润性生长,基膜可保持完整而无浸润现象;球根状(杵状)排列整齐的上皮脚,常见中心变性,上皮脚由高分化角化鳞状上皮组成,缺乏异型性;邻近间质有反应性炎性细胞浸润。

2)乳头状鳞状细胞癌(papillary squamous cell carcinoma)是鳞状细胞癌的一个亚型,以外生性乳头状生长和预后良好为特征。外生性鳞状细胞癌伴有乳头状结构,乳头状结构呈细指状,瘤细胞围绕纤维血管轴。乳头状鳞癌基底部可有或无浸润性鳞癌。乳头被覆上皮细胞层常常较良性乳头状瘤少,上皮细胞不成熟,基底细胞样,形态类似经典宫颈原位癌。另一种可表现显著的核多形性。

3)基底样鳞状细胞癌(basaloid squamous cell carcinoma,BSCC)大体表现为中央溃疡性的肿块,伴有黏膜下广泛硬结。

基底样鳞状细胞癌是一种具有侵袭性的鳞癌变型,少见。由基底样癌和鳞癌两种成分组成,基底样癌细胞胞质少,核致密、深染,核质比高,核分裂象多见,构成圆形细胞巢,癌细胞团边缘呈栅栏状,其内可见粉刺样坏死,癌巢内可见黏液小囊,无基膜,内有黏液物,此为基底细胞样鳞癌的特点。鳞癌成分为原位癌或侵袭性角化性鳞癌,很少。

4)梭形细胞癌(spindle cell carcinoma)是另一个少见的鳞癌亚型,又叫肉瘤样癌。大体常表现为大小不等的息肉样外观,表面常有溃疡。

组织学以恶性梭形细胞为主要成分和少量鳞癌组成的双相结构为特征,酷似肉瘤。肉瘤样细胞呈梭形或圆形、有束状排列,间质黏液水肿。可见到鳞癌细胞和梭形细胞移行。鳞状成分少,常散在或不明显,分布在息肉状肿物的蒂部和散在于肉瘤样肿瘤区内。当鳞状成分不明显时,诊断需要有免疫组化或超微结构上皮分化的证据。免疫染色梭形细胞可表达角蛋白,还可以表达 Vimentin 和其他中间丝,如 SMA、MSA 和 Desmin。

5)腺鳞癌(adenosquamous cell carcinoma)是一种少见类型。大体可表现为外生性或息肉样肿块。

组织学以鳞癌和真性腺癌两种成分为特征,且两者有较明显的分界。鳞癌成分常在表面,表现为原位癌或浸润性癌。腺癌成分多见于肿瘤深部,有确定的腺样结构分化,即导管或小管形成。仅出现细胞内黏液不能诊断腺鳞癌。

6)棘细胞松解性鳞状细胞癌(acantholytic squamous cell carcinoma)罕见。特征为肿瘤棘细胞松解,形成假腔或腺样分化的假象。肿瘤由鳞癌组成,瘤细胞巢有棘细胞松解灶,假腔内含松解细胞、角化不良细胞或透明细胞,也可为空腔。棘细胞松解现象常见于肿瘤深层。肿瘤没有腺样结构分化或黏液产生的证据。肿瘤以中分化鳞癌为著,可见透明细胞和梭形细胞。间质常常硬化,伴淋巴浆细胞反应。棘细胞松解可形成吻合的腔隙和通道,似血管肉瘤。其预后与鳞癌相似,但有报道认为其比鳞癌更具侵袭性。

2. 淋巴上皮癌(lymphoepithelial carcinoma) 淋巴上皮癌又称为鼻咽癌样癌或鼻咽型未分化癌,是一种低分化鳞癌或组织学上伴显著反应性淋巴浆细胞浸润的未分化癌,形态学类似鼻咽癌。

大体表现为有深或表浅溃疡的肿块。组织学肿瘤以不规则岛状和片状浸润黏膜,癌巢和间质内有大量淋巴细胞浸润。瘤细胞具有单一的泡状核,圆或卵圆形,核仁明显,胞质嗜酸性,界限不清,形成合体细胞样。瘤细胞也可呈肥胖的梭形,核呈流水样(streaming)排列。EBV检出率低,局部放疗效果较好,即使有颈部淋巴结转移。远处转移者预后差。

3. 巨细胞癌(giant cell carcinoma) 是一种未分化癌,又称为大细胞癌、未分化癌等。大体表现与鳞癌没有区别。组织学为大量的、细胞间无黏附的异型巨细胞,核大,常常是多核,染色质粗糙,核仁大。胞质丰富、嗜酸性,有时呈空泡状,胞质中常含有嗜中性颗粒或细胞碎片。高度恶性,预后差。

4. 腺癌(adenocarcinoma) 很少见,预后差。乳头状腺癌是从被覆上皮发生的。主要发生在声门上和声门下区,不见于声带。组织学可分为高分化腺癌和低分化腺癌。高分化腺癌癌细胞为立方和柱状,胞质嗜酸性,呈腺管状、囊状和乳头状排列。低分化腺癌癌细胞有明显的异形性,核分裂象易见,除不规则腺样结构外,可以形成实性巢状和梁状结构。当腺体有分泌黏液的功能时,则成为黏液腺癌。

(三)早期喉癌与喉鳞状细胞癌早期病理改变

1. 早期喉癌的概念 早期喉癌一般指早期声门癌,偶见于声门上区和下区。声门病变较早期即表现为声嘶,其他区域因临床症状不明显在诊断时往往已发生浸润。自1932年Broders提出原位癌的概念以来,癌的早期范围一直是临床和病理医师讨论的问题。Desanto等认为早期声门癌包括原位癌和T1病变。Mendenhall等认为只要无转移癌灶,早期喉癌包括原位癌、T1、T2甚至T3病变。Thomas等认为声带活动正常应作为早期声门癌的一个临床指征。病理界尚未提出早期喉癌的概念,但对微浸润癌的范围和标准有如下不同报道。包括:①癌细胞浸润的深度在2mm以内;②癌细胞在基膜下1~2mm以内,无血管的浸润;③癌细胞浸入上皮基膜下0.5mm以内。Ferlito等认为早期浸润性喉癌应只限于病变穿透基膜到固有层而未侵及邻近肌肉及软骨等组织。多数学者认为,只要未侵及邻近肌肉、软骨,局限在黏膜上皮内和(或)固有层内的喉癌都属于早期喉癌的范畴。喉癌术中冰冻的组织标本往往很小,致早期喉癌的病理诊断仍面临很大的挑战。

2. 喉鳞状细胞癌早期病理改变 喉鳞状细胞癌的早期病理改变(以下简称喉鳞癌早期改变)尚无明确的定义,包括原位癌、早期的微浸润癌及处于两者之间的过渡阶段的癌,相当于早期喉癌阶段刚刚发生癌变及浸润的病例。

喉鳞癌早期改变病例最多见于声带。目前,如病理诊断为声带鳞癌早期改变,则临床上对它的处理范围可深达声带肌层,而对上皮异型增生(包括重度异型增生)的处理仅限于上皮全层或固有层浅层的剥脱。因此,对两者的明确区分和诊断,是临床确定不同处理方案的重要需求和依据,并与患者的生活质量和预后密切相关。因此,喉鳞癌早期改变概念的提出将有利于喉癌的临床和病理学研究,是对早期喉癌认识中的一个发展,对早期喉癌的诊治研究可能具有重要的基础和临床意义。

镜下根据其形态学特点可区分为Ⅰ型和Ⅱ型。Ⅰ型又称为上皮全层癌变型,特点是上皮全层出现异型增生癌变,多由经典的轻度到中度及重度上皮异型增生发展而来,癌变上皮的基底部基本保持平坦。Ⅰ型相当于WHO喉上皮性癌前病变分类(2005年)中的原位癌。Ⅱ型又称为上皮基底层副基底层癌变型,癌变的特点是仅上皮基底层和部分副基底层细胞向固有层内异型增生癌变,异型增生的上皮呈微小的杵状、球嵴状、广基状及网状钉突样向上皮下固有层内"内翻样"生长癌变,上皮的表层和(或)部分副基底层细胞未见著变,其癌变上皮的基底部因癌变上皮的"内翻样"生长而变得凸凹不平(彩图10-9),并常常因为伴有微小的早期浸润而成为癌变诊断的依据。相当于WHO喉上皮性癌前病变分类(2005年)中的轻度或中度异型增生的上皮逆转向固有层内生长癌变,称为Ⅱa型。有时上皮副基底层以上或包括基底层细胞在内并未见异型增生改变,或仅基底层细胞局灶异型增生而基膜下可发现癌变组织浸润,称为Ⅱb型。Ⅱb型的部分病例相当于WHO喉上皮性癌前病变分类(2005年)中的鳞状细胞单纯增生(或基底细胞增生)向固有层内生长癌变。Ⅰ型和Ⅱ型可以混合存在。

Ⅰ型声带原位癌因有上皮轻度到中度及重度异型增生的过渡病变存在及病变基本上位于基膜水平以上，诊断相对容易，而Ⅱ型声带鳞癌的早期改变病变多向基膜水平以下发展，即使其增生的基层及副基底层已具有足够的异型性，但当其无确定的微浸润时，因尚缺乏明确的诊断及鉴别诊断依据（包括形态学、免疫组织化学及分子遗传学等指标），与未癌变上皮突的鉴别仍比较困难，存在争议，故目前仍报告为重度异型增生，不除外癌变为妥，有的文献则直接表示为重度异型增生/原位癌。可见，早期微浸润灶的确定常常成为Ⅱ型诊断的重要前提条件。

三、涎腺型肿瘤

喉黏膜也可以发生小涎腺的良性及恶性肿瘤，但很少见，包括多形性腺瘤、嗜酸细胞性乳头状囊腺瘤、腺样囊性癌、黏液表皮样癌，而其他如嗜酸性腺癌、腺泡细胞癌、上皮-肌上皮癌、多形性腺瘤内癌、恶性肌上皮瘤、涎腺导管癌、透明细胞癌等更为罕见。

四、神经内分泌肿瘤

神经内分泌肿瘤包括典型类癌（carcinoid）、不典型类癌（atypical carcinoid）和小细胞癌（small cell carcinoma）。声门上区多见。大体表现为息肉状，表面可有溃疡。组织学上，类癌呈器官样和小梁状排列，由圆形和（或）梭形细胞组成，细胞单一，圆形核，核质比低，染色质细点状（椒盐状）；核仁不明显，无坏死和细胞多形性，间质血管丰富。不典型类癌瘤细胞圆形或梭形，包括小巢状、片状和索状排列，或几种方式同时出现，与类癌相比，瘤细胞较大，泡状至深染核，核质比高，有核仁，核分裂象、坏死、细胞多形性和脉管浸润常见。

喉与肺同源于前肠，喉小细胞癌与肺小细胞癌组织发生、形态相同。肿瘤细胞小、胞质少，圆形、卵圆形或短梭形，细胞排列紧密，核浓染，无核仁，核质比高，常见核异性、坏死、核分裂象和碎片。呈片状、带状、巢状排列，有时可见假菊形团结构，肿瘤间质较少。电镜下可见有膜包绕、高电子密度的神经内分泌颗粒，大小在50～250nm，在分化差的肿瘤中其数量减少。细胞间可见复杂的指状突起，偶尔可见细胞间连接。

喉的神经内分泌肿瘤时，免疫组化染色其神经内分泌标记物阳性，CK、CEA及降钙素阳性，副神经节瘤时后三者阴性。

喉类癌是低度恶性肿瘤，很少转移，预后好。不典型类癌恶性程度高，就诊时常有淋巴结甚至远处转移。小细胞癌为高度恶性肿瘤，侵袭性生长，5年生存率极低。

五、软组织肿瘤

（一）良性肿瘤及瘤样病变

1. 接触性溃疡（contact ulcer） 多见于成人，好发于声带后部。肉眼呈息肉状，常累及双侧声带。组织学为炎性肉芽组织，表面为溃疡及纤维素性渗出物和坏死物。鉴别诊断包括声带息肉、血管瘤。

2. 喉膨出（laryngocele） 喉室黏膜囊状膨出形成，多见于40～70岁，腔内含有气体，并通过细蒂与喉室相通。其向喉室腔内突出可引起声嘶和呼吸困难，向喉外侧突出可引起颈部质软的肿块。镜下囊内被覆呼吸上皮并伴有不同程度的鳞化，间质慢性炎症细胞浸润。

3. 颗粒细胞瘤（granular cell tumor） 喉部少见，发病年龄范围广泛。肉眼可为息肉样。镜下瘤细胞胞核小，胞质内可见PAS染色阳性颗粒，被覆鳞状上皮可见假上皮瘤样增生。免疫组化染色瘤细胞S-100蛋白、CD68阳性。电镜下胞质内颗粒为溶酶体。鉴别诊断主要为高分化鳞状细胞癌。

4. 炎性肌纤维母细胞瘤（inflammatory myofibroblastic tumor） 头颈部的炎性肌纤维母细胞瘤最多见于喉，尤其是声带。多见于成年男性。肉眼呈息肉样或结节状。镜下组织学、免疫组织化学染色及超微结构同其他部位的炎性肌纤维母细胞瘤表现一致（见鼻腔鼻窦部）。遗传学有ALK基因重排和表达。

5. 黏液瘤（myxoma） 是一种组织起源不明的良性肿瘤，也可能是非肿瘤性病变。多见于软组织，偶见于喉。大体上肿物有黏液样外观，灰白透明样，质软。镜下见增生的小圆形、梭形、星形瘤细胞位于黏液样基质中。瘤细胞有小而不规则深染的核和纤细的胞质突起。基质为富含透明质酸的黏液，奥辛蓝染色阳性，其内有胶原纤维。需与声带息肉和发生在该部位的富于黏液变性的肿瘤如神经鞘瘤加以鉴别。

喉部亦可发生血管瘤、淋巴管瘤及乳头状血管内皮细胞增生、血管平滑肌瘤、脂肪瘤、平滑肌瘤、横纹肌瘤、纤维组织细胞瘤、巨细胞瘤、纤维瘤、纤维瘤病、神经鞘瘤、神经纤维瘤、副神经节瘤等，神经纤维瘤大多见于婴儿或新生儿，可伴上呼吸道梗阻。

（二）恶性肿瘤

喉部肉瘤较癌瘤少见，占头颈部恶性肿瘤的比率不到1%。

1. 血管肉瘤（angiosarcoma） 喉血管肉瘤很少见。患者常有放疗史。常累及声门上区，特别是会厌部。大体为息肉状肿物，灰红色或灰白色，软脆，出血坏死。组织学有丰富的血管网，有的呈窦样结构，排列紊乱，管腔内衬异型性细胞，多层排列，或充满管腔呈实性巢，使管腔闭塞。瘤细胞梭形或上皮样，胞质突向腔内，核呈空泡状，核分裂象易见。有特征性的是大的上皮样细胞内有空泡，有的空泡内可见红细胞。免疫组织化学染色瘤细胞CD34、Ⅷ因子及vimentin阳性，角蛋白、EMA阴性。电镜下，肉瘤性内皮细胞胞质内有Weibel-Palade小体。喉血管肉瘤为高度恶性肿瘤，常局部复发和血行转移。

2. 滑膜肉瘤（synovial sarcoma，SS） 原发于喉的滑膜肉瘤罕见，而由颈部直接蔓延过来的继发性病变略多一些。大体肿块常为外生性，有蒂，表面常有溃疡。无境界或有部分包膜。切面黄白色，伴有质韧、沙砾感。

组织学既有上皮又有间叶组织的特点，分为单相型和双相型两类。双相型滑膜肉瘤由不同比例上皮样细胞和梭形细胞构成。上皮样成分常形成典型的腺体，腺上皮单层。在单相型中只有梭形或上皮样成分。梭形细胞排列整齐，细胞密集，呈短束交错状排列。细胞核卵圆形至梭形，空泡状至深染，胞质少，细胞边界不清。上皮样细胞为立方状至柱状，排列呈腺样、带状、巢状，胞质丰富，核圆形至卵圆形，胞膜清楚。两种细胞间有过渡形态。在梭形细胞区域可到透明变性和黏液变性，灶状钙化，常见到肥大细胞。部分上皮样瘤细胞可发生鳞状化生。电镜下可见腺体分化的腺腔内有微绒毛、细胞间连接、张力丝，腺体周围有基膜样物质包绕，而梭形细胞表面常有丝状突起，细胞间有原始细胞连接、不完整的基膜。免疫组化上皮细胞和梭形细胞细胞角蛋白（CK）和EMA阳性，而只有梭形细胞vimentin阳性。用RT-PCR或间期荧光原位杂交分子学检查发现在X和18号染色体间有特征性的染色体易位t(X;18)(p11.2;q11.2)，该发现可证实诊断。

3. 恶性纤维组织细胞瘤（malignant fibrous histiocytoma，MFH） 喉的恶性纤维组织细胞瘤很少见。男性多见于女性。好发于声门。

大体为息肉状肿瘤，无蒂，表面常有溃疡，切面灰白色、灰红色、灰黄或棕褐色。

组织学形态多样，细胞成分复杂，瘤组织包括纤维母细胞、组织细胞、多核巨细胞、黄色瘤细胞、炎症细胞，瘤细胞呈梭形、圆形或卵圆形等。常有灶状、车辐状或编织状排列。鉴别诊断为梭形细胞癌（免疫组化染色CK阳性）。

4. 脂肪肉瘤（liposarcoma） 喉原发性脂肪肉瘤罕见。肿瘤几乎均发生在喉的声门上区或下咽部（梨状窝）。大体肿瘤质中、息肉样，切面分叶状，浅灰黄色、半透明，胶胨样，有光泽。

组织学特点是有不同分化阶段的脂肪细胞，包括原始间叶细胞、成纤维细胞样细胞以及各阶段的脂肪母细胞。分化好者需与脂肪瘤鉴别。

5. 其他 喉肉瘤中还有恶性周围神经鞘瘤、横纹肌肉瘤、平滑肌肉瘤、纤维肉瘤、肌纤维母细胞肉瘤及癌肉瘤等，但均较罕见。

六、转移性肿瘤

大多为恶性黑色素瘤，其次可见肾癌、乳腺癌、肺癌、前列腺癌、结肠癌及胃癌等，均较少见。

第五节 耳

一、发育异常（先天性畸形）

耳的先天性畸形很多，包括耳前瘘管、鳃

裂囊肿、耳郭畸形、外耳道闭塞及中耳畸形，其中耳前瘘管在外检中最常见，Ⅰ型仅有上皮成分，Ⅱ型有中胚层的参与，除含上皮、皮肤附属器结构外，还可见软骨。

二、炎症性疾病

外耳、中耳及内耳均可发生急性及慢性炎症，多与细菌感染及引流不畅有关。耳息肉及慢性化脓性骨髓炎可发生于慢性炎症的基础上，免疫抑制患者可发生恶性外耳炎。

三、特征性肿瘤及瘤样病变

（一）外耳

外耳可见特发性囊性软骨软化、慢性结节性耳轮软骨皮炎及复发性多软骨炎等。

（二）外耳道

外耳道可见耵聍腺肿瘤、圆柱瘤，也可见到内翻性乳头状瘤。

1. 耵聍腺良性肿瘤 包括耵聍腺腺瘤、软骨样汗腺瘤及生乳头状汗腺瘤。腺瘤镜下分化良好，但无包膜。免疫组化染色肌上皮P63、腺细胞CK7阳性、基底细胞CK5/6阳性。软骨样汗腺瘤镜下形态同涎腺的多形性腺瘤，圆柱瘤及生乳头状汗腺囊腺瘤镜下形态与同类皮肤附属器肿瘤相似。

2. 耵聍腺恶性肿瘤 包括腺癌、腺样囊性癌及黏液表皮样癌，其镜下特点近似于发生于涎腺者。

3. 内翻性乳头状瘤 病理形态与鼻腔内翻性乳头状瘤相同，可见于青少年。

（三）中耳

可见神经内分泌肿瘤（中耳腺瘤），中耳乳头状肿瘤（包括侵袭性乳头状肿瘤和施耐德型乳头状瘤）、鼓室球瘤、胆固醇性肉芽肿和胆脂瘤。

1. 中耳神经内分泌腺瘤（neuroendocrine adenoma of the middle ear） 有文献称其为中耳类癌。发病通常在40余岁，男女比例相当，瘤细胞排列成腺管状、梁状、花簇状、网状及实性片状。但有在增生的结缔组织间质内浸润性生长的形态。免疫组化染色CK系列阳性，CK7显著表达于腺管的内层，神经内分泌标记包括Chg-A、NSE、Syn阳性，多种激素多肽多表达于基底细胞。电镜下基底细胞内可见神经内分泌颗粒。

鉴别诊断包括耵聍腺腺瘤、鼓室球瘤、脑膜瘤及转移性腺癌等。

2. 中耳乳头状肿瘤（papillomas of middle ear） 可能为起源于内淋巴囊的低级别腺癌，具有侵袭性。发病年龄平均34岁，女性多见。镜下呈乳头状腺样排列，乳头衬附单层矮柱状至柱状上皮。免疫组化染色瘤细胞CK、EMA、S-100阳性，可与甲状腺癌、肺癌及结肠癌转移相鉴别。

中耳施耐德型乳头状瘤的病理形态基本同鼻腔鼻窦的同名肿瘤。

3. 鼓室球瘤（glomus tympanicum tumor） 为中耳常见的副神经节瘤，发病年龄多在50～60岁，男女比例不一。镜下表现与副神经节瘤相同，肿瘤细胞排列成特征性的巢，由分叉的血管间质分隔。免疫组化染色瘤细胞Chg-A、NSE、Syn、CD56膜、支持细胞S-100阳性。电镜下含有神经内分泌颗粒，遗传学检测可协助家族性副神经节瘤的诊断。

鉴别诊断包括中耳的神经内分泌肿瘤（CK7阳性）及血管瘤。

4. 胆脂瘤（cholesteatoma） 见于中耳或乳突区。可分为先天性及后天性。多发生于20～30岁，男性多于女性。镜下可见表皮样囊肿，含大量葱皮样角化物，无上皮脚及炎性肉芽及纤维组织，可伴发胆固醇肉芽肿及异物性肉芽肿反应。FISH检测多数患者有7号染色体，C-erbB-2及ki-67与其生物学行为有关。

鉴别诊断包括鳞状细胞癌及胆固醇性肉芽肿。

5. 胆固醇性肉芽肿（cholesterol granuloma） 多见于中耳乳突及颞骨岩部，可见于任何年龄，无性别差异。镜下可见出血、针形裂隙、多核巨细胞及增生的纤维组织等。胆固醇性肉芽肿可继发于胆脂瘤、中耳的内分泌腺瘤及内淋巴囊肿瘤。

（四）内耳

内耳可见内淋巴囊肿瘤、前庭Schwann瘤及2型神经纤维瘤病。

1. 内淋巴囊肿瘤 起源于内淋巴囊，广泛侵犯岩骨，不转移，有 Von Hippel-Lindau (VHL) 基因突变，罕见。镜下呈乳头腺样结构，可见胶胨样分泌物，似脉络丛乳头状瘤及甲状腺滤泡。免疫组化染色瘤细胞 CK、EMA、S-100 阳性，部分病例 GFAP 弱阳性。

鉴别诊断包括甲状腺乳头状癌（TG、TTF-1 阳性），转移性肺癌（TTF-1、CK7、CEA 阳性）、结肠癌（CK20、CEA 阳性）及中耳神经内分泌腺瘤（无乳头状结构，表达神经内分泌标记）。

2. 前庭 Schwann 瘤 是颞骨最常见的肿瘤，多见于 40～50 岁，也可见于年轻的 2 型神经纤维瘤病患者。镜下肿瘤可见细胞丰富的 AntoniA 区、细胞较少的 AntoniB 区及囊性变等。免疫组化染色肿瘤细胞 S-100、GFAP、NSE 阳性、CD34 部分阳性。

3. 2 型神经纤维瘤病（neurofibromatosis 2，NF2） 是常染色体显性遗传病，以多发双侧前庭 Schwann 细胞瘤为特征，也可伴发其他颅神经及外周神经的 Schwann 细胞瘤及其他各种颅内及脊柱内良性肿瘤。遗传学检查发现存在 NF2（22q12）基因突变。鉴别诊断包括脑膜瘤（ EMA 阳性）及神经纤维瘤。

（五）可发生于耳部的其他病变

1. 皮肤病变 包括多种良性及恶性病变。良性者有老年疣、皮角、乳头状瘤、皮脂腺腺瘤、角化棘皮瘤、毛发上皮瘤、钙化上皮瘤，恶性者有鳞状细胞癌、基底细胞上皮瘤等。

2. 软组织肿瘤及瘤样病变 良性肿瘤包括纤维瘤、良性纤维组织细胞瘤、黏液瘤、瘢痕疙瘩、血管瘤及淋巴管瘤、黑色素痣、脑膜瘤、迷芽瘤。迷芽瘤的组织成分为涎腺组织、各种软组织和神经组织。恶性肿瘤有横纹肌肉瘤、恶性黑色素瘤、非典型性纤维黄色瘤、恶性纤维组织细胞瘤、纤维肉瘤、滑膜肉瘤、黏液脂肪肉瘤及血管肉瘤等，其中以横纹肌肉瘤较常见。

3. 转移性肿瘤 较少见。最常见的转移性肿瘤是乳腺癌，其次是肺癌、肾癌、胃癌、前列腺癌、甲状腺癌、喉癌、肾上腺癌、睾丸癌、恶性黑色素瘤、结肠癌、子宫癌、恶性淋巴瘤及白血病。应用相关的免疫组化标记可识别其来源。

第六节 头颈部骨及软骨组织肿瘤及瘤样病变

在不同部位或不同形态的骨可以发生不同的骨肿瘤及瘤样病变。头颈部多为扁骨，除了某些肿瘤如巨细胞瘤、软骨母细胞瘤及骨肉瘤在发病年龄方面稍大外，其发病规律与身体其他部位扁骨发生的骨肿瘤无明显差别。病理诊断方面仍需密切结合临床和影像学改变。

一、骨组织良性肿瘤及瘤样病变

（一）骨瘤

骨瘤（osteoma）是良性骨组织增生性病变，通常发生于额窦和筛窦。上颌窦和蝶窦较少累及。发生在颌骨时，下颌角较易受累。它的病因认为与先天异常和后天因素有关，例如：创伤和感染。肿瘤通常发生于 40～50 岁（范围 10～82 岁）。多发的颌骨骨瘤通常伴有 Gardner 综合征（一种家族性疾病，包括多发性结肠腺瘤、皮肤多发性表皮样囊肿、软组织肿瘤和头颈部多发性骨瘤）。

肉眼下，肿瘤为边界清楚的骨性肿瘤，表面可被覆黏膜。镜下，肿瘤由多少不等的密质骨、松质骨和骨髓组织组成。其密质骨与正常骨组织结构基本一致，仅在哈弗管的分布上与正常骨组织不同。

（二）骨赘

骨赘（osteophyte）是一种发生于骨关节炎周围的非肿瘤性突起。发生于头颈部的骨赘多见于颞下颌关节处。最初表现为软骨的生长，随后经过软骨内骨化。

组织学表现为密质骨结构，可见哈弗管，缺乏骨小梁。

（三）纤维结构不良

纤维结构不良（fibrous dysplasia）是良性骨-纤维病变，可表现为单骨型、多骨型。后者与 McCune-Albright 综合征密切相关。此综合征伴有内分泌异常和皮肤的“牛奶咖啡斑”。纤维结构不良发生于儿童和成年人，单骨型无性别差异，多骨型好发于女性（男女比例为1∶3）。发生于多个临近的颅面骨的病变认为是单骨型的。纤维结构不良发生于上颌骨多于下颌骨，可以累及临近的骨，如蝶骨、额骨、筛骨。根据累及部位的不同，可出现不同的临床症状。值得注意的是，蝶骨的受累通常导致视神经的压迫及视力的丧失。已证实在单骨型和多骨型的纤维结构不良中有 GNAS 基因的突变。

组织学上，病变包含纤维成分和骨成分。骨成分为不规则的编织骨，周边无骨母细胞围绕。纤维成分为梭形细胞。有胶原纤维垂直于骨小梁排列。有时，在较陈旧的病变中，也可出现板层骨和一些骨母细胞围绕。因此，当出现板层骨小梁和一些骨母细胞围绕时，不能除外纤维结构不良的诊断。

（四）骨母细胞瘤

骨母细胞瘤（osteoblastoma）是不常见的良性肿瘤，通常直径大于 2cm，好发于 30 岁左右的成人。在头颈部，最好发的部位是颌骨，也有颞骨的报告。肉眼下，灰红色，有砂粒感，通常有囊腔形成。镜下，骨母细胞瘤中，成骨细胞增生活跃，可见幼稚的骨小梁及骨样组织，可见散在的破骨样巨细胞。间质为疏松结缔组织和扩张的薄壁窦状血管。有时，可发生类似于动脉瘤样骨囊肿的改变。在肿瘤的周边，无浸润性生长。其需要与骨肉瘤、骨化性纤维瘤鉴别。

（五）骨巨细胞瘤

骨巨细胞瘤（giant cell tumor of bone）通常是良性的，有局部侵袭性。在头颈部，其通常发生在软骨内成骨的颅面骨。如蝶骨、筛骨、颞骨及枕骨。女性略多于男性。发生于头颈部的骨巨细胞瘤年龄略高于发生于其他部位者，通常为 30～40 岁。

组织病理学有 3 种细胞类型，破骨样的单核巨细胞、单核间质细胞和梭形的成纤维细胞样的梭形细胞。退行性的改变包括纤维化、泡沫细胞聚集、含铁血黄素沉积，甚至可以见到坏死。骨巨细胞瘤免疫组织化学染色巨细胞 CD68 阳性。

鉴别诊断：非骨化性纤维瘤、软骨母细胞瘤（S-100 阳性）、软骨黏液纤维瘤、巨细胞肉芽肿、有内衬细胞的单房性骨囊肿、动脉瘤样骨囊肿、甲状旁腺功能亢进的棕色瘤和含有巨细胞的骨肉瘤。

（六）骨化性纤维瘤

骨化性纤维瘤（ossifying fibroma）是间叶组织来源的良性牙源性肿瘤。其边界清楚，有纤维组织及矿化物两种成分。骨化性纤维瘤有两种组织学变型：青少年小梁状骨化性纤维瘤（JTOF）和青少年砂粒体型骨化性纤维瘤（JPOF）。

传统型骨化性纤维瘤女性好发，大多数在 40～50 岁，好发于下颌骨的后方。青少年砂粒体型骨化性纤维瘤主要发生在 20 岁的青年男性，鼻窦特别是筛窦常见。青少年小梁状型骨化性纤维瘤比青少年砂粒体型骨化性纤维瘤要少很多，其发病年龄更小，为 8.5～12 岁，上颌骨是最常见的部位。

传统的骨化性纤维瘤为骨母细胞围绕成熟的板层骨小梁，有时可有牙骨质物质的沉积。青少年小梁状骨化性纤维瘤为编织骨小梁呈网状排列，周围有肥大的骨母细胞镶边。有时，其可形成骨样基质。它和传统骨化性纤维瘤需要与骨母细胞瘤和其他骨纤维病变如纤维结构不良鉴别。砂粒体型由纤维间质和砂粒体样的骨小体组成，有时骨小体呈嗜碱性同心圆状排列。其需要与颅外的砂粒体型脑膜瘤鉴别，脑膜瘤 EMA 阳性，而且两者的砂粒体形态不同。

二、骨组织恶性肿瘤（骨肉瘤）

骨肉瘤（osteosarcoma）是最常见的骨原发性恶性肿瘤。尽管大多数是原发的，仍有很大一部分来源于放疗后、Paget 骨病或来源于先前存在的骨病变，如纤维结构不良。头颈部的骨肉瘤很少见，发生于上、下颌骨。男性略多见。平均年龄比长骨的骨肉瘤大 10 年左右（约为 40 岁）。

组织学可分为 3 种类型，成纤维型、成骨型和成软骨型。不考虑其分类的亚型，骨肉瘤最重要的特征是在恶性的间叶组织中生成肿瘤骨或骨样基质。不同级别的骨肉瘤在细胞的特征和异型性上不同。恶性的骨样基质通常为沉积在片状的肿瘤细胞之间的纤细的嗜伊红条带。

同时,肿瘤经常出现成软骨的分化。

三、软骨组织良性肿瘤及瘤样病变

(一) 软骨瘤

软骨瘤(chondroma)在鼻腔鼻窦及喉部均非常少见,任何发生在头颈部的成软骨性肿瘤直径大于2cm的均应考虑为潜在恶性。其应与高分化的软骨肉瘤鉴别。

(二) 骨软骨瘤

在头颈部,骨软骨瘤(osteochondroma)非常少见,通常发生于下颌骨和耳部。组织学上,由透明软骨构成的软骨帽覆盖着骨性的突起。

(三) 软骨母细胞瘤

软骨母细胞瘤(chondroblastoma)是少见的肿瘤,在所有原发性骨肿瘤中,约占1%,在颅面部更为少见,颞骨是其好发部位,颅骨软骨母细胞瘤患者的年龄比发生于其他部位者年龄大,平均年龄43.5岁(范围3~70岁)。

肉眼可见,通常为红褐色质软到质韧的肿物。镜下有如下特点:①软骨母细胞瘤由软骨母细胞及破骨细胞样巨细胞两种基本细胞组成,软骨母细胞中等大小,圆形或卵圆形,胞质丰富淡红色,核大深染,圆形或卵圆形,常有核沟,核仁不明显;②软骨样基质呈淡红色,与成熟的软骨基质不同,其成熟的嗜碱性的透明软骨少见;③肿瘤内钙化,特征性钙盐沉着于软骨母细胞周围,形成所谓的"格子样钙化"。

(四) 软骨黏液纤维瘤

软骨黏液纤维瘤(chondromyxoid fibroma)是少见的良性成软骨性肿瘤。它通常发生于30~40岁,可发生于任何骨性的部位。在头颈部,有发生于颞骨、顶骨、下颌骨、上颌骨、颧骨、枕骨、额窦和筛窦的报告。镜下,典型的病变可见分叶状结构,有梭形细胞和星形细胞在大量黏液样或软骨样基质中。破骨样巨细胞常见,核分裂象少见。

(五) 鼻软骨间叶性错构瘤

鼻软骨间叶性错构瘤(nasal chondromesenchymal hamartoma)一种极少见的发生于鼻腔或鼻窦的良性肿瘤,常见于婴儿。为增生的软骨样和间叶成分,组织学形态与胸壁错构瘤相似。其病因不明,多数认为其来源于胚胎残迹。免疫组织化学染色 vimentin 和 S-100 蛋白阳性,电镜显示成纤维细胞和肌纤维母细胞的特点。其需要与其他良性或恶性的软组织肿瘤鉴别。

四、软骨组织恶性肿瘤(软骨肉瘤)

喉的软骨肉瘤(chondrosarcoma)是喉部最常见的非上皮性的恶性肿瘤。尽管软骨肉瘤可发生于鼻腔、鼻窦和鼻咽部,发生在颅面部的软骨肉瘤较少见。其好发于老年(60~70岁),男女比例为2∶1。

肉眼下,软骨肉瘤为有光泽的珠白色分叶状肿物。镜下软骨肉瘤为分叶状,被纤维间质和反应性骨所分隔,小叶中软骨细胞较密集。陷窝中,有圆形到卵圆形的细胞,周围是蓝色的软骨基质,有时基质可有黏液变性。其诊断和分级与其他部位的软骨肉瘤分级标准一致。依据核的大小、核染色质、细胞量和有无双核细胞分为1~3级。大多数头颈部原发性软骨肉瘤为1或2级。软骨肉瘤可见如下亚型。

(一) 间叶性软骨肉瘤

间叶性软骨肉瘤(mesenchymal chondrosarcoma)是软骨肉瘤中更具侵袭性的一种变型,很少见,好发于年轻女性。在头颈部,颌骨比其他部位的骨更好发。组织学特点:由透明软骨岛与未分化的小圆细胞构成,小圆细胞呈血管周细胞瘤形态。两种成分明显不同,软骨样成分通常表现为分化较好的软骨肉瘤。

(二) 去分化软骨肉瘤

去分化软骨肉瘤(dedifferentiated chondrosarcoma)最常见的部位是股骨,其次是骨盆和肱骨,发生于头颈部非常少见,有发生于喉部的报告。它是软骨肉瘤的一种变型,镜下由两种成分构成,一种为分化好的软骨肿瘤,一种为高级别的非软骨成分的肉瘤,两种成分界限分明。

(三) 透明细胞软骨肉瘤

透明细胞软骨肉瘤(clear cell chondrosarcoma)为软骨肉瘤的另一种变型,为非常少见的低度恶性的肿瘤,有发生于喉的报告。大多数在40~50岁发病。组织学上,肿瘤由核居中的透明细胞组成,有破骨样巨细胞,典型的软骨肉瘤区域和多少不等的反应性成骨区。

五、脊 索 瘤

脊索瘤(chordoma)是少见的低度恶性肿瘤,与脊索的胚胎残迹有关。头颈部的脊索瘤大部分累及颅底、少部分累及鼻咽部和或鼻窦。脊索瘤通常累及成人,男性好发,儿童也可见到。其有3种组织学类型,即传统型、软骨样型和去分化脊索瘤,其组织学特点如下。

传统型脊索瘤显示黏液样间质中的条索状排列、有轻度异型性的瘤细胞(皂泡样细胞),被纤维组织带分隔。皂泡样细胞胞质丰富,透明或嗜酸性,空泡状(彩图10-10)。

软骨样型同时显示软骨组织。免疫组织化学染色S-100蛋白和CK分别阳性。鉴别诊断应与多形性腺瘤、黏液癌和软骨肉瘤。小叶状结构、皂泡样细胞和免疫组织化学特点对于鉴别诊断有帮助。

去分化脊索瘤是一种少见的骨肿瘤,为脊索瘤伴有肉瘤成分。肿瘤有多形性的肉瘤和典型的脊索瘤区域。肉瘤的成分有报告为恶性纤维组织细胞瘤、纤维肉瘤和梭形细胞肉瘤。鉴别诊断包括恶性纤维组织细胞瘤和其他恶性软组织肿瘤。

第七节　头颈部特殊感染症

头颈部的特殊感染症包括多种,其中较为常见的主要有真菌病、鼻硬结症、结核和梅毒等。

一、真 菌 病

近年来,随着滥用抗生素、肿瘤、器官移植等原因导致免疫力低下人群数量的不断增加,真菌病(mycosis)发病率也有所上升。头颈部真菌病并不少见,主要发生于口腔及耳、鼻、咽、喉等部位。可致病的酵母样菌主要包括白色念珠菌、新型隐球菌、荚膜组织胞浆菌、皮炎芽生菌、孢子菌和球孢子菌等,而致病的丝状菌主要包括烟曲霉菌和米根霉菌。由于真菌本身具有相似的病理生理特性,因此它们的临床表现也相似,如发生于鼻腔鼻窦部出现鼻塞症状,发生于咽喉部则可出现发声及吞咽困难,内镜下为增生或溃疡性病变,病理特点为化脓性或肉芽肿性炎症及假上皮瘤样增生,建议行过碘酸-希夫染色(PAS)或Grocott银染色以查找真菌菌丝或孢子。

(一)真菌性鼻窦炎

鼻腔鼻窦真菌感染其致病真菌多为丝状真菌,其中最为常见的真菌类型是烟曲霉菌。真菌性鼻窦炎(fungal sinusitis,FS)分为非侵袭性和侵袭性两大类型。按不同的发病机制和临床特征又将这2种类型划分为4个亚型,前者包括真菌球(fungus ball,FB)和变应性真菌性鼻窦炎(allergic fungal sinusitis,AFS),后者包括慢性侵袭性真菌性鼻窦炎(chronic invasive fungal sinusitis,CIFS)和急性爆发性真菌性鼻窦炎(acute fulminant fungal sinusitis,AFFS)。

1. FB　肉眼观,FB为黄绿色、棕褐色或黑色不等的质硬易碎的团块。镜下表现为大量紧紧缠绕在一起的真菌菌丝及孢子,炎症背景不明显,菌丝细胞壁有折光性,分隔不明显。病灶鼻窦黏膜组织呈慢性炎症反应,轻到中度的淋巴细胞和浆细胞浸润,也可见中性粒细胞和嗜酸性粒细胞。黏膜无真菌侵犯。

2. AFS　AFS大体为稠厚的分泌物,呈"油灰样"、"花生酱样"或"油脂样"外观,有臭味。镜下最具诊断意义的即这种特殊的无定形淡嗜酸性或淡嗜碱性的变应性黏蛋白成分,其内散布着大量的嗜酸粒细胞,并可见较多的夏克-莱登(Charcot-Leyden)结晶。嗜酸粒细胞或散在分布,或聚集成大小不等的簇;散在者常呈破裂状,其颗粒散于粘蛋白中,但仍然围绕着核,聚集成簇者常呈核固缩和胞质呈深橙色的退变状态。夏克-莱登结晶大小不一,呈淡橙色,横切面呈六角形,纵切面则呈角锥形或纺锤形。这些簇状和散在分布的嗜酸粒细胞碎片中还可见到退变的中性粒细胞和吞噬细胞成分,偶有钙化。鼻窦黏膜表面上皮倒伏脱落,基膜增厚,黏膜水肿,黏膜内大量嗜酸粒细胞和浆细胞浸润,黏膜内腺体数量增多并扩张,黏液分泌亢进。真菌只存在于分泌到黏膜外的黏蛋白内,黏膜内无真菌成分。

3. CIFS 以慢性化脓性肉芽肿性炎症为主,常伴有慢性非特异性炎症。黏膜组织内除慢性非特异性炎症反应外,黏膜下深部的组织形成大的化脓性肉芽肿,典型的肉芽肿其中心区为化脓性炎症,其中有大量的真菌菌丝,纵切面呈丝状,横切面呈大小不等的圆形(彩图10-11,彩图10-12),周围有类上皮细胞和多核巨细胞反应,多核巨细胞常吞噬真菌菌丝和孢子。肉芽肿周围有大量淋巴细胞、浆细胞浸润。小的肉芽肿内常无化脓灶,但也可见到巨噬细胞吞噬真菌的现象。真菌引起的肉芽肿反应常为慢性免疫反应的结果,是 CIFS 的主要的组织学特点。

4. AFFS 以凝固性坏死和真菌性血管炎为主,也可伴有化脓性肉芽肿形成。大部分病例在黏膜深部发生凝固性坏死的组织中容易找到侵袭的真菌菌丝,菌丝会因变性而肿胀变形,呈节段性无规律分布。以凝固性坏死为主的病变,往往是病情迅速进展的标志。真菌性血管炎表现为毛霉菌、曲霉菌等菌丝侵犯小静脉及小动脉。还可见血管内皮细胞肿胀、内膜增厚、管腔狭窄,甚至管腔闭塞或真菌菌栓栓塞。

多数真菌性鼻窦炎 HE 染色真菌成分着色效果不佳,建议采取 PAS 染色、GMS 染色或 MUC5B 抗体免疫组化染色方法查找真菌菌丝及孢子。

(二) 念珠菌病

白色念珠菌是念珠菌病(candidiasis)最为常见的致病菌,在人群中广泛存在,是一种共生菌及机会致病菌。在正常的个体口咽部和阴道内都可培养出白色念珠菌。由于菌群失调或免疫抑制,白色念珠菌可迅速繁殖并感染黏膜引起口腔及阴道念珠菌病。口交可引起念珠菌感染的播散。严重免疫缺陷患者,真菌可进入血流引起威胁生命的系统性感染。白色念珠菌是一种双相真菌,其形状可随外在条件发生转变,表现为酵母样或细丝状,镜下黏膜呈急性炎症反应,念珠菌由孢子和假菌丝构成,孢子多位于黏膜浅层聚集分布,假菌丝位于深层,无分隔或很少分隔,菌丝细而长。

(三) 隐球菌病

隐球菌病(cryptococcosis)是一种机会性真菌病,是由新型隐球菌感染所引起的亚急性或慢性深部真菌病,主要侵犯中枢神经系统和肺,但亦可侵犯骨髓、皮肤、黏膜和其他内脏。黏膜隐球菌病少见,常发生于鼻中隔、牙龈、舌、硬腭、软腭、扁桃体及咽喉等处,可为原发性或继发性,后者常与脑膜及肺部病变并存。尽管多数隐球菌感染具有一个自限性,亚急性或慢性过程,但艾滋病患者感染隐球菌则可表现为严重的进行性肺炎,伴有急性呼吸困难。新型隐球菌在组织中呈圆形或卵圆形,直径 5 ~ 12μm,能保留革兰染色;菌体为宽厚的荚膜所包裹,不形成菌丝和孢子,依赖出芽生殖。

(四) 组织胞浆菌病

组织胞浆菌病(histoplasmosis)是一种由组织胞浆菌引起的疾病,由于吸入该真菌的孢子而受感染。常见于男性、婴儿或免疫功能低下的人。本病的爆发流行常报告于接触鸟、蝙蝠或污染的土壤,无人与人之间传播,可引起原发性肺部病变和经血流播散,头颈部感染少见。镜下表现为上皮增生及上皮下大量慢性炎症细胞浸润,病变中央出现大量胞质丰富空亮的吞噬细胞,形成肉芽肿性病变,吞噬细胞胞质中可见许多孢子,呈圆形或卵圆形,其外围有一层空晕。

(五) 其他真菌病

头颈部皮肤、黏膜还可以见到孢子丝菌病、球孢子菌病、暗色丝孢菌病等。

(六) 放线菌病

放线菌病(actinomycosis)主要是放线菌引起的一种慢性化脓性炎症。根据现代的生物学分类,放线菌不属于真菌而属于一种厌氧细菌。由于它所引起的病变与霉菌病相似以及按照过去的习惯,通常仍将放线菌病与真菌病一起叙述。头颈部皮肤、黏膜也可以见到放线菌感染。扁桃体黏膜表面有时也可见到放线菌寄生,此时并非致病菌。

二、鼻硬结症

鼻硬结症(rhinoscleroma)是由克雷伯菌属鼻硬结杆菌(*Klebsiella rhinoscleromatis*,KR)引起的一种感染性疾病,常累及鼻腔、咽、喉在内的上呼吸道,也可侵犯咽鼓管、气管、支气管和颅内。

病理组织学上可分为3期。Ⅰ期(慢性卡他性炎症期),以大量浆细胞、淋巴细胞和中性粒细胞渗出为主;Ⅱ期(慢性肉芽肿期)以Mikülicz细胞(泡沫细胞)肉芽肿形成为特征,Warthin-Starry银染色及透射电镜下在其胞质内可见短棒状鼻硬结杆菌(彩图10-13、彩图10-14、彩图10-15);Ⅲ期(纤维瘢痕期)以黏膜内不同程度纤维化与慢性炎症细胞混杂为特征。需要与慢性非特异性炎症、梅毒、淋巴瘤、浆细胞瘤、非典型分枝杆菌感染、麻风病、黏膜黄色瘤等疾病鉴别。

三、梅　　毒

梅毒(syphilis)硬下疳除了发生于生殖器等常见部位外,还可见于其他部位,由口交引起的口腔部位硬下疳也不少见,其中唇部、舌部最多,其次是扁桃体,喉少见。患者多主诉咽喉部持续存在的无痛性肿块,体检表现为红肿、溃疡和侵蚀状病变。

镜下,Ⅰ期梅毒表现为淋巴细胞和组织细胞浸润,Ⅱ期梅毒可见黏膜上皮假上皮瘤样增生,上皮和固有层内中性粒细胞及浆细胞浸润,微脓肿形成,并可见小血管内皮细胞肿胀及小血管炎。通过详细的组织学检查及Warthin-Starry银染色找到梅毒螺旋体(用油镜在上皮层及微脓肿内查找)(彩图10-16)并结合血清学PRP或TPHA试验阳性可明确诊断。

四、结　核　病

结核病(tuberculosis)最主要的发病部位是肺脏,其次为泌尿生殖道、造血器官、中枢神经系统和上呼吸消化道。发生于头颈部的主要为喉结核。按致病机制分为原发性和继发性。原发性指病原体直接通过呼吸感染喉部黏膜组织而未出现肺结核病变。继发性指活动性肺结核通过咳痰或血流等方式感染喉部。喉结核常累及的部位包括声带、室带、会厌、声门及后联合等。病变表现为类上皮细胞聚集形成肉芽肿结节,中央可出现或无干酪样坏死,抗酸染色阳性。

五、麻　　风

麻风(leprosy)是由麻风分枝杆菌感染引起的主要累及皮肤和外周神经的一种慢性肉芽肿性炎症。据推测是由鼻部进入人体并通过血液循环进一步累及病变部位。鼻部是较易受麻风杆菌侵袭的部位,对麻风病的早期诊断很有意义,侵犯鼻部的麻风以瘤型麻风最多见,其次为结核样型。镜下,早期呈非特异性炎症反应,而后出现成片的胞质充满空泡的麻风细胞,其周围往往有上皮样组织细胞和多核巨细胞反应,结核样型麻风上皮样肉芽肿形成较为突出。抗酸染色胞质内可见大量短棒状的麻风杆菌。病程长者,黏膜固有腺体萎缩,纤维组织增生,瘢痕形成。鉴别诊断包括鼻硬结症、结核病等。喉麻风极其罕见,在采取有效的化疗之前可威胁生命。

第八节　头颈部淋巴组织增生性疾病

一、淋巴组织反应性增生

耳鼻咽喉头颈部淋巴组织反应性增生主要发生于Waldeyer咽环的黏膜淋巴组织,包括腭扁桃体、鼻咽部和舌根。

腭扁桃体淋巴组织增生主要见于小儿和年轻人。肉眼下,扁桃体增大。镜下淋巴组织增生,常形成具有生发中心的大型淋巴滤泡,滤泡间淋巴组织同时增生,在扩张的隐窝中常见角化物、细菌菌落及少数炎症细胞,偶尔可见放线菌菌团,无致病性。

腺样体增生是发生于儿童鼻咽部扁桃体的反应性增生,常伴有腭扁桃体的增生,镜下有次级生发中心的淋巴滤泡及滤泡间淋巴组织增生。成人鼻咽部也可发生淋巴组织增生,镜下形态同儿童鼻咽部扁桃体的反应性增生。当取材组织较小时,其内淋巴滤泡可不明显,此时应注意与分化好的淋巴瘤相鉴别。EBER

原位杂交检测为阴性，表明与 EBV 感染无关。

有人报告人免疫缺陷病毒-1（human immunodeficiency virus-1）感染患者鼻咽部亦可见反应性淋巴组织增生。

二、恶性肿瘤

耳鼻咽喉头颈部淋巴组织的恶性肿瘤包括多种结外恶性淋巴瘤、髓外浆细胞瘤及髓外髓细胞肉瘤。在世界不同地区，不同部位淋巴瘤的主要类别有所不同，其中亚洲地区位于鼻腔者多为 NK/T 细胞淋巴瘤，位于鼻窦、Waldeyer 咽环者多为 B 细胞淋巴瘤，颌面部还可见到前驱细胞淋巴瘤。在舌根、鼻咽等部位原发性髓外浆细胞瘤相对多见。内耳乳突、眼眶内外及鼻咽部等可见髓外髓细胞肉瘤，颌骨可见 Burkitt 淋巴瘤，耳和喉的淋巴瘤均少见，但也可出现 B 及 T 细胞淋巴瘤。AIDS 相关 B 和 T 细胞淋巴瘤的报告也日渐增多。头颈部结外霍奇金淋巴瘤极少见到报告。

（一）鼻腔鼻窦 NK/T 细胞淋巴瘤

此型淋巴瘤过去被称之为中线恶性网织细胞增生症、鼻致死性肉芽肿等。好发于亚洲及南美地区，尤以中国、日本及香港地区多见。发病年龄范围 4～85 岁，以青、中年居多，男女比例为 3∶1 左右，中位年龄 45 岁。原发部位最多见于鼻腔，其次为鼻腔周围相邻区域，小于 30 岁者相对多见于鼻腔周围相邻区域，如扁桃体、咽部、喉及上腭。

此型淋巴瘤中有 25%～65% 的病例其瘤细胞具有侵蚀小血管的现象，在新的 REAL 淋巴瘤分类中曾将其命名为鼻血管中心性淋巴瘤（即鼻 NK/T 细胞淋巴瘤），而鉴于肺、皮肤、肠等处也有同样的淋巴瘤，故 1997 年 WHO 淋巴瘤分类将其定义为鼻及鼻型（后者）NK/T 细胞淋巴瘤（nasal, nasal type NK/T cell lymphoma），使用至今。

【临床症状】 高热、无痛性鼻腔阻塞、流涕、鼻血。面部可有肿胀，病变局部表现为进行性破坏，黏膜溃疡、息肉样或肉芽样新生物，质脆伴坏死、出血，常覆有干痂或脓痂，伴恶臭，重者常有骨质破坏。在 CT 及 MRI 上有相应发现（软组织肿胀和骨质破坏），晚期可继发 NK 与 NK 样 T 细胞白血病，多数患者产生噬血细胞综合征，高度贫血，预后差。

【病理变化】 多灶状大片状坏死，在黏膜组织或炎性肉芽组织伴以淋巴细胞、浆细胞、组织细胞、中性白细胞浸润的背景中，有数量不等的小、中、大异型细胞浸润；以中等细胞为主型最多，其次为混合细胞为主型。细胞多型、扭曲状，胞质透亮，有的有核沟，常聚集在血管周围或浸润血管壁。值得注意的是，取材应尽可能避开坏死处，当有上述病变背景时应高度考虑到此瘤的可能性，证据不足时应建议临床酌情再取。

NK/T 细胞淋巴瘤免疫表型为 CD56、CD45RO、胞质型（cCD3）、CD2 阳性、T 细胞限制性中间细胞抗原（T-cell-restricted intracellular antigen-1, TIA-1）、粒酶 B（granzyme B）、穿孔素（perforin）、EBV 阳性，EBER1/2 原位杂交检测阳性率可达 90%，少数病例 CD56 可以阴性表达，认为来源于细胞毒性外周 T 细胞（cytotoxic T cell，CTC）。

鉴别诊断包括外周 T 细胞淋巴瘤、传染性单核细胞增多症、鼻硬结病及黏膜的急慢性炎症。

（二）鼻窦 B 细胞淋巴瘤

鼻窦的 B 细胞淋巴瘤主要为弥漫性大 B 细胞淋巴瘤。较少见。年龄范围 6～78 岁，中位年龄 39.1 岁，女性居多。临床症状多不明显。镜下表现及免疫表型表型同其他部位的弥漫性大 B 细胞淋巴瘤。

（三）Waldeyer 环淋巴瘤

Waldeyer 环可见多种类型淋巴瘤，其中以弥漫性大 B 细胞淋巴瘤居多，此外可见黏膜相关淋巴组织（mucosa associated lymphoid tissue，MALT）型边缘区 B 细胞淋巴瘤（简称 MALT 淋巴瘤）、滤泡性淋巴瘤、套细胞淋巴瘤等。T 细胞性淋巴瘤及其他部位的淋巴瘤也可累及此处。

MALT 淋巴瘤在 WHO 分类（1997 年）中被明确定义，临床呈惰性经过，与结外弥漫大 B 细胞淋巴瘤占结外淋巴瘤的 60%～85%。镜下特点是：①滤泡边缘区呈单核样（或裂核样）B 细胞克隆性增生；②瘤细胞既向滤泡外浸润也向滤泡内侵入（称滤泡殖入）；③侵蚀上皮呈淋巴上皮病变；④瘤细胞浆样分化；⑤可向大B细胞转化，成为高度恶性淋巴瘤；⑥瘤细胞CD20阳性，CD103回归受体阳性；⑦IgH克隆性基因重排阳性，bcl-2基因重排阴性。发生在鼻咽部的MALT淋巴瘤常需与鼻咽部黏膜淋巴组织增生（腺样体肥大）相鉴别（见后），后者儿童和青少年多见，镜下增生的淋巴组织中一般可见成熟的淋巴滤泡和生发中心结构，免疫组化等辅助检查可协助诊断。

鼻腔鼻窦及Waldeyer咽环部位其他淋巴造血组织的恶性肿瘤少见，有髓外浆细胞瘤、粒细胞肉瘤及霍奇金淋巴瘤等。此部位的浆细胞瘤多为原发，以鼻咽部相对多见，为单发性，发病年龄19～72岁，平均年龄46.4岁，女性多见。表现为息肉状或黏膜下出血性肿块，镜下为形态一致的不成熟浆细胞浸润，免疫组化染色显示为免疫球蛋白κ链或λ链的克隆性表达，以λ链为常见，占2/3。血和尿多无明显异常改变，尿本周蛋白检查为阴性，预后较多发性骨髓瘤好，但多数患者经长期随访而发展为播散性浆细胞瘤。髓外粒细胞肉瘤多见于年轻人，镜下瘤细胞较小，有一定的胞质，有时可见杆状核。免疫组织化学染色瘤细胞MPO、CD34、CD43、CD99、Ly等阳性。

（四）耳及喉的淋巴瘤

耳及喉的淋巴瘤少见，多表现为外周T细胞淋巴瘤或NK/T细胞淋巴瘤，也可发生浆细胞瘤。

（五）Burkitt淋巴瘤

Burkitt淋巴瘤（Burkitt lymphoma）主要发生于儿童，分为非洲型和非非洲型。前者好发于颌骨和卵巢，后者原发于回肠末端、肠系膜、肾脏、卵巢及乳腺，发病高峰为大龄儿童。此病占儿童淋巴瘤的1/3，男女比例为2～3∶1。临床为高度恶性，偶见白血化。非洲型瘤细胞内被证明有EB病毒整合基因，且在脏器移植后和AIDS患者合并Burkitt淋巴瘤者阳性率更高。

镜下在成片大中型的瘤细胞间散在宽胞质的吞噬细胞，构成特征性的“满天星”图像。本瘤IgM阳性，B细胞相关抗原（CD19，CD20，CD23，CD79a）阳性，CD10阳性，t(8,14)(q-24,q-32)，第8染色体C-myc基因重排、活化，少数t(2,8)或t(8,22)易位。

鉴别诊断主要是与Burkitt淋巴瘤具有类似形态的Burkitt样淋巴瘤，此瘤瘤样细胞稍大，核类似于生发中心大细胞，但C-myc基因未见活化，Bcl-2阳性。

三、头颈部恶性淋巴瘤的鉴别诊断

可致面部中线解剖部位破坏的疾病还可见低分化癌、恶性黑色素瘤及胚胎型横纹肌肉瘤等。低分化癌镜下有成巢趋势，免疫组化染色CK阳性，LCA阴性；恶性黑色素瘤需与弥漫性大细胞淋巴瘤及间变性大细胞淋巴瘤鉴别，恶性黑色素瘤时HMB-45阳性，S-100阳性，LCA阴性，电镜下可见黑色素小体或黑色素小体前体。当胚胎型横纹肌肉瘤分化较差时需与淋巴造血组织恶性肿瘤鉴别。光镜下仔细寻找时仍能发现横纹肌肉瘤细胞胞质呈特征性的条带状向一侧伸延的特点，免疫组化desmin阳性，myoglobin阳性，sarcometic actin阳性。

另外尚应与之鉴别的是Wegener肉芽肿。既往人们将此病与面中线部位的恶性淋巴瘤及特发性中线破坏性疾病笼统地一并称为中线恶性肉芽肿或致死性中线肉芽肿等。现已明确它们是一组在病因、病变本质及经过和预后上并不相同的疾病。Wegener肉芽肿的病变本质是坏死性肉芽肿性血管炎，镜下特点是血管壁纤维素性坏死、类上皮细胞及小多核巨细胞形成肉芽肿，并常伴有成簇状的中性粒细胞浸润，淋巴细胞无异型性。除在鼻部形成病变外，常侵犯肺和肾，ANCA（抗中性白细胞胞质抗体）阳性。而恶性淋巴瘤淋巴细胞有异型性，异型淋巴细胞虽浸润血管壁，但血管壁无纤维素性坏死，亦不形成肉芽肿，可资鉴别。

分化较好的浆细胞瘤应与浆细胞肉芽肿鉴别。后者本质为炎症，浆细胞分化成熟，大小形态较一致，核无异型性，一般不超过2个，可见Russel小体，背景中可见其他急慢性炎细胞浸润。分化差者需与组织细胞型恶性淋巴瘤鉴别，浆细胞瘤细胞可见双核、偏位、间质可见淀粉样变，免疫组化染色也可作为参考。

四、其他淋巴组织增生性疾病

(一) 嗜伊红淋巴肉芽肿

嗜伊红淋巴肉芽肿(Kimura disease)于1937年由金显宅首先报告,是一种原因不明的炎症性疾病,好发于10~30岁的男性头颈部,特别是颜面部(包括鼻)、腮腺及颌下腺,可单侧或多侧、上臂下部、皮肤、肌肉及淋巴结亦可受累,病变表现为肿块、皮肤瘙痒、色素沉着,末梢血及骨髓中嗜酸细胞明显升高,血清IgE升高。

镜下病变区淋巴细胞致密浸润,伴有生发中心的淋巴滤泡形成及成熟的嗜酸粒细胞广泛浸润,有时形成嗜酸性脓肿。发生于淋巴结内其生发中心增生可见较多血管及麻疹型多核细胞,可见程度不同的纤维化及玻璃样变。现认为本病与血管淋巴组织增生伴嗜酸细胞增多是两种不同的疾病,前者缺乏后者的一个重要病变特征即上皮样内皮细胞的增生。

(二) Langerhans细胞组织细胞增生症

Langerhans细胞组织细胞增生症(Langerhans cell histiocytosis, LCH)既往称为组织细胞增生症X(histiocytosis X),包括嗜伊红肉芽肿(eosinophilic granuloma)、汉-许-克病(Hand-Schüller-Christian disease)及勒-雪病(Ltterer-Siwe disease, acute infantile reticuloendotheliosis, non-lipid reticuloendotheliosis)三征。由于此病增生的细胞与皮肤Langerhans细胞具有相同的性质即溶菌酶阴性,S-100蛋白阳性,CD1a(OKT-6, Leu6)阳性,以及电镜下胞质内具有特征性的网球拍样Birbeck颗粒,而被称为Langerhans细胞组织细胞增生症。三征在发病年龄、累及部位的多寡及预后等方面均有不同。其中嗜伊红肉芽肿在中耳、乳突及鼻腔鼻窦部相对多见。

1. 嗜伊红肉芽肿 好发于5~6岁儿童,常为骨的单发性或多发性病变,病灶内有多数胞质透亮的组织细胞,伴有嗜酸粒细胞浸润。预后好。

2. 汉-许-克病 为骨的多发性病变,或皮肤及软组织有两处以上病变,各器官均可累及,最常累及颅骨,有时累及淋巴结。临床以骨破坏、尿崩症和眼球突出为三大症状。组织学上除组织细胞、泡沫细胞外可见嗜酸粒细胞与多核巨细胞。本病经过缓慢,预后不佳。

3. 勒-雪病 见于2岁以下婴幼儿,以出血性皮疹为特征、真皮内浸润组织细胞可见分裂象,肝、脾、淋巴结肿大,贫血、出血倾向及牙龈病变,可见浸润性结节性间质性肺炎及肺水肿所致蜂窝状肺,初期无骨病变,病情发展迅速,患者多死亡。镜下为组织细胞增生,可见特征性核沟。

鉴别诊断包括Kimura病、血管淋巴增生伴嗜酸细胞浸润、横纹肌肉瘤和炎性肉芽组织等。勒-雪病应与注意与小儿科常见的组织细胞增生性疾患如恶性组织细胞增生症(MH),家族性噬血细胞性淋巴组织细胞综合征(FEL)、病毒相关性噬血细胞综合征(VAHS)及幼年性黄色瘤(JX)等鉴别。

(三) 结外Rosai-Dorfman病

Rosai-Dorfman病以组织细胞胞质内吞噬有淋巴细胞为特征(lymphocytophagocytosis, emperipolesis)。原因不明,认为与EBV及人疱疹病毒-6(human herpes virus-6, HHV-6)感染等有关。

1969年由Rosai和Dorfman报告,表现为以两侧颈部为主的淋巴结巨大肿大的疾病。见于出生后至74岁,平均年龄20.4岁,男女比例为6∶4。主要侵犯颈部淋巴结,但43%的病例合并有皮肤、软组织、骨、上气道、唾液腺及中枢神经系统的结外病变。约10%只有结外病变。淋巴结病变之前可有咽炎、发热等症状,有时伴倦怠感及盗汗等。生化学检查,常有贫血、血沉加快、多克隆性高γ球蛋白血症。少数病例伴有免疫异常(抗红细胞抗体及关节炎等)。

淋巴结被膜可见纤维性增厚,可见较多S-100蛋白阳性的组织细胞(以下简称SHML细胞)导致显著扩张的窦。其细胞胞质内常见保存良好的淋巴细胞现象,称为淋巴细胞吞噬现象(lympocytophagocytosis)。多数淋巴细胞周围有亮晕。被包入的细胞既可以是T细胞也可以是B细胞。有时浆细胞、红细胞及嗜中粒细胞等也可被吞入。与结内病变相比结外病变的纤维化明显,典型的组织细胞及emperipolesis不易见到。SHML细胞除S-100

蛋白强阳性外，CD68、溶菌酶及CD30等阳性。

鉴别诊断包括LCH（CD1a阳性、有Birbeck颗粒及不同程度嗜酸粒细胞的浸润）、鼻硬结病（Mikulize细胞内可见鼻硬结杆菌）及非特异性炎症。

（四）传染性单核细胞增多症

由急性EBV感染而引起，经过一般良好。主要发生在小儿和青年人。以发热、咽喉痛、颈部和全身淋巴结肿大为其特点。感染初期末梢血中出现异型T淋巴细胞，出现皮疹、肝脾肿大，多数病例出现中度肝功能异常。骨髓可见嗜血细胞综合征的改变。活动期的患者有凝固山羊红细胞的异嗜性抗体（heterophil antibody），EBV抗体效价增高，临床诊断一般容易，不必行淋巴结活检。但是如果年龄较大，伴扁桃体肿大时，可成为扁桃体活检的对象。

组织像及鉴别诊断：组织形态表现多样，扁桃体可见结构紊乱，血管及伴一定异性性的淋巴细胞增生。免疫组化染色时增生的淋巴细胞可见CD56阳性，CD45RO和CD20不同程度阳性，GrB、TIA-1阳性、原位杂交EBER阳性，因此，与NK/T细胞淋巴瘤有近似的组织学及免疫组织化学表现，应重点注意两者的鉴别。此时临床表现、实验室检查及临床经过是重要线索。

第九节　系统性疾病在头颈部的表现

一、Wegener肉芽肿病

Wegener肉芽肿病（Wegener granulomatosis）病因不十分清楚，多数学者认为是一种自身免疫性疾病。发病年龄多在20～50岁，92%的病例可累及耳鼻咽喉部位，其中以鼻腔作为首发部位最为多见。局部临床表现有鼻塞、流涕、鼻衄，破坏鼻软骨后则形成鞍鼻。上呼吸道和肺的坏死性肉芽肿性血管炎、局限性肾小球肾炎及播散性坏死性小动静脉炎，称为Wegener肉芽肿的三联征。多数Wegener肉芽肿患者血清胞质型抗中性粒细胞胞质抗体（cytoplasmic pattern of antineutrophil cytoplasmic antibody，C-ANCA）呈阳性反应，对观察Wegener肉芽肿是否活动很有意义，而核周型抗中性粒细胞胞质抗体（perinuclear of antineutrophil cytoplasmic antibody，P-ANCA）呈阳性反应者较少。

【病理变化】　镜下Wegener肉芽肿并无特异性的形态学指征。主要病理特点是坏死性肉芽肿性小动脉、小静脉及毛细血管炎。血管壁出现纤维素样坏死、管壁内外中性粒细胞浸润，有时形成纤维素性微血栓。增生的胶原纤维纤维素样坏死，周围可见栅栏状排列的上皮样细胞反应。常有微小脓肿的形成，背景有散在分布的浆细胞、组织细胞以及夹杂其中的数量不等的中性粒细胞、嗜酸粒细胞浸润。多核巨细胞的分布无一定规律，可呈朗汉斯巨细胞样或异物巨细胞样、体积较小。

鉴别诊断包括结节性动脉周围炎、过敏性血管炎及恶性淋巴瘤。

二、嗜酸性血管中心性纤维化

嗜酸性血管中心性纤维化（eosinophilic angiocentric fibrosis）是一种罕见的疾病，病因及发病机制不明。患者以青-中年女性为主。主要发生于上呼吸道，鼻腔多见，可波及上颌窦、眼眶、颞下窝及翼腭窝。

【病理变化】　肉眼下可见黏膜增厚，灰白色质硬。镜下见病变早期病理特点主要是小血管增生，内皮细胞肿胀，周围有密集的淋巴细胞、浆细胞、各种炎症细胞浸润，其中以嗜酸粒细胞为多，也可以出现巨噬细胞。如病变进展，其特征性的病变是血管周围的胶原纤维束围绕血管，呈旋涡状洋葱皮样增生。血管壁不发生纤维素样坏死。有报道与长期的过敏性鼻炎有关。对组织的损伤主要是组织纤维化引起的上呼吸道狭窄。

该病主要应与Wegener肉芽肿相鉴别，后者的主要特点是坏死性小动脉及小静脉炎。

三、淀粉样变性

淀粉样变性（amyloidosis）病因与发生机制仍不清楚。按淀粉样蛋白的生化特性分为AL型和AA型。AL型为免疫球蛋白轻链衍生物，是原发性淀粉样变(包括系统性和局限性)、多发性骨髓瘤的相关蛋白。AA型是继发性淀粉样变相关的A蛋白。北京同仁医院病理科曾统计20年耳鼻咽喉部淀粉样变共67例，其中喉淀粉样变54例(80%)，咽部12例(17.9%)，鼻部2例；男性39例，女性28例，年龄22～68岁。喉以原发性局限性淀粉样变最常见。

【病理变化】 肉眼下可见黏膜隆起，灰白色，质硬。镜下见，黏膜上皮下、小血管周围及腺体周围粉染的云絮状、小片状、大片状乃至团块状物质沉积，有挤压周围组织的倾向。常有炎症细胞浸润，团块状淀粉样物质周围可见异物巨细胞反应。辅助检查：淀粉样物质经刚果红染色后呈橘红色，偏振光显微镜下呈绿色双折光。免疫组化染色，抗淀粉样P物质阳性。透射电镜下淀粉样蛋白结构呈特殊的淀粉样纤维，长30～1000nm，直径8～10nm，僵硬无分支，杂乱无序地分布。

四、痛　风

痛风(gout)是核酸代谢障碍性疾患。男性多见。常见于关节周围出现疼痛性结节，骨可受侵犯。痛风结节也可出现在头颈部，在耳部最常沉积的部位是耳轮和对耳轮。

【病理变化】 肉眼下可见局部皮肤有疼痛结节，结节表面可发生溃疡，甚至从溃疡处流出尿酸盐结晶。镜下见，纤维结缔组织增生，内有尿酸盐结晶沉积，诱发异物性肉芽肿和纤维化。在肉芽肿内，还可见到痛风石(一种嗜碱性无结构物质)。

鉴别诊断包括类风湿结节、结节性黄色瘤及双水焦磷酸钙(CPPD)结晶沉积症。

五、结　节　病

结节病(sarcoidosis)为原因不明的系统性肉芽肿性疾病，最常累及肺门淋巴结和肺，此外皮肤、神经系统、头颈部器官也可受累。女性略多见，多为中年人。

【病理变化】 镜下，以非干酪性类上皮细胞肉芽肿为特点，可见异物性多核巨细胞，有时可见星状小体、Schaumann小体，淋巴结内者可见Hamazaki-Wesenberg包涵体。有时肉芽肿内可见小灶状纤维素样坏死。

抗酸染色及真菌染色结果为阴性，有人用Warthin-Starry银染色在其肉芽肿细胞内发现有空气细颗粒物($PM_{2.5}$)。

第十节　眼眶内相关疾病

一、眼眶内相关疾病分类

(一) 眼眶内炎症

眼眶内可发生炎症和肿瘤。炎症中可见急性炎症和慢性炎症。急性炎症较少见，包括由细菌、弓形虫等感染引起的眼眶蜂窝织炎、脓肿、骨髓炎及泪腺炎。慢性炎症包括非特异性炎症、一些特异性肉芽肿(如结核、霉菌病、结节病)及炎性假瘤等，其中原因不明的眼眶特发性炎性假瘤较常见。此外一些原因不明的疾病如Wegener肉芽肿、动脉炎、Sjogren综合征、Mikülicz病、淀粉样变性等也可见到。眼眶炎症一般继发于面部、眼、鼻、鼻腔鼻窦、眶骨、血管、脑和脑膜的损伤及炎症。急性炎症取活检的机会少，一般当炎症形成肿块时，才能做眶内探查并取活检进行病理学检查。病理检查对病变定性具有决定意义。

(二) 眼眶内组织肿瘤

理论上眼眶内可以发生各种软组织、骨软骨组织的良恶性肿瘤及瘤样病变，泪腺可以发生各种形态同涎腺组织来源的相应肿瘤。实际工作中相对较常见的肿瘤如下。

1. 软组织肿瘤

(1) 肌源性肿瘤：包括平滑肌瘤、平滑肌肉瘤、横纹肌瘤、横纹肌肉瘤。

(2) 神经源性肿瘤：包括脑膜瘤、视神经胶质瘤、神经鞘瘤、神经纤维瘤、化感瘤、副神经节细胞瘤、原始神经外胚层肿瘤、神经母细胞瘤、恶性黑色素瘤。

(3) 血管源性肿瘤及淋巴管瘤。

(4) 纤维组织源性肿瘤：包括纤维瘤、骨化性纤维瘤、纤维组织细胞瘤、恶性纤维组织瘤。

(5) 骨及软骨组织肿瘤:包括骨纤维结构不良、骨瘤、骨巨细胞瘤、骨肉瘤、软骨瘤、软骨肉瘤。

(6) 脂肪组织来源肿瘤:包括脂肪瘤、脂肪肉瘤。

(7) 腱鞘滑膜组织肿瘤:包括巨细胞瘤、滑膜肉瘤。

(8) 来源组织不明的肿瘤:包括颗粒细胞瘤、腺泡状软组织肉瘤。

(9) 瘤样病变:包括先天性皮样囊肿、表皮样囊肿。

2. 泪腺肿瘤 包括多形性腺瘤、腺样囊性癌、黏液表皮样癌、上皮肌上皮癌、腺癌、皮脂腺癌。

3. 淋巴造血系统肿瘤 包括具有一定特征的淋巴组织增生、恶性淋巴瘤、绿色瘤、Langerhans 细胞组织细胞增生症、浆细胞瘤。

4. 周围器官(包括眼睑、附属器、眼球、鼻窦和鼻咽部等)直接浸润而来的肿瘤 包括视网膜母细胞瘤、脉络膜恶性黑色素瘤、鼻咽癌、眼睑鳞癌及基底细胞癌。

5. 转移性恶性肿瘤 乳腺癌、肺癌、前列腺癌、肾癌、食管瘤、甲状腺癌、肝癌、神经母细胞瘤、Ewing 肉瘤。

良性间叶组织肿瘤中以血管瘤、脑膜瘤和神经鞘瘤为最常见,良性上皮性肿瘤中以泪腺多形性腺瘤为最常见。恶性肿瘤中以 B 细胞淋巴瘤、泪腺腺样囊性癌及胚胎型横纹肌肉瘤为最常见。由于眶内肿瘤种类较多,因此临床与病理诊断的符合率相对较低。

眶内占位在临床上主要表现为眼球突出、眼球运动受限及视力下降。对眶内肿物有诊断价值的辅助检查方法还包括 CT 扫描、MRI(核磁共振)和细针穿刺。

二、眼眶内常见疾病

近年来耳鼻咽喉科、眼科及颅脑外科的学科发展正在迅速相互渗透,一些鼻腔鼻窦的病变可向眶内及颅内发展,同时眶内及颅内的病变也可穿透骨壁向鼻腔鼻窦侵犯,形成所谓的鼻眶颅沟通病变而相互联系。因此,在日常耳鼻咽喉科疾病外检工作中,遇到眼眶内病变及沟通病变的机会也相对常见,故将眼眶内主要病变内容也纳入本书一并介绍。

(一)眼眶炎性假瘤

眼眶炎性假瘤(idiopathic orbital pseudotumor)是指除外了全身与局部原因的特发性眼眶炎性肿块,既可以弥漫性累及各眶内组织,也可以局限于某一结构如视神经周围、眼外肌或泪腺等,临床上可表现为急性起病,也可自一开始就表现为慢性经过。常需与其他眼眶内原发性良恶性肿瘤及转移癌相鉴别。组织学上病变表现为慢性非特异性炎症,包括以淋巴细胞为主的炎症细胞浸润,还可见浆细胞、组织细胞、嗜酸粒细胞或中性粒细胞,有时可见数量不等的有生发中心形成的淋巴滤泡,纤维组织明显增生,出现纤维化甚至玻璃样变。根据上述主要病变成分的不同,组织学上一般将其分为 3 型,即:①淋巴细胞浸润型;②硬化型;③混合型。以后者居多。有报告指出,炎性假瘤任何年龄均可发病,北京同仁医院病理科 1992 年 1 月至 2002 年 7 月间收集 51 例的资料表明:年龄最小者 2 岁,最大者 75 岁,平均年龄约 43 岁,男女比例接近。其类型与年龄无关,而与病程长短有关。淋巴浸润型应注意与眶内淋巴组织反应性增生和黏膜相关淋巴瘤相鉴别。

(二)眼眶内淋巴组织反应性增生及恶性淋巴瘤

发生于眼葡萄膜组织的淋巴组织反应性增生(orbital reactive lymphoid hyperplasia)可累及眼眶。组织病理学特征是密集而成熟的单一性小淋巴细胞弥散浸润。中间夹杂有浆细胞和少数吞噬细胞,可见淋巴滤泡和 PAS 染色阳性的 Dutcher 小体,纤维基质较少,免疫组织化学染色显示淋巴细胞为多克隆性增生。所谓 Dutcher 小体是核内嗜伊红包涵体,代表摄入的含浓缩免疫球蛋白 IgA、IgM 的胞质。

眼眶内淋巴瘤可分为原发性及继发性,后者少见,为全身淋巴瘤在眼眶内的表现,多有全身淋巴瘤的病史。原发者多见,占眼眶肿瘤的 10%,可与眼球内及脑内淋巴瘤同在,临床上绝大多数发生于中老年患者,极少数发生于年轻人。CT 表现独特,肿块沿眶骨、眼球、视神经或筋膜隔如铸膜般直线状生长和显示出成角影像。眼眶淋巴瘤常有骨质破坏，最常侵犯上颌骨。组织学上以黏膜相关淋巴组织边缘区B细胞淋巴瘤最多见，其次为弥漫性大B细胞淋巴瘤。Bukkit淋巴瘤可以眶周脓肿的形式出现。T细胞淋巴瘤少见，偶见浆细胞瘤，粒细胞肉瘤男略多于女，好发于亚裔和非洲裔年轻患者，中位年龄7岁。

所谓眼眶非典型性淋巴组织增生是指那些既非反应性增生，但在细胞形态上也不能明确为恶性的病变，免疫球蛋白检测其为多克隆性，免疫组化染色为单克隆增殖，基因分析可有基因重排现象，临床治疗上对激素不敏感。有人认为此类患者中约1/3左右可发展为恶性淋巴瘤，应引起注意。

（三）眼眶内横纹肌肉瘤

眼眶内横纹肌肉瘤（orbital rhabdomyosarcoma）是儿童期眶内最常见的恶性肿瘤，组织学类型以胚胎型最常见（约为3/4），其次为腺泡型。通常应用免疫组化染色方法以结蛋白（desmin）、肌球蛋白（myoglobulin）和横纹肌肌动蛋白（sarcometic actin）进一步证实。北京同仁医院病理科自1992年1月至2002年7月间诊断眶内横纹肌肉瘤12例，其中成人3例（年龄41岁和2例22岁），儿童9例，年龄为3~11岁，平均7.0岁，男女比例为4∶5。发生在左眶者8例，1例合并有同侧筛窦病变，右眶者4例，胚胎型9例，腺泡型3例。

分化差的胚胎型横纹肌肉瘤常需与其他小细胞恶性肿瘤鉴别，包括Ewing肉瘤/原始神经外胚叶肿瘤（PNET）、恶性淋巴瘤及绿色瘤等。Ewing肉瘤/PNET，多见于30岁以下，免疫组化标记S-100蛋白、NSE、NF、Chg-A及CD99阳性，多见染色体t(11;22)(q24;12)或t(21;22)(q22;q12)易位。恶性淋巴瘤LCA及CD20、CD79a等B细胞或CD45RO、CD3等T细胞标记阳性，PAS阴性。绿色瘤MPO、CD45 、CD43、lysozyme、CD34、CD99及vimentin阳性，氯乙酸盐酯酶及PAS组化染色阳性等。

（刘红刚　刘　瑜）

参考文献

回允中主译．1999．阿克曼外科病理学．沈阳：辽宁教育出版社：289~387

菊池昌弘，森茂郎．2004．最新恶性淋巴瘤图谱．东京：文光堂：130~220

李雪，韩一丁，杨本涛等．2008．蝶窦垂体腺瘤的临床病理学观察．临床与实验病理学杂志，24(3)：313~316

李雪，刘红刚，谢新纪等．2008．鼻腔鼻窦畸胎癌肉瘤与嗅神经母细胞瘤的对比观察．中华病理学杂志，37(7)：458~464

刘复生，刘彤华．1997．肿瘤病理学．北京：北京医科大学协和医科大学联合出版社：212~223

刘红刚，朴颖实．2009．重视鼻腔鼻窦真菌感染的病理诊断．诊断病理学杂志，16(1)：1~5

刘红刚主译．2008．头颈部病理学．北京：北京大学医学出版社：155~213

刘彤华．2006．诊断病理学．第2版．北京：人民卫生出版社：81~102

朴颖实，金玉兰，李雪等．2009．变应性真菌性鼻窦炎临床病理分析．中华病理学杂志，38(2)：95~99

朴颖实，刘红刚．2008．糖蛋白5B在真菌性鼻窦炎曲霉菌和毛霉菌鉴别诊断中的意义．中华病理学杂志，37(4)：255~258

孙冉，刘红刚．2008．小涎腺多形性腺瘤的研究进展．诊断病理学杂志，15(2)：151~153

孙冉，赵晓丽，韩一丁等．2008．鼻腔和鼻窦涎腺型肿瘤94例临床病理分析．诊断病理学杂志，15(5)：360~364

武忠弼，杨光华．2002．中华外科病理学．北京：人民卫生出版：2618~2664

姚倩，岳常丽，吕志春等．2009．嗅神经母细胞瘤特殊病理结构观察．中华病理学杂志．38(3)：163~168

张勇，朴颖实，刘红刚．2008．真菌性鼻窦炎5种染色方法的比较．诊断病理学杂志，15(6)：475~478

赵晓丽，刘红刚．2008．早期喉鳞状细胞癌研究进展．临床与实验病理学杂志，24(3)：366~368

赵晓丽，孙冉，万鸿飞等．2008．声带鳞状细胞癌早期改变的病理学观察．临床与实验病理学杂志，24(6)：643~648

周全，刘红刚，金玉兰．2008．鼻硬结病的诊断及治疗．诊断病理学杂志，16(2)：138~140

Bruce Wenig. 2008. Atlas of Head and Neck Pathology. 2 nd ed. China: Elsevie: 439~464

第 11 章 临床病理检查诊断的基本知识

第一节 病理检查诊断在医疗中的应用

患者在医院进行诊疗时要接受多种检查，包括询问病史，体格检查，到化验室对血、尿、便等化验，到影像科透视、摄 X 线片、进行 CT 及 MRI 等。这些检查对疾病的定性、定量及定位都具有重要的辅助及指导作用。当提示在某个部位有肿块或占位性病变时，则只有通过病理检查才能达到对该肿块或占位的最后定性及定位诊断，尤其是定性诊断是决定患者是否切除器官、截肢及进行放疗和化疗等的重要参考依据，甚至有时为唯一的依据，具有法律效力。因此，病理诊断的差错所造成的临床后果往往是严重的，有时甚至是不可挽回的。在这方面，病理检查诊断所承担的责任和风险是巨大的，也是其他医学检查项目所不具有的。病理诊断被认为是一个“最重大的医学决定”，没有高水平的病理诊断就难有高水平的诊疗质量。

表 11-1 的统计资料进一步表明，在各种临床检查项目中，病理检查诊断对疾病的确诊率最高，可被临床及患者接受的误差率很低，风险极大。而这正是病理医生所从事的日常工作。

表 11-1　各种临床检查确诊率的比较

临床检查项目	确诊率
临床问病史、体格检查、化验检查	50%
影像学检查	75%
病理学检查	>99%

病理学是研究疾病病因、发病机制、形态结构改变以及由此而引起的功能变化的一门基础医学与临床医学之间的桥梁学科。病理学从建立之时就负有一个重要使命，即协助临床医生对疾病作出诊断。1870 年，柏林大学的 Carl Ruge 及其同事 Jhann Veit 最先将外科活检作为重要的诊断工具，从此以后病理医生可通过对各种手术切除标本、穿刺、脱落细胞及尸检标本的检查，为临床不同疾病提供诊断。鉴于需做病理检查的标本多数来自外科手术，故病理学中这一领域以往被称为外科病理学（surgical pathology），又称为临床病理诊断。随着临床各学科检查技术的进步和发展，送病理科做病理检查诊断的标本已不只限于外科手术切除标本，几乎所有的临床科室都可能送病理标本，故外科病理学这一名称显然已不全面，现在又称其为诊断病理学（diagnostic pathology）。病理报告的内容也已超出当初单纯的病理诊断，它通过免疫组织化学和分子生物学等方法对肿瘤化疗敏感标志物和预后相关标志物等的检测，指导个体敏感的化疗方案和推断预后，进一步参与到疾病的治疗中来。作为病理学的一个主要分支，它在疾病的诊断、临床治疗及预后判断中都发挥着不可替代的指导作用，成为医院为患者提供诊疗服务中不可缺少的重要环节。因此，应该说诊断病理学是临床医学的一部分。

一、病理检查诊断的具体应用

（1）术前协助确定诊断及指导治疗方针。即协助临床医师肯定临床诊断和决定诊断（指临床事先未能确诊的），从而为临床确定治疗方针。如颈部淋巴结肿大，临床上不能肯定其性质时，可通过活检予以证实，然后采取适当的治疗措施。

（2）术中病变定性，指导切除范围。

（3）术后确定肿瘤的病理分期（pTNM），推断预后。恶性肿瘤在局部浸润的范围以及是否有淋巴结和远隔部位转移，对患者的预后影响很大，而有无这种病变通常只有进行活检才能最后肯定。

（4）癌前病变的早期诊断和随访。对一些癌前病变，如宫颈鳞状上皮和胃黏膜腺体不典型增生以及皮肤、黏膜白斑等，可以通过活检或脱落细胞学检查作随访观察，采取适当的

笔记栏

治疗措施,防止其发生癌变。对于早期恶性肿瘤,患者主观症状不明显,肉眼上病灶局部又不易与一些良性病变(如早期宫颈癌与慢性宫颈炎)相鉴别时,可借脱落细胞学和活检联合进行早期诊断。

(5)查找死亡原因。对于尸体解剖病例,可查找患者死亡的原因、判断临床诊断及治疗过程是否准确等。

(6)通过对肿瘤化疗敏感标志物的检测,协助临床筛选敏感的化疗药物,指导治疗方案。

二、病理检查诊断工作的特点

1. 职业风险高 每天应对的是临床难以确定诊断的病例,疑难病症比率较高,要求明确诊断,以决定治疗方案及判断预后。故承担风险和责任均较大,有人形容其工作性质为如履薄冰,对一万例,不能错一例。错误的病理诊断会给临床和患者带来严重的后果,有时是无可挽回的后果,如良性病变被诊断成恶性肿瘤时造成患者器官的误切等。

2. 复杂程度高 目前,制成一张病理切片过程中,除了切片、捞片以外,许多步骤都已实现自动化和机械化,但病理医师的诊断过程却比较复杂,始终未能实现自动化和机械化。诊断过程中,病理医师结合临床检查所见,在显微镜下或分子水平对微细结构及成分逐一进行观察和研究,既定性又定量,并根据病理医师的思路,不断补充新的辅助检查项目,如特殊染色、免疫组织化学染色、原位杂交等,直至最终得出结论。因此,病理检查诊断是通过病理医师的大脑不断对病变进行认识、观察、分析、研究和综合的复杂过程,不是机器化验,一些病例需要与多种疾病的鉴别,求证比较费时,有时得出确切诊断会花费较长的时间。

3. 工作环境危险系数高 病理科每天处理各种人体标本,有些是未经固定剂固定的细胞学标本或术中冰冻组织学标本,具有生物病原性;更重要的是接触有毒物质(甲醛、二甲苯等)的机会也比较多,需区分工作区和生活区。但多数医院病理科可用空间较小,工作环境有待改善及并与国际标准接轨。

4. 医师培养周期长 病理诊断工作涉及疾病范围广,包括全身各系统、器官的病变。对诊断理论的认识也必须经过反复临床诊断实践才能掌握,有专家认为每种疾病诊断50例以上才能达到熟练。而目前国内多数医院由于编制限制,病理医师从业人员不足,专科病理医师分科培养及执业还不能像临床那样要求和推行,因此要求绝大多数病理医师应该对全身疾病都能做出正确诊断。这就要求病理医师医学知识面要广,同时还要积累一定的实践经验。因此,培养一名成熟病理医师较其他专业耗时也长。

5. 个体心理压力较大 病理诊断是临床进一步确定治疗方案的主要依据,临床医师根据诊断直接对患者实施治疗。因此,除了医师和患者向病理科咨询诊断结果或病理医师向其咨询临床信息外,病理医师完成诊断的过程多是以个体为单位单独地进行,尤其是高年复查医师,诊断时相伴的辅助工具是显微镜和文献参考资料等无生命的介质,缺乏群体间的思想交流。同时,工作可以随时进行,不受门诊时间的限制。因此多数高年病理医师对自己长期的职业生涯所带来的单独承担巨大职业风险的心理压力都有许多感慨。Stenberg在《诊断外科病理学》前言中说:"人说长跑者孤独,但恐怕没人比一位病理医生自弹自唱的工作更孤独。容易得到(病理)会诊是正确诊断的先决条件,也是对患者最满意的医治。最重要的是:知道自己不清楚什么,知道何时需要会诊。最危险的是病理医生过忙,对诊断没有多少疑虑,再加上时间紧,没会诊就得签发报告。疑难病例或已有疑问的病例造成的麻烦反而小,因为已经明白需要会诊。"

6. 是诊疗工作的一个中心环节 如图11-1所示,一个患者可能进行基础与临床多个方面的检查,病理医师是对这些汇总的检查结果进行综合分析研究得出最后诊断的一个中心环节,病理诊断的结果成为临床医师进一步诊治患者的重要依据,并具有指导作用。故有人形容其为作战参谋部、"航标灯"或"医生的医生"等。临床医师对患者治疗的结果可以进一步检验病理诊断的准确性及作为准确诊断的一个前提条件。

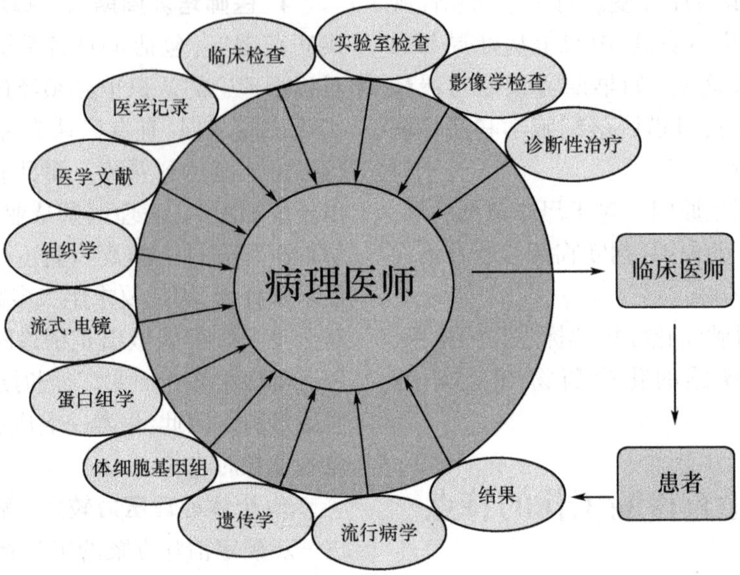

图 11-1　病理医师和病理信息在医疗工作中的地位

三、病理学科在医院运行中的作用、地位

临床医学的发展证明,没有高水平的病理诊断,就难有高水平的诊疗质量;病理诊断常常是对疑难病症的最后诊断,病理诊断水平的高低反映出一个大型综合医院的核心竞争力。诊断病理学科是医院诊疗工作中代表性的基础学科之一,在国外病理科在医院的地位同大内科和大外科是同等的。因此,病理学科的诊断水平对评价一个医院处理疑难病症的能力具有代表性和决定性。国内医院的情况与国外基本相同,医院诊治水平越高,其病理学科综合实力越强,病理诊断工作水平越高,反之亦然。

但在我国现阶段病理诊断的价值还远未被体现出来,病理诊断工作的收费水平还普遍偏低,各地区的收费标准也很不一致。但总的来说,给医院带来的直接经济效益不是很大,再加上工作人员数量相对较少,故在一般医院病理科均为弱势学科或被列为非重点学科。这种情况不利于医院的可持续协调发展,亟待改善。

第二节　病理检查标本的获取方法

病理检查标本一般由临床医师获取后送病理科,包括活体组织检查(活检)标本及脱落细胞学检查标本(如痰液、胸腹水、脑脊液)等。所取检查标本均要求新鲜时即刻固定,操作中避免任何挤压,组织全部送检。

活检在日常病理检查标本中占很大比例,所谓活检是从生活状态的机体采取部分病变组织或整个器官进行病理学检查的方法。病理检查标本除常见的活检及脱落细胞学检查外,还包括术中快速冷冻标本及尸体解剖标本,现分别介绍如下。

一、切除活检

切除活检(excisional biopsy)适用于较小或位置较浅的病变,如较小的皮肤及其附件肿瘤(如皮肤纤维瘤、痣、汗腺肿瘤、基底细胞乳头状瘤等)、腔道独立的小肿物(如肠道腺瘤等)。在切除活检前临床医师首先应对病变的良恶性有初步估计,良性者将肿瘤全部切除,既达到活检目的,也是一种治疗手段。如为恶性肿瘤切除范围要大一些,要将周围一定范围内正常组织切除,以避免肿瘤复发。淋巴结病变最好采取颈部或腋窝淋巴结,以避免炎性病变的干扰。切除活检动作要轻柔,刀锋要锐利,避免人工挤压组织。

二、切取活检

切取活检(incisional biopsy)指从病变组

织上直接切取小块组织送检，是目前常用的活检方法之一。它适用于病变较深较大，待病理结果确定是否进行器官切除等根治术（如喉癌、骨肉瘤等），也适用于开胸、开腹探查组织。此法优点是取材部位准确，组织损伤较小，易得到较满意的组织供病理检查诊断。

三、钳取活检

钳取活检（bite biopsy）是目前临床最常用、最简单的取材方法之一，适用于皮肤、口唇、口腔黏膜、鼻咽、宫颈等处，也可通过内镜检查钳取食管、胃、支气管、泌尿道等处组织，钳取组织多为体表或腔道黏膜组织表面的病变，特别是外生性或溃疡性肿瘤。活检前首先要观察病变的大体情况及与周围组织的关系，外生性肿物要采取较深部的组织，以避开瘤组织变性坏死处而难以诊断，对溃疡性病变（如肿瘤等）要钳取溃疡周边的组织，可看到瘤组织与正常组织的关系，更有助于对肿瘤作出正确诊断。钳取组织时要轻巧，避免组织挤压，造成诊断困难。

四、针吸活检

针吸活检（needle aspiration biopsy）是指用针吸方法采取活组织，适用于皮下软组织或内脏的实质性肿块。常用30～50ml注射器，5号～18号针头。近年来细针穿刺细胞学检查已在全世界广泛开展，细针指针的外径为0.6～0.9mm，由于针细、损伤小，吸出的细胞是存活的，制成涂片后较脱落细胞学（细胞常退化）更易诊断，目前已能用于穿刺全身所有部位的肿瘤。它的阳性率高，假阳性极少，很受临床和病理医生欢迎。它的成败取决于：①穿刺医生能否击中目标；②制成一片薄而均匀的涂片；③病理医生对细胞学的经验。三者缺一就可影响诊断。

五、痰液及胸水、腹水检查

痰液及胸水、腹水检查（sputum and effusion examination），痰要送深咳后气管内排除物，避免留取唾液等口腔内容物，应尽快送至病理科制作涂片观察。对不能及时送检及检查者，应用95%乙醇溶液固定，制作石蜡切片观察。胸、腹水检查物在抽取后及时（通常半小时内）送检，不能及时送检者应加入1/10体积的甲醛液及时固定后离心沉淀，也可加少量蛋清使其凝集成块，然后脱水、包埋、制片。对行石蜡包埋的细胞块标本可进一步行免疫组织化学染色检查。

六、术中冷冻切片

术中冷冻切片（frozen section）病理检查诊断（简称冷冻病理诊断）是手术过程中采取活体组织进行冷冻切片快速组织学诊断的方法。它用于术中迅速确定病变性质，决定手术范围，同时也可确定肿瘤切缘是否切净，淋巴结是否有转移及辨认组织等，此外其他情况（尤对于良恶之间的肿瘤组织定性，如子宫内膜增生病变是重度非典型增生还是原位癌的确定，淋巴结是反应性增生还是淋巴瘤的确定等）均无理由申请作冰冻病理诊断。对病理医生来说，冰冻病理诊断要求快速、准确、可靠。但冰冻切片的质量一般均不如石蜡切片，另外多块取材有限制，因此并不是所有的冰冻病理诊断都能做到快速、准确、可靠，术后常规病理检查的结果有可能与术中冰冻病理诊断的不同。另外，遇到不能做出明确诊断时，应请临床医生再取代表性的组织或请临床医生等石蜡切片的结果，病理医师切勿勉强诊断，以免造成误诊或无可挽回的事故。当送检标本过小时，应等待常规病理检查诊断，以避免冷冻标本不慎切失，失去进行病理检查诊断的机会。当送检组织由脂肪组织或骨组织组成时，因难以切片，应等待进行常规病理检查。送检术中冷冻组织无须添加任何固定液或其他液体，以避免冰冻切片产生微冰晶刺破细胞。为避免送检组织干燥，可将标本包裹于略湿潮的纱布内尽快送检。

由于术中冷冻切片病理诊断方法所存在的局限性和较大风险，目前多主张术前应拟定“术中冷冻病理检查诊断知情同意书”，将其局限性和风险明确告知患方，患者可在知情的情况下自行选择进行何种病理检查诊断的方式，而不应由临床医师单方面决定。所有术中冷冻病理检查诊断均应于术前向病理科提出申请，并提倡术前向病理医师介绍必要的病史及临床检查的结果或研讨病情，以便使病理医师在术中冰冻时能尽快进入角色迅速做出正确诊断。术中也应保持病理科与术者联系的畅通，以便及时相互沟通，确保术中诊治工作的顺利进行。应注意避免术中冰冻病理检查诊断工作的滥用。

七、标本印片或涂片

标本印片或涂片(painting and exfoliative smear)是一种快速诊断方法，将组织直接印在玻片或涂有蛋清的玻片上，经固定液固定，苏木素-伊红染色后观察，一般可解决病变的良恶性问题。但由于印片只能见到细胞，一般不能查见病变的组织结构，故单独使用比冷冻切片效果较差。但若能与术中冷冻切片联合应用，则可以避免两种方法的弊端，利用两种方法的优势，提高术中冰冻病理诊断的准确率。

细胞印片，特别是怀疑有肿瘤的淋巴结或淋巴组织切面的印片对诊断很有参考价值。一张好的印片比起冷冻切片和石蜡切片来说，可真实反映细胞的形态结构并可用于免疫组织化学染色。因此除了纤维组织较多的组织和肿瘤外，一般细胞丰富的组织和肿瘤，在新鲜标本切开后最好都做印片观察。

八、尸体解剖

尸体解剖(postmortem examination)，尸检或称尸解是验证死者生前诊断的准确性与治疗效果，阐明死亡原因，探讨疾病的发生发展规律，是促进医学科学发展的重要方法之一。它除了可核实或纠正临床诊断外，还可发现新的疾病和病变。尸检时主治医师应亲临现场观察，介绍病史，指出临床方面的要求。病理医师应全面仔细检查尸体，详细地剖验全身，并对各个重要脏器及骨骼取材，进行详细的组织学检查。要注意死者的直接死亡原因或间接死亡原因，要做详细的大体及显微镜观察记录。最终根据临床资料、大体及显微镜所见做出详细的尸检报告。尸检报告的内容包括主要疾病、继发病、伴发病、合并症及直接死亡原因等。此外应选择适当病例，组织临床病理讨论会，总结交流经验，吸取教训，促进临床与病理的密切合作与共同提高。

近年来，随着医疗纠纷处理和病理学科建设的规范化，带有纠纷倾向的尸体解剖在不同地区可以申请由司法部门或病理质控机构统一进行。任何形式的尸体解剖均应得到死者生前或死者家属的书面许可，并就尸体解剖的范围和解剖后器官和遗体的所属权和处理问题达成书面协议。尸体解剖应在确认人体生物死亡30分钟后进行。原则上应尽早进行，以减少死亡后组织自溶带来的不利影响，如需延迟则应停放在专用的低温停尸柜内，最好在3天内实施解剖。如超出7天，由于组织自溶明显可能会影响尸体解剖的确切结果。

第三节　标本的保存与处理

标本获取后务必即刻用固定液固定保存。常用的固定液为10%中性缓冲甲醛溶液(formalin)，其他有Zenker、Bouin和Carnoy固定液。固定液的体积应10倍于标本的体积。10%甲醛溶液渗透组织的能力为1mm/小时，所以一般标本均需固定数小时，大标本应切开后固定过夜。用作取组织块的大标本应在新鲜时就切成0.5～1.0cm厚的大片块，待固定后再修整，组织块厚度不应超过3mm。腔状器官如胃肠道，应将标本剪开后展平用大头针固定在薄的木板上(黏膜面向上)，在大的容器内固定，表面覆盖湿纱布或棉花并让固定液浸湿。标本不能冻存，特别是已含固定液的标本，因冰冻后水分在组织内形成针状结晶，破坏组织和细胞结构，影响诊断。

标本完成大体检查后，对一些病变典型、特殊或罕见的标本最好照相留档，这样除少数可制成陈列标本外，日常大量已检查并取材的大小标本，在病理报告发出后1～2个月就可弃除。照相前应将病变充分暴露，剔除多余的脂肪和结缔组织，标本的切面一般较表面特征性强。一张好的图片不仅是存档的重要资料，也是总结和书写论文必不可少的材料，对教学和会议交流等均有用。

第四节 标本取材的方法、原则及注意事项

合理的标本采集是病理诊断工作的第一步。在这一过程中，病理工作人员值得注意的事项包括以下内容。

(1) 首先对送检标本的患者姓名、住院号或门诊号及标本的性质(种类)和数量等应进行严格核对，避免张冠李戴。

(2) 小标本(如内镜活检)首先要核对块数，要和临床医生所注明的组织块数相同。除检查瓶内标本外，还应检查瓶盖内是否还有标本，粟粒大小或更小的标本应用滤纸衬托，点上伊红或苏木素染色后再用纱布包裹，然后再进行固定、脱水、浸蜡，以防遗失，否则浸蜡后小标本与蜡混在一起不易辨认。

(3) 切除活检标本(如皮肤肿瘤)及手术切除标本均应标记断端并取材，大标本应描述并记录手术切除方式、脏器特征。

(4) 对于肿瘤要全面仔细观察描述：肿瘤的数目和大小，肿瘤的形状如乳头状、蕈状、息肉状、结节状、分叶状、溃疡状、囊状及弥漫肥厚状，肿瘤的颜色如灰白、粉红、有无出血、色素、囊性变等，肿瘤的质地及硬度等。对于内分泌腺如甲状腺、肾上腺、垂体、性腺等的肿瘤除一般描述外，还应称其重量。

(5) 取材部位要合理，所取组织块应具代表性，取下的组织块不能过大过厚。

(6) 多做切面避免遗漏病变，如手术切除的甲状腺只重视大结节，忽视了小的白色硬结，可导致隐匿癌的漏诊。大的卵巢肿瘤应在不同色泽和质地部位取材检查，因卵巢肿瘤经常有混合型，只取少数瘤组织块，不能代表肿瘤的全部成分。如一例标本有多件(瓶)，则每一件均要取材作切片观察。

(7) 根治术标本在未固定前应仔细寻找淋巴结。淋巴结有无癌转移直接影响患者的治疗和预后。

(8) 肿瘤标本除取不同部位肿瘤外，还应取与正常组织交界处。

取材过程中尤为重要，应引起警惕的是在各个环节中，不应将标本号码搞错，否则会造成严重的医疗差错或事故，从而给患者带来无可挽回的损失。

需要电镜检查的病例其极为重要的一步为取材，要取新鲜的组织及时固定，防止人工假象的产生。取材时要避免坏死、自溶部位，要选择肿瘤与瘤旁交界区、肿瘤的不同部位分别取材。使用锋利的薄刀片将其切成 $1mm^3$ 大小组织块，置于 10 ~ 15 倍体积固定液中固定，前固定常用的固定液为 2.5% ~4% 的戊二醛。有时取新鲜标本难以做到，可用甲醛固定的标本，但要取标本的外缘部位，因甲醛固定的组织浸润较慢，组织内部常有不同程度的退变。电镜检查时，其亚细胞结构已有明显破坏从而影响诊断。需做回顾性研究时，还可使用甲醛固定、石蜡包埋的组织，虽有人工假象但有时可以协助确诊。电镜检查价格昂贵，操作复杂，所需时间也较长。

含骨组织的标本，应先用脱灰液脱钙后再取材。取材后标本需完成固定、系列脱水、透明、浸蜡、包埋、切片、脱蜡、染色及封片等多个步骤，才能制成切片供病理医生观察诊断。从取材后固定到浸蜡这些步骤目前可用自动脱水机在 12 小时内完成(一般在取材的当日晚过夜)，从包埋到制成一张常规 HE 染色切片一般需半个工作日完成，即取材的翌日下午病理医生可对常规切片进行观察诊断。

第五节 肿瘤病理诊断举例

病理诊断的思路一般包括如下步骤，判断病变是炎性病变(是非特异性炎症还是特殊感染)、肿瘤、还是其他病变。如果是肿瘤，是良性肿瘤还是恶性肿瘤、肿瘤细胞的起源、与治疗及判断预后相关的标志物的检测。本节以肿瘤的病理诊断为例，简述病理诊断的一般过程。

肿瘤病理诊断从对标本的肉眼检查就开始了。肉眼检查良恶性肿瘤各有其形态特点，通过光镜观察其组织学特征，多数病例可做出初步病理诊断，部分病例需做特殊染色或组织化学染色确定细胞内含物的性质或细胞间网织纤维的有无等，部分病例需做免疫组织化学染色，观察有何种抗原表达，少数病例需做电镜观察，查找细胞内特征性的结构或内含物，亦有病例需做原位杂交、基因重排等分子生物学检查，确定其有无基因突变等。

一、良性及恶性肿瘤肉眼检查一般特点

良性肿瘤多呈膨胀性生长或外生性生长，瘤细胞生长缓慢，不侵及周围正常组织，随肿瘤体积的增大，逐渐将周围组织推开或向外挤压。故良性肿瘤多呈结节状，周围有完整的包膜，切面一般较均质，无出血坏死。恶性肿瘤生长较快，多为浸润性生长，瘤细胞像树根长入泥土一样侵入并破坏周围组织、淋巴管或血管，故恶性肿瘤没有包膜，切面质地不均，多较硬，往往可见坏死、出血。位于体表、体腔或管道器官表面者，常因坏死而形成溃疡。

二、镜下观察、病理诊断及鉴别诊断

切片制好后即可进行显微镜检查，镜下观察及诊断是肿瘤病理活检工作最重要的环节。在观察切片前，必须核对切片与原包埋组织是否相符，仔细阅读病理检查申请单，特别注意手术所见、临床诊断及所提出的要求，以便观察时多加考虑。观察切片的步骤要有一定的顺序，先用低倍镜无遗漏地观察病变组织的全貌、有哪些组织成分、它们之间的关系如何。最好是按组织器官的正常结构特点，有层次地进行观察，如胃肠道标本应按黏膜层、黏膜下层、肌层、浆膜层、断端及所属淋巴结等的顺序观察，注意都看到了哪些异常变化，分析它们之间的主从关系，对需要仔细观察的部位则换用高倍镜，甚至油镜。

瘤细胞或多或少地保留着其来源组织细胞的某些形态结构特点，这是判断肿瘤组织来源及分化程度的依据，也是镜下肿瘤病理诊断的基础。

良性或分化较好的恶性肿瘤，由于其组织结构及细胞形态较接近于其来源组织、细胞的形态而易于诊断，而分化低及未分化的恶性肿瘤，其形态改变已远远偏离了其来源组织，不易辨认其来源，给诊断工作带来很大困难，是病理诊断中的难点之一。在现阶段，肿瘤病理学的学科水平正在发展中，对于许多肿瘤的组织发生仍未明了或未肯定，对于许多肿瘤划不清良恶性的界线，这些都是病理工作者在未来工作中需逐步认识解决的课题和肩负的责任。由于肿瘤组织或多或少地保留了其来源组织细胞的特点，因此病理医师在光镜下判断肿瘤起源遇到困难时，可依据其蛛丝马迹，运用一些辅助检查手段对其证实和排除，进一步进行诊断及鉴别诊断。

三、常用的辅助检查方法及其应用价值

辅助检查主要是通过一些特殊检查方法，确定细胞内或细胞外某种特殊结构或成分，寻找最终诊断或排除一种诊断的证据。常用的方法如下。

（一）特殊染色和组织化学染色

特殊染色和组织化学染色（special staining and histochemistry staining）方法较多，目前多用于显示特殊病原体（参见第10章鼻腔鼻窦炎症性疾病中特异性炎症性疾病）和一些特殊组织或细胞内结构。用于肿瘤病理诊断的特殊染色和组织化学染色方法目前大多已被免疫组织化学方法代替，但一些特殊染色方法仍有其不可替代的重要作用。

1. 结缔组织染色法 三色染色法是区分肌纤维、胶原纤维的常用方法，主要用以区分平滑肌、纤维细胞及其肿瘤。最常用的三色染色为Van Gieson法，细胞核染为蓝黑色，胶原为红色，其他组织为黄色。其次为Masson三色法，细胞核为蓝黑色，胞质、肌纤维、红细胞为红色，胶原纤维为蓝色。网织纤维染色（银染色）主要用于区分上皮性及非上皮性肿瘤。上皮细胞不产生嗜银纤维（网织纤维），故上皮性肿瘤中网织纤维包绕着灶状肿瘤细胞巢，而肉瘤中网织纤维则存在于每一个细胞之间。弹力纤维染色用于弹力纤维瘤，磷钨酸苏木素染色（PTH）为特殊三色染色法，多用于诊断横纹肌肉瘤时寻找横纹。

2. 组织细胞中特殊成分染色法 显示糖原和黏液最常用的方法为过碘酸-希夫（PAS）法。此法可用于显示腺泡状软组织肉瘤中胞质内结晶体，PAS法与奥辛蓝（Alcian blue）法结合称之为AB/PAS染色，为病理诊断中显示黏液物质（黏液细胞癌等）最常用的方法。油红O、苏丹Ⅲ是显示脂肪及脂质常用的方法，主要用于卵巢纤维瘤与泡膜细胞瘤、肾细胞癌、皮脂

腺癌的诊断与鉴别诊断。脂肪肉瘤中有时只含极少量脂肪或其他一些肿瘤其细胞变性或吞噬脂类后，脂肪染色亦呈阳性，因此用脂肪染色区别这些肿瘤有较大局限性。Giemsa 染色法对骨髓增生性疾病如各种白血病、真性红细胞增多症及肥大细胞增生症的诊断有重要意义。浸银染色可以显示体内神经内分泌细胞如消化道和呼吸道上皮中的内分泌细胞肿瘤、恶性黑色素瘤等。Warthin-Starry 银染色法除了可显示螺旋体、幽门螺杆菌、鼻硬结杆菌及尘埃颗粒物外，也可显示细胞内的黑色素颗粒，从而可协助观察和诊断黑色素肿瘤。

（二）免疫组织化学染色

肿瘤病理诊断中所用的免疫组织化学染色(immunohistochemistry staining)方法较多，基本原理相同，即标记肿瘤组织中相应抗原的有无及其在细胞中的定位。这些抗原的有无及其分布有一定的组织器官特异性，称其为标记物(marker)。该技术的建立和发展大大充实了病理学的内容，使肿瘤病理诊断更精确和提高到形态与功能相结合的水平(如垂体腺瘤的病理诊断)。目前这些肿瘤标记物已形成几大类别，广泛应用于病理诊断。如上皮性抗原标记物(标记上皮组织源性各种肿瘤)、软组织及其肿瘤抗原标记物(标记不同种类软组织肿瘤)、淋巴造血组织抗原标记物、神经内分泌细胞的抗原标记物及酶类抗原标记物等。

免疫组化方法对病理诊断有极大推动作用，在某些肿瘤的病理诊断及与预后有关的标记物的检查中已必不可少，但在实际工作中由于试剂、操作、组织处理等多种原因，可出现假阳性或假阴性结果。故必须结合常规的 HE 染色及其他方法，去伪存真，客观地做出结论，以更符合临床实际情况。

（三）电子显微镜检查

外检病理诊断中常用的电子显微镜为透射电镜(transmission electron microscope，TEM)，它使病理医生的视野及分辨率有了极大的提高。TEM 用于病理诊断主要包括两个方面，其一为肿瘤的诊断与其组织发生学研究，其二为肾脏病理特别是各种肾炎的分类及形态观察。用于肿瘤的诊断与鉴别诊断主要见于下述情况：①区别癌、恶性黑色素瘤与肉瘤；②区别腺癌与间皮瘤；③鉴别前纵隔肿瘤如胸腺瘤、胸腺类癌和恶性淋巴瘤；④鉴别小细胞肿瘤如 Ewing 瘤；⑤区别软组织梭形细胞肿瘤如纤维肉瘤、神经鞘瘤、滑膜肉瘤等；⑥区分内分泌与非内分泌肿瘤，内分泌肿瘤内含神经分泌颗粒。电镜检查有其局限性，首先由于取材组织较小、取材不当时，可产生漏诊或误诊，其次是电镜检查诊断肿瘤缺乏真正特异性超微结构变化，有时只是其量与位置的变化等。但有些亚细胞结构可以作为较特异的肿瘤标志物，如黑色素瘤中的黑色素小体，Langerhans 细胞组织细胞增生症细胞质内的 Birbeck 颗粒，内皮细胞中的 Weibel-Palade 小体，腺泡状软组织肉瘤中的结晶体，骨骼肌、平滑肌细胞中的胞质内纤维丝等均有助于这些肿瘤的诊断。

（四）流式细胞术

流式细胞术(flow cytometry)是将特殊处理的细胞悬液经过一细管，同时用特殊光线照射，光线发生不同角度散射，经检测器变为电讯号，经电子计算机储存分析后画出直方图等。它能进行多种细胞特征分析，包括细胞大小、胞质内颗粒状态、细胞生长状态及所分布的细胞周期，核型倍体数与 DNA 含量，胞膜表面标记物变化及细胞内酶的含量等。它的一个重要功能是 DNA 分析，决定瘤细胞的倍性(ploidy)，计算出不同细胞周期中细胞的百分率。如一肿瘤中异倍体和 S 期细胞百分率增加表示恶性，对某些肿瘤如膀胱癌来说，这些指标说明预后差，对一些癌前病变来说 DNA 分析可预测该病变的生物学行为。即在肿瘤病理诊断中，当病理形态学变化难以确定诊断时，根据其 DNA 含量、核型倍体状态等可帮助确定病变性质，可用于判定肿瘤的生物学特性及患者的预后。此外对于判定同一器官内多个肿瘤是同时多发还是转移瘤亦有重要意义。流式细胞术的最大缺点是只能进行单个分散细胞的检测，而有些病变的诊断必须根据组织与细胞的结构变化进行综合判定，故应用流式细胞术检测时必须结合病理形态学变化进行全面分析。

此外，近年来一些分子生物学方法也已逐渐应用到肿瘤的病理检查，如原位杂交技术、原位荧光杂交技术、基因重排技术及聚合酶链反应测序技术等。

四、肿瘤预后相关标记物的检测

肿瘤的预后在很大程度上取决于肿瘤的早期发现、早期治疗。就目前肿瘤防治水平而言，唯早期发现是挽救肿瘤患者生命的关键。在临床日常工作中，外科切除的恶性肿瘤标本并非少数，研究表明这些患者的预后亦存在着差异，不同肿瘤其预后与多种因素有关，除了肿瘤的早期发现、早期治疗以外，发现在细胞受体、抗原表达、基因及其产物等多个水平上均有与肿瘤预后相关的因子，这些因子还可指示肿瘤敏感的治疗方法而间接指示预后。检查这些因子的有无，可与肿瘤的临床、肉眼及镜下检查相结合，对肿瘤的预后进行判断，对选择肿瘤敏感的治疗方法提供帮助。检查这些因子的方法也很多。免疫组织化学方法应用的较为普遍，如应用免疫组化染色方法检查乳腺癌组织中P53蛋白、增殖细胞核抗原（PCNA）、雌孕激素受体（ER、PR）等的变化，判断乳腺癌的预后及对其化疗的敏感程度进行推测。HER2/neu是一种癌基因，属于表皮生长因子受体家族，其过在乳腺癌中的表达可通过免疫组化法检测，如果结果为“0”或“+”，可据此判定为对赫赛定（Herceptin）治疗敏感，如免疫测定结果是“+”或“+”，则推荐再做荧光原位杂交（FISH）法进一步检测。

这些标记物的检测，一部分是病理医生根据文献中对某种肿瘤研究的结果，向临床医生推荐应用于肿瘤患者检测的，也有一部分是临床医生根据文献中记载的结果，要求病理医生用活检组织进行检查报告的，故目前在各个医院中对哪种肿瘤进行何种标记物的检测尚未统一规范，各个医院应用的范围、水平也参差不齐，但在有条件的医院，这类肿瘤标记物的检查结果已或多或少地反映在病理报告中，且今后还会越来越多。故一方面病理医生要尽最大可能满足临床医生提出的合理要求，另一方面临床医生亦应能读懂病理报告中的各部分内容。临床和病理医生都要有在专业领域中不断吸取新知识的要求，以跟上学科发展，把从文献中得到的新信息不断应用到自己的工作中来，推动学科发展。

五、肿瘤预后相关因素的检查告知

如上所述，肿瘤的早期发现、早期治疗是影响患者预后的关键因素，此外肿瘤的分级（grading）和分期（staging）对估计肿瘤患者预后有一定参考价值。良性肿瘤分化较好，一般无浸润性生长和转移，故不涉及分级和分期问题。分级和分期一般均用于恶性肿瘤。恶性肿瘤的分级是根据其分化程度的高低来确定恶性程度的级别。分级的方法比较多，临床病理实际工作中多倾向于使用简明而易掌握的三级分级法，即高分化（属低度恶性）、中分化（属中度恶性）、低分化（属高度恶性）。肿瘤的分期也有不同方案，其主要原则是根据原发肿瘤的大小、浸润的深度范围以及是否累及邻近器官、有无局部和远处淋巴结转移、有无血源性或其他远处转移等来确定肿瘤病程发展的阶段或早晚。

1992年，由国际抗癌联盟（UICC）所属各国肿瘤学会共同商定了恶性肿瘤TNM分类标准，经UICC主席P. Hermanek和L. H. Sobin博士执笔主编，其中文译本于1994年在我国出版。该书按疾病的解剖范围作出TNM系统（T为原发肿瘤的范围，N为区域淋巴结转移的存在与否及其范围，M为是否有远处转移），加上数字则表明恶性肿瘤的范围（分类），即T0、T1、T2、T3、T4、N0、N1、N2、N3、M0、M1。该分类可用临床分类及病理学分类描述同一部位：①临床前分类（治疗前的临床分类）称为TNM（或cTNM），它是根据治疗前的资料所作出的，这些资料来自体检、影像学、内镜检查、活检、手术探查及其他有关检查；②病理学分类（手术后的病理学分类）称作pTNM，它是根据治疗前的资料作出的，手术及病理检查后获得的资料对其加以补充或修正。原发肿瘤的病理评估（pT），需要原发肿瘤的切除或活检才足以能评估原发肿瘤分级的最高级数。局部淋巴结的病理评估（pN）需要切除淋巴结才足以确定有无区域淋巴结的转移和评估pN的最高级数。远处转移的病理评估（pM）需要作显微镜检查。

肿瘤的分期是在TNM和（或）pT、pN、pM确定后，将它们组合完成的。TNM分类和分期一经确定，在医疗记录上则不能再变动。临床分期对选择和评估治疗方法甚为重要，病理分期为判断预后和评价治疗效果提供了最精确的资料。TNM临床分类及pTNM病理分类基准见表11-2及表11-3。以唇和口腔癌为例，当其TNM分类完成后所做的肿瘤分期标准见表11-4及表11-5。

表11-2 TNM临床分类基准

T 原发肿瘤
Tx 原发肿瘤不能被确定
T0 无原发肿瘤的证据
Tis 原位癌
T1,T2,T3,T4 原发肿瘤的体积和(或)范围递增
N 区域淋巴结
Nx 区域淋巴结转移不能确定
N1,N2, N3 区域淋巴结侵犯递增
注：肿瘤直接侵犯淋巴结归属淋巴结转移。不是区域淋巴结而是任何其他部位淋巴结转移，则属远处转移
M 远处转移
Mx 远处转移的存在不能确定
M0 无远处转移
M1 远处转移

表11-3 pTNM病理分类基准

pT 原发肿瘤
pTx 组织学上不能确定原发肿瘤
pT0 无原发肿瘤的组织学证据
pTis 原位癌
pT1,pT2,pT3,pT4 组织学原发肿瘤范围的递增
pN 区域淋巴结
pNx 在组织学上不能确定区域淋巴结转移
pN0 组织学上无区域淋巴结转移
pN1,pN2,pN3 组织学上区域淋巴结侵犯的递增
注：原发肿瘤直接侵犯区域淋巴结归属淋巴结转移。在淋巴引流区的结缔组织中肉眼可辨的转移结节，即使没有残余淋巴结的组织学证据，也应被列入区域淋巴结的N分级。显微镜下病变大于2～3mm的小体，划在T分级中，即不连续性扩散
淋巴结大小作为pN分类的一个标准时，如乳腺癌只测量转移淋巴结大小，而不测量整组淋巴结
pM 远处转移
pMx 显微镜下不能确定远处转移的存在
pM0 显微镜下无远处转移证据
pM1 显微镜下有远处转移

表11-4 唇和口腔癌TNM分类标准

T1	≤2cm
T2	>2cm,≤4cm
T3	>4cm
T4	邻近结构
N1	同侧单个≤3cm
N2	同侧单个>3cm,≤6cm
	同侧多个6≤cm
	双侧，对侧≤6cm
N3	>6cm

表11-5 唇和口腔癌分期标准

0期	Tis	N0	M0
Ⅰ期	T1	N0	M0
Ⅱ期	T2	N0	M0
Ⅲ期	T1	N1	M0
	T2	N1	M0
	T3	N0,N1	M0
Ⅳ期	T4	N0,N1	M0
	任何T	N2,N3	M0
	任何T	任何N	M1

上述因素中肿瘤的大小与预后的关系各家报告不尽一致,统计学显示其对预后有一定意义,但不是最主要的。肿瘤的浸润范围对各种肿瘤的意义可能有所不同,刘复生等报告手术切除的胃癌514例,肿瘤累及范围与5年生存率关系分别为:累及浅肌层者为54.2%,深肌层者为29.5%,浆膜层者为17.8%,浆膜外层者为10.2%。由此可见肿瘤浸润范围对患者预后是十分重要的,浸润越深预后越差。淋巴结转移对患者预后有很大影响,一般来说随着淋巴结转移的增多,患者的5年生存率是逐步降低的,因此许多作者均认为各种肿瘤的淋巴结转移对患者预后是最为重要的。脉管内瘤栓的有无同样对患者预后有意义,有瘤栓者预后较无瘤栓者差。另外在病理形态学分析研究中表明,肿瘤周围淋巴细胞、浆细胞反应越多,患者5年生存率越高,肿瘤周围有明显纤维组织包裹者其5年生存率高于癌周无明显包裹者,引流区淋巴结的窦组织细胞增生及滤泡中心细胞增生越明显,患者的5年生存率也越高。

值得注意的是在对肿瘤预后判定时要注意综合分析,避免片面。如胃癌,只要胃原发癌未超出黏膜下层,即使有淋巴结转移仍判为早期胃癌;食管癌已侵及食管外膜时,即使其在形态上属高分化,亦不能说其预后好。临床医生直接面对患者向其介绍病情和预后,故对病理报告中肿瘤分化程度、浸润深度范围、淋巴结及脉管内有无转移等内容一定要有正确、全面的认识。

六、肿瘤病理诊断中的难点及处理原则

病理医生对肿瘤的最后诊断负有不可推卸的责任和义务。对异型性明显、组织来源明确的肿瘤,只要取到典型的肿瘤部位,作出病理诊断并不难。然而在实际工作中不能即刻确立诊断的病例几乎每天都可遇到。这包括两个方面的原因。其一是送检标本较少,无典型病变,可能是肿瘤表面或边缘的坏死物、炎性渗出物或正常组织,或因钳挟等致组织挤压严重,组织及细胞结构难以确认时不能诊断,有时取到的是肿瘤边缘的非典型增生部分,这些情况应客观描述镜下所见,必要时建议结合临床情况酌情再取。病变为良恶性交界状态或缺乏所诊断疾病的特征性结构时,不妨多块或反复取材观察(多数情况下可找到典型病变),以最后确定病变性质或确立诊断。其二是病理诊断工作中真正的难点,即确立肿瘤细胞的起源,这也是本学科发展中长期面临的课题。原因是有些肿瘤分化很差,缺乏来源组织的特征性结构如未分化癌,有些肿瘤间有许多相似的组织结构及细胞形态,而缺乏特异性区别,如小圆细胞恶性肿瘤(包括淋巴瘤、Ewing瘤、神经母细胞瘤、小细胞未分化癌等),还有些肿瘤至今起源未明,如骨外Ewing瘤、恶性横纹肌样瘤,透明细胞肉瘤等。当肿瘤细胞起源不能确定时,有时会影响肿瘤的诊断及归类,使肿瘤治疗和预后判断的方向受到影响。

诊断病理学同时是一门经验性科学,除个人能力外,其诊断经验和临床实践有密切关系,一张好的HE染色切片在肿瘤病理诊断中仍然起着重要的作用。尽管免疫组织化学、电镜及分子生物学技术正逐渐广泛应用于辅助肿瘤病理诊断,但它毕竟是对在常规切片观察基础上得出结论的进一步证实,除少数情况可拍板定论外,大多还只是参考作用,因此在多个医疗单位病理专家汇聚的读片讨论会上,最终不能取得一致病理诊断的病例并非少数也就不足为怪了。一个病例是否肿瘤、是良性肿瘤还是恶性肿瘤、是癌还是肉瘤、是何种细胞起源,病理医生要以科学的态度,尽最大努力,在条件可能的情况下,利用多种辅助检查方法,尽可能把工作做得深入,准确地把疾病诊断到位,避免医疗事故的发生。目前也只有病理医生能做这些工作,临床医生应具有一定的诊断病理知识,对病理诊断取得共识,与病理医生相互理解。那个只求区分"腺癌"还是"鳞癌"即可的时代已成为过去。

七、完整病理报告的书写

签发病理报告是对病理诊断的客观文字记载及描述,是一项非常严肃的工作,是临床医生对患者采取治疗措施和推断预后的依据,

笔记栏

可谓一字千金,因此一份合格的病理报告应能尽量答复临床上提出的要求和问题。

肿瘤病理报告的书写格式不尽一致,一般按书写顺序应包括以下基本部分:患者的基本情况,包括病理号、姓名、性别、年龄、送检医院或科室,住院号或门诊号,送检或签收日期等;发生肿瘤的器官(或部位),肿瘤名称、肉眼类型、分化程度及大小,肿瘤浸润器官的范围或深度,脉管内有无瘤栓,切缘是否干净、肿瘤距切缘的距离及有无不典型增生,各组淋巴结转移与否、转移的数量,放(化)疗后肿瘤形态改变及反应程度,与治疗及判断预后有关的标记物的检测结果,为证实肿瘤所做的特殊染色、免疫组化染色、电镜观察及分子生物学方法检查的结果等。因此较好的病理报告应该包括肉眼及镜下病变的特点,既要全面说明,亦要简明扼要,这在送检物是整个脏器或整个肿瘤时尤应如此。

在日常活检诊断中,常遇到由于组织过少或过小、坏死或自溶、挤压变形等造成结构不清,致使无法诊断者,可给临床写明不能诊断的原因,建议重新取材送检,决不可勉强诊断。

综上所述,可以看出一个病理报告的发出需要进行多个环节的相关工作,它不同于机械对样本的自动化检测,在各种临床检查诊断工作中是脑力劳动最重的一项工作。

第六节　病理诊断报告表述的基本类型

病理诊断报告的表述可分为如下 4 种类型。

Ⅰ类:病变性质明确和基本明确的病理诊断。

Ⅱ类:不能完全肯定疾病名称、病变性质,或对诊断意见有所保留,可在拟诊疾病或病变名称之前冠以"符合为"、"考虑为"、"倾向为"、"提示为"、"可能为"、"疑为"、"不能除外为"之类的词语。

Ⅲ类:所提供病变组织不足以诊断为某种疾病,只能进行病变的形态描述。

Ⅳ类:送检标本过于细小、破碎、固定不当、自溶、严重挤压(变形)、被烧灼、干涸等,无法做出诊断。

第七节　病理诊断对患者的影响及误诊、漏诊的后果

良性病变一般不危及生命(除一些重要部位如颅内发生的肿瘤以外),对患者生活和工作妨碍不大,故对患者影响较小。恶性病变如恶性肿瘤,由于其具有无限增殖、浸润性生长并向远处转移的生物学特性,须切除肿瘤所在的器官、肢体甚或周围组织、器官,直接影响患者的生活和工作,甚至危及生命,故对患者的影响很大。

在现阶段我国的医疗改革正逐渐深化,医疗费用及人们对医疗质量的要求逐渐增高,以法律为依据保护患者合法权益的意识也日益增强,而相应的医疗保险体系尚有待完善。故任何由错误的病理诊断而导致的误治、错治,都会造成不良的后果。首先,良性病变误诊为恶性,会导致患者误被截肢、膀胱全切除、子宫切除、摘除眼球、切除肛门等这些器官切除的惨痛教训,反之将恶性病变误认为良性病变,使患者失去及时治疗的时机也会导致严重后果。

医疗事故的发生,不仅使患者遭受损害(有时是无可挽回的),使医院的形象和个人的医师生涯受到影响,还要对患者在精神、肉体和经济上给予补偿。故病理医生在医疗工作中所承担的责任和职业风险都是极大的,我们在工作中不仅要树立全心全意为人民服务的思想和无私奉献的职业道德情操,还要掌握为人民服务的过硬本领,做到精益求精。

第八节　病理诊断对医疗实践的指导作用

患者到医院看病有两个目的,诊断并治疗疾病。许多疾病通过询问病史、症状及体格检查等即可明确诊断进行治疗,有些不典型疾病可进行试验性治疗。这些情况都不必做病理检查。需要送病理检查者必须有从患者身体获取的标本如活检、尸检、体液、积液、痰、脱落细胞等,其检查目的一般为定性,即确定病变的良恶性质,临床医生根据病理诊断,对患者进行治疗,或由病理诊断修正对病情的认识。对这些病例来说病理诊断对其诊断和治疗便

具有决定性的指导作用。

尽管在现代医学高速发展的今天,对疾病所采用的诊断手段日益增多,如CT、MRI等,并还在不断地创新和发展中,然而对许多疾病,尤其是肿瘤的最后确诊还得依赖病理学诊断。曾有多位大医院的管理者及权威人士指出:病理诊断是唯一具有法律效应的最后诊断,也是反映一个医院综合诊治水平的主要窗口之一。当前我国正在大力推行医疗改革和狠抓提高医院服务质量,高水平的病理诊断能力也是促进医院提高医疗水平的一个重要方面。对此,无论是从事病理诊断的医师,还是医院的领导和管理部门都必须有足够的认识,决不可轻视之。

第九节　我国医院病理学科的现状与未来

一、当前病理诊断工作遇到的困难

(一)临床医师对病理诊断工作的了解有待深入

(1)对病理技术及诊断工作流程、步骤及时间均缺乏必要的了解,甚至要求超越规范,强求缩短规范发报告的时间,对诊疗质量及正常工作秩序构成负面影响。

病理科的工作开始于接到送检标本以后。一般医院若安排在下午取材,则标本取材后、固定、系列脱水、透明及浸蜡等标本处理过程可设定程序在自动脱水机中于当夜完成,第2天上午可完成包埋、切片及常规染色,下午技术组将病理检查申请单与切片核对无误后即可交与病理医师阅片签发病理报告。一般简单病例在第3天可以签发,一些疑难病例则由上级医师会诊,一些病例尚需对标本进一步进行一些特殊辅助检查以协助确诊,如抗酸染色(确定有无结核杆菌)、Warthin-Starry特殊染色(检查胃幽门螺杆菌、梅毒螺旋体)、免疫组织化学染色(协助确定肿瘤细胞类型、有无基因突变及耐药基因表达)等。这些辅助检查一般再需要1~2天,这样部分病例需5天左右的时间才能完成其病理报告(图11-2)。实际工作中,为尽快发出病理报告,多数医院的病理科已压缩一些可能的环节,如预诊和复诊合并在制片后的当天下午,即第2天的下午,这样可以满足大约80%以上的病理报告可以在第3天发出。临床医师应了解上述过程和事项,避免把病理检查诊断误认为机器化验,一些医院为满足提高病床周转率等的要求,从行政管理角度希望病理科承诺3天出报告等。这些都在一定程度上忽视了当前病理诊断工作的固有流程,忽视了病理诊断的严肃性及其承担的责任和导致的后果。

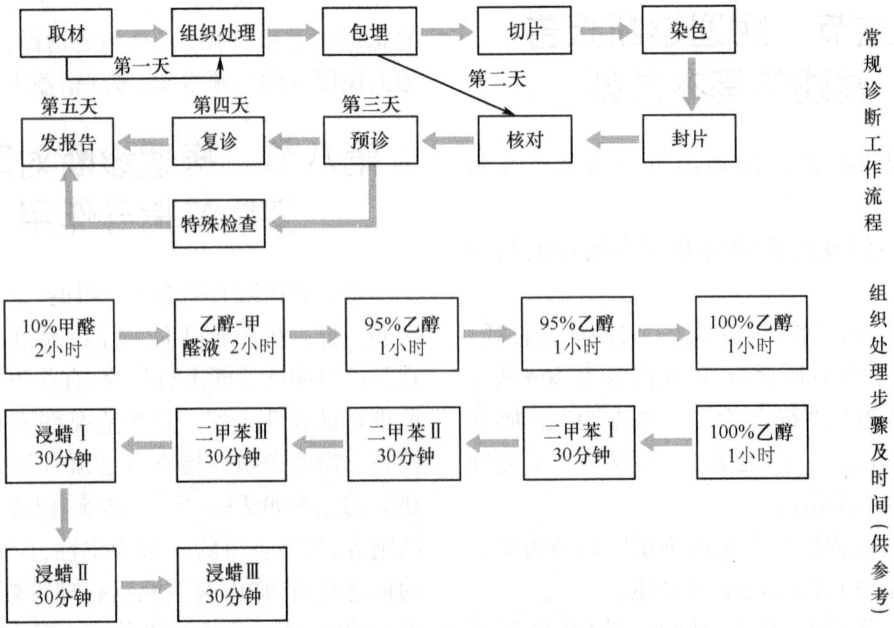

图11-2　常规诊断工作流程和组织处理步骤

(2) 对临床资料对病理诊断的影响重视不足,忽视病理诊断与临床密切相关的特点,结果对临床资料提供不足或不提供,却未引起自身的重视。

在病理诊断过程中,由临床医师填写的病理检查申请单是病理科核对标本、记录取材所见、做出最后诊断的重要参考依据。然而在实际工作中却会出现对病理检查申请单中项目如病史、部位、各项检查及手术所见等填写不全的情况,成为病理报告迟缓、漏诊及误诊的重要原因。如一老年男性患者半年前曾因右肺上叶类癌行右肺切除手术,现右上牙龈出现一肿物被切除送病理检查,由于此部位类癌少见,而且常规组织学上难与低分化癌鉴别,故被诊断为其他肿瘤。当患者到口腔医院会诊说出有类癌病史时,其诊断才被纠正为肺类癌牙龈转移。再如结节性筋膜炎和恶性纤维组织细胞瘤镜下组织学改变常难以鉴别,如有数周左右短暂发病及迅速增大的病史则可以除外恶性纤维组织细胞瘤而诊断为结节性筋膜炎。

(3) 对术中快速冷冻病理检查的意义认识不清,如将脂肪组织或大块组织送冰冻检查,或未等病理报告发出即手术结束等,失去了术中快速冰冻病理检查的意义。

(4) 对病理诊断这一"金标准"的制约因素了解不够,当出现不同的会诊意见时不知所措。病理诊断的制约因素如下。

1) 组织的即时性及局限性:即一次活检只反映疾病某一阶段所取组织局部的即时性病理变化,当疾病处于非特征性病变期或临床取材不到位如癌旁时,病理检查难于做出确切诊断,也会造成"误诊"或"漏诊",此时应再取或补取。

2) 镜下同形异病、同病异形的存在:即光镜下相同形态的病变可以是不同的疾病,相同的疾病也可以表现为不同的形态,从而增加诊断的难度。

3) 客观判定标准与主观判断的差距:即病理诊断的标准虽然是客观的,但病理医师对标准的掌握带有主观性和经验性。一张切片经不同专家会诊会出现几种诊断。如 1985 ~ 1995 年广州市会诊疑难病例 412 例,诊断一致的只有 65 例,占 14%。这是诊断病理学科发展的现状所致。临床医师和患者对此都应知情。

4) 部分病理检查诊断已要求达到分子水平,为此其相关辅助检查对新技术、新设备的依赖逐渐增强,如肾穿刺活检需要免疫荧光显微镜和电镜,原位杂交、基因重排需要 PCR 仪,高质量的细胞学检查需要 TCT 等。因此高水平的病理诊断对先进仪器设备的依赖也较大。

关于对病理诊断的局限性应有充分的认识。阿克曼在其外科病理学名著《阿克曼外科病理学》前言中曾这样提醒到:"一种荒唐的曲解在那些临床医生中盛行,他们认为病理医生只要有一块患者的组织,就能获得所有必需的要素,而能在病理报告写出绝对正确的陈述。更危险的情况是一个病理医生也有这种概念。"著名病理学家罗赛还认为病理医生不是神,他说"这个世界上已知的著名(病理)专家都是凡人,都会犯错,都有一部分肿瘤不会诊断,而且这种错误的比例几乎无法改变。因此,对每一个病理医生的职责是:把这些解决不了的问题一直上诉到最高法院(此处应指某一方面的病理权威)。"这些表述从不同方面揭示了对病理诊断所存在的不正确的认识。

(二) 对病理诊断工作的管理现状有待改善

过去在计划经济条件下,医务人员间的收入相差不大。改革开放以后,临床各学科的收入渠道发生了很大的变化,而病理科的情况一直未受到足够的重视。

(1) 对病理科的工作内容和性质及其在整体医疗过程中的关键作用和学术价值认知不足,导致收费标准仍然很低,长期以来与病理医师付出的艰辛劳动严重不符。

(2) 病理从业人员在医院中编制较少,因其人员少,直接经济创收少,又被人为地淡化了其地位与作用,实际上它是指导全院各科室疑难病症诊治工作的功能性大科室和指挥部。

(3) 被人为地列为医院的所谓"二线科室",致使对它的投入比例较小,对其新技术、新设备的引进迟缓,硬件设备及工作环境的改善明显滞后。

这些使医院病理学科的发展受到很大影响,学科人才大量流失,梯队断档、短缺,供需矛盾比较突出,不能很好地满足临床日益增多的对疾病诊治项目的需求。

二、造成医院病理学科现状的原因分析

当前我国医院病理学科发展中出现的这些现状，有其深刻的历史和现实原因。

(1) 我国的医学病理学教育课程中，没有像内科、外科、妇产科及儿科等临床学科那样在医院病理科安排病理诊断临床实习。因此，医学生毕业后无论其从事临床工作还是卫生行政管理工作，其对临床病理诊断的了解多停留在“知其然不知其所以然”的状态，从而导致其在临床和管理工作的相关概念方面对病理诊断专业存在许多误区和盲区。这是以往病理学教学中的一大缺憾，也是主要原因。

(2) 临床病理诊断专业不直接面对患者，也是其被划为所谓“二线科室”、“辅助科室”、“医技科室”、“非重点科室”等的一个原因，从而与真正的辅助科室相混淆，在概念上淡化了医院病理学科在疑难病症诊治当中的“金标准”和“权威性”作用。

(3) 作为计划经济的延续，改革开放以来，我国病理诊断的收费标准仍一直未能到位，收费低廉，造成病理诊断工作不能给医院带来较大直接经济效益的现状，而在医院运营管理中被当作了“辅助科室”处理。

(4) 医院病理学科从业人员数在医疗行业所占比例很小，按医院现行规定的编制测算，多数医院在2%以下，再加上这些人员在医院中承担的又是“幕后英雄”的角色，不易引起人们的关注。

三、解决病理诊断工作困难局面的对策

对毕业前学生和已毕业从医人员增加诊断病理学的教育内容，使大家真正了解病理诊断工作，首先转变临床医师和管理部门的观念。

(一) 加强病理与临床间的交流、沟通

(1) 向临床医师讲解病理科规范的工作流程及病理诊断相关影响因素、病理辅助检查的必要性及重要性和出现不同病理诊断的原因，指导临床如何应对有争议的病理诊断。

(2) 提请临床医师要想得到一张准确及时的病理报告，应首先认真自觉填写“病理检查申请单”中的各项内容；术中冷冻病理检查应建立和恢复预约制度，以便病理医师事先了解患者病情和临床需要，从而减少术中冷冻病理诊断的误差，减少和避免医疗纠纷。

(3) 建立快捷有效的临床与病理间的联系及学术交流、讨论的通道和机制，加强联系和沟通，提高双方的业务素质和工作效率。

(二) 加强病理与管理间的交流、沟通

(1) 希望管理部门了解病理医师在医院诊疗工作中所承担的巨大职业风险、肯定其知识和劳动价值，制定合理的收入分配政策，从根本上防止学科队伍的萎缩。

(2) 吸收国内外成功医院的发展经验，扭转病理科为“二线辅助科室”的错误观念，大力加强医院基础学科、病理学科的建设，改善硬件配置、工作环境，完善梯队建制，达到质控中心标准要求，缩小与先进国家和地区医院之间的巨大差距。

(3) 管理部门应树立病理学科为医院功能性大学科的概念，以大科室标准进行行政管理和配制，使其在疑难病症的诊治当中真正发挥核心主导作用。

四、学习、贯彻和落实卫生部病理科建设与管理指南

可喜的是当前我国医院病理学科所面临的困难已经得到各级卫生行政部门的高度重视。2009年卫生部出台了关于《病理科建设与管理指南(试行)》(以下简称“指南”)的政策条例，这是新中国成立以来首部针对病理科建设与管理工作的指南，是历史上一次难得的机遇。指南包括总则、执业条件、质量控制、安全管理、监督管理和附则6章，从全方位对病理科的建设与管理提出了明确要求，明确了一些行业规范，比如明确规定医疗机构内的病理科应当集中设置，统一管理；病理医师按照每百张病床1～2人配备，承担教学和科研任务的医疗机构应适当增加；出具病理诊断报告的医师应当具有临床执业医师资格并具备初级以上病理学专业技术职务任职资格，经过病理诊断专业知识培训或专科进修学习1～3年；快速病理诊断医师应当具有中级以上病理学专业技术任职资格，并

有5年以上病理阅片诊断经历；病理科负责人应当具有医学专科以上学历和病理学中级以上专业技术职务任职资格，长期从事临床病理诊断工作；三级医院病理科负责人应当具有副高以上病理学专业技术职务任职资格；病理科应当加强对病理档案的保存和管理，其中病理切片、蜡块和阳性涂片保存期限为15年，阴性涂片保存期限为1年，组织标本保存期限为报告发出后2周；病理科应当严格执行《中华人民共和国消防法》、《中华人民共和国职业病防治法》、《危险化学品安全管理条例》、《使用有毒物品作业场所劳动保护条例》、《病原微生物实验室生物安全管理条例》、《实验室生物安全通用要求》和《微生物和生物医学实验室生物安全通用准则》等规定，做好危险化学品和生物安全管理；病理科的建筑设计应当符合有关标准，并与其危险化学品、生物安全防护级别相适应；病理科应当按照卫生部有关规定做好和加强有害样品损害的预防与控制工作；病理科应当按照《医疗废物管理条例》和《医疗卫生机构医疗废物管理办法》相关规定妥善处理医疗废物，并按照规定处理有害化学液体等。

各地区的卫生行政部门及当地的病理质控中心认真组织学习、贯彻和落实指南精神，并以科学发展观为指导，根据指南制定出了切实可行的检查促进指标，融入到对医院的各项检查工作中。如有些省份根据指南的要求明确提出医院只能集中设置1个临床病理诊断科室，并登记、注册；各科室不得另设病理诊断室和脱落细胞学室。病理科设置科主任1名，副主任设置根据科室工作量自定；科主任应是长期从事病理诊断工作者，三级医院科主任应具备高级病理专业技术职称。二级医院病理科用房总面积≥200 m^2，三级医院病理科用房总面积≥400m^2。二级医院应设置标本收取登记室、标本检查取材室（图11-3，11-4）、标本存放室、常规制片染色室、细胞学制片室、诊断室、资料档案室、易燃易爆剧毒用品分开存放室；三级医院病理科应增加主任办公室、快速切片室、免疫组化室、特殊染色室、分子病理室、读片讨论室（图11-5）、学术活动室（承担教学、科研或培训任务的应有单独的功能用房），等等。这些措施的制定正有力地促进了医院和病理科向着健康、规范、安全、可质控及可持续的方向全面发展。

图11-3　取材室一角

方便的与取材台相邻的大体标本照相及电子处理设备

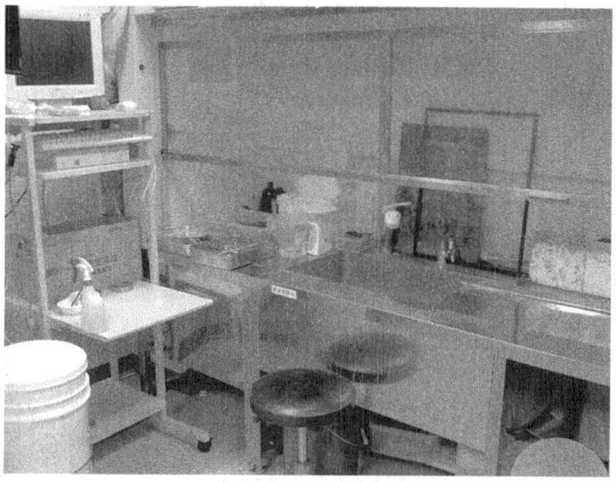

图11-4　取材台

设置于有通风设备的橱柜内，类似于超净工作台

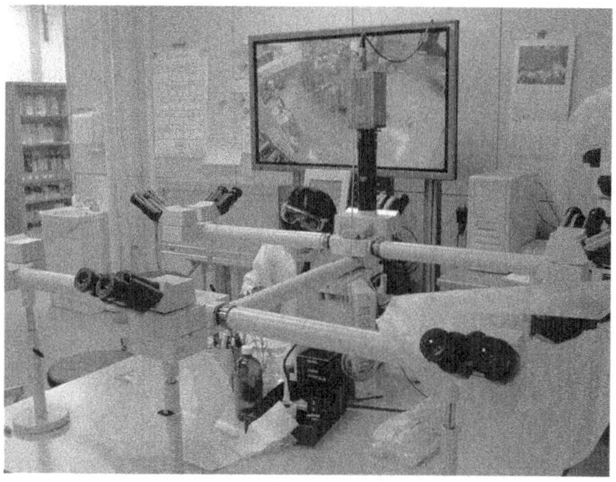

图11-5　读片讨论室

设置多头显微镜；后方屏幕示手术室，便于术中与术者沟通对话

同时，由指南我们再次看到，病理科的工作并非单纯进行病理检查诊断，还有许多附属的工作需要配套并行，比如报告签发后负责保存病理资料的资料室（图11-6）、易燃易爆危险试剂储存室以及符合生物安全管理规范的各技术室的建设等。另外医院病理科面对的医疗法律纠纷问题也日益增多，必须引起高度重视。

图 11-6　蜡块临时储存柜
放置近期蜡块便于进一步开展铺助检查时查找

五、我国医院病理学科未来的工作和发展方向

继续认真组织学习、贯彻和落实指南精神,要在各级卫生行政部门、临床学科和病理科之间就指南精神达成共识,以保证指南尽快地顺利执行。此外,还应考虑以下几个方面。

(1) 重新定位诊断病理学在临床医学中的重要战略地位。病理学科内部应重新明确和定位诊断病理学在临床医学中的学科地位和作用,她自诞生的那一刻开始就不仅是临床和基础之间的桥梁,而更直接地参与、指导临床的诊疗过程。它既是病理学的一部分,又是临床医学的重要组成部分。当前医院病理学科发展中出现的问题已经证明,把诊断病理学笼统地划归在基础医学学科,完全按基础学科进行医学教育,所培养出来的医师及病理专业高级人才(如研究生等)在临床病理诊断知识方面均存在一定的缺陷,不能很好地满足医院病理学科和临床学科发展的需要,应尽快纠正。

(2) 思考、补充和深化病理学教学改革的内容和方向。在既往病理学教学工作的基础上,尽快改革、补充其教育内容和模式,尤其是补充诊断病理学的内容,增加医院病理诊断实习。使每一位医学生在毕业前都能充分了解如何得到一张准确及时的病理报告,临床医师在其中应承担的责任和义务;病理专业研究生的培养应增加及加强临床专业学位类型,改变多数单位只能单向培养科学研究类型研究生的状况。

(3) 学习国内外先进合理的管理经验,医院病理学科的管理应进一步引进标准化、尽快与国际水准接轨。包括规范医院病理学科的建制、环境、设备及专业从业人员准入认定的标准;应与卫生行政管理部门一道,建立全国统一的认证、管理体系,对条件不具备者应加以限制(由有条件的上级医院承担或挂靠到上级医院);承认病理医师的劳动、知识价值,政府应对病理医师和其他临床医师的主要收入提出合理的标准化指导意见,消除不合理的薪酬分配制度,遏止医院病理学科专业队伍的继续萎缩,从而从根本上保证医院病理诊断工作的质量和临床工作质量,保证我国的医学事业和医疗卫生改革事业健康快速地向前发展。

(刘红刚　杨　慧)

参考文献

P. 赫麦尼克,L. 苏彬编. 舒畅,朱文昭主译. 1994. 恶性肿瘤TNM分类标准. 上海:上海科学技术文献出版社:19-35

陈乐真. 1994. 手术中病理诊断. 北京:人民军医出版社:1-10

陈忠年,沈铭昌,郭慕依. 1997. 实用外科病理学. 上海:上海医科大学出版社:1-5

郭爱桃,李向红,黄巍. 2002. 5979例外科病理报告的及时性分析. 中华病理学杂志,31(6):530-533

李向红. 2002. 病理学的社会经济地位. 现代诊断病理学年鉴,5:1-3

刘复生,刘彤华. 1997. 肿瘤病理学. 北京:北京医科大学中国协和医科大学联合出版社:777-789.

刘红刚,张盛忠,李明. 2002. 从目前临床病理工作中的困难看病理学教学改革的必要性. 首都医科大学学报,增刊:135-136

刘红刚,张盛忠,李明. 2002. 当前我国医院病理科工作所面临的困难及其解决的对策. 中华医学杂志,82(14):1007-1008

刘彤华. 2006. 诊断病理学. 第2版. 北京:人民卫生出版社:3-7

孙耘田. 2001. 澳大利亚病理专科医师的培训与考核. 现代诊断病理年鉴,4:61-64

卫生部办公厅. 2009. 病理科建设与管理指南(试行)(卫办医政发〔2009〕31号):1-7

中华医学会. 2004. 临床技术操作规范:病理学分册. 北京:人民军医出版社:1-26

Juan Rosai. 1995. Ackerman's surgical pathogy, volume one. Mosby:1-53

第12章 病理技术

第一节 病理尸体剖检

一、病理尸体剖检的意义和作用

病理尸体剖检(autopsy),简称尸检,是由病理学工作者对死者的遗体进行病理解剖,通过观察器官、组织的改变,并结合临床资料进行综合分析,对疾病作出诊断和查明死亡原因。病理尸检的特点是观察全面而系统,诊断客观而确切。其作用在于:①协助临床验证诊断和治疗是否正确,从中总结经验,吸取教训,对提高临床工作质量起到指导作用;②及时发现或确诊某些传染病、地方病、流行病、职业病或新的疾病,为防治措施提供依据;③可以积累人体病理材料,为深入研究疾病并探索其本质、发展病理学作出贡献;④为病理学教学提供标本资源;⑤尸检结果是查明死亡原因最具说服力的依据,故尸检是解决医疗纠纷的重要手段之一。

二、病理尸体剖检的基本条件及程序

开展尸检工作必须具备以下基本条件。

1. 尸检室 正规的尸检室应分别有专用通道与医院太平间和病理学教研室(病理科)相通。整个尸检室由互相交通的合理的停尸室、解剖室、消毒室、更衣室、淋浴室、标本存放及取材室等组成。尸检台是解剖室的中心设备。目前所使用的先进的全不锈钢结构的尸检台,采用追求操作方便的人体工程学设计,可拼接成"T"形或"L"形,表面光洁,可任意调节高度和角度,附有量尺、称重、通风、吸排气味、调节给水量、压力及录音等装置;特别是上下水管道的设计合理实用,冲洗用大水管龙头为莲蓬式样,并连接可伸达尸检台任何部位的柔性蛇形不锈钢管。

2. 解剖器械 解剖器械是尸检时专用的工具,常用的器械按用途可分为以下几类。

(1) 刀类:解剖刀、内脏刀、肋骨刀、剖验刀、切脑刀、截断刀等。

(2) 剪类:圆头剪、尖头剪、弯头剪、肠剪、肋骨剪、血管剪等。

(3) 镊类:分齿镊和无齿镊。

(4) 钳类:分直头止血钳和弯头止血钳。

(5) 锯类:分板锯和弓锯,或手锯和电锯。电锯目前已达到可控水平。

(6) 针类:分探针和缝针。

(7) 其他:骨凿、铁锤、头颅固定器、注射器及针头、不锈钢尺、量杯、天平、台秤、脏器剖切台、推车以及缝合丝线、纱布、大塑料桶、棉线手套、填塞物、分类废弃物袋等。

3. 隔离衣物 隔离衣物是指尸检时工作人员穿着的衣物,包括隔离衣、隔离裤、手术衣、鞋套、高筒雨靴、橡胶或其他可防水材质的围裙、袖套、工作帽、口罩、不同型号的乳胶手套、特制钢丝手套、封闭式防护眼镜等。非一次性用品均应消毒处理。对特殊传染病死者的尸检,工作人员应穿着专门的防护衣物。

4. 标本存放器皿、常用药液和器械消毒 存放标本常用的器皿为不同型号的有盖玻璃圆缸和硬质塑料方缸。

常用的药液有两种:固定液和消毒液。常用的固定液为4%甲醛溶液,常用的消毒液有4%甲醛溶液、苯扎溴铵(新洁尔灭)、75%乙醇溶液、过氧乙酸、含氯消毒液等。

金属和玻璃器械可选用4%甲醛溶液、1∶1 000苯扎溴铵(新洁尔灭)+0.5%亚硝酸钠溶液、0.5%过氧乙酸液(6小时)、次氯酸钠溶液(含有效氯0.1% ~0.2%,24小时)浸泡消毒。必要时可用专用压力消毒锅高温消毒。其他器械可选用照射或熏蒸法消毒。

5. 尸检的技术操作 尸检的技术操作基本上有以下几个步骤。

(1) 病理医师(主检)应站在尸体的右侧,实验技术人员站在尸体的左侧以便配合。台下应有一人记录或采用主检者口述录音。

(2) 剖检开始,先做以下体表检查:测量

笔记栏

尸体身高、体重,检查尸斑、尸僵,观察角膜,测双侧瞳孔大小及形状,检查头颅外形、头发、皮肤颜色和弹性,检查鼻、耳、口腔状况等。

(3) 打开胸腹腔。医师用右手持解剖刀,做胸腹联合"T"或"Y"形切口。用肋骨剪沿肋软骨处,将肋骨剪断并向下剪开腹肌,暴露胸、腹腔。胸、腹腔切开后,应先检查有无胸水、腹水及其性质和量的多少。然后,检查各脏器的位置关系,脏器有无粘连及穿孔。若临床有特殊要求,如血细菌培养、胃内容物的毒物检查等,应在切开胸、腹腔后先进行此类检查,并采取相应的操作技术。

(4) 医师自环状软骨离断后,实验技术人员要协助医师剥离。用圆头剪剪断膈肌,技术人员用止血钳夹住直肠上端,并用圆头剪剪断。然后将胸、腹腔脏器全部托出。此法在解剖学上称为全脏器切除法,是目前最常用的方法之一。

(5) 脏器全部托出后,医师逐个检查脏器,记录各脏器的大小、重量及所见病变。在检查后,及时将标本置于标本缸内固定。

(6) 开颅取脑。开颅的方法是先套好头颅固定器,用解剖刀沿两耳连线方向切开皮肤,将头皮翻转,充分暴露颅骨。然后沿头颅固定器上缘0.5 cm处用手锯或电锯锯开颅骨,暴露出脑。观察脑各部表面变化后,用解剖刀断离延髓,将脑全部托出。再次检查称重后将其置入固定液中。因脑组织十分柔软,一般在固定10天左右后再切开取材,而且采用脑基底部向上的悬吊固定法。

6. 标本的技术处理及报告尸检结果

第二节　病理大体标本制作技术

供肉眼观察的活检、尸检及实验动物的病变组织或脏器,称为病理大体标本,简称大体标本。将选取的标本固定、修整、封装、保存的技术称为病理大体标本制作技术。

一、取材与固定方法

(一) 取材与固定的一般方法

标本取材和固定应争取时间及早进行,防止自溶腐败等一系列死后变化发生,尽量保持与活体时相似的形态结构及物质成分特征。

1. 取材原则　保持器官的完整性和病变的特征是取材的基本原则。取材时应尽量修除多余或无关的组织,切面要平整。取材后的标本如不能马上固定,应立即浸泡在生理盐水中并置于-4℃冰箱中保存。

2. 固定原则

(1) 固定标本的容器宜宽大,口不宜过小。

(2) 固定液的量应是标本总体的10倍以上。

(3) 固定的时间因标本的种类、大小、固定液的性质及温度而确定。固定时间一般为2~7天。

(4) 先配制固定液,再将标本放入固定液中。

3. 固定液的选择　一般大体标本多选用4%中性甲醛液固定,这种固定液渗透组织的能力为1mm/小时。

(二) 特殊标本取材固定的方法

(1) 需做切面观察的肝、脾、肾及实质性肿瘤等标本用脏器刀将脏器切开,切时要均匀用力向后拉刀,切勿前后"拉锯"。每片标本厚度不宜超过2cm,标本切面平放于铺有棉花的平底的容器内固定。

(2) 胃肠等空腔标本取材时应注意不要损伤黏膜及其病变部位,不要用手擦拭和流水冲洗标本,以免擦洗掉存在于表面的渗出物(如菌痢肠的假膜)或损伤黏膜,造成人为假象。固定时,可先将标本浆膜面平贴在薄板或硬纸板上,轻轻拉平并用大头针将四周钉住,置于固定液中固定。对胆囊应单独固定,以免胆汁污染其他标本。

(3) 肺标本因肺含气易浮,可用棉花覆盖,使整个标本浸入液体中,切忌用纱布覆盖,以免留下纱布痕迹。

(4) 心标本通常在固定后收缩变硬较为明显。对剖解开的标本,最好用支撑物将病灶按显示方法处理后,再置入固定液中。特别注意不要人为损伤心瓣膜及其腱索或碰掉原本松脆的赘生物。

(5) 脑、骨髓、松脆的肿瘤组织,对干酪样坏死及含有脓肿的标本应先将其悬吊在固定液中,或底部垫上棉花,防止挤压变形,固定至一定硬度后，再切开标本，更换固定液后继续固定。血栓等标本应单独固定以免丢失、破碎或与其他组织残渣混淆。

（6）含液体较多的囊性标本为避免内容物的流失或污染并保持原来形状，应采用悬吊固定法，固定后再切开。如为已切开的标本，应先将适量的固定液注入腔内再固定。

（7）较小的标本需用擦镜纸包裹后再放入固定液中固定。

（8）系统联合标本（如喉、气管、支气管、两肺）按原本解剖位置摆放，放入固定液。注意容器应宽大，而且最好不与其他标本共用，以免固定后组织变形、扭曲，改变原有位置关系。

二、大体标本的种类及制作方法

（一）大体标本的种类

大体标本按标本种类和制作方法一般分为：普通大体标本、原色大体标本、染色大体标本、大体切片标本、骨骼标本、结石标本、透明标本、管腔铸型标本、塑性化大体标本等9类。

（二）大体标本的制作方法

1. 普通大体标本的制作 普通大体标本的制作是指用甲醛固定、保存，用玻璃缸或有机玻璃缸封装标本的制作方法。新鲜标本及时用4%中性甲醛液固定、保存。其优点是经济、简便、易行，因此被广泛应用。其缺点是不能保存标本原来的色泽，如深红色出血灶经甲醛液固定后变为棕黑色，紫红色的肝、脾等脏器经固定后变为灰白或灰红色。

2. 原色大体标本的制作 经固定处理后仍保持病变组织及脏器新鲜时原有颜色的大体标本，称为原色标本。原色标本的制作采用特殊方法恢复并保持血红蛋白的红色。制作原色标本的方法有很多，如麦兆煌法、Pulvertaft 法、Kaiserling 法等。

3. 染色大体标本的制作 染色大体标本是借助组织切片特殊染色方法，使病变脏器及肿瘤标本中的组织、细胞及相应物质成分着色，以利于对大体标本的观察分析和定性、定位的研究。常用的大体标本染色法有脂肪染色法、含铁血黄素染色法、显示淀粉样变的碘染色法、刚果红染色法及显示大脑灰质、白质的染色法等。

4. 大体切片标本的制作 大体切片标本是将病变组织、整个或局部脏器经固定后，用明胶、聚乙烯醇等水溶性包埋介质包埋，并冷冻，待标本变硬后，用大体标本切片机切成200～500μm 厚的薄片，最后裱贴、封装的方法。

5. 骨骼标本的制作 依观察目的不同骨骼标本的制作可分为湿浸法和干藏法2种。

（1）湿浸法：适用于骨肉瘤、软骨肉瘤及其他骨病变的标本。在制作此类标本时，一般沿标本长轴锯开，因为有软组织存在，可将标本放入低温冰箱内，待软组织冻硬后再行切锯，按普通标本固定和浸存。

（2）干藏法：将骨骼以外的所有软组织全部处理掉，经漂白处理后，直接将骨骼装封在容器中。

6. 结石标本的制作 用于胆结石、膀胱结石、肾结石等标本的制作。

7. 透明标本的制作 在保持肢体及脏器完整的情况下，将标本的皮肤、肌肉等软组织内的组织液置换成高折光率液体，再将所要显示的标本内部骨骼或血液循环系统等其他管道染上颜色或注入带有颜色的填充剂，即可制成透明大体标本。

透明标本的特点是可以显示出标本内部的某些特定组织的结构、分布情况及相互间的关系。透明标本制作技术的关键首先是注入药液的黏稠度及压力的大小，其次是脱水必须彻底方能达到透明的目的。

8. 管腔铸型标本的制作 为显示血管、气管及支气管、胆管等正常与病变时的分布及走行情况，以这些结构的管腔为模具，灌注带有颜色的填充剂，再将该器官所有组织全部去除，只留下原来管道的模型，称为管腔铸型标本，又称塑型标本。

9. 塑性化大体标本制作 塑性化大体标本是将标本经甲醛固定或不固定，用乙醇或丙酮脱水，再用乙酸异戊酯或二氯甲烯（又称二氯代甲烷）置换脱水剂，最后再以环氧树脂浸润到标本内部，并包裹标本，即成为模拟自然状态的大体标本。塑性化大体标本的优点是：不需用甲醛等药液保存，不需用标本缸装置，可直接触摸标本。

第三节 组织病理学制片技术

一、组织块处理

(一) 取材

取材(tissue processing)是指从待检标本中按病理检查的目的、要求,在适当部位切取一定大小和数量的组织块,其范围包括尸检、冰冻和一般病理组织活体检查及实验动物的取材。具体要求为:①材料要新鲜,防止污染,把组织的自溶降到最低限度;②保持组织的原有状态,避免变形;③正确选择所需部位——病变区、病变组织与正常交界区,或特定部位;④组织块的大小一般为(1.0 ~ 1.5cm)×1.0cm×(0.2 ~0.3 cm);⑤避免各种穿刺标本、内镜钳取物等活检小组织丢失。

(二) 固定

固定(fixation)是将某些化学试剂(固定液)渗透到需要保存或制作切片(涂片)的脏器或组织、细胞中,使其所含物质尽量保持在生活状态时的形态结构和位置。

固定的目的在于:①迅速阻断组织或细胞离体后的自溶性变化,防止腐败,尽量保持组织和细胞原有的形态结构;②使细胞内的蛋白质、脂肪、糖、酶等成分转变成不溶性物质,并保持原有的结构和位置;③固定剂有硬化作用,增加组织的硬度,便于制片;④组织中的各种物质经固定后产生对染料的亲和力,利于染色和观察。

固定具体的方法如下。

1. 浸泡固定 将人体或动物组织取下后立即放入固定液中进行固定。如组织或器官较大,可再切取小块组织分别固定;较柔软的组织可整体固定 2 ~3 小时后再切块继续固定。

2. 注射、灌注固定 对体积过大组织块、某个脏器或整个动物进行固定时多采用该法。注射固定常用于大块组织的固定,而灌注固定用于某个脏器或全身固定。

3. 微波固定 依据目的将组织块浸入不同的固定液中,在医用微波仪内辐射 3 ~5 分钟。此法用时短、染色后核膜清晰、染色质均匀,目前多用于病理组织制片。

4. 蒸气固定 主要用于膜性组织以及血液或细胞涂片的固定。常用甲醛或三聚甲醛加热产生的蒸气或锇酸作固定剂。

(三) 常用的固定剂

固定剂可分为单纯固定剂和混合固定剂 2 种。

1. 单纯固定剂

(1) 甲醛(formaldehyde):又称福尔马林(formalin),为一种无色可溶于水的气体,极易挥发且有强烈的刺激性气味,市售为 37% ~40% 的甲醛水溶液。甲醛是一种还原剂,易被氧化成甲酸,故不能和锇酸、重铬酸钾及铬酸等氧化剂混合。常用甲醛液浓度为 4%,是 40% 甲醛溶液和水按 1∶9 比例配制而成(注意:甲醛的实际浓度是 4%)。甲醛固定液渗透力强,对组织收缩小,能使组织硬化。甲醛可使蛋白质分子交联而起固定作用,但不能使白蛋白、核蛋白沉淀。甲醛固定液是脂肪、类脂和神经组织最佳固定液,也可固定线粒体、高尔基体,是糖的保护剂。甲醛液固定的组织细胞核着色良好,但固定时间较长时细胞核着色较差,含血较多的组织可形成黑色或黑褐色的色素,即福尔马林色素。

(2) 乙醇(ethyl alcohol):为无色液体,可与水在任何比例下混溶。它还是一种还原剂,很容易被氧化成乙醛,再变为乙酸,所以不能与铬酸、重铬酸钾、锇酸等氧化剂混合。

乙醇用于固定时的浓度以 80% ~95% 最好。具有固定、硬化、脱水作用。乙醇能沉淀白蛋白、球蛋白和核蛋白,但核蛋白被沉淀后仍能溶于水,故经乙醇固定的组织,核的着色不良,不利于染色体的固定。但对糖原、纤维蛋白和弹性蛋白有良好的固定效果。

(3) 乙酸(acetic acid):又称冰醋酸,是具有刺激气味的无色液体,可与水、乙醇相混溶,常用浓度为 5%。乙酸对糖、脂肪、类脂无固定(保存)作用,但可使核蛋白沉淀,是染色体最佳固定剂。乙酸穿透力强,可使组织膨胀,一般不单独使用。

2. 混合固定液 在实际工作中较多使用混合固定液,其固定效果明显优于单一成分的固定剂。

(1) 中性甲醛液(pH 7.0):是人体组织和动物组织最常用的固定液,固定效果较好。

以往配制中性甲醛液时甲醛的含量4%，现甲醛的含量多提高到6%～8%。

配制方法：由甲醛(40%) 150～200 ml，磷酸二氢钠4 g，磷酸氢二钠13 g，加蒸馏水至1000 ml配制而成。

(2) 乙醇-乙酸-甲醛液(AAF液)：乙醇(alcohol，A)-乙酸(acetic acid，A)-甲醛(formalin，F)液混合使用了对组织渗透速度最快的3种固定剂，不仅充分发挥了对组织固定快速，而且对脂类、糖类、蛋白类等物质都有很好的固定作用，还避免了3种固定液单独使用时引起组织的收缩或膨胀，是一种优良的混合固定液，目前在诊断病理及其他方面广泛应用。

配制方法：由95%或无水乙醇85 ml、乙酸5ml和甲醛10ml混合而成。

(3) Bouin Fluid液：渗透力强、组织固定均匀、收缩较小、染色效果好，尤其适用于结缔组织染色，对皮肤及肌腱等较硬的组织具有软化作用。一般固定12～24小时为宜，固定后的组织块呈黄色，乙醇脱水时就可去掉颜色，不需要特殊处理，也不影响以后的染色。

配制方法：由饱和苦味酸水溶液75 ml、甲醛水溶液25ml和乙酸5ml混合而成。

(4) Zenker Fluid液：适用于一般组织固定，氯化汞能沉淀各种蛋白质，重铬酸钾能使类脂凝固，乙酸能沉淀染色质，组织经Zenker Fluid液固定后细胞核、细胞质染色清晰。该液是组织学、病理学和细胞学常有用的固定液，一般大小的组织块固定12～48小时，固定后流水冲洗12小时，在染色前需要脱汞处理。

配制方法：由重铬酸钾2.5g、氯化汞5g和乙酸5ml(用时加入)，加蒸馏水至100ml混合而成。

(四) 固定的注意事项

(1) 标本应新鲜并及时取材，快速置入固定液中以防组织自溶、腐败和干涸。胆囊、脑等特殊标本应单独固定和存放。

(2) 固定液的量和容器内固定液要充分，一般为组织体积的10～20倍，贵重的固定液不少于3～5倍；容器不宜过小，瓶口要大，以利于组织固定后的取出。为避免组织紧贴容器壁或容器底部使固定液渗入困难而影响固定效果，可在容器底部铺垫棉花，使固定液向组织内均匀渗透。

(3) 防止组织变形，柔软或较薄的组织如神经、肠系膜等，要先平铺在吸水纸上，再投入固定剂中；肺因含气体易浮于液面，可在组织表面覆盖棉花以达到充分固定。

(4) 固定时间应依据组织块的大小、薄厚、固定液的种类及环境温度不同而定，可从几十分钟到数十小时。一般组织块为(1.0～1.5)cm×1cm×(0.2～0.3)cm时，固定12～24小时为宜。

(五) 脱水

将组织内的水分用某些化学试剂置换出来的过程称为脱水(dehydration)。

1. 脱水的目的 标本经固定和水洗后，组织内含有大量水分，而水与透明剂如苯、二甲苯等不能混溶，所以组织在透明前必须经过脱水这一环节，用能与透明剂相混溶的乙醇等脱水剂把组织内的水分置换出来。

2. 常用的脱水剂和脱水方法 常用的脱水剂有乙醇、正丁醇、丙酮等，其中最常使用的是乙醇。石蜡制片中一般使用不同浓度乙醇完成整个脱水过程。具体方法是从低浓度向高浓度过渡，依次为70%乙醇溶液、80%乙醇溶液、95%乙醇Ⅰ、95%乙醇Ⅱ、无水乙醇Ⅰ、无水乙醇Ⅱ。脱水剂的量应为组织块的20～50倍，而组织在不同浓度乙醇中放置的时间则根据其种类和大小的不同具体掌握，一般为20～120分钟。

(六) 透明

透明(clearing)是指用二甲苯等透明剂将组织中的脱水剂置换出来，以利于浸蜡和包埋，因组织块浸入透明剂后呈半透明状故称透明。

1. 透明的目的 组织块透明的目的是便于浸蜡包埋。透明剂既可与脱水剂相混溶，又能和包埋剂(石蜡)相混溶，起到桥梁作用。因大多数脱水剂不能和包埋剂(石蜡)混溶，故必须先通过透明剂置换出脱水剂后才能进行后续程序。

2. 常用的透明剂 透明剂有苯、甲苯、二甲苯、三氯甲烷、汽油、香柏油等，其中最常用的是二甲苯，二甲苯是一种无色、透明、易挥发的液体，其透明能力极强，但易使组织收缩变形，故组织块在二甲苯液中放置时间不宜太长。

3. 常用透明方法 可将脱水后的组织

块先用乙醇-二甲苯混合液处理或直接浸入透明剂中，经过2~3次的置换而达到透明的目的。透明时间的长短根据标本的种类和组织块的厚薄而定，一般活检标本透明15~30分钟。

（七）浸蜡与包埋

浸蜡（paraffin infiltrating）和包埋（embedding）是指标本经过前期处理后，再置入支持物中，使支持物透入组织内部，并将组织埋入、包裹的过程。常用的支持物有明胶、火棉胶、石蜡、树脂、碳蜡等，它们既是浸透剂又是包埋剂。其中最常用的是石蜡，故有"浸蜡"之称。

1. 浸蜡 石蜡因熔点不同可分为多种型号，熔点低于54℃的石蜡多用于酶的显示，常规制作常用熔点高于56℃以上的石蜡。标本经过三道熔化的石蜡浸渍，使组织中的透明剂完全被置换出来，浸蜡的温度应高于石蜡熔点2~3℃，时间应根据组织块的大小而定，一般人体组织全过程为2~3小时。

2. 包埋 包埋是指将蜡液注入包埋模具中，迅速将组织块平放入蜡液内、摆正并取平，然后移至冷却台，使组织块同蜡液凝固在一起的过程。包埋模具可选用不同型号的制式不锈钢盒（已商品化）。

3. 注意事项 在包埋操作中需注意事项如下。

（1）实质性脏器的组织及肿瘤组织一般应把最大切面朝下包埋；食管、胃、肠等组织需将管壁横断面朝下包埋。若在同一蜡块中包埋数块管壁组织，组织块应平行横埋，且黏膜面（内膜）的方向应一致，以便切片及观察。

（2）同一蜡块包埋多个组织块时，组织的性质（如同是软组织）应相同，方向要一致。

（3）皮肤、骨等难切组织及需要连续切片的组织均应单独包埋。

（4）神经、脊髓及需要定向包埋的组织应注意组织块的相互关系。

二、组织切片

（一）切片机

切片机（microtome）是切制病理切片（section）的专用机器。按其结构可分为数种，如旋转式（转动式）、滑动式、推动式（雪橇式）、摇动式、震动式及冷冻式切片机等。

1. 旋转式切片机 旋转式切片机是靠旋转一个重轮，带动螺纹轴或齿轮，将组织块的夹具或刀台向前推进并在上下平面摆动；推进的距离靠刻度调节器控制。这种切片机最常用于石蜡切片，使用方便，如组织块处理的较好，可以切出理想的连续切片，切片厚度以μm计量，可在1~30μm之间随意调节。

2. 滑动式切片机 滑动式切片机根据台座不同可分为斜面式和垂直式两种，其组织夹具不动而靠滑动切片刀进行切片。滑动式切片机可用于石蜡切片、碳蜡切片和火棉胶切片，不能连续切片，切片厚度在20~50μm之间调节。多用于眼球、内耳、脊髓和脑等特殊组织切片。

3. 冷冻式切片机 冷冻切片机的种类很多，目前普遍使用恒冷箱式冷冻切片机。

（二）切片刀

切片刀是切制良好切片的重要因素之一。切片刀的种类根据结构式样可分为5种。目前已被广泛使用的为薄形刀片（一次性刀片）。

（三）切片

1. 石蜡切片法 用切片机将石蜡包埋的组织块（蜡块）切成适宜厚度的薄片，是目前在病理学科中最常用的一种制片方法。切片厚度一般为4~6μm。

2. 冷冻切片 冷冻切片在病理诊断、教学、科学研究中广泛应用，尤其在患者手术的快速病理诊断中起着重要作用。另外，因冷冻切片制作时不经各级乙醇的脱水及二甲苯透明等过程，因此对蛋白、脂肪、类脂和酶的保存较好。故在进行脂肪染色、神经髓鞘及组织化学和免疫组织化学染色时常使用冷冻切片。

新鲜组织、已固定的组织和低温冰箱冷藏的组织块等都可用于冷冻切片。已固定的组织块经流水冲洗后再进行切片。

恒冷箱切片机切片温度一般控制在-25℃左右。打开观察窗，先放少量乌氨酸氨甲酰基转移酶简称OCT，或羧甲基纤维素于组织固着器上，然后放置到速冻台上，待冻结后放上标本，并在其周围加适量包埋剂。冻结后，将组织固着器装到切片机上，调整组织的切面与刀刃平行并贴近刀刃，将厚度调至适当位置后，修出组织切面，放下抗卷板，关闭观察窗，开始切片。切片贴附于载物片上，吹干或固定。

第四节　组织病理学常规染色技术——苏木素-伊红（HE）染色

苏木素（haematoxylin）又称苏木精，是从苏木树的树心中提炼出来的一种天然碱性染料。苏木素本身没有染色能力，必须经过氧化，使苏木素分子脱掉两个氢原子变成苏木红。苏木红分子中含有的发色团（醌苯环）和助色团（羟基），在媒染剂的作用下，形成蓝色色精，对细胞核具有优良的染色能力。

伊红 Y（eosin Y）又称曙红 Y，简称伊红，属酸性染料，化学名称为四溴荧光素二钠盐，分子式为 $C_{20}H_6O_5Br_4Na_2O_5$，化学分子量 691.906。伊红是良好的细胞质染色剂，分水溶性和醇溶性两种，在组织病理学常规染色中多用水溶性伊红。

苏木素-伊红染色法，简称 HE 染色，是医学领域中最广泛应用于细胞和组织的染色方法，也是病理学诊断、教学和科研中最基本的染色方法，故被称为常规染色。

一、苏木素-伊红（HE）染色的基本原理

（一）细胞核染色的原理

细胞核主要是由脱氧核糖核酸（简称 DNA）组成，带负电荷，呈酸性，细胞核很容易与带正电荷的碱性染料结合。苏木素氧化为苏木红，苏木红与媒染剂中的铝结合形成蓝色色精，细胞核与这种带正电荷、呈碱性的色精以离子键或氢键结合而被染色。

（二）细胞质染色的原理

细胞质内主要成分为两性电解质蛋白质，其等电点为 pH 4.7～5.0 时，此时酸性或碱性染料不易使之着色。当染液的 pH 高于或低于蛋白质的等电点时，蛋白质带负电荷或正电荷。由于细胞核本身带负电荷，为了区分细胞核与细胞质，必须把染液 pH 调至蛋白质等电点以下，使之带正电荷，并与带负电荷的染料结合。伊红 Y 是一种化学合成的酸性染料，其在水中离解成带负电荷的阴离子，与蛋白质的氨基正电荷结合而使细胞质着色。

二、苏木素-伊红（HE）染色方法

（一）人工操作 HE 染色方法

染色步骤如下：①二甲苯Ⅰ脱蜡 10～15 分钟；②二甲苯Ⅱ脱蜡 10～15 分钟；③无水乙醇脱二甲苯 1 分钟×2 次；④95% 乙醇 1 分钟；⑤90% 乙醇 1 分钟；⑥85% 乙醇 1 分钟；⑦自来水洗 2 分钟；⑧苏木素染色 1～5 分钟；⑨自来水洗 1 分钟；⑩0.5%～1% 盐酸乙醇分化 20 秒；⑪自来水洗 1 分钟；⑫稀氨水（1%）返蓝数秒、自来水洗或蒸馏水洗 1 分钟；⑬伊红染色 1～5 分钟；⑭自来水洗；⑮85% 乙醇脱水 20 秒；⑯90% 乙醇 30 秒；⑰95% 乙醇Ⅰ1 分钟；⑱95% 乙醇Ⅱ1 分钟；⑲无水乙醇Ⅰ2 分钟；⑳无水乙醇Ⅱ2 分钟；㉑二甲苯Ⅰ 2 分钟；㉒二甲苯Ⅱ2 分钟；㉓二甲苯Ⅲ2 分钟；㉔中性树胶封固。

染色结果：细胞核呈蓝色，钙盐和各种微生物呈蓝色或紫蓝色，细胞质、肌纤维、纤维结缔组织、红细胞和嗜伊红颗粒呈不同程度的红色。

（二）冷冻切片 HE 染色方法

染色步骤如下：①冷冻切片粘贴在载玻片上，用 95% 乙醇 95 ml+乙酸 5ml 混合固定液或 AAF 液固定 1 分钟，自来水洗；②苏木素染色 1～5 分钟；③自来水洗 1 分钟；④1% 盐酸乙醇分化 20 秒；⑤自来水洗；⑥1% 氨水反蓝 30 秒；⑦自来水洗 10 秒；⑧伊红染色 30 秒～5 分钟；⑨自来水洗 10 秒；⑩85% 乙醇 20 秒；⑪90% 乙醇 30 秒；⑫95% 乙醇Ⅰ1 分钟；⑬95% 乙醇Ⅱ1 分钟。⑭无水乙醇Ⅰ1 分钟；⑮无水乙醇Ⅱ1 分钟；⑯二甲苯Ⅰ2 分钟；⑰二甲苯Ⅱ 2 分钟；⑱二甲苯Ⅲ 2 分钟；⑲中性树胶封固。

第五节　组织病理学特殊染色技术

特殊染色方法是常规染色的必要补充。选用适当的特殊染色方法，显示或进一步确定组织或细胞中的正常结构及病理过程中出现的病变、异常物质及病原体等，对于疾病的诊断和鉴别诊断、研究疾病的发生机制、提高教学及科研水平均具有价值。

一、固有结缔组织染色

固有结缔组织主要由分散的细胞和大量的细胞间质构成。细胞间质中除基质外，含有胶原纤维、弹力纤维和网状纤维。这些纤维成分的染色，常用于判定各种组织、器官的损伤程度及其修复的情况，也可以帮助鉴别以梭形细胞为主要成分的肿瘤组织的起源（肌性、纤维性或神经性）。

（一）胶原纤维染色

胶原纤维（collagen fiber）是固有结缔组织中含量最多的一种，广泛分布于机体各部，其中皮肤（真皮）、肌腱、巩膜、硬膜等处含量丰富。胶原纤维主要由成纤维细胞合成，化学成分为胶原蛋白，通常情况下不溶于水，在酸性溶液中膨胀。

1. 丽春红-苦味酸-维多利亚蓝染色法　此法为显示胶原纤维、细胞和肌肉的新染色法，是由龚志锦（1992 年）建立。本法克服了原 Van Gieson 法（简称 VG 法，1889 年）易褪色，染色结果不能长久保存的缺点，目前已基本取代原 V G 法。其胶原纤维中含有碱性氨基酸，能够与酸性染料结合。酸性染料具有不同程度的扩散性，扩散性高的小分子染料（如苦味酸），容易进入结构致密的狭孔组织（如肌纤维）的间隙；扩散性低的大分子染料（如丽春红）只可以进入结构疏松的宽孔组织（如胶原纤维）的间隙，从而使不同的成分着色。可用 4% 甲醛液、乙醇、Zenker 液或 HeHy 液固定组织，石蜡切片、冷冻切片均可。

操作步骤如下：①石蜡切片厚 4 ~ 6μm，脱蜡至水；②70% 乙醇溶液冲洗后，浸入维多利亚蓝 B（Victoria blue B）染液中 15 分钟［V. G 法用魏格尔特（Weigert）铁苏木素染核］；③切片倾去染液，直接入 95% 乙醇溶液分化数秒；④蒸馏水冲洗 2 次；⑤丽春红（ponceau）染液滴染 5 分钟；⑥直接用无水乙醇分化与脱水；⑦二甲苯透明、光学树胶封固。

染色结果：胶原纤维呈红色，肌肉、神经胶质呈黄色，细胞核呈蓝绿色。

2. 天狼星红（Sirius red）-苦味酸染色法　胶原纤维有四型（Ⅰ、Ⅱ、Ⅲ、Ⅳ型），具体区分并定量这 4 型胶原纤维，对于研究病变的发生机制和演变过程有一定的意义。利用胶原蛋白聚合及其缠绕螺旋排列不同的特点，使用天狼星红-苦味酸染色法，在偏振光显微镜下，可以根据双折光性和着色的不同，分别显示出四型胶原纤维。可用 4% 甲醛液固定组织，石蜡切片。

操作步骤如下：①石蜡切片厚 4 ~ 6μm，脱蜡至水；②置入天青石蓝液 5 ~ 10 分钟；③蒸馏水冲洗 3 次；④天狼星红饱和苦味酸液 15 ~ 30 分钟［可用哈里斯（Harris）苏木素液淡染细胞核］；⑤直接用无水乙醇分化与脱水；⑥二甲苯透明、光学树胶封固。

染色结果：普通光镜下，胶原纤维呈红色，细胞核呈绿色，其他成分呈黄色。

偏振光显微镜下，Ⅰ型胶原纤维红色或黄色，排列紧密，具强双折光性；Ⅱ型胶原纤维多种色彩，疏松网状，弱双折光性；Ⅲ型胶原纤维绿色，细纤维，弱双折光性；Ⅳ型胶原纤维淡黄色，弱双折光性（基膜成分）。

（二）弹性纤维染色

弹性纤维（elastic fiber）在镜下具有折光性，呈平行紧密排列，广泛分布于机体的各个部位，其中最丰富的区域是皮肤、血管壁（大动脉——弹性动脉，中动脉——弹性肌型动脉）、气管、支气管、肺泡等处，其富有弹性，易伸展。弹力纤维的化学成分为弹性蛋白，通常被认为是一种凝胶，由随机交联盘绕的一些肽链组成，其主要成分含有丰富的二硫键糖蛋白，所以又称为弹性蛋白，强嗜酸性，易与染色液中的碱基结合。

1. 弹性纤维染色（Verhoeff 铁苏木素染色）　4% 甲醛液固定或其他固定液固定，石蜡切片、冷冻切片均可。

操作步骤如下：①石蜡切片，厚4 ~ 6μm，脱蜡至水，蒸馏水洗；② Verhoeff 铁苏木素染液 15～40 分钟；③自来水洗；④2% 三氯化铁水溶液分化 10～20 秒；⑤充分水洗；⑥用 95% 乙醇溶液去碘 2～5 分钟，使弹力纤维更为清晰；⑦水洗，可用丽春红-苦味酸-维多利亚蓝染色法对比染色 30 秒～1 分钟。⑧95% 乙醇溶液快速分化；⑨无水乙醇脱水、二甲苯透明、中性树胶封固。

染色结果：弹性纤维呈黑色，细胞核呈蓝色，胶原纤维呈红色。

2. 弹性、胶原纤维的双重组合染色

（三）网状纤维染色

网状纤维（reticular fiber）又称网织纤维，是构成组织的支架，广泛分布于实质性脏器内，在肝、脾、淋巴组织、骨髓、基膜、血管等处最为丰富。在形态学上网状纤维为交织成网的纤细纤维，化学成分为网状蛋白，是一种特殊类型的胶原蛋白，能抗胃酸消化和弱酸溶解，在某些病理条件下可转化为胶原纤维。网状纤维具有嗜银性，故又称为嗜银纤维（argentaffin fiber）。HE 染色着色很浅，必须用特殊染色方能显示出来。

网状纤维染色方法很多，多属于浸银染色，原理基本相同，即经过氧化剂的氧化使网状纤维对银离子具有选择性的亲和能力（嗜银性），并在媒染剂的作用下网状纤维吸附二氨合银离子，再经甲醛将其还原为黑色的金属银而显示出网状纤维。多采用 Gomori 银染色，此方法所需时间短、易于掌握、结果稳定，且不易脱片。

染色结果：网状纤维呈黑色，胶原纤维呈红色，基质呈黄色。

二、脂类物质染色

脂类是构成人体组织的重要成分，在病理情况下可出现异常沉积。例如在感染、贫血、营养障碍时，肝、肾、心脏等实质器官常发生脂肪变性，用脂类染色可以显示细胞内的脂滴；在动脉粥样硬化时可显示病灶内沉积的脂质和类脂；另外脂类染色可以识别脂肪栓塞；对诊断和鉴别诊断脂肪组织源性肿瘤也有一定的价值。

脂类物质染色的常用方法有锇酸染色（脂肪呈黑色，类脂质颗粒呈褐色）和脂溶性染料染色（苏丹Ⅲ或Ⅳ、油红 O，脂肪呈橘黄色或橘红色，细胞核呈浅蓝色）。

三、肌组织染色

肌组织分为骨骼肌、心肌和平滑肌 3 种。心肌和骨骼肌纤维均呈细长柱状，镜下可见横纹，故又称为横纹肌。但两者又有所区别，骨骼肌呈均匀长柱状，有多个细胞核且靠近肌膜；心肌纤维有分支和闰盘，只有一个细胞核且位于肌纤维的中央。平滑肌呈长梭形，多为一个细胞核，位于细胞中央；平滑肌分布于消化管道、血管及泌尿系统等内脏的管壁中。特殊染色可以更明确地区分出上述 3 种肌组织。

横纹肌染色主要采用 Mallory 磷钨酸-苏木素染色法，目前 PTAH 染色法已逐渐被简便、快捷的免疫组化方法取代。染色结果显示，正常心肌、骨骼肌的肌纤维和横纹呈清晰的蓝色，病变肌纤维的颗粒、团块和收缩带呈深蓝色；神经胶质纤维、纤维蛋白、黏液物质等呈深蓝色；间质结缔组织呈浅红色或不着色；胶原纤维、网状纤维、骨及软骨基质等呈粉红色或棕红色，细胞核呈紫蓝色，有缺氧缺血早期病变的心肌呈紫蓝色或棕黄色。

四、糖类物质染色

糖类是由碳、氢、氧 3 种元素组成的化合物。糖可分为单糖、双糖、多糖、黏多糖（黏液物质）、糖蛋白、糖脂等。在一般病理学工作中最有意义的是糖原和黏多糖的显示和区分。

糖类染色主要应用于证明和鉴别细胞内的空泡；肿瘤的诊断与鉴别诊断，如肝细胞癌过碘酸-希夫染色（PAS）阳性，而胆管癌则 PAS 阴性；在心肌病变及其他心血管疾病时，因缺氧可致心肌细胞内糖原减少，病灶周边细胞内糖原增多等现象；另外，在糖尿病、糖原储积症的诊断和研究中也有一定的意义。

糖类易溶于水，其固定多采用 AAF 液、Carnoy 固定液和 Gendre 固定液，10% 甲醛生理盐水固定液亦能较好地保存糖类物质。

1. 糖原染色——过碘酸-希夫反应（periodic acid Schiff，PAS） 糖原是多糖的一

种类型,其他形式的多糖还有淀粉、纤维蛋白等。在动物组织中只含有糖原,尤其是肝、肌组织中含量最多,且呈 PAS 阳性。

过碘酸-希夫反应可显示多糖、中性及某些酸性黏液物质,并可显示基膜、软骨、真菌、垂体等。过碘酸是一种氧化剂,它能氧化糖类及有关物质中的1,2-乙二醇基使之变为二醛;醛与希夫试剂结合生成一种红色化合物,反应物颜色的深浅取决于组织内能起反应的乙二醇基的多少。

操作步骤如下:①石蜡切片,厚4~6μm,脱蜡至水;②蒸馏水洗;③过碘酸氧化液5~10分钟;④蒸馏水洗3次;⑤希夫液10~30分钟;⑥流水冲洗5~10分钟;⑦明矾苏木素浅染细胞核;⑧盐酸乙醇分化;⑨95%乙醇溶液、无水乙醇脱水,二甲苯透明,中性树胶封固。

染色结果:糖原及其他 PAS 反应阳性物质红色,细胞核呈蓝色。

2. 黏液染色 广义的黏液物质包括黏多糖和糖蛋白两大类。黏多糖的主要成分是氨基己糖,按其含酸基的不同分为酸性黏多糖(酸性黏液物质)和中性黏多糖(中性黏液物质)。

黏液物质具有的共性:对亚甲蓝等异染性染料具有异染性;对碱性染料有很强的亲和力;可溶于弱碱性溶液;乙酸可使黏液(除为黏蛋白外)沉淀。

黏液物质采用含汞盐的固定液固定效果尤佳,乙醇、甲醛液亦可,但需避免使用碱性固定液。

奥辛蓝过碘酸-希夫反应(AB-PAS)可显示黏液。

操作步骤如下:①石蜡切片,厚4~6μm,脱蜡至水,蒸馏水洗3次;②3%乙酸3分钟;③1%奥辛蓝乙酸水溶液染色10~20分钟;④3%乙酸3分钟,蒸馏水洗3次;⑤入过碘酸氧化液10~20分钟;⑥自来水充分洗,蒸馏水洗;⑦希夫液染色10~20分钟;⑧流水冲洗2~5分钟;⑨用明矾苏木素浅染细胞核;⑩盐酸乙醇分化;⑪95%乙醇溶液、无水乙醇脱水,二甲苯透明,中性树胶封固。

染色结果:酸性黏液物质呈蓝色,中性黏液物质呈红色,混合黏液呈紫红色,细胞核呈淡蓝色。

笔记栏

第六节 细胞病理学技术

通过采集病变处的细胞,涂片染色后进行观察、诊断。细胞的来源可以是运用各种采集器在口腔、食管、鼻咽部、女性生殖道等病变部位直接采集的脱落细胞,也可必是自然分泌物(如痰、乳腺溢液、前列腺液)、体液(胸腹腔积液、心包积液和脑积液)及排泄物(如尿)中的细胞,以及通过内镜采集的细胞或用细针直接穿刺病变部位(如乳腺、甲状腺、前列腺、淋巴结、胰腺、肝、肾等),即细针穿刺(fine needle aspiration,FNA)所吸取的细胞。细胞学检查除了用于患者外,还用于肿瘤的普查。该方法设备简单,操作简便,患者痛苦少易于接受,但最后确定是否为恶性病变尚需进一步经活检证实。此外,细胞学检查还可用于对激素水平的测定(如阴道脱落细胞涂片)及为细胞培养和 DNA 提取等提供标本。

液基薄层细胞学是把细胞收集在保存液中,利用计算机控制的自动化技术制备薄层细胞涂片。目前具有代表性的有液基膜式薄层细胞学技术和液基离心沉淀式薄层细胞学技术。

(一)液基膜式薄层细胞学技术(Thin-Prep 技术)

采用了微孔滤膜过滤法的 Thin-Prep 技术1996年在美国用于临床的宫颈癌检验,由于 Thin-Prep 标本保存液(cytoRich)可较好的保留细胞的遗传信息,因此还可直接用于进一步的病毒(如 HPV 人乳头状瘤病毒)DNA 测试。该项技术于1999年引进我国,被称之为 Thin-Prep cytology test(TCT)技术。目前此项技术除应用于宫颈癌检测外,还可用于尿、痰、支气管冲洗液、食管拉网以及细针穿刺标本。Thin-Prep 技术的基本程序如下:①将常规方法采集的细胞直接涮入盛有细胞保存液的标本瓶中(保存液含缓冲液和固定液,红细胞和黏液可在其中降解。在室温下标本可保存4周);②采用 Thin-Prep 装置制片。在人工设定程序后,该装置通过一个置入标本瓶中的长约6 cm、直径2cm、顶端有过滤膜的圆柱形过滤器,自动完成包括细胞混匀、负压过滤和细胞转移的制片程序,最后在载玻片上形成一个直径 2 cm 的细胞薄层，再行手工染色备检。该装置最大的优点是细胞收集充分，涂片背景干净，质量好，并可对同一标本重复制备多张涂片；缺点是机器和耗材成本高，涂片速度也不够快（约 1 小时 30 余份）。

（二）液基离心沉淀式薄层细胞学技术

该技术又称 Auto Cyto Prep，其细胞采集和保存与 Thin-Prep 基本一样，所不同的是将细胞采集器前端折断于收集瓶中，经过旋涡震荡使细胞脱落于保存液中。而后利用离心沉淀技术自动完成制片过程，在载玻片上形成一个直径 1.3 cm 的细胞薄层，随后直接自动染色。该技术较 Thin-Prep，能够更好地去除非诊断性成分，并更多地收集到有诊断价值的细胞。

第七节　组织化学与细胞化学技术

组织化学与细胞化学技术（histochemistry and cytochemistry technique）是研究组织与细胞显微结构和超微结构的化学组成及其定位的科学，主要研究对象是生物大分子（如核酸、蛋白质、酶、多糖和脂类等）在细胞内的结构和功能活动中的分布与变化以及亚细胞组分和细胞器在整个生命活动中的作用等。

细胞化学方法能够对细胞内的各种成分进行定性、定位、定量研究，包括悬浮胸腹水细胞、血液细胞以及体外培养细胞均能产生同样良好的效果。目前，用细胞化学技术所能显示的化学成分有蛋白质（显示某些特定蛋白、某些氨基酸或功能基）、核糖核酸（RNA）和脱氧核糖核酸（DNA）、糖类（如糖原、黏多糖和糖脂等）、脂类（如中性脂肪、磷脂和固醇等）、酶（包括水解酶如磷酸酶）、特异抗原（其化学成分可能是多肽、蛋白、糖蛋白等）、无机盐和微量元素（如铁、铜、锌、钴、镁等）。

细胞化学染色的原理是细胞中的化学成分和其相应的底物呈一系列的化学反应，形成于显微镜下可见到的反应产物。常见有以下几种。

（1）孚尔根反应法（Feulgen reaction）显示 DNA 呈现紫红色。

（2）甲绿-派洛宁法（methyl green-Pyronin method）显示核酸（甲绿染 DNA 呈绿色，派洛宁染 RNA 呈红色）

（3）普鲁士蓝反应显示组织中含铁血黄素。

第八节　免疫组织化学与免疫细胞化学技术

一、免疫组织化学与免疫细胞化学技术原理

免疫组织化学与免疫细胞化学技术（immunohistochemistry and immunocytochemistry technique）是从组织化学与细胞化学方法衍生出来的，是在单克隆抗体技术产生后，利用免疫学原理，将抗原抗体反应应用于组织细胞化学而进一步通过级联放大，增加敏感性，最后用辣根过氧化物酶（简称 HRP）显色，从而定位组织细胞中抗原（蛋白多肽、酶）等多种基因产物的特异方法。

其基本原理是利用抗原与抗体特异性结合形成“抗原-抗体复合物”的机制，通过化学反应使标记抗体的显色剂（荧光素、酶、金属离子、同位素）显色来确定组织细胞内抗原或抗体（多肽和蛋白质），对其进行定位、定性及定量研究的技术。

二、免疫组织化学技术的主要步骤与常用标记物

（一）免疫组织化学技术的主要步骤

主要步骤如下：①提取抗原；②用免疫原免疫动物（兔）制备抗血清（多克隆抗体）或免疫动物（鼠）后，用杂交瘤技术制备单克隆抗体；③纯化抗体；④抗体标记组织切片；⑤染色反应；⑥观察结果。

（二）常用标记物

1. 酶标记物　为最常用的标记物。理想的标记酶应具有以下条件：①底物是特异性的，且易于显示；②酶反应产物稳定，定位良好；③酶的活性高并且稳定；④酶与抗体的结合不影响抗原-抗体的特异性反应；⑤被检组织中不应存在内源性相同的酶或其底物。常用的标记酶有辣根过氧化物酶（HRP）、碱性磷酸酶（AKP）、葡萄糖氧化酶（GOD）等。

2. 荧光标记物 是指在高能量光波的激发下能产生荧光的物质。常用的有异硫氰酸荧光素（FITC）、四甲基异硫氰酸罗达明（TRITC）。

3. 亲和组织化学标记物 生物素和卵白素系统，其亲和力明显高于抗原抗体的结合力。

4. 金属标记物 如铁蛋白和胶体金，多用于免疫电镜。

三、常用免疫组织化学染色方法

（一）直接法

将荧光素（免疫荧光法）或酶直接标记在第一抗体上，以检查相应的抗原。直接法具有特异性强的特点，但敏感性差，耗费抗体多。

（二）间接法

先用荧光素或酶标记第二抗体，一抗为特异性抗体，二抗仅有种属特异性。特点是：①预先标好二抗，较方便；②比直接法敏感，但仍差。

（三）PAP 法与双 PAP 法

过氧化物酶-抗过氧化物酶复合物法（peroxidase-antiperoxidase complex，PAP），先将辣根过氧化物酶（HRP）免疫兔/羊/鼠，制成兔/羊/鼠抗 HRP；然后再与 HRP 结合，形成一个稳定的多角形结构（PAP）。特点是：①敏感性较高；②背景染色相对低；③双 PAP 敏感性更高，但背景相对较重。

（四）ABC 法

卵白素-生物素过氧化物酶复合物法（avidin biotin-peroxidase complex，ABC），利用卵白素与生物素特有的高度亲和力，先将生物素与酶结合形成生物素化 HRP，再以生物素化 HRP 与卵白素按一定比例混合，形成一个复合物。同时先将二抗生物素化。

（1）如将卵白素换成链霉亲和素，则为 SABC（strept-ABC）法。

（2）将链霉亲和素和生物素先连结起来，则称 LSAB（labelled strept avidinbiotin）法。

（3）用链霉素抗生物素蛋白连结辣根过氧化物酶，则为 S-P（strept avidin peroxidase conjugated method）法。

（4）若用碱性磷酸酶标记链霉卵白素则称 SAP 法。若分别用碱性磷酸酶和辣根过氧化物酶标记链霉卵白素，则称 DS 法。

其特点是：①敏感性高（比 PAP 高 8 ~ 40 倍）；②背景淡，链霉亲和素更好；③方法较简便，时间较短；④应用范围广，也可用于原位杂交和免疫电镜。

（五）链式聚合物偶联技术

链式聚合物偶联技术（EPOS 和 EnVision 系统）为近几年发展起来的快速、高敏的免疫组化新方法。其中心环节是使用了一个酶标的“脊状”葡聚糖分子。EPOS（enhanced polymer one-step）是将一抗连接于酶标葡聚糖上，直接与组织特异抗原结合，然后用底物显色剂显色，因而减少了一步免疫化学步骤。EnVision 是将第二抗体与酶标葡聚糖连接，与已结合的第一抗体反应，最后与底物显色剂显色。由于这些方法都避免使用（链霉素）卵白素和生物素，因此可以消除由内源性生物素所导致的非特异性染色。特点是：①敏感性高；②方法简便、省时；③提高一抗稀释度；④背景清晰。

四、免疫组织化学染色过程中需注意的有关事项

免疫组织化学染色过程中需注意的有关事项主要有以下几个方面。

1. 正确设置免疫组织化学的对照 对照原则：首先对照第一抗体；替代对照要注意相同的原则；阳性结果阴性对照，阴性结果阳性对照；染色清晰，定位准确（彩图 12-1）。

（1）空白对照：用 PBS 置换第一抗体。

（2）血清替代对照：用同种动物的正常血清代替第一抗体。

（3）抑制对照：用未标记的抗体先和相应的抗原结合。

（4）吸收对照：用纯化的抗原对抗体先行吸收。

（5）阳性对照：用已知或已被实验证明为阳性的组织。

（6）自身对照：利用组织切片内的各种不同的组织成分作对照。

2. 假阳性反应

（1）非特异性反应：边缘现象、皱折和刀

痕、出血和坏死等。

（2）内源性过氧化物酶：红细胞、炎细胞、退变坏死细胞和某些腺上皮分泌物，以及某些富含过氧化物酶的组织如脑、肝等。

（3）抗体的交叉反应：抗体本身含有与人体组织发生交叉反应的成分。

（4）试剂浓度过高或失效。

3. 假阴性反应

（1）组织固定不当或固定时间过长。

（2）抗体效价过低或久置失效。

（3）组织中抗原被黏稠基质或分泌物阻隔。

（4）DAB 或 H_2O_2 的浓度不当。

五、免疫组织化学在肿瘤诊断和鉴别诊断中的应用

（一）在肿瘤诊断中应用免疫组织化学染色的原因

（1）在常规病理活检中，通常有 5% ~ 10% 的疑难病例不能明确诊断。

（2）形态学相似但不同组织来源肿瘤（如未分化癌和恶性淋巴瘤）的诊断与鉴别诊断。

（3）一些转移性肿瘤常常缺乏特有的组织学特征，因而无法确定其原发病灶（如甲状腺癌和前列腺癌）。

（4）通过一些反映细胞增殖和与肿瘤恶性程度有关的标记物协助识别肿瘤的良恶性。

（二）各种不同组织及其肿瘤常见的标记物

免疫组织化学最突出的优点是能在微观世界原位地确定组织及细胞结构的化学成分。正常组织和肿瘤组织中均存在或产生多种多样的抗原，通过这些抗原成分可以识别各种正常组织和肿瘤的来源。迄今在石蜡切片上具有诊断价值的抗原已经有 100 多种，表 12-1 为各种不同组织及其肿瘤的常见标记物，它们在肿瘤诊断和研究中具有重要的应用价值。

表 12-1　各种不同组织及其肿瘤常见标记物

标记物	抗体	常见阳性肿瘤
上皮标记	广谱细胞角蛋白（CK/AE1/AE3）	上皮性肿瘤
	上皮细胞膜抗原（EMA）	上皮源性肿瘤，尤其是低分化腺癌
软组织标记	广谱肌动蛋白（actin）	肌源性肿瘤
	结蛋白（desmin）	肌源性肿瘤（肌细胞分化最早的标记）
	波形蛋白（vimentin）	间叶源性肿瘤
神经内分泌标记	突触素（SY）	嗜铬细胞瘤、节细胞神经瘤、APUD 瘤
	胶质纤维酸性蛋白（GFAP）	星形胶质细胞瘤
	S-100 蛋白	神经源性肿瘤，恶性黑色素瘤、脂肪肉瘤
	神经元特异性烯醇化酶（NSE）	神经内分泌肿瘤（特异性较差）
淋巴造血组织标记	白细胞共同抗原（LCA）	造血组织肿瘤（造血细胞的特异性标记）
	T 细胞 CD3	T 细胞淋巴瘤
	B 细胞 CD20	B 细胞淋巴瘤
细胞周期素标记	周期素 B_1（cyclin B_1）	G_2 期和 M 期
	周期素 D_1（cyclin D_1）	G_1 期进入 S 期重要调控因子
	周期素 D_2（cyclin D_2）	G_1 期进入 S 期重要调控因子
	Ki-67 antigen	S、G_2、M 期（G_0 期缺如）
	增殖细胞核抗原（PCNA）	增殖细胞（S 期、G_1 期、G_2 初期）

第九节　电子显微镜技术

电子显微镜（electron microscope）简称电镜，是以电子束为照明源，通过电子流对生物样品的透射以及电磁透镜的多级放大后在荧光屏上成像的大型精密仪器。电子显微镜技术使病理学对疾病的认识深入到细胞内的超微结构水平，它可观察细胞内的细胞器、细胞骨架或大分子水平的变化。在病理诊断中，电

镜不仅可用于肾脏的细针穿刺活检标本来进行肾小球肾炎的分型，而且在确定肿瘤细胞的组织发生、类型和分化程度上起着重要作用(彩图 12-2)。可根据各种肿瘤细胞的超微结构特点来协助区别分化差的癌和肉瘤、梭形细胞恶性肿瘤、恶性小圆细胞肿瘤、神经内分泌肿瘤及恶性黑色素瘤等。

按工作原理和用途的不同可分为透射电子显微镜(transmission electron microscope, TEM)和扫描电子显微镜(scanning electron microscope, SEM)2 种基本类型。

一、透射电子显微镜

透射电子显微镜主要用于观察细胞内部的微细结构，由于电子的穿透力较弱，故用于透射电镜观察的标本必须切成 50～100nm 的超薄切片。换句话说，一个细胞要被切成100～200 个薄片才适于在透射电子显微镜下观察。

超薄切片术(techniques of ultrathin section)是最基本的电镜样品制备技术，其基本过程同石蜡切片大体相似，包括取材、固定、漂洗、脱水、渗透与聚合、切片和染色等多个环节，但操作过程比石蜡切片更为细致与复杂。为了获得理想的超薄切片，操作者必须认真对待每一步骤，任何环节的疏忽都可能导致制样的失败。

合格的超薄切片样品应该达到以下基本要求：①切片的厚度应在 50nm 左右，不能超过 100nm，以获得较高的分辨率和较高的反差；②切片应能耐受电子束的强烈照射而不发生破裂、变形；③细胞超微结构保持良好，没有明显的物质凝聚和丢失。

二、扫描电子显微镜

扫描电子显微镜就是用聚得很细的电子束流照射要检测的样品表面，利用电子束与样品相互作用后从样品表面发射的二次电子成像，对样品表面形态特征进行直接观察。

扫描电子显微镜具有以下特点：能够直接观察样品的表面的结构；样品制备过程简单，不用切成超薄切片；可以从各种角度对样品进行观察；景深大，图像富有立体感；图像的放大范围广，分辨率也比较高(彩图 12-3)；电子束对样品的损伤与污染程度较小；在观察形貌的同时，还可利用从样品发出的其他信号作微区成分分析。

采用冷冻树脂割断法将细胞打开，可以观察到细胞的内部结构。用铸型技术研究空腔脏器，尤其是血管系统复杂的立体分布。还可用盐酸化学消化法观察细胞的基底面及深层细胞表面结构。

第十节　共聚焦激光扫描显微镜技术

共聚焦激光扫描显微镜(confocal laser scanning microscopy)可以从组织细胞水平直接进入亚细胞水平观察，且可利用计算机及图像处理系统对组织、细胞及亚细胞结构进行断层扫描、三维立体空间结构再现，将形态学研究从平面图像水平提高到三维立体水平，图像清晰鲜艳；还可在观察培养细胞形态结构的同时，直接显示培养活体细胞内的代谢变化(彩图 12-4)，可以说共聚焦激光扫描显微镜使病理学及其他形态学研究进入了一个全新的时代。

第十一节　生物芯片技术

生物芯片技术(biochip technique)是将大量具有生物识别功能的分子或生物样品有序地点阵排列在支持物上并与标记的检体分子同时反应或杂交，通过放射自显影、荧光扫描、化学发光或酶标显示可获得大量有用的生物信息的新技术。生物芯片技术包括基因芯片、蛋白质芯片、细胞芯片、组织芯片以及元件型微阵列芯片、通道型微阵列芯片、生物传感芯片等新型生物芯片。可对 DNA、RNA、多肽、蛋白质、细胞、组织以及其他生物成分进行高效快捷的测试和分析。生物芯片技术可应用于测序、疾病诊断、药物筛选等方面。

一、基因芯片

基因芯片(gene chip) 是指采用原位合成或显微打印方法，将大量 DNA 探针固化于支持物表面上，产生二维DNA探针阵列，然后与标记的样品进行杂交，通过检测杂交信号来实现对生物样品快速、并行、高效地检测。可自动、快速地检测出成千上万个基因的表达情况，为基因诊断、药物筛选以及新基因发现提供了有力的手段。

二、蛋白质芯片

蛋白质芯片技术的基本原理是将各种蛋白质有序地固定于滴定板、滤膜和载玻片等各种载体上成为检测用的芯片，然后用标记了特定荧光素的蛋白质或其他成分与芯片作用，经漂洗将未能与芯片上的蛋白质互补结合的成分洗去，再利用荧光扫描仪或激光共聚焦扫描技术测定芯片上各点的荧光强度，通过荧光强度分析蛋白质与蛋白质之间相互作用的关系，由此达到检测多种蛋白质及其功能的目的。如抗体芯片可排列数百种单克隆抗体，通过这张芯片，人们在一次实验中就能够比较几百种蛋白的表达变化。对于诊断疾病，如传染病、肿瘤、遗传病等临床工作以及信号传导、细胞周期调控、细胞结构、细胞凋亡和神经生物学等基础研究都具有广泛的应用前景。

三、组 织 芯 片

组织芯片又称组织微阵列（tissue microarray），是1998年在cDNA微阵列的基础上发明的，它将数十个、数百个乃至上千个小的组织片整齐地排列在一起置于载玻片上，形成微缩的组织切片（彩图12-5），是继基因芯片和蛋白质芯片之后生物芯片家族的又一新成员。

组织芯片的原理是根据不同需要，利用特殊的仪器，将多个（病例）小组织片高密度整齐地排列固定在某一固相载体上（载玻片、硅片、聚丙烯或尼龙膜等），而制成微缩的组织切片。

组织芯片的特点：①体积小、信息含量高，可根据不同需要进行组合和设计；②既可用于形态学观察也可用于免疫组织化学染色、原位杂交、FISH等原位组织细胞学观察和研究，且自身内对照和可比性强；③高效快速，低消耗，可高效利用库存蜡块肿瘤标本。其最大潜在作用是将基因、蛋白水平的研究与组织形态学相结合，使应用同一实验指标，同时快速研究大量不同组织样本（高通量、多样本）的设想成为现实，减少了实验误差，几十倍、上百倍的提高组织病理学研究的效率，节约实验材料和试剂，同时使实验结果有更可靠的可比性；对于原始病理资料的保存和大量样本的回顾性研究具重要的意义。

组织芯片的应用范围：①研究目的基因在不同病变（肿瘤）间的表达差异；②寻找疾病新基因，疾病（肿瘤）中新基因、突变体与基因多态性的检测；③药物的筛选；④疾病的病理诊断；⑤质量控制等。

第十二节　显微切割技术

显微切割（micro-resection）就是在显微镜下用手工或仪器采样的方法从组织切片或细胞涂片上将所要研究的形态或表型相同的小片组织或单个细胞从组织三维构造中分离出来，获得纯的细胞群（pure cell population），以备进一步作分子水平的研究（彩图12-5）。显微切割技术克服了组织的细胞成分非常繁杂这一重大的缺点，对肿瘤、细胞生物学及分子生物学研究有巨大的推动作用。

一、显微切割的方法

（一）材料来源

显微切割可用于甲醛固定石蜡包埋的组织切片、冰冻切片、培养细胞和细胞涂片。但所用载玻片不准涂抹任何粘附剂，常用的组织切片是HE染色的常规石蜡切片（厚5μm）。

（二）切割及细胞采集方法

显微切割及细胞采集方法可分为手工操作和仪器操作两大类。两者各有长短，从两个方面评价这些方法：一是准确性，即有无杂细胞污染；二是它的效率，能否在较短时间内采集到足够的细胞。当然也要考虑方法所需费用。

1. 手工操作　就是用消毒的细针或刀片搔刮组织切片（厚5～15μm）上的细胞，并将其移至Eppendorf管中。

2. 仪器操作 利用激光进行显微切割和细胞采集，其特点是：显微切割的精度高，可进行单个或几个至数十个细胞的切割，可获得很纯的细胞群体，并适用于各种组织材料，但仪器价格昂贵。具体有4种不同的方法：①激光微光束微切割；②激光加压弹射；③贴于膜上的原组织微切割；④激光俘获微切割。

二、显微切割的应用

目前显微切割技术主要应用在如下几方面。

（1）细胞基因突变及微卫星变异的研究。

（2）细胞基因拷贝数的变化和甲基化水平的检测。

（3）定量RT-PCR。

（4）比较基因组杂交。

（5）cDNA微阵列（芯片）。

第十三节　聚合酶链反应技术

一、聚合酶链反应技术基本原理

聚合酶链反应（polymerase chain reaction，PCR）又称无细胞克隆技术，由Mullis发明于1983年。其利用DNA变性和复性原理，在模板DNA、引物和4种脱氧核糖核苷酸存在的条件下，依赖于DNA聚合酶在体外酶促合成与模板DNA互补而特异的DNA片段。经高温变性、低温退火和适温延伸3个步骤的一次循环，使两条引物间的特异DNA拷贝数扩增一倍，而且这种新的DNA链又可成为下次循环的模板。如此反复进行，PCR产物以2^n的指数形式迅速扩增，经过25～30个循环后，理论上可使基因扩增109倍以上，实际上一般可达106～107倍。PCR技术敏感、特异、快速，大大提高了DNA的得率。

二、聚合酶链反应相关技术及应用

经过不断的改进，除了常规PCR外，现今已发展出了逆转录PCR、扩增已知序列DNA的PCR（反向PCR、锚定PCR）、扩增未知DNA序列的PCR（差异显示PCR、简并PCR）、致突变PCR、实时定量PCR、原位PCR、巢式PCR、多重PCR以及PCR与其他方法的联合使用（PCR-SSCP、PCR-RFLP）等多种类型的PCR技术。PCR及其相关技术主要应用于病原学检测、肿瘤的诊断及鉴别诊断（如肿瘤中特异性融合基因检测和淋巴瘤基因重排等）、肿瘤的易感性预测、癌基因扩增与突变检测、遗传病诊断等方面。较常应用于病理学领域的PCR技术主要如下。

（一）逆转录PCR

逆转录PCR（reverse transcription-PCR，RT-PCR）是PCR反应的一种广泛应用的变形。在RT-PCR中，一条RNA链被逆转录成为互补DNA，再以此为模板通过PCR进行DNA扩增。它将cDNA合成与PCR技术结合起来对基因转录产物进行定性与定量的检测。RT-PCR实验包括抽提RNA，逆转录和PCR反应3步。在实际应用中，RT-PCR又常分为一步法和两步法RT-PCR。在临床病理诊断中，运用RT-PCR结合DNA测序技术检测软组织肉瘤或白血病中的特异性融合基因表达，为其诊断和鉴别诊断提供了可靠的分子依据。

（二）实时定量PCR

实时定量PCR（real-time PCR）的反应体系中除了普通PCR的引物外，还有一条荧光探针，探针的两端分别标记了荧光报告基团和荧光淬灭基团，当探针保持完整时，荧光淬灭基团抑制荧光报告基团发出荧光。PCR反应开始后，Taq酶的外切酶活性将荧光探针切断，荧光淬灭基团的作用消失，荧光报告基团就发出了荧光信号，其强弱与PCR的产物数量成正比，根据荧光信号强弱，通过分析得到样本的原始拷贝数。

实时定量PCR的优点为：①解决了传统PCR技术不能定量和扩增产物污染的问题；②避免了普通定量PCR操作过程中的污染；③操作简便、快捷，结果准确，应用方便。

（三）原位PCR

原位PCR（in situ PCR）将PCR技术的高效扩增与原位杂交的细胞定位结合起来，在组织细胞原位检测单拷贝或低拷贝的特定的DNA或RNA序列。原位PCR技术包括直接原位PCR和间接原位PCR两类。已成为扩增固定细胞和石蜡包埋组织中特定DNA和RNA序列的有用工具。原位PCR技术主要应用于:①检测病毒等外源性基因片段;②内源性基因片段如重组基因、癌基因片段等;③遗传病基因检测如β地中海贫血。

第十四节　原位分子杂交技术

原位核酸分子杂交(in situ hybridization, ISH)是应用特定标记的已知核酸探针与组织或细胞中待测的核酸按碱基配对的原则进行特异性结合,形成杂交体,杂交后的信号可以在光镜或电镜下进行观察。由于核酸分子杂交的特异性强、敏感性高、定位精确、并可半定量,因此该技术已广泛应用于生物学、医学等各个领域的研究之中。

一、荧光原位分子杂交技术

荧光原位分子杂交技术(fluorescence in situ hybridization, FISH)的发展为研究染色体上DNA的序列提供了一个最直接的方法。其具有经济、安全、快速、稳定、灵敏度高等优点,多彩FISH可在同一核内显示两种或多种序列,还可对间期核染色体进行研究;应用不同的探针可显示某一物种的全部基因,某一染色体染色片段及单拷贝序列;结合共焦激光显微镜可对间期核及染色体进行三维结构研究,精确检测杂交信号。

二、用于荧光原位杂交技术(FISH)的探针

(一)重复序列探针

基于染色体重复序列的探针(repetitive-sequence probes)有两种。一种是着丝粒探针,主要用于确定特定染色体的数目,如鉴定三体、单体等染色体数目异常。特别是在没有或中期染色体质量不好时,这些探针也能从间期细胞获得信息。另一种是端粒探针,用于确定特定染色体数目和末端变化等。可鉴定G显带或FISH涂染探针不能发现的隐匿易位。

(二)涂染探针

染色体涂染探针通过流式分拣或正常中期染色体显微切割获得所需全长染色体,再进行DOP-PCR扩增、荧光标记获得。所标探针与肿瘤细胞中期染色体杂交检测特异染色体的细胞遗传学改变,特别是验证可疑的染色体重排(58)。但不能检测细小的染色体内变化,如缺失、复制或倒位。染色体涂染可以分析整个基因组,并可以一次扫描全部染色体异常。

(三)区带特异探针(Locus-specific probes)

区带特异探针可用于检测复杂或隐匿的染色体变化,如与疾病关联的缺失、扩增、倒位和易位。这类探针不仅可以用于实体瘤的诊断,也可检测微小残留病灶,以及存档材料的遗传学分析。

(四)反义涂染

用流式分拣或染色体显微切割技术分离出感兴趣的异常染色体,经过扩增、标记作为涂染探针与正常中期染色体杂交(CGH也可认为是反义FISH,即用肿瘤DNA与正常中期染色体)。应用显微切割技术分离异常染色体未知区域,通过反义涂染(reverse painting)揭示其特性。除了G带染色体,显微切割技术也可用在mFISH的中期染色体上,进一步测定已证实的染色体间的变化。

三、荧光原位杂交技术系列

(一)多色荧光原位杂交

多色荧光原位杂交(multicolor-FISH)是应用不同光谱的荧光染料结合探针标记技术,将24条(22条常染色体和2条性染色体)不同的涂染探针(painting probes)标记上不同的荧光染料,作原位杂交可以检测每条染色体,即使是在肿瘤细胞高度重排的核型中也可以通过不同的颜色加以辨认。其主要用于染色体隐匿性重排及复杂染色体核型。

1. 光谱染色体核型分析(spectral karyotyping,SKY) 的原理是24条染色体特异涂染探针用5种荧光染料通过不同的组合标记每条探针,再同时杂交。此方法结合了傅里叶频谱、电荷偶合设备成像和光学显微方法,将荧光素产生的发射光信号放大,经过干涉仪和光谱透镜后,荧光素发射光谱之间的微小差异即可被CCD相机捕获,发射光谱首先被分配给蓝、绿、红3种颜色,变成可视的图像显示出来。在所有的多色染色体带型技术中,SKY的信噪比最低。SKY技术的重要应用之一就是增补和完善传统细胞遗传学获得的资料,极大地方便了数量大、复杂的染色体异常分辨。

2. 24色多元荧光原位杂交 24色多元荧光原位杂交(multiplex-FISH, M-FISH)是近年建立的一种新技术。其原理是使用5种荧光染料按比例标记探针,杂交后形成24条染色体各自呈现特异的荧光色彩以供核型分析。为研究人员提供了更丰富详尽的细胞遗传学信息,包括确定标记染色体的来源、检测微小的染色体易位和检测复杂的染色体易位,尤其为肿瘤细胞染色体分析提供了全新、高效的方法。M-FISH组合标记同SKY相似,只是检测和区分不同荧光信号的方式不同。

3. 组合比率荧光原位杂交 组合比率荧光原位杂交(combined binary ratio FISH, COBRA-FISH)与上述方法不同,其通过比率标记24条人染色体涂染探针只用4种荧光染料,3种荧光染料标记12条染色体涂染探针,另一种荧光染料标记另外12条探针,并通过专门滤镜获得图像。

4. 着丝粒多元荧光原位杂交 M-FISH、SKY等通常需要大量的DNA探针(微克),杂交需要2~3天,而且不能检测间期细胞核,未标记的染色体涂染探针市场上不易得到。着丝粒多元荧光原位杂交(centromeric multiplex-FISH, CM-FISH)用着丝粒探针代替染色体涂染探针,通过切口平移法标记,杂交和FISH一样,只需要10~15分钟,即可洗片,大大缩短了杂交时间,而且很强的荧光信号。所获图像用普通软件即可分析。

(二)交叉物种彩色显带

交叉物种彩色显带(cross-species color banding, rxFISH)其原理是利用其他动物物种的染色体制备探针池,与待检的人的中期染色体杂交。人类与长臂猿的基因组DNA有98%的同源序列,且同源序列在二者的基因组中的分布不同,因此杂交后,可在人的中期染色体上呈现不同的颜色,形成彩色带纹。根据彩色带型的变化,这种方法可以很好地区分易位、重复、缺失以及倒位。SKY及M-FISH往往不能明确指出缺失和倒位,而rxFISH可以获得明确的结果。

(三)原位杂交显带技术

为了准确定位原位杂交部位所处染色体及其区带,染色体必须显带。但杂交与显带过程会互相影响。后来人们注意到,人类短间隔插入重复序列中的一种Alu家族,Alu片段约300bp长,在基因组中重复约九十万次,平均间隔3~4kb就插入一个。有人利用部分Alu序列作为引物,用PCR方法扩增Alu之间的DNA,称Alu-PCR法。但Alu序列在基因组内分布不是随机的,有些区域比较密集,有些区域较稀疏。只有前者才有PCR产物。人们用Alu-PCR产物作为探针与人类染色体标本杂交,结果得到类似R带的荧光带型。故人们在进行基因定位时,只需将目的探针与Alu-PCR探针同时应用,用不同颜色的荧光标记,就可同时显示杂交信号和染色体带型。

(四)FISH基因定位

基因定位时,不但需要确定某段靶序列在染色体上的位置,还需确定两个或两个以上靶序列在线性DNA分子的排列次序和距离,才能绘出基因图。一般用同位素杂交:先确定每一靶序列在中期染色体上的位置,然后根据它们到端粒的距离确定出线形排列次序(彩图12-6)。而用FISH方法,两种或两种以上的探针能同时与中期染色体杂交,只要根据两种颜色杂交位点的相互位置,就能直接确定次序。但中期染色体是线形DNA分子经过折叠和包装后形成的,若两个靶序列相距很近,例如间距小于1Mbp,受包装过程的影响,它们在线形DNA分子上的排列与在中期染色体上的排列不一定相同,甚至可能完全相反。学者们发现,靶序列之间在间期核的平均相对距离与它们在线形DNA分子上的距离呈正相关。利用间期核FISH分析不但能排除染色体包装的影响,还能提高测距的分辨率。

（五）荧光原位杂交技术的应用

荧光原位杂交技术的应用十分广泛，目前主要有如下几个方面。

1. 基因定位与基因制图（gene mapping） 原理前面已叙述。荧光原位杂交（FISH）已经极大地加速了人类基因定位和基因制图的进程。

2. 基因诊断（gene diagnosis） 精确、直观、明了。

3. 间期细胞遗传学（interphase cytogenetics）

4. FISH 在肿瘤生物学中的应用 ①肿瘤细胞遗传学（onco-cytogenetics）；②基因定位，FISH 可用于分离出的癌基因与抑癌基因初步定位；③病毒基因插入基因组部分的检测，利用 FISH 可以检测到病毒整合到人基因组中的情况，对深入研究病毒致癌机制，以及检测、防治肿瘤均具有重要意义；④基因的扩增与缺失，原癌基因的激活方式有突变、基因扩增、易位、病毒序列插入，抑癌基因的失活方式有点突变、基因缺失，FISH 为研究基因的扩增和缺失提供了新的方法，能将基因扩增和染色体重复分开。

第十五节　比较基因组杂交技术

比较基因组杂交技术（comparative genome hybridization，CGH）基本原理是用不同的荧光染料分别标记正常人基因组 DNA 与肿瘤细胞 DNA，然后与正常人中期染色体杂交，通过检测染色体上两种荧光（红、绿）的相对强度比率，两组 DNA 相异部分会显出颜色偏移，可计算出 DNA 的缺失与放大，从而了解肿瘤组织 DNA 拷贝数的改变，并能同时在染色体上定位。

CGH 具有一系列技术优点：不需要制作肿瘤细胞的中期染色体片；允许全基因组扫描染色体拷贝数的改变，并且不需要对改变发生的部位有预先的了解；可以对甲醛固定、石蜡包埋的病理标本进行回顾性研究；将 CGH 与激光显微切割联合起来，可以分析组织、克隆异质性。然而该技术的局限是只有当扩增的片段大于 2Mbp，缺失的片段大于 10Mbp 才能被检测到。此外，CGH 另一个主要的缺陷就是不能检测平衡的染色体重排。

CGH 应用领域：①肿瘤 DNA 的扩增或缺失，大多数用 CGH 方法检出的染色体异常扩增或缺失区域中可能存在候选基因；②鉴定其他细胞遗传学方法难于判断的某些成分（如双微体、标记染色体等）的染色体来源；③为研究肿瘤进展的机制提供有意义的线索，从不同阶段的肿瘤标本中提取 DNA，经过扩增后利用 CGH 检测并比较检测结果，可以将肿瘤细胞的镜下组织学表型与基因型联系起来；④恶性肿瘤患者的诊断和预后，应用 CGH 技术对恶性程度不同的肿瘤患者进行研究，发现某些与肿瘤恶性程度有关的染色体异常，从而对肿瘤进行分类并指导预后；⑤临床遗传病诊断。

第十六节　流式细胞术

流式细胞术（flow cytometry，FCM）是一种单细胞定量分析和分选的新技术，可对单个细胞逐个地进行高速准确的定量分析和分类。

流式细胞仪的主要工作原理是让荧光染色细胞在稳定的液流推动装置作用下通过直径为 50～100μm 的小孔并排列成单行，每个细胞依次而且恒速通过激光束的照射区，细胞受激光照射后发生散射光和荧光。通过检测散射光可知细胞的体积，检测荧光可知细胞 DNA 或 RNA 的含量。细胞样品被检测后即形成一连串均匀的液滴，其形成速度约每秒 3 万个，而细胞通过小孔（喷嘴）的速度在每秒 2000 个以下。由此计算，平均每 15 个液滴中有一个液滴包有细胞。由于液滴中的细胞是已被测定的细胞，因而如其特性与被选定要进行分选的细胞特性相符，则仪器在含有这个细胞的液滴形成时就使其带有特定的电荷，带电荷的液滴向下落入偏转板的高压静电场时，依据自身所带电荷性质发生向左或向右偏转，落入各自的收集容器中。否则，不带电荷的水滴就进入中间废液容器，从而实现细胞分选的目的。

流式细胞术可同时检测单个细胞 DNA、RNA、细胞体积等参数，进行细胞周期与细胞凋亡的研究；并可分析细胞表面或细胞内的各种抗原、蛋白、酶、细胞因子和黏附分子以及基因表达产物；还可在无菌条件下，以高速对活细胞进行分类收集，其纯度达 90% ~ 99%。此外，流式细胞术通过荧光抗原抗体检测技术对细胞表面抗原分析，进行细胞分类和亚群分析，对于人体细胞免疫功能的评估以及各种血液病及肿瘤的诊断和治疗有重要作用。

第十七节　组织培养与细胞培养技术

组织与细胞培养（tissue and cell culture）是将活体内部分组织细胞取出后在人工条件下使其生长、繁殖和传代，在体外对细胞进行生命活动、细胞癌变等问题研究，还可施加实验因子进行形态、生化、免疫、分子生物学观察，已广泛应用于病理学的各个研究领域。

1. 原代培养　由体内直接取出组织或细胞进行培养。原代培养的优点是，离体时间短，遗传性和体内组织相似，宜作细胞形态、机能和分化研究。

2. 传代培养　把细胞自原代培养的培养瓶中分离、稀释而移至另一新的培养瓶中的操作程序即为传代或再培养。以便持续培养，得到大量同种细胞，或建成细胞株，维持细胞种延续。

第十八节　形态测量与图像分析术

病理图像分析包括定性和定量两个方面，以往由于技术所限，常规病理形态学观察基本上只能定性。图像的定性分析是指用肉眼、显微镜等观察图像后对图像的结构特点、含义进行描述、分析、推理和判断。缺乏精确的定量标准和方法。

形态测量（morphometry）与图像分析技术（image analysis）是随着显微测量与电子计算机技术的进步所发展的图像量化分析技术。

一、目镜测微器定量分析

目镜测微器定量分析是指利用目镜测微器对特征物（即待测的某种结构）进行二维图像测量，求出特征物的面积、长度和数目等，继而根据二维图像与三维结构的数学关系进行计算，最后得出特征物的三维结构参数。测量的种类有：网状方格、关联短线测格、平行等距直线测格。基本测量内容有如下。

1. 点计数　即计数单位范围内（如网状方格内）的测点数。

2. 特征物计数　如轮廓面计数、粒子计数。

3. 长度测量　如直径测量、宽度测量、截距测量。

4. 二维图像测量　包括面积、截面测量（平均面积与平均周长）。

二、计算机图像分析系统

计算机图像分析系统由硬件和软件两部分组成。硬件部分由图像输入系统（显微镜、摄像机或扫描仪与数码相机）、图像卡、计算机、显示器、打印机构成；软件由图像处理和分析系统组成。在图像分析前往往需要先行图像处理。图像处理是指对图像的修饰，通过这种修饰去除图像的缺陷或不足，如将模糊图像变为清晰图像或以新的图像形式来表达原图像。常用图像定量分析参数如下。

1. 灰度　是用于表示数字图像上像素的浓淡程度，它以整数值的形式来表示图像像素的连续的浓淡信息，所得的具体值称为灰度值或灰度级。

2. 几何学参数　包括平面结构参数和三维结构参数。

常用平面结构参数有面积、直径、周长、长径、短径、面积密度、核质面积比等。

常用三维参数有密度类参数、形状类参数、分布类参数。

第十九节　远程病理技术

远程病理（telepathology）是采用计算机技术以及传输影像的远程通信技术，对远距离病理图像进行观察、分析和诊断的一门新学科，是远程医学的一个重要分支。远程病理系统一般包括显微镜、摄像机、计算机等硬件和远程通信技术。决定远程病理系统是否成功有以下几个关键环节：①选择使用的远程病理的仪器、设备和模式；②远程病理图像传递方式；③病理医生和技术人员的水平和对系统操作的熟练程度。

远程病理可以通过静态图像和动态图像进行诊断。自 1987 年 Weinstein 等建立世界上第一个远程病理会诊工作站以来，远程病理诊断技术发展迅速。根据所用技术与方法的不同，目前有 4 种远程病理诊断模式。①静态远程病理诊断模式：通过与显微镜相连的数码相机在病变部位获取数字化图像，经互联网发往会诊医师处进行诊断。方法简单，应用方便，但会因为选图不当或不全而造成误诊。②动态遥控显微镜诊断模式：远距离操作者通过网络远距离遥控专业自动显微镜，可将动态图像生动的传输到服务器和当地的电脑屏幕上，会诊双方同时以动态方式浏览同一张切片，减少了错诊、漏诊的发生率。但由于受计算机性能和网络带宽等多种因素的制约，动态图像的传输速度不尽如人意。③虚拟切片诊断模式：虚拟切片是指在不同放大倍数下扫描整张切片，包含了大量的数字化图像。观察者可以用若干放大倍数浏览任意感兴趣的区域。但由于当前的扫描速度、图像压缩和网络传输速度等问题的存在，远距离诊断可行但不现实。④动静态相结合的诊断模式和数字化扫描的虚拟切片：由远程控制自动化显微镜和选择不同区域不同放大倍数的图像与低倍镜下扫描整张切片的背景图像打包而成的虚拟切片组成。该体系解决了虚拟切片由采集大量数字化图像耗时且占有太大存储空间以及因此造成的网络拥挤的弊端。该模式下的虚拟切片使观察者既有总体印象，又能看到典型病变。系统潜在的缺点在于所连接的高倍图像不可能涵盖切片的全部。但随着计算机和网络技术的飞速发展，虚拟显微镜系统的缺陷必将得到进一步完善。

远程病理主要有以下几个方面的应用：①远程会诊；②术中冰冻切片服务；③病理图像存储；④远程教育；⑤病理质量评估等。

（宋　敏　宋爱利）

参考文献

陈意生，史景泉. 2004. 肿瘤细胞分子病理学. 第 2 版. 北京：人民军医出版社

冯玉梅，李晓青，孙保存等. 2006. 采用高通量基因芯片筛选乳腺癌分子诊断基因群的研究. 中华病理学杂志，(35)：361-362

来茂德. 2007. 整合中国数学病理资源，促进病理学科发展. 中国肿瘤，(6)：396-398

李甘地，王伯纭. 2002. 组织病理技术，北京：人民卫生出版社

梁晓俐. 2004. 病理学基础与实验技术. 北京：军事医学科学出版社

卢朝辉，陈杰. 2005. 蛋白质组学与肿瘤标志物研究进展. 中华医学会病理学分会 2005 年学术年会论文汇编

孙啸，陆祖宏，谢建明. 2005. 生物信息学基础. 北京：清华大学出版社

汤乐民，丁斐. 2005. 生物科学图像处理与分析. 北京：科学出版社

王伯纭，李玉松，黄高升等. 2000. 病理学技术. 北京：人民卫生出版社

王翼飞，史定华. 2006. 生物信息学. 北京：化学工业出版社

徐思行，余心如. 2003. 病理诊断与技术规范. 杭州：浙江大学出版社

袁兰. 2004. 激光扫描共聚焦显微镜技术教程. 北京：北京大学医学出版社.

曾瑄，赵大春，刘彤华. 2005. 荧光原位杂交检测乳腺癌 HER2 基因状态. 中化病理学杂志，(11)：8-12

詹启敏主编. 2005. 分子肿瘤学. 北京：人民卫生出版社

中华医学会. 2004. 临床技术操作规范（病理学分册）. 北京：人民军医出版社

Bilke S，Khan J. 2007. Analysis of comparative genomic hybridization data on cDNA microarrays. Methods Mol Biol，(377)：175-186

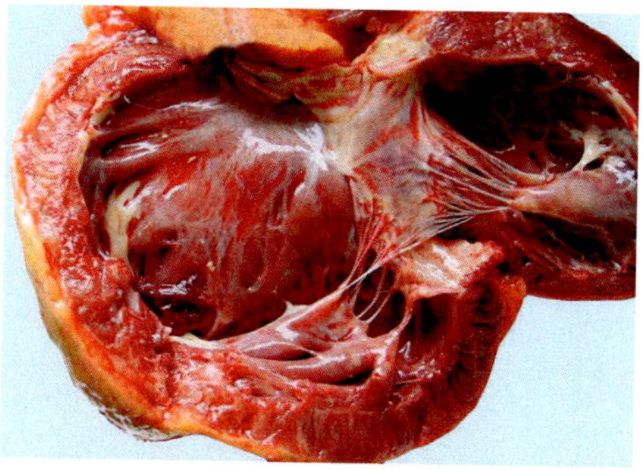

彩图1-1 肥厚型心肌病
心室壁明显肥厚（照片由北京协和医学院阜外心血管病医院病理科赵红教授提供）

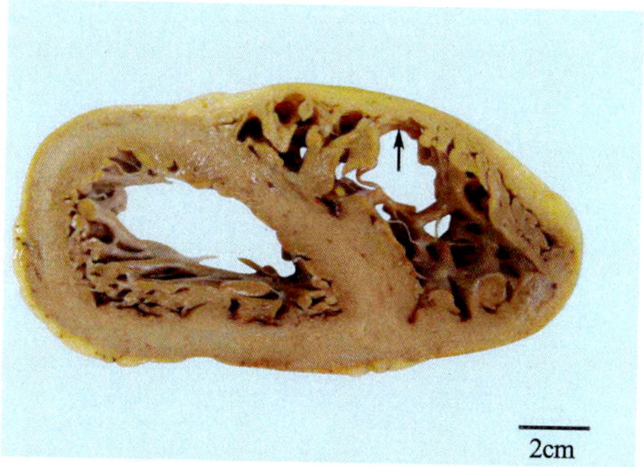

彩图 1-2 ARVC/D 大体
右心室明显变薄，大部分右心室壁心肌明显减少，右心室心肌局灶性或大片性被脂肪和纤维脂肪所取代（↑）

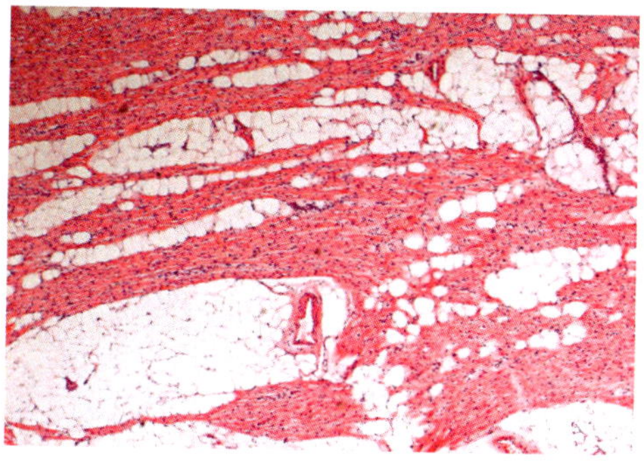

彩图 1-3 ARVC/D 镜下
右心室心肌明显减少，呈局灶性或大片被脂肪和（或）纤维脂肪组织取代（HE 12.5×）

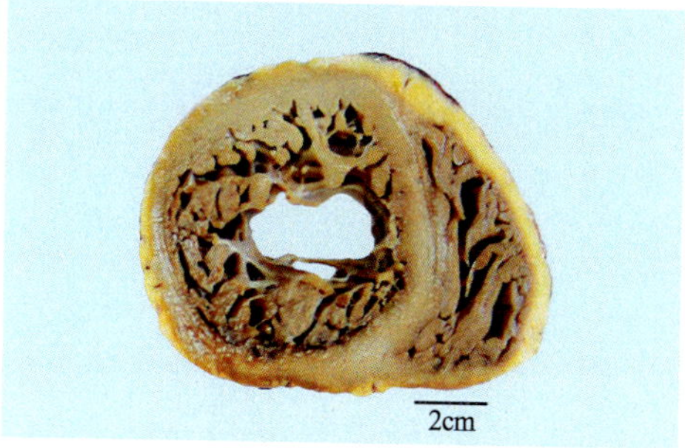

彩图 1-4 NVM 大体
左心室心肌海绵样改变，心室壁呈现两层结构，外层为较薄的发育不良心肌，由致密化心肌组成；内层为过度肥大的肌小梁组成的心内膜带，较厚，由非致密化心肌组成，表现为无数突出于心室腔的肌小梁和深陷的小梁隐窝，小梁隐窝深达心室壁外1/3，并与心室腔相交通

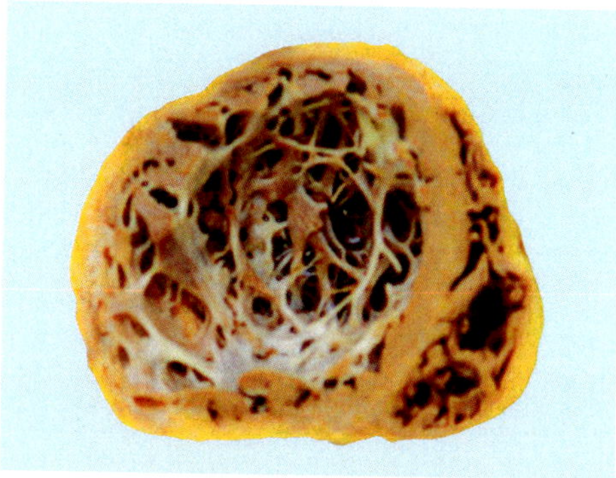

彩图 1-5 NVM 大体
左心室心尖部横断面可见无数突出于心室腔的肌小梁和深陷的小梁隐窝

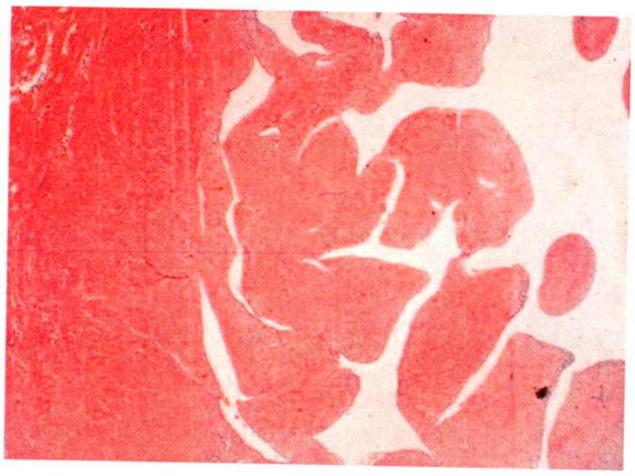

彩图 1-6 NVM 镜下
心室壁呈现两层结构，外层为较薄的发育不良心肌，由致密化心肌组成；内层为过度肥大的肌小梁组成的心内膜带，较厚，由非致密化心肌组成（HE 12.5×）

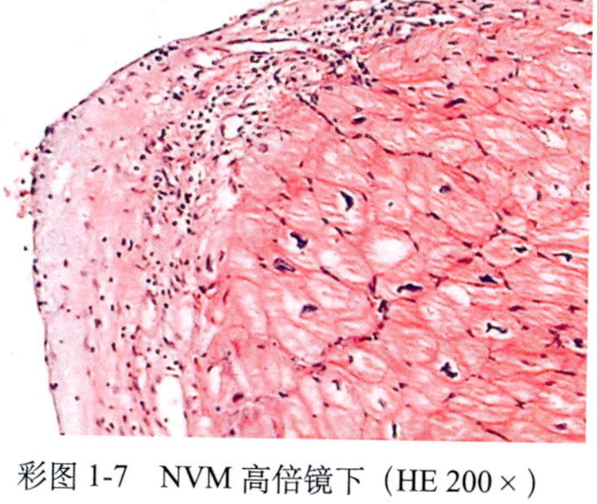

彩图 1-7 NVM 高倍镜下（HE 200×）

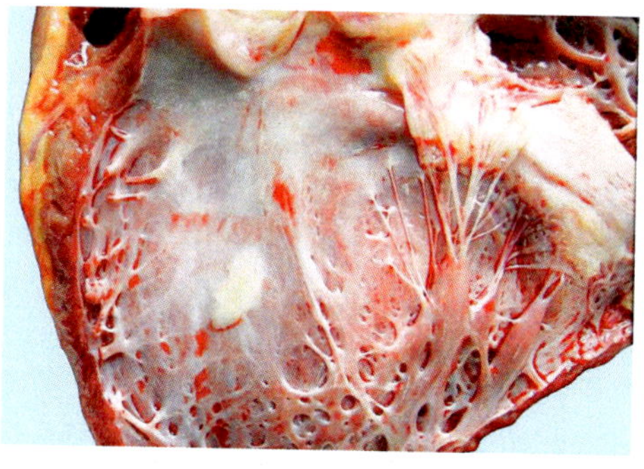

彩图 1-8 扩张型心肌病
心腔扩张，心尖变薄，呈钝圆形（照片由北京协和医学院阜外心血管病医院病理科赵红教授提供）

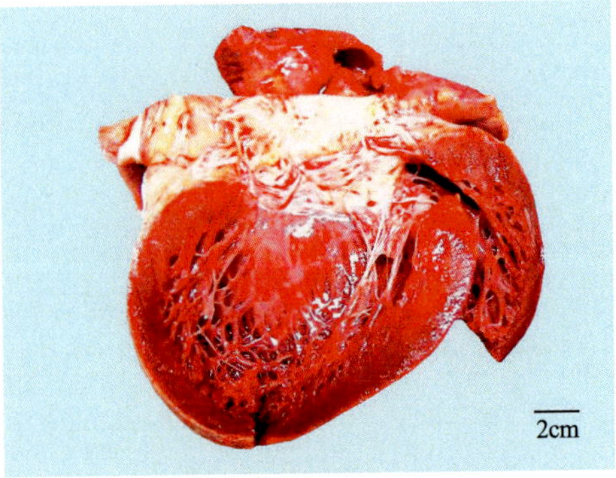

彩图 1-9　限制型心肌病

心内膜下纤维结缔组织显著增多，心内膜明显增厚，质地硬（照片由北京协和医学院阜外心血管病医院病理科赵红教授提供）

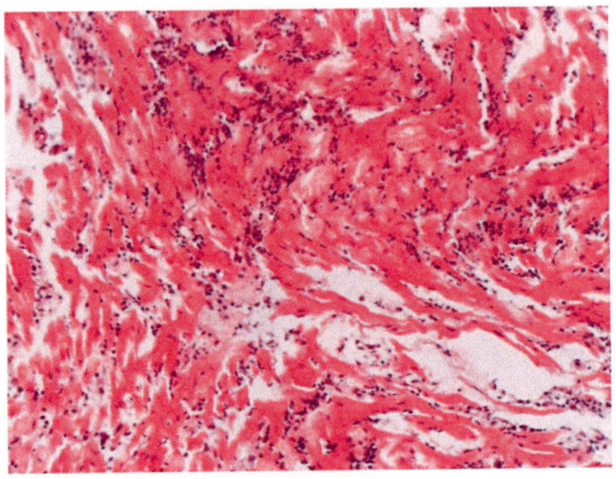

彩图 1-10　EMB 显示缺血 - 再灌注损伤（HE 100×）

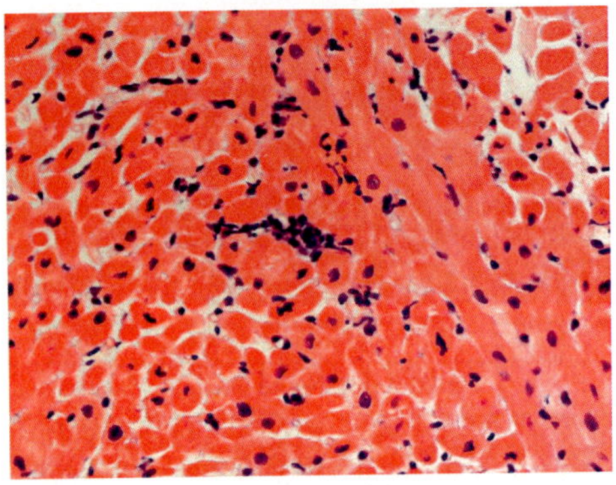

彩图 1-11　EMB 显示急性排斥反应 1R 级（1990 年分类 1A 级）病变（HE 200×）

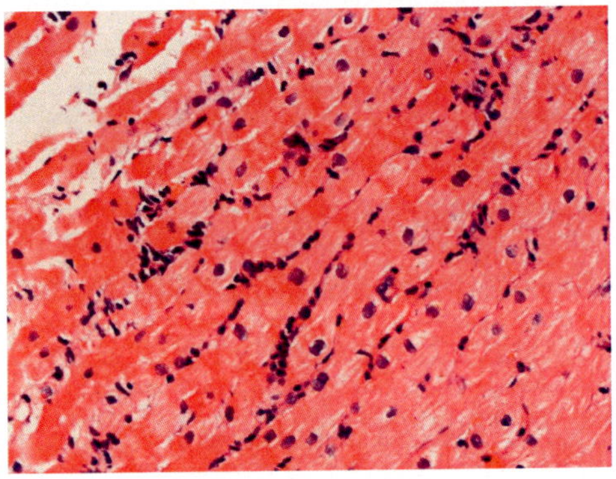

彩图 1-12　EMB 显示急性排斥反应 1R 级（1990 年分类 1B 级）病变（HE 200×）

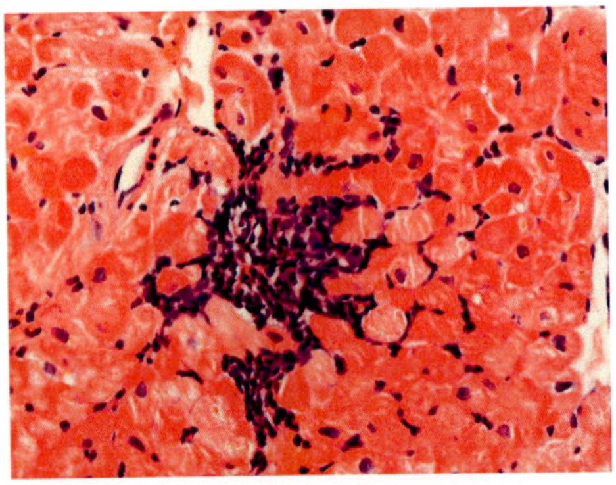

彩图 1-13　EMB 显示急性排斥反应 1R 级（1990 年分类 2 级）病变（HE 200×）

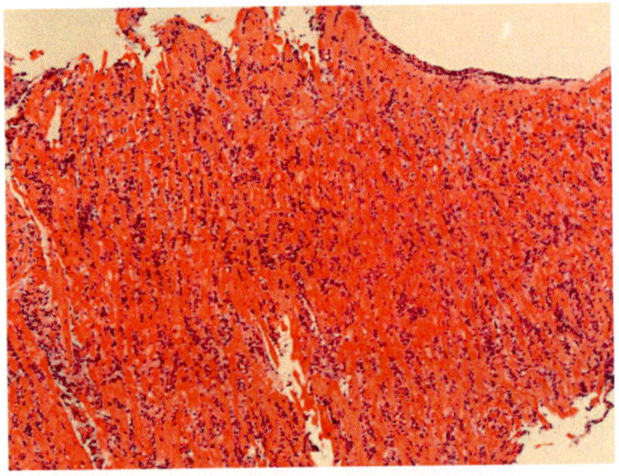

彩图 1-14　EMB 显示急性排斥反应 3 级（1990 年分类 3A 级）病变（HE 100×）

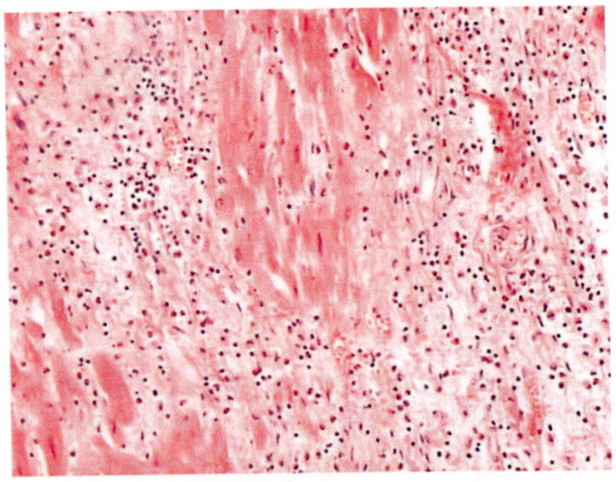

彩图 1-15　EMB 显示急性排斥反应 4 级（1990 年分类 3B 级）病变（HE 100×）

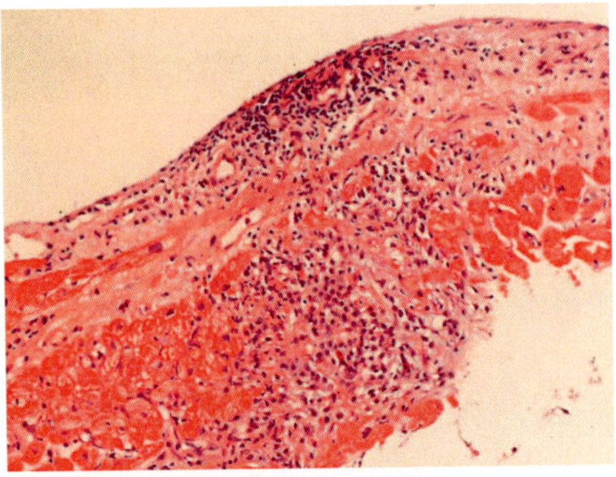

彩图 1-16　Quilty 效应

心内膜下和心肌内可见局灶性、密集的单个核细胞浸润，其中绝大部分为淋巴细胞（100×）

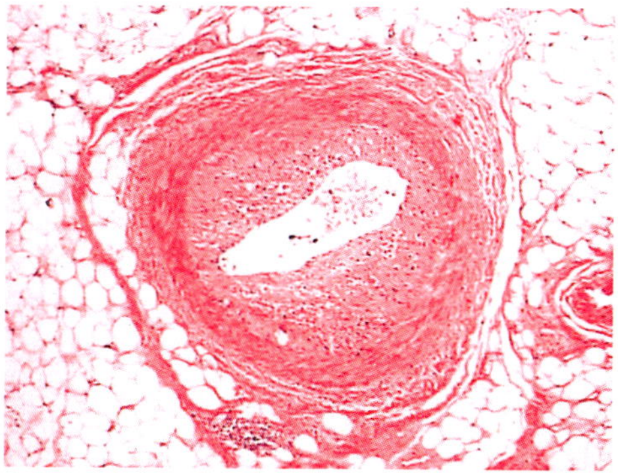

彩图 1-17　心脏移植术后尸检病例显示移植心冠状动脉血管病（TCAD）（HE 100×）

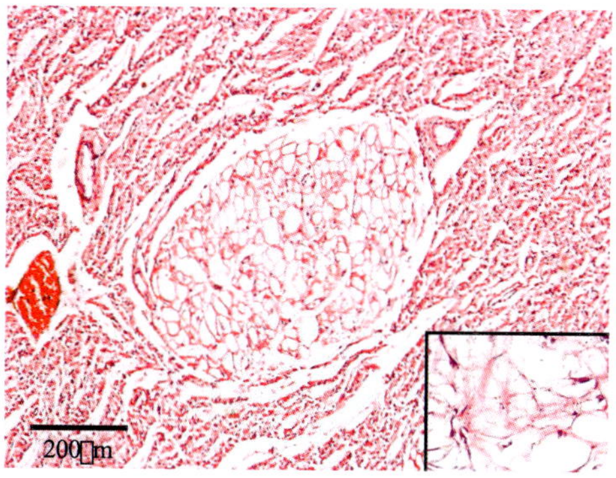

彩图 1-18　胎儿横纹肌瘤，右下图显示蜘蛛细胞（HE 100×）

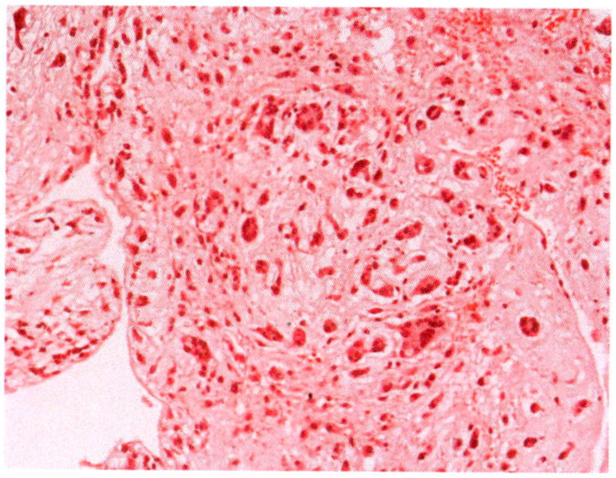

彩图 1-19 黏液瘤

黏液基质中，可见散在和成巢的黏液瘤细胞（HE 200×）

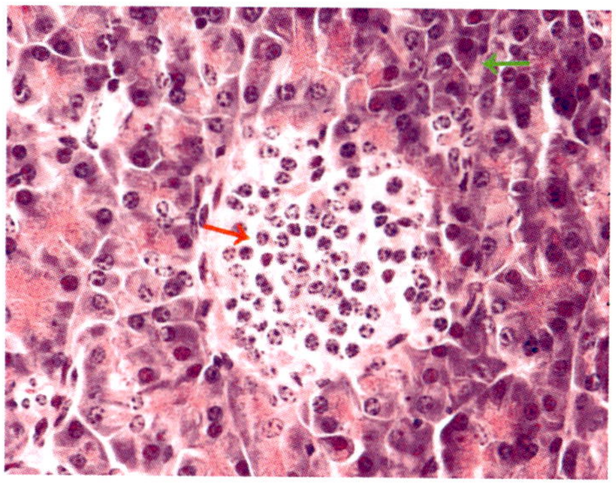

彩图 2-1　正常胰腺

外分泌部（→）及内分泌部（胰岛→）

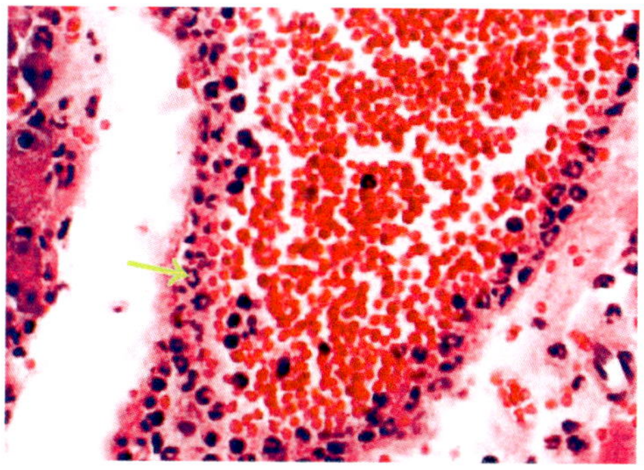

彩图 2-2　胰腺血管明显扩张

中性粒细胞浸润管壁（→）

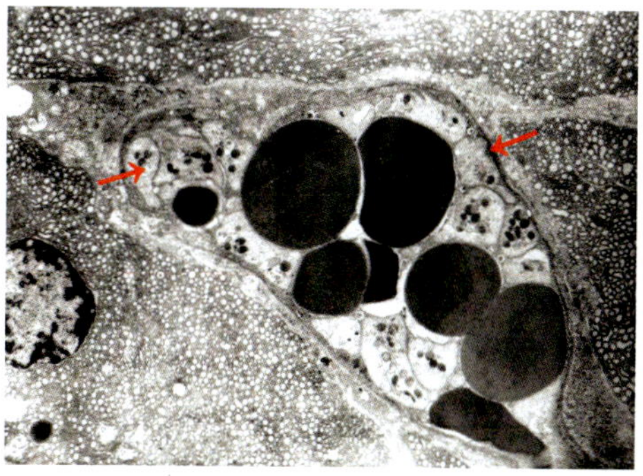

彩图 2-3　电镜观察胰腺小血管内血小板聚集成白色血栓（→）

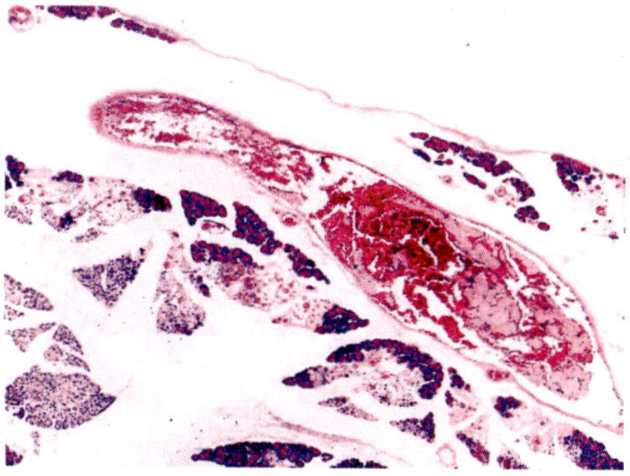

彩图 2-4　胰腺小叶间混合血栓形成

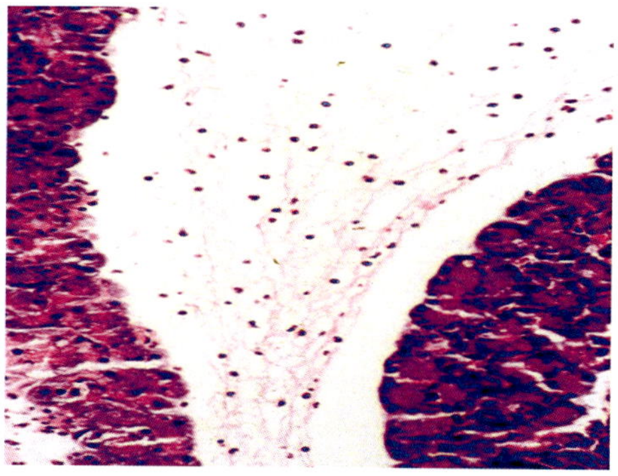

彩图 2-5　急性水肿型胰腺炎

间质水肿，少量中性粒细胞浸润，无明显出血坏死

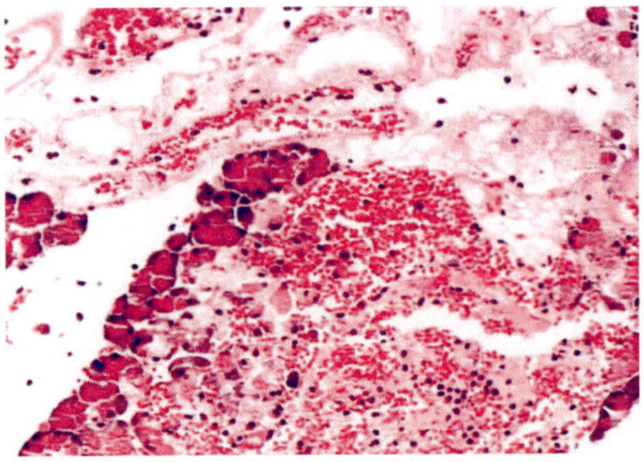

彩图 2-6　急性出血坏死性胰腺炎

胰腺组织呈大面积凝固性、溶解性坏死伴出血

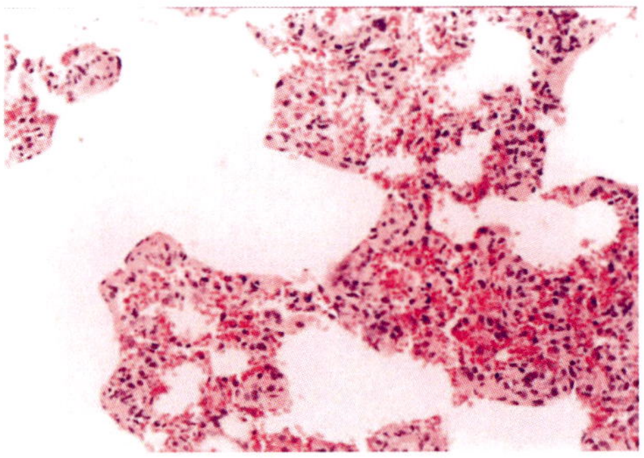

彩图 2-7　胰腺炎肺损伤

肺泡间隔明显增宽，肺泡腔及肺泡间隔出血，

肺小血管周围大量炎细胞浸润

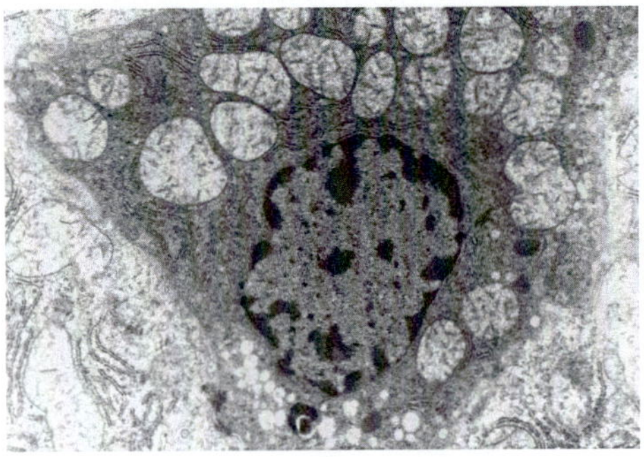

彩图 2-8　肝细胞的早期凋亡

肝细胞和细胞器皱缩，细胞器密集，

细胞核染色质边集

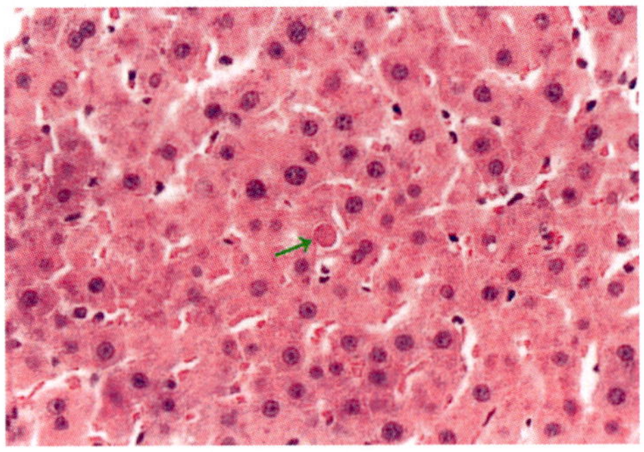

彩图 2-9　肝细胞出现凋亡

肝细胞核消失，胞质浓缩，形成红色浓染的

圆形小体（→）

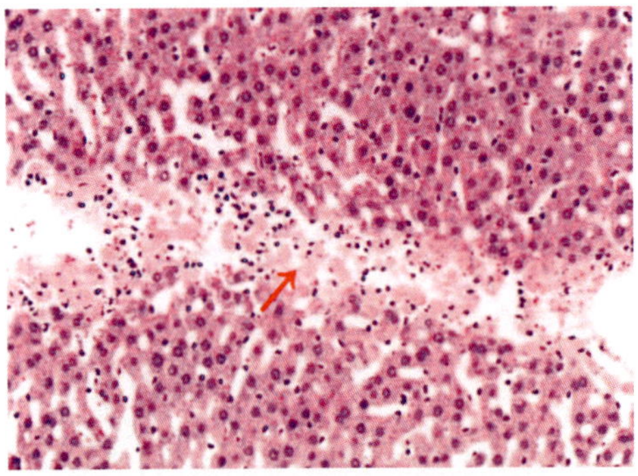

彩图 2-10　急性胰腺炎肝脏病变

桥接坏死，肝中央静脉之间出现带状坏死（→）

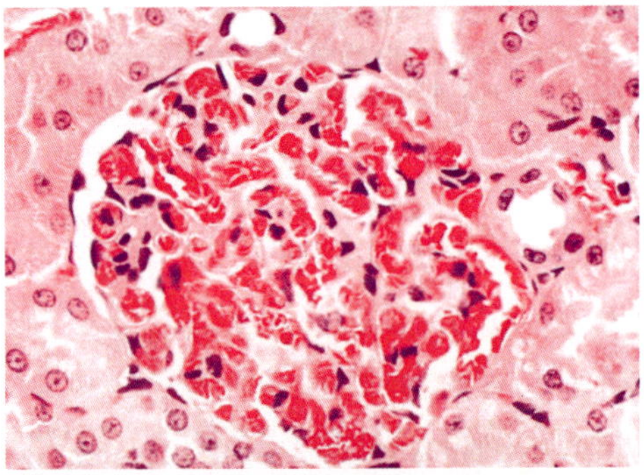

彩图 2-11　肾小球毛细血管内透明血栓

嗜酸性同质性纤维蛋白构成

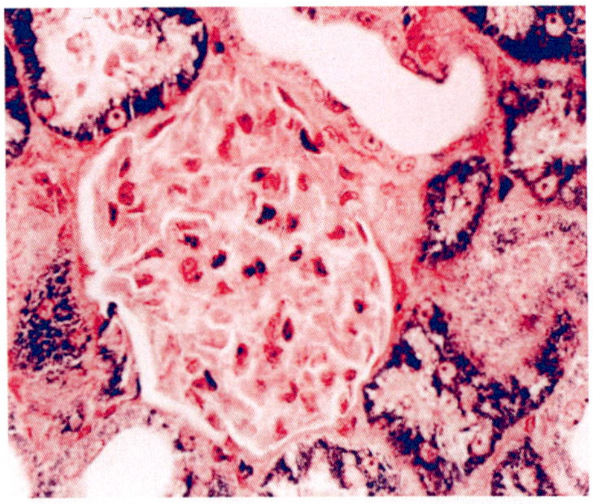

彩图 2-12　肾小球毛细血管内蓝紫色的纤维素（PTH × 400）

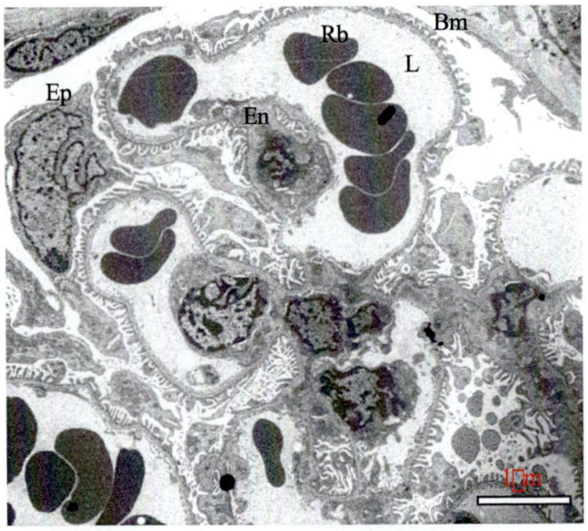

彩图 2-13　正常肾小球超微结构

Bm. 基膜；En. 内皮细胞；Ep. 上皮细胞；

L. 毛细血管腔；Rb. 红细胞

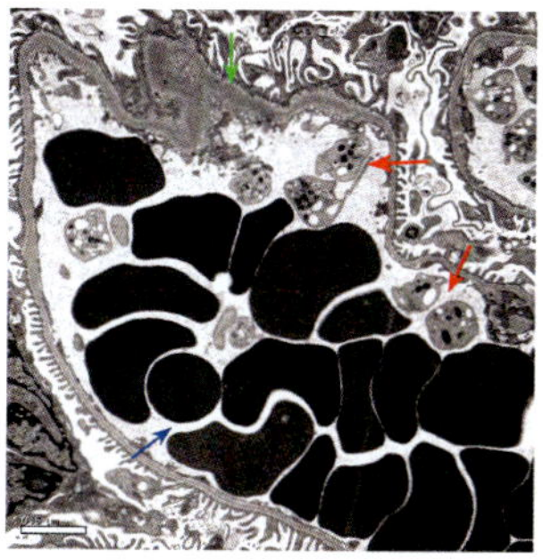

彩图 2-14　肾小球毛细血管腔内血小板血栓

红细胞堆积（→），血小板变性肿胀，伸出伪足黏附于血管壁（→），基膜不规则增厚（→）

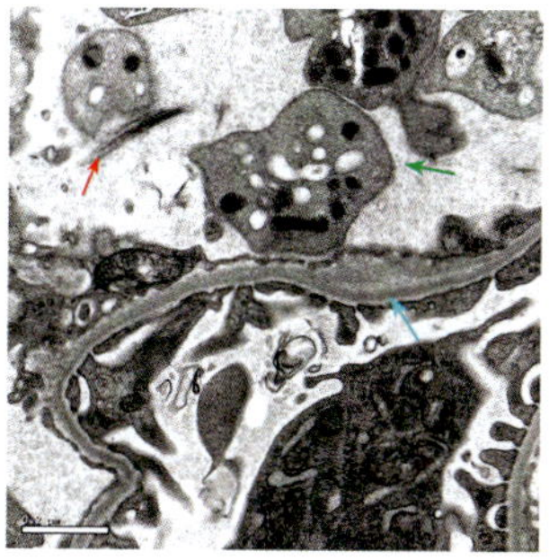

彩图 2-15　肾小球毛细血管腔内纤维素析出（→），血小板黏附于血管壁（→），基膜不规则增厚（→）

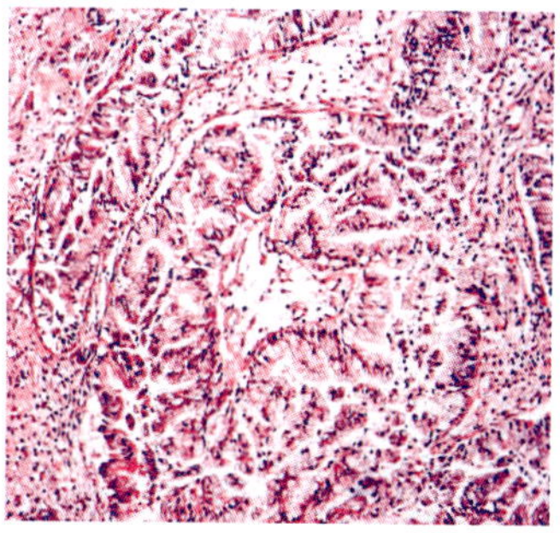

彩图 2-16　胰腺导管癌

癌细胞呈胞质丰富的高柱状上皮，形成规则的腺管

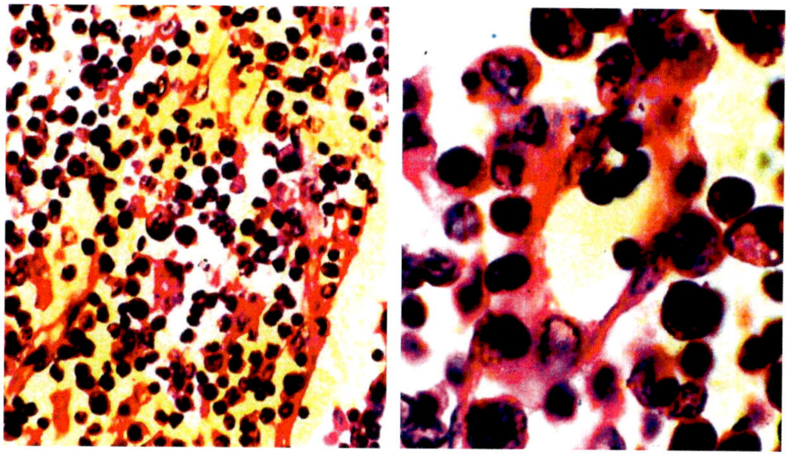

彩图 3-1　急性粒细胞性白血病

骨髓中大量原始粒细胞增生，红系、巨核细胞系受抑制减少

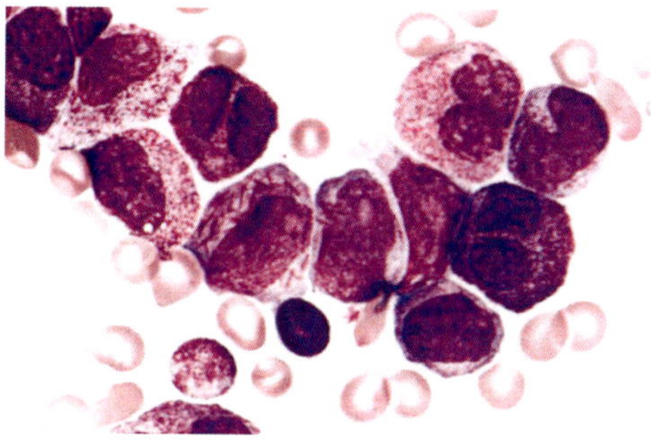

彩图 3-2　急性粒细胞性白血病

周围血内有大量原始粒细胞

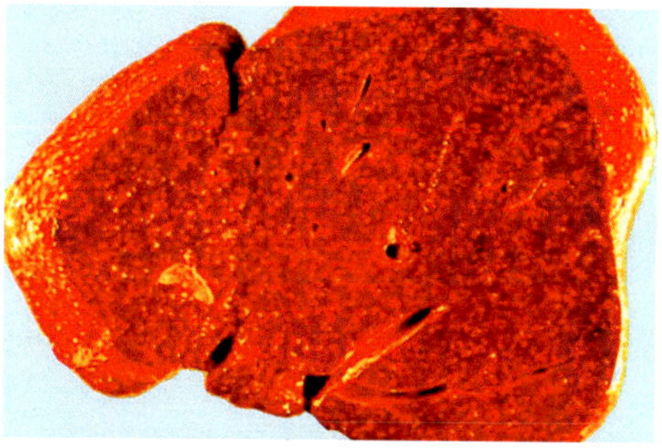

彩图 3-3　急性粒细胞性白血病肝脏

白血病细胞浸润肝脏

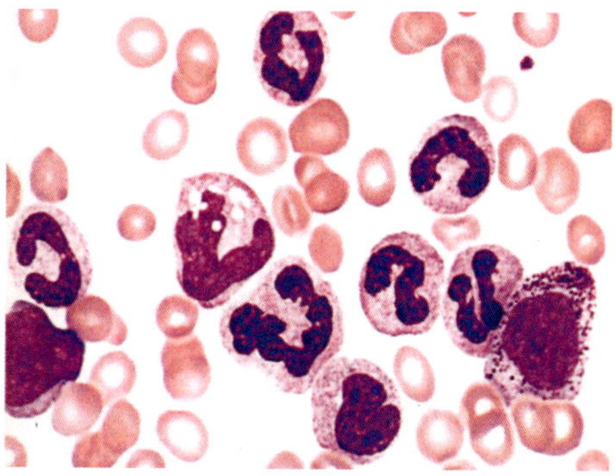

彩图 3-4　慢性粒细胞性白血病

周围血内白血病细胞主要为中晚幼粒细胞

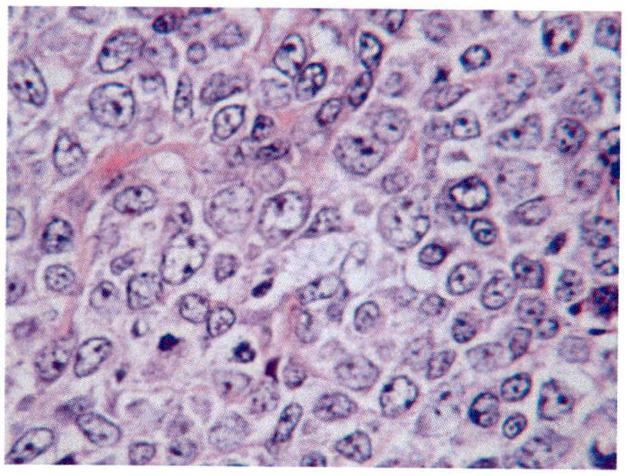

彩图 3-5　弥漫大 B 细胞淋巴瘤

中心母细胞样细胞

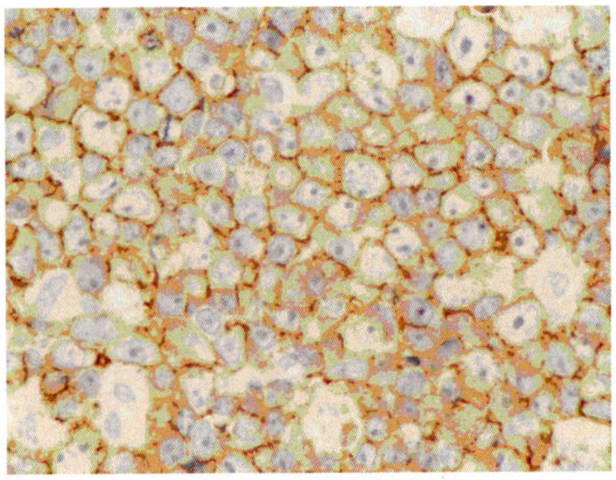

彩图 3-6　弥漫大 B 细胞淋巴瘤

瘤细胞胞膜 CD20 阳性（HE 400×）

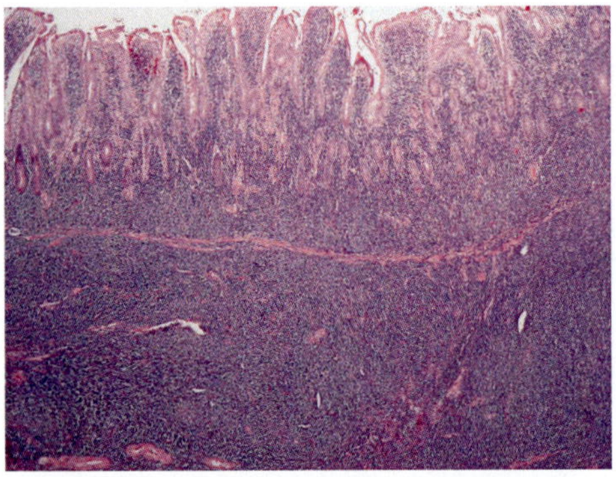

彩图 3-7　黏膜相关边缘带 B 细胞淋巴瘤

黏膜层和黏膜下层有大量淋巴样细胞浸润，并有多个淋巴滤泡残留，瘤细胞向深层浸润

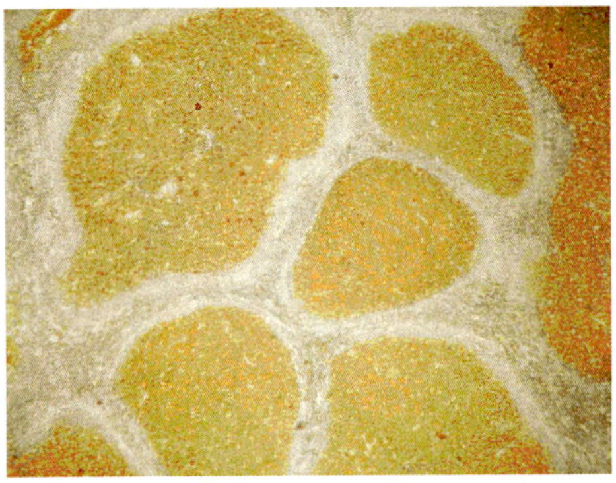

彩图 3-8　滤泡性淋巴瘤

CD10 阳性（HE 40×）

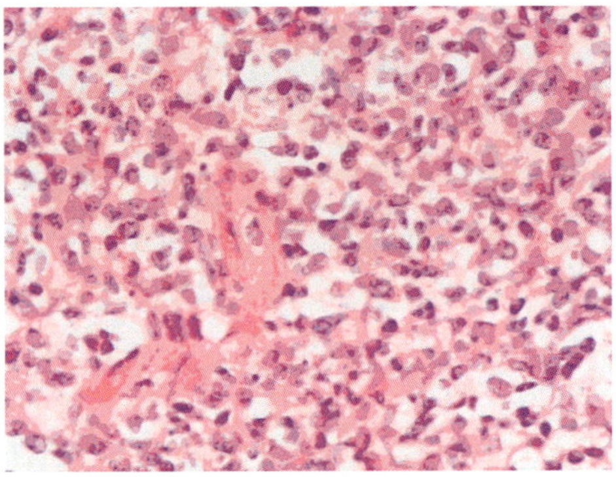

彩图 3-9　NK/T 细胞淋巴瘤

细胞中等大小，核不规则，浸润血管（HE 400×）

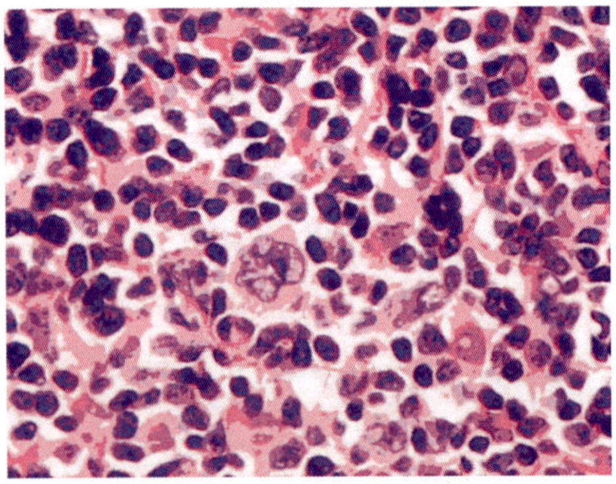

彩图 3-10　结节性淋巴细胞为主 HL

“爆米花”细胞（HE 400×）

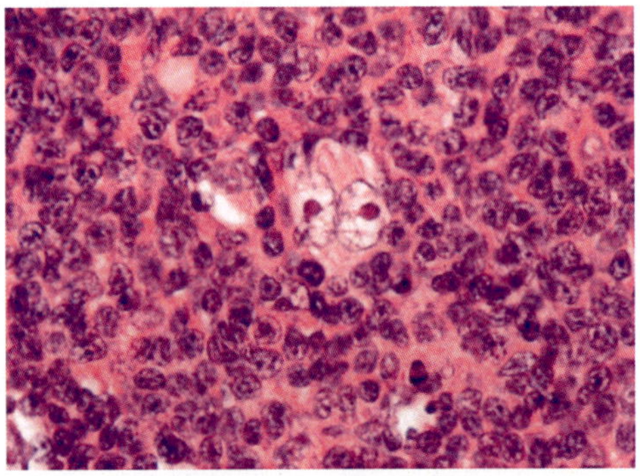

彩图 3-11　经典型 RS 细胞

“镜影”细胞

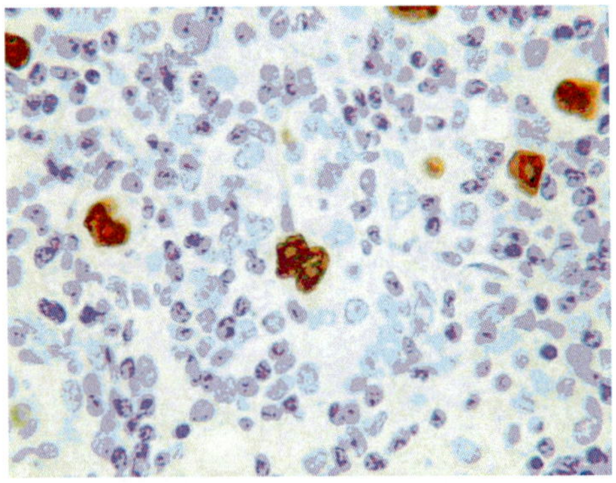

彩图 3-12　经典型 HL

HRS 细胞 EBER 阳性。EBER 原位杂交（HE 400×）

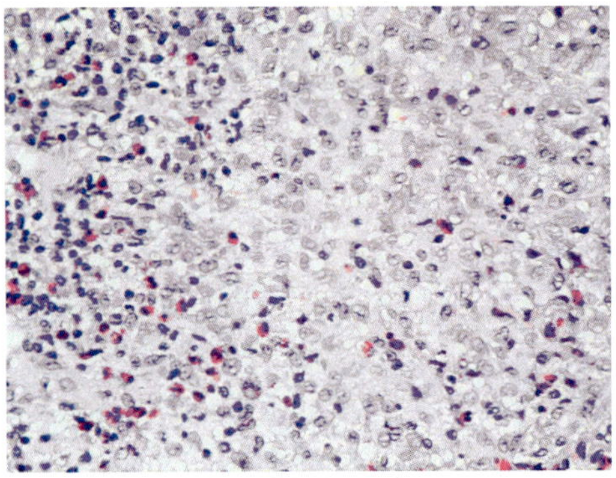

彩图 3-13　朗格汉斯细胞组织细胞增生症

朗格汉斯细胞及嗜酸粒细胞（HE 200×）

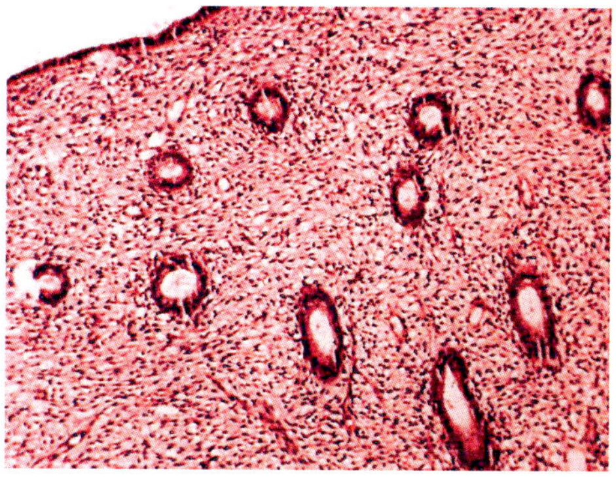

彩图 4-1　早期增生期子宫内膜
腺体小、稀少分散，间质疏松，细胞呈梭形

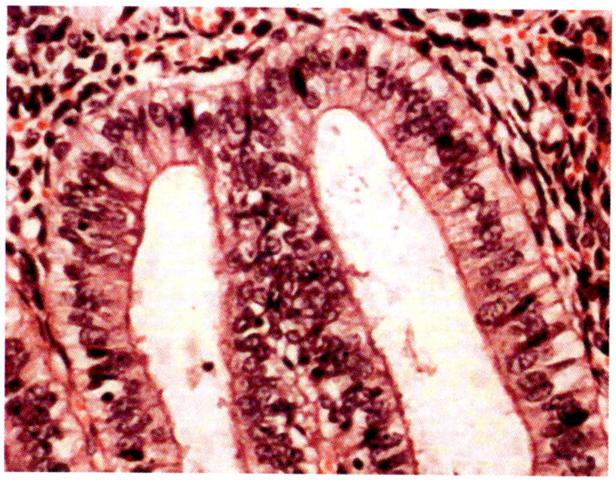

彩图 4-2　早期分泌期子宫内膜
细胞内分泌物增多，积聚于细胞底部，将胞核挤压至胞体中间形成核下空泡

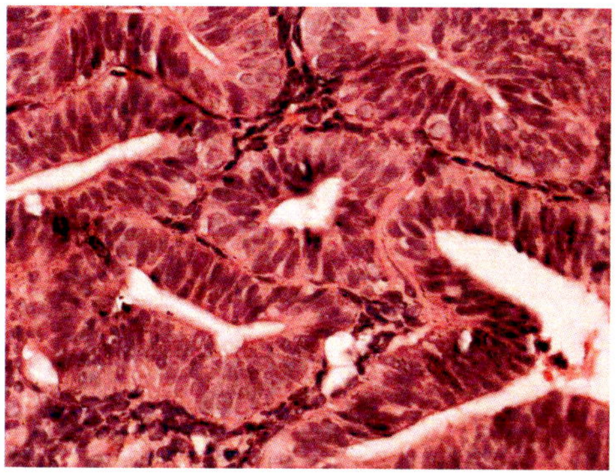

彩图 4-3　复杂性子宫内膜增生症
腺体明显增生，可见背靠背现象，间质少

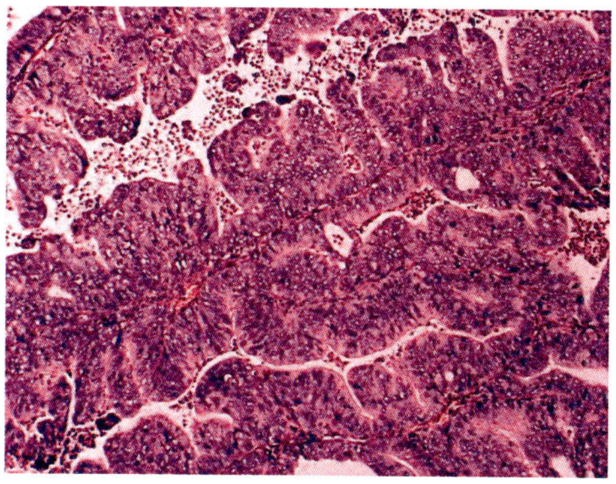

彩图 4-4　子宫内膜非典型增生
腺上皮增生呈复层，增生上皮向腔内突出形成小梁

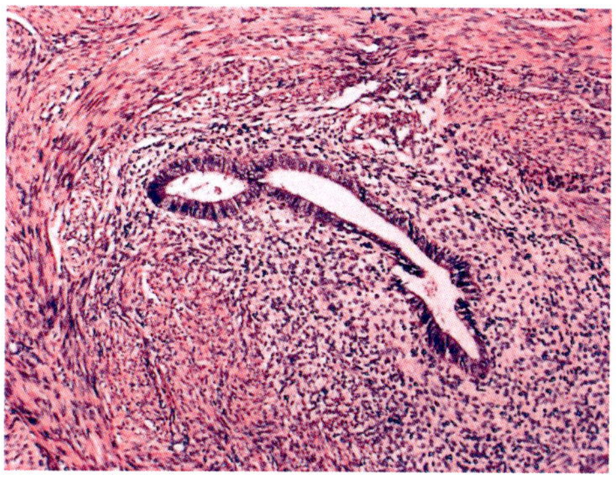

彩图 4-5　子宫腺肌病
子宫肌层内出现子宫内膜组织，腺体呈岛屿状分布

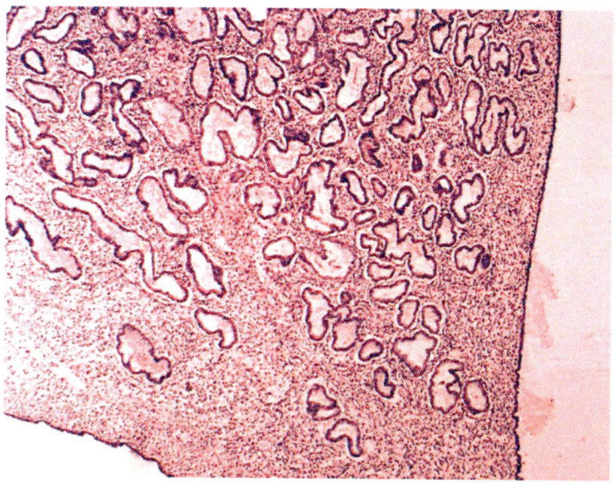

彩图 4-6　子宫内膜息肉
息肉表面被覆一层立方上皮，腺体成片分布伴扩张

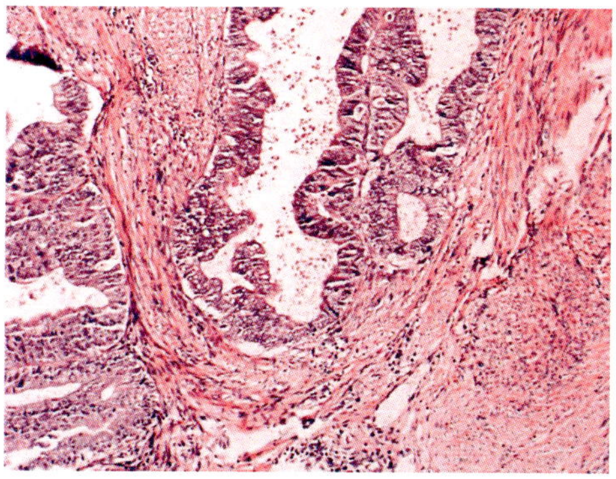

彩图 4-7　子宫内膜样腺癌浸及肌层
肿瘤腺体不规则，上皮细胞复层，
核异型性明显，向肌层浸润

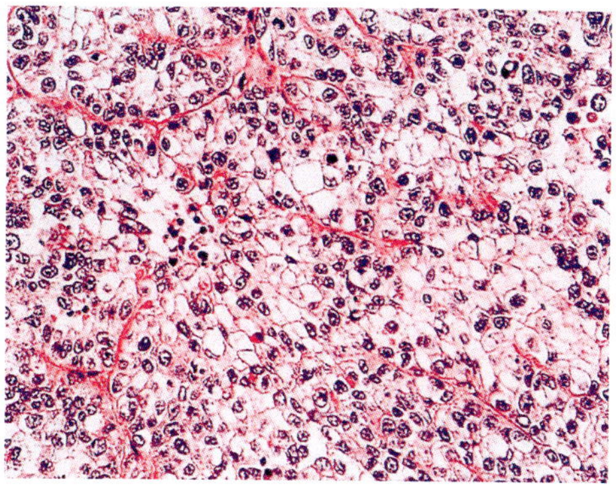

彩图 4-8　子宫内膜透明细胞腺癌
肿瘤细胞呈实体片状，瘤细胞胞质透明，
细胞界限清楚

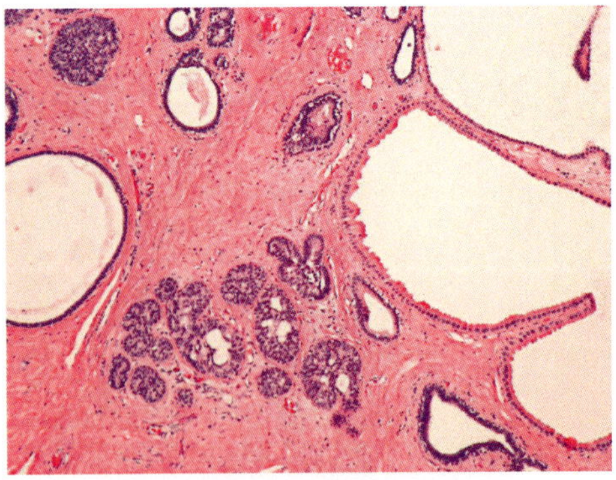

彩图 4-9　乳腺囊性增生病

小导管扩张呈囊状，腺泡上皮增生，层次增多，局部呈筛状结构，间质纤维组织增生，并可见大汗腺化生

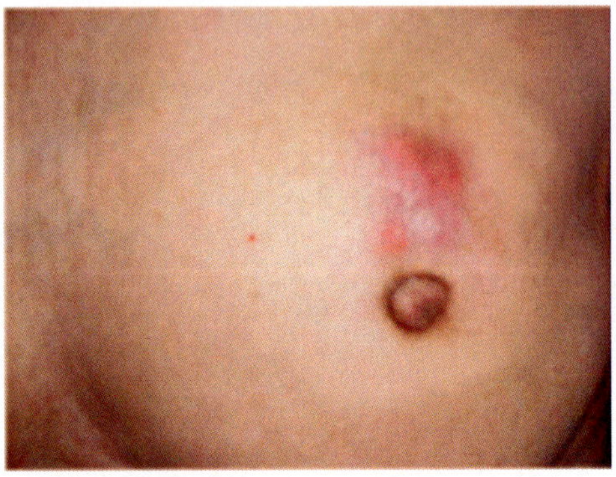

彩图 4-10　乳腺癌

乳头回缩下陷，乳头上皮肤受累形成肿块

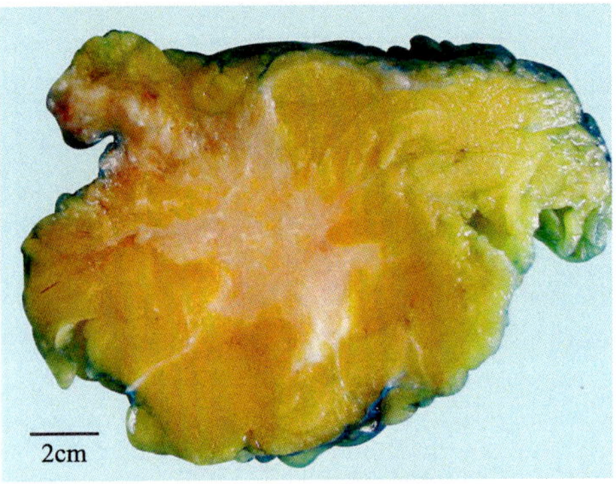

彩图 4-11　乳腺癌切面

灰白色癌组织无包膜，向周围组织呈树根状浸润性生长

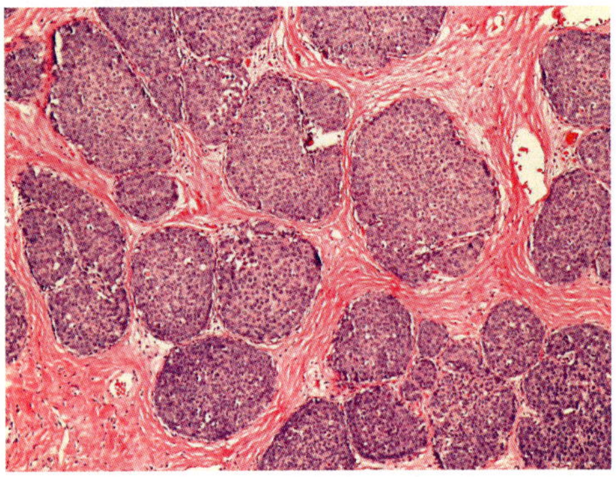

彩图 4-12　乳腺小叶原位癌

乳腺小叶末梢导管和腺泡内充满呈实性排列的癌细胞，癌细胞体积小，大小形态较为一致，基膜完整

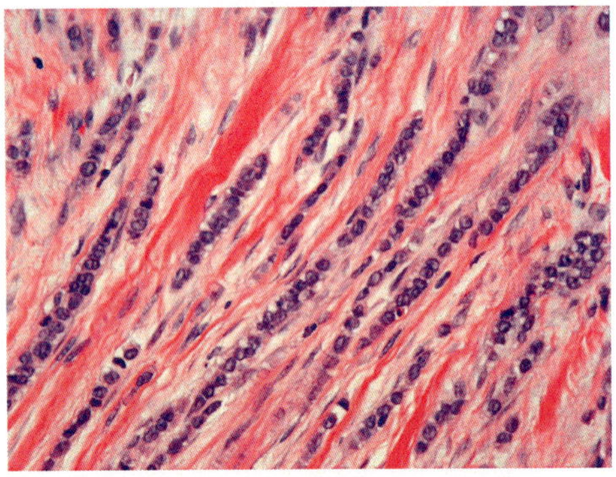

彩图 4-13　乳腺浸润性小叶癌

癌细胞呈单行串珠状或细条索状浸润于纤维间质中，癌细胞体积小，大小一致，核分裂象少见

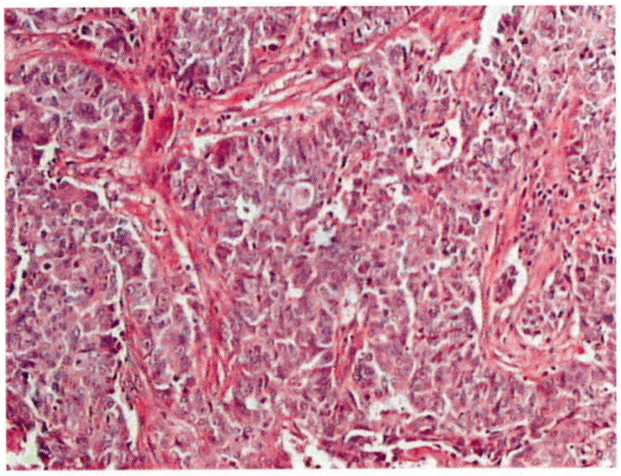

彩图 4-14　乳腺浸润性导管癌（髓样癌）

癌细胞较大，密集呈大片状，细胞多，间质少，无淋巴细胞浸润

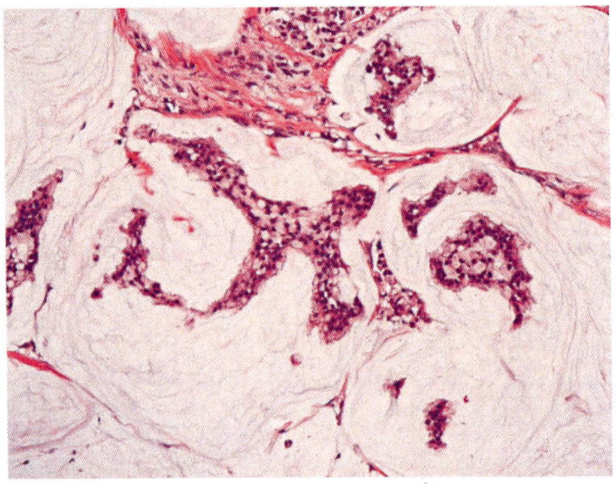

彩图 4-15　乳腺黏液癌

癌细胞产生的黏液形成黏液湖，癌细胞呈小岛状漂浮在黏液中，少数癌细胞质内可见黏液空泡

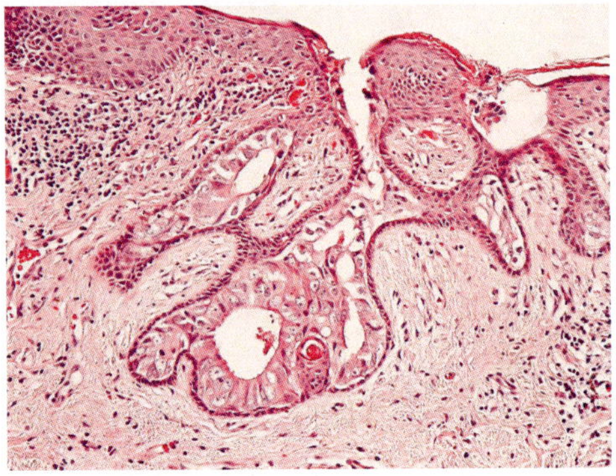

彩图 4-16　乳头 Paget 病

乳头表皮内可见 Paget 细胞体积大，胞质透明，核仁清楚，孤立散在或成簇分布

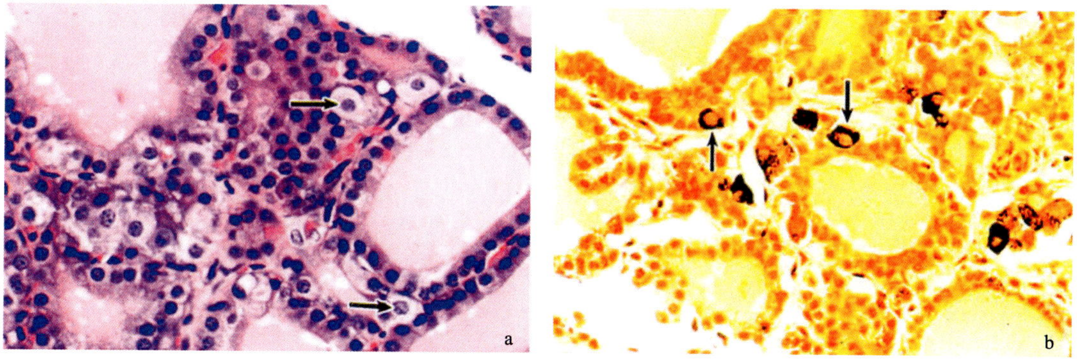

彩图 5-1　甲状腺滤泡旁细胞（HE+ 银染色）

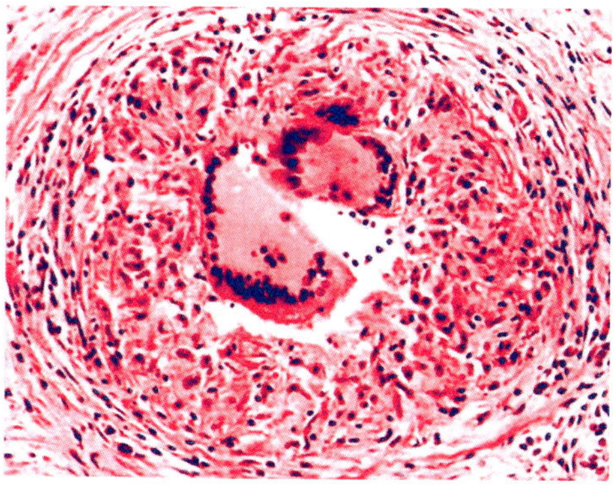

彩图 5-2　亚急性甲状腺炎结核样肉芽肿
滤泡破裂，形成多核巨细胞
（周庚寅《甲状腺病理与临床》）

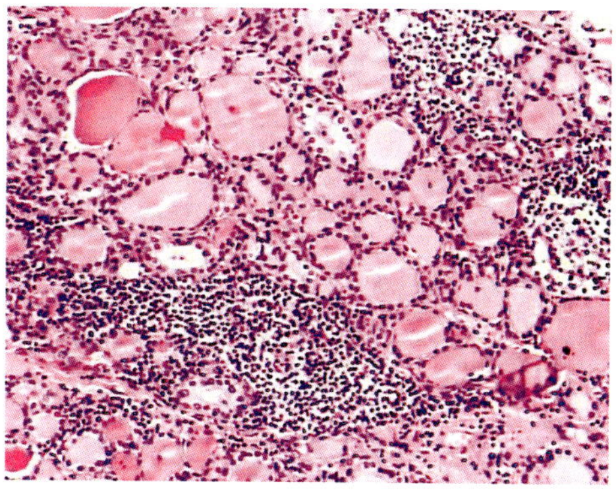

彩图 5-3　慢性淋巴细胞性甲状腺炎
滤泡萎缩，间质内广泛淋巴细胞浸润，
甲状腺滤泡上皮嗜酸性变

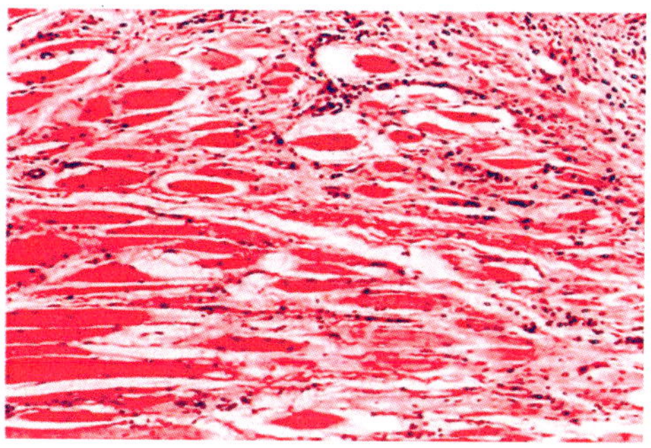

彩图 5-4　纤维性甲状腺炎
甲状腺萎缩消失，大量纤维组织增生，侵及附近肌肉组织（周庚寅《甲状腺病理与临床》）

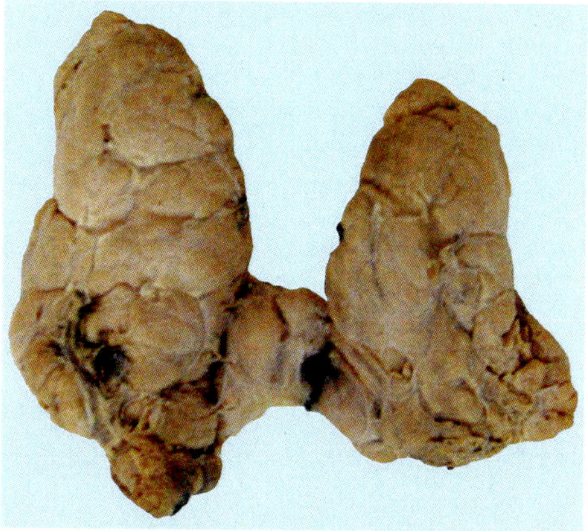

彩图 5-5　结节性甲状腺肿
甲状腺不对称性结节状肿大，结节大小不一，境界模糊

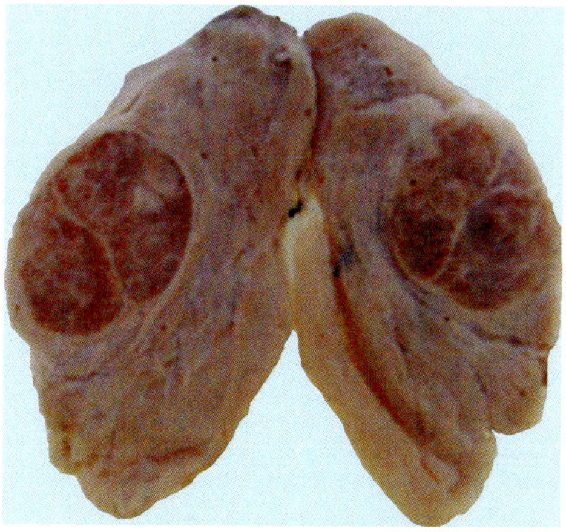

彩图 5-6　甲状腺腺瘤
肿瘤圆形，有完整的包膜，切面为实性，
半透明胶质状

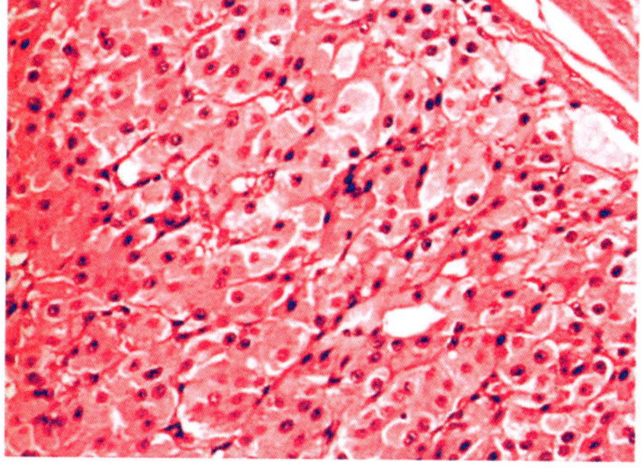

彩图 5-7　嗜酸细胞腺瘤
瘤细胞体积大，胞质含嗜酸性颗粒，排列呈小梁索状
（周庚寅《甲状腺病理与临床》）

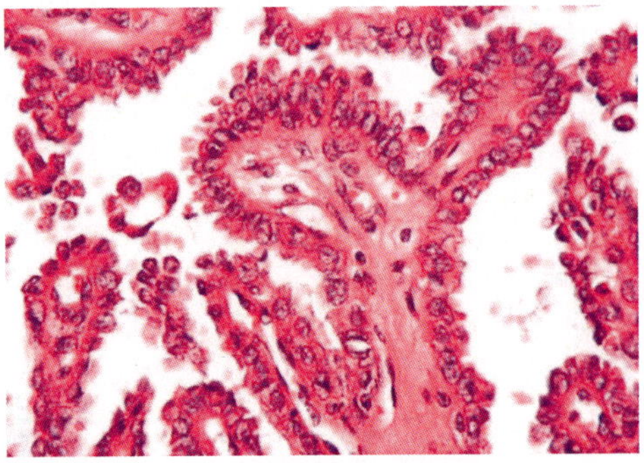

彩图 5-8　甲状腺乳头状癌

癌细胞呈长短不等的乳头状排列，分支较多，癌细胞胞质丰富，胞核圆形染色质少呈毛玻璃样

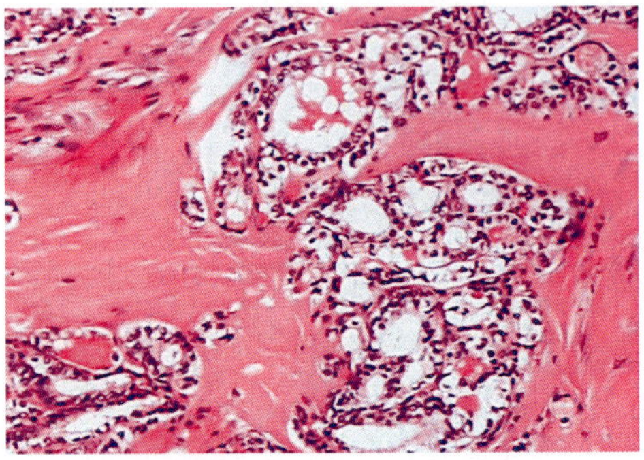

彩图 5-9　滤泡状甲状腺癌

癌组织侵犯包膜，有滤泡形成但无胶质成分

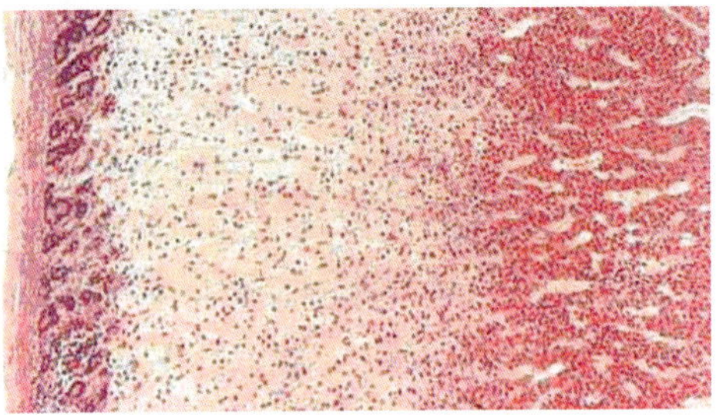

彩图 5-10　肾上腺皮质

球状带位于被膜下，较薄；束状带位于球状带内侧，为皮质中最厚的部分；网状带位于皮质最内层（邹仲之《组织学与胚胎学》）

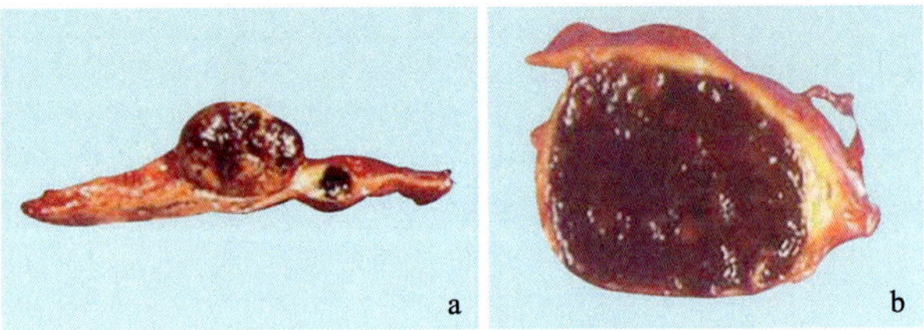

彩图 5-11　肾上腺皮质腺瘤

（a）显示（Cushing）腺瘤切面呈异质性棕黄色外观；（b）黑色腺瘤

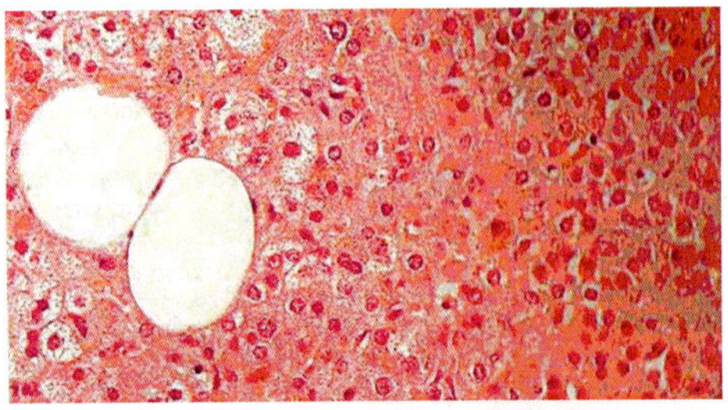

彩图 5-12　肾上腺皮质腺瘤

肿瘤主要由嗜酸性胞质的肿瘤细胞构成

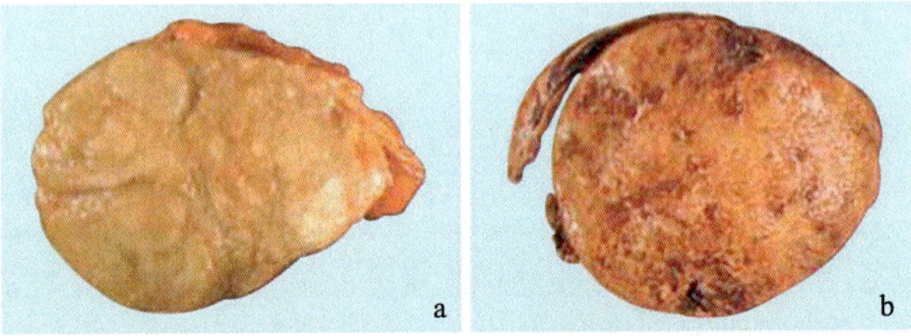

彩图 5-13　肾上腺皮质癌

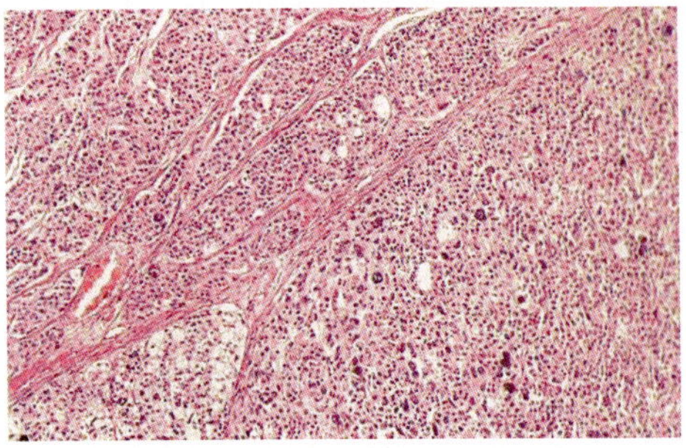

彩图 5-14　肾上腺皮质癌

肿瘤细胞呈巢状，细胞核多形明显

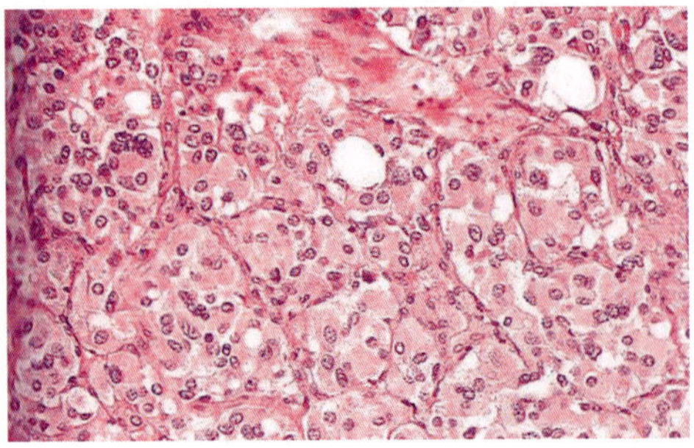

彩图 5-15　良性嗜铬细胞瘤

肿瘤细胞呈巢状结构

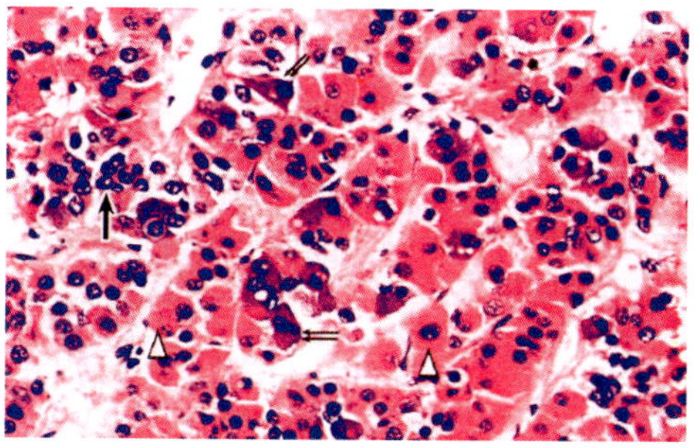

彩图 5-16　正常腺垂体（HE 染色）

△：嗜酸性细胞；➞：嗜碱性细胞；→：嫌色细胞

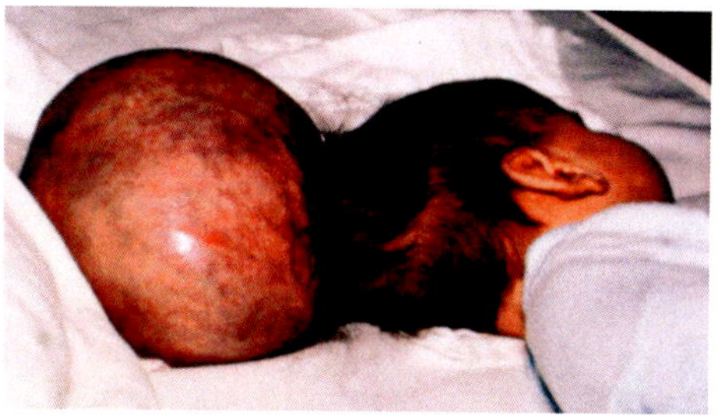

彩图 6-1　顶枕部巨大的脑膜膨出

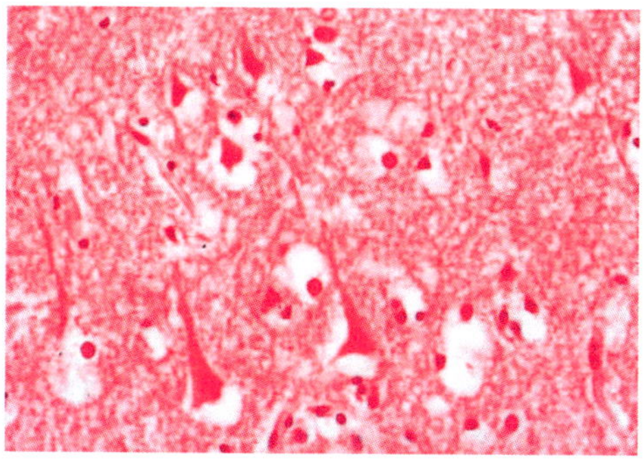

彩图 6-2　急性脑梗死皮层神经元
呈坏死和急性缺血性改变
（HE 高倍）

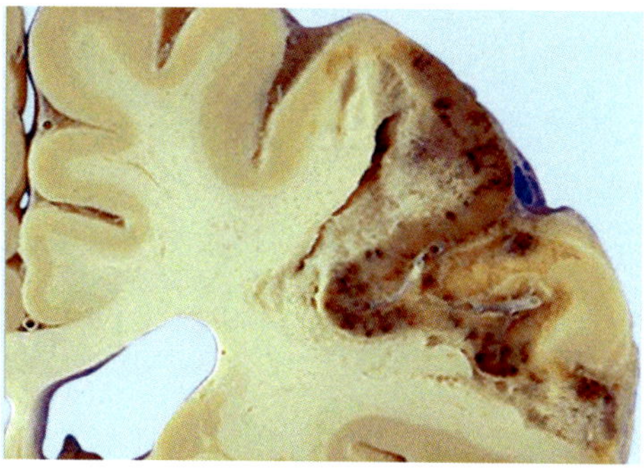

彩图 6-3　动脉到动脉栓塞导致
大脑皮层出血性梗死

彩图 6-4　显示颅内上矢状窦内血栓形成

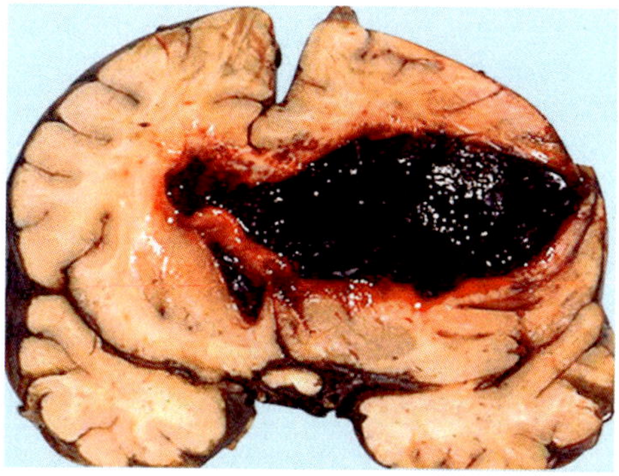

彩图 6-5　高血压基底节大面积出血
破入侧脑室

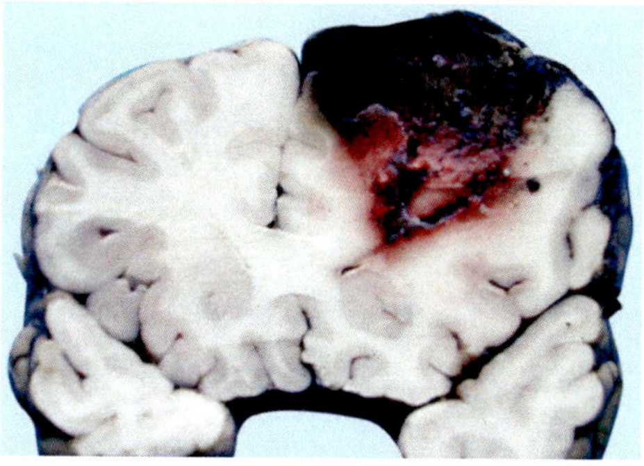

彩图 6-6　左额部脑挫裂伤
脑组织的损伤和出血

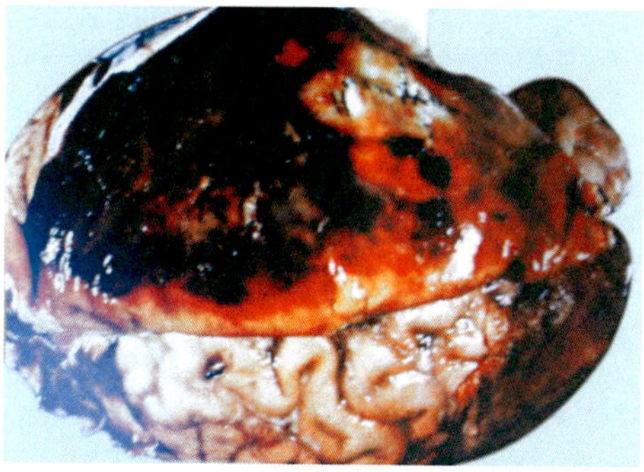

彩图 6-7　慢性硬脑膜下血肿
血肿被一层膜包裹

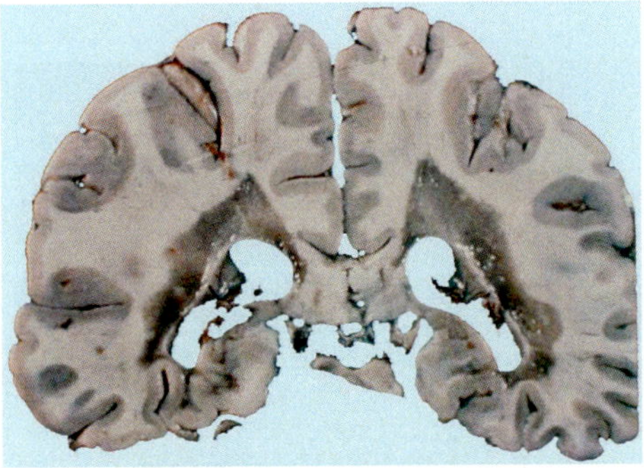

彩图 6-8　多发性硬化
双侧脑室旁呈灰色调的脱髓鞘斑

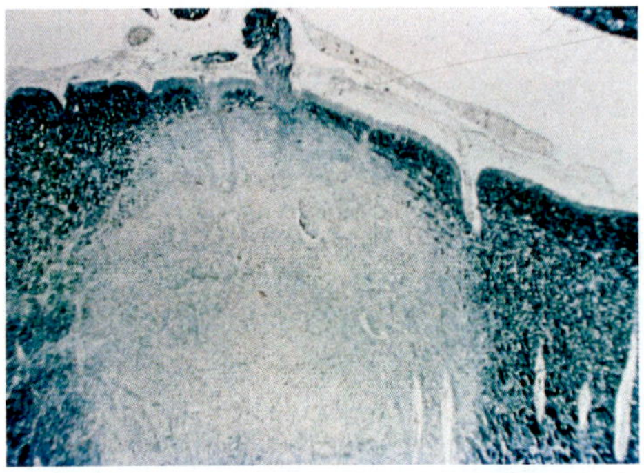

彩图 6-9　多发性硬化的脱髓鞘斑
与周围组织境界清晰（LFB 髓鞘染色）

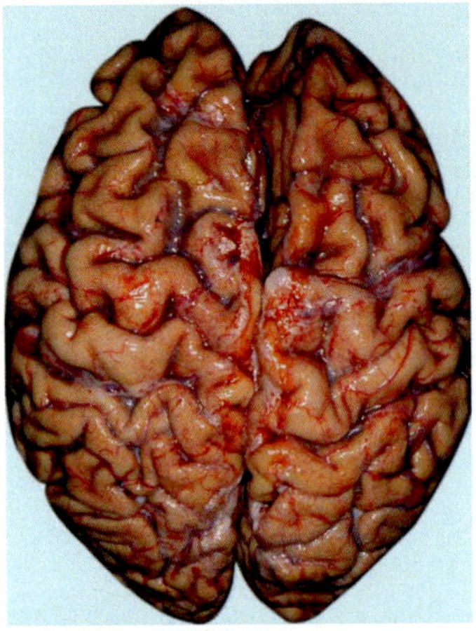

彩图 6-10　阿尔茨海默病
双侧大脑半球的显著萎缩，以额叶为重

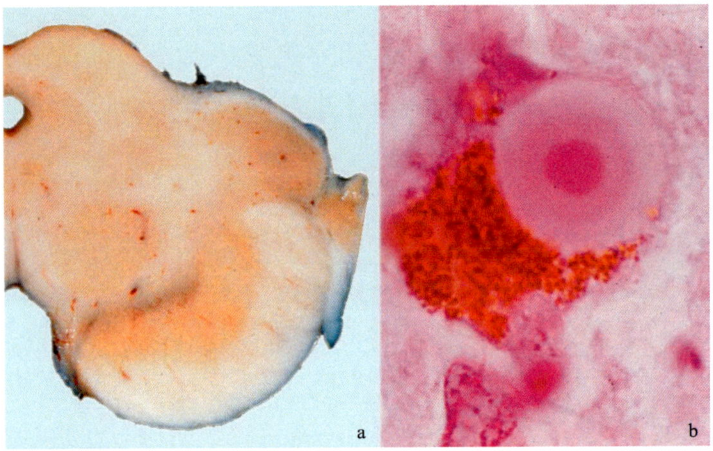

彩图 6-11　帕金森病
（a）黑质的黑色素脱失明显；（b）残存神经元内可见同心圆样的包涵体路易小体（HE 高倍）

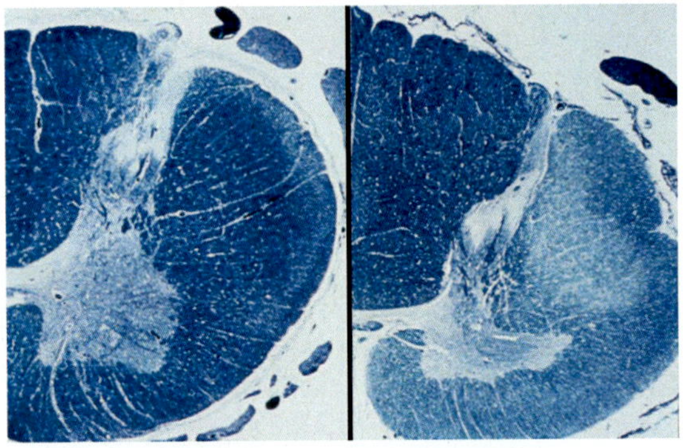

彩图 6-12　肌萎缩侧索硬化
与正常对照（左）相比，可见显著的前、侧索的变性及前角的萎缩（髓鞘染色）

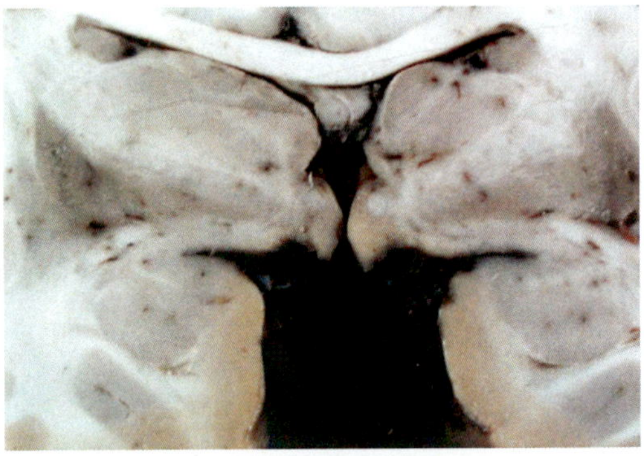

彩图 6-13　Wilson 病
双侧壳核的灰褐色变性及萎缩

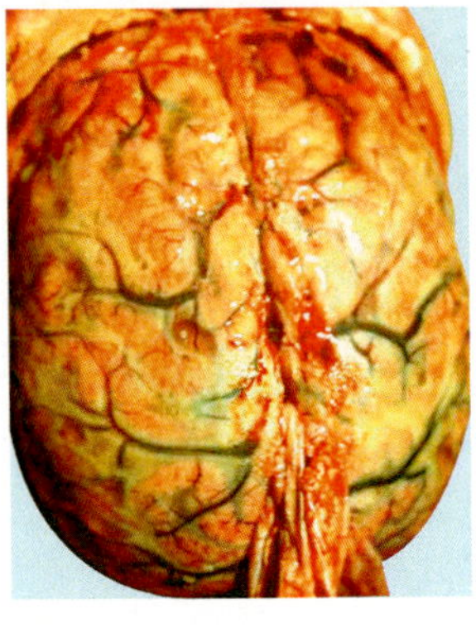

彩图 6-14　双侧大脑半球凸面化脓性脑膜炎
示蛛网膜下腔大量灰黄色脓性渗出物

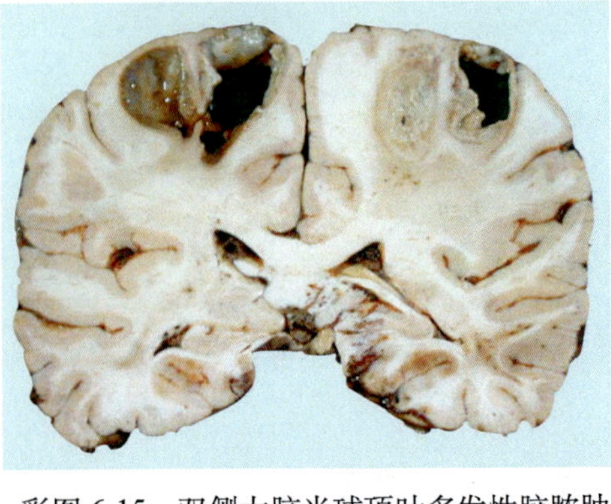

彩图 6-15　双侧大脑半球顶叶多发性脑脓肿

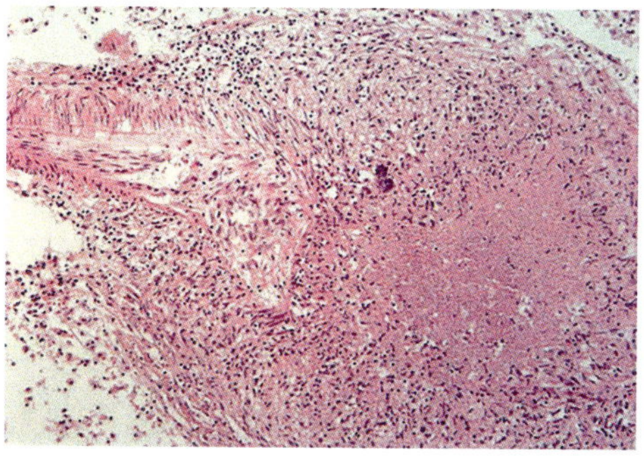

彩图 6-16　结核性脑膜炎
脑蛛网膜下腔小动脉旁结核结节。表现为中心部干酪样坏死，周边见上皮样细胞和淋巴细胞

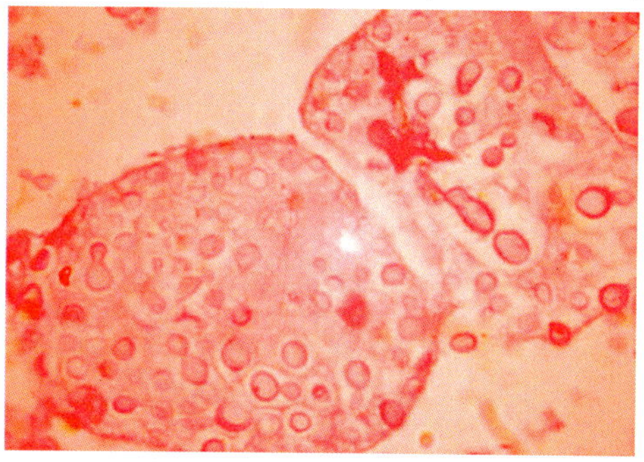

彩图 6-17　隐球菌性脑膜炎
吞噬细胞内可见多数酵母样隐球菌（PAS 高倍）

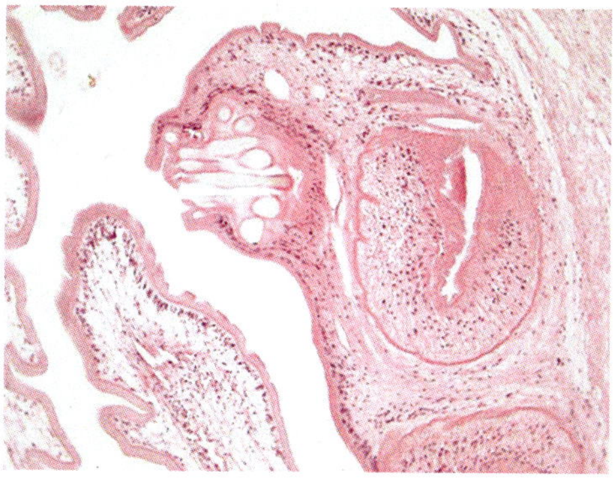

彩图 6-18　脑囊虫
示囊虫的头结和吸盘（HE 低倍）

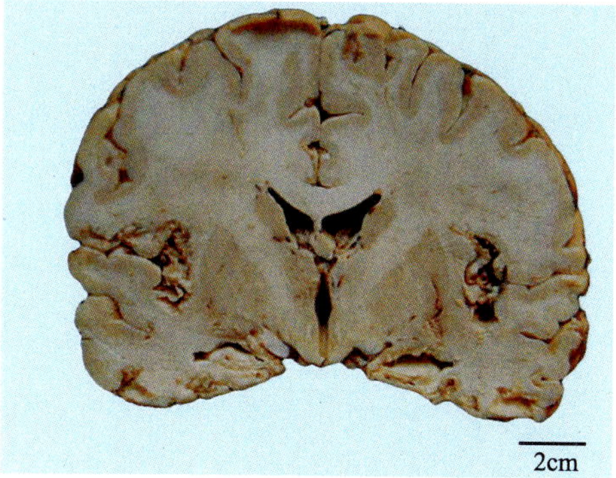

彩图 6-19　单纯疱疹病毒性脑炎
显示双侧大脑半球岛叶、颞叶、海马和扣带回等边缘系统皮层广泛坏死

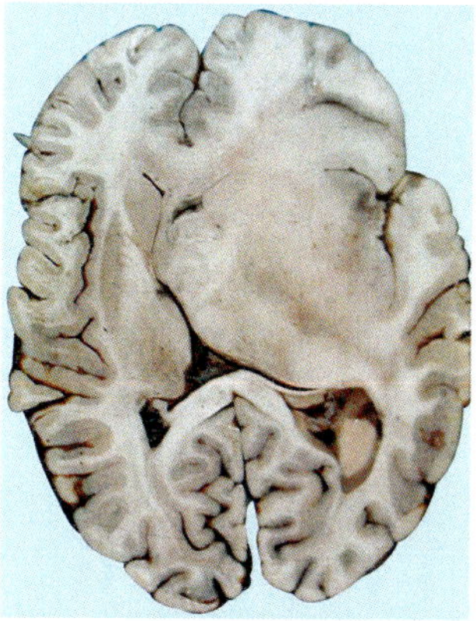

彩图 6-20　星形细胞瘤
左额颞深部弥漫浸润

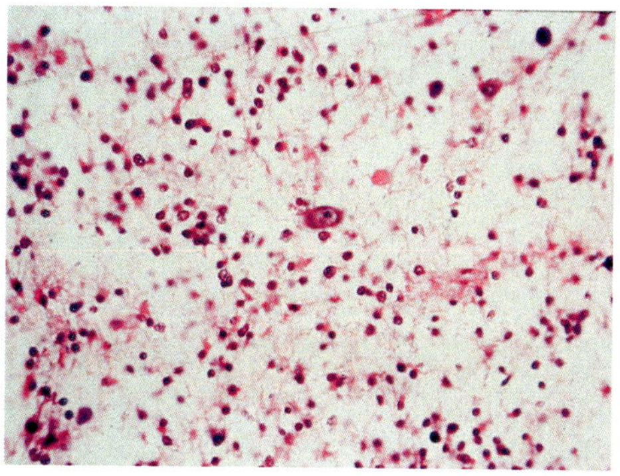

彩图 6-21　分化好的星形细胞瘤，Ⅱ级

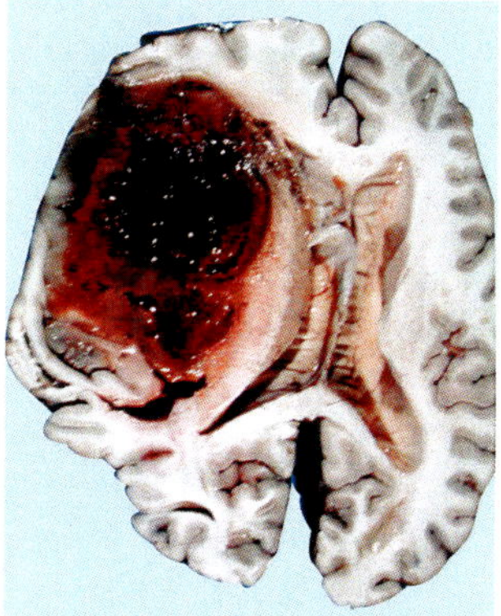

彩图 6-22　胶质母细胞瘤
左额颞深部弥漫浸润

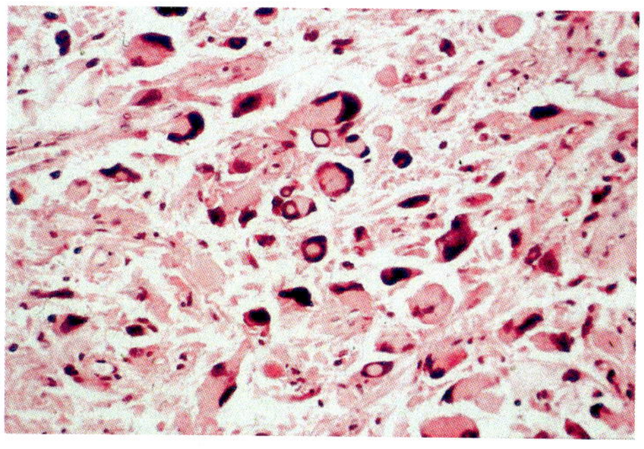

彩图 6-23　多形性胶质母细胞瘤，Ⅳ级

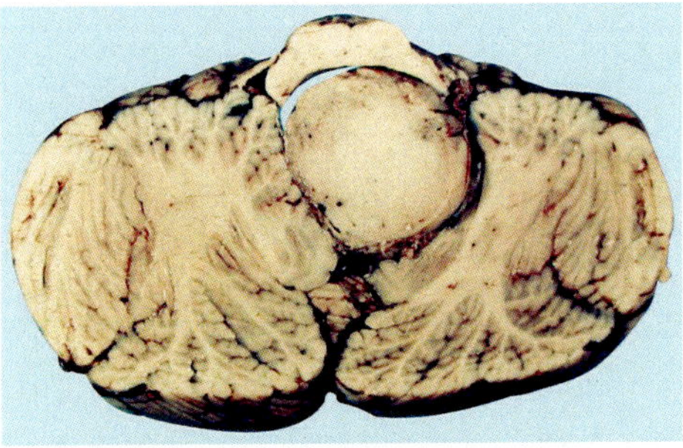

彩图 6-24　髓母细胞瘤
突入第四脑室内生长

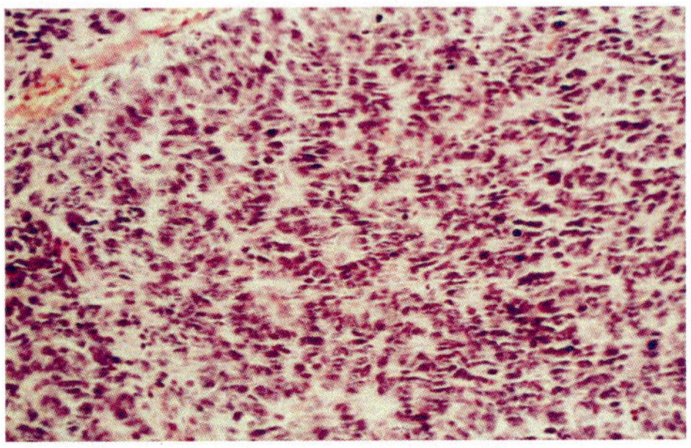

彩图 6-25　髓母细胞瘤（经典型），Ⅳ级

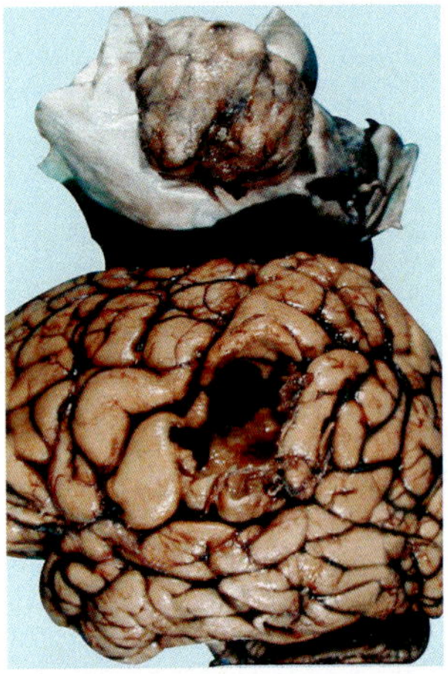

彩图 6-26
左侧大脑半球
凸面的脑膜瘤

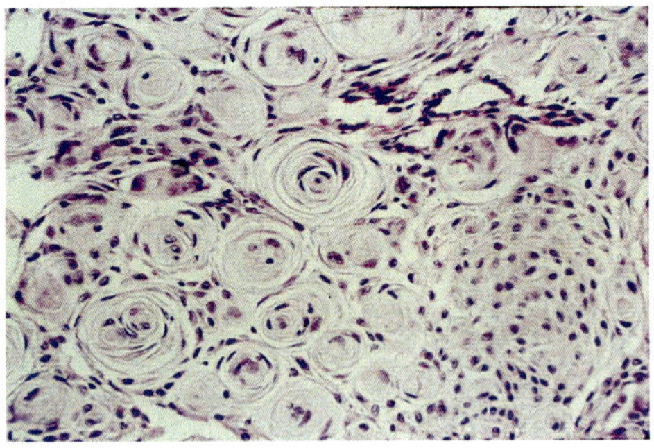

彩图 6-27　脑膜瘤
有同心圆结构（过渡型），Ⅰ级

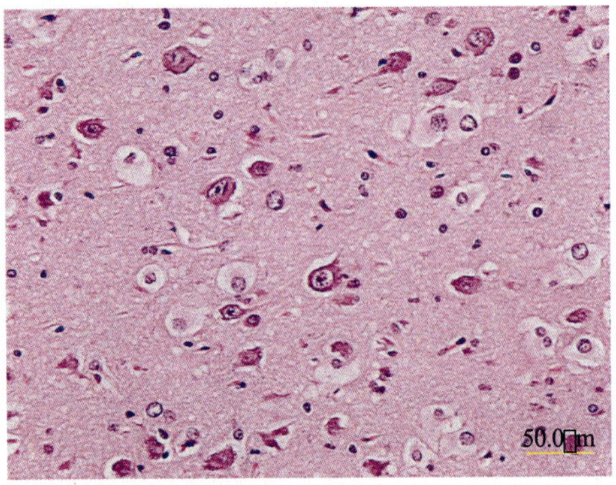

彩图 6-28　FCD Ⅱ b 型的皮层结构紊乱
皮层内出现发育不良性神经元和球细胞

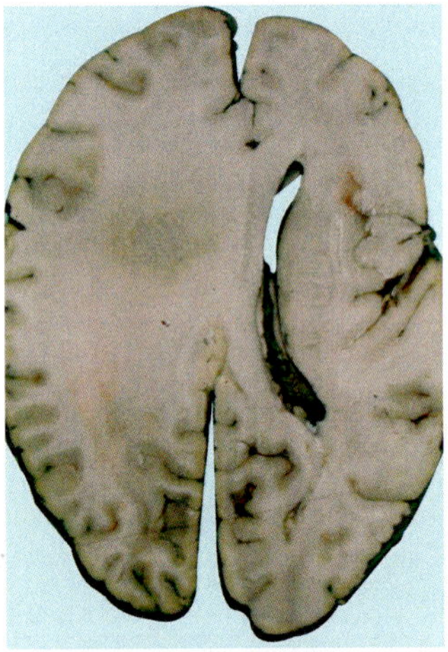

彩图 6-29
脑水肿

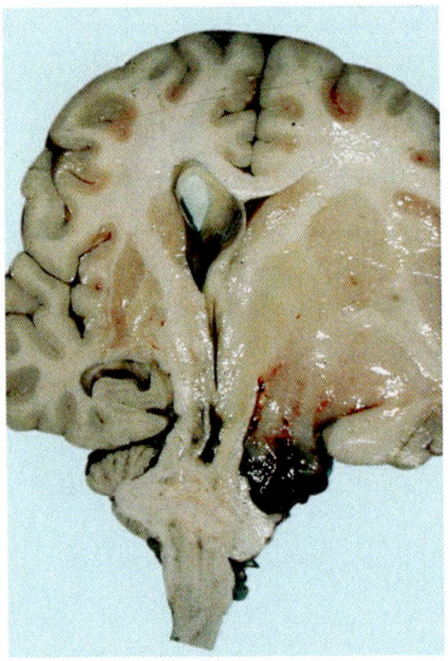

彩图 6-30
左侧小脑幕切
迹疝

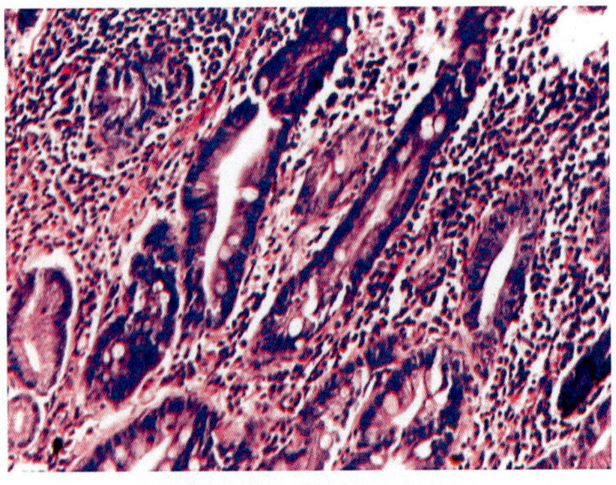

彩图 7-1　萎缩性胃炎
黏膜固有层内大量淋巴细胞浸润；腺体分布不均，数量减少，腺上皮萎缩，可见肠上皮化生（HE 20×）

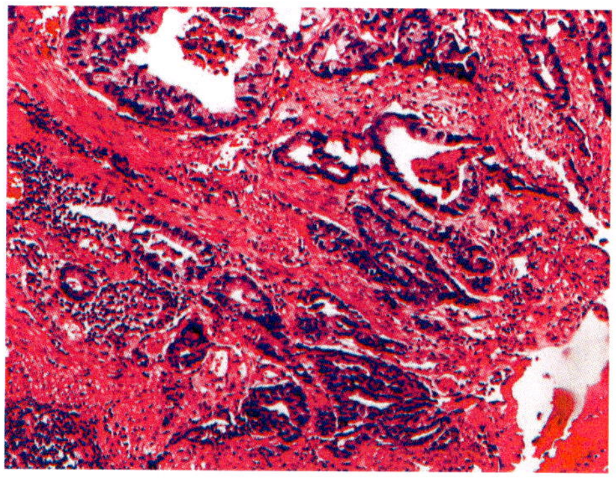

彩图 7-2　胃管状腺癌

癌细胞排列成腺管状。腺管大小不一，形态各异，浸润性生长，部分腺管内可见分泌和坏死（HE 20×）

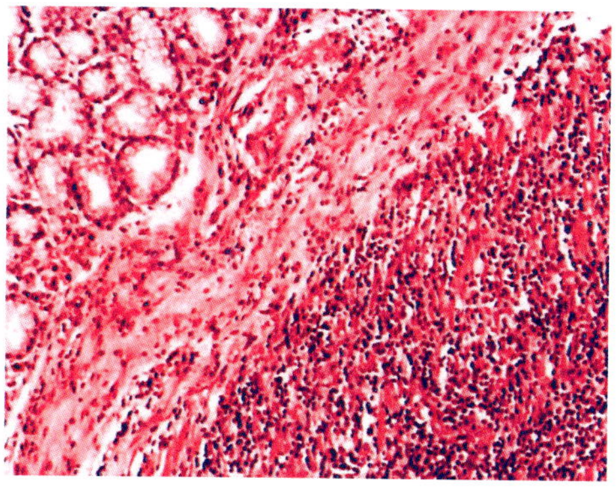

彩图 7-3　胃 MALT 淋巴瘤

黏膜下大量异性细胞弥漫浸润（图中右下部分）；图中左上部分为正常胃黏膜（HE 10×）

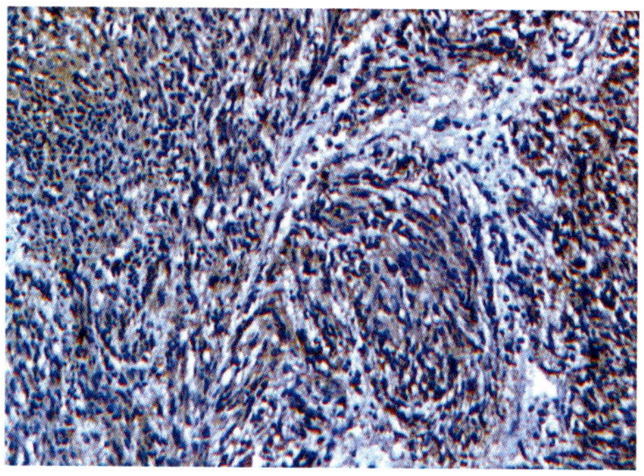

彩图 7-4　GIST 免疫组化染色（CD117）

肿瘤由梭形细胞构成。瘤细胞胞质丰富，呈束状、编织状或旋涡状排列；CD117 在胞质内阳性表达（HE 20×）

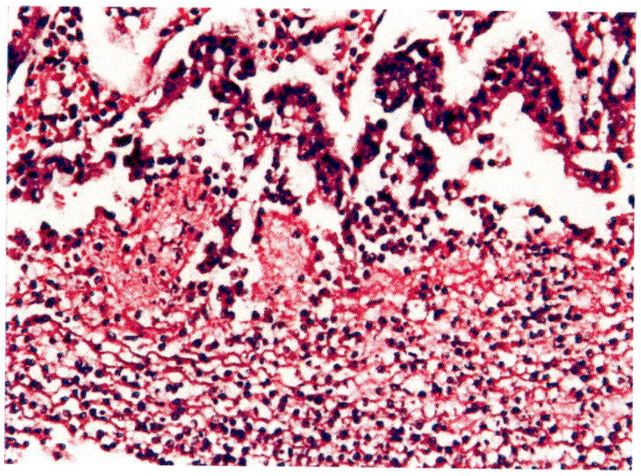

彩图 7-5　假膜性肠炎

肠道黏膜表面坏死，表面附着大量纤维蛋白、黏液及中性粒细胞，形成特征性的假膜（HE 40×）

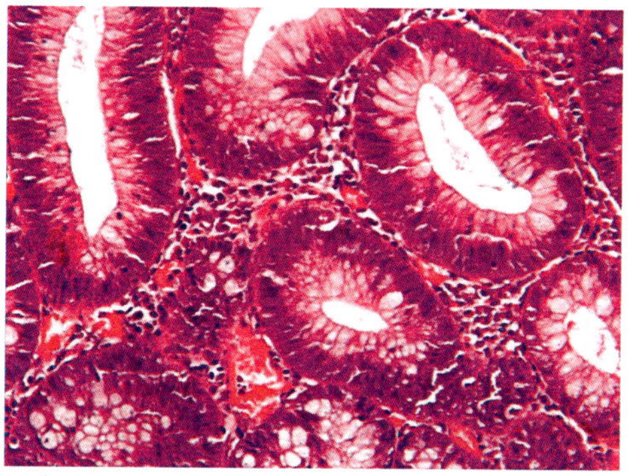

彩图 7-6　增生性息肉

息肉由增大而规则的腺体形成，管腔扩张，腺细胞细胞核排列规则，均位于基底部，无异型性（HE 40×）

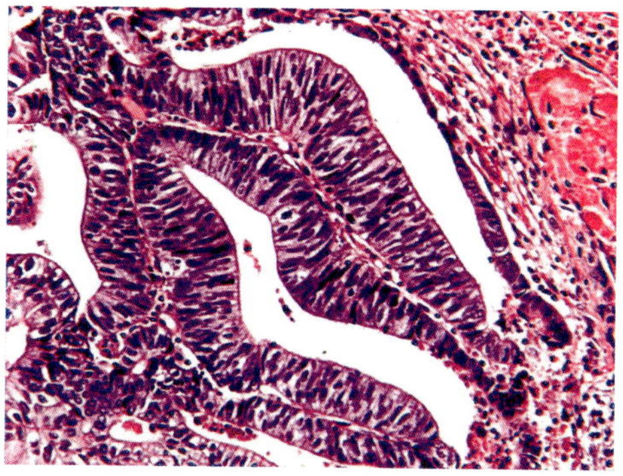

彩图 7-7　结肠腺癌

肿瘤组织呈管状腺腔样排列，细胞异型性明显（HE 20×）

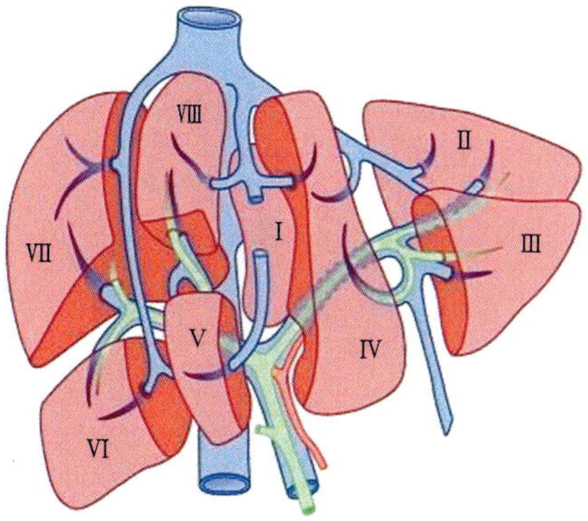

彩图 7-8　肝分段

（摘自医学影像园）

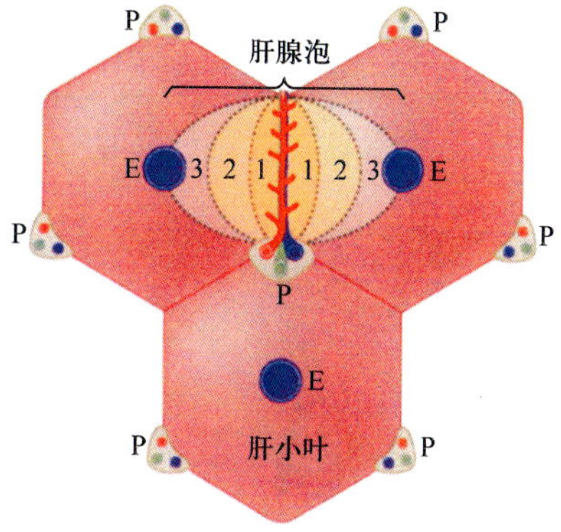

彩图 7-9　肝腺泡

E. 为中央静脉；P. 为门管区，含有小叶间动脉、小叶间静脉、小叶间胆管（引自希夫肝病学）

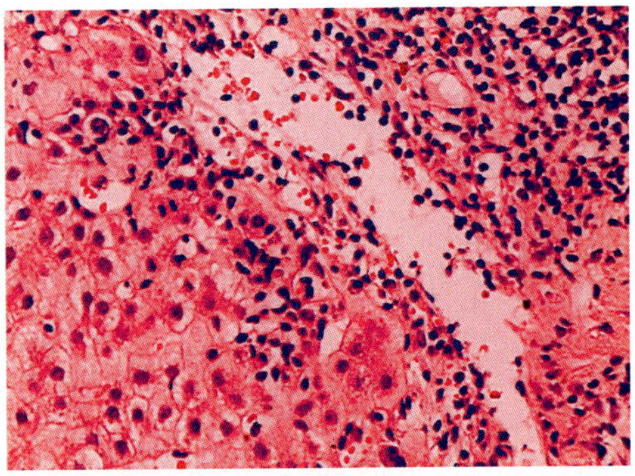

彩图 7-10　肝界面性炎症

汇管区炎细胞浸润，向周围肝实质溢出，以淋巴细胞浸润为主（首都医科大学附属佑安医院病理科供图）

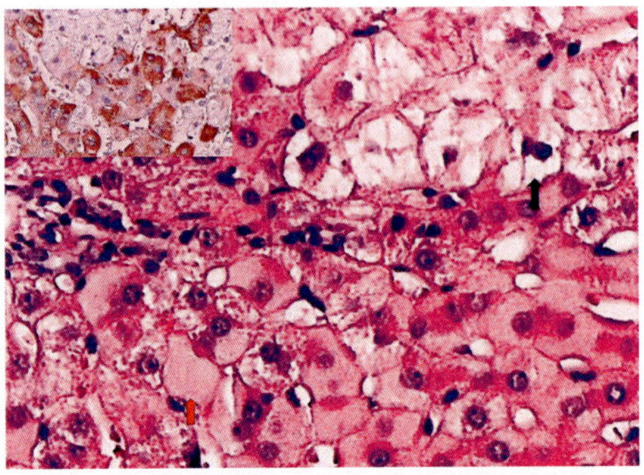

彩图 7-11　乙型肝炎

部分肝细胞胞质疏松淡染，呈气球样变（↑）；部分细胞胞质内充满嗜酸性细颗粒物质，胞质不透明似毛玻璃样（↑）。左上角为 HBSAg 的免疫组化染色（首都医科大学附属佑安医院病理科供图）

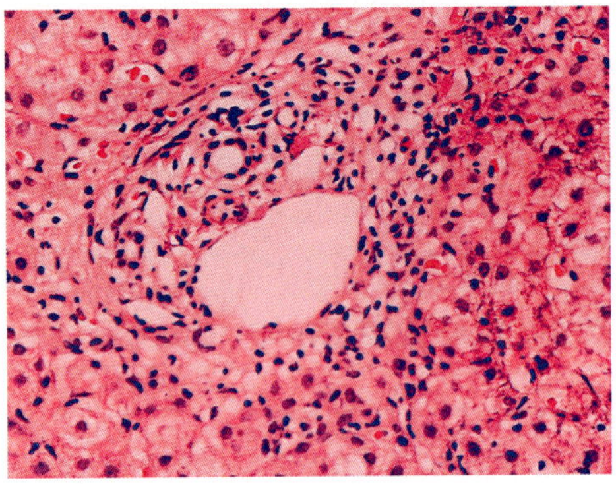

彩图 7-12　药物性肝炎

汇管区大量混合性炎细胞浸润，可见较多嗜酸粒细胞和中性粒细胞（首都医科大学附属佑安医院病理科供图）

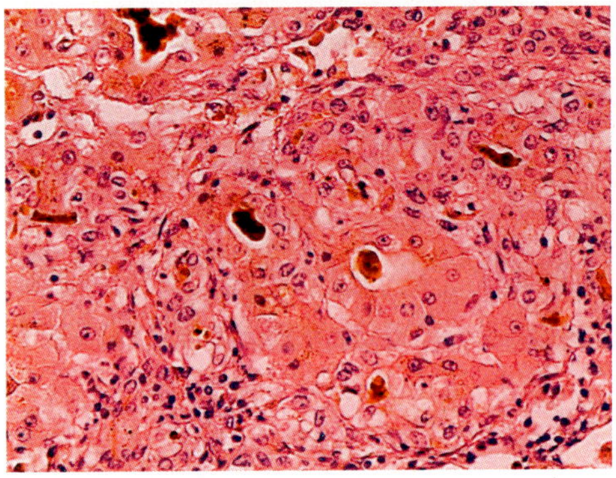

彩图 7-13　淤胆性花环

肝细胞围成假腺样结构，腺腔内可见淤胆、胆栓形成（首都医科大学附属佑安医院病理科供图）

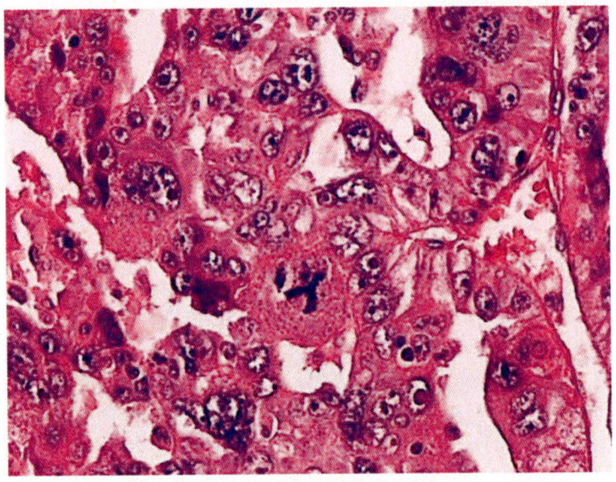

彩图 7-14　低分化型肝细胞癌

肿瘤细胞具有明显异型性，核大小不等，核仁明显，可见病理性核分裂象（首都医科大学附属佑安医院病理科供图）

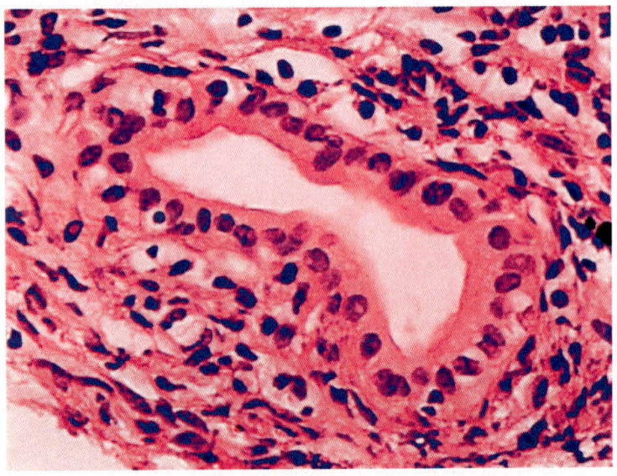

彩图 7-15　中度排斥反应（非化脓性胆管病变）

汇管区可见淋巴细胞、中性粒细胞浸润胆管上皮细胞（首都医科大学附属佑安医院病理科供图）

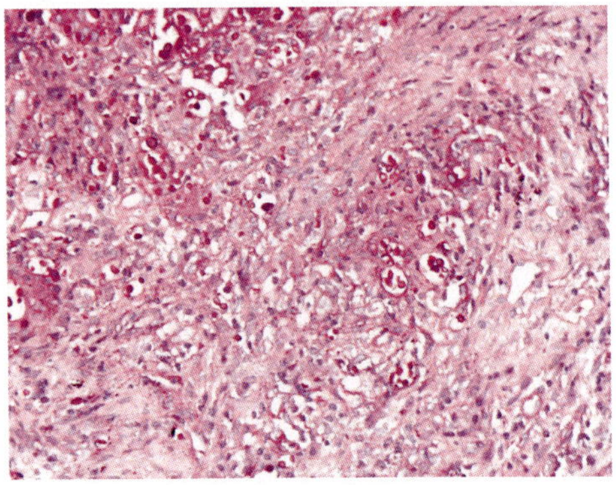

彩图 8-1　肺隐球菌病

肺肉芽肿性炎，可见多核巨细胞内吞噬圆形空泡状菌体，菌体荚膜被 PAS 染色染成红色（PAS 400×）

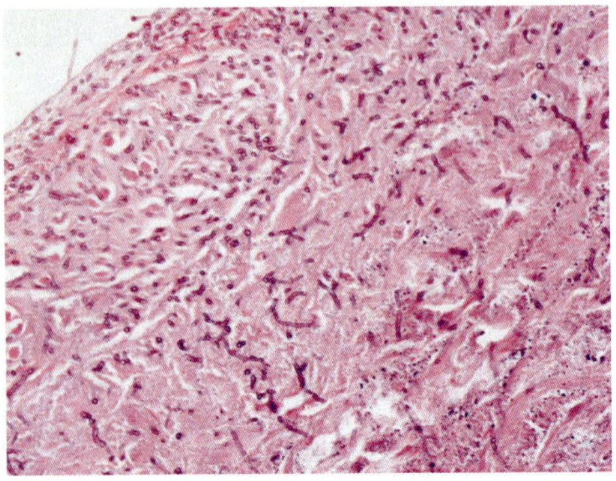

彩图 8-2　侵袭性肺曲霉菌病

支气管壁可见曲霉菌，菌丝呈锐角分支并有分节（HE 400×）

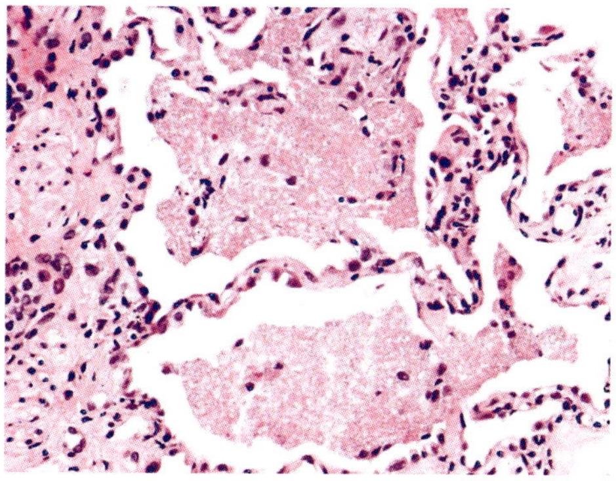

彩图 8-3　卡氏肺囊虫肺炎
肺泡腔内有云絮状渗出液（HE 400×）

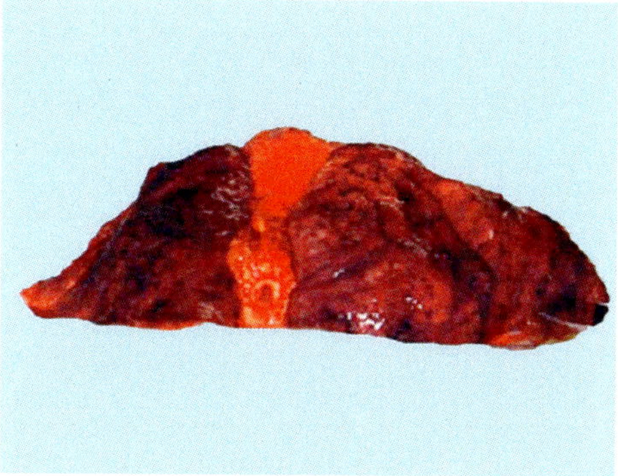

彩图 8-4　严重急性呼吸综合征（SARS）
肺组织明显膨胀，充血出血，表面暗红色，质实

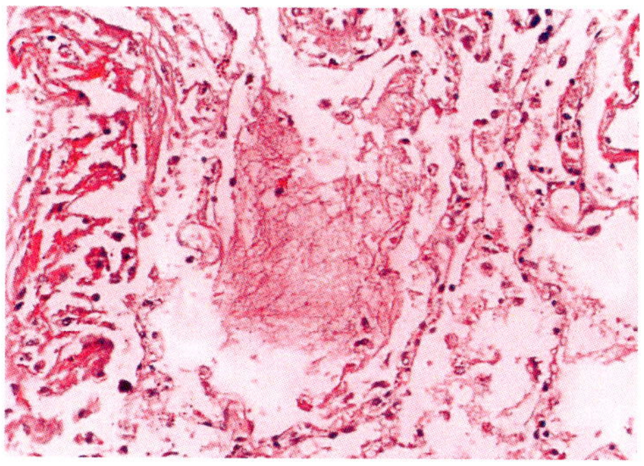

彩图 8-5　SARS 肺泡腔内渗出大量纤维素

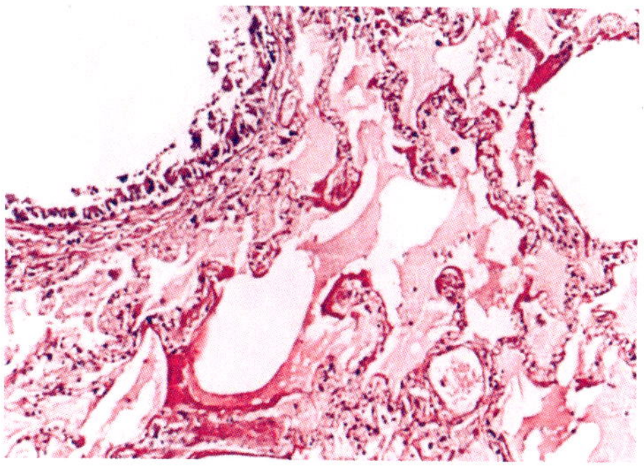

彩图 8-6　SARS 肺泡腔内透明膜形成
渗出物常浓缩成薄层红染的膜状物贴附于肺泡内表面

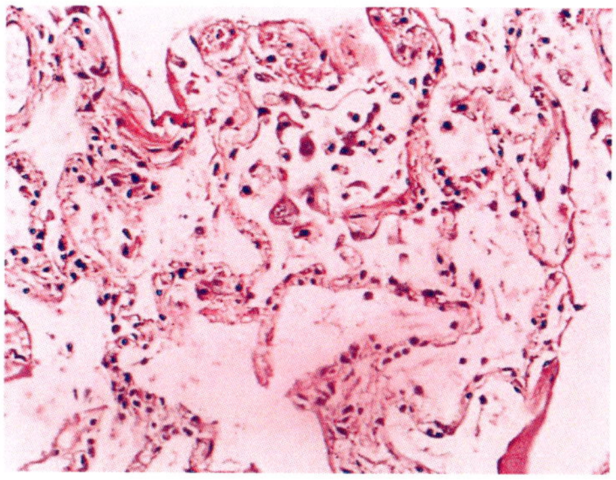

彩图 8-7　SARS 脱屑性肺炎
肺泡腔内充满大量脱落肺泡上皮，
渗出的单核细胞等炎细胞

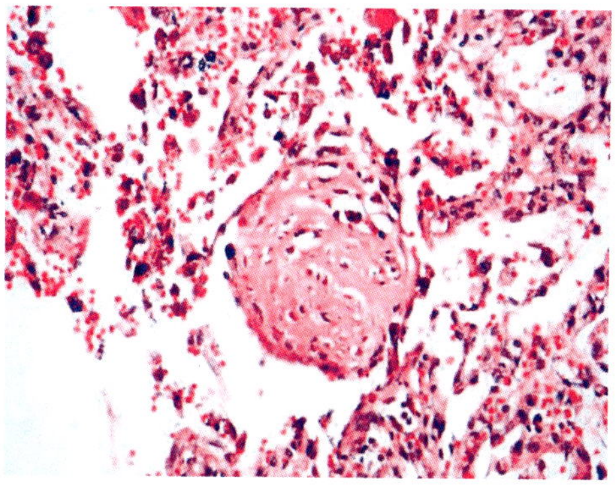

彩图 8-8　SARS 肺泡腔内“肾小球”样纤维化
肺泡腔内渗出物出现机化呈肾小球样改变

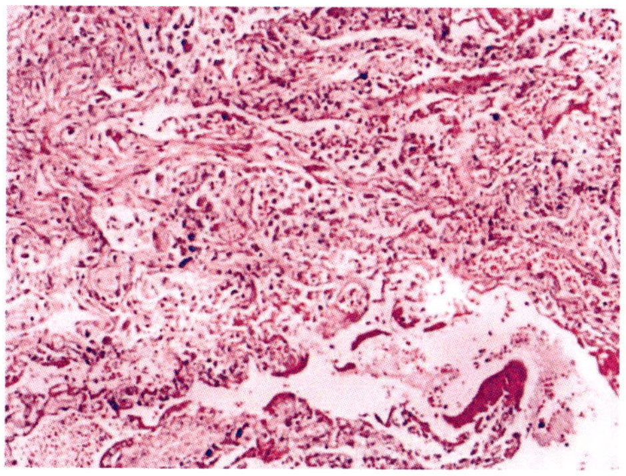

彩图 8-9　SARS 肺泡纤维化与肺间质纤维化融合，形成肺实变

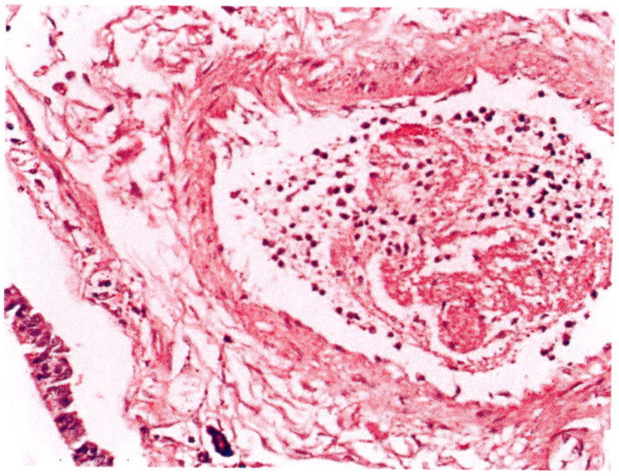

彩图 8-10　SARS 间质小血管内可见纤维素性血栓

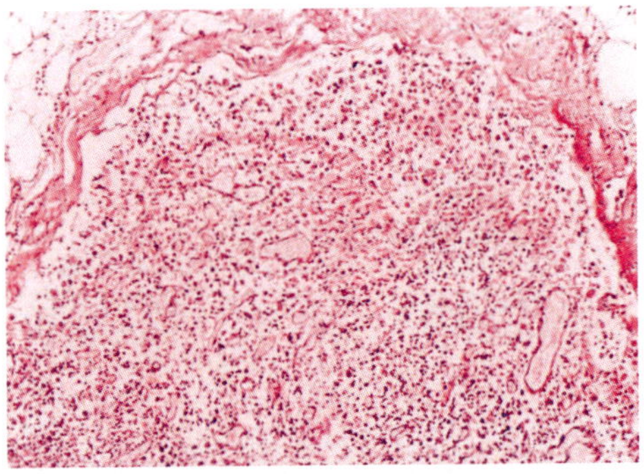

彩图 8-11　SARS 肺门淋巴结淋巴滤泡消失，淋巴细胞数目减少

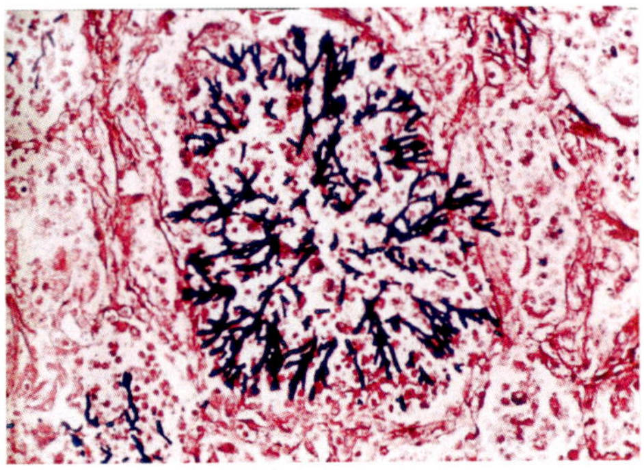

彩图 8-12　SARS 肺组织内曲菌感染病灶
六胺银染色呈黑色（六胺银 400×）

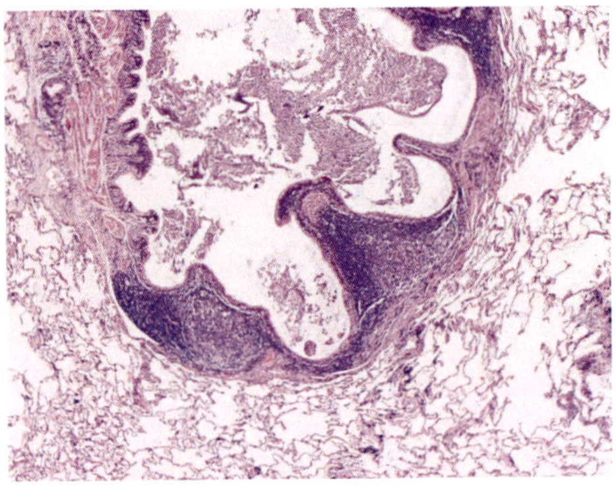

彩图 8-13　支气管扩张症
支气管管腔扩张，管壁可见淋巴细胞浸润伴淋巴滤泡形成（HE 400×）

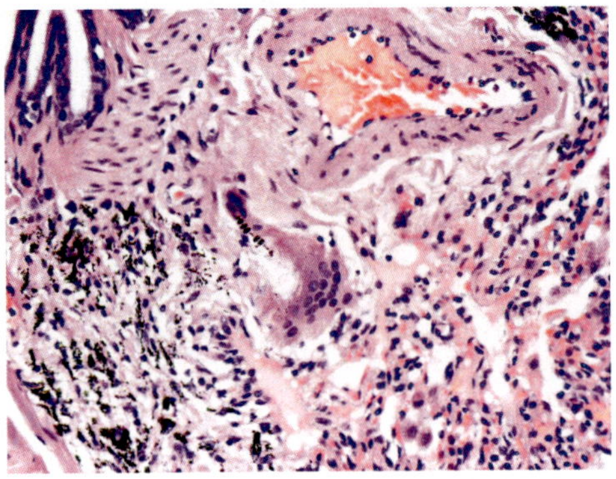

彩图 8-14　多核巨细胞内可见棕色串珠样石棉小体（HE 400×）

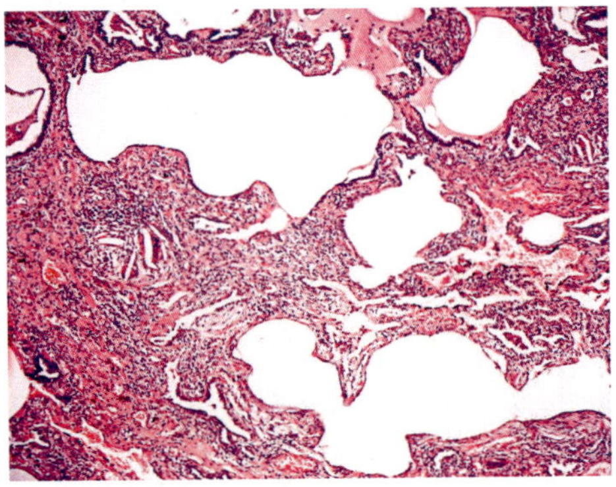

彩图 8-15　慢性过敏性肺炎
间质纤维化伴蜂窝肺形成，局部可见肉芽肿（HE 100×）

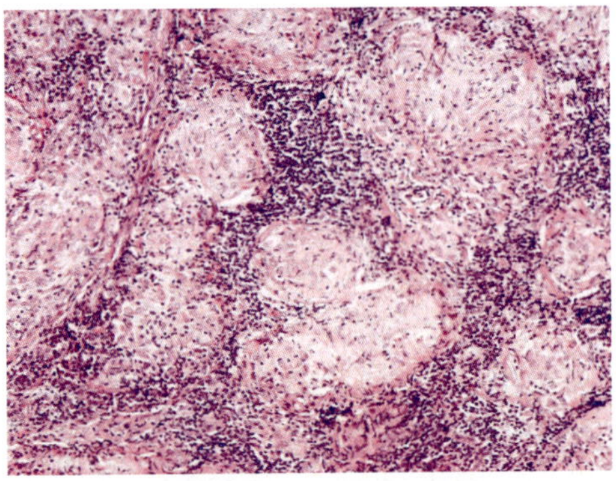

彩图 8-16　肺结节病
肺门淋巴结内可见中心纤维化的肉芽肿结构（HE 400×）

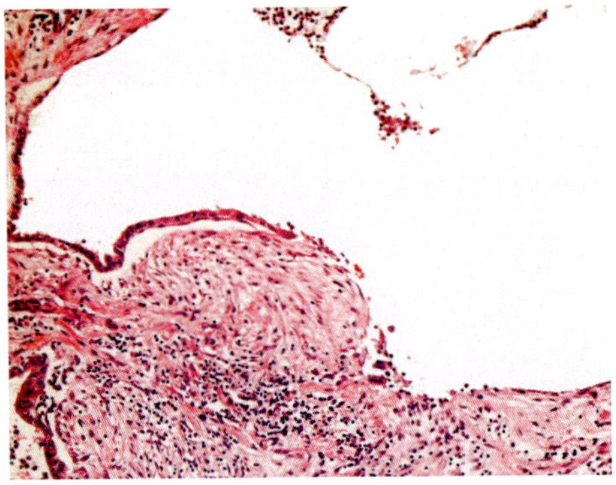

彩图 8-17　UIP
重建的肺泡壁中可见成纤维细胞灶形成（HE 200×）

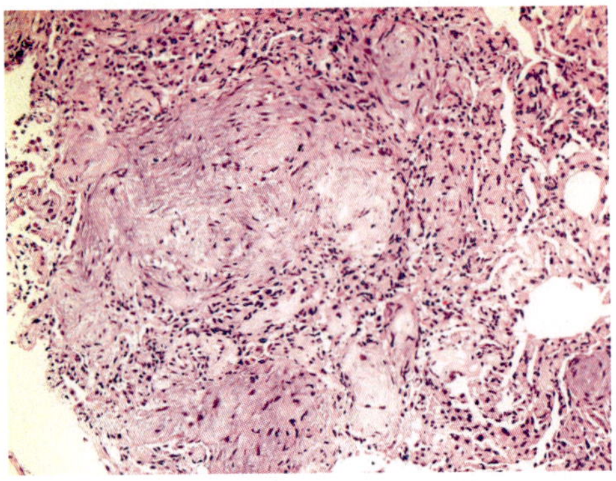

彩图 8-18　BOOP
成纤维细胞组成的疏松结缔组织沿肺泡管和肺泡腔延伸（HE 200×）

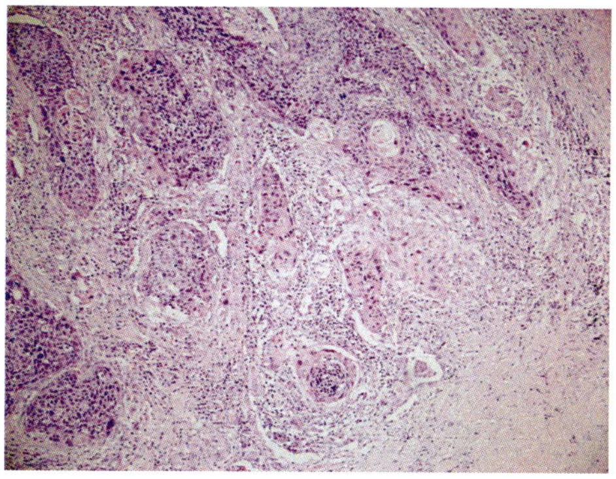

彩图 8-19　高分化鳞状细胞癌
（HE 100×）

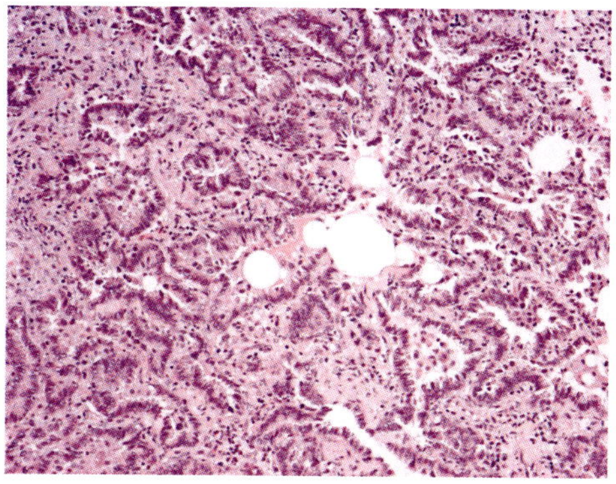

彩图 8-20　腺泡样型腺癌
（HE 200×）

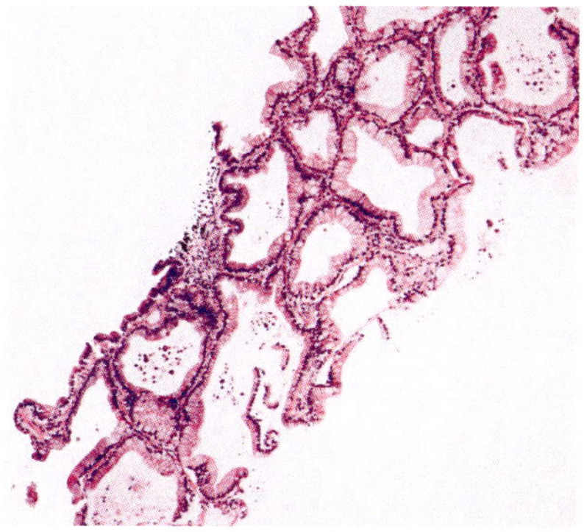

彩图 8-21　细支气管肺泡癌
黏液细胞型（HE 100×）

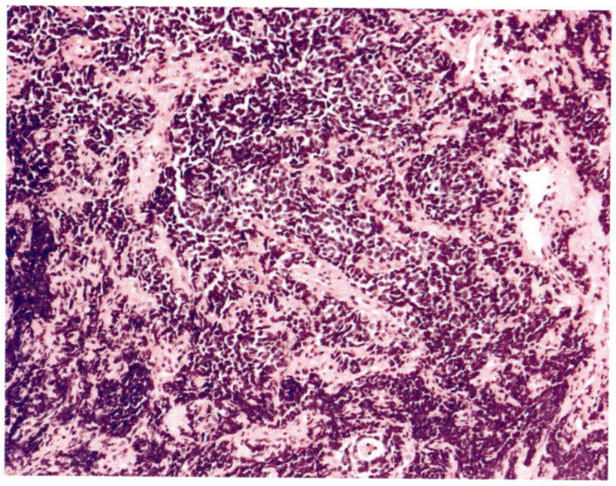

彩图 8-22　小细胞癌
癌细胞小，弥漫分布（HE 400×）

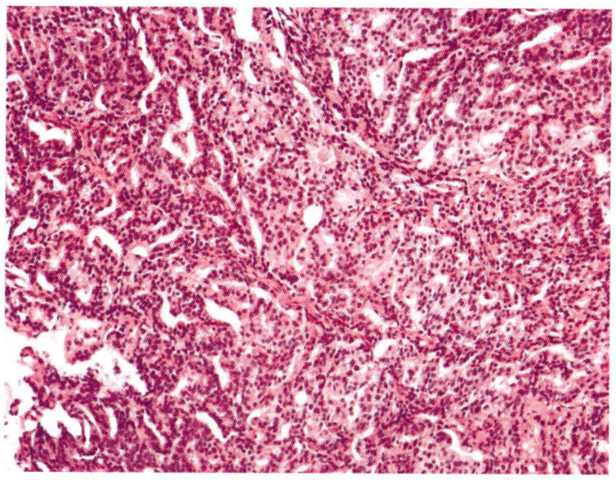

彩图 8-23　肺类癌
肿瘤细胞大小较一致，排列呈腺样（HE 200×）

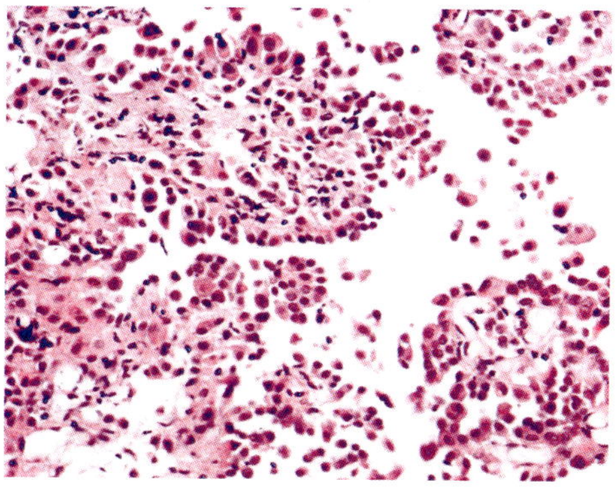

彩图 8-24　恶性上皮性间皮瘤
瘤组织由上皮性细胞构成，呈乳头状结构（HE 400×）

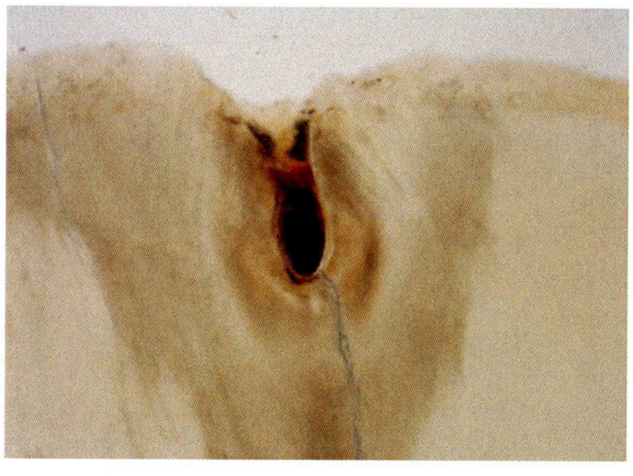

彩图 9-1　窝沟龋（磨片）
病损从窝沟壁开始，沿釉柱长轴发展，逐渐与窝沟底部病损融合，形成底部向着釉牙本质界的三角形病损

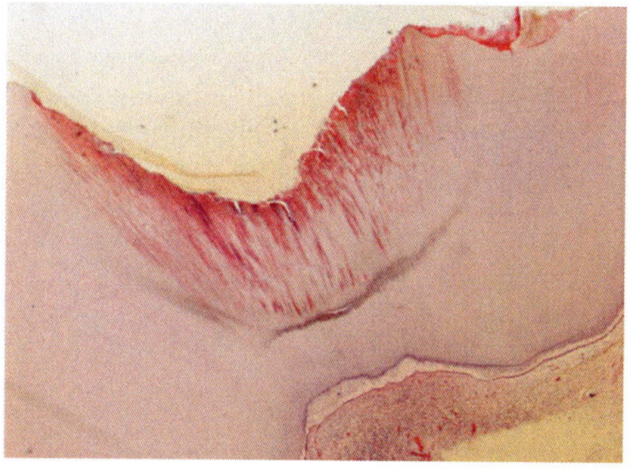

彩图 9-2　牙本质龋
由于细菌在牙本质小管内繁殖，使牙本质小管肿胀变形，呈串珠状。龋损相对应处牙髓腔内有修复性牙本质形成

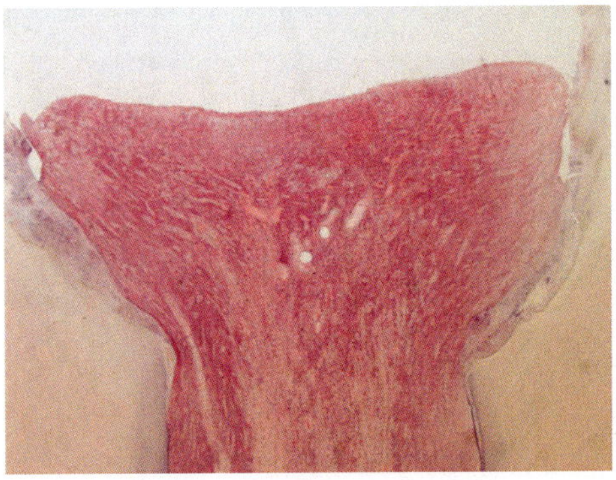

彩图 9-3　慢性增生性牙髓炎

增生的牙髓组织通过穿髓孔，充填在龋洞中，呈息肉状，表面有复层鳞状上皮覆盖

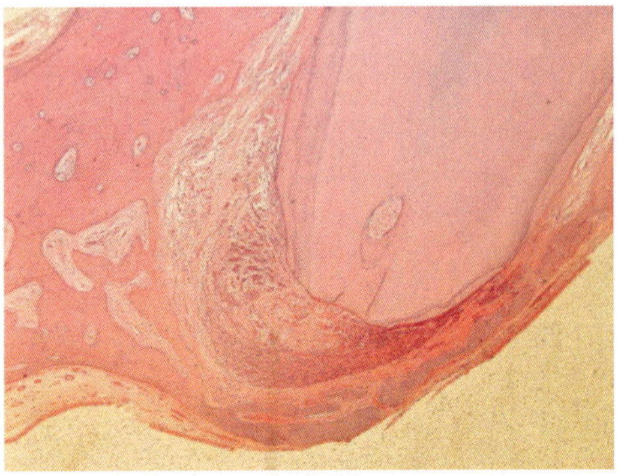

彩图 9-4　根尖周肉芽肿

根尖周组织被破坏，代之以肉芽组织，肉芽组织中有炎症细胞和增生的上皮，周围有纤维包绕，根尖牙骨质和牙槽骨被吸收

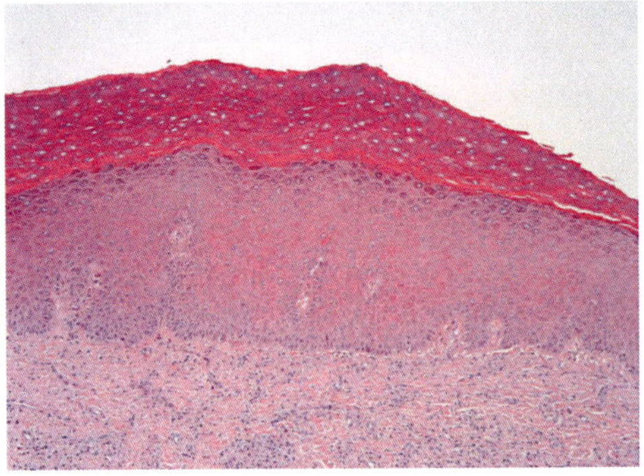

彩图 9-5　白斑

复层鳞状上皮表面过度不全角化，粒层明显，棘层增生，上皮钉突变粗，基膜清晰，固有层内一些淋巴细胞、浆细胞浸润

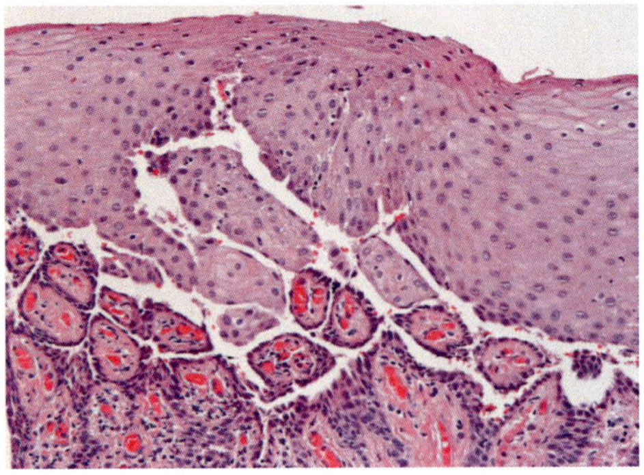

彩图 9-6　天疱疮

棘细胞层松解，在棘层内出现裂隙，即棘层内疱。上皮基底细胞仍附着在结缔组织乳头上

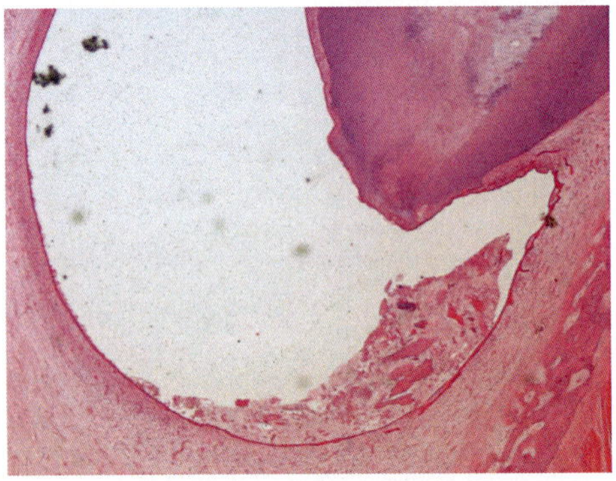

彩图 9-7　根尖周囊肿

失活牙的根尖周围有纤维性囊壁围绕，囊壁内面可见衬里上皮，囊壁内有炎细胞浸润

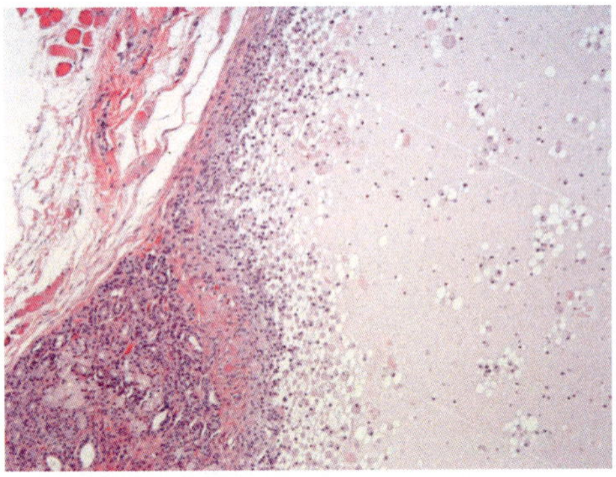

彩图 9-8　外渗性黏液囊肿

黏液外溢，肉芽和结缔组织包绕黏液形成囊壁，囊壁内没有衬里上皮

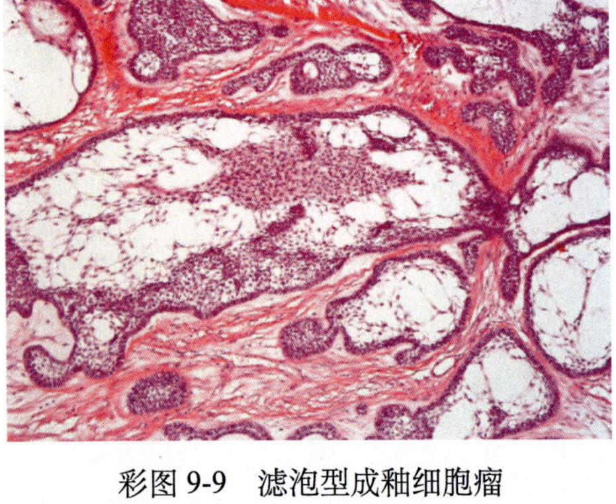

彩图 9-9　滤泡型成釉细胞瘤

肿瘤细胞形成大小不等的上皮岛。上皮岛中心部类似于成釉器的星网状层。周边为一层立方状或柱状细胞，类似于内釉上皮或前成釉细胞。星网状区可见囊性变

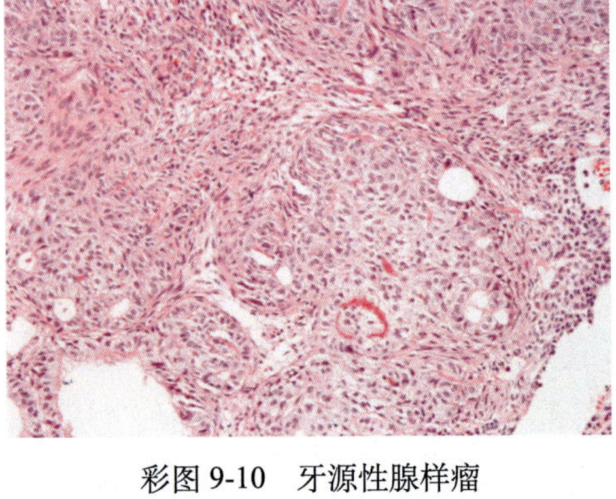

彩图 9-10　牙源性腺样瘤

梭形或立方状上皮细胞形成玫瑰花样结构，中间有嗜酸性物质沉积；立方或柱状细胞排列成腺管状结构

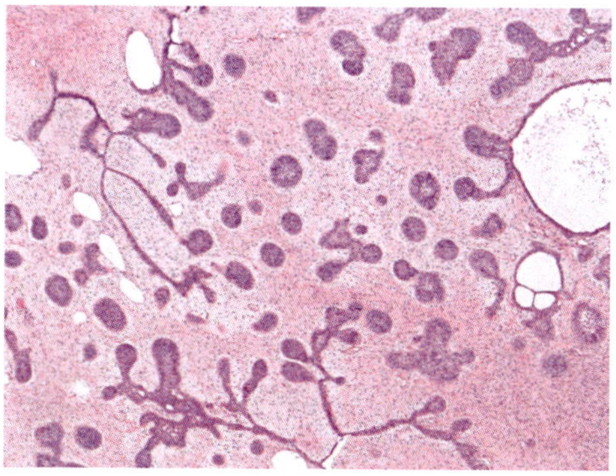

彩图 9-11　成釉细胞纤维瘤

上皮细胞排列与成釉细胞瘤相似，但星网状细胞少，更类似于牙板和牙蕾；间质成分为牙乳头样结缔组织，细胞丰富

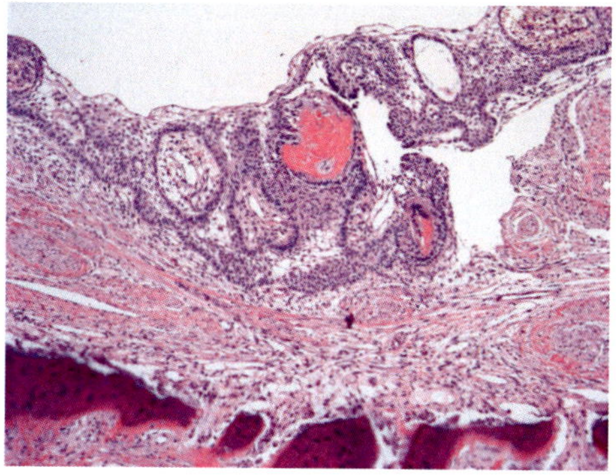

彩图 9-12　牙源性钙化囊性瘤

囊性病变，衬里上皮为复层鳞状上皮，基底细胞呈栅栏状排列，基底层上方细胞呈星网状，其中可见影细胞团

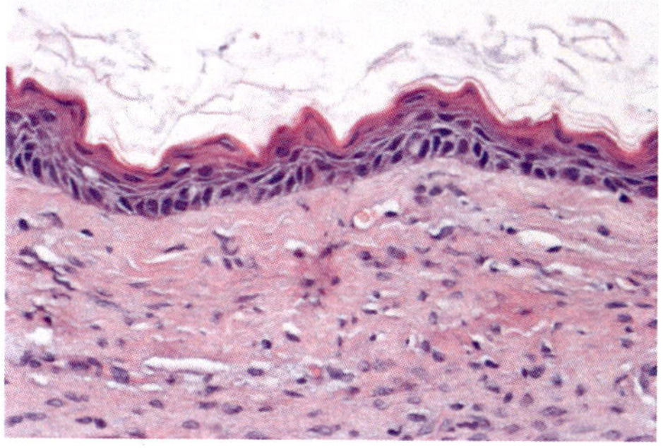

彩图 9-13　牙源性角化囊性瘤

衬里上皮厚度一致，表面波纹状，表层不全角化，棘层较薄，基底细胞呈栅栏状排列

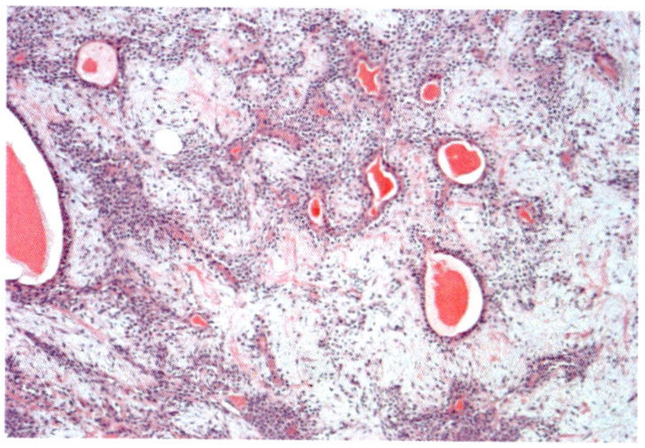

彩图 9-14　多形性腺瘤

腺上皮形成导管结构，肌上皮细胞围在导管周围，并与黏液样组织融合

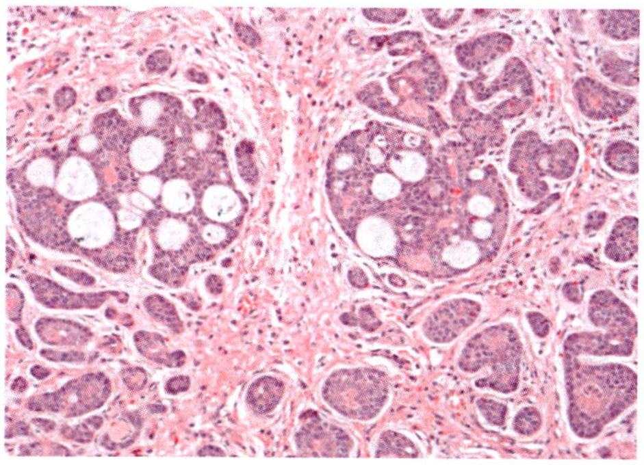

彩图 9-15　腺样囊性癌

肿瘤细胞排列呈大小不等的团块，其间含有囊腔，呈“筛孔”状；小导管和小条索细胞团与筛状型混合存在

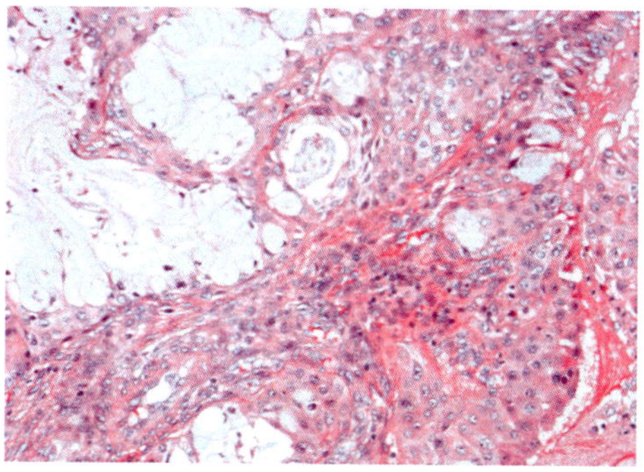

彩图 9-16　黏液表皮样癌（高分化）

黏液细胞所占比例高，表皮样细胞分化良好，中间细胞少，黏液聚集形成黏液湖

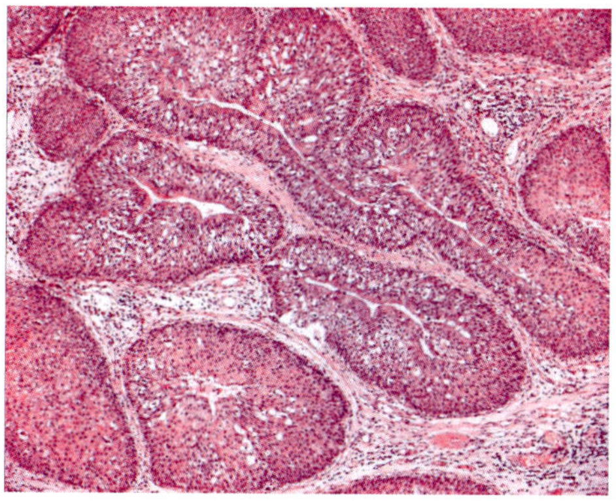

彩图 10-1　内翻性乳头状瘤

增生及伴有鳞化的呼吸上皮向上皮下间质内长入

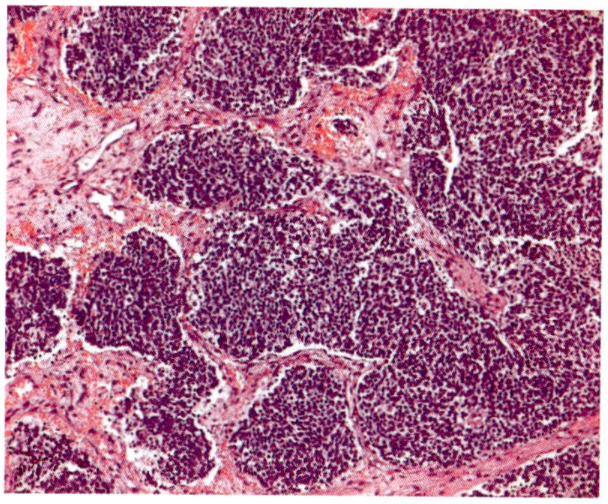

彩图 10-2　嗅神经母细胞瘤

分叶状生长的上皮团巢及周围包绕的含丰富血管的间质组织，肿瘤细胞呈小圆小梭型

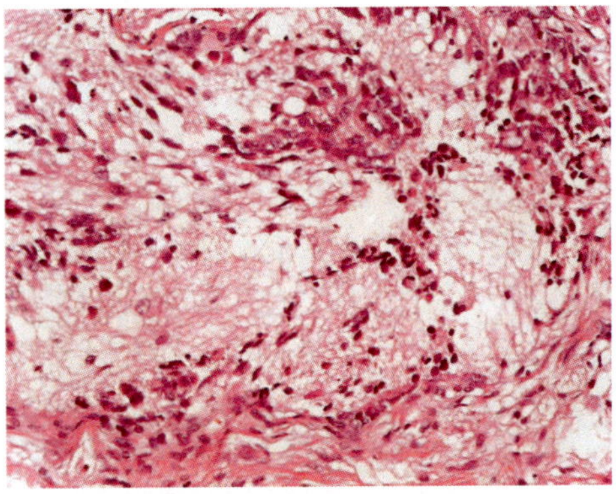

彩图 10-3　嗅神经母细胞瘤

在分化好的病例可见神经微丝

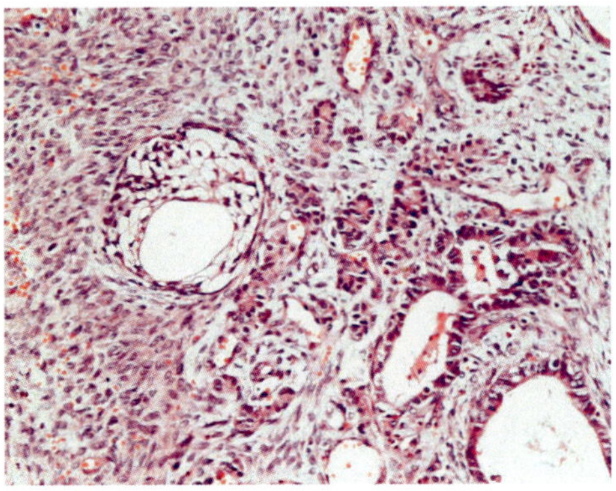

彩图 10-4　畸胎样癌肉瘤

可见透明细胞形成的鳞状细胞巢、腺癌及原始原基样梭形细胞肉瘤区域

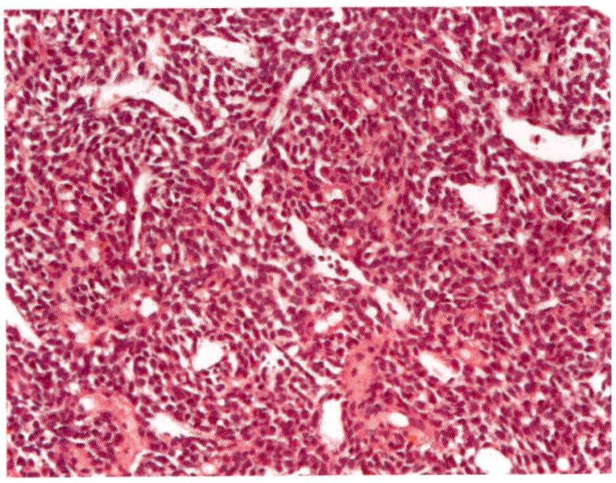

彩图 10-5　血管外皮细胞瘤

血管腔呈裂隙状及鹿角状，周围为短梭形及圆形细胞

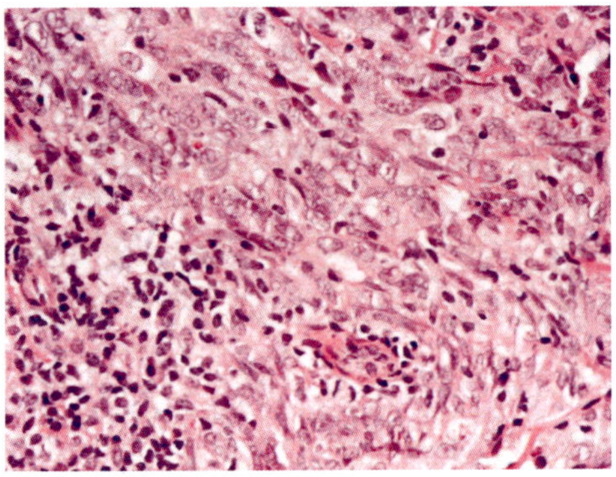

彩图 10-6　鼻咽癌，非角化型

淋巴间质中可见不规则梭形瘤细胞巢

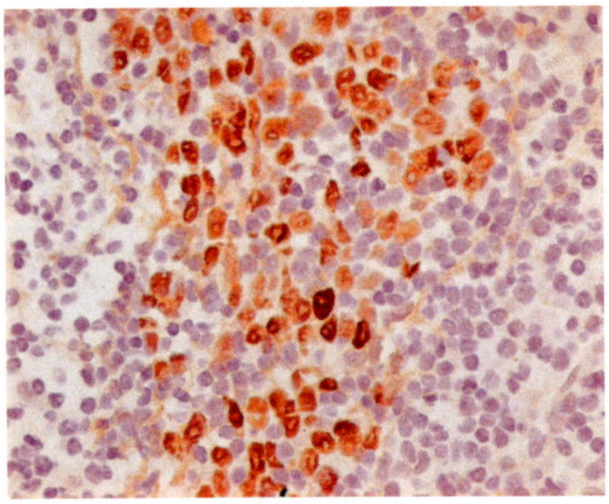

彩图 10-7　鼻咽癌，非角化型

EBER 原位杂交核阳性

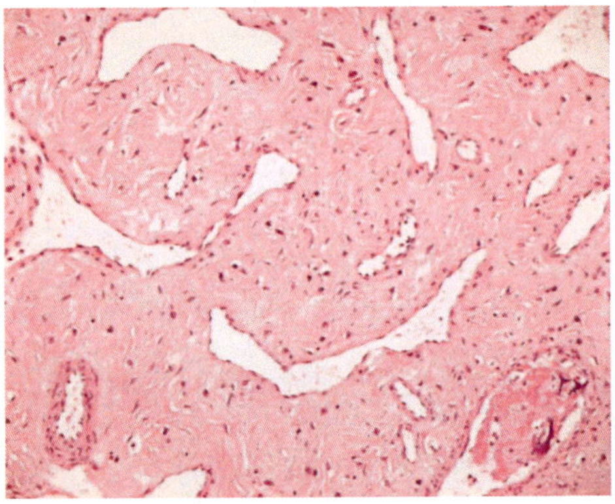

彩图 10-8　血管纤维瘤

血管呈不规则裂隙状或直角分支状

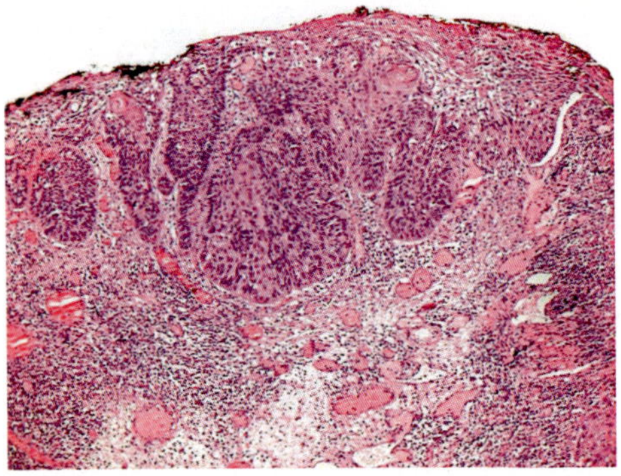

彩图 10-9　喉癌早期改变，Ⅱ型

上皮表层平坦，基底层及棘层细胞向上皮下异型增生及癌变

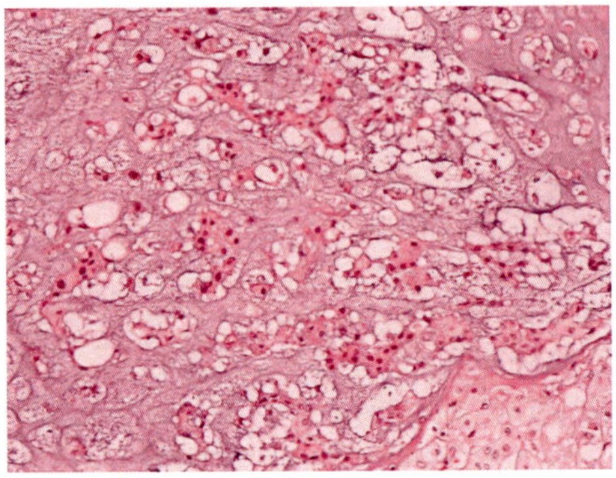

彩图 10-10　脊索瘤

瘤细胞排列成索状及灶状，胞质内可见多少不等的空泡，状似液滴、皂泡状，间质呈黏液样

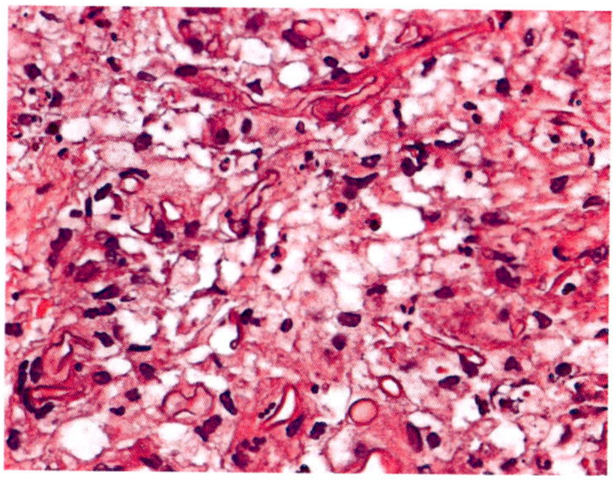

彩图 10-11　慢性侵袭性真菌性鼻窦炎
病变组织内可见坏死肿胀的真菌菌丝

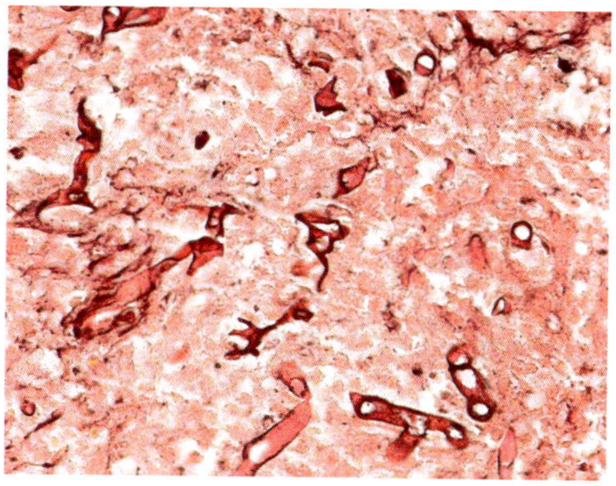

彩图 10-12　慢性侵袭性真菌性鼻窦炎
（Grocutt 银染色）

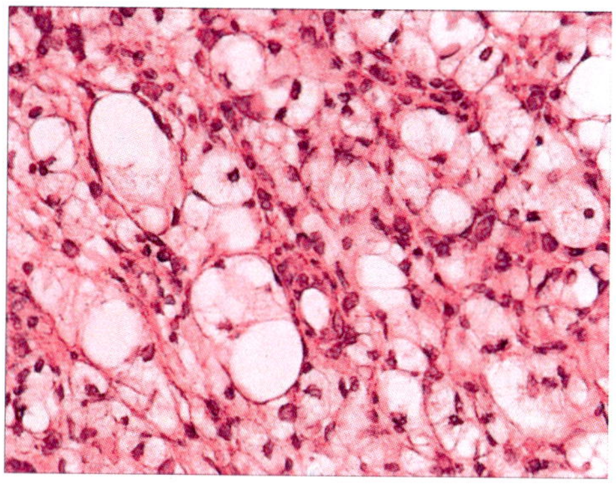

彩图 10-13　鼻硬结症，Ⅱ期 / 肉芽肿期
可见胞质透亮的组织细胞（Mikülize 细胞）

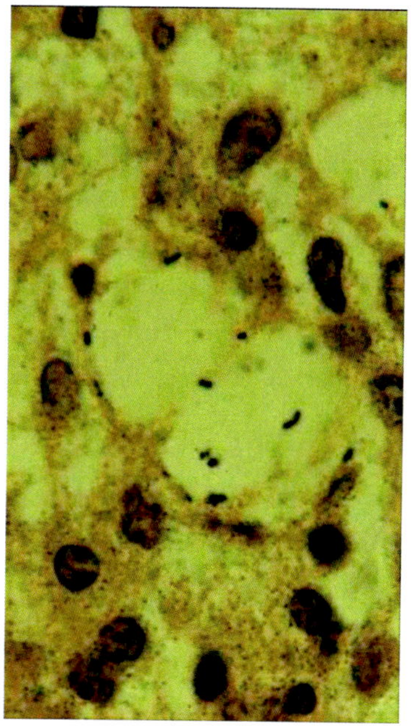

彩图 10-14　鼻硬结症，Ⅱ期 / 肉芽肿期
Warthin-Starry 银染色显示 Mikülize 细胞胞质内
呈黑色的短棒状鼻硬结杆菌

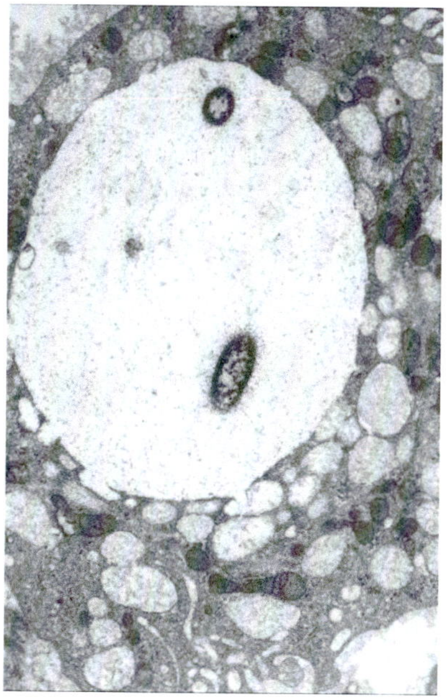

彩图 10-15　鼻硬结症，Ⅱ期 / 肉芽肿期
透射电镜下的鼻硬结杆菌

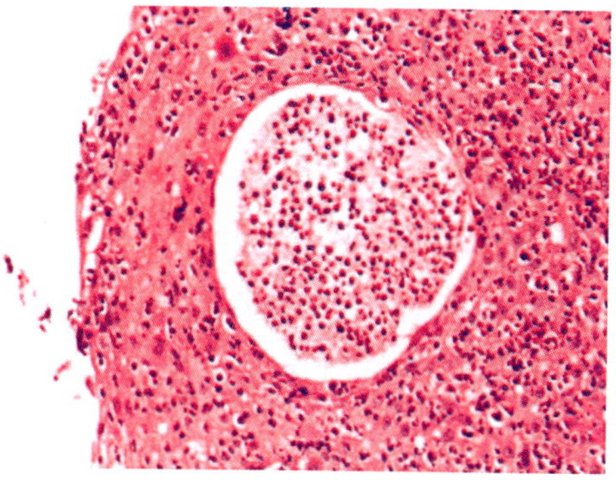

彩图 10-16　口咽部梅毒
鳞状上皮层内急性炎症明显伴脓肿形成

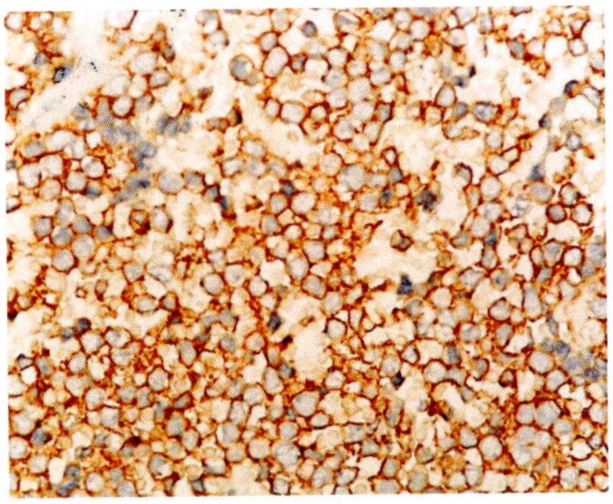

彩图 12-1　免疫组织化学骨外 Ewing 肉瘤 CD99 膜阳性

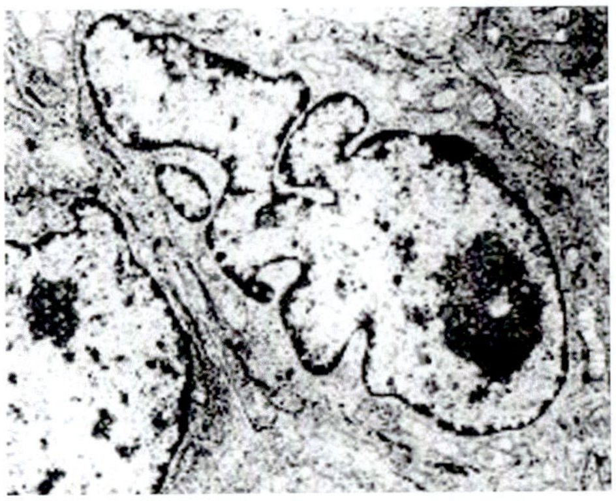

彩图 12-2　食管癌细胞畸形核电镜图

彩图 12-3　食管癌细胞系扫描电镜图

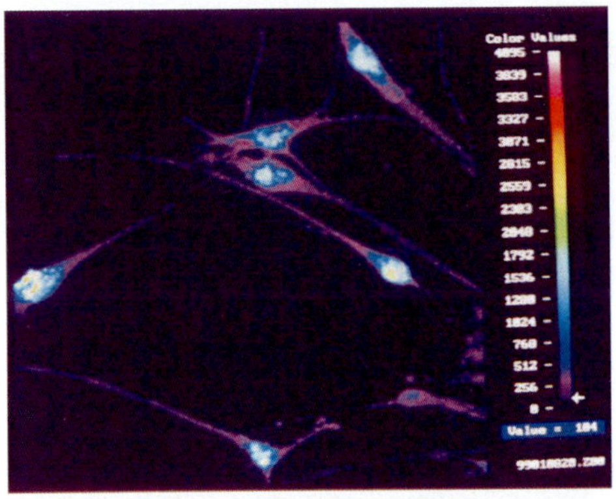

彩图 12-4　体外培养神经细胞共聚焦激光扫描图

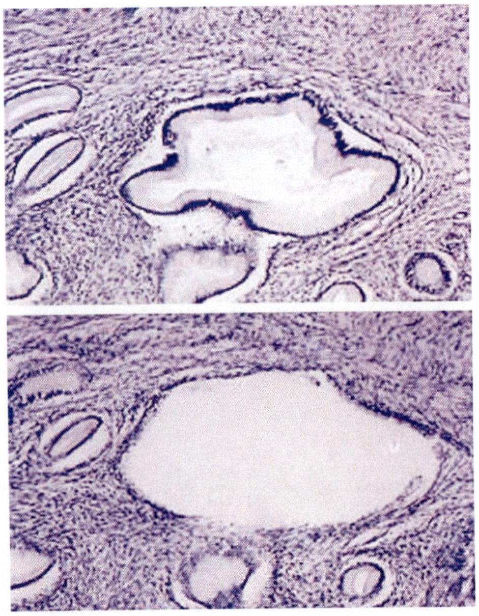

彩图 12-5　肿瘤组织显微切割前后对比

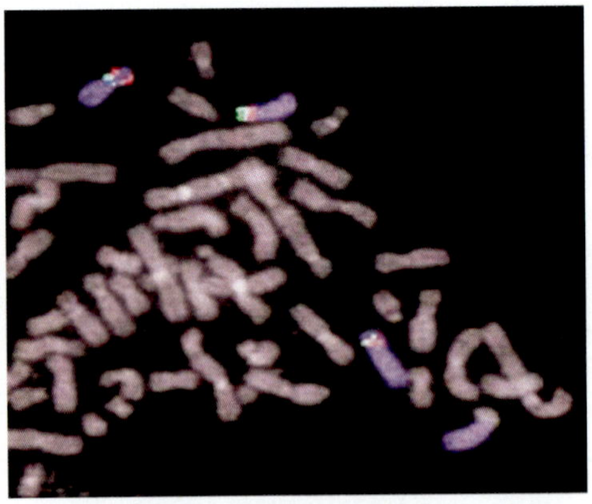

彩图 12-6　中期 FISH 图